1986年
スペイン,ポルトガル加盟（12カ国）

1951年
ベルギー,西ドイツ,フランス,イタリア,ルクセンブルグ,オランダ6カ国で発足

1995年
オーストリア,フィンランド,スウェーデン加盟（15カ国）

1973年
デンマーク,アイルランド,英国加盟（9カ国）

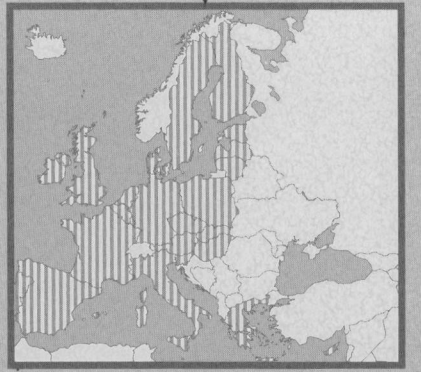

2004年
チェコ,エストニア,キプロス,ラトビア,リトアニア,ハンガリー,マルタ,ポーランド,スロベニア,スロバキア加盟（25カ国）

1981年
ギリシャ加盟（10カ国）

EU
情報事典

村上直久 編著

大修館書店

はしがき

　欧州統合は人類がかつて見たことのない壮大な進行中のドラマだ。1951年の欧州石炭鉄鋼共同体（ECSC）設立条約の調印で始まった統合プロセスは，東西冷戦体制下での緊張激化や二度の石油危機など世界政治経済情勢の荒波に翻弄され，紆余曲折や高揚，停滞を繰り返しながらも，欧州に恒久平和と永続的な繁栄の枠組みを確立しようとする強い意思と大きなビジョンを抱く先駆者の努力で「深化」と「拡大」に結実してきた。

　2007年までに27カ国，人口約5億人の大世帯に成長を遂げたEUの存在感は対外的にも増している。その経済規模がほぼ拮抗する米国とさまざまな点で比較されることが多くなった。地球環境問題への取り組み，食の安全への対応，会計基準，経済モデル，死刑制度廃止問題，ソフト・パワー／ハード・パワー，ユニラテラリズム／マルチラテラリズムなどに関してである。21世紀は中国，インド，ロシア，ブラジルのBRICsをはじめとする新興国の世紀となるとの見方が有力になりつつあるが，グローバル・イッシューへの対応でEUが打ち出す理念，政策はますます無視できないものとなっている。

　しかし，欧州統合は域外からみると非常に分かりにくいとの声が多い。それは，狭隘な愛国主義に結び付きやすい国民国家の枠組みを超えている半面で「国家連合」にとどまる面が混在していることや，EUが中心のない「ネットワーク型社会」に突き進んでいることなどが主因とみられる。

　問題も山積している。「民主主義の赤字」や域内格差，イスラム教徒を中心とする移民の増加などにどのように取り組んでいくのか。一部近隣諸国での紛争にどう対応するのか。そして欧州統合は最終的にどのような形態を目指すのか。

　本書ではこのような複雑な状況を解きほぐし，EUを理解していくために必要な情報を精選して取り上げた。本書は三部構成によって編集されている。第一部は欧州統合とそれを担う欧州連合（EU）をめぐる歴史や制度，政策などに関する300項目に上る基本用語集であり，原則として英語，仏語，独語を付けた。レファレンスとして活用されることを願っている。第二部は約80の主要キーワードの解説であり，歴史，政治，外交，司法，金融，経済，

産業，社会，文化，世界各地の地域統合と，広範なテーマを扱っており，通読にも耐えられるよう，分かりやすい記述を心がけた。執筆にあたっては，各分野の第一人者にお願いした。第三部は専門家によるEU条約の抄訳と欧州司法裁判所の判例セレクション，EU加盟国および周辺諸国の基本的な情報，欧州統合の立役者となった24人の人物の簡単な評伝から成っている。

　ところで，欧州統合関連の用語は日本語訳をめぐって学者の間でも意見の食い違いが残っている。European Unionは「欧州連合」か，それとも「欧州同盟」なのか。リスボン条約で新設されるpresidentは「常任議長」か「大統領」かそれとも「理事長」か。本書では多数派に寄り添い，前者は「欧州連合」を，後者は「常任議長」を採用した。「理事長」論についてはリスボン（EU）条約部分訳の註も参照していただきたい。なお，人名の肩書は原則として当時のものとする。理事会（Council）については，EU理事会（Council of the European Union）が正式名称とされているが，欧州理事会との混同を避けるために，閣僚理事会（Council of Ministers）を本事典では採用した。さらに，ECとEUの使い分けについては，キーワード17「EUの構造と法的性質」の中で，詳述されているが，原則として実態に沿うようにした。

　グローバル化の暫定的な到着点としての世界金融危機とそれに伴う景気後退が続き，米国では単独行動主義から「敵対国」との対話に大きく舵を切ったオバマ政権が誕生する中で，EUでは5年に一度，域内市民に直接民意を問う欧州議会選挙が2009年6月に行われ，秋から冬にかけてリスボン条約の批准プロセスが大詰めを迎えようとしている。国民国家の枠を超えた未曾有の政体として，欧州域内のみならず周辺地域についても平和と繁栄を目指し，混迷する世界政治・経済の中でますます存在感を強めるEUは，今後も求心力を保ちながら，さらなる深化と拡大を続けられるのだろうか。本事典が，EUに関心がある人たちの少しでもお役に立てば望外の喜びである。また，本書は大修館書店編集二部の編集者，小林奈苗氏の適切なアドバイス，粘り強い対応がなければ日の目をみることはなかったであろう。末筆ながら厚くお礼を申し上げたい。

　　　　　欧州の一体化に弾みを付けた東西冷戦終結20周年の夏に

2009年8月24日　　　　　　　　　　　　　　　編著者　村上直久

[目　次]

はしがき……iii

第I部　EU基本用語辞典……1

第2部　EUを理解するキーワード……53

第1章　EUの歴史……55

1.1　欧州統合前史……56

1　統合の原点……56
2　初期の欧州統合論とその背景……58

1.2　欧州統合理論の推移……60

3　汎欧州運動……60
4　礎を築いた人たち……62
5　シューマン・プラン……64

1.3　欧州統合の枠組み……66

6　マーシャル・プラン……66
7　欧州石炭鉄鋼共同体（ECSC）……68
8　ローマ条約（欧州共同体設立条約）……70
9　単一欧州議定書……72
10　マーストリヒト条約（欧州連合条約）……74
11　アムステルダム条約……76
12　ニース条約……78
13　リスボン条約……80

1.4　EUを動かす多様な機関……82

14　閣僚理事会と欧州委員会……82

v

15　欧州議会と欧州司法裁判所……85
　　　16　諮問機関と諸機関……87

第2章　法律・政治・外交……89

2.1　法律・政治……90

　　　17　EUの構造と法的性質——EC法とEU法の関係……90
　　　18　法の支配と立憲主義……92
　　　19　基本的人権……94
　　　20　死刑廃止問題……96
　　　21　社会憲章……98
　　　22　国民国家を超えること……100
　　　23　ガバナンス（補完性原理，民主主義の赤字，欧州市民権）……102
　　　24　シェンゲン協定……104
　　　25　欧州逮捕令状……106

2.2　外交・防衛……108

　　　26　EU共通防衛政策前史……108
　　　27　冷戦の終結と政治統合の発展……114
　　　28　欧州安全保障防衛政策の発展……121

2.3　対外関係……130

　　　29　冷戦下の米欧関係……130
　　　30　冷戦終結後の米欧対立の構図……134
　　　31　イラク戦争後の米欧関係……139
　　　32　対日関係……142
　　　33　対中関係……149
　　　34　対ロシア関係……152
　　　35　対中東関係……155

2.4　拡大……160

　　　36　開発支援……160
　　　37　拡大……163

第3章　金融・財政・経済・産業……169

3.1　金融・財政……170

　　　38　欧州通貨統合前史……170
　　　39　進化するユーロ……175

		40　財政政策……179
		41　ECBの金融政策……182
		42　税制改革……186
		43　会計基準……189
		44　欧州金融危機……192

3.2　経済……202

		45　市場統合……202
		46　グローバル化への対応……205
		47　経済モデル論争……208
		48　競争政策……212
		49　EU域内格差（地域政策）……215
		50　金融市場改革……218
		51　欧州会社法……221

3.3　産業……223

		52　農業と食の安全……223
		53　エネルギー……227
		54　環境問題……231
		55　新化学品規制（REACH）……234
		56　安全基準・廃棄物管理……236
		57　共通通商政策（CCP）……238
		58　科学技術（情報通信とEIT）……240
		59　ガリレオ・プロジェクト……243
		60　運輸政策……245

第4章　社会・生活・労働・文化……249

4.1　社会と生活……250

		61　社会政策の展開……250
		62　社会保障・年金問題……254
		63　人口問題……256
		64　消費者保護……259
		65　感染症対策……261

4.2　労働……263

		66　労働時間規制と派遣労働者保護……263
		67　移民政策……266
		68　男女機会均等政策……270
		69　ワーク・ライフ・バランス（生活の質）……272

vii

4.3 文化……274

- 70 歴史認識……274
- 71 知的財産権をめぐる状況……277
- 72 メディア政策・規制……279
- 73 言語の多様性と言語政策……285
- 74 文化政策……298
- 75 教育政策……303

第5章　各地で進む地域統合……315

5.1 アジア……316

- 76 ASEAN［東南アジア諸国連合］……316
- 77 東アジア共同体構想……322
- 78 南アジア地域協力連合［SAARC］……326

5.2 南北アメリカ……327

- 79 北米自由貿易協定［NAFTA］……327
- 80 南米南部共同市場［メルコスル］……331
- 81 米州自由貿易地域［FTAA］……333

5.3 アフリカ・地域間機構……335

- 82 アフリカ連合［AU］……335
- 83 地域間機構としての「ASEM」／「APEC」……337

第3部　資料編……339

1　EU条約〔リスボン条約〕（部分訳）……340

2　EU運営条約〔旧EC条約〕（部分訳）……361

3　主要判例……400

- 1 EC法の国内直接効果の法理・EC法の実効的実現の原則（ファン・ヘント・エン・ロース事件）……400

- 2　EC法の優位性原則(コスタ対エネル事件)……401
- 3　EC指令を実施しない構成国の損害賠償責任(フランコヴィッチ事件)……403
- 4　EC法の一般原則としての人権・基本権尊重原則(国際商社事件)……404
- 5　ECの黙示的権限と排他的権限(欧州陸上運送条約(AETR)事件)……405
- 6　商品の自由移動(1)：域内の貿易自由化の徹底(ダッソンヴィル事件)……407
- 7　商品の自由移動(2)：相互承認原則と新たな例外的規制事由の容認(カシス・ドゥ・ディジョン事件)……407
- 8　商品の自由移動(3)：販売条件規制と製品規制の区別(ケック事件)……408
- 9　EU市民権と国籍差別禁止原則(グルゼルチク事件)……409
- 10　WTO諸協定に照らしたEC法の効力審査(否定)(繊維協定覚書事件)……411
- 11　EC条約81条における協調行為の射程とEC競争法の域外適用(ウッドパルプ事件)……412
- 12　EC条約82条における支配的地位の濫用とライセンス拒否(マイクロソフト事件)……413
- 13　企業結合を巡る米欧当局の対立(GE/ハネウェル事件)……415
- 14　EC競争法の私的執行(クレハン事件)……416

4　加盟国・関連諸国基礎資料……417

[加盟国　27カ国]

オーストリア共和国　418／ベルギー王国　419／ブルガリア共和国　420／キプロス共和国　421／チェコ共和国　422／デンマーク王国　423／エストニア共和国　424／フィンランド共和国　425／フランス共和国　426／ドイツ連邦共和国　427／ギリシャ共和国　428／ハンガリー共和国　429／アイルランド　431／イタリア共和国　432／ラトビア共和国　433／リトアニア共和国　434／ルクセンブルク大公国　435／マルタ共和国　436／オランダ王国　437／ポーランド共和国　438／ポルトガル共和国　439／ルーマニア　440／スロバキア共和国　441／スロベニア共和国　442／スペイン王国　443／スウェーデン王国　444／英国　445

[関連諸国　19カ国]

アンドラ公国　446／アルバニア共和国　446／アゼルバイジャン共和国　448／ボスニア・ヘルツェゴビナ　449／スイス連邦　450／クロアチア共和国　451／グルジア共和国　452／アイスランド共和国　453／コソボ共和国　454／リヒテンシュタイン公国　455／モナコ公国　456／モンテネグロ　456／マケドニア旧ユーゴスラビア共和国　457／ノルウェー王国　458／セルビア共和国　459／ロシア連邦　461／サンマリノ共和国　462／トルコ共和国　462／ウクライナ　463　　　　　[アルファベット順]

5　欧州統合Who's Who……465

シャルルマーニュ(カール大帝)　465／イマヌエル・カント　465／ビクトル・ユゴー　466／アリスティード・ブリアン　466／ウィンストン・チャーチル　467／コンラート・アデナウアー　467／ジョージ・マーシャル　468／アルシード・デ・ガスペリ　468／ロベール・シューマン　468／ジャン・モネ　469／クーデンホーフ・カレルギー　469／ポール・アンリ・スパーク　470／ワルター・ハルシュタイン　470／アルティエーロ・スピネッリ　470／ピエール・ウェルナー　471／フランソワ・ミッテラン　471／ヘルムート・シュミット　472／ジャック・ドロール　472／バレリー・ジスカールデスタン　473／ヘルムート・コール　473／ウィム・ドイセンベルク　474／ロマーノ・プローディ　474／レオン・ブリタン　475／ハビエル・ソラナ　475　　　　　[生年順]

付録　1　EU関連事項年表……476
　　　2　EU関連データ……504

コラム
　　　1　EUのガバナンスと公共領域……52
　　　2　2009欧州議会選挙とバローゾ欧州委員長の続投……248
　　　3　「連邦制」か「国家連合」か──欧州統合の最終形態は……314

索引……508

参考文献……514

執筆者一覧……518

［写真提供］
p.468　マーシャル：毎日新聞社／p.470　ハルシュタイン：Bundesarchiv（Federal Archives of Germany）／p.475　ブリタン：共同通信社
上記以外：欧州委員会（ⒸEuropean Communities, 2009）

［編者注］
「言語政策」は，歴史的には世界各地の植民地における単独公用語の強圧的な推奨の意味で使用されたこともあったが，現在では，少数話者言語，絶滅危機言語の保護に向けた政策を包含するケースが多い。EUでは，言語に関しては他言語併用が原則である。

第Ⅰ部 EU基本用語辞典

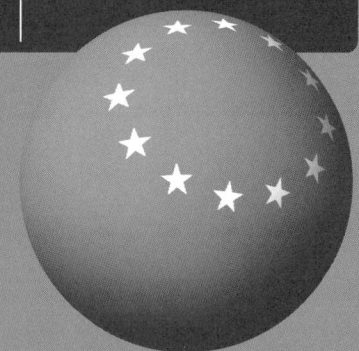

＊TACISなどの略号は，カタカナ読みにして五十音順に配置した。
＊見出しの後の，英，仏，独はそれぞれ，英語，フランス語，ドイツ語での表記を指す。なお，フランス語，ドイツ語で英語と同様の表記・略語を用いる場合は一部省略した。
＊執筆者(五十音順)：市川芳治・梅本逸郎・木村護郎クリストフ・杉谷眞佐子・藤井良広・村上直久
  うち大半を村上が担当した。
＊校閲：梅本逸郎(ドイツ語)・クリスティアン・プティエ(フランス語)

あ

i2010
★欧州情報社会2010イニシアチブ。eEurope 2005が発展したもので，成長と雇用促進のための情報化社会づくりを目指している。具体的には，①デジタル経済のための欧州情報空間の創設，②イノベーションとICT研究投資の促進，③公共サービスおよび生活の質の促進を目標としている。

アキ・コミュノテール（共同体アキ）
○仏：acquis communautaire
★EU法の総体。約8万ページに上るという。基本条約，規則，指令等を含む。加盟を希望する国は，自国への適用を求められる。

アジア欧州会議（ASEM）
○英：Asia-Europe Meeting (ASEM)
○仏：Rencontre Asie-Europe　○独：Asien-Europa-Treffen
★アジア欧州会合とも言う。対等な立場で欧州とアジアの対話を行う。欧州からはEU諸国，アジアからはASEAN10カ国と日中韓3カ国の合計13カ国が参加。第1回ASEM首脳会議は1996年にバンコクで開催された。

アジア開発銀行（ADB）
○英：Asian Development Bank (ADB)
○仏：Banque asiatique de développement (BAD)　○独：Asiatische Entwicklungsbank
★アジア，極東の経済成長と経済協力の育成により域内発展途上国の経済開発を促すために投資促進，融資，世界銀行や国際通貨基金（IMF），国連機関との協力などを行う。本部はマニラに置かれている。加盟国は67カ国・地域。内訳は，アジア太平洋経済社会委員会（ESCAP）域内48カ国・地域，域外19カ国。総裁は慣例として日本が送り込んでいる。

アジア通貨基金構想
○英：Asian Monetary Fund (AMF) Proposal　○仏：proposition du Fonds Monétaire Asiatique (FMA)　○独：Vorschlag vom asiatischen Währungsfonds (AWF)
★1990年代後半のアジア通貨危機の際，日本が提案した資金の相互融通などを目的とした構想。米国が国際通貨基金（IMF）の領分を侵すとして反対したため，実現しなかった。

アジェンダ2000
○英：agenda 2000
★中東欧諸国などの加盟準備の一環として2000-06年を対象とした中期財政計画。

ASEAN（東南アジア諸国連合）
○英：Association of Southeast Asian Nations (ASEAN)　○仏：Association des nations de l'Asie du Sud-Est (ANASE)
○独：Verband Südostasiatischer Nationen
★1967年8月にタイ，インドネシア，フィリピン，マレーシア，シンガポールの東南アジア5カ国によって設立された地域協力機構。域内の経済成長，社会文化の発展，政治経済の安定を目的としてうたっている。その後，ブルネイ，ベトナム，ラオス，カンボジア，ミャンマーの5カ国も加わり，加盟国は10カ国に増えた。本部はジャカルタ。総人口は約5億8000万人。

ASEAN自由貿易地域　→ AFTA

ASEAN地域フォーラム（ARF）
○英：ASEAN Regional Forum (ARF)
○仏：Forum régional de l'ASEAN　○独：

ASEAN Regional Forum
★アジア・太平洋地域の政治・安全保障を対象とする対話のフォーラムで，1994年7月にバンコクで初の閣僚会議が開かれた。①安保対話，防衛交流などを通じた信頼醸成，②予防外交，③紛争解決，という3段階に沿って全参加国が心地よいペースで多国間協議を進めるのが特徴。

ASEANプラス3共同体
○英：ASEAN plus 3 Community
★ASEANに日中韓の3カ国を加えた共同体を作ろうという構想。

ASEM →アジア欧州会議

AFTA（ASEAN自由貿易地域）
○英：ASEAN Free Trade Area（AFTA）
○仏：Zone de libre échange des pays de l'ASEAN　○独：ASEAN-Freihandelszone

★ASEAN域内の関税や非関税障壁を引き下げて貿易の自由化を進め，加盟国の経済の活性化を図る構想で，1991年にタイのアナン首相が提唱した。域内関税を2003年までに5%以下に，2010-15年までにゼロとし，数量制限，非関税障壁も撤廃する。インドネシア，タイ，マレーシア，シンガポール，フィリピン，ブルネイの6カ国は2003年の年初に域内関税の5%以下への引き下げを達成した。後発4カ国は達成目標年次は2015年だが，自国農業への影響が大きい品目については2018年，サービスについては準備の出来た国から自由化することになっている。

アフリカ開発会議（TICAD）
○英：Tokyo International Conference on African Development（TICAD）　○仏：Conférence internationale de Tokyo sur le développement de l'Afrique　○独：Internationale Tokio-Konferenz über Afrikas Entwicklung

★1990年代から日本のイニシアチブで開かれているアフリカ開発会議。最初の3回は東京で開かれたが，第4回は横浜で開催。

アフリカ開発銀行
○英：African Development Bank（ADB）
○仏：Banque Africaine de Développement（BAD）　○独：Afrikanische Entwicklungsbank

★アフリカの経済開発を促進する目的で1964年に設立された融資機関。アフリカの全独立国53カ国と日米など域外24カ国で構成。授権資本は345億ドル。

アフリカ開発のための新パートナーシップ（NEPAD）
○英：New Partnership for Africa's Development（NEPAD）　○仏：Nouveau partenariat pour le développement de l'Afrique（NOPAD）　○独：Neue Partnerschaft für Afrikas Entwicklung（NEPAD）

★アフリカの社会的，経済的発展のためのグローバルな戦略を示した枠組みであり，南アフリカのムベキ大統領がまとめた新世紀のためのアフリカ再生計画と，セネガルのワッド大統領が作成した「オメガ計画」を統合した。

アフリカ統一機構（OAU）
○英：Organization of African Unity（OAU）　○仏：Organisation de l'Unité Africaine（OUA）　○独：Oganisation für Afrikanische Einheit

★アフリカ諸国の連帯，領土の保全，開発の促進，植民地主義の根絶などを掲げて1963年に発足した機構。2002年，「アフリカ連合

（AU）」に発展的に解消。

アフリカ連合（AU）
○英：African Union（AU）　○仏：Union Africaine（UA）　○独：Afrikanische Union
★2002年にOAUの後継組織としてOAUの首脳会議で発足した。EUをモデルとしており，加盟しているのは53カ国で，総人口は約8億6500万人。1人当たりのGDPは600ドル超でほとんどが最貧国。本部はエチオピアの首都アディスアベバに置かれている。

アムステルダム条約
○英：Treaty of Amsterdam　○仏：Traité d'Amsterdam　○独：Vertrag von Amsterdam
★EUの中東欧拡大を想定して，1999年に発効したマーストリヒト条約の改正基本条約。人権や基本的自由などの枠組みを明確にした。

ARTE（アルテ）
○英：arte　○仏：arte　○独：ARTE
★東西ドイツが統一された1990年に，独仏政府合意の下，両国の公共放送局が協力して設立された独仏2言語の国際公共放送局。文化，報道番組・芸術番組などを中心とし，外国語番組には原則として独仏2言語の字幕スーパーがつく。視聴者は独仏以外，近隣諸国にも多い。

アルテア軍事作戦
○英：Althea　○仏：EUFOR Althea
★2004年12月に開始されたボスニア・ヘルツェゴビナでのデイトン和平合意の実施と同地の長期的安定のための軍事作戦。当初，EU部隊（EUFOR）約7000名が派遣され，その後，削減された。

アルテミス軍事作戦
○英：Arthemis operation　○仏：Opération Arthémis
★治安状況が悪化したコンゴ民主共和国で2003年6月15日から実施されたEU初の域外作戦。国連安全保障理事会の要請により，EUは1500人規模の軍事的な緊急展開を実施した。本作戦はEUと国連の危機管理分野の協力において画期的な突破口となった。

安定・成長協定
○英：Stability and Growth Pact（SGP）
○仏：pacte de stabilité et de croissance
○独：Stabilitäts- und Wachstumspakt
★単一通貨ユーロの価値を安定させるために，欧州通貨統合参加国に黒字予算もしくは均衡予算の計上による財政規律の維持を義務付けている。1997年に合意が成立，現在，同参加国がこれに拘束されており，放漫財政を食い止めるための歯止めとなる一方，低成長時に財政出動の余地が生じるようになることを目指している。

アンデス共同体
○英：Andean Community　○仏：Communauté Andine　○西：Comunidad Andina
★1969年創設の，ボリビア，コロンビア，エクアドル，ペルーの南米4カ国から成る共同体。

アンバンドリング
○英：unbundling　○仏：dégroupement
○独：Entbündelung
★エネルギー生産会社とエネルギー設備保有・運営会社を分離すること。EUの新エネルギー政策の柱となっている。

「EIT」（イーアイティー）構想
○英：European Institute of Innovation and

Technology ○仏：Institut européen d'innovation et de technologie (IEIT) ○独：Europäisches Institut für Innovation und Technologie（EIT）

★「欧州工科大学」構想。経済のグローバル化に対応するためのイノベーションを促進する目的で、欧州における最先端科学技術の研究拠点として設立を目指している。キャンパスを持たず、インターネットを利用して運営する「バーチャル大学」の形をとる。本部はハンガリーの首都ブダペストに設置される。

EMU（経済通貨同盟／経済通貨統合）
○英：economic and monetary union (EMU) ○仏：Union économique et monétaire (UEM) ○独：Wirtschafts- und Währungsunion

★マーストリヒト条約に基づいて単一通貨ユーロの発効により発足した。単一通貨を導入するEU11カ国がまず1999年1月1日に誕生させた。その後、導入国は16カ国に増えた（2009年3月現在）。この16カ国がユーロ圏を形成する。16カ国はドイツ、フランス、イタリア、スペイン、ポルトガル、ベルギー、オランダ、ルクセンブルク、オーストリア、アイルランド、ギリシャ、フィンランド、スロバキア、スロベニア、キプロス、マルタ。

EC 委員会
○英：the Commission of the European Communities ○仏：Commission des communautés européennes ○独：Kommission der Europäischen Gemeinschaften（EG）

★欧州共同体（EC）時代の執行機関。現在の欧州委員会に相当する。1967年にEEC（欧州経済共同体）、ECSC（欧州石炭鉄鋼共同体）、Euratom（欧州原子力共同体）が統合してECが誕生した際、3共同体の執行機関が統合して発足した。

EU 競争法
○英：EU competition law ○仏：lois européennes sur la concurrence ○独：EU-Kartellrecht

★EUの競争法（競争政策）は域内市場においてフェアな競争を確保することが目的で、これによって域内市場経済の健全な発展を目指している。2社以上の企業間の協定等のカルテルの規制（EC条約81条）と市場における支配的地位の濫用の規制（EC条約82条）が2本柱である。米マイクロソフトなど域外企業に対する厳格な適用でも知られている。

eEurope 行動計画
★電子欧州イニシアチブ。ICT（情報通信）革命が急速に進展する米国を横目でにらみながら、域内でもインターネットや電気通信ネットワークの利用などICTの恩恵を普及させようとしてEUが1999年に提示したイニシアチブ。21世紀の早期段階にこれを完全に成し遂げるためのeEurope2002行動計画を2000年6月に策定した。しかし、当初の2002年目標から2005年へ延長された。

域内市場統合（単一欧州市場）白書
○英：(White paper on) Completing the internal market ○仏：livre blanc sur l'achèvement du marché intérieur ○独：Weißbuch zum Binnenmarkt

★1992年末までに人、物、資本、サービスの域内自由移動を実現して、市場統合完成を目的とした白書で1985年6月の欧州理事会で採択された。約300項目の検討対象が列挙されており、EC委員会が市場統合のために具体的な指令案を作成し、閣僚理事会に提出、理事会が採択するという仕組みを採用した。

WEEE（廃電気電子機器）指令
○英：waste electrical and electronic equipment directive（WEEE directive） ○仏：déchets d'équipements électriques et électroniques

★急増するテレビやパソコンなど電気・電子機器廃棄物の処理問題に対応するために，家電製品のリサイクルを定めた指令。2002年に出された。

VAT 税率の調和
○英：harmonization of VAT rates ○仏：harmonisation des taux de TVA ○独：Harmonisierung der Mehrwertsteuer

★EU では日本の消費税に相当する VAT（value-added tax, 付加価値税）が加盟国ごとに異なるため，調和（harmonize）させようと当初，目指したが，各国の主権の厚い壁に阻まれて，標準税率を最低15%以上に，軽減税率を5%に統一することでしか合意していない。

ウェルナー報告
○英：Werner report ○仏：rapport Werner

★ルクセンブルク首相ピエール・ウェルナーを委員長とする特別委員会がまとめた，1980年までの10年間に3段階で EMU（経済通貨統合）を完成させる道筋を盛り込んだ報告。

APEC（アジア太平洋経済協力会議）
○英：Asia Pacific Economic Cooperation（APEC） ○仏：Coopération économique pour l'Asie-Pacifique ○独：Asiatisch-Pazifische Wirtschaftliche Zusammenarbeit

★1989年にオーストラリアのホーク首相の呼びかけで同国のほかに日本，米国，カナダ，韓国，ニュージーランド，ASEAN6カ国の合計12カ国で発足した。同年11月にキャンベラで第1回閣僚会議が開かれ，1993年11月にはシアトルで第1回非公式首脳会議が開催された。メンバーはその後増え続け，21カ国・地域に達している。総人口は世界全体の4割，GDP は世界全体の6割を占める。事務局はシンガポールにある。「開かれた地域協力」というモットーの下，各メンバーの自発的な行動を通じ，貿易・投資の自由化・円滑化と経済技術協力の推進を基本原則とする。

エラスムス・プログラム
○英：Erasmus ○仏：(Programme) Erasmus ○独：Erasmus-Programm

★EU の高等教育分野の交流促進プログラム。1987年より開始され，スイス，トルコなど非加盟国を含め，年間20万人の大学生，大学関係者，企業関係者などの留学や研修を助成してきた。1995年から「ソクラテス・プログラム」の一部に，2007年からは「生涯学習プログラム」に引き継がれ，企業研修や国際的な産学協同なども助成対象としている。エラスムス（Erasmus Desiderius of Rotterdam, 1466 ?-1536）はオランダの人文主義者，神学者でルネサンスの先駆者。欧州各地を渡り歩いて研究し，当時の多くの欧州知識人と交流があったという。

エラスムス・ムンドゥス
○英：Erasmus Mundus ○仏：Erasmus Mundus ○独：Erasmus-Mundus-Programm

★非欧州圏大学との交流を目的に，2004年に開始され，I 期は2008年まで継続したプログラム。多国間協力という特長を打ち出し，加盟国の大学間の健全な競争促進などを重視している。2009-13年の「エラスムス・ムンドゥスII」プログラムは，最低，域内3大学以上のコンソーシアムの2大学以上で修学・研究す

る修士・博士課程の学生・研究者を支援する「アクション1」、最低、域内3カ国5大学と域外1大学の研究交流や、グローバルな学生・研究者交流支援の「アクション2」、欧州の大学教育・研究活動の世界的な強化活動を支援する「アクション3」に分かれている。

このうち、欧州支援事務局とリンクして行われているプログラムに「世界に開かれた窓」がある。域外東欧、中近東、アジア、中南米、アフリカなどから、学生、大学院生、教授を1カ月から34カ月の範囲で受け入れ、大学教育のグローバルな開発支援を目指した。2009年より「エラスムス・ムンドゥスⅡ、アクション2」に統合。

エリゼ条約
○英：Elysée Treaty　○仏：Traité de l'Élysée　○独：Élysée-Vertrag

★1963年1月に調印された独仏協力条約。アデナウアー西独首相とフランスのドゴール大統領が調印した。普仏戦争、両大戦と百年足らずの間に三度の戦火を交えた独仏が両国民の和解を確認するとともに、欧州大陸における持続的な平和の基礎を築くことが目的。経済、文化、教育などの分野で緊密な協力の時代の幕開けとなった。同条約の下で、63年以来、両国の青少年700万人の交流につながった「仏独青少年局（OFAJ）」などの協力機関が設置された。

欧州アラブ対話
○英：Euro-Arab Dialogue　○仏：dialogue euro-arabe　○独：Euro-Arabischer Dialog

★第1次石油危機（1973）を受けてECとアラブ連盟（Arab League）の間で立ち上げられたフォーラム。経済問題の討議が重視され、イスラエル・アラブ紛争について議論することは避けられた。このフォーラムは1979年にエジプトがイスラエルとのキャンプデービッド合意に署名したことで立ち消えとなった。

欧州安全保障防衛政策（ESDP）
○英：European Security and Defense Policy（ESDP）　○仏：Politique européenne de sécurité et de défense（PESD）　○独：Europäische Sicherheits- und Verteidigungspolitik

★EUの共通外交安全保障政策（CFSP）の延長線上に、危機管理のための防衛能力を整備しようとする政策。短期間のうちに遠方展開が可能である小規模の機動力部隊、「バトル・グループ」などが創設されている。「欧州共通防衛政策」との訳もある。

欧州委員会
○英：European Commission　○仏：Commission européenne　○独：Europäische Kommission

★EUの政策を提案、執行する「政府」に当たる。EU基本法の運営も担当。38の総局・局から構成され、2万人のユーロテクノクラートを擁する。欧州委員は1加盟国1委員で総勢27人（2009年現在）。任期5年。

欧州委員会人道支援事務局（ECHA）
○英：European Commission Humanitarian Aid Office（ECHA）　○仏：Service d'Aide humanitaire de la commission européenne（ECHO）　○独：Europäisches Amt für humanitäre Hilfe

★EUの人道援助を担当する事務局で、本部はブリュッセルにある。2005年には総援助額は6億ユーロを超えた。ACP（アフリカ、カリブ海、太平洋）諸国向けが30％以上を占める。実施に当たっては、「枠組みパートナーシ

ップ合意」の下で，域内の非政府組織（NGO）とも協力する。

欧州異文化対話年
○英：European Year of Intercultural Dialog　○仏：Année européenne du dialogue interculturel　○独：Europäishes Jahr des interkulturellen Dialogs

★EU閣僚理事会と欧州議会は欧州委員会の提言に基づき，2008年を「欧州異文化対話年」と定めた。具体的には，「北海沿岸自転車ロード」開発・整備など加盟国間の国境を越えた相互交流の促進，多くの移民労働者を受け入れる地域として世界へ開かれた欧州市民の育成を目指し，職業領域を含め社会生活全般での異文化共生の推進，亡命作家や芸術家，あるいはロマの人々などさまざまなかたちのマイノリティの「メインストリーム化」，域外のスラブ系，イスラム系など異文化圏との相互理解の促進が図られた。

欧州医薬品審査庁（EMEA）
○英：European Medicine Agency（EMEA）
○仏：Agence européenne des médicaments　○独：Europäische Arzneimittel-Agentur

★人間や家畜用の医薬品の審査と監督を通じて，公衆衛生と「動物の健康」を促進するために1995年にロンドンに設立されたEUの機関。欧州市場での医薬品の販売承認申請を集中的に受け付ける。

欧州宇宙機関（ESA）
○英：European Space Agency（ESA）
○仏：Agence Spatiale Européenne（ASE）　○独：Europäische Weltraumorganisation

★欧州各国が共同で設立した宇宙開発研究機関（本部はパリ）。2008年時点で15カ国が参加。アリアン・ロケットの打ち上げなどで知られている。

欧州会議
○英：Council of Europe　○仏：Conseil de l'Europe　○独：Europarat

★「欧州審議会」もしくは「欧州評議会」との訳もある。欧州の統一を目的として1949年に設立された。人権の擁護や法の支配の原則を順守させることに力点を置いている。国家から権限は移譲されず，加盟国間協力にとどまっている。EUの欧州理事会（European Council）とは別組織。本部はフランスのストラスブール。

欧州懐疑主義
○英：Euroscepticism　○仏：Euroscepticisme　○独：Europaskepsis

★欧州統合やユーロの展望を悲観視し，統合過程に反発する思想。元来，英国でEC加盟に反対する，保守党や労働党の一部の政治家が表明していた。その後，「欧州連邦」や「欧州合衆国」など"超国家"的な体制への移行に反対する，仏のゴーリストの一部や極右国民戦線など欧州大陸でも懐疑派が現れた。

欧州海事安全機関（EMSA）
○英：European Maritime Safety Agency（EMSA）　○仏：Agence européenne pour la sécurité maritime（AESM）　○独：Europäische Agentur für die Sicherheit des Seeverkehrs

★海上交通の安全性を向上させるために2002年にリスボンに設置されたEU機関。海難事故対策や衛星監視システムを使用した海洋汚染の防止にも取り組んでいる。

欧州会社（SE）
○ラテン語：Societas Europea　○英：European Company　○仏：Société européenne

★欧州会社法に基づき設立されるのがSE（ラテン語の"Societas Europea"を略した）すなわち欧州会社である。各国ごとの手続きが不要となる。

欧州会社法
○英：Statute for a European company
○仏：Statut de la société européenne
○独：Europäische Aktiengesellschaft

★加盟各国固有の会社法とは別に域内全体をカバーするのが欧州会社法。EU全域の事業展開を可能にする法制度で、2004年10月8日から施行。

欧州化学物質庁（ECHA）
○英：European Chemicals Agency (ECHA)
○仏：Agence européenne des produits chimiques

★REACH（リーチ）規則を実施するために、2008年6月にヘルシンキで発足した機関。

欧州環境庁（EEA）
○英：European Environment Agency (EEA)
○仏：Agence européenne pour l'environnement (AEE)　○独：Europäische Umweltagentur

★欧州の環境問題に取り組むために設立されたEUの機関。本部はコペンハーゲンに置かれ、1994年に活動を開始した。EU27カ国のほかに、欧州経済領域（EEA）加盟3カ国（アイスランド、ノルウェー、リヒテンシュタイン）、スイスおよび加盟候補国のトルコが参加している。参加国の環境行政機関をネットワーク化している。

欧州議会
○英：European Parliament　○仏：Parlement européen　○独：Europäisches Parlament

★前身は欧州石炭鉄鋼共同体（ECSC）の共同総会。議員は欧州市民の直接選挙で選出される。欧州委員会の活動を監視するとともに、特定分野では欧州理事会と共同決定手続権を持つ。2009年6月に改選。任期は5年。

欧州基本権庁（FRA）
○英：European Union Agency for Fundamental Rights (FRA)　○仏：Agence des droits fondamentaux de l'Union européenne　○独：Agentur der Europäischen Union für Grundrechte

★基本的人権に関連した共同体法を実施するEU諸機関や加盟国を支援したり、専門的知識を提供するために2007年にウィーンに設立されたEUの機関。「人種主義および外国人排斥に関する欧州モニタリング・センター（European Monitoring Centre on Racism and Xenophobia）」を継承した。

欧州協定
○英：Europe Agreement　○仏：accords européens　○独：Europa-Abkommen

★EU加盟を前提として、域外国がEUと締結する「連合（準加盟）協定」。この協定をベースに、欧州委員会は加盟前のさまざまな支援を実施する。

欧州共同体設立条約（ローマ条約）
○英：Treaty of Rome　○仏：Traité de Rome　○独：Römische Verträge

★1957年調印の欧州経済共同体（EEC）設立条約と欧州原子力共同体設立条約を指す。EUの原加盟6カ国で合意。ローマ条約とも呼

ぶ。1951年に調印されたECSC設立条約（パリ条約）とともに，EUの基盤を構成した。

欧州近隣政策（ENP）
○英：European neighborhood policy (ENP)　○仏：Politique Européenne de Voisinage (PEV)　○独：Europäische Nachbarschaftspolitik

★EUに加盟できる見込みが少なく，短期的にはない近隣諸国との関係強化が目的で2004年に開始された。EU加盟の見通しを示すこととまではいかないものの，貿易促進や援助の拡大，政治的な接触，EUのさまざまなプログラムへの参加を約束することによって，各国の改革を促すという「アクションプラン」について交渉することが主要な柱。

欧州グローバル化調整基金
○英：European Globalization adjustment Fund (EGF)　○仏：Fonds européen d'ajustement à la mondialisation (FEM)　○独：Europäischer Fonds für die Anpassung an die Globalisierung

★世界の貿易構造の変化による失業など，グローバル化の負の影響を受けた労働者を職業再訓練などの側面で支援するために，EUが立ち上げた基金。毎年5億ユーロの基金で，最大5万人の労働者を後押しする。

欧州軍団
○英：Eurocorps　○仏：Eurocorps　○独：Eurokorps

★ドイツとフランスのイニシアチブによって1993年に設立された。本部はフランスのストラスブールに置かれ，EUとNATOの共通防衛の枠組み内で活動している。参加国は独仏のほかにベルギー，スペイン，ルクセンブルク，ポーランド。ストラスブールに兵員1000人が駐屯し，このほかにEUまたはNATOの緊急対応任務のために最大6万人が参加国などから召集される。

欧州経済協力機構（OEEC）
○英：Organization for European Economic Cooperation (OEEC)　○仏：Organisation Européenne de Coopération Economique (OECE)　○独：Organisation für europäische wirtschaftliche Zusammenarbeit

★1948年にパリで設立された，米国の対欧経済援助，マーシャル・プランの受け入れ機関。61年に経済協力開発機構（Organization for Economic Cooperation and Development=OECD）に改組された。

欧州経済再生計画（EERP）
○英：European Economic Recovery Plan (EERP)　○仏：Plan de relance de l'économie européenne　○独：Europäisches Konjunkturprogramm

★米国発の金融危機に直面して，欧州委員会が2008年11月26日にまとめた包括的経済策。短期的にはEU加盟国を中心に内需刺激を目的とする，2000億ユーロ規模の財政出動，中期的には金融市場改革を目指す。

欧州経済領域（EEA）
○英：European Economic Area (EEA)　○仏：Espace économique européen (EEE)　○独：Europäischer Wirtschaftsraum

★EUとEFTA（欧州自由貿易連合）が形成する共通経済領域。1994年1月に発足した。

欧州研修財団（ETF）
○英：European Training Foundation (ETF)　○仏：Fondation européenne pour

la formation　○独：Europäische Stiftung für Berufsbildung

★南東欧州や地中海，中央アジアなどに位置する近隣諸国30カ国における職業教育・訓練の改善を後押しするために1994年にイタリアのトリノに設置された財団。

欧州航空安全機関（EASA）

○英：European Aviation Safety Agency (EASA)　○仏：Agence européenne de sécurité aérienne (AESA)　○独：Europäische Agentur für Flugsicherheit

★欧州における民間航空の安全を確保するために2002年にケルンに設立されたEUの機関。民間航空に関する技術専門分野において欧州委員会に助言し，航空関連製品の耐空性や環境保護基準への適合性の認証も行う。

欧州疾病予防管理センター（ECDC）

○英：European Centre for Disease Prevention and Control (ECDC)　○仏：Centre européen de prévention et de contrôle des maladies (CEPCM)　○独：Europäisches Zentrum für die Prävention und die Kontrolle von Krankheiten

★感染症やそのほかの重大な健康脅威に関して科学的な勧告を行い，管理方法を推奨し，欧州次元での対応を可能にするために2005年に設立されたEUの機関。本部はスウェーデンのソルナに設置された。各国の公衆衛生機関や研究機関とネットワークを形成している。

欧州司法裁判所（ECJ）

○英：European Court of Justice (ECJ) / Court of Justice of the European Communities　○仏：Cour de justice des Communautés européennes (CJCE)　○独：Gerichtshof der Europäischen Gemeinschaften

★各国がEUの基本法体系を守っているかどうかをチェックする。EUの最高裁判所で，裁判を通じてEU統合を推進する役目を持つ。25人の判事で構成する。

欧州社会基金（ESF）

○英：European Social Fund (ESF)
○仏：Fonds social européen (FSE)
○独：Europäischer Sozialfonds

★域内における労働者の地理的・職業的流動性を高め，職業訓練を通じて労働者に産業変化と生産方式の変化への対応力を付けさせ，その結果，全体的に雇用の促進を図ることを目的として1957年に創設された。ローマ条約に基づくEUの4基金の1つ。

欧州自由貿易連合（EFTA）

○英：European Free Trade Association (EFTA)　○仏：Association européenne de libre échange (AELE)　○独：Europäische Freihandelszone

★欧州共同体（EEC）の発足に対抗して，英国が主導する形で同国とオーストリア，デンマーク，スウェーデン，ノルウェー，ポルトガル，スイスの6カ国の合計7カ国が1960年に設立した地域経済統合体。その後，英国，オーストリア，デンマーク，スウェーデン，ポルトガルは脱退して，EC/EUに加盟。一方，アイスランド，リヒテンシュタインが新規加盟。スイス，ノルウェーと合わせて現在，加盟国は4カ国。

欧州少数言語事務局

○英：European Bureau for Lesser-Used Languages (EBLUL)　○仏：Bureau européen des langues minoritaires et regionales　○独：Europäisches Büro für Sprachminderheiten

★欧州の伝統的な少数言語に関する情報提供や政策提言を行うNGO。EUおよびアイルランド，ルクセンブルクによる財政支援を得て1982年に設立された。事務所はアイルランドのダブリンにある。

欧州消費者センターネットワーク (ECCN)

○英：European Consumer Centres Network (ECCN)　○仏：Réseau des centres européens des consommateurs (Réseau CEC)　○独：Netzwerk der Europäischen Verbraucherzentren

★EUは消費者をめぐる訴訟方法を改善するため，ECCNを通じて，既存の「代替紛争解決（ADR）」システムを強化し，国境を越えた少額訴訟手続きの充実を図っている。

欧州商標庁 (OHIM)

○英：Office for Harmonization in the Internal Market (Trade Marks and Designs) (OHIM)　○仏：Office pour l'harmonisation dans le marché intérieur (marques, dessins et modèles) (OHMI)　○独：Harmonisierungsamt für den Binnenmarkt (Marken, Muster und Modelle)

★共同体商標のための手続きを1996年から，共同体登録意匠のための手続きを2003年から実施しているEUの機関（産業所有権の登録事務所）である。本部はスペインのアリカンテ。加盟各国それぞれに登録する場合に比べて，OHIMへの単一登録で申請者にとって大幅なコスト削減が可能となった。

欧州職業訓練開発センター (Cedefop)

○英：European Centre for the Development of Vocational Training　○仏：Centre européen pour le développement de la formation professionnelle (Cedefop)　○独：Europäisches Zentrum für die Förderung der Berufsbildung（英，独とも略語は仏語Cedefopを使用）

★域内における職業教育・訓練を促進するために1975年に設立されたEUの機関。生涯教育にも注力し，関連情報の収集と伝播に努めている。本部は当初，ベルリンに置かれたが，1995年にはギリシャのテッサロニキに移された。

欧州食品安全庁 (EFSA)

○英：European Food Safety Agency (EFSA)　○仏：Autorité Européenne de Sécurité des Aliments　○独：Europäische Behörde für Lebensmittelsicherheit

★BSEの大流行などで食品の安全性への懸念が高まったことを受けて，2002年に設立されたEUの機関。本部はイタリアのパルマ。食品の安全性に関して科学的評価を行うとともに，それを伝達するのが主要な任務。評価対象は食物連鎖に対するリスク，動植物の健康と「動物の福祉」をも含む食品供給の安全性に関連するあらゆる事項。

欧州人民党・欧州民主主義グループ

○英：European People's Party and European Democrats (EPP-ED)　○仏：Groupe du Parti populaire européen　○独：Fraktion der Europäischen Volkspartei (Christdemokraten) und europäischer Demokraten

★欧州議会内の主要会派で，加盟各国のキリスト教民主主義を掲げる保守派政党グループ。

欧州政治協力 (EPC)

○英：European Political Cooperation

(EPC)　○仏：Coopération politique européenne（CPE）　○独：Europäische Politische Zusammenarbeit

★EC加盟国が1970年代に導入した外交政策を調整する枠組み。EPCで扱われた問題領域は、全欧安保協力会議、欧州アラブ対話、中東・地中海問題、テロリズム、反アパルトヘイト、開発途上国での欧州の役割、ソ連のアフガニスタン侵略、ベトナムのカンボジア侵略、ポーランド問題、イラン・イラク戦争など多岐にわたった。EPCは、1993年11月にマーストリヒト条約が発効したことで、同条約の下で共通外交安全保障政策（CFSP）に継承された。

欧州対外国境管理協力庁（FRONTEX）

○英：European Agency for the Operational Cooperation at the External Borders of the Member States of the European Union（FRONTEX）　○仏：Agence européenne pour la gestion de la coopération opérationnelle aux frontières extérieures des États membres de l'Union européenne

★2005年5月にワルシャワに創設された欧州対外国境管理協力機関。国境管理体制の統一性を目指している。主要任務は、加盟国が国境管理・監視を遂行するに当たっての協力体制を整備すること。略称のFRONTEXはfrontier（国境）から由来している。

欧州逮捕令状

○英：European Arrest Warrant　○仏：mandat d'arrêt européen　○独：Europäischer Haftbefehl

★EU域内の1加盟国で発給された逮捕状により、他の加盟国において被疑者を逮捕することが可能となる逮捕状。EUの第3の柱である警察・刑事司法協力（PJCC）において採択された「欧州逮捕令状に関する枠組み決定」に基づく。

欧州男女平等研究所

○英：European Institute for Gender Equality　○仏：Institut européen pour l'égalité entre les hommes et les femmes　○独：Europäisches Institut für Gleichstellungsfragen

★男女平等問題に関する情報を収集、分析し、この問題に対する域内市民の認識を深め、ジェンダー主流化アプローチをサポートする手段を開発するための研究所で、2006年12月に設立された。本部はリトアニア・ビリニュス。

欧州地域開発基金（ERDF）

○英：European Regional Development Fund（ERDF）　○仏：Fonds européen de développement régional（FEDER）　○独：Europäischer Fonds für regionale Entwicklung

★域内の地域間格差を是正するための事業を支援する目的で1975年に設立された基金。支援対象は、①雇用の創出・維持につながる生産的投資、②インフラ整備、③中小企業の地域活動・ビジネスの支援。

欧州通貨制度（EMS）

○英：European Monetary System（EMS）　○仏：Système monétaire européen（SME）　○独：Europäisches Währungssystem（EWS）

★1979年に西ドイツのシュミット首相とフランスのジスカールデスタン大統領の提唱で、加盟各国間の通貨安定を図るために発足した制度。

欧州通常戦力条約（CFE）
○英：Treaty on Conventional Armed Forces in Europe（CFE）　○仏：Forces armées conventionnelles en Europe（FCE）　○独：Vertrag über Konventionelle Streitkräfte in Europa（KSE-Vertrag）

★1990年に調印された，冷戦期の東西ブロックごとの通常兵器（戦車，装甲戦闘車両，火砲，戦闘用航空機，攻撃ヘリの5カテゴリー）の保有数を制限した軍備管理・軍縮条約。暫定発効を経て1992年11月に正式に発効した。冷戦終結後，北大西洋条約機構（NATO）の拡大などを受けて，1999年に兵器保有の上限を国・領土別に改めたCFE「適合条約」が締結された。ただ，ロシアなど4カ国だけが批准。しかし，2007年，ロシアはNATO諸国が条約を尊重していないとして，条約の履行停止を宣言した。

欧州デジタル図書館（Europeana）
○英：European Digital Library（Europeana）　○仏：Europeana（bibliothèque numérique européenne）　○独：Europäischee digitale Bibliothek

★EUが主導するオンラインデジタル図書館。2008年11月20日から一般に公開。EU27カ国が提供する200万点以上の書籍，地図，記録，写真，文書，絵画，映画などのデジタル版に無料でアクセスできる。2010年をめどにインタラクティブ機能が追加される。米グーグルに対抗することが目的とされる。

欧州鉄道庁（ERA）
○英：European Railway Agency（ERA）　○仏：Agence Ferroviaire Européenne（AFE）　○独：Europäische Eisenbahnagentur

★EUの共通運輸政策に基づいて，加盟国間の鉄道のサービスの向上や安全性の確保のために2005年6月に設立された。フランスのリールに国際会議場，同国のバランシエンヌに事務局が設置されている。

欧州投資銀行（EIB）
○英：European Investment Bank（EIB）　○仏：Banque européenne d'investissement（BEI）　○独：Europäische Investitionsbank

★ローマ条約（1958年発効）に基づき設立された融資機関で，域内の調和の取れた発展と社会経済的結束の強化を目的としている。欧州統合と域内の社会的格差を是正するための投資を促進し，加盟候補国やバルカン諸国，地中海諸国，ACP諸国など域外国にも融資している。本部はルクセンブルク。

欧州特許条約（EPC）
○英：European Patent Convention（EPC）　○仏：Convention sur le brevet européen（CBE）　○独：Europäisches Patentübereinkommen（EPÜ）

★欧州では各国の特許制度のほかに複数の国にまたがる欧州特許条約（EPC）という制度がある。EPCは欧州諸国の特許に関する実体的，手続的要件を調和し，出願から特許付与までの手続きを欧州特許庁で一括して行うことを規定している。締約国は2008年1月現在，34カ国。

欧州ネットワーク情報安全機関（ENISA）
○英：European Network and Information Security Agency（ENISA）　○仏：Agence européenne chargée de la sécurité des réseaux et de l'information　○独：Europäische Agentur für Netz- und Informationssicherheit

★2004年に設置されたEUの機関で，情報セ

キュリティーに関して欧州委員会と加盟国に助言するとともに，欧州における情報セキュリティーに関連した事故についてのデータを収集，分析する。また，情報セキュリティーへの脅威に対応する能力を高めるために，リスク・アセスメントとリスク・マネジメントのより良い方法の開発に取り組んでいる。本部はギリシャのヘラクリオン。

欧州復興機関（EAR）

○英：European Agency for Reconstruction (EAR)　○仏：Agence européenne pour la reconstruction (AER)　○独：Europäische Agentur für den Wiederaufbau

★西バルカン諸国の復興支援のために2000年にギリシャのテッサロニキに設立されたEUの機関。現在，対象はセルビア，モンテネグロ，マケドニア，コソボの4カ国。地域統合と貿易の促進，農業と農村開発，公衆衛生，エネルギー確保，ガバナンスの確立，民主化などの分野で支援している。

欧州文化首都（欧州文化都市）

○英：European Capital of Culture　○仏：Capitale de la culture　○独：Europäische Kulturhauptstadt

★ギリシャの文部閣僚で女優のメリナ・メリクーリが1985年に提案。EC閣僚理事会で採択後，アテネが第一号の「欧州文化都市」に選ばれた。1999年にEU共通の事業として強化され，「欧州文化首都」に名称変更。以降，EU閣僚理事会が原則として毎年1都市を選定している。選定都市は助成を受けて，歴史的遺産・文化の欧州次元での紹介・企画開催を行う。Capitalは文化活動の中心地との意味もあり。

欧州防衛機関（EDA）

○英：European Defense Agency (EDA)　○仏：Agence européenne de défense　○独：Europäische Verteidigungsagentur

★2004年7月ブリュッセルに設立された。欧州安全保障防衛政策（ESDP）に基づき，軍事的危機管理政策を実施する上での軍事能力の向上を図るのが目的。「欧州兵器調達庁」「欧州防衛能力庁」との訳もある。

欧州防衛共同体（EDC）

○英：European Defence Community (EDC)　○仏：Communauté Européenne de Défense (CED)　○独：Europäische Verteidigungsgemeinschaft

★1950年10月にルネ・プレバン仏首相が提唱した，欧州防衛共同体（EDC）を組織するための構想。EDC条約はその第一条で，「締約国は共同の機関，共同の軍隊および共同の財政からなる，超国家的性格を有する欧州防衛共同体を組織する」と規定していた。西独連邦議会やベルギー，オランダの下院はこの条約を批准したが，仏国民議会が1953年8月に拒否したため，葬り去られた。ドゴール主義者たちは，EDCが西独の再軍備を促進することにつながると懸念，反対した。

欧州麻薬監視センター（EMCDDA）

○英：European Monitoring Centre for Drugs and Drug Addiction (EMCDDA)　○仏：Observatoire Européen des Drogues et des Toxicomanies (OEDT)　○独：Europäische Beobachtungsstelle für Drogen und Drogensucht

★薬物および薬物中毒に関する情報を収集，分析，伝播するために1993年，リスボンに設立された機関。政策担当者による，一貫性のある域内薬物戦略作りを後押ししている。

「欧州要塞化」論
○英：Fortres Europe　○仏：Europe forteresse　○独：Festung Europa

★1992年末の市場統合を控えて，EUは共通通商政策の側面で「要塞化」しつつあるのではとの懸念が域外で高まった。こうした懸念を払拭するため，欧州委員会は1998年10月，声明を発表し，「EUは欧州の要塞にはならず，世界のパートナーになる」ことを強調，これにより「要塞化」論議はひとまず収束した。

欧州理事会
○英：European Council　○仏：Conseil européen　○独：Europäischer Rat

★加盟国の首脳で構成するEUの最高協議機関。閣僚理事会で調整した政策案件を決定するほか，政治調整を行う議長国は半期ごとの持ち回り。通常は年4回開催し，EUサミットと呼ばれる。

欧州連合条約（マーストリヒト条約）
○英：Treaty on European Union　○仏：Traité sur l'Union européenne　○独：Vertrag über die Europäische Union

★欧州連合創設を盛り込んだ基本条約。ユーロを根拠付ける経済通貨同盟（EMU）や欧州中央銀行の創設などを定めた。共通外交安全保障政策（CFSP）など政治統合の道筋も定めている。オランダ南東部マーストリヒトで1992年2月に調印され，発効したのは1993年11月。

欧州労使協議会（EWC）
○英：European Works Council（EWC）
○仏：Comité de Groupe Européen / Comités d'Entreprise Européen（CEE）　○独：Europäischer Betriebsrat

★域内企業において経営者側と労働組合が労働条件などについて協議する場。

欧州労働安全衛生機関（EU-OSHA）
○英：European Agency for Safety and Health at Work（EU-OSHA）　○仏：Agence européenne pour la sécurité et la santé au travail　○独：Europäische Agentur für Sicherheit und Gesundheitsschutz am Arbeitsplatz

★職場における労働者の安全と健康を向上させるために1995年にスペインのビルバオに設置された機関。労働安全衛生に関する情報の収集，分析，伝播活動に取り組むとともに，労働安全衛生キャンペーンを展開している。OSHAは occupational safety and health agency（労働安全衛生機関）の略。

欧州労働組合連合（ETUC）
○英：European Trade Union Confederation（ETUC）　○仏：Confédération Européenne des Syndicats（CES）　○独：Europäischer Gewerkschaftsbund（EGB）

★1973年に発足した欧州最大の労働組合組織。本部はブリュッセルに置かれている。

オプト・アウト（適用除外）
○英：opting out　○仏：clause d'exemption　○独：Opting-Out-Klausel/Ausnahmeklausel

★EUの特定の共通政策について，適用を除外されること。換言すれば，共通政策への不参加の自由を確保すること。代表的な例は，英国とデンマークの欧州通貨統合への不参加。

「オープン・スカイ（コモン・スカイ）」政策
○英：Open skies　○仏：Ciels ouverts　○独：Offener Himmel

★域内に単一航空市場を形成することなどを目的とした航空自由化政策。

か

格差是正基金（結束基金）
○英：cohesion fund　○仏：Fonds de cohésion　○独：Kohäsionsfonds

★単一通貨ユーロの導入に備えて経済的コンバージェンス（収斂，均質化）のための財政的負担が大きいと予想される，スペイン，ポルトガル，ギリシャ，アイルランド4カ国を念頭に設立された基金。

閣僚理事会（EU理事会）
○英：Council of the European Union　○仏：Conseil de l'Union européenne　○独：Rat der Europäischen Union

★各国の閣僚で構成するEUの政策決定機関。分野ごとに理事会を設け，議長国は半期ごとに交替する。理事会の下に各国大使で構成する常設駐在代表委員会（COREPER）がある。

GATT（ガット）　→関税貿易一般協定

カボタージュ
○英：cabotage　○仏：cabotage　○独：Kabotage

★ある域内国の航空会社が他のEU加盟国の国内路線に就航する権利。

加盟交渉
○英：accession negotiations　○仏：négociations d'adhésion　○独：Beitrittsverhandlungen

★EUが加盟候補国（applicant states）と認めた域外国と行う交渉。交渉項目は，(1)物の自由移動，(2)人の自由移動，(3)サービスの自由移動，(4)資本の自由移動，(5)会社法，(6)競争政策，(7)農業，(8)水産業，(9)交通・運輸，(10)税制，(11)通貨統合，(12)統計，(13)社会・統計，(14)エネルギー，(15)産業政策，(16)中小企業，(17)科学研究，(18)教育・職業訓練，(19)電気通信，(20)文化・視聴覚，(21)地域政策，(22)環境，(23)消費者保護，(24)司法内務協力，(25)関税同盟，(26)対外関係，(27)共通外交安全保障政策，(28)財政規律，(29)財政・予算，(30)制度，(31)その他，の31項目。

カリーニングラード問題
○英：Kaliningrad problem　○仏：problème de Kaliningrad　○独：Kaliningrad-Problem

★カリーニングラード州は，バルト海に面し，ポーランドとリトアニアに挟まれたロシア共和国の飛び地。人口は約93万人。ロシア唯一の不凍港を有している。中世にドイツ騎士団が建設し，ケーニヒスベルク（Königsberg）として発展した。ドイツの哲学者カントの出生地でもある。第2次大戦後，ソ連領となった。1991年のソ連崩壊を経て，21世紀に入り，ポーランドとリトアニアのEU加盟が2004年に実現する見通しとなったため，EUとロシアは協議を重ね，カリーニングラードのロシア人が本国に行く場合，ビザより取得が簡単な「通行証」を発行することで合意した。

カリブ共同体・共同市場（CARICOM，カリコム）
○英：Caribbean Community and Common Market（CARICOM）　○仏：Communauté

caribéenne (Marché commun des Caraïbes, CARICOM) ○独：Karibische Gemeinschaft

★ガイアナ，グレナダ，ハイチ，ドミニカ，ジャマイカなど旧英領カリブ海諸国の14カ国・地域で構成する。経済統合と相互協力が目的。本部はジョージタウン（ガイアナ）。1968年設立のカリブ自由貿易連合（CARIFTA）を改組し，1973年の設立条約に基づき発足。

ガリレオ・プロジェクト
○英：Galileo Project ○仏：Galileo (système de positionnement) ○独：Galileo-Projekt

★EUと欧州宇宙機関（ESA）が進めている，欧州版の全地球測位システム（global positioning system=GPS）の構築を目指す計画。高度2万4千キロの地球周回軌道に30基のガリレオGPS衛星（そのうち3基は予備）を打ち上げることになっている。資金調達に難航し，「離陸」に手間取ったが2008年にようやく本格的に動き出した。

為替相場メカニズム（ERM）
○英：exchange rate mechanism (ERM) ○仏：mécanisme de taux de change européen (MCE) ○独：Wechselkursmechanismus

★EMSの柱の1つで，為替相場を一定の変動幅の範囲内に抑えるのが目的。

環境行動計画（EAP）
○英：environmental action plan (EAP) ○仏：plan d'action d'environnement ○独：Umweltaktionsplan

★EUが環境問題に取り組むための環境行動計画。第1次EAPは1973年に宣言され，現在は第6次環境行動計画（EAP6）が実施されている。

関税同盟
○英：customs union ○仏：union douanière ○独：Zollunion

★域内関税を撤廃し，対外共通関税を設定するもので，EUでは1968年に完成した。イタリア人の経済学者，バラッサの経済統合段階モデルでは自由貿易地域（FTA）の次の段階である。北米自由貿易協定（NAFTA）は自由貿易地域の段階にとどまっている。

関税貿易一般協定（GATT）
○英：General Agreement on Tariffs and Trade (GATT) ○仏：Accord général sur les tarifs douaniers et le commerce ○独：Allgemeines Zoll- und Handelsabkommen

★第2次世界大戦後の世界における多角的自由貿易体制を支えた国際協定。同時に協定の中心となった国際機関も指す。GATT体制が発足したのは1948年1月。創設メンバーは23カ国で，日本が加盟したのは1955年。GATT協定の前文はその目的を「関税その他の貿易障壁を実質的に軽減し，国際通商における差別的待遇を廃止するための相互的かつ互恵的な取り決めを締結する」ことにあるとうたった。こうした目的の背後には，各国による自由貿易の実現が「比較優位による国際分業という原理」を徹底させ，世界全体の資源の有効な活用と各国の生活水準の向上に結びつくという理念があった。GATT体制は，1995年1月に発足した世界貿易機関（WTO，本部ジュネーブ）によって継承された。

気候変動に関する政府間パネル（IPCC）
○英：Intergovernmental Panel on Climate Change ○仏：Groupe d'experts intergou-

vernemental sur l'évolution du climat (GIEC) 　○独：Zwischenstaatlicher Ausschuss über den Klimawandel

★気候変動に関する科学的研究結果を各国政府に提供するために1988年に設立された政府間学術機構。IPCCが2007年に公表した，地球温暖化に関する最新の科学的知見を示す第4次評価報告書は，「気候システムの温暖化には疑う余地がない」とし，20世紀半ば以降の気温上昇は温室効果ガスの人為的な排出増が原因とほぼ断定した。そのうえで，温室効果ガス排出量を2050年までに半減させる必要があると指摘した。

技術支援計画（TACIS）

○英：Technical Aid to the Commonwealth of Independent States（TACIS）　○仏：assistance technique aux pays de l'ex-URSS　○独：Technische Hilfe für die Gemeinschaft Unabhängiger Staaten

★ソ連が崩壊し，ロシアなど12カ国で構成する独立国家共同体（CIS）が発足した後，これら12カ国の民主化と市場経済移行を支援するために始まった技術支援計画。具体的には広範囲にわたっており，環境，エネルギー，農業，原子力安全，行政改革，司法改革，組織犯罪およびテロとの戦い，移民問題，教育などでの取り組みを後押ししている。

北大西洋条約機構（NATO）

○英：North Atlantic Treaty Organization（NATO）　○仏：Organisation du Traité de l'Atlantique Nord（OTAN）　○独：Nordatlantische Vertragsorganisation

★1949年の「北大西洋条約」に基づく米欧を中心とする安全保障機構。冷戦時代はワルシャワ条約機構と対峙した。冷戦終結後にはその役割の「再定義」が行われ，地域紛争や国際テロへの対応などに活動の重点を移した。1999年にはコソボ紛争に介入。2009年春の時点ではアフガニスタンで治安維持活動を行っている。本部はブリュッセル郊外にある。09年4月にはアルバニアとクロアチアが加盟し，加盟国は28カ国に増えた。

議長国

○英：presidency of the Union　○仏：Présidence de l'Union　○独：Präsidentschaft（des Rats）der Europäischen Union

★欧州理事会（EU首脳会議）の議長国は半年ごとの輪番制であり，議題を設定し，加盟国間の合意形成に努める。直前，直後の議長国とともに3カ国でトロイカ（troika）を形成し，3カ国が協力する。

キャップ・アンド・トレード

○英：cap and trade

★温室効果ガスの総排出量を前もって設定したうえで，各国，各企業に排出枠を配分し，割り当てられた排出枠の一部を取引する仕組み。排出権取引はキャップ・アンド・トレードの代表例。排出量の割当方式には，政府が排出枠を公開入札などで販売する「オークション」と過去の排出実績に基づいて排出枠を交付する「グランドファーザリング」がある。

強化された協力

○英：enhanced cooperation　○仏：coopération renforcée　○独：Verstärkte Zusammenarbeit

★「緊密な協力（closer cooperation）」が改正され，ニース条約の下で，加盟国の数にかかわらず，8カ国の賛成で先行して，政策統合に向けた手続きを開始できるようになった。他の加盟国には拒否権なし。共通外交安全保障政策（CFSP）の「共同行動」および「共

通の立場」の実施でも，軍事，防衛分野以外で適用。強化協力，補強化協力との訳もある。

共通外交安全保障政策（CFSP）
○英：common foreign and security policy (CFSP)　○仏：Politique Étrangère et de Sécurité Commune (PESC)　○独：Gemeinsame Außen- und Sicherheitspolitik

★「欧州政治協力（European political cooperation）」を発展させ，マーストリヒト条約の下で「第2の柱（second pillar）」として政府間協力の枠組みで実施されている。第1の柱は経済中心の「共同体事項」。アムステルダム条約の下で，共通外交安全保障政策の「上級代表」ポストが設置され，元NATO事務総長のソラナ氏が就任した。

共通漁業政策（CFP）
○英：Common Fisheries Policy (CFP)　○仏：Politique Commune de la Pêche (PCP)　○独：Gemeinsame Fischereipolitik

★魚介類の最低価格の設定と財政支援により域内の漁業を振興するとともに，水産資源を管理するため漁獲目標を設定する。EU周辺では北海漁場やアイルランド沖漁場など有望な漁場が多数あり，域内では漁業に約26万人が従事している。ただ，域内総生産（GDP）に占める割合は1％未満と低い。

共通通商政策（CCP）
○英：common commercial policy (CCP)　○仏：Politique Commerciale Commune (PCC)　○独：Gemeinsame Handelspolitik

★ローマ条約に規定された共通政策。まず，関税同盟が1968年に完成した。共通関税以外の共通通商政策の柱は反ダンピング（不当廉売）課税や輸入数量規制策，不当な補助金政策に対抗する相殺関税（countervailing duties），セーフガード（緊急輸入制限）制度だ。サービス貿易や知的所有権も共通通商政策でカバーしている。

共通農業政策（CAP）
○英：common agricultural policy (CAP)　○仏：Politique Agricole Commune (PAC)　○独：Gemeinsame Agrarpolitik

★ローマ条約に明記された共通政策。戦後，欧州の食料難を克服するために農業生産性を向上させて，農産物の供給を確保することが当初は主目的だった。そのための手段として，1960年代に農産物支持価格および介入買い上げ方式，輸入課徴金および輸出払戻金の制度が採用され，CAPは"離陸"した。その後，1980年代には過剰生産・在庫の問題が生じるとともに，農業予算がEU全体の予算の過半を占めるようになり，1990年代以降，数度にわたり改革が実行された。

共通の戦略
○英：common strategy　○仏：stratégie commune　○独：Gemeinsame Strategie

★EU加盟国が重要事項について，閣僚理事会の勧告を受けて，欧州理事会において全会一致で採択するもの。閣僚理事会は共通の戦略に基づいて，特定多数決により，「共通の立場」や「共同行動」を採択する。最初の共通戦略は1995年，対ロシア関係において打ち出された。

共同統合任務部隊（CJTF）
○英：combined joint task force (CJTF)　○仏：Groupes de forces interarmées multinationales

★1994年1月，ブリュッセル郊外のNATO本部で開かれたNATO首脳会議で創設が決ま

った，NATOの協力を得たWEU（西欧同盟）主導の部隊。欧州諸国はNATOの装備や兵站の利用により，米地上軍が参加することなく，平和維持活動などに取り組むことが可能となった。

緊急展開欧州軍（EUROFOR）

○英：European Operational Rapid Force (EUROFOR)　○仏：Force opérationnelle rapide européenne　○独：Europäische Eingreiftruppe

★1995年5月にリスボンで開かれたWEU外相・国防相理事会で創設が決まった陸上部隊。フランス，イタリア，スペイン，ポルトガルの合同軍で，イスラム原理主義集団のテロ活動などに対する共同防衛や地中海地域の危機への対応などが任務。海上部隊として欧州海洋軍（European Maritime Force=EUROMARFOR）も創設された。

均質化基準　→収斂基準

金融サービス行動計画（FSAP）

○英：Financial Services Action Plan (FSAP)　○仏：Plan d'Action pour les Services Financiers (PASF)　○独：Aktionsplan für Finanzdienstleistungen

★欧州委員会が1999年5月に打ち出した。対象期間は1999-2005年。同計画の3つの戦略目標は，①単一金融卸売市場の完成，②リテール（小売）金融サービスのためのオープンで安全な市場の構築，③EU金融市場の継続的な安定性の確保。

金融サービス政策白書2005-2010

○英：White Paper on Financial Policy 2005-2010　○仏：livre blanc sur la politique financière 2005-2010　○独：Weißbuch zur Finanzdienstleistungspolitik für die Jahre 2005-2010

★欧州委員会が2005年12月に策定した，2010年までを対象とする新たな金融サービス政策。投資ファンドをめぐる環境と金融リテール・サービスの改善などを挙げている。

空席政策

○英：empty chair policy　○仏：politique de la chaise vide　○独：Politik des leeren Stuhls

★1965-66年にかけてフランスがEECの独自の財源確保と欧州議会の権限強化に反対して代表を送らなかった政策。これによりEECの審議が空転した。

空洞化──アウトソーシング

○英：hollowing out, outsourcing　○仏：délocalisation, externalisation　○独：outsourcing, Auslagerung

★「産業の空洞化」ともいう。より低コストでの生産を実現するために，国内で操業していた工場を閉鎖し，低賃金の労働者を雇用できる海外へ工場を移転すること。アウトソーシングは企業が非中核分野を外注すること。

グルンドヴィ・プログラム

○英：The Grundtvig programme　○仏：programme Grundtvig　○独：Grundtvig-Programm

★「ソクラテスⅡ」の1つで，中途退学，あるいはその他の理由で普通教育が不充分なまま社会に出た成人の能力向上を目指す普通教育プログラム。2007年より「生涯学習プログラム」に統合。グルンドヴィ (Nikoli Frederik Severin Grundtvig, 1783-1872) は，デンマークの牧師で著述家。人間は，生涯にわたり現実生活に即した方法で教育の機会を与えられ

るべきとするその思想・実践から，成人教育の先駆者とみなされている。

クレジット・デフォルト・スワップ（CDS）
○英：credit default swap（CDS）
○仏：Dérivés sur événement de crédit
○独：Credit Default Swap

★貸付債権を直接取引することなく，その信用リスクを保証してもらうオプション取引。「ドラロジエール報告」はその清算機関を設立する必要性を指摘している。

クロス・コンプライアンス
○英：cross compliance ○仏：certification croisée ○独：anderweitige Verpflichtungen

★農業者が直接所得補償を受ける条件として各加盟国が設定する環境保全措置・食料安全基準を順守すること。

経済協力開発機構（OECD）
○英：Organization for Economic Cooperation and Development（OECD） ○仏：Organisation de Coopération et de Développment économiques（OCDE） ○独：Organisation für wirtschaftliche Zusammenarbeit und Entwicklung

★経済協力開発機構。本部はパリで，加盟国は2008年9月時点で先進国を中心に30カ国。経済成長や雇用の増大，貿易の促進や途上国援助の拡大を目的とした政策の調和を図る。欧州復興援助のためのマーシャル・プランの受け入れ機関であった欧州経済協力機構（OEEC）を改組し，1961年に発足した。毎年，5月ごろにパリの本部で開かれる閣僚会議は，その年の主要国首脳会議（サミット）の前哨戦と位置付けられる。

（欧州）経済社会評議会（EESC）
○英：European Economic Social Committee（EESC） ○仏：Comité Économique et Social Européen（CESE） ○独：Europäische Wirtschafts- und Sozialausschuss（EWSA）

★欧州石炭鉄鋼共同体（ECSC）運営協議のため，1958年発効のローマ条約で設立された。現在の委員は，国別と所属別の基準で全加盟国から選出されている。任期は4年。経営者グループ，労働組合グループ，さまざまな利害グループの3つのグループから形成されている。欧州委員会は政策提言を閣僚理事会に送る前に同評議会に諮る。諮問分野は，①市場統合および生産と消費，②交通，エネルギー，インフラストラクチャー，情報社会，③農業および農村地域の発展と環境，④経済通貨同盟と経済社会統合，⑤雇用，社会問題，市民権，⑥対外関係。

経済通貨同盟／経済通貨統合
→ EMU

警察・司法協力（PJCC）
○英：Police and Judicial Co-operation in Criminal Matters（PJCC） ○仏：coopération policière et judiciaire en matière pénale ○独：polizeiliche und justizielle Zusammenarbeit in Strafsachen

★マーストリヒト条約の「列柱構造」における第3の柱である「司法・内務協力」のうち，不法移民や国境審査，査証，亡命および民事に関わる司法協力の領域が，アムステルダム条約において，第1の柱である「EC」の管轄に移されたため，第3の柱は「警察・刑事司法協力」に特化するようになった。その目的は「自由・安全・司法の領域」の確保にある。

刑事事項における警察・司法協力
→警察・司法協力

ゲートウェー・トゥ・ジャパン
○英：EU Gateway to Japan

★日本市場に参入しようとする EU 企業を支援するキャンペーン。1994年から2006年まで三次に分けて実施され，EU 企業による貿易ミッションの対日派遣，日本での国際見本市への参加，市場調査の無料提供などを実施してきた。その成果を踏まえて，2008年6月に新キャンペーン「EU ゲートウェープログラム」が始まった。

結束基金　→格差是正基金

言語重点活動
○英：promotion of language learning
○仏：promotion de l'apprentissage des langues　○独：Förderung des Sprachenlernens

★EU の「生涯学習計画」のうち複数の領域にまたがる横断的な計画（transversal program）として設定された4つの重点活動（2007-）の2番目。言語学習・教育の支援を目的とする。

言語のための欧州共通参照枠：学習・教授・評価（CEFR）
○英：Common European Framework of Reference for Languages: Learning, Teaching, Assessment (CEFR)　○仏：Cadre Européen Commun de Référence pour les langues: apprendre, enseigner, évaluer (CECR)　○独：Gemeinsame Europäische Referenzrahmen für Sprachen: Lernen, lehren, beurteilen (GER, GERS)

★欧州会議（欧州評議会）が2001年に刊行した文書。異言語学習および教育，また言語能力に関して，個別の言語を超えた共通の指標や基準を提示する。

ゲンシャー・コロンボ提案
○英：Genscher-Colombo initiative
○仏：initiative diplomatique Genscher-Colombo　○独：Genscher-Colombo-Initiative

★独伊両国の政府は1981年11月，ゲンシャー独外相とコロンボ・イタリア外相が共同で起草した，EC 加盟国間での外交・安全保障政策の緊密化や欧州議会の権限強化，閣僚理事会での特定多数決の一層の活用などを提案する報告書を欧州議会で発表した。停滞する欧州統合を活性化するのが狙いで，その後，1983年6月のシュツットガルト欧州理事会で採択された「欧州連合に関する厳粛なる宣言」として実を結んだ。

建設的棄権
○英：constructive abstention (positive abstention)　○仏：Abstention constructive (abstention positive)　○独：Konstruktive Enthaltung (positive Enthaltung)

★EU の共通外交安全保障政策（CFSP）において，CFSP の対象拡大と一部の政策決定について，賛成国だけが実施義務を負い，棄権国は義務を免除されること。1997年のアムステルダム条約で決まった。

構造基金
○英：structural fund　○仏：Fonds structurel　○独：Strukturfonds

★域内の地域間格差を是正する構造政策（地域支援政策）を実施するための基金。援助部門は，①後進地域，②産業衰退地域，③長期失業対策，④産業構造の変化への適合，⑤ a.

23

共通農業政策および共通漁業政策の支援，b. 遠隔地域，に5分割されている。

公用語
○英：official language　○仏：langue officielle　○独：Amtssprache

★EUでは加盟国の独自性と文化の多様性が尊重されており，全加盟国の公用語がEUの公用語となっている。2007年1月1日現在の公用語は23言語。それらは英語，フランス語，ドイツ語，イタリア語，スペイン語，ポルトガル語，オランダ語，デンマーク語，スウェーデン語，ギリシャ語，フィンランド語，ポーランド語，ハンガリー語，チェコ語，スロバキア語，スロベニア語，リトアニア語，ラトビア語，エストニア語，マルタ語，ブルガリア語，ルーマニア語，アイルランド語。このうち，アフロ・アジア語族に属するマルタ語を除き，すべてインド・ヨーロッパ語族に属している。加盟国数（2007年初めの時点で27カ国）と一致しないのは，オーストリアでドイツ語，キプロスでギリシャ語が使用されているなどの事情がある。

国際会計基準（国際財務報告基準，IFRS）
○英：international financial reporting standards (IFRS)　○仏：normes internationales d'information financière　○独：internationale Rechnungslegungsvorschriften

★EUなど100カ国・地域が既に採用している企業会計ルールで世界のスタンダードになる可能性が強まっている。主な内容としては，企業の合併・買収（M&A）では，買収企業と被買収企業の資産は時価で評価。海外子会社の会計処理については，海外子会社を含め，グループ会社はすべて国際会計基準に統一される。また，特別目的会社の連結決算に関しては，支配関係があればすべて連結対象となる。

国際会計基準審議会（IASB）
○英：International Accounting Standards Board (IASB)　○仏：Bureau des standards comptables internationaux　○独：Internationales Gremium von Rechnungslegungsexperten

★企業会計ルールの国際基準づくりを担う審議会で，欧州が主導。グローバル・スタンダード（世界標準）の確立を目指している。本部はロンドン。

国際人権規約
○英：International Covenants on Human Rights　○仏：Conventions internationales des droits de l'homme　○独：Internationaler Pakt über bürgerliche und politische Rechte

★世界人権宣言の内容を条約化した。人権諸条約で最も基本的かつ包括的なもの。社会権規約（国際人権A規約）と市民的および政治的権利に関する規約（国際人権B規約）に分かれる。1966年の第21回国連総会で採択され，1976年に発効した。

国際治安支援部隊（ISAF）
○英：International Security Assistance Force (ISAF)　○仏：Force Internationale d'Assistance et de Sécurité (FIAS)　○独：internationale Sicherheitsunterstützungstruppe

★アフガニスタンの治安維持を担当する北大西洋条約機構（NATO）主導の多国籍軍。ドイツなどEU諸国の軍隊が主体で，37カ国から約4万人が派遣されている。当初は首都カブール一帯で活動していたが，その後，アフ

ンゴル，イラン，インド，パキスタンが準加盟国。

シューマン・デー
○英：Schuman Day ○仏：Journée Schuman ○独：Europatag

★1950年5月9日に当時のフランス外相，ロベール・シューマンが欧州石炭鉄鋼共同体（ECSC）の創設を提唱したことから，毎年5月9日が「シューマン・デー」と決められ，事実上のEU創設記念日となった。「ヨーロッパ・デー(Europe Day)」とも言われる。

シューマン・プラン
○英：Schuman Plan ○仏：plan Schuman ○独：Schuman-Plan

★1950年5月9日にフランスのロベール・シューマン外相が同国外務省で発表した，フランスと西ドイツ（当時）の石炭と鉄鋼のすべての生産を欧州諸国が運営する合同最高機関のもとに置く計画。1951年4月の欧州石炭鉄鋼共同体（ECSC）の設立につながった。

収斂（均質化，コンバージェンス）基準
○英：convergence criteria ○仏：critères de convergence ○独：Konvergenzkriterien

★欧州経済通貨統合（EMU）に参加するための条件。すなわち，①過去1年間，消費者物価上昇率が最も低い3カ国の平均値プラス1.5%以内である，②為替相場は，少なくとも2年間，為替相場メカニズム（exchange rate mechanism=ERM）の許容変動幅内にあって，切り下げがないこと，③金利については過去1年間，インフレ率が最も低い3カ国の長期金利の平均値プラス2%以内であること，④財政赤字は国内総生産（GDP）の3%以内であり，公的累積債務はGDPの60%以内であることだ。収斂（均質化）基準には成長率や失業率など実体経済面での指標は含まれていないのが特徴。

主要20カ国・地域グループ（G20）
○英：Group of 20 major countries and region（G20） ○仏：groupe des vingt（G20） ○独：Gruppe der 20 wichtigsten Industrie- und Schwellenländer

★主要8カ国（米国，日本，ドイツ，英国，フランス，イタリア，カナダ，ロシア）に新興国11カ国（中国，インド，ブラジル，メキシコ，アルゼンチン，南アフリカ，オーストラリア，トルコ，サウジアラビア，韓国，インドネシア）および欧州連合（EU）で構成。世界的な金融危機への対応を話し，G20の「金融サミット」が08年11月にワシントンで，09年4月にロンドンで開かれた。

少数言語欧州憲章　→地域言語または少数言語のための欧州憲章

消費者政策戦略文書
○英：Consumer Policy Strategy of the EU（2007-2013） ○仏：stratégie communautaire en matière de politique des consommateurs pour la période 2007-2013 ○独：Verbraucherpolitische strategie der EU（2007-2013）

★対象時期は2007-2013年。成長と雇用，市民の関係を重視，そのうえで①消費者に正確な情報を提供し，市場の透明性および信頼性を高めることによって，「より強い消費者」をつくる，②価格，選択，品質，多様性，安全性，購入しやすさなどの観点から消費者の満足感を高める，③個人では対処できないような危険，脅威から消費者を効果的に保護する，という3つの目標を掲げている。

指令
○英：directive　○仏：directive　○独：Richtlinie

★EU法令の一形式。加盟国は適用に際して、国内立法措置への置き換え（transposition）が必要となる。

新機能主義
○英：neo-functionalism　○仏：néo-fonctionalisme　○独：Neofunktionalismus

★欧州統合において、一挙に達成することは不可能であるとの認識から、経済や技術など機能的な特定部門について、加盟国の主権の一部を超国家機関に移譲して部分統合を進め、それがスピルオーバー（波及）して、最終的に政治統合を土台にした「欧州連邦」が建設できるという理論。「非政治的な領域での協力関係が強まり、徐々に政治的領域に波及していく」いう考え方を「スピルオーバー仮説」と呼んでいる。

シングル・ヨーロピアン・スカイ（SES）
○英：single European sky（SES）

★EUが「空の安全」と航空量のニーズを満たすために2004年4月から実施している野心的な欧州空域の改編措置。技術および手続きに関するルールの調和と欧州全体に統一した航空交通管理（ATM）システムを発展させることも狙っている。

新自由主義
○英：neo-liberalism　○仏：néo-libéralisme　○独：Neoliberalismus

★市場原理主義に基づく経済面での自由主義。小さな政府や均衡財政、公営事業の民営化、規制緩和による競争促進、福祉・公共サービスの縮小、市場の対外開放などを柱としており、1980年代にレーガン米大統領やサッチャー英首相が打ち出した経済政策に大きな影響を与えた。日本では1990年代から21世紀初頭にかけて「小泉改革」などにより、新自由主義色の濃いさまざまな政策が実施され、「格差社会」につながったとの見方もある。世界的には経済のグローバル化を後押ししたが、2008年の世界金融危機の勃発で、その功罪を改めて問い直す機運が高まっている。

新大西洋アジェンダ
○英：New Transatlantic Agenda（NTC）
○仏：Nouvel agenda transatlantique
○独：Neue Transatlantische Agenda

★1995年12月の米・EU首脳会談で署名された米欧間の新たな協力関係の基本的な枠組みをうたった文書。世界平和の実現や地球環境問題などグローバル・イッシューへの対応、世界貿易の拡大と「新大西洋市場（New Transatlantic Marketplace）」の構築などが中心となっている。

西欧同盟（WEU）
○英：Western European Union（WEU）
○仏：Union de l'Europe Occidentale（UEO）　○独：Westeuropäische Union

★英国、フランス、ベルギー、オランダ、ルクセンブルクの5カ国が1948年に相互防衛を目的として調印したブリュッセル条約によって成立した同盟。1954年には拡大ブリュッセル条約によってWEUは改組拡大され、西独とイタリアが加わった。2000年12月のニース欧州理事会でWEUの主要任務組織はEUへの移管が決まった。2002年1月にWEUの安全保障研究所と衛星センターがEUに移管された。ただ、WEU機構自体は形骸化しつつも事務局などは残っている。

税制パッケージ
○英:taxation package ○仏:forfait de taxes ○独:Maßnahmenpaket zur Bekämpfung des schädlichen Steuerwettbewerbs

★1997年に採択された「有害な税制に関する競争の防止策のパッケージ（税制パッケージ）」。法人課税に対する行動規範や共通利子課税の設定などが柱。

セーフガード（緊急輸入制限）
○英:safeguard ○仏:sauvegarde ○独:Absicherungsmaßnahmen

★ある製品の輸入が短期間に急増し、自国内（域内）の関連産業に悪影響が及ぶことが懸念される場合にWTOによって発動が認められている緊急輸入制限のための措置。

世界EU学会
○英:Global Jean Monnet Conference ○仏:Conférence mondiale Jean Monnet ○独:Weltkonferenz des Studienverbandes der Europäischen Gemeinschaft

★世界のEU研究者が毎年秋にブリュッセルの欧州議会ビルに集って開かれる大会。欧州委員会教育文化総局が主催。ECSA World Conferenceとも呼ぶ（ECSAはEuropean Community Study Associationの略）。Jean Monnet（ジャン・モネ、1888-1979）は「欧州統合の父」と呼ばれるフランス人政治家・実業家。

世界貿易機関（WTO）
○英:World Trade Organization（WTO） ○仏:Organisation Mondiale du Commerce（OMC） ○独:Welthandelsorganisation

★無差別・自由原則の下で戦後の世界貿易においてルールづくりを進め、合意されたルールを加盟各国・地域に順守させてきた関税・貿易一般協定（GATT）の後継機関であり、1995年に発足した。本部はジュネーブ。WTOの下で2001年に始まったドーハ・ラウンド（新多角的貿易交渉）は農業分野でこう着状態が続いている。

CEFR →言語のための欧州共通参照枠
（セファール）

全欧安保協力会議（CSCE）
○英:Conference on Security and Cooperation in Europe（CSCE） ○仏:Organisation pour la Sécurité et la Coopération en Europe（OSCE） ○独:Konferenz für Sicherheit und Zusammenarbeit in Europa（KSZE）

★「欧州安全保障協力会議」との訳もある。1972年に発足、1975年には欧州の国境不可侵と安全保障・経済協力、人的交流や情報の普及などを約束した「ヘルシンキ宣言」を採択した。その後、宣言の再検討会議が三度行われ、冷戦終結を受けた1990年11月19-21日にパリ凱旋門近くのクレベール国際会議センターで行われた首脳会議では「新欧州のためのパリ憲章」の調印が行われた。1995年に欧州安全保障協力機構（Organization for Security and Cooperation in Europe=OSCE）に変更した。2008年時点で56カ国が加盟。事務局はウィーンに置かれている。

ソーシャル・ヨーロッパ
○英:Social Europe ○仏:Europe sociale ○独:soziales Europa

★欧州統合の社会的側面。経済政策と社会政策を並行して推進する必要性を強調する。

ソクラテス・プログラム
○英：Socrates Programme ○仏：(programme) Socrates ○独：Sokrates-Programm

★初等から高等段階までの学校教育，社会人教育での普通教育推進を欧州次元で図る統合的プログラム。教育の質の改善を通じ「知識基盤型社会」への対応，「欧州教育圏」の創出を目指す。第Ⅰ期：1995-99，第Ⅱ期：2000-06。2007年以降は職業教育分野と共に「生涯学習プログラム」に統合。ソクラテス（Socrates, 470-399 B.C.）は古代アテナイの哲学者。

ソフト・パワー
○英：soft power ○仏：soft power/puissance douce ○独：Soft Power/weiche Macht

★米ハーバード大学のジョセフ・ナイ教授が提唱した概念で，国家が軍事力など対外的な強制力を伴うハード・パワー（hard power）に依拠せず，その国の外交力や文化・政治的価値などに対する支持や理解を通じて共感を得て，国際社会の信頼を獲得する能力のこと。「民生力（civilian power）」ともいう。オバマ米大統領はソフト・パワーとハード・パワーを組み合わせたスマート・パワー（smart power）の必要性を強調している。

ソラナ報告
○英：Solana Report (A secure Europe in a better world：European security strategy) ○仏：rapport Solana ○独：Solana-Papiere (Europäische Sicherheitsstrategie: Ein sicheres Europa in einer besseren Welt)

★ソラナEU共通外交安全保障政策（CFSP）上級代表が2003年12月に発表した『よりよい世界における安全な欧州―欧州安全保障戦略』の略称。EUが発表した初めての独自の安全保障戦略。EUが「世界における戦略的なパートナー」の役割を果たすことと欧州の安全保障戦略をマルチラテラリズムの枠組み内で位置付けることの重要性を説いた。そして，テロリズム，大量破壊兵器の拡散，世界各地での地域紛争，組織犯罪など広範かつグローバルな範囲の脅威に備える「予防外交」とともに，情報，警察，法律，軍事などさまざまな分野における「予防的関与（preventive engagement)」の必要性を強調した。

た

第二次銀行指令
○英：Second Banking Act ○仏：Seconde acte bancaire ○独：Zweite Banken-Richtlinie

★1993年から単一銀行免許を導入し，域内の一国で免許を持っていれば，他の加盟国でも営業を可能にし，本国の監督官庁のコントロールだけを受けること（母国主義）を可能にする指令。

太平洋共同体（PC）
○英：the Pacific Community (PC) ○仏：Communauté du Pacifique ○独：Pazifischen Gemeinschaft

★太平洋の島嶼国を中心とする地域協力機構。1947年2月に設立された南太平洋委員会（SPC）の加盟国がそのまま継承される形で1998年2月に発足した。本部はニューカレドニアのヌメア。オーストラリア，ニュージーランドのほかに，フィジー，キリバス，ニューカレドニア，ツバルなど太平洋島嶼国および米国，フランスの26カ国・地域で構成する。経済・社会分野での援助，訓練事業を推進する。

脱原発政策

○英：denuclearization policy　○仏：politique de dénucléarisation　○独：Atomausstieg

★段階的に原発を廃止する政策。ドイツが2020年までに段階的に原発を廃止する方針を打ち出し，脱原発政策で先頭を切っている。ただ，地球温暖化問題への対応で，風力や太陽光発電などの再生可能エネルギーのシェアの急速な拡大が望めない中，当面，安全への懸念が残るものの，CO_2などの温室効果ガスを排出しない「安価でクリーンな」原発に依存せざるを得ない状況となっている。英国やフィンランドなどは新たな原発建設計画を打ち出した。08年の欧州委世論調査によると，原発支持，同反対は各45％と拮抗している。

ダビニョン報告

○英：Davignon report　○仏：rapport Davignon　○独：Davignon-Berichts

★1970年10月27日，ルクセンブルクで開かれたEC外相理事会が採択した，外交政策面での協力を通じて政治統合の促進を目指すことを内容とする報告書。ベルギー外務省のエチエンヌ・ダビニョン（Étienne Davignon）が同報告書づくりで中心的な役割を果たした。

WEU（西欧同盟）差し出し戦力
（ダブリュイーユー）

○英：Force answerable to WEU（FAWEU）　○独：WEU zugeordnete Streitkräfte

★1993年6月のWEUローマ首脳会議で創設が決まった。具体的な差し出し戦力としては，欧州軍団Eurocorps（独仏，ベルギー，スペイン），英蘭水陸両用軍，中欧多国籍師団の3部隊を設定した。

ダブリン財団

○英：European Foundation for the Improvement of Living and Working Conditions（Dublin Foundation）　○仏：Fondation européenne pour l'amélioration des conditions de vie et de travail　○独：Europäische Stiftung zur Verbesserung der Lebens- und Arbeitsbedingungen

★正式名は欧州生活労働条件改善財団。欧州委員会の外郭団体で，アイルランドのダブリンにあるので「ダブリン財団」と呼ばれる。

ダルフール紛争

○英：Darfur conflict　○仏：guerre civile au Darfour　○独：Darfur-Konflikt

★アフリカ・スーダン西部のダルフールで2003年から続いているイスラム教徒同士の紛争。最大30万人が死亡，245万人が難民となり，「世界最悪の人道危機」と呼ばれる。

単一欧州議定書（SEA）

○英：Single European Act（SEA）　○仏：Acte unique européen（AUE）　○独：Einheitliche Europäische Akte

★1987年7月に発効した議定書で，共同体3条約を改正し，「物，人，資本，サービスの自由な移動が保証された域内国境のない領域」である域内市場を1992年末までに完成するという期限を設定した。さらに，欧州政治協力（EPC）事務局の常設化や通貨統合の完成，環境政策の導入などが盛り込まれた。

男女機会均等政策（ジェンダー政策）

○英：gender equality policy　○仏：politique d'égalité entre les hommes et les femmes　○独：Gleichstellungspolitik

★EUは男女機会均等政策（ジェンダー政策）において3本柱から成る総合的アプロー

チを採用している。3本柱とは法制，ジェンダー主流化アプローチ（mainstreaming），ポジティブ・アクションだ。ポジティブ・アクションは，女性のための採用枠の保証などにより女性の不利益を積極的に是正する，米国のアファーマティブ・アクションに似ている。

単独行動主義（ユニラテラリズム）
○英：unilateralism　○仏：unilatéralisme

★超大国の対外政策に見られる「国益最優先主義」で，国際的協調のための枠組みの蹂躙につながる。京都議定書からの離脱や国連安全保障理事会の「お墨付き」を得ないで踏み切ったイラク攻撃など，米国において第一期ブッシュ政権時代（2001-04）にこの傾向が顕著にみられた。この反対が「多国間協調主義（multilateralism）」。

タンペレ・プログラム
○英：Tampere Programme　○仏：programme de Tampere　○独：Tampere-Programm

★1999年10月にフィンランドのタンペレで開いた欧州理事会で採択された，EU共通移民政策の構築に向けたプログラム。対象年は1999-2004。その中で，移民問題に取り組む基本理念として，①人道的，経済的にバランスの取れた受入れを原則とする，移民・難民の流入管理に向けた総合的アプローチの策定，②域内に既に居住する第3国民に対する公正な処遇，③送り出し国，中継国とのパートナーシップ，④ジュネーブ条約などの国際条約を尊重した共通の難民保護政策の確立，を打ち出した。

地域言語または少数言語のための欧州憲章
○英：Charter for Regional or Minority Languages　○仏：Charte européenne des langues régionales ou minoritaires　○独：Europäische Charta der Regional- oder Minderheitensprachen

★欧州の伝統的な地域言語および少数言語を保護するための条約。欧州会議（欧州評議会）で1992年に採択され，1998年発効。

チェッキーニ報告
○英：Cecchini Report　○仏：rapport Cecchini　○独：Cecchini-Bericht

★1988年に発表された，1992年末を目標とする市場統合の経済的な影響について予測した報告書。イタリア人の経済学者チェッキーニ（P. Cecchini）を座長とするグループがEC委員会の要請でまとめた。報告書の正式名称は「1992年の欧州のチャレンジ——単一市場の利益」。EC12カ国で単一市場の利益は1700億-2500億 ECU（1988年価格）に上り，これは合計GDPの4.25-6.5%に相当し，最大500万人分の雇用が創出されるだろうと予測した。

鶏肉戦争（チキン・ウォー）
○英：chicken war　○仏：Guerre de poulet　○独：Hühnerkrieg

★1960年代に米国産鶏肉に対してECが高関税を課したことで起きた米欧経済摩擦。関税貿易一般協定（ガット＝GATT）の紛争処理委員会に持ち込まれた。

中距離核戦力（INF）
○英：Intermediate-range Nuclear Forces（INF）　○仏：Forces Nucléaires à portée Intermédiaire（FNI）　○独：nukleare Mittelstreckenrakete

★射程が500kmから5500kmの核ミサイル。ソ連は1980年代，西欧諸国を射程距離内とする中距離戦略核ミサイルを配備，その撤廃を西側が求め，その要求が受け入れられない場

合には西欧諸国が米国製戦略ミサイルを配備すると主張．INF交渉は1983年頃から難航した．1985年にソ連にゴルバチョフ政権が誕生すると，東西の歩み寄りがみられ，1987年にはINF全廃条約（ワシントン条約）が締結された．

駐日欧州委員会代表部
○英：Delegation of the European Commission in Japan　○仏：Délégation de la Commission européenne　○独：Vertretung der Europäischen Kommittee zu Japan

★欧州委員会の対日外交使節団．オフィスは東京都千代田区にあり，駐日代表は大使扱いで，1990年以来，新任大使は天皇陛下に信任状を皇居で奉呈している．

中米共同市場（CACM）
○英：Central American Common Market (CACM)　○仏：Marché Commun d'Amérique Centrale (MCAC)　○独：Zentralamerikanischer Binnenmarkt

★1960年に発足した中米の共同市場．加盟国はエルサルバドル，ニカラグア，ホンジュラス，グアテマラ，コスタリカの5カ国．

デカップリング
○英：decoupling　○仏：découplage　○独：Abkopplung

★CAP（共通農業政策）の下で農業生産規模と補助金額の連携を切り離すこと．生産によって環境にダメージを与えている営農から環境保護志向の営農へ，言い換えれば生産へ環境保護を統合することに貢献するとされる．

ドイツのアジェンダ2010
○英：Agenda 2010　○独：Agenda 2010

★2003年3月にドイツのシュレーダー首相が打ち出した，同国の包括的な社会制度改革計画．企業活動の阻害要因となっている労働市場や社会保障制度のあり方を見直し，経済の競争力回復を目指す．失業保険給付期間の短縮や，解雇手続きの簡素化などを含む．

東方外交
○英：Eastern Policy　○仏：Ostpolitique　○独：Ostpolitik

★1967年，西ドイツのブラント外相（後に首相）がイニシアチブを取って，東ドイツを含む東欧諸国との関係正常化を求めて始めた，東側諸国への接近政策の総称．欧州の緊張緩和（デタント）に結び付いた．

東方パートナーシップ
○英：Eastern Partnership　○仏：Partenariat de l'Union européene à l'Est　○独：Östliche Partnerschaft

★EUが2009年5月，旧ソ連6カ国（ウクライナ，ベラルーシ，モルドバ，グルジア，アゼルバイジャン，アルメニア）との政治経済関係を強化するために構築した枠組み．EU近隣の東方地域の民主化や政治的安定，エネルギー供給の安定化などを後押しする．ロシアのメドベージェフ大統領は「反ロシアの連携を強めることになる」と反発している．

特定多数決
○英：qualified majority voting (QMV)　○仏：vote à la majorité qualifié　○独：Abstimmung mit qualifizierter Mehrheit

★加重多数決とも言う．加盟国の人口などを考慮した1国当たりの持ち票（加重票）に基づく投票方法．全会一致に比べて，可決が容易になるのでEU機関では対象領域が拡大している．大まかに言えば，全体の票の約3分の2を確保すれば足りる議決方式．

ドーハ開発アジェンダ（ドーハ・ラウンド）
○英：Doha development agenda　○仏：agenda de Doha pour le développement　○独：Doha-Entwicklungsagenda

★世界貿易機関（WTO）の新多角的貿易交渉（ドーハ・ラウンド）の正式名称。2001年に中東カタールの首都ドーハで行われた閣僚会議で開始が決まり、翌年にスタートしたことから「ドーハ」の名前が付いている。焦点の農業分野で先進国と新興国の対立が解けず、交渉は本稿執筆時点（2009年6月現在）で8年目に入っている。

ドラロジエール報告
○英：De Larosière Report　○仏：Rapport de Larosière　○独：De Larosière-Bericht

★欧州委員会は2008年11月に、ドラロジエール元国際通貨基金（IMF）専務理事を座長とする作業部会に欧州金融市場の改革について諮問、同作業部会は09年2月末に31項目からなる提言をまとめた。報告書の本文は、①金融危機の原因分析、②（欧州の）政策、規制面の改革、③EUの金融監督システムの改革、④グローバルな改革、の4章からなる。

トランス・アトランティック・ビジネス・ダイアローグ
○英：Trans Atlantic Business Dialogue (TABD)　○仏：dialogue d'affaires trans-atlantiques

★米国とEU域内のビジネスパーソンが、グローバル経済の中で成長とイノベーションを促進するための大西洋をまたぐ自由貿易促進策を話し合う目的で1995年に創設された、協議の枠組み。米欧間の貿易障壁を段階的に削減・廃止することを目指すとうたった、1995年の「新大西洋アジェンダ（New Transatlantic Agenda = NTA）」に基づいている。

トランス・ヨーロピアン・ネットワーク（TEN）
○英：Trans European Network（TEN）　○仏：réseaux trans-européens

★欧州横断輸送網。市場統合を具体的に促進するための共通基盤を整備する方策としてマーストリヒト条約に規定されている。1994年のエッセン欧州理事会で14件のプロジェクトが採択され、その半分以上が鉄道網の改善に関わっている。

ドロール白書
○英：Delors White Paper　○仏：Livre blanc Delors　○独：Delors-Weißbuch

★1993年12月のブリュッセル欧州理事会に提出された「成長、競争力、雇用―21世紀に向けての挑戦と方策」と名付けられた文書の通称。労働市場の硬直性を構造的な失業の原因とし、労働市場の柔軟性を高め、企業の競争力を強化する措置を提言した。

ドロール・パッケージ
○英：Delors Package　○仏：Paquet Delors　○独：Delors-Paket

★欧州統合の「中興の祖」と呼ばれるEC/欧州委員会のドロール委員長が在任中に打ち出した、EUの中期財政計画。最初が「ドロール・パッケージⅠ」で1988-92年が対象。域内市場統合の推進と毎年ごとの研究開発計画の統合が柱だった。続いて、欧州通貨統合第3段階の開始に備えてまとめられたのが1993-96年を対象とする「ドロール・パッケージⅡ」。

ドロール報告
○英：Delors Report　○仏：rapport du co-

mité Delors　　○独：Delors-Bericht

★ジャック・ドロール EC 委員会委員長をトップとする「経済通貨同盟検討委員会」が1989年4月に全会一致でまとめた，資本移動の自由化，経済収斂（均質化）の促進，そして単一通貨の導入という3段階を経て，通貨同盟を実現すべきだという内容を盛り込んだ報告書。2カ月後のマドリード欧州理事会で承認された。

な

NAFTA（北米自由貿易協定）
○英：North American Free Trade Agreement (NAFTA)　○仏：Accord de Libre-Echange Nord-Américain (ALENA)　○独：Nordamerikanisches Freihandelsabkommen

★米国，カナダ，メキシコの3カ国で北米に単一の経済圏を樹立する目的で1994年1月に発効した。当時，急速な発展を遂げていた欧州統合への米国の対抗意識の現われとみられていたが，その後，自由貿易地域の枠を抜け出るには至っていない。NAFTA 締約国3カ国の人口は合計約4億3000万人，名目 GDP は13兆3000億ドル。

南部アフリカ開発共同体（SADC）
○英：Southern African Development Community (SADC)　○仏：Communauté de développement d'Afrique australe　○独：Südafrikanische Entwicklungsgemeinschaft

★1992年8月に発足した南部アフリカの経済統合と地域の安全保障の強化を目指す地域機構。南アフリカ，タンザニア，ジンバブエ，モザンビーク，ザンビア，アンゴラなど14カ国で構成。

南米南部共同市場　→メルコスル

ニース条約
○英：Treaty of Nice　○仏：Traité de Nice　○独：Vertrag von Nizza

★2003年発効の EU の改正基本条約。アムステルダム条約では不十分だった EU 拡大に備えた政策決定方式の改正，欧州委員増，欧州議会定数増などを定めた。

西アフリカ諸国経済共同体（ECOWAs）
○英：Economic Community of West African States (ECOWAs)　○仏：Communauté Économique des États d'Afrique de l'Ouest (CEDEAO)　○独：Westafrikanische Wirtschaftsgemeinschaft

★ナイジェリア，リベリア，マリ，セネガルなど西アフリカ諸国15カ国で構成する。1975年のラゴス条約によって創設され，加盟国の生活水準の向上や経済的安定などが目的。首脳会議や閣僚会議などを開催。事務局はアビジャン。

二重多数決
○英：double majority　○仏：double majorité　○独：Doppelte Mehrheit

★リスボン条約に盛り込まれている欧州理事会および理事会における特定多数決の決定方式。加盟国数が55％（ただし15カ国）以上かつ加盟国人口が EU 人口の65％以上との2条件を満たさなければならない。2014年10月31日まではニース条約に基づく三重多数決制（国別持ち票345票中255票以上＋加盟国の過半数＋全人口の62％以上）による。二重多数決制が実施されるのは2014年11月1日からの予定。ただ，2014年11月1日から2017年3月31日までは経過期間であり，理事会構成員は従

来の三重多数決制による議決を要請することができる。

2段階統合方式
○英：two-speed Europe　○仏：Europe à deux vitesse　○独：Europa der zwei Geschwindigkeiten

★欧州統合で，準備が整った加盟国のグループが先行し，他の加盟国が後から追い付くという2段階で行う方式。ニース条約の下での「強化された協力（enhanced cooperation）」も2段階統合方式の一形態。

日・EC 共同宣言（ハーグ宣言）
○英：Japan-European Community Joint Declaration (Hague Declaration)　○仏：Déclaration conjointe sur les relations entre la Communauté Européenne et ses états-membres et le Japon (Déclaration de La Haye)　○独：Gemeinsame Erklärung zu den Beziehungen zwischen der Europäischen Gemeinschaft und ihren Mitgliedstaaten und Japan (Erklärung von Den Haag)

★1991年7月18日，ハーグで開かれた日・EU首脳会議で発表された。1970年代から続いていた激しい経済摩擦を解決するとともに，政治，経済，科学，文化など広範な分野で協力と対話を狙ったもので，「日・EC 新時代」の幕開けを印す。正式名称は「日本と欧州共同体（EC）およびその加盟国との関係に関するハーグにおける共同宣言」。

日・EU 協力のための行動計画
○英：Action Plan for EU-Japan Cooperation　○仏：Plan d'action pour la coopération entre la Communauté Européenne et le Japon　○独：EU-Japan-Aktionsplan für Zusammenarbeit

★日・EC 共同宣言発表の10周年に当たる2001年12月にブリュッセルで開かれた日・EU首脳会議で発表された。日・EU協力関係を確固としたものにする道筋を示しており，これにより日本とEUは「成熟した関係」に入ったといえよう。正式名は「共通の未来の構築―日・EU 協力のための行動計画」。

年金フォーラム
○英：Pensions Forum　○仏：Forum des pensions　○独：Rentenforum

★欧州委員会は年金戦略で3つの優先課題を設定している。十分で持続可能な年金制度の確保と年金受給権の加盟各国間でのポータビリティー，年金制度を充実させるための施策を検討する目的で設立した諮問委員会「年金フォーラム」での議論，だ。欧州委は具体的に，高齢者が退職を先延ばしにし，働き続けるためのインセンティブの必要性を力説し，高齢者が働きやすい環境を整備するための労働市場改革を推進すべきだとしている。

は

ハーグ欧州会議
○英：Congress of Europe in Hague　○仏：Congrès de la Haye　○独：Haager Europa-Kongress

★チャーチルの呼びかけで1948年5月7-11日に，欧州統合に向けて欧州諸国間の政治協力について話し合うためにハーグで開かれた国際会議。欧州諸国から約800人が参加，その中にはミッテラン，アデナウアー，スパーク，スピネッリも含まれていた。会議は，欧州単一市場の創設を呼びかける「欧州人へのメッセージ」と欧州の政治，経済，通貨統合を訴える「決議文」を採択，その後の欧州統合運動に大きな影響を及ぼした。

ハーグ・プログラム
○英：Hague Programme　○仏：programme de la Haye　○独：Haager Programm

★2004年11月のハーグ欧州理事会で，2010年までにEU単一難民・移民認定政策の確立を目指すために採択されたプログラム。対象年は2005-2010年。

パートナーシップ協力協定（PCA）
○英：Partnership and Cooperation Agreement（PCA）　○仏：Accord de Partenariat et de Coopération（APC）　○独：Abkommen über Partnerschaft und Zusammenarbeit

★1994年にEUがロシアとの間で締結した。前文で法の支配や人権尊重の重要性，環境保護での緊密な協力，宇宙開発での協力，情報フローの改善などをうたっている。第1条では目的を，①政治対話，②貿易・投資関係の促進，③ロシアの民主化と市場経済への移行への完遂支援，④経済，社会，金融，文化の各側面での協力，⑤自由貿易圏創設のための条件整備，などと規定している。発効したのは1997年。

廃棄物管理政策
○英：waste management policy　○仏：Politique de gestion des déchets　○独：Abfallbehandlungspolitik

★EU域内では毎年約20億トンのごみが出され，その量は毎年，増え続けている。EUの第6次環境行動計画（2002-12年）では，廃棄抑制とリサイクルおよびリユース（再利用）を含む7分野の基本戦略が盛り込まれている。廃棄抑制では，製品のライフサイクルの過程全体で廃棄物の発生を抑えようとする製品統合政策（IPP）が中心的な政策として位置付けられている。

排出権取引
○英：emission trading　○仏：Echange de quotas d'émission　○独：Emissionsrechtehandel

★二酸化炭素（CO_2）など温室効果ガスを排出する権利（枠）を国や企業同士で売買する制度で「排出量取引制度」とも言う。前もって削減目標を決めておき，超過達成した企業などが達成できなかった企業などに，その分の排出枠を売ることが出来る。市場原理を活用したこの制度は，新たな温暖化対策として注目されており，EUは2005年1月から域内限定の取引を開始した。

ハセップ（HACCP）
○英：HACCP（Hazard Analysis and Critical Control Point）　○仏：Analyse des dangers et maîtrise des points critiques　○独：Gefahrenanalyse kritischer Kontrollpunkte

★食の安全確保に関連した「危害分析重要管理点」。ハサップとの表記もある。

パックス・アメリカーナ
○英：pax Americana

★米国の「支配」による平和。第一次世界大戦後の世界秩序を指す。

バラッサの経済統合理論
○英：Balassa's Theory of Economic Integration　○仏：théorie de Balassa sur l'intégration économique　○独：Theorie von Béla Balassa über wirtschaftliche Integration

★ベラ・バラッサ（Béla Balassa, 1928-1991）はハンガリー出身の国際経済学者で，米イェール大学で学んだ。地域統合研究が専門で，地域統合を①自由貿易協定（FTA），②関税同盟，③共同市場，④経済同盟（経済

政策を調整)、⑤完全な経済統合(経済政策が完全に統一され、超国家機関も設置される)の5段階に分けた「経済統合の理論」で知られる。数字が大きくなるに従い、統合度は深まるとされ、EUは現在、第4段階にあるとみられる。

バルセロナ・プロセス─地中海連合
○英:Barcelona Process-Union for the Mediterranean ○仏:Partenariat Euromed (Processus de Barcelone) ○独:Barcelona-Prozess-die Partnerschaft Europa-Mittelmeer

★1995年11月にバルセロナで開かれたEU15カ国と地中海沿岸12カ国・地域の外相会議で、対話や協力などの原則に基づいた関係の樹立で合意が成立し、これがバルセロナ・プロセスの開始を画した。目的は平和と安全、繁栄の共有。2008年5月に欧州委員会は、バルセロナ・プロセスと当時EU議長国だったフランスのサルコジ大統領が打ち出した「地中海連合」構想を合体させる文書を打ち出した。これに基づき、同年7月にパリでEU27カ国、北アフリカ・中東16カ国・地域の合計43カ国・地域の首脳会議が開かれた。

ハルメル報告
○英:Harmel Report ○仏:rapport Harmel ○独:Harmel-Bericht

★ハルメル・ベルギー外相が1967年12月にまとめた「北大西洋同盟の将来の任務に関する報告(The Future Tasks of the Alliance)」の略称。政治対話による東西関係の改善を主張した。

反ダンピング税
○英:antidumping duties ○仏:droits antidumping ○独:Antidumpingzölle

★不当廉売課税とも呼ばれる。域外からの輸入価格が域内向けに不当に低く抑えられ、それによって域内企業が損害を被っていることが立証されれば、その輸入品に対して損害分を上乗せし、ダンピングを防止するというもの。反ダンピング課税が実施されれば、当該製品の域内輸入はストップするか、非常に困難になる場合が多いとされている。

BSE(ビーエスイー)
○英:bovine spongiform encephalopathy (BSE) ○仏:Éncéphalopathie Spongiforme Bovine (ESB) ○独:Bovine spongiforme Enzephalopathie

★牛海綿状脳症と訳される。牛の脳がスポンジ状になる病気で、当初、狂牛病とも呼ばれた。1986年に英国で発見され、1990年代には同国で大流行し、英国産牛肉の輸出禁止にもつながった。その後、欧州大陸にも飛び火、日本にもBSE感染牛第1号が2001年に発見された。EU域内で食の安全に関する論議を巻き起こすきっかけとなった。

PL法(ピーエル)
○英:Product Liability Law ○仏:Loi sur la responsabilité du fabricant ○独:Produkthaftungsgesetz

★製造物責任法。製造物責任とは製品の欠陥によって、消費者その他第三者が生命・身体または財産に被害を被った場合、過失の有無に関わらず、その製造・輸入・販売に関与した事業者が負うべき損害賠償責任のこと。EUでPL法が成立したのは1985年。

東アジア共同体構想
○英:East Asia community proposal

★ASEANを中核に東アジアにEUをモデルとした共同体づくりを目指す構想。ASEAN

に日中韓の3カ国を加えた13カ国にするのか，それともさらにオーストラリア，ニュージーランド，インドも加えて16カ国とするのか最終的には決まっていない。16カ国の総人口は30億人を超え，GDPも9兆ドルに迫っている。また，米国やロシアのオブザーバー参加を認めるのかどうかも未解決。東アジア共同体づくりを目指す「東アジア首脳会議」がASEANの主催で，原則年1回，2005年から開かれている。参加国は上記の16カ国。

東アジア首脳会議（EAS）

○英：East Asia Summit（EAS）　○仏：sommet d'Asie de l'est　○独：Ostasien-Gipfel

★ASEANの主催で，原則年1回，2005年から開かれている，東アジア共同体構想について討議する首脳会議。参加国はASEAN10カ国および日中韓印豪NZの6カ国を加えた合計16カ国。

133条委員会

○英：Article 133 Committee　○仏：Comité de l'article 133　○独：Artikel-133 Komitee

★欧州連合条約（マーストリヒト条約）133条に基づいて設置された。貿易，関税に関連した分野におけるコレペールでの審議を準備する。EUの対外貿易政策作りにおいて主要な役割を果たす強力な委員会。加盟各国の貿易専門家で構成され，その"秘密主義"を批判する向きもある。

PHARE（ファール）→ポーランド・ハンガリー経済復興援助プログラム

フィード・イン・タリフ

○英：feed in tariff　○仏：tarifs de rachats bonifiés　○独：Stromeinspeisung

★一般家庭がソーラー・パネルを設置し，電力を生産した場合，これを電力会社が割増価格で買い取ることを補償する制度。ドイツで普及している。

フーシェ・プラン

○英：Fouchet Plan　○仏：Plan Fouchet

★欧州政治統合に関し，ドゴール仏大統領のイニシアチブの下で，C.フーシェを委員長とするフーシェ委員会がまとめた「政治同盟のための第1次，第2次条約案（フーシェ・プランⅠ，Ⅱ）」。フーシェ・プランⅠ（1961年）は，「諸国家の同盟」の設立を宣言し，共通外交政策の採択の実現，科学・文化領域での加盟国間の緊密な協力，人権・基本的自由と民主主義の擁護への寄与などを盛り込んでいた。このプランは加盟予定諸国によって協議が重ねられ，翌62年にフーシェ・プランⅡとして発表されたが，独仏中心の構想という色彩が濃くなり，ベルギーなどが反対し，実現には至らなかった。

フランスの週35時間労働制

○英：35-hour working week system in France　○仏：35 heures（réforme des 35 heures）　○独：35-Stunden-Woche in Frankreich

★フランスで2000年2月にワークシェアリング（労働の分かち合い）促進による雇用創出のために導入された。法定労働時間を週39時間から35時間に短縮し，短縮分で生じるとされる仕事を失業者にワークシェアリングの形で割り当てるという方策。

ブリアン覚書

○英：Briand Memorandum　○仏：Mémorandum Briand　○独：Briand-Memorandum

★フランスのブリアン（Briand）外相は1929年9月，ジュネーブの第10回国際連盟総会で「欧州連合」構想を明らかにした。そして翌1930年5月，「欧州連合」についてのいわゆる「ブリアン覚書（Briand Memorandum）」を作成，欧州の国際連盟加盟26カ国に送った。その中で欧州諸国間の一般協定の締結や欧州議会や欧州委員会などの諸機関の設立，政治的な連合を経済的な連合に優先させることなどを検討する必要性を訴えた。ただ，このブリアンの構想に各国は必ずしも好意的ではなかった。

BRICs
ブリックス

○英：BRICs

★新興経済主要4カ国である，ブラジル（Brazil），ロシア（Russia），インド（India），中国（China）の頭文字から作った。世界経済における新たなパワーであると同時に，先進国経済にとっても大市場を提供している。

ブレア・イニシアチブ

○英：Blair initiative　○仏：initiative Blair　○独：Blair-Initiative

★欧州共通防衛政策への英国の貢献を指す。1998年12月フランス北部ブルターニュ地方の港町サンマロで行われた第21回英仏首脳会議は，EU独自の安保機構を構築することに合意し，「欧州防衛に関する英仏政府共同声明」を発表した。これは英国が従来のNATO中心の姿勢を修正し，欧州の主体的防衛へ歩み寄ったことを示す。

フレクシキュリティー原則

○英：flexicurity principle　○仏：principe de flexicurité　○独：Flexicurity (Flexibilität durch Sicherheit)

★柔軟な（フレキシブル）労働市場と安定した（安定・セキュリティ）雇用を組み合わせる原則。欧州委員会は柔軟性を多面的に捉えており，職場での責任と私生活上の責任の両立だけでなく，柔軟な仕事の進め方や生産性の向上，技能の習得も視野に入れている。

フレデリング法案

○英：Vredeling Directive　○仏：directive Vredeling　○独：Vredeling-Richtlinie

★ECが1980年に提案した，多国籍企業における経営方針の公開や従業員の利益に関わる決定に際して事前の従業員への相談の義務付けなどを内容とする指令案。域内外の強い反発を受けて棚上げされた。その後，1994年に採択された欧州労使協議会に関する指令案の中で事実上，復活した。

FRONTEX　→欧州対外国境管理協力機関
フロンテックス

文化多様性条約（文化的表現の多様性の保護と促進に関する条約）

○英：Convention on the Protection and Promotion of the Diversity of Cultural Expression　○仏：Convention sur la protection et la promotion de la diversité des expressions culturelles　○独：Konvention über die Schutz und Förderung der Vielfalt kultureller Ausdrucksformen

★フランスとカナダが提出した条約案で，これにより2001年にユネスコが採択した「文化の多様性に関する宣言」が法的拘束力を持つに至った。文化的な活動などは一般的な商品と同様に扱われるべきでないと規定し，各国に独自の文化の保護・育成する権利を認めた。2005年10月にユネスコ総会で採択され，2007年3月発効。

文化的表現の多様性の保護と促進に関する条約　→文化多様性条約

文化特例
○英：cultural exception　○仏：exception culturelle　○独：kulturelle Ausnahme

★視聴覚サービスはアイデンティティー・価値観・意味等を伝えるものであり，経済的な枠組みでの議論からは除外すべきとする考え方。伝統的にフランスが主張してきた立場とされる。

文化2000プロジェクト
○英：Culture 2000　○仏：Culture 2000　○独：Kultur 2000

★マーストリヒト条約128条（アムステルダム条約151条）によりEUが文化活動を担う権限を得たことにより，EU閣僚理事会と欧州議会が欧州委員会の提言を受け2000年に採択した。市民生活の諸領域や芸術分野の国境を越えた交流，ネットワーク構築などの文化推進プログラム。支援プロジェクトには，最低3カ国からなる1年間の文化事業,5カ国以上からなり，数年にわたる文化事業，欧州次元やグローバルな次元で意義を持つ文化事業の3分野がある。当初2004年までの予定であったが2006年末まで延長された。2007年からは「文化2000」の枠組のプロジェクトに引き継がれ，2007-2013年の予定で実施されている。

米加自由貿易協定
○英：U.S.-Canada Free Trade Agreement (CFTA)　○仏：Accord de libre échange entre le Canada et les États-Unis　○独：US-Kanadisches Freihandelsabkommen

★米国とカナダの間で1989年1月に発効した自由貿易協定。NAFTAの母体となった。

米州開発銀行（IDB）
○英：Inter-American Development Bank (IDB)　○仏：Banque Interaméricaine de Développement (BID)　○独：Interamerikanische Entwicklungsbank　○西：Banco Interamericano de Desarrolly

★1959年に設立された，米州地域の経済，社会発展の促進を図る開発銀行。米国，カナダ，中南米諸国の26カ国および日英独など域外18カ国が加盟。本部はワシントン。

米州機構（OAS）
○英：Organization of American States (OAS)　○仏：Organisation des États d'Amérique (OEA)　○独：Organisation Amerikanischer Staaten

★米国，カナダ，中南米諸国の35カ国で構成する地域協力機構。米国主導の米州諸国会議を継承する形で1948年に設立された。本部はワシントン。1962年に社会主義国キューバは除名された。OAS34カ国はFTAA（米州自由貿易地域）の母体となることが期待されている。

米州自由貿易地域（FTAA）
○英：Free Trade Area of the Americas (FTAA)　○仏：Zone de Libre-Échange des Amériques (ZLÉA)　○独：Amerikanische Freihandelszone

★貿易，投資の自由化で南北アメリカを一体化させる構想。実現すれば北はアラスカから南はティエラデルフエゴに至る，総人口約8億5000万人，域内GDP合計が14兆6500億ドルの世界最大の自由貿易圏が誕生する。

平和のためのパートナーシップ（PFP）協定
○英：Partnership for Peace (PFP)　○仏：

43

Partenariat Pour la Paix (PPP) 　○独：Partnerschaft für den Frieden

★1994年にNATOが創設した，旧東側諸国との間の安全保障分野における協力拡大を目的とする個別協定。事実上，NATO加盟に向けた準備を後押しする取り決め。

ペータースベルク任務
○英：Petersberg tasks　○仏：Missions de Petersberg　○独：Petersberg-Aufgaben

★1992年に西欧同盟（WEU）がドイツ・ボン郊外のペータースベルクで開催した閣僚理事会で決めたWEUの任務で，①人道・救助任務，②平和維持活動，③危機管理における戦闘任務を含む平和創出の任務，を指す。ペータースベルク任務はその後，EUの管轄に移され（EU条約第17条2項），さらに，リスボン条約の下で範囲が拡大された（拡大ペータースベルク任務）。共同武装解除作戦，人道・救難任務，軍事的助言・支援任務，紛争予防・平和維持任務，平和回復および紛争後の安定化を含む危機管理を行う戦闘部隊任務である。

ヘッドライン・ゴール
○英：headline goal　○仏：objectif global　○独：Planziel von Helsinki

★1999年12月のヘルシンキ欧州理事会で採択された，NATOが関与しない領域での国際危機に対応するためEU主導の軍事行動を取ることを可能にする目標。EU加盟諸国は協力して，60日以内に展開可能で，少なくとも1年間の軍事行動が継続可能な5-6万人規模の部隊を2003年までに創設することを目指すというもの。2004年6月の欧州理事会では，テロや大量破壊兵器などの新たな脅威に対抗する必要性から新たな能力強化を目的とした「ヘッドライン・ゴール2010」が採択された。

ペトラ・プログラム
○英：Petra　○仏：Petra　○独：Petra

★技術革新や社会変革もあり70年代後半から80年代にかけ若年失業者が増加した欧州で，88年に開始された青少年対象の就業支援プログラム。目的は学校修了者（身障者や女性など不利を被りやすい人々を含む）に対する職業訓練の提供。1995年より「ダ・ヴィンチ」プログラムに，2007年より「生涯学習プログラム」に統合された。Action programme for the vocational training of young people and their preparation for adult and working life の略称。

包括的地中海政策
○英：Global Mediterranean Policy (GMP)　○仏：Politique Méditerranéenne Globale (PMG)　○独：Globale Mittelmeerpolitik

★ECが1972年に打ち出した，EC加盟国と地中海沿岸の非加盟国との間の貿易・援助の強化を主目的とする包括的政策。ECによる地中海沿岸非加盟国を対象とする初めての本格的政策。

ポータビリティー
○英：portability　○仏：portabilité　○独：Portabilität

★労働者が勤務先を変わっても，年金を移動継続し，通算できる制度。すなわち，前の企業で得た年金の受給権が雇用主の異なる勤務先に継続され，通算した受給権が付与される制度。

ポーランド・ハンガリー経済復興援助プログラム（PHARE）
○英：Poland and Hungary Assistance for Recovery of Economy/ Programme of Com-

munity aid to the Countries of Central and Eastern Europe (PHARE) ○仏：Pologne-Hongrie: Assistance à la Restructuration des Economies (PHARE) ○独：Gemeinschaftliches Hilfsprogramm für Länder in Mittel- und Osteuropa

★社会主義体制から市場経済への移行を目指す中欧諸国向けの経済援助。当初はポーランドおよびハンガリー向けに限定されていた。

補完性の原理

○英：principle of subsidiarity　○仏：principe de subsidiarité　○独：Subsidiaritätsprinzip

★加盟国の行動によっては目的を十分に達成できず，ECによって同じ目的がより良く達成できる場合にのみ，ECの権限行使が肯定されるという原理。ECの権限行使は，目的と手段の比例を要求する比例制原理ともあいまって，必要最小限の範囲に限定されている。

北米自由貿易協定　→ NAFTA

ボゴール目標

○英：Bogor goals　○仏：objectifs de Bogor　○独：Bogor-Ziele

★1994年にインドネシアのボゴールで開かれた第2回首脳会議で採択された。先進（加盟）国は2010年までに，途上（加盟）国は2020年までに，自由で開かれた貿易投資の達成を確約した。

北方ディメンション

○英：Northern Dimension　○仏：Dimension Nordique　○独：Nördliche Dimension

★EUがノルウェーやアイスランドなどの北欧諸国，沿バルト3国およびロシアとの間での地域交流の拡大を目指す政策。経済や教育，文化，科学交流，地球環境，地域開発などの分野での協力強化に重点を置いている。

ボローニャ・プロセス

○英：Bologna Process　○仏：Processus de Bologna　○独：Bologna-Prozess

★高等教育段階での教育・研究の質の保証とグローバルな競争力強化を求めて，1999年6月に加盟国候補を含む29カ国の教育閣僚会議（イタリア・ボローニャで開催）で，2010年までに教育内容の整備・改革，共通資格制度導入などを目指して行われた取り決めとその動きのこと。具体的には，単位互換制度の導入や，学士・修士・博士などの課程の新設・再編が行われている。

ポワチエの戦い

○英：Battle of Poitiers　○仏：Bataille de Poitiers　○独：Schlacht von Poitiers

★フランス政府は1982年，日本製のビデオテープレコーダー（VTR）の通関業務を貿易港ではなく，税関職員が2人しかいない内陸のポワチエでのみ行うと発表。732年のイスラム・ウマイヤ朝がフランク王国に侵入して起きた「ツール・ポワチエ間の戦い」に「日仏貿易戦争」をなぞられる向きもあった。

ま

マーシャル・プラン

○英：Marshall Plan　○仏：Plan Marshall　○独：Marshallplan

★1947年に米国務長官ジョージ・マーシャルが発表した無償援助供与計画で，第2次世界大戦で荒廃した欧州復興支援が目的だった。

マキラドーラ

○英：maquiladora　○西：Maquiladora de

exportacion

★カリフォルニア州に接するティファナなど，メキシコの米国との国境地帯で1965年に始まった輸出保税加工業制度。家電産業を中心に部品生産から組み立てに至る工場が多く設立され，メキシコにおける雇用創出，外貨獲得に貢献した。米企業や米国に進出しているNAFTA域外企業にとっては，米国とメキシコの国境地帯に設けられたマキラドーラ・ゾーンへ部品を運び，そこで加工した財を再度，無関税で米国市場へ持ち込めるという利点があったため，この地域には日本を含むアジアの企業や米企業の工場が密集していた。しかし，2000年11月からマキラドーラ・ゾーンの保税が廃止された上，国境地域での人件費高騰などの悪条件も重なり，同地域への投資は急激に減少した。

マクシャリー改革

○英：MacSharry Reform　○仏：réforme MacSharry　○独：MacSharry-Reform

★GATTのウルグアイ・ラウンド（多角的貿易交渉）農業交渉もにらみながら，アイルランド出身の欧州委員会農業政策担当のマクシャリー（Ray MacSharry）委員がまとめた提案に基づく1992年のCAP（共通農業政策）改革で，CAP3原則（域内単一価格，域内市場の優先，共通財源の確保）を維持しつつ，①農家に休耕や転作を条件に直接支払い制度を導入すること，②穀物や牛肉などの価格水準を3年間で約30％引き下げること，が柱だった。EUの全予算の7割前後まで占めるようになったCAP予算による財政負担問題を改善することなどが目的だったが，結果的にCAP予算の抑制には不十分だった。

南アジア自由貿易圏（SAFTA）

○英：South Asia Free Trade Area（SAF-TA）　○仏：zone de libre-échange d'Asie du Sud　○独：südasiatische Freihandelszone

★南アジア地域協力連合（SAARC）が2006年に発足させた。1995年12月に発効した，域内の関税引き下げを柱とする南アジア特恵貿易協定（SAPTA）を発展させたもの。

南アジア地域協力連合（SAARC）

○英：South Asian Association for Regional Cooperation（SAARC）　○仏：Association Sud-Asiatique de Coopération Régionale（ASACR）　○独：Südasiatische Vereinigung für regionale Kooperation

★1985年，南アジアの7カ国（インド，パキスタン，スリランカ，バングラデッシュ，ネパール，ブータン，モルディブ）がダッカで開いた首脳会議で発足させた。南アジアにおける緩やかな地域協力の枠組み。主として経済，社会，文化の各側面での協力が柱。事務局はカトマンズに設置されている。

ミネルバ・プログラム

○英：MINERVA　○仏：MINERVA　○独：MINERVA

★「ソクラテスⅡ」の一部で，ICTを幅広く学校教育・社会教育分野で活用するためのプログラム。加盟国以外の欧州諸国，トルコ，イスラエル，ロシアをもメンバーとし，教育や教員研修におけるICT活用の促進，遠隔教育の資材開発・普及のほか，共通ガイドラインのもとに各種美術・芸術作品，貴重な歴史的資料等をデジタル化し，多くの市民のアクセス可能性を高める活動も支援。ミネルバ（Minerva）は，Ministerial Network for Valorizing Activities in Digitizationの略であるが，ローマ神話の技術と職人の女神に因み命名されている。

メッシーナ決議
○英：Messina Resolution　○仏：résolution de Messine　○独：Resolution von Messina

★1955年6月、イタリア・シチリア島メッシーナで開かれた ECSC 加盟6カ国の外相会議で採択された決議で、①共同市場の創設、②欧州原子力共同体（ユーラトム、EURATOM）の創設、③運輸手段の共同開発計画作り、④ECSC 後進地域の発展を促進するため「欧州投資銀行（European Investment Bank=EIB）の設立などをうたっている。この決議に基づき、ベルギー外相スパークを委員長とするスパーク委員会が立ち上げられ、同委員会は1956年に「スパーク報告」をまとめ、経済共同体と原子力共同体の創設を呼びかけた。

メルコスル（南米南部共同市場）
○英：Southern Common Market　○仏：Marché commun du sud　○独：Mercosur（Südamerikanischer Binnenmarkt）　○西：Mercado Comun del Sur（MERCOSUR）

★ブラジル、アルゼンチン、ウルグアイ、パラグアイの4カ国が1991年に調印した南米共同市場条約に基づいて、1995年に関税同盟として発足。2006年にベネズエラが加盟。チリ、ボリビア、ペルー、エクアドル、コロンビアは準加盟国。

モジュレーション
○英：modulation

★農家への直接支払いを雇用状況や経営状況に応じて最大20％の範囲で削減し、削減分を農村開発支援に振り向ける措置。モジュレーションとは元来、「調整」を指す。

モンティ報告
○英：Monti Report　○仏：rapports Monti　○独：Monti-Bericht

★1996年に欧州委員会が発表した、市場統合の成果を検証した報告書で、マリオ・モンティ（Mario Monti）欧州委員が中心になってまとめた。正式名は、「単一市場と明日の欧州―欧州委員会からの進捗度に関する報告（The Single Market and Tomorrow's Europe－A Progress Report from the European Commission）」。市場統合の成果として、雇用を30万人から90万人増加させ、インフレ上昇率を1.0％から1.5％引き下げる効果があったなどとしている。

や

有期派遣労働者指令
○英：Directive on Temporary Agency Work　○仏：directive relative au travail intérimaire　○独：Richtlinie über Leiharbeit

★派遣労働者に賃金、休暇、産休、社員食堂をはじめとする共用施設の利用などの重要な労働・雇用条件に関して、正規労働者と同等の待遇を就労初日から認める指令。2008年に採択され、3年以内に加盟国で適用のための法的措置がとられる。ただし、国内で労使の合意が成立すれば指令の適用免除が認められる。

ユーラトム（欧州原子力共同体）
○英：European Atomic Energy Community（EAEC, EURATOM）　○仏：Communauté Européenne de l'Énergie Atomique（CEEA, Euratom）　○独：Europäische Atomgemeineschaft

★欧州経済共同体（EEC）とともに1958年に設立された。原加盟国は西ドイツ、フランス、イタリア、ベネルクス3国。原子力共同市場の形成を目指してきたが、加盟各国が独自に原子力産業を育成しているため、成果は上がっていない。一部加盟国での脱原発の動き

も逆風となっている。現在はEUの共同体の柱（第1の柱）の下で運営されている。

ユーロ
○英：euro　○仏：euro　○独：Euro

★EU加盟国のうち，ユーロ圏16カ国（2009年1月時点．ベルギー，ドイツ，アイルランド，ギリシャ，スペイン，フランス，イタリア，キプロス，ルクセンブルク，マルタ，オランダ，オーストリア，ポルトガル，スロベニア，スロバキア，フィンランド）で導入されている単一通貨。モナコ，バチカン市国，サンマリノではEUとの協定で，アンドラは隣接国との協定でユーロが使われているほか，モンテネグロ，コソボでは一方的措置で法定通貨として流通している。補助単位はセント（1ユーロ＝100セント）。1999年1月1日に計算上の単位として導入され，紙幣・硬貨の現金は2002年1月1日から流通している。

ユーログループ（ユーロ圏財務相会合）
○英: Eurogroup　○仏: Eurogroupe　○独: Eurogruppe

★ユーロ圏の経済・財務相で構成し，財政政策に関する協力などについて話し合う月例会議を開く。2005年1月以来，ルクセンブルクのユンケル首相兼財務相が議長を務めている。

ユーロジャスト（欧州検察機構）
○英：Eurojust　○仏：Eurojust　○独：Eurojust

★欧州組織犯罪対策協力機構とも訳される。域内における国境を越えた犯罪や組織犯罪の撲滅を目指し，警察・刑事司法分野における協力強化のために2002年に設立された。各国検察当局間の司法共助を促進し，欧州規模の捜査を目指す。本部はハーグに置かれている。

ユーロバロメーター
○英：Eurobarometer　○仏：Eurobaromètres　○独：Eurobarometer

★欧州委員会統計局（ユーロスタット）が1974年以来実施している，EUの世論調査。春，秋の年2回行う，standard Eurobarometerと，その時々の特定の問題に関して調査するflash Eurobarometerがある。

ユーロリージョン
○英：Euroregion　○仏：region européenne　○独：Europaregion

★国境領域に位置するEU加盟国自治体が中心となって「越境協力」を実施するための枠組み。1990年以降，EUのINTERREGプログラムによって制度化されている。デンマーク/オランダ国境地帯，英国/アイルランド国境地帯，ベルギー/ドイツ/フランス/ルクセンブルク国境地帯などで越境地域協力組織が設立されている。

輸出所得安定化制度（STABEX）
○英：Stabilization of Export Earnings System（STABEX）　○仏：Système de stabilisation des recettes d'exportation

★EUがロメ協定の下で，ACP諸国の指定農産品の対EU輸出所得安定化のために設けた補償制度。コトヌー協定では廃止された。

予防原則
○英：precautionary principle　○仏：principe de précaution　○独：Vorsorgeprinzip

★予防的アプローチともいう。地球環境問題などで，科学的に因果関係が立証されていなくても「重大で不可逆的な影響が認められる問題に対しては，不確実性があることを費用

対効果の高い対策の実施を延期する理由としてはならない」（国連リオ宣言原則15）とする。

ら

RAPEX システム
〇英：RAPEX system

★インターネットの活用により，食品や医薬品を除く危険な製品に関する情報を公開するシステム。RAPEX は Rapid Alert System for non-food consumer products の略称。

ラムファルシー・プロセス
〇英：Lamfalussy Process　〇仏：processus de Lamfalussy　〇独：Lamfalussy-Verfahren

★「金融サービス行動計画（FSAP）」の具体的な対象や立法プロセスを策定するため，ベルギー国立銀行（中央銀行）のラムファルシー総裁を議長とする賢人会議（ラムファルシー委員会）が設置されたが，2001年に同委員会が打ち出した4段階のアプローチによる金融自由化関連立法プロセスの改善方法。

　レベル1：欧州委員会を中心に利害関係者に諮問しつつ原則を定める。レベル2：欧州証券委員会（規制機関）に諮りつつ，欧州監督者委員会（各国規制機関で構成）の協力を得て施行規則を決める。レベル3：欧州証券監督者委員会を軸に EU 法の統一的解釈などを図りつつ，レベル1，2の決定を各国で施行する。レベル4：EU 法が適切に順守されているかどうか欧州委員会が中心となって監視する。

REACH 規則
〇英：Regulation concerning the Registration, Evaluation and Authorization of Chemicals（REACH）

★化学物質の登録，評価，認可および制限に関する規則。欧州委員会が2001年に発表した「今後の化学物質政策に関する戦略（the Strategy for a Future Chemicals Policy）の中で打ち出した，高レベルの化学物質に関する安全性と域内化学産業の競争力を確実にするための新しい戦略に基づいている。REACH 規則は2007年6月に発効した。

理事会規則
〇英：council regulation　〇仏：règlement du Conseil　〇独：EG-Verordnung

★指令（directive）とは異なり，加盟各国での国内法制定を待たずに，直接拘束力を有する EU 法。

リスボン条約
〇英：Treaty of Lisbon　〇仏：Traité de Lisbonne　〇独：Vertrag von Lisssabon

★2007年12月にリスボンで調印された，欧州連合（EU）運営の新たな土台となる基本条約。EU 条約と EU 運営条約で構成。08年中の加盟各国による批准完了，2009年1月の発効が当初の目標だったが，アイルランドが08年6月の国民投票で批准を否決したため，当初の目標がずれ込んでいる。ただ，署名から2年後に加盟国の5分の4が批准を終了したものの，残りの加盟国が批准プロセスで困難に直面している場合，その問題は欧州理事会に付託されることになっている。新条約は拡大 EU を効率的に運営する仕組みを盛り込んでいる。具体的には，EU を代表する欧州理事会常任議長職や EU 外務・安全保障上級代表を置き，外交力を強化。行政機関の欧州委員会をスリム化し，直接選挙で選ばれる欧州議会の権限を強める。

リスボン戦略
○英：Lisbon strategy ○仏：Stratégie de Lisbonne ○独：Lissabon-Strategie

★日米などとの競争に勝ち抜くために，「EU経済を知識重視型で世界で最も競争力のある経済に改革する」ことを目指す10年計画。2000年3月のリスボン欧州理事会で採択された。経済，社会，環境の3分野をカバーする。

リニエンシー
○英：leniency ○仏：indulgence à l'égard de l'accusé ○独：Kronzeugenregelung

★情報提供などで協力的な企業には制裁金の免除や大幅な減額を認める制度。競争法の適用に当たって，欧州委員会が活用している。

リングア計画（LINGUA）
○英: LINGUA ○仏: LINGUA ○独: LINGUA

★1990年代以降，EUの異言語学習・教育支援を担ってきたプログラム（-2006）。1995年以降はソクラテス計画に組み込まれた。

ルクセンブルクの妥協
○英：Luxembourg compromise ○仏：Compromis de Luxembourg ○独：Luxemburger Kompromiss

★1965年から続いた，フランスがEECの独自財源の確保や欧州議会の権限強化などに反対してEEC会議をボイコットするという「空席政策」によって生じた危機的状況を打開するために，1966年1月，閣僚理事会の表決手続きについて成立した非公式の妥協。これにより，加盟国の死活的な国益に関する問題については，加盟国が全会一致で決めることが慣習となった。しかし，その後廃止された。

レオナルド・ダ・ヴィンチ・プログラム
○英：Leonardo da Vinci programme ○仏：programme Léonard de Vinci ○独：Programm Leonardo da Vinci

★欧州次元で職業教育を促進するプログラム。学校教育（職業コース）から社会人教育までを含む諸プログラムを推進。例えば外国語に関しては，学習支援を通じ訓練や就業における移動能力の育成，中小企業での外国語訓練，経済用語など現場に即した外国語教授法や教材の開発，企業における異文化対応能力の育成などに重点をおくプログラムを開発・推進。2007年より「ソクラテスⅡ」とともに「生涯学習プログラム」に統合。レオナルド・ダ・ヴィンチ（Leonardo da Vinci, 1452-1519）はイタリアの画家，彫刻家，建築家，音楽家，神学者，科学者で，盛期ルネサンスの「万能の人」と呼ばれる。

歴史認識問題（欧州）
○英：issues related to European history ○仏：perception de l'histoire de l'Europe ○独：Streit über die Geschichte in Europa

★欧州でもアジアと同様に過去の歴史をどう捉えて，どう教えるかという点で近隣諸国の認識に不一致が見られるケースがいくつかある。EUに関連して歴史認識を語るとき避けて通れないのが，EUが依拠する価値観をどのようにみるかという点だ。ただ，EUが大半をカバーする欧州の文明は少なくともキリスト教，ギリシャ・ラテン文明，ヒューマニズム的伝統に基づいていることは明言できる。

列柱構造
○英：pillar structure ○仏：structure de pillers ○独：Drei-Säulen-Modell

★EUは3本柱の「列柱構造」となっている。マーストリヒト条約の下では第1の柱は欧州共同体（EC）と欧州原子力共同体（ユーラト

ム），第2の柱は共通外交・安全保障政策（CFSP），第3の柱は司法内務協力（CJHA）となっていた。第2, 第3の柱はいずれも政府間協力の分野である。アムステルダム条約では，司法内務協力のうち「人の移動」が第1の柱のECに移されたため，第3の柱は警察・刑事司法協力（PJCC）に特化した。

連帯条項

○英：solidarity clause　○仏：clause de solidarité　○独：Solidaritätsklausel

★EUとその加盟国は，人災や天災もしくはテロ攻撃などに見舞われた加盟国に可能な限りの支援を行うという条項で，リスボン条約に盛り込まれた。

労働時間貯蓄制度

○英：work time saving system　○仏：système de comptabilisation du temps de travail effectué　○独：Arbeitszeitkonto

★ドイツで導入されている制度で，労働者が"口座"に労働時間を"貯蓄"しておき，休暇等の目的で好きな時にこれを使えるという制度。通常の労働時間を変動的に配分することが可能となる。"口座に貯蓄される"労働時間の最も一般的な時間帯は残業時間である。

労働者の基本的社会権に関する共同体憲章　→社会憲章

RoHS（特定有害物質使用制限）指令
ローズ

○英：Directive for Restriction of Hazardous Substances in Elecrical and Electronic Equipment

★WEEE指令による製品の再使用，リサイクル，再生を進めるための方策を定めた指令。2006年7月1日に発効。有害物質として

鉛, 水銀, カドミウム, 六価クロムなど6種類の物質の電気・電子機器への使用を禁止している。

ローマ条約　→欧州共同体設立条約

ロメ協定

○英：Lomé Convention　○仏：Convention de Lomé　○独：Lomé-Abkommen

★1975年から2000年にかけてアフリカ・カリブ海・太平洋（ACP）諸国に対して実施されたEC/EUの貿易・開発協力のための協定。アフリカ・トーゴの首都ロメで調印式が行われたことからロメ協定と呼ばれる。三度にわたって更新され，第四次協定終結時にはACP77カ国が参加していた。

わ

ワーク・ライフ・バランス

○英：work life balance　○仏：équilibre vie professionnelle-vie privée　○独：Vereinbarkeit von Familie und Beruf

★仕事と私生活のバランス。EUでは2000年の「成長と雇用のためのリスボン戦略」で取り上げられた。女性の雇用と高齢者の活用を図ることによって，持続可能な経済成長と生産性向上，就業率の向上を目指す。

Column 1

EUのガバナンスと公共領域

　ガバナンス（governance）という言葉は，EUの関係で言えば，「公共のガバナンス（public governance）」のことだ。民間会社の「企業の社会的責任（corporate social responsibility＝CSR）」に相当する。ガバナンスに関して，今までは国家（nation）を中心に考えられていた。しかし，今後は国家レベルのみではなく，都道府県のようなレベルも含むと同時に，より上位のグローバルなレベルまでのすべてのガバナンスが重要になっていくだろう。グローバルなレベルとは，多国間主義（multilateralism），ひいては多元主義（plurilateralism）の概念まで視野に入れたものになる。

　正当性（legitimacy）には「上へ向かう（upstream）」正当性と「下へ向かう（downstream）」正当性がある。前者の概念としては，民主主義的な手続きであればinput legitimacy（政策の事前段階に着目して議論をつくして正当性を保証すること）になる。後者はeffectiveness（政策の効果）に着目した正当性である。EU内では民主主義はまだ完全ではない。なぜなら，input legitimacyについては，欧州議会の権限は，国家レベルの民主主義と比較するとまだ弱点があるからだ。

　さて，ドイツの哲学者ハバーマスが重視する「公共領域（public sphere）」は欧州大陸における民主主義に関連した基本的な概念だ。公共領域が存在しなければ民主主義は不可能だという議論がある。歴史的背景を探ると，かつて「公共領域」といえば広場のことだった。ギリシャの哲学者アリストテレスらは「アゴラ（広場）」で話し合いをしていた。その後，欧州では徐々に「村の広場」という考え方が発展していった。欧州では市役所は大抵，広場の隣にある。この広場の概念が民主主義の発展に結びついていったのだ。最近はサイバースペース（電脳空間）という「新たな広場」も登場し，NPO（非営利団体）の活動や欧州統合を推進する上で新たなチャンスを提供している。

　「公共領域」では，「投票から声へ（from votes to voices）」という概念がよく出てくる。すなわち，投票（votes）は各国議会，欧州議会での多数決による数字上の民主主義であるのに対し，声（voices）には，市民運動やNPOなどのさまざまな専門家の声が含まれる。このように数の論理による民主主義だけでなく，専門家も含めたステークホルダー（利害関係者）が影響力を及ぼす「参加型民主種主義（participatory democracy）」という概念が表れた。欧州では「投票から声へ」が必要であるというスローガンをよく見かける。これからは，サイバースペースも含む，さらに広い参加の場の中で，投票の数字のみでない，さまざまな「政策形成（policy shaping）」などが可能になっていくだろう。「質」を重視した民主主義においては，政策形成に続いて，「政策決定（policymaking）」が出てくる。

ウォルフガング・パーペ（欧州委員会本部勤務，前日欧産業協力センター事務局長）

第2部　EUを理解するキーワード

第1章　EUの歴史(藤井良広)
第2章　法律・政治・外交(須網隆夫・村上直久・渡邊啓貴)
第3章　金融・財政・経済・産業(梅本逸郎・村上直久)
第4章　社会・生活・労働・文化(泉　邦寿・市川芳治・木村護郎クリストフ・須網隆夫・杉谷眞佐子・村上直久)
第5章　各地で進む地域統合(村上直久)

第1章
EUの歴史

1.1 欧州統合前史
1.2 欧州統合理論の推移
1.3 欧州統合の枠組み
1.4 EUを動かす多様な機関

（藤井良広）

1 統合の原点

(藤井良広)

　欧州統合の原点はどこまでさかのぼることができるだろうか。「ヨーロッパ」の語源は，古代ギリシャ神話のフェニキアの王だったアゲノールの娘エウロペの名に由来している。さらに古代ローマ帝国は，北アフリカからアジアに至る大帝国を形成した。つまり，欧州にはギリシャ・ローマの昔から，「統合」の視点が働いていたともいえる。

　もっとも古代ギリシャの場合は，地中海の一角での都市国家間の連携にとどまった。ローマ帝国による統合は，軍事力による制圧で，奴隷制が敷かれるなどの問題はあったが，帝国の統治は共和制で維持され，帝国内ではローマ法による共通法制，行政・文芸分野の共通言語としてラテン語，交易には単一通貨のデナリウスが使用されるなど，統合化が図られた（図1）。

◎ローマ帝国の分裂

　ローマ帝国は西暦395年に東西に分裂した。その後，西ローマ帝国はゲルマン民族の侵入を受けて476年に滅亡する。東ローマ帝国は，ビザンツ帝国として1453年にオスマン・トルコに滅亡させられるまで続くことになる。

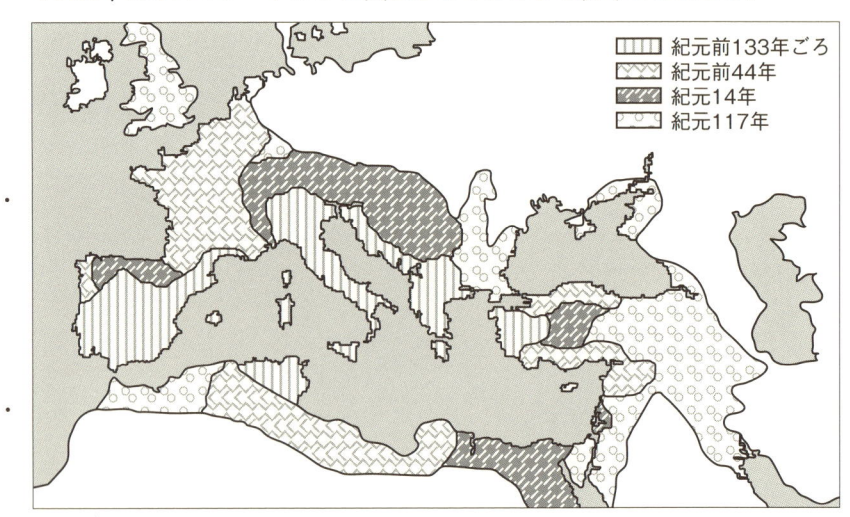

●図1　古代ローマ帝国の領域　　　　　　　　　出典：ウィキペディア

一方の西ローマ帝国滅亡後の西欧では、8世紀になってカロリング朝フランク王国のシャルルマーニュ大帝（カールⅠ世、742-814）が勢力を拡大。フランス、ドイツ、オランダ、ベルギー、ルクセンブルク、イタリア、スイスの諸国を合わせた領域を支配した。その後800年にローマ教皇からローマ皇帝の帝冠を授けられ、のちの神聖ローマ帝国を築き上げた。このため、シャルルマーニュ大帝は「ヨーロッパの父」とも呼ばれた。

　図2で示すように、当時の西ローマ帝国の領域を現在に照らすと、政治的中立を理由にEUに加盟していないスイスを除く主要な西欧諸国がほとんど含まれていた。以後、理念的には古代ギリシャ、ローマの流れを汲み、地理的には西欧諸国が中心となって、欧州統合の歴史が連綿と流れていく。ただ、シャルルマーニュ大帝の死後、ベルダン条約で帝国は3つに分断され、その後のフランス、ドイツ、イタリアの各国に分かれていく。

　神聖ローマ帝国はその後、ドイツに継承され、分裂国家間の対立、特にフランスとドイツの長年の対立が、20世紀の第2次世界大戦まで繰り返されることになる。

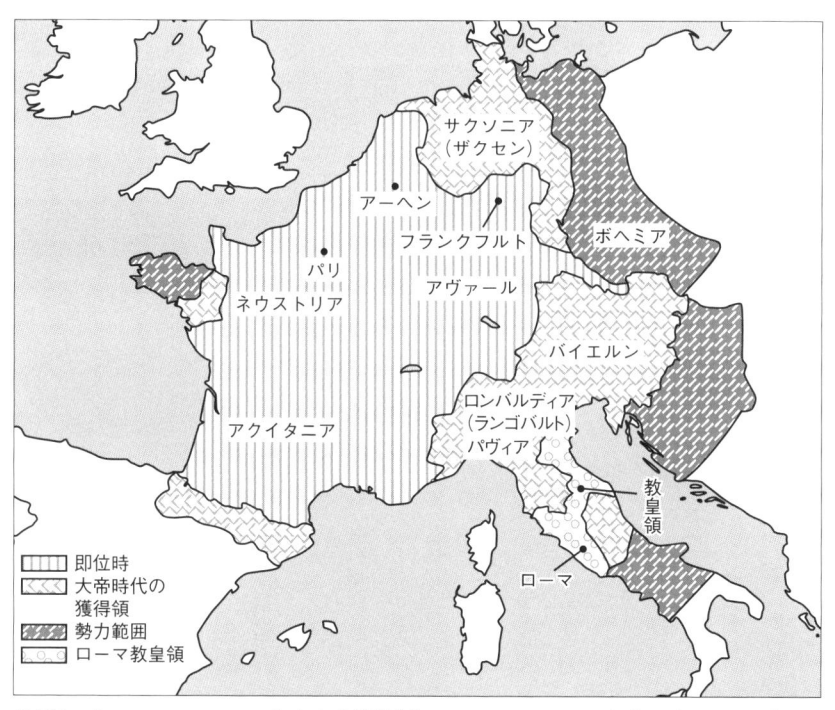

●図2　シャルルマーニュ大帝の支配領域　　　　　出典：ウィキペディア

2 初期の欧州統合論とその背景

（藤井良広）

◎外敵の影響

　欧州の統合と分裂に大きな影響を与えたもう1つの要因は外敵の存在だった。ローマ帝国の東西分裂も，圏外のゲルマン民族大移動の影響を受けたためだった。ローマ教皇がシャルルマーニュ大帝にローマ皇帝の帝冠を授与したのも，欧州に圧力をかけ続けたイスラム勢力への対抗だった。

　欧州としての「統一行動」が実現したのは，11世紀から始まった聖地エルサレム奪回を掲げた十字軍運動だった。トルコ，イスラム圏という外敵への対抗と，その背景にあったキリスト教による宗教的要因が，中世期の欧州統合意識の高揚につながっていく。

◎初期の統合提唱者たち

　十字軍派遣によって，イスラム圏と対抗する統一軍事行動をとったことで，欧州統合への思いが次第に理論化されていった。初期の統合案ではフランス国王フィリップ・ル・ベルの法律顧問ピエール・デュボア（1250-1320）が知られる。デュボアは14世紀初め，トルコ軍と対抗するために欧州諸侯間の争いを防ぐことを目指して，各君主や都市による国家連合型の「キリスト教共和国」の結成を提唱した。

　デュボア提唱の「共和国」は，紛争調停機関としての罰則付き評議会や，軍事費削減によって国際的な学校建設などを提唱した。また15世紀には，ボヘミア王顧問のマリーニが超国家連合案を立案した。同案は，連合内で，多数決で決めたことには，各国は主権を制限しても従うという内容だった。対トルコの集団防衛組織的な性格が強かったが，現在のEUの特定多数決につながる考えだ。

　フランスのブルボン家に仕えたシェリー公爵は，ロシアを除く欧州15カ国による「キリスト教者連合」を提案した。信教，通商の自由を保障する自由貿易相互協定のほか，トルコに対抗して各国が軍隊を拠出するアイデアも盛り込んだ。

　このほか，表1のように，サン・ピエール，ビクトル・ユゴー，ジェレミ

提唱者	時代	主な提案
デュボア	14C初	欧州の王侯で構成する議会設立，紛争処理のための裁判所設立
マリーニ	15C	議会と裁判所を備えた欧州連邦の創設（21カ条の条約案提示）
シェリー	16C	欧州のキリスト教者連合（ロシアを除く15カ国で構成）。元老院設置と超国家的軍隊設立
ウィリアム・ペン	17C末	条約に基づく欧州議会の創設，多数決原理の導入
サン・ピエール	18C	安全保障と通商振興を目的とした欧州連盟設立，元老院（ロシアを含む）設置
ベンサム	18C末	永久平和のため欧州議会と欧州軍，裁判所の設置
カント	18C末	自発的な合意に基づく欧州国家連合
サン・シモン	19C	欧州議会（二院制），欧州統一法の制定，英仏同盟創設
ビクトル・ユゴー	19C	欧州合衆国の提唱
ベヒター	20C初	欧州統一連盟の設立
カウツキー	20C初	社会主義的な欧州合衆国の設立

●表1　中世以降の主な欧州統合論者と提案
出典：島崎久彌『ヨーロッパ通貨統合の展開』日本経済評論社

ー・ベンサム，イマヌエル・カントなどの有名人たちが，競って欧州統合の夢を語った。これらの統合論に共通するのは，宗教的理由，ロシアやイスラムへの対抗意識などだが，同時に，普遍的な自由・平和を求める理想論も混在していた。

3 汎欧州運動

(藤井良広)

カレルギー伯爵

◎カレルギーの統合論

　理念先行的だった初期の欧州統合論が，次第に現実化していくのは，第一次大戦後だった。大戦後，オーストリアの貴族，リヒャルト・クーデンホーフ・カレルギー伯爵（1894-1972）は「汎欧州運動」を提唱し，欧州域内で賛同を広げていった。

　第一次大戦では多くの市民も巻き込まれ，戦死者数は軍人850万人，非軍人1000万人に及んだ。欧州全域が大きな打撃を受けたことで，戦勝国も敗戦国も困難な戦後復興に直面した。さらに，ロシア革命が起き，新たなイデオロギーの危機にも直面した。哲学者シュペングラーの『西欧の没落』に代表される悲観論が，欧州に蔓延した。

　こうした歴史環境の中で，カレルギーは1923年，「汎欧州」運動を提唱した。彼は世界を米国，英国，ソ連，アジア，欧州の5ブロックに分けて概観し，その中で欧州が衰退を深めている理由として，第一次大戦の影響から脱していないことを指摘した。

　そうした欧州を再生するには，域内で小国に分かれて従来のように覇を競うよりも，アメリカ合衆国のような統合力を持った「欧州合衆国」の設立を目指すべきだと，世論に訴えた。

◎段階的に欧州合衆国へ

　カレルギーの統合論は表2でみるように段階論だった。まず，各国の主権をベースにした欧州会議を開き，各国に共通する主要テーマごとに委員会を設

けて，利害調整を進める。次いで，各国間の紛争処理を担う欧州仲裁裁判所を設立するほか，相互安全保障条約を結ぶことで，相互の信頼関係を強化する。第三段階は域内関税同盟と通貨同盟を結ぶことで，単一の欧州経済圏を築く。この場合，ソ連（当時）は対象外としている。

最終段階を除くと，いずれの段階も，今日に至る EU 統合のプロセスと酷似している。独仏を中心とした軍事面の相互不信を取り除いて，経済面での成果拡大を目指す構想に，カレルギーの先見性がうかがえる。

カレルギーは自らの提案に基づいて，具体的な政治運動を起こした。汎欧州運動構想を出版するとともに，汎欧州連合を設立，各国にも汎欧州協会を作った。運動に共鳴したフランスのブリアン首相は国際連盟総会で「欧州連合」を提案し，ドイツのシュトレーゼマン外相も応じる形で，独仏協調路線を推進した。

1926年に，ウィーンで欧州26カ国代表が参加した第1回汎欧州会議が開かれた。だが，しばらくして，ヒトラーが登場し，運動は挫折してしまう。再び日の目を見るまでには，悲惨な戦禍の結末を経なければならなかった。カレルギーはオーストリア帝国の外交官の父と日本人の母を持ち，東京生まれという経歴だった。

一方，英国では連邦的連合運動が高まっていた。後に首相になるウィンストン・チャーチルは1941年，「欧州という1つの家族は，欧州理事会（the Council of Europe）の下に共同して行動することができる」と呼びかけた。

統合の段階	統合の主な内容
第一段階	・各国で構成する欧州会議の開催 ・軍縮，関税，通貨などで共通の利益を検討する委員会設置
第二段階	・欧州仲裁裁判所の設置 ・加盟国間の相互安全保障条約の締結
第三段階	・欧州全域で関税同盟と，通貨同盟締結 ・単一経済圏の創設
最終段階	・欧州合衆国の誕生

●表2　カレルギーの欧州統合論
出典：藤井良広『EU の知識（第14版）』

4 礎を築いた人たち

(藤井良広)

演説するチャーチル

◎チャーチルの「合衆国」構想

第二次大戦による被害は第一次大戦を大きく上回り、死者数3500万〜6000万人といわれた。欧州の荒廃はさらに進んだ。そうした荒廃の中から、欧州統合の声が再び高まった。

きっかけの1つは、戦時中に英首相となったチャーチル（1874-1965）が、戦後の1946年9月にスイスのチューリヒ大学で行った演説だった。英国を勝利に導いた名宰相も大戦終了直前の総選挙で敗北し、野に下っていた。前述したように、大戦中に欧州理事会設立を提唱したチャーチルは、次のように熱弁を奮った。

「もし欧州の諸民族が団結できるならば、欧州人は共通の幸福感を抱き、無限の名誉を感じるだろう。われわれは米合衆国に似たものを建設し、育てなければならない。この緊急の使命を達成するために、まずドイツとフランスが手を結ぶ必要がある」。

「欧州合衆国」を掲げた演説は、戦火で打ちひしがれていた欧州各地で反響を呼んだ。1947年2月にはチャーチル自身を会長とする「欧州連合運動」が発足した。大戦中、米国に亡命していたカレルギーも汎欧州運動を復活させた。他にもいくつかの欧州統合団体が生まれ、統合への礎となっていった。

チャーチルの「合衆国」案には、二度の大戦の原因となってきた独仏対立の融和と、戦後の暗雲が立ち込めていた米ソ対立に対して欧州が第三の道を確保するための狙いが込められていた。

ただ、チャーチルの案では、英国は直接には「欧州合衆国」に加わらず、米国とともに欧州に対する「保護者」の立場をとることを目指した。大英帝国の気概とともに、あくまでも国家主権を維持したいという考えがあったためと思われる。

◎「欧州統合の父」ジャン・モネ

大戦後の欧州統合を精力的な行動で実現した主役の1人が、フランスのジャン・モネ（1888-1979）だ。モネはその後、「欧州統合の父」と呼ばれ、最初の「欧州名誉市民」の称号を得ている。

モネはコニャック商人の息子だった。自身もコニャックを売りながら、世界中を旅行して見聞を広めた。その成果として、フランス人でありながら、アングロサクソン的な考えや行動力を備えていた。

モネは第一次大戦中から、「欧州各国が繁栄を勝ち得るには各国ごとでは小さ過ぎる。各国を単一の経済単位にまとめる欧州連邦を結成しなければならない」と主張、欧州域内の独仏の関係を和解に導く全欧的な枠組み作りを提唱した。モネは欧州の安定だけではなく、国際協調も強く意識していた。そこで、第一次大戦後に設立された国際連盟の事務次長の座にも就いた。

第二次大戦後は、フランスの戦後復興のために、仏政府の経済計画本部総裁に就任した。しかし、モネは自国の復興だけでなく、独仏の宿命的な対決を回避し、欧州全体の復興を目指す構想を練り上げた。

◎ファウンディング・ファーザーズ

欧州統合の礎を築いた功労者は、モネやチャーチルだけではない。後述するように、ローマ条約締結に貢献したベルギーの外相、ポール・アンリ・スパーク（1899-1972）、欧州石炭鉄鋼共同体（ECSC）の共同総会議長を務めたイタリア元首相のアルシード・デ・ガスペリ（1881-1954）などが知られる。

今日のEUは彼らに加えて、次にみるロベール・シューマン（1881-1954）や、コンラート・アデナウアー（1876-1967）らを含む8人を、戦後の欧州統合を導いた功績から、「ファウンディング・ファーザーズ（創設者たち）」と呼んでいる。

5 ─ シューマン・プラン

(藤井良広)

ロベール・シューマン

◎独仏の融和

モネが練り上げた構想は，欧州で長年の対立の火種となってきた独仏両国の石炭資源と鉄鋼業を，国際共同管理下に置き，これを土台として欧州連邦作りの共通基盤を形成するものだった。

だが，フランス国内には宿敵ドイツへの警戒心が強く，一方，西独国内では大戦後，ルール地方の石炭の安値輸出を強いられていたことなどから，新たな国際機構の創設への反発も強かった。

しかし，この構想に欧州統合派のフランスのロベール・シューマン外相（後に首相）が賛同し，現実化への一歩が踏み出された。一方，西ドイツの初代首相のコンラート・アデナウアーも受け入れを決断した。彼はこの後も旧連合国やソ連との和解外交を展開していく。

シューマンは1950年5月9日，フランス外務省の「時計の間」で，石炭鉄鋼共同管理案を世に問うた。「欧州は1日にして成らず。また単一の構想によって成り立つものでもない」。

シューマンは，「石炭と鉄鋼の生産を共同管理することにより，欧州の連邦化に向けた第一歩となる経済基盤の共通基盤が築かれるはずだ」と述べ，足元を見据え，将来を見越した。このときに公表された構想が「シューマン・プラン」である。シューマン・プランは紆余曲折を経て，1951年，EUの統合組織の第一号となる欧州石炭鉄鋼共同体（ECSC）として実現した。

ここに欧州統合の現実的な一歩が記されたわけだ。後に1985年の欧州理事会において，EU首脳たちは，5月9日を「欧州の日」として祝うことを決め，翌年から毎年，欧州全体の祝いの日になっている。シューマン・プランは，西ドイツが占領下から解放され，主権を回復するための前提でもあった。ジャン・モネは設立されたECSCの最高機関の初代委員長に就いた。

シューマン・プランの合意は，各方面に影響を及ぼした。石炭と鉄鋼の共

同管理方式が石炭・鉄鋼の色にちなんで「ブラック・プール」と呼ばれたことから、病院や医薬関連などの公衆衛生部門を欧州全域で共同管理する「ホワイト・プール」、農業共同体化を目指す「グリーン・プール」、さらに域内の空、道路、鉄道などの運輸部門を一元化する「トランスポート・プール」などのセクター別統合構想が次々に提唱された。

◎軍事統合案も

　さらにモネは、欧州の軍事統合にも力を発揮した。大戦後に再び共産主義の脅威が台頭していたからである。1950年6月に朝鮮戦争が勃発し、東西対立が高まる中で、米国は東側の脅威に対抗するために西ドイツの再軍備を主張した。これに対してモネは、西ドイツの軍事力を共通プール下に置く欧州防衛共同体（EDC）設立を提案した。「軍事プール」である。

　ECSCが、西ドイツが主張するルール地方への権益を共通市場の中に封じ込めたように、EDCは西ドイツの国軍復活を認めず、統一欧州軍の中に組み込む構想だった。いわばECSCの軍事版でもあった。当時のフランス首相の名をとって「プレバン・プラン」と呼ばれた。

　EDCはECSCと同様、1952年5月にいったん西欧6カ国（独仏伊、ベネルクス3国）によって条約の調印にこぎつけた。しかし、その後の展開が異なった。条約調印後、まずイタリアが国内の政治情勢の混迷から批准に失敗した。推進派の筆頭だったフランスも、スターリン死後の東西冷戦の緊張緩和を背景に、逆にEDCへの警戒感が台頭し、国民議会は1954年8月に条約批准を拒否した。

　1949年に発足していた北大西洋条約機構（NATO）の主要国である英国も、EDCへの不参加を明瞭にした。こうして、EDCは挫折してしまう。その後、西ドイツの再軍備問題を議論する場として、1955年5月に西欧同盟（WEU）が結成された。WEUはECSCとは異なり、超国家性はなく、西ドイツの主権と国軍復活を認めた上で、NATOとWEUへの加盟を認めた。

　EUで政治面の統合が日の目を見るのは、この後、1992年のマーストリヒト条約調印で共通外交・安全保障政策が位置づけられるまで、約40年の歳月を待たねばならなかった。

　またEDCの挫折は、ECSCに触発されて起きたセクター別統合構想にも影響した。原子力協力の欧州原子力共同体（ユーラトム：EURATOM）を除く他の分野は、各国間や業界団体などの利害対立などの理由で消え、「グリーン・プール」は1962年に共通農業政策（CAP）に衣替えする経緯をたどる。

6 マーシャル・プラン

(藤井良広)

◎米国の支援と OEEC

　第二次大戦後に欧州統合は現実化するわけだが，大戦後に困窮していた欧州諸国の復興には米国の支援が欠かせなかった。ジョージ・マーシャル米国務長官（1880-1959）は1947年6月，米ハーバード大学の卒業式で演説し，欧州への戦後援助の必要性を強調した。

　これが有名なマーシャル・プラン（欧州復興計画）である。同計画に基づき，1948年4月に欧州経済協力機構（OEEC）が西欧16カ国（後に18カ国）の参加で設立された。これを受けて米国は，1948年から1951年にかけて，総額約131億$ドルを，無償ないしは低金利で欧州諸国に援助した。

　米国の欧州支援は，単純な戦後復興支援だけではなかった。戦後まもなく，ソ連の覇権が東欧諸国全体に広がり，西欧諸国にも共産主義の脅威が迫っていた。米国には戦略的に，欧州全体の共産化を阻止する狙いがあった。実際，マーシャル・プランの3カ月前には，トルーマン米大統領が共産主義を封じ込める政策（トルーマン・ドクトリン）を打ち出している。

　こうした背景から，マーシャル・プランの当初計画では，東欧諸国もOEECの援助対象に含まれていた。このため一時，チェコスロバキアやポーランドなどが計画に関心を示し，実際にチェコはいったん参加を表明した。しかし，ソ連の反対で撤回した。

　ソ連は OEEC に対抗して，1949年1月に東欧圏内でコメコン（経済相互援助会議）を結成し，東欧諸国への引き締めを強化した。以後，東西欧州の政治・経済両面での分断が，1989年の「ベルリンの壁崩壊」まで続くことになる。

　米国は欧州への経済支援と並んで，軍事面では1949年4月に NATO を結成し，調印した。このように，戦後の欧州統合の土台を築く上で，米国の経済，軍事の両面にわたる支援が大きな力になったことは間違いない。その上で，欧州統合の歩みは，まずは域内の経済協力・統合から，次第に政治・外交・軍事面の統合へと，長い年月をかけて，欧州人自身の手で積み上げられていくのである。

◎欧州決済同盟

　マーシャル・プランで立ち上がったOEECはその後，1960年12月に米国，カナダを加えて西側先進国の経済協力を進める経済協力開発機構（OECD）に発展して，現在に至っている。マーシャルはその後，欧州復興に尽力したことで，ノーベル平和賞を受賞している。

　米国からの資金援助の受け皿となる仕組みも立ち上がった。1950年9月に始動した欧州域内の貿易決済を円滑にする欧州決済同盟（EPU）がその1つである。米国から供給される資金・物資を域内に円滑に行き渡らせるには，決済システムの稼動が欠かせない。EPUはOEECと対になる格好で，域内の物，カネの配分を効率化する上で機能を発揮した。

　これらの外部（米国）主導の枠組みは，貿易や為替などの一般的な商業取引の自由化を促した。だがそれでも，欧州各国市場に固有の関税障壁や取引慣行，社会・労働事情といった長年にわたって形成されてきた相互の違いを乗り越えるには不十分だった。

◎ベネルクス関税同盟

　そこで，これらの内部的課題を克服するために，国境を接するオランダ，ベルギー，ルクセンブルクの3カ国は1948年，他の欧州諸国に先駆けて，ベネルクス関税同盟を結成した。3カ国は大戦中にすでにロンドンの亡命政府間で関税協定に調印しており，通貨協定も結んでいた。

　ただ，大戦終了後は各国とも経済困難に直面し，関税協定の発効は遅れた。3カ国間の調整も滞るようになった。3カ国は事態の打開策として協定をさらに前に進めた関税同盟化する選択肢をとったのである。関税同盟内では相互に関税を引き下げるだけでなく，3カ国での共通市場化を目指した。段階的に物品税の統一，資本移動の自由化，労働力移動の自由化などを実施していった。

　このベネルクスの動きは，欧州域内の小国3国の試みだったが，その後の欧州経済共同体（EEC）や欧州市場統合のひな形になったという意味で，「小さいが，大きな一歩」だった。

7 欧州石炭鉄鋼共同体（ECSC）

（藤井良広）

　先にみたように，シューマン・プランによって設立された欧州石炭鉄鋼共同体（ECSC）は1951年4月のパリ条約で調印され，翌1952年8月に始動した。その後，2002年7月には50年の歴史を経て，幕を閉じた。

・ ◎ EUのひな型

　欧州統合の最初の組織となったECSC設立条約に調印したのは，フランス，西ドイツ，イタリア，オランダ，ベルギー，ルクセンブルクの6カ国。この6カ国はEUの「原加盟国」と呼ばれる。英国は国家主権が束縛されるのを嫌って参加しなかった。

・　ECSCは最高機関，諮問委員会，閣僚理事会，共同総会および裁判所から構成された。独自の裁判所を備えたのは，最高機関が石炭，鉄鋼の生産や価格などの決定権を持つことに対し，同機関の決定によって利益を侵害された企業や個人は裁判で争うことができるようにしたためである。こうした枠組みは，従来の国際組織にはないもので，まさにEUのひな型となった。

・　最高機関は委員長のジャン・モネのリーダーシップで運営された。活動基盤は，加盟国内の石炭と鉄鋼業の売り上げに最大1％の税金をかけて徴収する仕組みだった。これもEUのその後の財源徴収のモデルとなった。ECSCは発足翌年の1953年2月には石炭，鉄鉱石，くず鉄の共同市場を創設した。さらに，その3カ月後には鉄鋼の共同市場も動き出した。

・　しかし，セクター別の統合路線は，先にみたように，まもなく見直しを迫られる。石炭と鉄鋼分野では共同生産や市場化の統合効果が出たが，ECSCの加盟国間でも，両分野以外の金融，税制，通貨，雇用などの市場条件は別々のままだった。背景には経済復興が進むにつれ，各国ごとの固有の主張が高まるという事情があった。したがって，統合効果は限られていた。さらに

・ ECSCの柱の1つであった石炭産業は，石油の台頭を受けて斜陽化した。

　先行して共通市場化を目指していたベネルクス関税同盟も，オランダの対外不均衡の激化によって，国際収支の赤字が膨らみ，困難な局面が続いた。しかし，しばらくしてオランダでは，ベルギーとの貿易赤字は続いたが，そ

の他の国からの貿易黒字でその分を補てんできるまでに経済情勢が改善していった。そして資本移動や労働力移動の自由化などの追加策を重ねていった。

ECSCのセクター別方式とベネルクス関税同盟の経験を踏まえて、欧州統合の一歩を踏み出させたのが、EDCの挫折に抗議して、ECSC委員長のポストを辞したモネと、ベルギー外相のスパークだった。モネは欧州統合運動に檄をとばすために、政治家や労働組合代表などを組織した「欧州合衆国行動委員会（ACUSE）」を立ち上げ、運動を展開した。こうした動きを受けてECSCは、1955年5月の総会で、他の分野の統合を促進するための外相会議開催を提唱した。

ECSCの設立を決めたパリ条約の調印式（1951年4月18日）

◎スパーク委員会

ベネルクス3カ国もモネに呼応して動いた。1955年6月、ベネルクス3カ国の呼びかけによりイタリアのメッシーナで6カ国の外相会議が開かれた。6カ国とは、ベネルクス3カ国と独、仏、伊のEU原加盟国である。会議でスパークらは、各国経済の段階的統合と、経済・財政・社会政策の漸進的な調和促進を求めた。その結果、スパークを議長とする政府間委員会が設けられた。

同委員会は1956年4月に「スパーク報告」をまとめた。報告はセクター別方式を、原子力を除いて全面的に見直し、代わりに欧州全体を対象とした共同市場の創設を勧告した。この共同市場創設は、過渡期間を含んで段階的に実施するほか、機構についても、閣僚会議、欧州議会、欧州委員会の創設などを提言、現行のEU組織の大枠を示す形となった。

スパーク委員会はこの後、欧州経済共同体（EEC）と欧州原子力共同体（ユーラトム：EURATOM）の条約案を作成した。ユーラトムの結成については、1956年に起きたスエズ危機でエネルギー問題が表面化したことも影響した。

このため6カ国内では、原子力、電力、ガスなどのエネルギー市場の権限をECSCに集中させる案も出た。しかし、この案には、ECSCが巨大になり過ぎることへの保護主義者からの反発もあった。さらに原子力開発には高度な科学技術力と巨額の研究開発費が必要となることから、結局、市場ベースのECSCとは別建てとすることになった。

8 ローマ条約(欧州共同体設立条約)

(藤井良広)

ローマ条約の調印風景(1957年3月25日)

1957年3月にローマで独仏など6カ国が調印したEEC条約は、通称「ローマ条約」と呼ばれる。ECSC創設の条約が調印地のパリの名をとって「パリ条約」と呼ばれるのと同様である。以後、欧州統合の基本条約は、それぞれの調印地の名前で呼ばれる。6カ国は同じ日にユーラトム条約にも調印した。

◎自由化と構造改革と

ローマ条約は6部、248条の本文で構成された。発効は翌年1958年1月1日。前文で、「欧州を分割する諸々の障害を共同行動によって撤去することで、これらの諸国の経済的、社会的進歩を保障することを決意する」と宣言、域内市場全体での人、物、資本の移動の自由化を宣言した。単に域内の障害除去だけでなく、地域格差の除去のために、共同体内部での構造改革を展開する方針も打ち出した。「域内自由化」と「構造改革」を二大目標とし、それを達成する基本政策として、加盟国の「協調行動」「共通政策」を求めた。

詳しくみると、条約は①関税同盟の結成、②人、サービスおよび資本の自由移動、③共通農業政策(CAP)、④共通運輸政策、⑤競争原理の確立、⑥欧州社会基金(ESF)の設立、⑦欧州投資銀行(EIB)の設立——などの目標を掲げた。これらの目標を12年以内(1970年まで)に実現し、EECという単一の経済共同市場を築くビジョンを宣言した。その後、1987年の単一欧州議定書による改定で、市場統合の目標は1992年末に改められた。

EECを運営していく共同体組織として、閣僚理事会、欧州議会、欧州委員会、司法裁判所、会計監査院、欧州投資銀行なども、この条約で整備された。閣僚理事会では単純多数決だけでなく、特定多数決方式(各加盟国の人口に基づく持ち票を各国に配分。案件によって可決に必要な票数を決めるほか、一定の賛成加盟国数なども加味する)を導入することも決めた。

条約は調印だけでは発効しない。批准が必要だ。EDCが挫折したのも批准の失敗だった（2005年の欧州憲法条約の頓挫もフランスとオランダが国民投票で批准に失敗したためだし，リスボン条約も2008年にアイルランドが国民投票で批准を否決した）。

ローマ条約も一時，批准失敗の懸念に包まれた。6カ国は議会承認の手続きをとった。西ドイツやベネルクス3カ国では圧倒的多数で承認されたが，問題は保守・国家主義者の反対が根強いフランスとイタリアだった。両国政府は，統合の熱気が国内で盛り上がっているときなら，反対派も動きづらいと読んで，3月の条約調印から4カ月後に議会にかけた。これが奏功し，結果はフランス103票差，イタリア（下院）は167票差で可決できた。

◎対抗馬のEFTA

英国は共同体機構を前提としたEECの仕組みを嫌って，EECに加わらなかった。代わりに，北欧諸国など7カ国と欧州自由貿易連合（EFTA）を発足させた。EFTAの当初加盟国は英国のほか，スウェーデン，ノルウェー，デンマーク，スイス，オーストリア，ポルトガルであった。EFTA諸国（7カ国）は，欧州大陸北西地域のEEC諸国（6カ国）を包むような形で点在したことから，欧州の2つの貿易ブロックは「インナー・シックス（EEC）」「アウター・セブン（EFTA）」と呼ばれた。

EFTAもEECのように加盟国内での貿易障壁を取り除き，自由な経済取引を目標とした。ただ，EECが政治・外交を含む対外政策の共通化も意識していたのに対して，EFTAはあくまでも経済・貿易面での自由化に絞り，共通対外政策は対象外だった。

EFTAの盟主格の英国は1961年にはEECへ加盟申請を出した。英連邦向け輸出の減少などで，英国の国際収支が悪化したことなどが背景にあった。しかし英国の加盟が実現するのは，それから10年以上を経た1973年だった。

英国以外にもEFTAからの鞍替えは，デンマーク，ポルトガル，オーストリア，フィンランドなどと続いた。EFTAの結束力が弱かったのは，経済・貿易分野に限定したことや，加盟国が地理的に分立していたことなども，まとまり不足の原因となった。逆にEECは政治的結束にも踏み込んで欧州全体へと発展していく。

その後，EFTAにも新たにアイスランド，リヒテンシュタインなどが加わり，EUとの間で共同市場の欧州経済領域（EEA）を形成している。

9 単一欧州議定書

(藤井良広)

ローマ条約で出そろったEEC, ECSC, ユーラトムの3機関は当初, それぞれ個別の総会や閣僚理事会, 司法機関を持ち, 本部はECSCがルクセンブルク, EECとユーラトムはブリュッセルと別々だった。このため, 相互調整の必要性が高まってきた。

そこで, 1967年7月, 3機関を欧州共同体 (EC) として再編成する併合条約が発効した。ローマ条約は発足から最初の12年を, 単一の共同市場を形成する過渡期間としていた。その過渡期間が経過した1969年, オランダのハーグで開いた欧州理事会は, 新段階に向かうECの目標として「完成」「強化」「拡大」「政治協力」の4つを掲げた。

「完成」は, ローマ条約が定めた共同市場をさらに確実なものにし, 完成を目指す。「強化」は共同市場の次の目標として, 経済通貨同盟 (EMU) 創設を掲げた。「拡大」は加盟国の増大。1973年には英国, デンマーク, アイルランドの3カ国が加盟した。

しかし, 70年代初めのニクソン・ショック, 第一次, 第二次の石油危機などで, 欧州経済は打撃を受けてしまう。欧州諸国は統合よりも, 各国個別の利害を優先させる風潮に傾斜した。

◎域内市場統合

低迷期を払拭しようと, 1985年6月にジャック・ドロール率いる欧州委員会は「域内市場統合白書」を発表した。白書はEEC条約の12年計画は, 関税同盟の成立などで一応の成果を収めたとしつつも, 共同市場の「完成」は達成されず, 加盟国間では自国市場保護のための障壁がかえって増えたと批判した。

危機を克服するため, 白書は欧州域内市場統合を1992年末に完成させる目標年限の設定と, 統合を進めるための具体策の提案, 各提案を採択するタイムスケジュールなどを決めた。こうして再び欧州統合の火が掲げられたのである。障壁を取り除くべき対象として, ①物理的障壁の撤廃, ②技術的障壁の撤廃, ③財政的障壁 (税制) の撤廃——の3分野で合計約300項目 (最終的には270項目) の法令を採択するよう加盟国に提案した。

物理的障壁とは，各国間の商品や人の移動の際に，国境で生じる各種規制のことだ。商品取引の際の共通通関手続き，貿易データの共有化，農産物取引にかかる補助金や調整金の廃止，動植物検疫の共通化，運輸規則の廃止など。人の移動では，共通旅券の発行，テロや麻薬対策のための域内司法協力などを盛り込んだ。人，物，資本，サービスの自由な移動の確保が，欧州市場統合の目的としてクローズアップされたわけだ。
　同時に，各国間の商品仕様や基準認証の手続きの違いなども，人，物，資本，サービスの自由な移動を損なうとして，白書は共同体レベルの共通基準となる「欧州基準」の制定や，各国が他国の基準を相互に承認する相互承認制度の導入を提案した。

◎**決定手続きの弾力化**

　白書が提起した膨大な法改正作業を円滑に進めるため，1987年7月にローマ条約を併合条約以来20年ぶりに改正する単一欧州議定書を発効させた。議定書は単一市場の実現を法的に推進する機能を発揮した。それは決定手続きの弾力化だった。
　ローマ条約は原則として全会一致の決定方式をとった。しかしこれでは，1カ国でも反対があると，全体が止まってしまう。そこで議定書は，分野を選んで特定多数決方式を積極的に取り入れた。これによりEUレベルでの決定がスピードアップした。
　また，決定の仕方も，共同体レベルでの合意を必要とする「規則」の形式を必ずしもとらず，各国が国内法制化で自ら対応する弾力的な「指令」を中心とし，各国の既存の基準・認証の相互承認を認めたこともスピードアップに効果があった。こうして実践的アプローチの徹底を目指した。
　それまで欧州委員会の政策立案に対して，助言役でしかなかった欧州議会の権限も強めた。委員会の提案は，閣僚理事会での採択と並行して，議会での審議を踏まえる「協力手続き」が取り入れられた。議会の権限強化は，理事会主導の政治的調整を弱め，実務ベースでの市場統合を側面から支えた。
　統合市場を動かしただけではない。欧州防衛共同体（EDC）構想の挫折後，停滞していた政治統合についても，1つの弾みをつけた。それは議定書が共通外交・安全保障政策へつながる欧州政治協力（EPC）を条約に明文化した点だ。1992年末の市場統合達成の期限までに，委員会が掲げた項目の採択は264で達成率は97.8％と，ほぼ網羅した。

10 マーストリヒト条約（欧州連合条約）

（藤井良広）

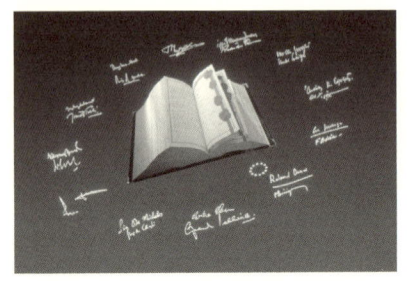

マーストリヒト条約の文書

単一議定書で全体像が示された域内市場統合を引き継ぐのが、1992年に調印されたマーストリヒト条約である。同条約は欧州統合の深化と拡大を進め新たな枠組みとなった。深化の象徴が、統一通貨ユーロの位置づけだ。

◎ユーロの導入

条約の枠組みは3つからなる。1つは欧州共同体（EC）条約であり、単一通貨ユーロ導入の経済通貨同盟（EMU）はこの中にある。2番目は、政治同盟（EPU）を形作る共通外交安全保障政策（CFSP）で、3つ目の柱が司法内務協力（CJHA）だ。

EMUとEPUは共に、1969年のハーグ欧州理事会で掲げながら積み残されてきた「強化」と「政治協力」のテーマである。

ユーロの前身は、1979年から運営されていた欧州通貨制度（EMS）である。ジスカールデスタン仏大統領とシュミット西独首相のリーダーシップで発足したEMSは、ニクソン・ショックによる国際通貨危機の経験に基づいて、加盟国通貨の対ドル変動幅を安定させることが狙いだった。

EMSは3つの手段を活用した。①加盟国通貨の相互変動幅を一定幅（上下2.25％）に抑える為替相場メカニズム（ERM）、②変動幅内に相場を抑える各種信用メカニズム、③各国通貨変動の中心レートを設定する欧州通貨単位（ECU）である。EMSからEMUへの移行は、ERMの変動幅をゼロとし、各国が自国通貨を放棄、ユーロを導入したことと同じになる。

マーストリヒト条約はEMU実現の手順として、1990年7月から1999年1月のユーロ導入までを3段階に分けた。最終の第3段階は統一通貨の導入とともに、各国の金融政策を欧州中央銀行（ECB）の下に統一することだった。

通貨の統一と金融政策の統一——独仏対立や米ソ冷戦の狭間で、統合への模索を続けていた黎明期に、カレルギーやモネ、シューマンらの描いた「夢

想」の世界がこうして現実化したのである。

　ユーロは1999年に企業や各国政府間の取引などに先行導入された後，2002年1月に，実際のユーロ紙幣・硬貨が各国通貨と全面的に交換されて流通した。ただ，すんなりと実現したわけではない。マーストリヒト条約の批准をめぐり，1992，93年と連続して激しい投機の嵐が吹き荒れたためだ。こうした通貨危機も1999年のユーロ導入で次第に遠のいた。ユーロは次第にドルに並ぶ国際通貨としての地位を確立していく。

◎共通の外交・安全保障政策
　条約のもう1つの柱であるCFSPは，冷戦の崩壊によって，欧州が直面する政治危機が地域紛争やテロなどに移行する一方，米国依存型のNATO体制の変革などが問われるようになったことを，背景としている。
　EUとしての外交・安全保障政策を実現する実施策は，協調行動と共同行動に分けられる。前者はあくまでも各国の主体的行動を優先するが，後者では閣僚理事会（EU理事会）が定義する「共通の立場」に加盟国が自国の政策を適合させることになる。EUとしての行動が，各国の行動より優先されるのだ。経済分野でとってきたEU統合の論理を政治・外交の分野に応用した形である。
　共同行動の対象には，旧ユーゴスラビア諸国の紛争解決，少数民族問題，中東和平プロセス支援，核拡散防止条約（NPT）未加盟国対応，北朝鮮問題などが含まれる。CFSPでは限定付きだが特定多数決制も導入した。CFSPの「顔」として上級代表（理事会事務局長）のポストを新設した。将来のEU外相である。司法内務協力（CJHA）は，国境を越えたテロ・麻薬や組織犯罪の捜査・司法協力，難民・移民対策などの共通化である。
　マーストリヒト条約には，欧州諸国の多様性，独自性を踏まえた弾力化条項も盛り込まれた。それが「補完性の原則」（the Principle of Subsidiarity）だ。EU全体の改革に，各国が引っ張られ過ぎないことを担保するものだ。
　「補完性」の本来の意味は，1931年に当時のローマ法王ピオ11世が述べた言葉にある。法王は台頭するファシズムに対して，個人の権利が奪われないように，国家より下位にある社会集団に問題の解決を任せるべきだと説いた。
　現代に置き換えると，EUの各加盟国レベルでは対処しきれないか，効果が上がらないような事項を，EUレベルで扱い，そうではない事項は加盟国の自主性を尊重するという考えである。

11 アムステルダム条約

(藤井良広)

- マーストリヒト条約はEUの基本条約を全面改訂したが，同条約の調整，調印，発効の過程で，欧州の政治情勢が大きく変化したことへの対応は十分ではなかった。1989年のベルリンの壁崩壊を契機に東西冷戦が終焉，中東欧諸国のEU加盟問題が浮上したためである。
- 中東欧諸国へのEU拡大は，汎欧州の理想を描いたカレルギー以来の欧州統合の目標でもある。西欧諸国を中心として経済・政治両面での深化・統合を進めながら，中東欧への拡大を実現するため，マーストリヒト条約を引き継ぐ形で，1997年6月にオランダで合意されたのがアムステルダム条約である。

◎「人権」の明確化

- 同条約では，まず人権や基本的自由が位置づけられた。人権概念の発祥の地である西欧では，これらは当たり前の概念だが，共産主義体制が長く続いた中東欧諸国の加盟を前提に，改めて基本条約にそれらを盛り込み，EUを「自由，安全，司法の一領域」として発展させる，と明記した。
- 一方で，西欧内でも，人，物，資本の自由な移動を伴う市場統合実現により，基本的自由の確保を厳格にする必要が出ていた。そこで人権などの基本原則を守らない加盟国に対しては，EU内での一定の権利を停止する制裁条項を導入したほか，性，人種，民族，宗教，障害，年齢などの差別を禁じる非差別条項を新設した。
- 「自由，安全，司法」に基づく社会的恩恵を確保するための措置として，これまで条約の枠外となっていた域内国境の検問廃止協定（シェンゲン協定）を条約の本体に取り入れた。マーストリヒト条約で位置づけた司法内務協力（CJHA）についても，人の移動と国境管理，庇護政策，移民政策，民事司法協力などの具体的項目を明確にした。
- 焦点であるEUの深化と拡大を，バランスをとりながら迅速化するために導入されたのが，「柔軟性の原則」(the Principle of Flexibility) だ。それまでの全加盟国が同じペースで統合を推進する建前は維持しつつ，テーマによ

っては一部の加盟国が参加できなくても，過半数以上の加盟国が参加する「緊密な協力」を促し，統合に積極的な加盟国の先行を認める規定も盛り込んだ。

　柔軟性の原則の発動要件は，①対象テーマがEUの目的を推進し，EUの利益を保護し，役に立つ，②EU条約の原則と制度的枠組みを尊重する，③同原則の適用が目標達成のための最後の手段となる，④加盟国の過半数（その時点で8カ国）が参加する，⑤不参加国の権限，権利，義務，利益に影響を及ぼさない——などである。

　同原則は共通外交安全保障政策（CFSP）の運営にも適用される。外交・安全保障関連での首脳会議の決定の際，全会一致の原則の例外として導入される「建設的棄権」の考え方である。外交には，歴史的経緯などの複雑な要因が絡むため，自国の外交問題の独自性を担保できる権利を認めた。

◎中東欧拡大への備え

　EUへの新規加盟はこれまで，1973年の英国，デンマークの加盟以来，個別交渉の形で行われてきた。冷戦体制崩壊後の1995年のスウェーデン，オーストリア，フィンランドの西欧中立3国の加盟も同様だ。ところが中東欧諸国は，加盟候補国が12カ国と従来にないほど数が多いほか，政治・社会体制，経済水準の違いも従来にない課題となった。

　そこで，EUはアムステルダム条約での体制整備と連動する形で，「大拡大」への準備を進めた。まず，1993年のコペンハーゲン首脳会議で，EU加盟基準（コペンハーゲン基準）を整備した。その内容は，①政治基準（民主主義，法の支配，人権，少数民族の尊重・保護などを保証する安定した制度や機構の確保），②経済基準（正常な市場経済の存在およびEU域内の競争圧力と市場の諸力に耐えうる適応性があること），③アキ・コミュノテール（EU統合で積み重ねてきた法体系の総体＝Acquis Communautaires）の受け入れ，などだ。

　審査基準明確化の一方で，加盟申請国が"合格"できるようにする支援策もまとめた。それが「アジェンダ2000」である。アジェンダは1999年のベルリンでの特別首脳会議で合意された。中東欧諸国などの加盟申請国に対して，EUが事前準備のための財政支援を行う仕組みだ。「加盟前支援」として総額450億ユーロを配分したほか，中東欧諸国は農業国がほとんどなので，EUの共通農業政策（CAP）の改革も目指している。

12 ニース条約

（藤井良広）

　アムステルダム条約は，EU拡大を意識した整備を進めた。だが，EUそのものの政策決定システムなどの基本の仕組みをどう調整するのか，という議論は決着しなかった。欧州委員会の委員枠の各国への配分や，特定多数決の票配分・範囲の問題，欧州議会での議席数の配分などの扱いである。

　加盟国数が増えることで，EUの国際的な影響力は高まる。その一方で，政策決定に関わる国の数が増えると，迅速な合意形成が難しくなる。EUのガバナンスに関わる重要な点である。そこで2000年12月にフランスのニースで開いた首脳会議で，新たな基本条約の改定が合意された。

◎欧州委員は1カ国1委員に

　ニース条約でまとまった主な機構改革は次のようになった。まずEUの政策立案・運営を担当する欧州委員会。同委員会は，分野ごとに担当委員を設置している。そのポスト配分は，これまでは独仏英などの西欧の大国が2人ずつ，小国は1人という割り振りだった。委員ポストは，各加盟国にとってEU政策に自国の意思を反映させる上で，重要な意味合いを持つ。しかし，加盟国が増えたからといって，政策分野までが増えるわけではないので，委員数は増えるわけではない。

　そこでニース条約では，大国の2人枠を外し，1加盟国1委員制とした。発足以来の「大国に不利に，小国に有利に」という配分原則を貫いたわけだ。そして加盟国が27カ国になった段階で，委員の上限を27人未満で固定する。27カ国以上になると，平等の輪番で，どこかの国は委員不在になる。この点の最終的な扱いは次のリスボン条約に持ち越された。

　EUの政策決定を迅速にするために導入されている特定多数決制についても，対象領域の拡大を図った。新たに，難民，サービス貿易，知的所有権，構造基金，環境，欧州委員会の委員長および委員の任命などが加えられた。ただ，税制や社会保障・保護やEU市民権に関わる分野への適用については，全面的な合意は得られなかった。両分野においては，一部の事項について，全会一致で特定多数決への移行を決定できるという妥協案となった。

特定多数決の際の票配分も改められた。それまでの加盟国全体の持ち票総数87を一気に237に拡大した。その票配分には人口基準を加味して、最高が独仏英伊の29票、最小はルクセンブルクの4票に改めた（従来は10票〜2票）。特定多数決の成立には、賛成国の人口がEU全人口の少なくとも62％を代表している必要がある。新基準は2005年から適用された。

欧州議会の門戸も新規加盟国に開くため、議席数の上限をそれまでの626から27カ国加盟を前提として732に増やした。

◎先行統合も促進

アムステルダム条約同様、ニース条約でも深化と拡大のバランスへの配慮条項を盛り込んだ。「先行統合」の規定である。統合のスピードが遅い新規加盟国に足をとられて、EU全体の市場統合と改革のテンポが鈍らないようにすることが目的だ。具体的には、条約の中に「先行統合」の編を設け、前条約で打ち出した「柔軟性の原則」もその中に位置づけた。

注目されるのは、柔軟性の原則の発動基準のうち、「加盟国の過半数」規定を、加盟国数が増えても当初の「8カ国の参加」とする点である。先行する西欧EU諸国が市場統合をリードし続けることを認めた形である。

ニース条約の先行統合、アムステルダム条約の柔軟性の原則、マーストリヒト条約の補完性の原則、さらには比例性の原則（the Principle of Proportionality）——これらの条項は、EUの深化と拡大を均衡させ、理念と現実をすり合わせながら、前進を続けるEUの智恵を表現したものといえる。

ニース条約は2003年2月に発効したが、発効に際してアイルランドが国民投票で批准を否決する事態が起きた。条約が小国にとって不利になるとの不満が背景にあったとされる。再国民投票の結果、賛成票が上回って批准、発効にこぎ着けるという経緯だった。

EUの新たな拡大は2004年に実現した10カ国の中東欧・地中海諸国の加盟、さらに2007年には遅れていたブルガリアとルーマニアも加盟して、ニース条約が前提とした27カ国体制となった。しかし、それ以外にも、バルカン諸国、旧ソ連圏諸国、トルコなど、EU加盟を目指す国々は少なくない。

拡大への対応だけではなく、これまでローマ条約以降、基本条約の追加改正を積み上げてきたため、条約体系が膨大になり、EU全体のガバナンス体制の効率化も求められていた。そこで、条約を全面的に改正する動きが起きてくる。

13 リスボン条約

(藤井良広)

　ニース条約調印の翌2001年12月,ベルギーで開いたラーケン欧州理事会(首脳会議)は「EUの将来についてのラーケン宣言」を採択,既存の各条約を整理するとともに,EUの基本権を定める欧州憲法条約制定を検討する諮問委員会(コンベンション)を設置した。

◎憲法条約の調印と挫折

　委員会の議長には,EU統合を推進してきた政治の「顔」であるジスカールデスタン元仏大統領が就いた。同氏の起用は,EU統合の歴史と実績を踏まえて,統合のステージを一段階アップする憲法条約に昇華させるシナリオだったと思われる。委員会は2003年夏に草案を公開,2004年12月,ローマで憲法条約は調印された。1957年にEEC設立のローマ条約を締結した地での新条約の調印である。

　憲法条約はEUの理念から目的,各EU機関の位置づけ,EUと各加盟国の権限規定,共通外交安全保障政策(CFSP),経済通貨同盟(EMU),財政・税制政策,雇用・社会政策,司法内務協力(CJHA)など,EUの基本政策を網羅している。

　さらにEUのガバナンス改革を象徴するように,欧州理事会,EU理事会(従来の閣僚理事会)の議長国を半年単位の輪番制とする従来の仕組みから,任期2年半の理事会常任議長(President)と,常任のEU外相を設ける抜本的な組織改革を打ち出した。常任の2人の首脳は,EUの対外的な顔となるだけではなく,迅速な政策決定を担う役割だ。欧州委員もニース条約で示した1カ国1人の27人体制から18人体制へとスリム化する。

　またEUの歌として,ベートーベンの第九交響曲最終楽章の「歓喜の歌」,旗は,EUがこれまで掲げてきた「青地に12個の星を円状に配置した図柄」を正式に承認することも,条約に盛り込んだ。

　ところが条約の批准交渉で亀裂が走った。2005年5月29日フランス,同年6月1日オランダが実施した条約批准の国民投票で,共に否決票が上回ってしまった。両国とも欧州石炭鉄鋼共同体(ECSC)以来の欧州共同体の原加盟

国。長年，EU推進役だった国の国民からの否定で，条約は頓挫してしまう。当時，低迷していた国内景気への不満が条約への否定的見方につながったとみられている。

◎修正条約も波乱

　EU首脳たちは「熟慮期間」を置いて条約案を練り直し，2007年3月，ローマ条約調印50周年を記念して発したベルリン宣言において，新たな基本条約を策定・批准することをうたった。条約案も，憲法的な色彩やEUの歌・旗といったシンボル的要素を削除して簡素化し，名前も「改革条約」に改め，ドイツが議長国を務めた2007年6月の欧州理事会で合意した。条約は同年12月，ポルトガルのリスボンでの首脳会議で調印されたため，リスボン条約と呼ばれる。

　「憲法」の名は外したが，ニース条約から焦点となっていたEUの政策決定の仕組みの修正，常任の議長・外相の設置，基本権憲章の位置づけ，EUの排他的権限，EUと加盟国の共有権限などの領域の明確化など，骨組みの部分は残った。憲法条約よりも実務的な内容になったともいえる。

　当初，各国は2009年1月までに国内での批准手続きを終えることになった。2009年6月の欧州議会選挙までに新条約を発効させるためだった。多くの国が世論に左右される国民投票よりも議会承認を選択する中で，アイルランドはEU基本条約の批准・改廃は憲法の規定を改正する必要があるため，憲法改正を問う形での国民投票を，2008年6月に実施した。その結果，否決された。

　すでに見たように，アイルランドはニース条約もいったん否決し，二度目の国民投票で可決したという経緯がある。今回のアイルランド国民の反対理由で一番多かったのは，条約に対する知識不足で，次が自国のアイデンティティーの維持であった。西欧EU域内でも，欧州統合の意義や意味合いは，市民レベルではまだ十分に理解されていないことを浮き彫りにした。またチェコも議会審議が中断したままである（2009年5月時点）。

　リスボン条約には，2009年1月に発効しない場合は，すべての加盟国での批准手続きが完了した翌月に発効するとの規定がある。この規定を適用すると，アイルランド，チェコの批准ができない場合は，両国に適用除外をあてはめて発効する道もある。ただ，アイルランドは2009年10月2日までに再国民投票をすることを決めている。

14 閣僚理事会と欧州委員会

(藤井良広)

　国の最高意思決定構造は，民主主義国家では通常，三権分立である。立法，行政，司法の各機関が相互に独立性を担保し合うことで，バランスをとる。27の加盟国の連合体であるEUには，欧州議会，欧州委員会，欧州司法裁判所の三権分立に加えて，連合体ならではのもう1つの権力が存在する。

◎ 4権(？)分立

　それが加盟国で構成する閣僚理事会（EU理事会）であり，その最上位の首脳レベルの協議機関が欧州理事会（首脳会議）である。閣僚理事会は欧州議会よりも第一義的な立法権限を持つ。EU組織上の最高の意思決定機関な

```
          欧州理事会
          (首脳会議)
       (European Council)
              ↕
          閣僚理事会
         (EU理事会)
         (EU Council)
         ↗         ↖
   欧州議会          欧州委員会
(European Parliament) (European Commission)
         ↖         ↗
          欧州司法裁判所
    (European Court of Justice)
```

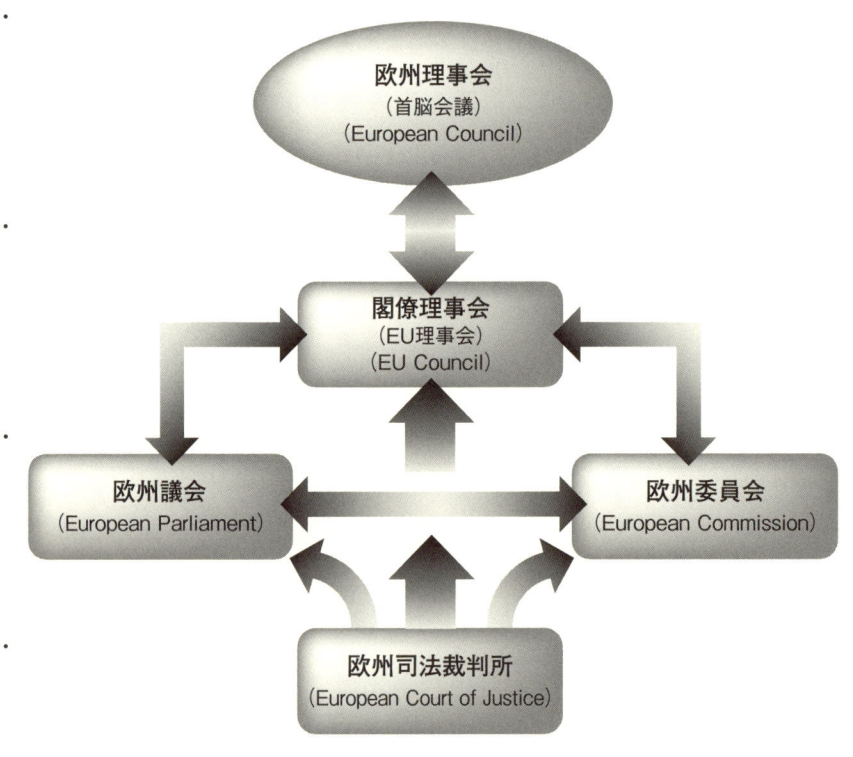

●図3　EUの機構

のだ。閣僚理事会が最も力を持つのは，EUが各国の議会を経た意思をEUレベルで調整する仕組みをとっているからで，政策分野ごとに各国の代表で理事会が構成される。経済・財務相理事会（ECOFIN），総務・対外関係理事会，競争理事会，司法内務協力理事会，環境理事会などの理事会がある。

　各理事会の議長は，議長国の担当大臣が輪番で就任する。閣僚理事会は欧州委員会が提案する各種政策案を審議するほか，欧州委員会に特定の政策の検討を指示することもある。理事会の下部組織に，各国からEUに派遣されている大使で構成する常駐代表委員会コレペール（COREPER）があり，実務的な関係国間調整を担当する。

　閣僚レベルの全理事会を統括する形で，加盟国首脳で構成するのが欧州理事会（European Council）。半年輪番の各議長国が任期の途中と，仕上げの時期に2回開催するのが通例で，会議は「EUサミット」と呼ばれる。現在の首脳会議議長は各国首脳の担当だが，すでにみたようにリスボン条約が発効すると，任期2年半の常任議長制に移行する予定だ。

◎欧州委員会は「政府」

　一方，EUの行政機関に当たるのが欧州委員会である。各加盟国から1人ずつ欧州委員が任命され，委員長を含めて合計27人で構成する。2009年時点の委員長はポルトガル出身のバローゾ氏。委員の任期は5年で，2009年時点の委員会は2004年11月の発足だから，2009年後半に交代することになる。リスボン条約が発効すると委員数は18人に削減される見通し。ただし，2009年前半の議長国チェコは全加盟国から委員を出す現行制度の維持を提案した。

　委員長をはじめ，欧州委員は選挙で選ばれるのではなく，各国間の調整で決まる。委員会は毎週水曜日に定例の会議を開く。いわば"EUの閣議"。閣議の決定は多数決で決まる。

　欧州委員会には「省庁」に相当する各分野別の「総局」があり，各委員はそれらの総局を分担して担当する（次頁図4参照）。総局スタッフはおよそ1万5000人で，出身国の利害とは一線を画してEU全体の政策運営を担うため，ユーロクラット（欧州官僚）と呼ばれる。委員会本部はベルギーのブリュッセルだが，ルクセンブルクにも部局がある。

　委員会の最大の任務は，EU全体の政策決定の土台となる法案を，閣僚理事会と欧州議会に対して発議（提案）することだ。制定された法律の執行・運営の責任も負う。EU予算の歳出管理も担当する。EU理事会との関係で

は，行政と立法府の関係だが，理事会を構成する各加盟国が基本条約に違反したり，EU法を遵守しない場合は，欧州委員会が当該国を条約・法令違反で欧州司法裁判所に提訴することができる。競争ルール違反などの場合は，企業だけでなく個人にも罰金を科すことがある。欧州委員会はEU法の監視人の立場にもあるからだ。

政策部門
- 産業・農村開発総局
- 競争総局
- 経済・金融総局
- 教育・文化総局
- 雇用・社会問題・機会均等総局
- 運輸・エネルギー総局
- 企業・産業総局
- 環境総局
- 漁業・海事総局
- 保健・消費者保護総局
- 情報社会・メディア総局
- 域内市場・サービス総局
- 共同研究センター
- 司法・自由・安全総局
- 地域政策総局
- 研究総局
- 税制・関税同盟総局

対内サービス部門
- 予算総局
- 欧州政策諮問部局
- 情報科学総局
- インフラ・ロジスティックス局
- 内部監査総局
- 通訳総局
- 法務局
- 人事・総務総局
- 翻訳総局

対外関係部門
- 欧州援助協力局
- 開発総局
- 拡大総局
- 対外関係総局
- 人道援助総局
- 貿易総局

総合サービス部門
- 欧州不正対策局（OLAF）
- 欧州委員会統計局（ユーロスタット）
- コミュニケーション総局
- 出版局
- 事務総局

●図4　欧州委員会の各分野

15 欧州議会と欧州司法裁判所

(藤井良広)

　欧州議会は、欧州石炭鉄鋼共同体（ECSC）の共同総会から由来する。同総会はローマ条約で誕生したEECなどの三共同体共通の単一機関となり、1962年に名称を欧州議会に改めた。当初は各加盟国の議会が各国ごとに欧州議員を任命していたが、1979年6月に、欧州市民による直接選挙が導入された。

◎「超国家」の欧州議員

　欧州議会はその由来から、理事会や欧州委員会への助言機関的な位置づけだったが、直接選挙で選ばれるようになってから、欧州市民の声を政策運営に反映させる役割が増大している。通常の国の議会のような立法権限は持たないが、EU法案の審議・議決権を持つ。予算審議権や予算案全体に対する拒否権、予算執行の監督権限もある。マーストリヒト条約で閣僚理事会と権限を共有する共同決定手続きが新たに導入された。

　任期は5年で、現在の議員数は785人。加盟国ごとに議席数が配分されている（次頁表3参照）。議会はフランスのストラスブールで開催する。毎年3月の第2火曜日に召集され、毎月1回、ストラスブールで本会議を開くほか、一部の会議はブリュッセルまたはルクセンブルクでも開く。

　欧州議会の特徴は、選挙で選出された欧州議員が、各加盟国の枠を超えて、イデオロギーや政策を共有する域内横断的な政党グループとして行動する点だ。主な欧州政党グループには、保守系の欧州人民党・欧州民主党グループ、左寄りの欧州社会主義グループ、リベラルな欧州自由民主連盟、環境保護を重視する緑グループなどがある。

　政党グループを結成する場合は、5カ国以上（加盟国の5分の1以上）の加盟国から選出された19人以上の議員を擁することが条件。各国の政党と同様に、政策決定の際には、グループ内で党議拘束をかけられたりもする。

◎ EU法の最高裁

　欧州司法裁判所は、各加盟国が欧州共同体の基本法体系を守っているかど

85

うかを，裁判を通じてチェックする役割である。一般的な訴訟は扱わず，EU法の解釈に限って判断を下す。司法裁判所の本部はルクセンブルクにあり，裁判官は各加盟国から1人が任期6年で選ばれる。

　各裁判官の互選で，裁判所長官を選出する。一審の欧州第一審裁判所でも，同様に互選で長官を選ぶ。原告も被告も，欧州司法裁判所の判決に不服があっても，控訴はできない。司法裁判所自体がEUの最高裁判所だからである。第一審裁判所の判決に不服の場合は，司法裁判所に控訴できる。国内の訴訟の争点がEU法に関連する場合は，各加盟国の裁判所が欧州司法裁判所に申請して，共同体法体系との妥当性や解釈についての「先決裁定」を求めることができる。

　欧州司法裁判所の機能は次の5点に集約される。①EU内の国際裁判所の機能：加盟国がEU基本条約を守らない場合，欧州委員会や他の加盟国が当該国を訴えることができる，②行政裁判所の機能：EU各機関が定める規則などで不利益を被った加盟国や企業，個人が，当該機関を訴えることができる，③憲法裁判所の機能：EU基本条約の解釈のほか，国際協定締結などの際に，基本条約との整合性を判断する，④労働裁判所の機能：EU各機関で働く職員の労使交渉を裁く，⑤限定的に普通の裁判所の機能を有する。

　欧州会計検査院は，加盟国から1人ずつ選出された検査委員で構成する。任期6年，互選で3年任期の委員長を選ぶ。EU各機関の予算・決算を点検して，歳入が漏れなく徴収されているか，無駄な歳出や不正な流用がないか，財務管理状況が健全に行われているか，などを監査する。

ドイツ	99	ギリシャ	24	リトアニア	13
フランス	78	ハンガリー	24	ラトビア	9
イタリア	78	ポルトガル	24	スロベニア	7
英国	78	スウェーデン	19	エストニア	6
スペイン	54	オーストリア	19	キプロス	6
ポーランド	54	ブルガリア	19	ルクセンブルク	6
ルーマニア	35	デンマーク	19	マルタ	5
オランダ	27	スロバキア	19		
ベルギー	24	フィンランド	14		
チェコ	24	アイルランド	13		

●表3　欧州議会の国別議員定数（合計785人，2009年5月時点）

16 諮問機関と諸機関

（藤井良広）

　欧州は各国間の調整に加えて，EUレベルの調整が常に必要となる。国ごと，民族ごと，地域社会ごと，市民ごとに，多様な利害関係が交錯するためだ。このため，EU主要機関以外に，生産者，消費者などのステークホルダー（利害関係者）で構成する諮問委員会を設け，政策立案プロセスに意見を反映させる仕組みをとっている。

◎ステークホルダー参加の場

　その代表が経済社会評議会（EESC）だ。EUの発端となった欧州石炭鉄鋼共同体（ECSC）の運営を協議するため，1958年発効のローマ条約で設立された。当初は，石炭および鉄鋼の生産者，労働者，販売者，消費者などの各代表で構成されたが，現在は多くの分野から幅広い委員が選ばれ，多様な経済社会問題を協議している。委員は国別と所属別の基準で，全加盟国から選ばれる。任期は4年。

　評議会は3つのグループに分かれる。グループ1は「経営者グループ」。大企業，銀行，公企業体などの経営者が中心で，欧州経営者連盟（Business Europe），公企業体連合の公企業体欧州センター（CEEP），欧州商工会議所連合（EUROCHAMBERS），欧州レベルの各産業別連合体などで構成する。グループ2は「労働組合グループ」。欧州労働組合会議（ETUC）および各国の労働組合代表が中心だ。グループ3は「さまざまな利害グループ」。農民，職人，中小企業，専門業者，消費者，科学・教育関係者，非営利組織（NPO），環境団体，協同組合，女性，家族，障害者など，多方面の人々が参加する。

　欧州委員会は政策提言を閣僚理事会に送る前に，同評議会に諮るほか，理事会，欧州議会が諮問することもある。評議会が自ら意見を述べてもいい。諮問対象は次の6分野。①市場統合および生産と消費，②交通，エネルギー，インフラストラクチャー，情報社会，③農業および農村地域の発展と環境，④経済通貨同盟と経済社会統合，⑤雇用，社会問題，市民権，⑥対外関係。

　マーストリヒト条約で，1994年に新設されたのが，地域評議会。深化と拡大を進める中で，国ごとよりも，より市民に近い地域レベルの声を政策に反

映させるための機関である。評議会の委員数や選び方は経済社会評議会と同様で、全加盟国から選ばれる。閣僚理事会や欧州委員会が同評議会の意見を聞くべき分野は、経済・社会的結束、欧州横断網（トランス・ヨーロピアン・ネットワーク、TENs）、健康、教育、文化、雇用政策、社会政策、環境、職業訓練、輸送など。

　評議会は3つの原則に基づき、意見をまとめる。まず、マーストリヒト条約が導入した「補完性の原則」。EUレベルより市民レベル、地域レベルに委ねた方がいい場合に意見を述べる。第二が、できるだけ市民に近いレベルで実施する（Proximity）。第三はパートナーシップの原則。EU機関、各国政府、地域、地方自治体という4つの政策決定レベルで、相互のパートナーシップを発揮してEU全体のガバナンスを健全に保つ。

◎**点在するEU機関**

　ブリュッセルの主要機関のほかにも、各分野を統括する諸機関が多数ある。代表的なのがローマ条約で設立された欧州投資銀行（EIB）。統合を推進するプロジェクトに、長期の投融資資金を供給するEUの公的金融機関である。EIB単独の投融資のほか、民間金融機関などとの協調融資も行う。投融資対象はEU諸国だけでなく、加盟候補国や周辺のパートナー国も含む。EIBはEUや民間金融機関との共同出資で1994年にベンチャー企業育成のため欧州投資ファンド（EIF）を設立した。

　加盟国・地域間の格差是正を図る対策資金を供給するのが、欧州地域開発基金（ERDF）だ。1975年に、EUの地域政策を促進するために設立された。同基金の支援対象は国ベースではなく地域ごとのため、西欧でも再生の必要な地域は対象となる。

　このほか、欧州環境庁（コペンハーゲン）、欧州食品安全庁（イタリアのパルマ）、ユーロポール（欧州警察機関、ハーグ）、欧州疾病予防管理センター（スウェーデンのソルナ）、欧州薬品庁（ロンドン）、欧州労働衛生・安全機構（スペインのビルバオ）、欧州職業訓練発展センター（ギリシャのテッサロニキ）、欧州麻薬監視センター（リスボン）、欧州職業訓練財団（イタリアのトリノ）、欧州人権庁（ウィーン）などが各地にある。実務機関が加盟国に点在するのは、ブリュッセルへの中央集権批判を回避し、分権的発展を目指すためでもある。

第2章

法律・政治・外交

2.1 法律・政治
　　（須網隆夫・村上直久）
2.2 外交・防衛（渡邊啓貴）
2.3 対外関係
　　（渡邊啓貴・村上直久）
2.4 拡大（村上直久）

17 ─ EUの構造と法的性質 ── EC法とEU法の関係

（須網隆夫）

　欧州連合（EU）の構造は極めて複雑である。EUとECという2つの用語が、しばしば同じ文脈で使用され、読者を混乱させることも、そのような複雑な構造に起因しており、EUを正確に理解するためには、EUとECという2つの用語の区別が不可欠である。

　EUは、3つの分野を1つに結合した、3本柱の列柱構造を採用している。第1の柱は、1950年代に形成された共同体によって構成される柱であり、現在は、欧州共同体（EC）と欧州原子力共同体（ユーラトム、EAEC）という2つの共同体が第1の柱に属している。これに対して、第2・第3の柱は、マーストリヒト条約によるEUの創設によって、新たに付け加えられた部分であり、第2の柱は「共通外交安全保障政策」を、第3の柱は「警察・刑事司法協力」を、それぞれ担当している。EUとECの関係を整理すれば、EUは、ECをその内部に含む包括的存在であるが、EUの創設によってECが消滅したわけではない。また、3つの分野をその傘下に収めた組織であるとは言っても、EUに、全体に対応した広範な国際法上の法人格が認められているわけではなく、EC・EAECの領域では、それぞれの共同体に法人格があり、EUの法人格は、それらの領域を除いた限定的な範囲に止まる。その結果、例えば、WTO協定の当事者は、正確には、現在でもEUではなくECである。

　3つの分野の法的性質が一様ではないことも、EUの構造を複雑にしている。具体的には、第1の柱に属する各共同体と、その他の第2・第3の柱との間には、法的性質の面で顕著な相違がある。共同体は、加盟国主権の共同体への部分的移譲を基礎として成立する超国家機関であり、そこには、EC法（共同体法）と呼ばれる、国際法とも国内法とも異なる独立した法秩序が成立し、欧州司法裁判所がその解釈に対する責任を負う。これに対して第2・第3の柱は、主権移譲の要素が乏しい、伝統的な国際法によって規律される政府間協力の組織である。このため、EUに関する法的議論は、第1の柱、特にその中心であるECに焦点を絞って行われることが多い。なお、第1の柱との対比では一括される第2・第3の柱の間にも、ある程度の法的性質の差異が存在することに注意が必要である。すなわち、第2の柱には、欧州司法裁判所の管

轄権が全く及ばないのに対して、第3の柱には、限定的とは言え欧州司法裁判所の管轄権が及び、同裁判所の判断を通じて、第1の柱で確立した「EC法の基本原則」が第3の柱にも適用される傾向が見られる。その意味では、第3の柱は、第1の柱と第2の柱の性質を混合した中間的な形態として位置づけられる。

このような各柱の間の法的な性質の相違は、意思決定（立法）手続の面にも現れる。政府間協力である第2・第3の柱における意思決定は、加盟国政府代表によって構成される閣僚理事会がほぼ全面的に担い、理事会における全会一致による決定が原則である。これに対してECでは、閣僚理事会の決定は、一般に特定多数決によってなされるとともに、理事会の意思は、欧州委員会・欧州議会という加盟国政府から独立したEC独自の機関によって、相当程度まで制約されざるを得ず、第2・第3の柱におけるように貫徹しない。立法制定には、欧州委員会の提案が不可欠であり、共同決定手続が適用される場合には、欧州議会に拒否権が認められているからである。

以上のような事情を考慮すれば、少なくとも法的には、ECと第2・第3の柱を一括して議論することは正確ではないのである。

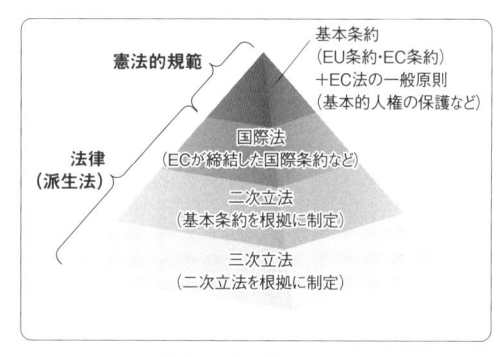

●図1　EU法秩序の階層構造

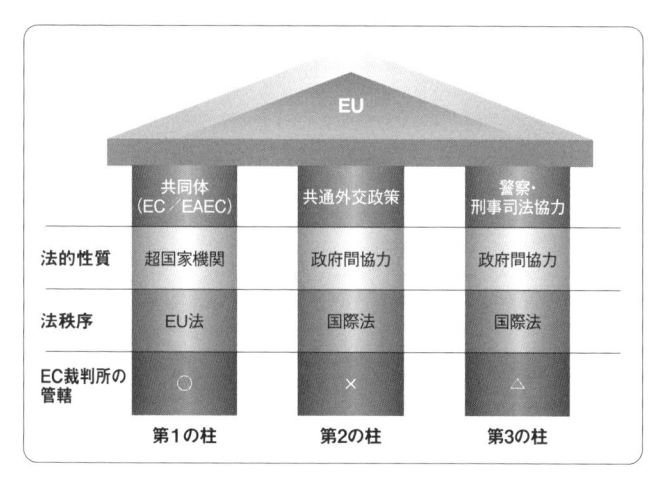

憲法的規範：基本条約（EU条約・EC条約）＋EC法の一般原則（基本的人権の保護など）

法律（派生法）：国際法（ECが締結した国際条約など）／二次立法（基本条約を根拠に制定）／三次立法（二次立法を根拠に制定）

●図2　EUの列柱構造

	共同体(EC／EAEC)	共通外交政策	警察・刑事司法協力
法的性質	超国家機関	政府間協力	政府間協力
法秩序	EU法	国際法	国際法
EC裁判所の管轄	○	×	△
	第1の柱	第2の柱	第3の柱

18 — 法の支配と立憲主義

(須網隆夫)

　「法の支配」と「立憲主義」は，ともに近代国家の基本原則であるが，その理解をめぐってはさまざまな見解があり，現在も議論が続いている。もっとも両者が，主として，主権国家の権力行使の統制に向けられた概念であることには異論はなかろう。「立憲主義」は，まず国家権力の濫用を防ぎ，意見の異なる人々の共存を可能にするために，権力を複数の機関に分属させる権力分立に基づき，権力の行使を法が定める方法・範囲に限定する。その一方で「立憲主義」は，権力行使によって侵害できない基本的人権を個人に保障することにより，多数決による民主的な意思決定と決定に服従せざるを得ない少数者たる個人の利益との均衡を維持しようとする。そして，少数者の保護は，個人が司法制度による実効的な救済を得られることを前提として成り立つ。そのため，英米法の原理として発展した「法の支配」も，権力の法への服従・権力行使に対する裁判所の審査を意味する限りにおいて，「立憲主義」と重複し，「立憲主義」の要であるとも指摘される。「法の支配」は，しばしば大陸法の原理である「法治主義」と対比されるが，両者の相違を強調する認識には現在では疑問がある。

　このような「法の支配」は，民主主義・基本的人権の尊重等とともに，EUの基本原則の1つに位置づけられている（EU条約6条）。「立憲主義」も，EUの基本条約中には明示されていないが，欧州司法裁判所は，法の支配とともに立憲主義の考え方を利用して，EUの基本原則を生成・発展させるとともに，1980年代半ばからは，EC条約を「法の支配」に基づく共同体の憲法的文書であると判示してきた。また，1990年代以降，多くの論者が「EC・EUにおける立憲主義」をさまざまな角度から論じてきた。そのような状況を背景に，2004年にEU条約・EC条約に代わる「憲法条約」が調印されたのである。

　EUは，主権国家ではなく，国家を目指す存在でもない。最近でこそ，「立憲主義」を，グローバル・ガバナンスを規律する原理（グローバルな立憲主義）として，国家を超えた国際社会にも適用することを主張する見解が表れているが，「立憲主義」・「法の支配」が，国家ではないEUについて語られる

ことは，国家と同一ではないにせよ，EU の領域にある種の主権的な権力が成立していることを推測させるとともに，他方では，そのような権力が存在する以上，その統制のために「立憲主義」が要請されることを示唆し，「立憲主義のグローバル化」を象徴する出来事でもある。それゆえに，未発効に終わった憲法条約の調印は，「国家を超えた立憲主義」を目指す試みと評価できるだろうし，憲法条約の内容が，一部修正されながら「リスボン条約」(2007年12月調印・批准手続中) に継承されていることに鑑みれば，その試みは現在も継続している。

EU において立憲主義が最も語られるのは，第一の柱を構成する EC についてである。EC は，加盟国主権の部分的移譲に基づいて成立した組織であり，越境的統治体として，国家に比肩する権限を有しているからである。EC における立憲主義は，具体的には，3つの文脈において認識することができる。第1は，「権力の分立」である。近代立憲主義による権限分立は，国家という同一レベルにおいてのみ想定されていたが，EC では，EC と加盟国の間に統治権限の分有・共有状態が生じている。そして，EC に移譲された権限は，さらに複数の EC 機関に配分され，権力分立の目指す「抑制と均衡」の関係が二重に形成されている。第2は，司法審査であり，EC の行為に対しては，EC レベルの司法機関（欧州司法裁判所・第一審裁判所）と加盟国国内裁判所の協力関係の下で，EC の行為に対する司法審査が保障されている。第3は，基本的人権の保護である。欧州司法裁判所は，欧州人権条約を中心とする国際条約および加盟国憲法が共通して保護する人権が，EC 法を構成する「法の一般原則」であることを承認してきた。また，2001年には「EU 基本権憲章」が採択され，リスボン条約では，同憲章が基本条約の一部を構成することが定められている。

近代国家を前提に構築された「立憲主義」・「法の支配」の概念を，国家ではない EU にそのまま適用することは適当ではないかもしれない。しかし，だからと言って，それらの概念と無縁に EU における「立憲主義」・「法の支配」が語られるわけではない。既存の概念を出発点として，立憲主義・法の支配の概念を，近代国家から切り離した上で，その普遍的内容を探求することが，EU において試みられているといってよいだろう。そうであるからこそ，EU では国家にとらわれず，ポストナショナルな事態に対応する「立憲主義」・「法の支配」のあり方が活発に議論されているのである。

19 基本的人権

(須網隆夫)

　基本的人権の尊重はEUの基本原則の1つであり、欧州人権条約および加盟国憲法の規定が共通して保障する基本的人権は、EU創設以前より、EC(共同体)法の一般原則としてEC法の法源を構成し、尊重されてきた。

　基本的人権の保護は、立憲主義に不可欠な要素であるが、1950年代のEC創設時には、ECにとって人権が重要な課題であるとは考えられていなかった。それは、第1に、ECが経済統合を主目的としたためであり、第2に、欧州人権条約による地域的人権保障との役割分担が想定されていたからである。しかし、基本的人権の保護に果すEC／EUの役割は、現在に至るまで着実に拡大している。

　まず、ECにおいて、初期には法源に含まれなかった基本的人権は、欧州司法裁判所の判例法の発展により、EC法秩序において確固たる地位を確立する。当初、基本的人権の法源性を否定した欧州司法裁判所は、1969年のStauder事件先決裁定(EC条約234条による、国内裁判所から送られたEC法に関する質問に対する欧州司法裁判所の判断)において、「共同体法の一般原則」の概念を利用して、人権をEC法秩序の中に位置づけた。ECの発展に伴い、EC立法と加盟国憲法が保障する人権との抵触が生じることが明らかとなる中で、ECレベルで人権が適切に保護されなければ、加盟国国内裁判所が、EC法の優位・直接効果という「EC法の基本原則」を受容することは困難だったからである。それ以来、欧州司法裁判所は、基本的人権が、「EC法の一般原則」の不可欠な一部を構成するとともに、その内容については、加盟国に共通する憲法的伝統および加盟国が締約国である人権保護のための国際条約、特に欧州人権条約から示唆を得ると理解している。このような理解に基づき、欧州司法裁判所・第一審裁判所は、ECの対象領域において基本的人権を保障する任務を負い、事実上、欧州人権条約および欧州人権裁判所の判例法に照らして、EC機関と加盟国の行為を審査してきたのである。

　1993年に創設されたEUは、自らの拠って立つ諸原則の1つとして、基本的人権の尊重を義務付けられており(EU条約6条1項・2項)、EC・EU機関の行為に対するEC裁判所による審査には、人権の観点からの審査が含まれる

ことが，基本条約によって明確にされている（EU 条約46条(d)）。

　守られるべき人権の内容としては，前述の判例を引き継いで，欧州人権条約と加盟国憲法が共通に保障する人権が，まず念頭に置かれている（同6条2項）。EU 条約は両者に言及するのみだが，人権を「EC 法の一般原則」と認める欧州司法裁判所は，加盟国が締結した他の人権条約も考慮しており，EU 条約の規定も，それらの条約を排除する趣旨ではない。そして2000年には，欧州委員会・閣僚理事会・欧州議会の共同宣言として「EU 基本権憲章」が採択され，EU の守るべき人権の内容がより明確にされている。なおリスボン条約が発効すれば，基本権憲章は，基本条約の一部となる。

　EU が基本的人権の尊重を自らの義務とする結果，加盟国にも人権の尊重が求められる。そのため第1に，人権尊重は，EU への新規加盟の要件であり（同49条），第2に，加盟後も，人権尊重義務に深刻かつ持続的に違反した加盟国には，基本条約上の権利停止という制裁が課せられる（同7条，EC 条約309条）。制裁手続は，EU が，加盟国の人権状況を常に監視し，必要があれば介入する任務を負うことを意味している。この場面での人権尊重は，EC 法の適用とは無関係に議論されており，純粋な国内事項についても違反が認定されうる。また，制裁手続の運用のためには，一定の判断基準が前提となり，基本権憲章が，判断基準に一定の示唆を提供すると考えられる。

　基本的人権の尊重は，EU の対外関係をも規律している。「人権尊重の発展」は，「共通外交政策」の目的の1つであり（同11条1項），対内関係と同様，そこで想定されている人権にも特段の限定はない。

　以上，域内・域外を問わず人権一般が，EU の関心事項であることは，包括的な人権政策を支持する根拠となりうるが，他方，域内・域外の人権状況を監視するための制度・体制は，EU 条約では何も規定されておらず，EU は，人権保護のために行動する権限を当然に有するわけではない。司法審査以外での EC 権限は，現行条約では部分的に規定されるに止まる。すなわち，EC の目的は，基本的人権には言及せず（EC 条約2条），EC の活動分野も人権を明示していない（同3条）。EC の政策規定には，国籍・その他の事由に基づく差別の禁止（EC 条約12条・13条）をはじめ，少数の人権規定（男女平等141条・開発協力177条）が見られるが，人権政策一般を規定する条文はない。そして欧州司法裁判所も，EC 条約が人権に関する一般的権限を規定していないことから，EC には，欧州人権条約への加入権限がないと認定している。このため，リスボン条約は，加入権限を明確に規定している。

20 死刑廃止問題

(村上直久)

　EUはいかなる罪を犯したとしても，すべての人間には生来尊厳が備わっており，その人格は不可侵であるとの信念に基づいて，域内での死刑制度を全廃しており，世界中で死刑制度の廃止を求めている。

　欧州では死刑廃止後に重大犯罪が激増したという事実はないという。

　2002年5月以降は全加盟国が，戦時中を含むすべての状況における死刑の完全廃止を規定した欧州人権条約の第13議定書の署名国となっている。死刑廃止はEU加盟の条件でもある。現在，EUへの加盟交渉を行っているトルコは加盟の障害になるとして死刑制度を廃止した。

◎死刑廃止への明確なコミットメント

　EUは死刑廃止に明確にコミットしている。2002年12月のニース欧州理事会で宣言されたEU基本権憲章で「あらゆる人は生命に対する権利を持つ。何人も死刑を求刑され，または執行されてはならない（第Ⅱ条2)」と明記している。有罪が確定したテロリストでも，児童や警官を射殺した殺人犯でも，人格は不可侵であると信じている。死刑は復讐に過ぎず，暴力の連鎖を暴力で断ち切ることは不可能だと考えている。

　世界的にも死刑廃止は大きな流れとなっており，国連総会は1989年12月，「死刑廃止を目指す国際人権B規約第2選択議定書（死刑廃止条約）」を採択，1991年7月に発効にこぎつけた。2000年現在，76カ国が法律上，20カ国が事実上死刑を廃止している。

　EUは1998年にその人権政策の一環として，全世界で死刑制度を廃止するために死刑反対運動を強化することを決定した。死刑廃止への第一歩としてモラトリアム（死刑執行停止）の導入，あるいは少なくとも死刑の適用を減らすことを求めている。また，死刑の適用をきわめて重大で計画的な犯罪に限定し，犯行時点で18歳未満の青少年，妊婦，出産後まもない母親，精神障害者には適用しないことも要求。さらに，死刑を宣告された者に対する異議申し立ておよび減刑を求める権利の保証と，死刑は可能な限り最小限の苦痛を伴う方法で執行するよう働きかけている。

◎日本政府への働きかけ

　こうした中で日米両国で死刑制度が存続していることが目立っている。欧州委員会の駐日代表部広報官は，EUは繰り返し日本政府に対して死刑を廃止するよう働きかけているが，反応は鈍いという。

　日本では死刑は残虐な刑罰に当たり，廃止すべきという死刑廃止論をめぐって，過去に争われたことがあるが，判例は残虐な刑罰に当たらないとし，廃止論者はこれに反対している。最高裁は昭和23年3月12日の判決で，憲法に刑罰としての死刑の存置を想定し是認する規定があることを指摘（13条，31条），執行方法が火あぶり，はりつけなど「その時代と環境とにおいて人道上の見地から一般に残虐性を有するものと認められる場合」はさておき，現行の絞首刑による死刑そのものは残虐刑に該当しないとした。これは応報論ではなく，威嚇効果と隔離効果による予防説に基づくとされる。

　米欧の間では死刑適用問題がしばしば摩擦の火種となっている。欧州で逮捕されたアルカイダなど国際テロ組織の米国への移送を欧州当該国は拒否することがある。米国で死刑判決を受ける恐れがあるからだ。

　こうした中で，世界有数の人権擁護機構である欧州会議（Council of Europe）の議員会議は2001年6月，日米両国に対し，2003年1月までに死刑の執行を停止し，死刑廃止に向けた措置を講じない限り，両国のオブザーバー資格を問題視するとの決議を採択した。欧州会議のオブザーバー国で死刑を存置しているのは日米両国だけとなっている。しかし，欧州会議はその後，日米のオブザーバー資格を剥奪するには至っていない。

　死刑廃止制度と関連して，EUは，人が肉体的にも精神的にも健全である権利を有するとし，医学，生物学分野で，①優生学的な慣行，②人間の身体を金銭的利益の源とすること，③ヒトクローン，を禁止している。

　EU基本権憲章はまた，「何人も，死刑，拷問またはその他の非人道的もしくは尊厳を冒すような処遇もしくは刑罰を受けるであろう重大な危険がある国へ，退去，追放または引き渡されてはならない（第Ⅱ条19）」と規定している。EUでは東欧や北アフリカなどから人身売買で流入してくる女性が目立つ。彼女たちはマフィアの監視の下，売春を強いられているケースが多い。

　国連総会は2007年12月，死刑執行の停止を求める決議を賛成多数で採択したが，日本は決議に反対した。先進諸国では日米以外，すべて死刑を廃止している。米国でも北部では廃止している州が多い。日本の近隣諸国ではロシアが1996年に凍結を宣言，韓国は停止している。

21 社会憲章

(須網隆夫)

　1989年12月，ストラスブール欧州理事会は，12加盟国（当時）のうち，英国を除いた11加盟国の賛成により，「労働者の基本的社会権に関する共同体憲章（社会憲章）」を採択した。欧州理事会による採択が示すように，社会憲章は政治的宣言であり，法的拘束力を有する文書ではないが，労働者の社会権に関するECの基本的考え方を示し，その後のEC社会政策の発展の方向性を決定した重要な文書である。

　経済共同体として設立されたEC（当初EEC）において，初期には，労働者の権利保護は，それほど重視されてはいなかった。確かにEEC条約は，その前文において，加盟国国民の生活および労働条件の改善を，共同体の目的として承認していた。しかし他方で，「労働者の自由移動」に関する規定を除くと，当初のEEC条約では，労働条件，労使関係等，労働法が通常規制する領域に関する権限は，ECには十分には与えられていなかった。

　然るに，1985年のミラノ欧州理事会により，共同体内に残存する非関税障壁を1992年末までに廃止し，域内に真の単一市場を構築しようとする「域内市場統合計画」が開始されると，市場統合が労働者の利益を損なってはならないことが指摘されるようになる。特に，域内に単一市場が形成される過程において，域内の労働条件が統一的に規制されない結果，社会的ダンピングが生じることが懸念されたのである。そのために，市場統合の社会的側面を保障するために，労使間の共通の基盤となる社会権に関する綱領が必要であることが認識されるようになり，社会憲章の採択に至った。

　社会憲章の目的は，加盟国が，国際労働機関（ILO）・欧州会議（欧州審議会）・国連などの国際フォーラムにおいて，各加盟国・労使間で一致をみている社会権の基本的内容を共同体レベルで確認することにあり，新しい権利のカタログを作ることでは必ずしもなかったが，他方で域内市場の完成を考慮して，必要な配慮が加えられている。

　憲章の概要は，以下の通りである。憲章は2部構成であり，第1部は基本的社会権自体を，第2部は憲章の実施方法を規定している。第1部で定められた権利は，(1)労働者の域内における自由移動の権利，(2)雇用の自由および公正

な賃金を受け取る権利，(3)生活・労働条件の改善，(4)社会的保護に関する権利，(5)結社の自由および団体交渉権，(6)職業訓練を受ける権利，(7)男女の平等な待遇に関する権利，(8)労働者の情報・協議・経営参加に関する権利，(9)職場での安全衛生に関する権利，(10)児童・若年者の権利，(11)高齢者の権利，(12)障害者の権利である。これらの権利は，1961年に，欧州会議において採択された欧州社会憲章の内容と重複するものが多いが，自由移動の権利および情報・協議・経営参加に関する権利は，共同体憲章に特有な内容である。前者は，市場統合と関連する特殊EC的な権利であり，後者は，欧州社会憲章後に生成した新しい権利であるからである。そして，憲章の内容の多くが欧州社会憲章と重複するとはいえ，ECとしてのコンセンサスを明確な形で確認した意義は小さくなく，2000年に採択されたEU基本権憲章に引き継がれた権利も少なくない。

　憲章の第2部は，憲章の実施について規定し，第一次的には，加盟国が憲章の定める基本権を保障する責任を負い，共同体の関与は，補完性の原則（加盟国よりもECによってより良く目的が達成できる場合にのみ，EC権限の行使が許されるという原則）を満たす場合に限定される。また，各国での実施形態は柔軟であり，立法または集団的労働協約による実施が予定されている。

　欧州委員会は，1989年11月には，社会憲章実施のための行動計画を策定し，行動計画に従った，具体的なEC立法の制定を提案した。行動計画に含まれた立法案のすべてが採択されたわけではないが，行動計画によって採択された複数の指令の前文は，社会憲章に言及しており，社会憲章がその後の社会立法を指導していることを示している。

　その後1992年に調印されたEU条約（マーストリヒト条約）は，前文において，1961年に調印された欧州社会憲章とともに，社会憲章で規定された基本的社会権の支持を確認しており，社会憲章の内容は，EUにおける基本的価値を構成して，現在に至っており，そのことはリスボン条約においても変更されていない。

　なお，マーストリヒト条約付属の社会政策合意議定書も，社会憲章を実定法化したものであり，当初は社会憲章に参加しなかった英国も，その後同議定書に参加するに至っている。

22 国民国家を超えること

(須網隆夫)

　国際社会は，多くの国民国家によって構成されている。ベルリンの壁崩壊による冷戦終了後の世界各地におけるナショナリズムの高まりにより，国民国家の数はますます増加しており，国民国家は現在もなお国際社会の基本単位である。他方，グローバル化の進展に伴い，そのような国民国家の枠組みでは対応できない，さまざまな地球的・地域的問題が生じている。それらの問題とは，例えば，地球温暖化を中心とする環境問題であり，国際テロリズムへの対応であり，世界金融危機を引き起こすグローバル化した金融市場の統制であり，鳥インフルエンザ等の新たな伝染病の発生である。これらの問題を解決するためには，国民国家を超える地域・世界大のガバナンスが要請される状況にあり，現実にも，地域・世界双方のレベルにおいて，多くの政府間協力が発展しつつある。そのような状況を背景にして，さまざまな場面で，「国民国家を超えること」の意味・内容を具体的に示しているのがEUであり，EUは，国民国家の枠組みを超える越境的統治体として，世界各地域における地域統合のモデルともなっている。

　第1に，政治的側面においては，EUは，国民国家間の政府間協力の段階を超えて，国民国家を超える新たな統治主体として，国際社会に登場している。EUは，主権国家ではなく，加盟国こそが主権国家であり，EUには欧州市民は存在しても国民は存在せず，国民は加盟国にのみ存在する。しかし，他方でEUは，その執行を加盟国の協力に依存する部分が大きいとはいえ，領域的な統治権限を有し，その権限は，各加盟国政府代表によって構成される「閣僚理事会」と，各加盟国において行われる直接選挙によって選出された議員が構成する「欧州議会」を意思決定機関とする立法手続を通じて行使されている。そしてEUによる権限行使の結果，個々の加盟国では対応できない問題に対して，より実効的に対処することが各分野において可能となっている。加盟国は，国家とは言っても，日本・米国等の通常の主権国家とは異なる存在に変容してしまっているのであり，理事会における特定多数決による決定と共同決定手続における欧州議会の拒否権は，その証左である。

　第2に，法律的側面においても，EUは，国民国家を超えている。EUの領

域には，加盟国法に加えて，EU法・EC法または共同体法と呼ばれる，新しい法秩序が成立し，これがEUの権限行使を具体化して，EUの活動を支えている。EU法秩序は，加盟国主権の共同体への部分的移譲を基礎として成立した法秩序であり，国家間の法である国際法とも，主権国家の法である加盟国法とも区別された，独立した法秩序である。そして，この法秩序は加盟国法と無関係に存在するわけではなく，加盟国の領域に対して国内法と重複して適用される。その結果，加盟国の国内裁判所は，国内法とともにEU法を適用する役割を担い，国内法と矛盾する場合には，EU法を国内法に優先して適用しなければならない。さらに一定の条件を満たす場合には，個人は，国内裁判所において，EU法に直接依拠した権利主張が可能であり，国内裁判所がEU法と矛盾する国内法を排除する機会が作り出される。そして，このようなEU法の最終的な解釈者として，EUレベルの司法機関である欧州司法裁判所が設置され，加盟国の国内裁判所によるEU法解釈を統一する役割を担っている。

　第3に，経済的側面においても，「域内市場統合計画の完成」と「単一通貨ユーロの導入」が象徴するように，EUの領域内には，国民国家の領域を越える単一の域内市場が成立している。域内市場は，内部に国境のない国内市場類似の領域であり，そこでは人・物・サービス・資本は，加盟国間の域内国境を越えて自由に移動することができる。域内市場では，各種の自由移動と環境保護をはじめとする非貿易的価値との衝突の調整が必要となり，世界貿易機関（WTO）における同種の課題の先行的事例としての意義を有している。ユーロを導入した加盟国は，なお加盟国中16カ国に止まっているが，ユーロ導入国に関する限り，加盟国市場の単一市場への統合はほぼ完成している。ただし，経済政策に関する権限は，なお加盟国にあり，その意味では，域内市場には，国内市場とはなお異なる部分が残る。

　このようなEUにおいては，近代国民国家を前提に形成された多くの概念が見直しを余儀なくされている。それらは，「主権」，「民主主義」，「市民権」などであり，その見直しは，EUの領域を超えて国民国家自体の変容を惹起する契機となるかもしれない。

23 ガバナンス（補完性原理，民主主義の赤字，欧州市民権）

（須網隆夫）

EUにおけるガバナンスのあり方を検討すると，第1の柱であるECと第2・第3の柱（共通外交政策と警察・刑事司法協力）との間には，顕著な差異が見られる。後二者が，基本的に国際機構としてのガバナンスを有するのに対して，ECのガバナンスは，それとは異なる。ECは，加盟国の国家主権の共同体への部分的移譲を基礎に成立した超国家機関である。ECでは，統治権限が加盟国と共同体に分有され（加盟国内の地域に分有される場合もある），しかもECレベルの決定が，加盟国レベルにおける執行によって実施されるという，ある種の連邦制度が形成されている。このようなECのガバナンスを論じることは，ECと加盟国という異なるレベルの相互作用によって運営される統治構造全体（マルチレベル・ガバナンス）を論じることでもある。

ECは，EC法の優位が示すように，法的には，連邦国家と共通する一元的構造を有している。しかし，権限行使に際しては，必ずしもECによる権限行使が優先するわけではない。ECの権限は一様ではなく，当該分野についてECのみが権限を有する排他的権限と，ECと加盟国双方が権限を有する非排他的権限に区分される。そして，後者の非排他的権限の行使は，補完性原理（EC条約5条）によって統制されている。補完性原理とは，加盟国の行動によっては目的を十分に達成できず，ECによって同じ目的がよりよく達成できる場合にのみ，ECの権限行使が肯定されるという原理である。補完性原理の内容は，アムステルダム条約に付属する補完性議定書によって明確にされているが，いずれにせよECの権限行使は，目的と手段の比例を要求する比例性原理（EC条約5条）とも相まって，必要最小限度の範囲に限定されており，加盟国の権限をなるべく侵害しないように抑制されている。

しかしECの権限行使には，いくつかの問題点がある。最大の問題は，EC権限の行使が，欧州の市民の意思に従って行われているかという民主主義をめぐる問題である。憲法条約・リスボン条約の批准が，フランス・オランダなどの国民投票によって相次いで否決されたことは，市民とECとの距離に隔たりがあることを示している。ECは，市民との距離を縮めようと努力を重ねてきた。前述の補完性原理は，可能な限り市民に近いレベルで決定が行

われることを要請する原理であり，また80年代半ば以降の基本条約改正により，EC機関の中で最も強い民主的正統性を有する欧州議会の権限は大きく増大している。加えて，マーストリヒト条約により，加盟国国民は欧州市民として位置づけられ，欧州市民権を付与され，国籍国以外の加盟国に居住する市民の欧州議会選挙・地方選挙への参加が可能となっている（EC条約17－22条）。欧州市民権のアイデアは，本質的には国民国家システムへの挑戦である。しかし，現状では加盟国国民のみに与えられ，その内容も狭く，実際的意義はなお限定されている。ただし，欧州司法裁判所は，欧州市民権を独立した基本的権利と解釈して，その内容を発展させる傾向にある。

ECの意思決定手続きにも問題が残る。それは，「民主主義の赤字」と呼ばれる，市民から直接に選挙された代表によって構成される議会が，意思決定に限定的にしか関与しないことから生じる問題である。すなわち，ある権限が加盟国からECに移譲された場合，加盟国議会は，もはやその権限行使に直接的な民主的統制を及ぼすことができない。しかしECレベルでも，欧州議会はECの意思決定を十分に統制できない。要するに普通選挙によって選出された議会が行政府を統制することが民主主義の制度的保障であるにもかかわらず，ECの決定を欧州議会・加盟国議会が十分に統制できないことが，「民主主義の赤字」の本質である。「民主主義の赤字」は，EC設立当初より存在していたが，80年代後半より明確に意識されるようになった。それは，各国の政府代表が構成する閣僚理事会において，全会一致ではなく特定多数決による意思決定が増加したことにより，個々の加盟国に着目した場合には，加盟国政府・議会の意思と異なる結果が，当該加盟国に強制される結果となったからである。マーストリヒト条約により，欧州議会の拒否権を内容とする共同決定手続きが導入され，その後の基本条約改正により，同手続きの適用範囲が拡大したことは，「赤字」の程度の低下には役立ったが，本質的な解決にはなっていないと批判される。しかし，そもそも国家ではないECに，代表議会を中核とする国家における民主主義モデルを適用することには無理がある。そのため，理事会・欧州議会という2つのルートを経由して，意思決定への民主的正統性が調達される二元的モデルを，新しい意思決定の手続きとして積極的に承認する見解も少なくない。憲法条約・リスボン条約も，二元的調達を前提にして，その改善を図るという立場を維持しているが，超国家機関におけるガバナンスの制度的表現がいかにあるべきかは，なお未解決の課題である。

24 シェンゲン協定

(須網隆夫)

「シェンゲン協定」は、1985年6月、一部の EC 加盟国間で締結された国境を越える人の移動に関する国際条約である。1984年7月に調印された独仏国境条約は、国境検問の漸進的撤廃を合意していたが、同条約にやはり検問の撤廃に合意していたベネルクス諸国が参加することになり、翌年、ルクセンブルクのシェンゲンにおいて、「共通国境における検問の漸進的撤廃に関する協定」が締結されたのである。一部の加盟国が、EC の枠組みの外で、加盟国間の「域内国境における規制（国境検問）の段階的廃止」と「域外国境における規制強化」を目指したものであり、1990年6月には、目標達成に必要な制度と具体的措置の詳細を定める「シェンゲン補足協定（シェンゲン協定実施条約）」が締結された。補足協定により、域内国境における検問・入国審査は行われなくなり、EU 市民か否かを問わず、域内における人の自由移動が実現した。他方、いったん域内に入れば自由移動が可能となるので、共通ルールに基づく、厳格な審査が域外国境での入国に際して行われ、さらに、警察間協力、身柄引き渡し等の刑事司法協力、シェンゲン情報システムの設置等、域内の自由移動に伴って必要となる締約国の共同行動の枠組みが設定されている。域内国境の検問廃止は、国境規制の重点が、域外第三国との域外国境に移るとともに、域内の治安当局間の協力強化が不可欠となることを意味するからである。

EC は、共同市場を設立して、人・物・サービス・資本という4つの自由移動を実現することを目指しているが、これらが域内国境を越えて自由に移動できることは、国境規制の廃止を必ずしも意味してはいなかった。しかし、人の自由移動を真に完成させるためには、国境規制の廃止が不可欠でありまた一部の加盟国が国境規制の廃止に反対したため、EC の枠組み外でその廃止が追求されることになった。そして、EC 外で進められたために、シェンゲン協定には、警察当局間の捜査協力、刑事司法協力など、EC 条約外の事項を含めることができたのである。

このようなシェンゲン協定による政府間協力は、政策の実験室としての役割を果たし、その内容は EU の枠組みに徐々に取り込まれていく。第1は、マ

ーストリヒト条約による「司法内務協力」(第3の柱)の設置である。司法内務協力は，域外国境規制・難民庇護政策・移民政策・麻薬対策・民事司法協力・刑事司法協力・警察協力等を対象とした。これによりシェンゲン協定の内容の多くは，EUの枠内に位置づけられ，EUにおいて，ほぼ同様の行動が可能となった。このうち，移民，難民庇護・査証など人の自由移動に関する分野は，アムステルダム条約によって，第3の柱からさらにEC条約に移され，第4編として共同体化された。これに伴い，司法内務協力の残りの部分は，「警察・刑事司法協力」として再編成され，現在に至っている。

　第2に，アムステルダム条約は，「自由・安全・司法の領域」をEUの目的に掲げ，同条約付属の「シェンゲン・アキ議定書(第2議定書)」によって，シェンゲン両協定および執行委員会の決定など，シェンゲン協定の枠内で形成された法体系を，「シェンゲン・アキ」としてEC条約中に取り込んだ。これにより，シェンゲン協定に基づく協力は，「自由・安全・司法の領域」の一部となり，EUの機構・法的枠組みを利用して協力を実施することが認められた。シェンゲン協定加盟国は当初5カ国であったが，加盟国数は次第に増加し，1990年代後半には，英国・アイルランドを除く13加盟国が参加しており，そのことがEUの枠内への取り込みを可能とした。また，前述のマーストリヒト条約による司法内務協力とシェンゲン協定の目的・内容が重複していることが，両者の関係を整理することを要求した。シェンゲン・アキ議定書は，英国・アイルランド以外の加盟国が，シェンゲン協定の範囲において，「強化された協力」を実施することを認め(議定書1条・5条)，アムステルダム条約発効後，EUの制度的枠組みを利用した協力が進められている。

　なお英国・アイルランド両国は，国境管理の権限を維持するために，シェンゲン協定への参加を拒否し，シェンゲン・アキ議定書も，両国に対するシェンゲン・アキの適用除外を規定している。したがって両国は，引き続き国内法による国境規制を維持しているが，シェンゲン・アキのうち警察・刑事司法協力には参加している。他方，シェンゲン・アキは，EU拡大の文脈では，加盟候補国がEUへの新規加盟のために受容すべき内容となっており(同8条)，2004年に加盟した10カ国には，加盟時点からシェンゲン・アキが部分的に適用されているが，域内国境規制は未だ維持されている。最後に，域外第三国であるノルウェー，アイスランドは，シェンゲン協定参加国と協力協定を締結して，シェンゲン・アキを適用しており，同様の協定はスイスとも締結されている。

25 欧州逮捕令状

(須網隆夫)

　EUでは,「欧州逮捕令状(European Arrest Warrant)に関する枠組み決定」に基づき,1国で発給された逮捕状により,他の加盟国において被疑者を逮捕することが可能となっている。同枠組み決定は,2001年9月11日に起きた「同時多発テロ」に対応した国際テロ対策を実施するために,2002年6月,第3の柱である「警察・刑事司法協力」(EU条約第6編)の措置として閣僚理事会における加盟国政府の全会一致により採択された。決定は,それまで加盟国間において適用されていた犯罪人引渡条約に代替する,迅速かつ単純な引渡手続を定め,加盟国に2003年末までの実施を義務付けている。

　域内市場の完成・欧州市民権の導入により,加盟国間における人の移動は自由になり,労働者・自営業者だけでなく,サービスの受領者,また経済活動に従事しない学生・市民の移動も自由化されている。しかし人の自由移動は,国際テロリストを含む犯罪者が,容易に域内国境を越えて他の加盟国に逃亡できることを意味する。そのような事態への対応を予定したのが,EUが目的とする「自由・安全・司法の領域」の構築であり(EU条約2条),そのために,警察・刑事司法分野での加盟国間協力の促進が目指されている。そして域内の治安維持には,犯罪容疑者の逮捕・引渡し手続の簡素化・迅速化が不可欠であり,欧州逮捕令状制度は,そのための一手段である。

　欧州逮捕令状は,1加盟国が他の加盟国に被請求者の逮捕・引渡しを求めて発布する令状であり(枠組み決定1条1項),この制度の中核は,加盟国の発給する欧州逮捕令状の相互承認を定めたところにある。枠組み決定は,逮捕令状発給国において3年以上の自由刑(懲役・禁錮など行動の自由を剥奪する刑罰)を課される可能性のある,32種類の引渡し対象犯罪を列挙しているが,そこには,「テロリズム」・「核物質又は放射性物質の違法取引」・「航空機・船舶のハイジャック」・「破壊工作」等のテロ犯罪が含まれている(2条2項)。それらの犯罪に関する限り,1加盟国が発給した欧州逮捕令状は,他の加盟国によって承認される。具体的には,請求国の発布した欧州逮捕令状は,他加盟国(被請求国)の法執行機関に直接送られて(9条1項),他加盟国による逮捕の根拠となる。令状を受け取った被請求国は,令状を執行して被

疑者を逮捕し，原則として逮捕後60日以内に引渡しを決定して，決定後10日以内に被疑者を請求国に引渡さなければならない（1条2項，17条3項，23条2項）。被疑者が，被請求国の国民である場合も同様である。

　これまでの犯罪人引渡し条約との相違は，相互承認の対象犯罪に関する限り，犯罪人引渡しの伝統的要件であった「双罰性の要件」（引渡理由となる行為が，請求国と被請求国の双方で犯罪とされていること）が不要であることである（2条2項）。なお，犯罪の具体的定義は，逮捕令状発布国（請求国）法によるが，被請求国が引渡しを拒否できる場合が定められている（3・4条）。

　欧州逮捕令状の円滑な運用のためには，加盟国の法執行機関間の密接な協力が不可欠である。そのため，組織犯罪対策協力のための「欧州検察機構（ユーロジャスト）」が設立されている。「ユーロジャスト」は法人格を有する独立組織であり，加盟国間の司法協力，捜査・訴追機関の調整，犯人引渡しに関する協力促進を目的としている。

　欧州逮捕令状制度は，簡易化された引渡し手続による人権侵害の危険性により加盟国憲法との緊張関係が生じるため，加盟国の国内議会において制度実施の是非が激しく議論され，枠組決定実施のために制定された国内法に対しても，加盟国憲法の保障する基本的人権の侵害を理由にした訴訟が各国で提起された。そして，ポーランド憲法裁判所は，2005年4月，国内実施法の憲法違反を認定している（ポーランドは，その後憲法を改正し，新たな実施法を制定した）。同様にドイツでも国内実施法の憲法適合性が争われ，ドイツ連邦憲法裁判所も，2005年7月，枠組決定を実施する欧州逮捕令状法が，ドイツ憲法の保障する基本的人権である，他国への「引渡しからの自由」（自国民引渡の禁止）（ドイツ基本法16条2項）・法的救済手段の保障（同19条4項）を侵害すると判断して憲法違反を認定し，同法を無効とした（そのため同法は改正された）。さらに，ベルギーでも同種の訴訟が提起され，ベルギー憲法裁判所は，枠組決定の有効性につき，欧州司法裁判所に先決裁定を求めた（Case C-303/05）。国際法的な性格がなお濃厚な第3の柱においてもEU法と加盟国憲法の間には，第1の柱におけるのと類似した緊張関係が存在し，欧州司法裁判所の司法的コントロールが弱い第3の柱では，加盟国憲法の重要性がむしろ強調されるが，欧州司法裁判所は，2007年5月，双罰性の要件廃止によって罪刑法定主義は侵害されないとの判断を示して，枠組決定の有効性を確認した。ポーランド・ドイツの国内裁判所判決は，枠組決定自体については判断しておらず，本判決により，欧州逮捕令状制度自体の適法性をめぐる争いは結着したことになる。

26 — EU共通防衛政策前史

(渡邊啓貴)

　EUは今日、国際社会の政治的アクターとして大きな地位を占めるようになっている。その大きなきっかけは冷戦終結後の1991年12月に合意したマーストリヒト条約(92年2月調印)によって共通外交安全保障政策(CFSP)が発足したことであるが、それが軍事・防衛分野での協力・共通政策、いわゆる共通防衛政策(ESDP)にまで発展しているのが今日である。

　本章では、こうした欧州政治統合の発展を第二次世界大戦直後の試みから今日の新しい事態とその問題点について、時系列的に論じることにする*。

◎欧州防衛共同体(EDC)構想の挫折とフーシェ・プラン

　EUの共通防衛政策を語る際の出発点は、欧州政治共同体(EPC)と欧州防衛共同体(EDC)であろう。特に、EDC構想はフランスが自ら提案し、自ら葬り去った構想であり、以後冷戦が終結するにいたるまで、欧州共通防衛政策はタブー視されることになった計画である。

　1950年10月、ルネ・プレバン仏首相はEDC設立を提唱した。これは同年5月に同じくフランス人のロベール・シューマンが欧州石炭鉄鋼共同体(ECSC)を提唱したのと時期をほぼ同じくしている。そしてEDCは1952年5月に調印、その後批准されるEPCの発効と連動していた。つまりEDCを民主的に管理するための機構と目されていたEPCは、EDCの批准が行われて初めて効力を持つと定められていたのである。したがって、後にEDC構想が失敗したとき、それはEPC構想の失敗も意味したのである。

　EDCはそもそも冷戦の危機が次第に高まっていく中にあって、西ドイツをどのようにして西側防衛に復帰させるのか、という当時緊急を要した問題へのひとつの解答でもあった。つまり、東側からの脅威に対抗するために、西ドイツの重工業化とその再軍備の必要が迫られていた。しかし他方で、ドイツの潜在的脅威は西側諸国にとって当時拭い難いものがあった。2つの大戦の記憶は依然として鮮明であった。再軍備した西ドイツに対する脅威は西欧各国に共通したものだった。1947年に英仏間で結ばれたダンケルク条約はドイツの潜在的脅威に備えた両国の軍事同盟だった。

東側の軍事同盟と再軍備した西ドイツという2つの脅威に同時に対抗する妙案がこのEDC構想だったのである。つまり，西ドイツは再軍備により西側の防衛に貢献することができるようになるが，西独軍はEDCという超国家機関の一部としてのみ活動できるというものだった。そこには超国家機関の枠の中に西独軍を閉じ込めてその活動の自由を制限しようという意図があった。

　しかしこの意図に対して米国は不満であった。米国は再軍備した西ドイツ軍がNATO軍に編入されることを望んでいた。しかし，ますます厳しくなっていた冷戦の事態に備えて，米国には西欧諸国の協力が不可欠であった。そのため，米国は西欧に譲歩して，EDC構想を受け入れざるをえなかったのである。こうして1951年9月の米英仏三国外相会議でEDC構想の合意が成立，1952年5月加盟6カ国政府間で調印された。米国はいったんEDC支持を決めると，在欧米軍の減少を望む立場からEDCを積極的に支援した。

　EDC条約はその第1条で，「締約国は共同の機関，共同の軍隊および共同の財政からなる，超国家的性格を有する欧州防衛共同体を組織する」と規定しており，EDCが「超国家的欧州機構」であることを説明している。EDCの機関としては，加盟国代表によって構成される理事会が決定機関であったが，これは政府間協力機構であった。理事会の権限事項は明らかにECSCの場合よりも多かった。日常的な運営機関としては総本部が置かれた。

　しかし，このEDC条約の批准は，1953年8月31日仏国民議会で実質的に拒否された。この時点ですでに，西独議会は同条約批准法案を可決しており，ベルギー，オランダの下院も批准法案を通過させていた。それにもかかわらず，仏国民議会は同条約批准に関する討議打ち切り決議を賛成319票，反対264票（棄権12票）で承認した。フランスの首相によって提案された同構想は，提案国フランス自らの手によって葬り去られたのである。

　フランスが同条約批准を拒否した理由としては，仏国内政治の変化（EDC支持勢力が選挙で敗退，反対派のドゴール派が伸張してきたことや社会党内の対立），特に仏国内では本来の意図と違って，EDCが米国の支援によるものであり，対米協調外交の一環として位置づけられ，その立場からの反発も強かった。加えて，EDCよりも民主的規制のために設立される欧州政治共同体（EPC）の設立をむしろフランスは優先させる立場をとったこと，EDCは西ドイツの軍事的主権を制約するものだが，超国家機関であるためフランス自身の主権も制約されるという懸念，独仏関係の動揺（再軍備による西ドイ

109

ツの軍事・政治的復権への懸念と不信），英国の不加盟などがその理由だった。スターリンの死去によって欧州で「雪解け」と呼ばれる緊張緩和状態（デタント）が一時的に出現したことも，西側防衛努力を鈍らせる要因ともなった。

- EDC構想が挫折した結果，イーデン英外相の提案によって西ドイツはイタリアとともに西欧同盟（WEU）の改組拡大（拡大ブリュッセル条約）を通してWEUの一員となり，このプロセスを経て西ドイツは主権を回復，西側の一員としてNATOに加盟することになる。これはフランスの条約批准拒否のわずか2カ月後のことであったが，このイーデンの提案はすでに1952年3月
- 英米の協力を前提とする大西洋共同体構想（イーデン・プラン）にみられていた。

その後の政治統合に関する提案としてはフーシェ・プランがあった。これはドゴール仏大統領とアデナウアー西独首相との友好関係を前提にした賜物だった。このプランは正式には「政治同盟のための第一次・第二次条約案」
- というフーシェ・プランⅠ・Ⅱの2つの提案を意味する。第一次フーシェ・プランは1961年11月に発表され，第二次プランは1962年に発表された。

第一次プランは「諸国家の同盟」の設立を宣言し，共通外交政策の採択の実現，科学・文化領域での加盟国間の緊密協力，人権・基本的自由と民主主義の擁護への寄与，共通防衛政策の採択などを盛り込んでいた。特に共通防
- 衛政策については，「他の自由主義諸国との協力」という表現を加えることによって「NATO＝(米国)」主導ではなく，欧州自由主義諸国による安全保障の確保を強調した。経済領域での協力はあえてうたわれなかった。組織的には，国家元首また政府首脳レベルと外相レベルの二種類の理事会が置かれ，全会一致で決定を行う。この決定は採択に参加した加盟国を拘束するが，欠
- 席または棄権した国は拘束から免れる。理事会に対して勧告権限を持ち，他の欧州共同体との共通機関である欧州議会，外務省上級職員によって構成される欧州政治委員会が予定されていた。

その後このプランは，加盟予定諸国によって協議が重ねられ，1962年1月に第二次フーシェ・プランとして提案された。先の「他の自由主義諸国との協
- 力」という表現は，「NATOの強化に寄与」と書き改められ，米国との協力を明らかにした。こうしてすべての加盟国の承認を得られるはずであった。

ところが，ここに至って再びドゴールによってこの施策はひっくり返されてしまう。ドゴール大統領は，後のNATOへの言及を除去し，経済部門も

同盟の目標の1つとして導入する修正提案を行った。「パリおよびローマ条約の構造を尊重する」という表現も除去され，「NATO＝（米国）」への反発と超国家的機関に対する拒絶の姿勢が明白となったのである。こうして第二次フーシェ・プランでは，理事会の権限は拡大された。独仏中心の構想であることは明らかであった。理事会には政策の調整と一本化の権限が与えられたが，議会の権限は弱められる内容であった。当然仏独枢軸による統合支配に対する反発は強く，スパーク・ベルギー外相は英国の取り込みを強く支持したが，英国は本気でそれに取り組む姿勢は示さなかった。こうして，政治統合の道はフランスの主権主義によって再び閉ざされたのであった。

◎欧州政治協力（EPC）の出発

政治統合への動きは1960年代末に新たな動きを迎えることになる。1969年12月に開催されたハーグ首脳会議は「完成・深化・拡大」をその後のテーマとしてクローズアップさせたが，ウェルナー・ルクセンブルク首相主導の委員会（ウェルナー委員会）による経済通貨同盟（EMU）の提案とともに，政治統合の方向性を明確に打ち出した。

ポンピドー仏大統領は，ハーグ首脳会議で定期的な外相会議開催を提案したが，これを受けて政治統合の発展について研究するための加盟国外務省政務局長レベルの委員会が設立されることになり（委員長はベルギー政務局長ダヴィニヨン），1970年7月末までに報告書が提出されることになった。

これに基づいて同年10月にEPC（＝欧州政治協力，前記欧州政治共同体＝EPCとは異なる。以下でEPCという略称を用いる際，特に断りがない場合こちらを指す）第一次報告＝ルクセンブルク報告（ダヴィニヨン報告），さらに1973年7月第二次報告（コペンハーゲン報告）が提出された。それらの報告書を通して，首脳会議の代わりに，定期的に（年に4回）開催される外相会議の創設，EPC運営委員会としての任務を与えられた各国の外務省政務局長によって構成される政治委員会などの設置が定められた。

EPCはハーグ共同声明の精神に基づいて政治同盟の意思を表明し，「欧州が1つの声で話す時がくるように」共同の政治行動を模索することの重要性を指摘した。そのために「政治協力」を強化するために，「国際問題に関する意見調和のためのメカニズム」を構築し，「欧州が政治的使命を持つことを全世界に周知させる」ため，「外交政策の調整」に集中すべきことを提言した。しかし，それは「共通外交政策」そのものの提案ではなかった。先に触れた

フーシェ・プランの失敗，さらに1965-1966年にかけてフランスが EEC の独自の財源確保と欧州議会の権限強化に反対して代表を引き揚げ（「空席政策」），EEC が空転した苦い経験に照らして，「政府間協力」のレベルにとどまることが強く意識されることになったのである。

- EPCで扱われた問題領域は全欧安保協力会議（CSCE），欧州アラブ対話，中東・地中海問題，テロリズム，反アパルトヘイト，開発途上国での欧州の役割，ソ連のアフガニスタン侵略，ベトナムのカンボジア侵略，ポーランド問題，イラン・イラク戦争，テヘランの米国大使館人質事件，ASEAN との政治関係の改善，フォークランド紛争，ナミビア・ザンビア・ジンバブエなどの独立問題，バングラデシュの国家承認など多岐にわたっている。その一方で，EPC が関与しなかった問題は，北アイルランド，西ベルリン，マグレブ諸国，EFTA と北米，国連安保理事国としての英仏の立場，海洋法，ユネスコ，安全保障・防衛（EPC と NATO を区別するという解釈）などに関する諸問題だった。
- EPC は，1970年代には CSCE や欧州アラブ対話で，シビリアン（文民）の準備会合や調整グループの設立などで貢献した。82年のポーランド危機におけるソ連からの輸入制限（ギリシャは不参加），同年フォークランド紛争に伴うアルゼンチン経済制裁，86年からの南アフリカ経済制裁などがあった。
- しかし，政治統合のプロセスは急に加速化することはなかった。「シュピレンベルク報告」（政治統合推進に対するオランダ政府の要請に対する諮問回答，1975年），「チンデマンス（ベルギー首相）報告」（1975年12月）など共通外交・安全保障・防衛政策などが提唱されたが，十分に考慮されることなく葬られた。さらに79年末に勃発したアフガニスタン危機を境に，EPC の安全保障面での協議や共同防衛政策の必要性が改めて認識され，「ロンドン報告」
- （1981年10月発表。政治協力が全加盟国の外交政策における中心的要素に発展したことを確認。これは域外から対外的な EC の力《外交力》が認識された証拠となるものだった。安全保障の領域に言及した初めての報告）や「ゲンシャー・コロンボ提案（1981年発表。EPC を防衛問題まで拡大することを企図した提案）」，1985年「ドゥーグ報告」に，こうした外交安全保障面での
- 共通政策の必要性が指摘されていた。
- 特に，1984年パリ郊外フォンテンブローで行われた欧州理事会で機構改革のために設置されたドゥーグ委員会による報告（「ドゥーグ報告」）は，EPC 法制化を画するものとなった。この報告は，初めてのローマ条約改正である

単一欧州議定書の草案を交渉するための政府代表会議の招集を提案し，翌年にはそれを受けて共通外交安全保障政策に関する政治協力に関する条約の起草が EPC 政治委員会に対して指示された。

87年に発効した単一欧州議定書は，加盟国間の外交面での「共通行動」を目標として発足した EPC を条文に銘記した。こうして EPC は一種の「紳士協定」から法的拘束力を持つようになった。常設事務局の設置が定められ，EPC は協議・調整機構となった。その意味では，EC と EPC は2つに区分された組織という見かけをとるようになった。

単一欧州議定書第30条は，締約国が「欧州の安全保障問題に関する緊密な協力」を強調し，それが「対外政策事項における欧州の一体性の発展に寄与する」と明記した。そして，西欧同盟（WEU）または NATO の枠内での安全保障の分野での協力を強く訴えていた。

注) 本稿は多くの部分を辰巳浅嗣『EU の外交安全保障条約』（成文堂，2001年）に負っている。特に冷戦時代の欧州政治統合をまとめたものはわが国では稀有であり，同書のこの分野における貢献は大きい。この点については，多くの文献がある。さしあたり，辰巳浅嗣著『EU の外交・安全保障政策：欧州政治統合の歩み』（成文堂，2001年），拙稿「第1章　CFSP・ESDP の歴史的背景と現状」防衛省委託研究（渡邊啓貴編著）『EU の共通外交・安全保障政策（CFSP）の現状と今後の課題』（平和安全保障研究所）2007年3月。

27 冷戦の終結と政治統合の発展

(渡邊啓貴)

◎欧州政治協力（EPC）から共通外交安全保障政策（CFSP）へ

　政治統合に向けた新たなステップには，冷戦の終結と1990年8月に勃発した湾岸危機がその大きな契機となった。同年11月多国籍軍の集結開始以後，翌年2月の戦争終了までEC各国の対応は必ずしも一致せず，そのため共同防衛政策の重要性は一層明瞭となった。1990年3月の共通外交・安全保障政策に関するイタリアの提案，政治統合推進を主張した独仏声明は，ともに西欧同盟（WEU）を欧州統合に活用することを提唱していた。この後，政治統合への動きは本格化していった。

　92年に調印されたEU条約（マーストリヒト条約）によってEPCは共通外交安全保障政策（CFSP）に発展解消した。EUはECSC・EEC・ユーラトムの3共同体による法人格を有するECを第1の柱として，CFSPを第2の柱，司法・内務協力（CJHA）を第3の柱とする，3つの柱による列柱構造の組織体（2.1.17「EUの構造と法的性質」参照）に生まれ変わった。第2の柱と第3の柱は強制力を持たない政府間協力（IGC）である。

　CFSPはその規定の前文で，将来の共同防衛を構想し，欧州および世界における平和，安全保障および進歩を促進するための欧州の独自性を表明した。①EUの共通価値，基本的利益，独立の保護，②EUおよび加盟国の安全保障の強化，③民主主義，法の支配，人権および基本的自由の尊重の発展と確立を目的とした。具体的には，兵器分野での産業・技術協力，第三国への軍事技術の移転および武器輸出の管理，核兵器の不拡散問題，軍備管理・軍縮交渉・信頼醸成装置，人道的介入措置への参加を共同行動の範囲とした。例えば，ボスニア・ヘルツェゴビナに対する人道的支援，モスタル（ボスニアのクロアチア人居住区）管理，ロシア連邦議会選挙（1993年12月）への監視団派遣，南アフリカ共和国の選挙と監視，欧州安定条約締結，中東和平に対する支援決定などがある。

　1995年3月に欧州安全保障協力機構（OSCE）パリ会議で採択された欧州安定条約は，CFSPの最初の成功例だった。EU条約はCFSPの5項目の共同行動の1つとして「欧州の安定」を掲げているが，この条約は，バルト3国と東

欧6カ国を対象にして国境や少数民族などに関わる顕在化していない紛争を未然に防ぎ，EU 加盟への準備を促すことを目的とした。

　1997年アムステルダム条約では，①政策決定・準備・実施や第三国と政治対話に当たることを任務とするCFSP上級代表を新設し，②モニター・分析を目的とする政策企画・早期警戒ユニットの新設，③共通行動や共通の立場とその実施決定には加重特定多数決が用いられ，「建設的棄権」の新設による決定の促進化，④「ペータースベルク任務」をEUの政策領域に組み入れることなどが決まった。

◎共通防衛政策への過渡的プロセス──米欧関係の調整と任務

　マーストリヒト条約の合意が成立した直後，当時のドロールEC委員会委員長は，「真の政治統合は共通防衛政策が成立した後で初めて実現する」との見方を示していた。その意味では，防衛政策が本格的に議論されることは早晩予想されたことでもあった。

　そして，その基盤として西欧同盟（WEU）およびNATOをどのように位置づけていくのかということが重要なテーマであった。マーストリヒト条約で，EUの安全保障・防衛政策は「NATOの枠内で確立される共通の安全保障および防衛政策と両立する」こと（J-4条第4項），さらにWEUおよびNATOの枠組みにおける緊密な協力の発展（J-4条第5項）を提唱すると定められていた。さらに，同条約の付属議定書「WEUに関する宣言」においてEU・WEU関係とWEU・NATO関係が規定されている。前者については，上記のJ-4条2項と同趣旨の内容が確認され，WEUを「EUの防衛上の構成要素」と位置づけ，防衛に関わる決定・行動の検討と実施を定めた。

　さらに1997年6月に合意したアムステルダム条約（1999年5月発効）では，EUは「WEUとの一層緊密な制度的関係を促進」し，WEUを「利用する」と改められた。そして，WEUは「欧州連合の共通外交安全保障政策の防衛面を形成することにおいて連合（EU）を支持する」（アムステルダム条約政府間会議より採択された最終議定書付属文書）とされたのである。

　一方で，冷戦後NATOにとっても自立的志向を強める欧州の軍事同盟であるWEUとの関係をどのように規定していくかということは1つの大きな課題であった。1991年11月のローマにおけるNATO首脳会議の宣言（ローマ宣言）は，危機管理型の即時・緊急展開軍を重視した「新戦略概念」を打ち出した一方で，WEUの役割強化と安全保障に関する欧州の主体性と防衛

上の役割の進展を確認した。しかし,他方で在欧米軍・加軍,および米国の核戦力は欧州の安全保障にとって不可欠であることも認識され,「究極の保障」として英仏の独自の核戦力と米国の核戦力は維持されることになった。西欧の主体性つまり「欧州の柱」と米国のコミットメント(アメリカの柱)という大西洋同盟の2つの柱の両立が主張された。

　WEUの方も1991年12月の閣僚会議では,マーストリヒト条約やその付属文書と同じく,WEUがEUの防衛面での構成要素であることとNATOの欧州の柱であること,「欧州の安全保障・防衛の一体性とNATOとの間の透明性・相互補完性」が確認された。そのことは,WEUにとっては内部確執の妥協の1つであった。すなわち,欧州政治統合の防衛面の主体的役割をWEUに委ねようとする独仏(1991年10月両国は独仏欧州軍団の創設に合意)と,これに対してNATOを中心にした欧州防衛を主張する英蘭の対立,つまり「欧州派」と「大西洋派」の和解を意味した。こうして,この時期にWEUのEU政治統合と,欧州防衛のための主体的役割についての合意が形成されていったのである。

　組織整備・手段の面では,1991年12月の閣僚理事会が大きな契機となった。計画策定室(planning cell)の設置(1992年10月実施),NATOの補完(特に兵たん・輸送・訓練・戦略偵察などでの緊密な軍事協力),WEU参謀総長会議,装備面の協力,WEU安全保障研究所の欧州安全保障・防衛アカデミーへの発展,理事会・事務局のブリュッセルへの移転(1993年1月移転)などが挙げられた。

　1991年末からのこうした大きな変化と並んで,1992年6月のドイツのボン郊外ペータースベルク閣僚理事会の宣言は,その新たな任務の拡大という点から重要であった。この宣言では,1) WEU軍のNATO域外を含めた欧州の紛争地への派遣,2) 同年10月に軍事専門家による軍事策定部を創設,3) 1993年1月までにWEU事務局のロンドンからブリュッセルへの移転が決定した。EUの防衛部門を担うことが明確に示されたが,同時に,従来の「共同防衛」に加えて,1) 人道的使命と自国民の救助活動,2) 平和維持活動,3) 危機管理のための平和構築のための戦闘の任務が与えられた。1990年8月の湾岸地域派兵,1992年10月のアドリア海国際水域への海軍派遣などがその種の任務に当たる(いわゆるペータースベルク任務)。

　1993年11月にはFAWEU(1993年6月WEUローマ首脳会議で創設決定。Force Answerable to WEU, 差出し戦力)として欧州軍団Eurocorps(独

仏，ベルギー，スペイン）・英蘭水陸両用軍・中欧多国籍師団（英蘭独，ベルギー）の3つの部隊を設定した。さらに，1994年1月のブリュッセルNATO首脳会議では，NATOの装備をWEUが使用できること，またNATOだけでなくWEUも運用しうる共同統合任務部隊（CJTF）の設立構想について合意した。WEUの軍事的自立が高められると同時に，米国のコミットメントも保証されることになった。同年11月オランダのノールトヴェイク閣僚理事会では欧州共通防衛政策（CEDP）が採択された。

1995年5月ポルトガルのリスボン外相・国防相理事会ではWEUの運用上，大きな発展がみられた。新たな意思決定メカニズムとして理事会を支援するための政治・軍事グループ（Politico-Military Group），状況分析センター（Situation Center），計画策定室情報部門（Intelligence Section）の設置を定めた。これまで試験的に使用してきたトレホン（スペイン）の衛星センターを常設機関として発足させ，米国からの情報に依存する現状を改めて独自の偵察衛星を打ち上げることを決定した。また，仏・西・伊・ポルトガルはイスラム原理主義集団のテロ活動と地中海地域の危機に対応するため，緊急展開欧州軍（陸上部隊，EUROFOR）と欧州海洋軍（海上部隊，EUROMARFOR）という陸海の2つの合同軍を創設する協定に調印した。

EUROFORとEUROMARFORは欧州統合軍やNATO緊急展開軍ARRC（NATO欧州司令部緊急対応軍 Allied Rapide Reaction Corps）の下に活動する。EUROFORは4個師団からなる多国籍軍で司令部は1996年11月から機能し，実戦配置についたのは1998年6月からであった（演習 Ecolo'98は1998年6月に実施）。EUROMARFORは1997年5-6月にフランスのトゥーロンで行われた演習「金の島々'97（Iles d'Or-97）」で稼動を開始した。

従来の共同防衛に加えて人道的救援活動・平和維持活動・危機管理のための戦闘という新たな任務を定めた。1994年NATOブリュッセル首脳会議では，①米国抜きの西欧諸国によるPKO活動・WEUに対するNATO兵力・装備・指揮系統などの提供，②NATOの協力を得たWEU主導の共同統合任務部隊（CJTF）の承認，③NATOにおける欧州の主体性としての欧州安全保障防衛アイデンティティー（ESDI），④平和のためのパートナーシップ（PFP）などで合意し，米欧協力のための妥協が成立した。

ESDIの方式は，1996年6月ベルリンにおけるNATO外相会議で承認され，1997年7月マドリード首脳会議でさらに発展した。ESDIとして，WEU軍事行動のためにNATOの装備と能力を使用可能にすることによってNATO内

でのESDIの発展に対するNATOの全面的支持を取り付けた（「ベルリン・プラス」と称される）。

　CJTFに関してはブリュッセル会議で，WEUがNATOの切り離し可能な兵力，司令官機構，兵たん，集団C2システム（C2とはcommand & control=指揮・管理＝を指す），コミュニケーション・システムなど特殊な装備をCJTFの枠組みで利用できることになった。このCJTFコンセプトは上記のNATOベルリン会議で完成された。1996年9月ノルウェーのベルゲンでのNATO非公式首脳会議では，NATO欧州最高副司令官（Deputy SACEUR, 欧州人に限る）を欧州だけの作戦活動の司令官として「二重帽子（double-hat）」をかぶせることを承認した。WEUとNATOの間の協力およびCJTFを含む予想される欧州によるWEU作戦のための計画策定がその任務である。

　1996年5月に定められた「CJTFのための政治・軍事フレームワーク」の下に組織されたコンセプト実施政策調整グループは，その後，この領域の発展に大いに貢献した。

　1997年11月にドイツのエルフルトで開かれたWEU閣僚会議では，WEU軍事委員会の設立が決定した。この委員会はペータースベルク任務遂行，危機管理，FAWEU管理，CJTFの運用などのアドバイスを行う。WEUの危機管理演習としては，CRISEX95-96，CRISEX98，CRISEX99が行われ，2000年2月から3月にかけてWEU主導のNATOとの合同演習も実現した。この演習はペータースベルク任務の検証を目的として，WEUがNATOの資源やアセットを使用するWEU主導型の机上演習である。さらに，2001年4月にはコソボ自治州の平和維持部隊（KFOR）の指揮司令部がNATOからEU傘下の欧州統合軍に移った。

　これらの兵力よりも有効な機能をすでに実証しているのは，KFORでも活動を展開したARRCである。これは1991年11月にローマで開かれたNATO首脳会議で創設が決定された。ARRCは英国が常時指揮をとり，1998年6月にはAble Condorと呼ばれる演習を実施している。

◎欧州多国籍軍編成の試行錯誤

　欧州共通防衛政策の担い手となる実質的母体は共通防衛政策そのものが明確な方向性を持てなかったため，流動的かつ不明瞭であった。この点に関しては，独仏を中心とする欧州軍団（EUROCORPS），またWEUが「差出し

戦力（FAWEU）」として統括する欧州各国による多国籍軍が重要な役割を果たすことが予想されたが，90年代にはさまざまな多国籍軍が形成された。

常設部隊として，1988年独仏条約に基づいて設置された独仏合同旅団（1989年創設，1991年実戦配備，5300名，欧州軍団直轄），ギリシャ・キプロス部隊，司令部など一部常設である欧州軍団（Eurocorps FAWEU，1993年1月創設，1995年実戦活動，6万人），第一独蘭軍団（NATO主力防衛部隊の一部，1995年発足，4万名），独・デンマーク合同軍団（LANDJUT，1962年創設），中欧多国籍師団（MND），航空群（Air Group），協定だけの機構としては独米軍団・緊急展開欧州軍（EUROFOR），欧州海洋軍（EUROMAFOR），南欧多国籍師団，英蘭水陸両用部隊（UNKLAF 1973年創設），西伊水陸両用部隊，ベルギー・ポーランド合同運用空軍などがある。

第一独蘭軍団は1993年3月創設に合意し，1995年8月設立した。総計4万人兵力，軍団はNATO主力兵力の一部をも形成する。和平安定化部隊（SFOR）にも参加した。

独・デンマーク合同軍団（LANDJUT）と英蘭水陸両用部隊（UNKLAF）は以前から存在した2カ国合同軍で，それぞれ1962年と1973年に発足した。英蘭水陸両用部隊（UNKLAF）は1993年5月ローマ首脳会議でペータースベルク任務のために利用可能なFAWEUとして承認された。しかし，1998年9月に独・ポーランド・デンマークが集団防衛並びに平和維持機能のためのNATO内合同軍団を創設する文書に調印し，多国籍北東軍団が発足した。ポーランドもNATOに加盟した1999年3月以後配備につき，その結果LANDJUTはこの合同軍に統合された。

その後，90年代後半にいくつかの小さな部隊が編成された。1996年2月には作戦・物品・兵たん・訓練の協力を目的とするオランダ・ベルギー海軍協力協定が締結され，同年9月には危機管理対応目的のベネルクス三国展開可能空軍任務部隊（DATF, Deployable Air Task Force）を設立した（ルクセンブルク軍の保護を受けたオランダ・ベルギー空軍装備の利用）。1994年11月には英仏欧州空軍（Franco-British Euro-Air Group）が創設された。

1998年1月には，これにイタリアが加わり，名称が欧州空軍グループ（Euro-Air Group）と簡潔になった。1997年1月にはイタリアとスペインが西伊水陸両用部隊（SIAF）を編成した。

その他にも，北欧共同兵たん軍（Nordic Common Logistics Battallion），バルチック軍，ポーランド・ウクライナ軍，リトアニア・ポーランド軍，南

119

東欧多国籍旅団などの多国籍軍が平和維持機能のために展開した。また，イタリア・スロベニア・ハンガリー陸軍，欧州多国籍海軍，黒海海軍協力任務部隊，ルーマニアとポーランド・ウクライナ・モルドバ・ブルガリアなどとの二国合同軍，米独空軍防衛部隊，リトアニア・ポーランド軍，ベルギー・ポルトガル投入空軍など多くの多国籍軍が計画された。

「西欧の主体的防衛」の姿勢は軍事機構の面では1988年1月の独仏条約25周年記念の会合で創設された独仏合同旅団の構想にさかのぼるが，ベルリンの壁崩壊以後，1990年4月に独仏はいち早くECの政治統合を共同提案した。さらに1991年10月には，すでに述べたが，独仏軍事協力を拡大・強化し，独仏合同旅団を基礎として他のWEU諸国の軍事力を合わせた欧州軍団（Eurocorps）創設の提案を行った。1992年5月の独仏定例首脳会談（フランスのラロシェル）では，この欧州軍団を設置する協定に両国は調印した。1)参謀部を設置し，2)ドイツの機械化旅団とフランスの機甲化旅団・師団からなる3万5000人以上のこの統合軍は1995年10月までに発足し，EUの政治統合の一環として行われる共通安全保障政策の軸となることが見込まれた（参謀本部は1993年11月ストラスブールに設置され，欧州軍団は実際には1995年11月に配備についた）。さらに，合意文によると，欧州軍団は1) NATOとWEUの枠内での欧州防衛，2) 国際紛争への平和維持・回復のための派兵，3) 国際的人道的活動という任務を持つ。この統合軍には，1993年2月にスペイン軍の連絡将校が派遣され，同年6月にはベルギーが参加した。1994年にはスペインとルクセンブルクが加わった。

欧州軍団とNATOとの関係については，1993年1月各国参謀長とNATO欧州連合軍最高司令官（SACEUR）との間で最初の協定が調印された。その趣旨はNATOに対する透明性を確認することであった。NATO条約第5条に定められた加盟国領土における同盟国の共同防衛，また平和維持軍さらに人道的作戦などのNATOの新たな使命を目的とした。前者については，加盟国の領土保全のための主要防衛力の行使と防衛・予防行動としての緊急展開部隊の2つの措置による活動がある。この緊急展開部隊は，SACEURないしNATOの他の適切な部隊に所属する。NATO条約第5条以外の国連やCSCEの下での作戦のためには，NATO理事会における事前の決定が必要とされる。

28 欧州安全保障防衛政策の発展

(渡邊啓貴)

◎ ESDP の始動

　必要性が痛感されていたにもかかわらず共通防衛政策はなかなか具体的な進展をみなかった。しかし英国が従来の NATO 中心の姿勢を修正し，欧州の主体的防衛へと歩み寄ったことで一気に弾みがついた。

　1998年12月フランス北部ブルターニュ地方の港町サンマロで行われた第21回英仏首脳会議は，EU 独自の安全保障機構を構築することで合意し，「欧州防衛に関する英仏政府共同声明」を発表した。この声明で，両国政府は，1) EU の枠組みにおける共通外交安全保障政策（CFSP）の早急な実現，共通防衛政策の枠組みの発展，2) 国際的危機に対応するための信頼できる軍事力に支えられた EU の自律的行動能力の準備，などで合意をみた。

　この英国の転換の背景には，1) 1999年1月からの通貨統合第一陣に英国が不参加であるため，欧州での影響力が低下していること，2) 米国議会が地域紛争介入に消極的で，コソボ紛争でも欧州の対応が遅れ，事態が深刻化したことなどがあった。ブレア首相が首脳会議で半ば誇らしげに述べたように，まさしくこれは「歴史的事件」だった（英国では欧州共通防衛政策への英の貢献を強調して「ブレア・イニシアチブ」と呼ばれる）。

　英仏合意の内容は1999年5月の独仏会談でも承認された。さらに同年6月のケルン欧州理事会では同年12月 EU の対外交渉責任者＝EU の外相に当たる共通外交安全保障政策（CFSP）の上級代表ポストを創設し，ソラナ前 NATO 事務総長がそのポストに就任すること，さらに欧州の唯一の軍事機構である西欧同盟（WEU）が2000年末までに EU の防衛機構に統合される（WEU の機能を EU へ「包含させる」）ことで同意したことは共通安保防衛政策への大きな一歩を印象付けた（実際には2009年前半終了まで延長）。

　1999年12月ヘルシンキでの欧州理事会はそうした統合の上昇気運をより現実的な形で示し，歴史に名前を残すことになった。EU は NATO が関与しない領域での国際危機に対応するため，EU 主導の軍事行動をとることができるようになった。しかし，これは EU による欧州軍創設を必ずしも意味するわけではない。① EU 加盟諸国は協力して，60日以内に展開可能で，少なく

とも1年間の軍事行動が継続可能な5-6万人規模の部隊を2003年末までに創設する（ヘッドライン・ゴール（HG2003）），②欧州共通安全保障防衛政策（CESDP）を発展させるため，加盟国はEU大使級で構成される政治・安全保障委員会，参謀幕僚級の構成員による暫定軍事委員会，軍事専門家委員会という3つの委員会の設置が決定される（いずれも2001年3月発足），③EUとNATOの間で協議・協力・透明性のための手続き・措置の発展，④EUの決定の自律性を維持した上でEU非加盟でNATO加盟国の軍事的危機管理活動への参加，⑤非軍事的危機管理メカニズムの構築，などであった。

　2000年3月のリスボン欧州理事会ではこの政治統合問題は中心課題ではなかったが，緊急展開部隊創設を柱とする中間報告が了承された。そこでは，緊急部隊の展開範囲が欧州域内やその周辺にとどまらず，アジアを含めた世界全体に広がること，創設時期を当初予定の2003年末よりも早めて2003年6月までに前倒しすること，非軍事的危機管理に備えて「文民危機管理委員会」の創設なども検討された。

　2000年12月ニース欧州理事会では，危機管理のための兵力・装備・運用メカニズムなどを含む具体的な取り決めが定められた欧州安保防衛に関する議長声明が発表された。そして上記の3委員会が常設機構化され，WEUの主要任務組織はEUに移管した（情報収集施設としての衛星センターとパリの安全保障研究所なども所属変更され，後者はEU安全保障研究所に改名した。しかしWEU機構そのものは形骸化しつつも事務局などは残っている）。「欧州軍団」や独仏合同旅団など欧州の多国籍軍の運用などに関する実質的協議の開始などについても定められた。

　さらに，2001年9月の米国の同時多発テロ事件の影響を受けた同年末のラーケン欧州理事会では，英国の強い意向にも押されて2002年中に共通防衛政策実施の準備が整うように目標日程は前倒しにされた。

　EUが独自の部隊を編成するというと，EUの独立した軍隊が設立されると理解される向きがあるが，話はそう単純ではない。EU関係の文書やソラナCFSP上級代表はじめEU機関の担当者の発言には，ことあるごとにEU独自の軍事力創設を否定する言葉が出てくる。EUの共通安全保障政策とは，あくまでも危機管理のための緊急展開部隊を意味する。冷戦終結後の地域紛争に対して，できるだけ機能的で効率的な危機管理・紛争予防の手段を提供することが目的なのである。

　2004年6月のブリュッセル欧州理事会では，新たな能力強化を目的として

「ヘッドライン・ゴール（HG）2010」が採択された。テロや大量破壊兵器などの新たな脅威に対抗するのが目的であることが意識されていた。「HG2003」においては，数量面での能力強化の必要性に重点が置かれてきたが，「HG2010」では，兵力の有効活用性，展開力，持続力，相互運用性の改善など，より質的な次元に焦点が絞られるようになった。

◎軍事的危機管理としての ESDP

2003年から2004年に軍事作戦行動は部分的に実現した。①ベルリン・プラス（前出。NATO装備を EU の作戦活動に用いること。96年 NATO 外相理事会で合意された）が適用された EU としての初めての軍事作戦（マケドニアにおいて NATO の平和維持活動任務を EU が引き継いだ「コンコルディア」軍事作戦），②コンゴ北東部での難民収容所と付近の空港の安全確保を目的とした，EU としては初めての域外平和維持活動「アルテミス」，③2004年12月に開始されたボスニア・ヘルツェゴビナでのデイトン和平合意の実施と同地の長期的安定のための軍事作戦の3つの例がある。

特に，2003年6月15日から実施された，コンゴ民主共和国での EU 初の域外作戦（アルテミス）はきわめて重要だった。コンゴ民主共和国には，すでに国連の PKO 部隊（国連コンゴ民主共和国ミッション，MONUC）が展開していたが，治安状況の急激な悪化という情勢を受け，国連安保理の要請により，EU は，軍事的な緊急展開を実施した（1500人規模）。EU の理事会は，安保理決議1484に基づき，2003年6月に共通行動を発動した。アルテミス作戦は，実質的には「枠組み国家」であるフランスが，作戦計画やその実施において主要な役割を果たしたが，EU の政治安全保障委員会（EUPSC）の政治的コントロールや戦略面での指揮下に置かれるという形式がとられた。

アルテミス作戦が，EU と国連の危機管理分野の協力において，画期的な突破口となったのは確かである。これを機に，能力面では，EU はより短期間のうちに遠方に展開が可能である小規模な機動力部隊「バトル・グループ」を創設するに至った。同構想は，国連委任の下で，アフリカの緊急事態に対応することを想定していることから，今後，軍事的な危機管理の分野における EU と国連間の協力を一層促すものとして期待が集まっている。さらに制度面でも，アルテミス作戦は，「合同宣言」（2003年9月）の調印への足掛かりとなり，EU と国連関係の協力枠組みの発展の礎を築くことになった。

アルテミス作戦は，初めての「自律的な」（NATO の関与しない）EU 主導

の作戦であり，緊急展開作戦行動だった。それは，欧州域外でEU最初の軍事作戦であること，EUと国連間の協力が適用された最初の軍事作戦であること，アルテミスが「移行（transition）モデル」として機能したこと，さらに，EU側が本気で国連の活動に対する支援を考えているのかという点についての，国連事務局の懸念を和らげるのに貢献したこと，などの点で画期的であった。

加えて，イラク戦争をめぐる議論の中で欧州の軍事的脆弱性が露呈したが，2003年4月29日，独・仏・ベルギー・ルクセンブルクの4カ国首脳会談（ブリュッセル）で欧州安全保障防衛同盟（ESDU）の創設構想が発表された。それは，NATOの軍事手段や施設への依存から脱却するため，EU独自の作戦計画能力や指揮系統の能力を所有する必要があるという立場から，NATOから独立した軍事総司令部機構をブリュッセル郊外のテルビューランに設置するという提案だった。

このESDUは，欧州の自律的な能力の構築を目指し，独仏などがその独自の指揮系統を所有しようとした野心的な試みであった。しかし，その後「大西洋主義派」の英米の反対にあって実質的に骨抜きにされ，結局NATO内の枠組みの中で，つまりNATOと関連する限りにおいてのみ，その能力の保持が認められるという結果に終わった。それに代えて，2004年2月，英仏独の主要3カ国は，「欧州戦闘部隊（バトル・グループ）」構想を提案。同年4月のEU国防相会議は，この提案を正式に承認した。高度に訓練され，装備の整えられた1500人程度の小規模な機動力部隊を，15日以内に戦闘地域に展開し，戦闘行為を含めた作戦任務を遂行することが想定されている。2007年以降，バトル・グループを，作戦遂行可能な状態（Full Operational Capability）にすることが決定した。同年末には欧州防衛機関（EDA）も発足した。

◎文民的危機管理へ傾斜するEU

しかし実際にはESDPは文民危機管理に傾斜していった。2000年3月のリスボン欧州理事会では，前年のヘルシンキ欧州理事会で合意された「非軍事（civilian）」部門の危機管理メカニズムの構築に関して「非軍事的な（文民）危機管理委員会」が創設されるなど，発展がみられた（当初「非軍事的」という表現が一般的であったが，2000年から「文民的（civilian）」の表現が定着していった）。同年6月フェイラ（ポルトガル）欧州理事会でESDPの文民

的危機管理の次元での発展の方向が定められた。ここで，文民活動として4つの部門，すなわち警察，法の支配，文民管理，市民保護の強化を優先領域とすることが決定された。

　イラク戦争をめぐる議論で米欧間にみられた対立の図式は単独行動主義（ユニラテラリズム）と多国間主義（マルチラテラリズム）の対立構図であった。米国に対抗する方法が欧州にとって多国間主義（マルチラテラリズム）だとしても，その最低限度の力は必要である。しばしば指摘される点が欧州側の軍備の不足，国際平和構築に向けた努力不足である。イラク戦争をめぐる議論ではそのことが露呈された。

　2003年末の欧州理事会において，ソラナCFSP（共通外交・安全保障政策）上級代表が発表した『よりよい世界における安全な欧州——欧州安全保障戦略（ソラナ報告）』はそうした批判に対するEUの回答の試みのひとつだった。そして，EUはある程度の軍備を要することと，その機能については欧州は戦闘への直接的な参加よりもその平和維持や復興支援に重きを置いたスタンスを模索し始めたのである。

　この報告はEUが発表した初めての独自の安全保障戦略でもある。ソラナは，EUが「世界における戦略的なパートナー」の役割を果たすべきことが大切であるとともに欧州の安保戦略を多国間主義（マルチラテラリズム）の枠組みの中で位置づけていくことの重要性を説いた。そして，テロリズム，大量破壊兵器の拡散，世界各地での地域紛争，組織犯罪など広範かつグローバルな範囲の脅威に備えて，「予防外交（プリベンティブ）」の重要性を強調した。紛争予防と脅威の予防は早ければ早いほどよい。予防措置の領域は情報，警察，法律，軍事，その他のさまざまな分野での予防的介入にまで言及した。加えて，報告は，「早期の迅速な，そして必要な場合には強硬な介入を育む《戦略文化》を発達させる必要がある」と説き，欧州の安全保障面での熱意・責任意識の向上にまで言及した。

　さらに2004年9月，EUは，保護・停戦監視・武装解除のための軍事兵力と安全確保・人権監視・国際的な文民組織のプレゼンスを目的とする高度に専門的であり，相互に綿密に調整され，統合された1万5千人規模の軍民組織（警察，法律家，人権監視員，税専門家，医師，看護士などを含む）の派遣を含む「人間の安全保障」ドクトリンを発表した。これは，近年EUが推進する非軍事的な国際安全保障貢献をより明確な形で示した「文民危機管理（CCM）」を象徴的に示すものだった。純粋な軍事組織ではなく，文民の比重を重んじた人道支援，実効的な警察力，広範な政治経済支援を特徴としている。先の予防外交やマルチラテラリズムを強調したソラナ報告の具体策とし

て打ち出された新たな方向性である。純粋な軍事機構ではなく，文民の比重を重んじた平和維持活動と軍事介入の中間的なものと考えられている。人道支援，実効的な警察力，文民の危機管理，広範な政治経済支援を特徴としている。

- たとえば，ボスニア・ヘルツェゴビナやマケドニアなど旧ユーゴスラビア共和国構成国（FYROM），コンゴ民主共和国での警察任務，グルジア，イラクでの法治国家育成任務，パレスチナ警察支援の調整事務所，西バルカンや東チモール・アチェでの監視任務などがこれまでにもある。

- EUは，2004年9月の欧州理事会において，ESDPにおけるEUの訓練政策（EU Training Policy in ESDP）を承認しており，それに続いて，2004年8月の理事会では，ESDPにおけるEUの訓練概念（EU Training Concept in ESDP）が採択されている。これは，軍事・および非軍事分野の両方を包括するESDP下でEUの安全保障文化の発展に寄与することが期待されている。

- 2004年9月17日，仏，伊，オランダ，ポルトガル，スペインの国防相の提案に基づき，2004年11月22日の総務・外相理事会で欧州憲兵部隊（EU Gendarmerie Force）の創設が決定した。治安（public security）および秩序（public order）を保障し，緊急展開可能な能力を形成することを目的として，30日以内に，世界の危機地域に展開可能な警察部隊（European military police force）である。この警察部隊は，約900名の核となる部隊，さらに2100名の強化人員（reinforcements on standby）から構成される。欧州憲兵部隊は，EUのみに限らず，国連，OSCE，NATOにも利用可能であるとされている。（本部はイタリアのビチェンツァ）

- 2004年11月の文民能力介入会議（civilian capacity commitment conference）ではESDPの中での危機管理の文民的活動について検討された。第1の「警察部門」では，勧告（advisory），援助（assistance），訓練から現地警察の代行まであらゆる警察活動任務を実施する能力を備えることが目標とされた。EU構成国は5000名以上（5761名）の警察官を派遣できるようにする。そのうち，1400名は30日以内に展開可能なように準備される。第2の「法の支配」の強化に関しては，司法・刑務所制度が正しく運営されることによって現地警察に対する信頼感の強化・復活を目指し，構成国はこの部門での危機管理活動のために検察官，裁判官，刑吏など631名を供出する。第3に，「文民管理」では専門家をプールし，危機管理活動のために短期間に展開可能な565

名の要員を準備する。第4に,「市民保護」に関しては,①いつでも稼動可能な,3時間から7時間の間に派遣可能な10名の専門家によって構成される査定・調整チーム,②短期間に展開可能な2000名の介入チーム,③それぞれの危機の状態によって2日から1週間のうちに派遣可能な付属的ないし特殊な要員を結成する。構成国は上記のチーム・要員のために579名の文民保護専門官と4445名の要員を準備する。これらに加えて,2004年12月の欧州理事会では,モニタリングは文民 ESDP の優先領域の1つだとみなされた。モニタリングチームは505名の要員で構成されるが,紛争予防・解決のための手段でもある。モニタリング・ミッションの重要性は,「存在することによって予防・抑止」の機能をもち,EU の存在感,EU のコミットメントを対外的にアピールする手段でもあることである。

　2004年12月の欧州理事会では,文民活動分野での2008年までの能力整備を目標とする「Civilian Headline Goal 2008」が採択された。ESDP の文民活動面での行動計画（Action Plan for Civilian Aspects of ESDP）の組織化も進められている。

　2005年11月および2006年11月には,「文民能力の改善会議（Civilian Capabilities Improvement Conference）」が開催された。安全保障文化の育成・促進,ESDP に関する人員提供などを目標として,2005年7月18日「欧州安全保障・防衛専門学校 ESDC（European Security and Defence College）」が創設された。2005年11月8日 文民活動即応チーム（Civilian Response Teams）に関する文書が発表されている。アフガニスタンでの EU 警察任務活動（EUPOL）はこうした ESDP の活動の1つである。

◎ EU の文民支援・危機管理の実態
　　――アフガニスタンでの EU 警察任務活動（EUPOL）

　しかし9.11同時テロ以後の「テロとの戦い」における軍事行動も一部ではみられるものの,実際には ESDP は地域紛争の平和維持・復興支援活動などその多くは文民支援活動を中心にしたものとなっているのが今日の趨勢である。このことは,1992年 WEU のペータースベルク理事会で定められた人道支援を中心とする任務がすでに時代を先取りしていたともいえる。同時に,ESDP の活動が文民活動に傾斜していくとなると,欧州委員会の従来からの文民・民生分野を中心とした活動との間に多くの共通点が生じてくるのも当然のことである。今や両者の調整が EU 内での共通外交・安全保障政策の重

要なテーマとなっている。

　EUの支援を考える場合には，欧州委員会（EC）と欧州安全保障防衛政策（ESDP）の2つの柱で考えなければならないが，今日注目されるのはESDPの方である。2006年1月の理事会（CFSP）はアフガン・コンパクトを承認，同年10月のEU合同評価任務報告書（Joint EU Assessement Mission report）では，アフガニスタンでの「法の支配」に関する厳しい状況について報告がなされ，警察ミッションによる警察部門の支援が提案されていた。こうして翌年2007年2月12日，理事会はアフガニスタンでのEU警察ミッションのための危機管理概念（Crisis Management Concept）を承認した。このミッションは，人権を尊重し，法の支配の枠組みにおける活動を行う現地でのアフガン警察の強化を目指したものとされた。

　そして，2007年6月にはアフガニスタンでのEU警察任務活動（EUPOL）が開始された。アフガニスタンでの「法の支配」を実行するための警察組織整備を目的とする。①アフガン人自身の手で行われ，国際的基準に従ったモニター・助言・勧告・訓練の下での，持続可能で効果的な文民警察の調停，②「法の支配」などを目的として打ち出している。アフガニスタンでは，汚職・贈賄罪がはびこり，治安改善・安定措置が急務である。本来取り締まる側である警察がしばしば有害な存在となっており，2002年以来司法制度は十分に機能していない。司法は軍の支配下にある。特に2005年からは治安が一層悪化し，公民意識の養成，法の支配の確立，警察のメンタリティーの改善を目的として，アフガニスタンの13州に当初160人が派遣される予定だったが，2008年春までに195人の人員が派遣された。訓練・教育・勧告などを行い警察能力の向上が図られる予定である。

　より具体的には，ドイツ警察プロジェクト事務所（GPPO, German Police Project Office），それぞれの地域の活動に応じたEUの「帽子」の下での各国の活動，法律・裁判の専門家をカブールとその他の，5つの地域警察本部にPRTの形で派遣している，などである。任務期間は少なくとも3年で，2007年10月に任命されたユルゲン・ショルツ准将（独）が指揮にあたる。ESDPの中心機関である政治安全保障委員会（EUPSC）が任務の管理と戦略を担当する。アフガニスタンEUPOLは，EU特別代表と欧州委員会による復興支援などを含むEU全体で調整された支援の一部である。

◎ CFSP・ESDP の現実

　EU は20あまりの ESDP を派遣しているが（2008年現在），その4分の3は文民危機管理である。2007年だけをみても，アフガニスタン支援以外に2007年7月から発足した EUPOL RD CONGO（EU 警察によるコンゴ民主共和国での支援活動）がある。これは EUPOL-Kinshasa（2005年2月 – 2007年6月）を引き継いだミッションである。39人の各国の警察官・司法専門家・安全保障部門改革の専門家・人権や児童専門家によって構成され，警察改革などに当たる。任務は2008年6月末までであった。コンゴでは，すでに2005年6月から「EU 安全保障部門改革ミッション（EUSEC RD CONGO）」が活動している。

　2007-2008年の大きな活動として EUFOR TCHAD がある。2008年1月 EU は東チャドと北西チャドの間で中継軍事活動の発足を決定した（EUFOR TCHAD/RCA）。この ESDP は国連活動の調整を行う。民間人・難民保護，人道支援の配給・人的スタッフの移動の自由の促進，国連活動の保護推進などを任務とする。

　2008年2月16日に発足した「EU 法の支配ミッション（EULEX Kosovo)」は120日間だけ稼動した。コソボにおける持続的で機能可能な法の支配の制度を構築するために，コソボ政府の支援を行った。国連コソボ・ミッション（UNMIK）の代わりをするわけではないが，現地政府への支援，助言，アドバイスを行う。

　そのほかに近年の ESDP としては以下のものがある。ボスニア・ヘルツェゴビナの軍事作戦（EUFOR-Althea, 警察・監視任務），2003年1月から活動している同地域での EUPM（EU 警察ミッション，30カ国から500人の警察が参加，2006年から2008年末まで200人の国際スタッフが参加），2006年1月から展開中の EU パレスチナ・ミッション（EUPOL COPPS, 警察ミッション），パレスチナ自治区ガザの国境支援ミッション（EU BAM Rafah, 2005年11月に発足，2007年5月に任期が1年延長された），イラクのための法の支配ミッション（EUJUST LEX, このミッションは文民活動として2005年7月に発足し，2007年末までの任期だったが，2007年9月に18カ月の延長，つまり2009年6月末まで活動することとなった）。

　一連の活動は理事会単独ではなく，委員会や他の国際機関との協力・補完関係を保ってはじめて有効に機能する。文字通り，安全保障のよりソフトな面を多国間主義的な枠組みにおいて実現しているのが，今日の EU の共通外交安全保障政策，共通防衛政策ということができるであろう。

29 冷戦下の米欧関係

(渡邊啓貴)

◎**米国の覇権的協力（ヘゲモニック・コオペレーション）**

戦後欧州の復興は米国の支援の賜物である。その背景には欧州における東西冷戦の進展があった。米国にとって西側陣営を強化するには、ドイツの復興と欧州が結束して力をつけることは不可欠であったからである。

1947年6月に発表された欧州共同復興計画に対する無償援助供与計画（マーシャル・プラン）はその象徴だった。1948年4月、経済協力法が米議会を通過し、欧州でも経済協力に関する協定に基づいて欧州経済協力機構（OEEC、1961年に経済協力開発機構＝OECD＝に発展）が誕生した。

フランスは1951年欧州石炭鉄鋼共同体（ECSC）の設立のためのシューマン・プランを提唱することによって欧州統合のイニシアチブを握り、対独・欧政策を有利に展開させようと考えた。他方で、米国は1949年の夏には、折からの欧米における不況と、マーシャル・プランの効果が上がらないことを理由に、欧州の経済統合を主張していた。OEECとともにECSCも米国の指導のもとに成立したともいえよう。その意味では、米欧関係における米国の支援は、1920年代の相対的安定期が米資本の流入を基礎としたドーズ・プランに支えられていた時も、すでに述べた欧州防衛共同体（EDC）構想の場合も、ともに同じであった。つまり、米国にとって、欧州が力を回復することは「東西二極構造」の米国の負担の軽減を意味したのであった。

その意味では、シューマン・プランによる欧州の「パックス・フランコ・ゲルマニカ（独仏の平和）」は「パックス・アメリカーナ（米国の平和）」の枠組みの中でのことであった。しかし統合欧州が成長し、欧州がより自立した場合には、米国は欧州から排除される可能性も予想された。それにもかかわらず、米国は欧州統合に協力したのであった。それは、まさにパワーの歴然たる格差（米国の優位）を前提とした、いわば「覇権的協力（ヘゲモニック・コオペレーション）」だった。

◎**米欧関係の再編成――欧州の相対的自立志向**

当初の予想は現実となった。冷戦構造が固定化していき、西欧諸国が復興していく中で、西欧と米国との間に摩擦が見られるようになる。

第1に、米欧経済関係では、米国は1920年代と同様に欧州に対する直接投資を拡大させていった。「米国化」や「米植民地主義」という言葉が当時盛んに用いられた。1950年に、欧州6カ国の米企業の支社の数は約1000あり、1957年にはまだ1200未満だったが、その後急速に増加し、1966年には4000を超えた。フランスのジャーナリストで政治家でもあったJ・J・セルバン・シュレベールはそれを「米国の挑戦」と呼び、1967年英国のハロルド・ウィルソン首相は英国が「米産業の奴隷」になりつつあると嘆いた。

　しかし、次第に自給体制を整えていく欧州経済は米国にとって排他的市場と映るようになっていった。EECの共通農業政策やアフリカ・地中海地域の特恵貿易は米国の輸出を排除しているととらえられた。米国は1961-1962年と1964-1967年のGATT関税貿易一般協定交渉で、EECに対して一般自由貿易政策の採用を迫る（紛争処理小委員会を活用する）戦略に訴えた。その代表的なものが「鶏肉戦争（チキン・ウォー）」と呼ばれたものである。米国の鶏肉は技術の進歩に伴って生産を飛躍的に増大させ、価格の低下に成功した。これに対してECは高関税を課したが、米国はこの措置に反発、補償金を要求し、欧州からの製品に対する高関税を通告した。こうした貿易摩擦には、その後70年代のチーズ戦争、80年代の鉄鋼戦争などがあった。

　第2に、安全保障面での米欧関係も錯綜していった。スエズ紛争での屈辱は、英仏の対米政策を再考させ、英仏にまったく正反対の政策を志向させることになった。英国の場合には、米英借款協定（1957年2月）、米英ミサイル協定（1958年2月）などによって、米国への依存度を高めるようになった（親米政策の決定）。1962年12月ナッソー会談の結果、米国はスカイボルト（爆撃機発射弾道ミサイル）供与協定を破棄した代わりにポラリスミサイルの供与を決定し、英国は独自にその弾頭と潜水艦の建造を約束した。これは米国の「多角的抑止力戦略（MLF）」の一翼を担うものだった。

　フランスでは1958年第五共和制が発足し、ドゴール政権が成立した。ドゴールはフランスのイニシアチブの樹立と米国の影響力の低下を狙って、英米仏による北大西洋条約機構（NATO）共同管理、「三頭制」（米国の独占を排除）を1958年9月に提唱し、英米と対等の立場を主張した（フランスの対米自立外交）。1960年2月フランスがサハラで初の原爆実験に成功したことは、ドゴールの対米自主姿勢（「自立核」保有）の意思表示だった。その後、フランスは1963年にナッソー協定不参加を表明し、欧州独自の軍事機構を計画したフーシェ・プランを提案、1966年にはついにNATO統合軍事機構から脱退

した（2009年復帰）。一方，新たな米独関係の模索と仏ソ同盟を阻むというパワーポリティックス上の目的から，アデナウアー西独首相はフランスとの接近を模索し，1963年1月独仏協力条約（エリゼ条約）が調印された。

このように1960年代の米欧関係は，米国の優位を前提としていた。しかし同時に，米欧関係は東側ブロックに対抗して協調的な勢力均衡(バランスオブパワー)の政策を模索しようという，いわば「穏和な覇権的協力」の時代だった。

◎緊張緩和(デタント)時代

1973-74年の時期は，1）米経済の後退に伴う米欧関係のバランスの変化，2）欧州政治統合への新しいステップを特徴とした。1971年金・ドル交換停止に象徴される戦後通貨体制の崩壊は，1970年代には欧州のアイデンティティー意識とその自立した役割の模索を表面化させることになった。

こうした動きは，1967年ブラント西独外相が先導して東欧諸国との国交樹立を求めた外交，西ドイツの東側諸国への接近，つまり「東方外交（Ostpolitik）」に始まり，欧州の緊張緩和(デタント)として結実した一連の外交展開を背景としていた。NATOの枠組みでは，ブラントと親しいハルメル・ベルギー外相が「北大西洋同盟の将来の任務に関する報告（ハルメル報告）」（1967年12月）で政治対話による東西関係の改善を主張したことと軌を一にしていた。それらは，軍事的緊張緩和として相互均衡兵力削減（MBFR），政治的緊張緩和として全欧安保協力会議（CSCE）という形で実現した。同時に欧州が米国に対して対等な立場を示した象徴的事件が，1973年9月に米国に提示した欧州政治共同体（EPC）の文書であった。ECは米国に対して政治的平等性を主張したため，この文書は欧州側の挑発だととらえられた。

経済面では，米経済の凋落とEC発展＝欧州経済力の伸長により，米欧関係は対等な関係へと接近していた。1975年先進国首脳会議（G6）は米経済のヘゲモニーの終了を象徴していたし，1979年欧州通貨制度（EMS）発足により国際通貨の領域ではECは今や，ドルと円に対抗する独立変数となりつつあった。この通貨三極の体制において大西洋同盟の米英独仏4国は国際通貨基金（IMF）10カ国による非公式な協力体制を築いていたのであった。

大西洋・欧州での動きを中心に見ると，冷戦の分水嶺は1970年代半ばごろであった。わが国では，米国の学会の影響でキューバ危機直後の米ソ間の歩み寄りや第一次戦略兵器削減（SALT-I）条約締結などが強調される傾向がある。しかし，欧州の眼からみると，80年代末欧州における冷戦の終結は70

年代の緊張緩和をめぐる諸展開の学習効果であったということができよう。

◎「新冷戦」から冷戦の終結へ

　1970年代末には，東西間に極めて緊張した事態が訪れた。その後80年代に入って米国製中距離戦略核ミサイル・パーシングⅡの配備，ソ連のゴルバチョフ政権の誕生という新しい展開は冷戦の終結へ向かう助走を意味した。その意味では，70年代末からの一連の動きを「第二次冷戦」または「新冷戦」と呼ぶならば，ゴルバチョフ政権成立後東西関係が好転していった時期を「第二次緊張緩和」「新緊張緩和」の時代と性格づけることもできるだろう。

　しかし，この新冷戦の時期，米欧間ではその対応は異なっていた。米国は「新たな冷戦」における西欧同盟パートナーからの一層の支持を欲したからである。米国は世界的な東西対立の中に再び欧州諸国を巻き込もうとしたのである。そして西欧―東欧との貿易の活発化を不都合と考えたのであった。

　しかしながら，折しもこの時期には，第二次石油危機と軍事費増大の圧迫が各国を苦しめていた上，西ドイツをはじめとして西欧諸国は，緊張緩和時代の成果を失いたくなかった。西欧諸国はとくに東欧諸国との経済・貿易面での関係維持に執着し，世界規模の東西対立と欧州における経済的な東西関係は別個のものとして切り離して考えることを強く望んだのであった。欧州同盟諸国は，レーガン米大統領の対ソ強硬政策と自分たちは切り離されてしかるべきと考え，他方で米国の高金利政策の改善を欲していた。

　1970年代末の米国の脆弱化によって，米国では西側防衛に対する西欧の役割分担を強化する声が高まったが，他方でそれは西欧諸国間の軍事協力の動きを促進させた。1983年頃から，INF（ソ連が西欧諸国を射程距離内とする中距離核戦略ミサイルを配備，その撤廃を西側が求め，要求が受け入れられない場合には西欧諸国が米国製戦略ミサイルを配備を主張）交渉難航を背景にして安全保障面での西欧の自主性が新たに意識され始めたのである。こうした中で1980年代の独仏を中心に西欧諸国の軍事機構の統合の動きが盛んになっていった。他方，経済分野でもECの域内市場統合の動きが強まった。

　その一方で，ゴルバチョフ政権誕生後の東西の歩み寄りは米欧双方ともに歓迎するところであった。1987年のINF全廃条約（ワシントン条約）はその象徴であり，1980年代の欧州における中距離核ミサイル配置構想がもたらした恐怖の最終的な解決であった。そして，マルタ島で米ソ両首脳が冷戦の終結を宣言したのである。

30 冷戦終結後の米欧対立の構図

(渡邊啓貴)

◎冷戦終結後の米国の単独行動主義——唯一の超大国の行動と論理

　冷戦終結後，米欧間の共有意識は希薄となった。特に冷戦に勝ち残った唯一の超大国を自負する米国外交の方にそれは顕著だった。ブッシュ大統領の外交にそれは結晶化していったと言っても良い。

　冷戦の終結によって共通の敵であるソ連の脅威が消滅したために，米欧間で連帯の必要性はそれまでよりも低下した。冷戦時代，ソ連との対立関係を背景にして米欧関係は，欧州以外の地域ではしばしば齟齬をきたしたが（朝鮮戦争，ベトナム戦争，スエズ動乱，キューバ・ミサイル危機，レバノン内戦，リビアのクーデターなど），欧州地域に関する問題で対立することはあまりなかった。つまり深刻な対立を起こす可能性のある問題では容易に妥協したのである。しかし，冷戦終結後の旧ユーゴスラビア紛争をめぐる対応に見られたように米欧は隣接ヨーロッパ地域でも齟齬を来たし始めたのである。

　特に，冷戦終結後米国はその優位を次第に認識するようになっていった。それはまた米国的価値観の勝利の凱歌でもあった。

　ブッシュ父大統領は湾岸戦争の際にクウェートの解放にとどまり，フセイン政権の打倒には至らなかった。当時米国はまだその世界へのコミットメントを逡巡していたのである。その後クリントン時代の米国外交は，中途半端な形にとどまっていたかのように見えたが，実際にはこのクリントン時代の米国は，好景気が雇用を吸収し，ハイテクの先端を走り，軍事力の突出は他を寄せ付けなかった。そして，外交課題であった，米国の欧州での存在感やロシアとの友好関係の達成に成功し，北米自由貿易地域やアジア太平洋経済協力会議（APEC）の枠組みでの経済圏の実現は自由貿易経済のリーダーとしての米国の経済的役割を内外に誇示するものだった。

　冷戦直後の欧州には，フランスの戦略研究家ジャン・マリ・ゲーノやアルフレート・バラダンらが示したように，平和的な世界秩序への期待が当時あった。しかし，その後10年たつと，米国を「中華帝国」と批判したフランスの国際政治研究者ムランドリやバイスが指摘したように，冷戦後の米国には，①戦略的慎み深さの放棄，②単独行動主義（ユニラテラリズム），③多国

間主義的（マルチラテラル）な国際機関・国際法に対する無関心，④制度化された協力の拒絶，⑤多国間協調主義の後退という5つの兆候が明らかだった。それはイラク戦争に向かうブッシュ大統領政権の外交そのものでもあった。

　米外交の行動規範をめぐるさまざまな議論には共通の目標がある。つまり，米国の優位性を維持すること，少なくとも，その優位性を減退させないということが大前提である。そして，そのためにどうするのか。その問いに対する行き過ぎた回答が，米国の単独主義である。それこそブッシュ政権の力の外交であった。これに対してオバマ政権の外交は，「多国間協調外交」と評されている。米国の力の優位を前提としつつも，協調関係を維持することで世界の安定した秩序を模索するという立場であるが，これこそ米国がイラク戦争で学んだ教訓であった。

◎単独行動主義　VS　多国間協調主義

　冷戦終結以後のアメリカ優位の体制は，一極体制と多極体制という「世界観」ないし「（国際社会）構造認識」の対立，そしてその「実現手段」としての単独行動主義（ユニラテラリズム）と多国間協調主義（マルチラテラリズム）という対立軸となって表われた。ここで「極」というのは軍事・経済大国や勢力圏（グループ）のような影響力のある国際行動主体（アクター）を意味する。

　米欧研究者が参加する国際会議などでこうした主張はよく聞かれる。筆者（渡邊）はこの対立の構図はきわめて重要だと考えているが，その認識はわが国では希薄である。しかし，この論争が少なくとも21世紀の最初の四半期の間の世界構造を論じる際の重要な軸であり続けることは疑いない。

　実は，イラク戦争の際に聞かれた世界構造の議論について，日本はもちろ

選好された政策 （政策実現手段・方法）	国際システムのパーセプション （世界観・国際認識）	
	一極世界	多極世界
単独行動主義 （ユニラテラリズム）	①一極体制・単独行動	③多極体制・単独行動
多国間協調主義 （マルチラテラリズム）	②一極体制・多国間協調	④多極体制・多国間協調

●表1　極と外交政策（米国の視点）

参考：Oudenaren, John Van, "Unipolar Versus Unilateral" in *Policy Review*, 2004 April

ん，国際的にも理論的な考察は十分に行われてきたとは言いがたい。この種の議論は，形式的には「一極化vs多極化」と「単独行動主義vs多国間協調」という2つの選択肢のマトリクスの形で分類・概念整理することができる。

それぞれ「国際システムのパーセプション」をめぐる対立軸（横軸），「選好された政策」をめぐる対立軸（縦軸）と呼ぶことができるが，筆者（渡邊）は前者の対立軸を世界観・国際認識の対立，後者の対立をその実現手段・方法論の対立と性格づけている。

このようなマトリクスで考えると一極世界は必ずしも単独行動主義と同義ではない。一極主義（ユニポーラー）と単独行動主義（ユニラテラリズム）は何か同義語のように扱われることもしばしばである。しかし一極世界であっても多国間主義の政策をとることは可能である（表の②の場合）。国連や多国間自由貿易の国際秩序などは本来米国の主張によるものである。米国「帝国論」の際にしばしば指摘される「良い帝国」などはこの範疇の話である。

では，米国外交はどのようにあるべきなのか。90年代末にアメリカの政治学者ハンティントンは，あらゆる分野で支配的な優位性を持つ唯一の大国である米国が単独主義的に振舞うことは無謀である，と指摘した。そして米国は「穏やかな覇権国」として一部の大国との協調を軸に対外政策を展開していくべきだと論じたのである。

イラク戦争前に米国ではすでにそのような議論は出ていた。勢力均衡的な世界における米国の「自己抑制」を説く立場（アイケンベリー）や，コストの面から同盟国の対米政策は状況に応じて有利な方につこうとする「バンドワゴン（勝ち馬のり）」の立場をとるほうが現実的であるが，米国は潜在的な対抗勢力を挑発してはならないという立場（ウォルフォース），米国の単独優位は欧州連合（EU）の躍進によって妨げられ，多極化への回帰は不可避であるとする立場（カプチャン），米国には成熟した他のデモクラシー諸国とのより親密なアイデンティティーの確立が必要であると説く立場（ヘンリー・ナウ）などがあった。

◎欧州の多極的世界観と多国間協調主義の限界

こうした米国優位論に対して，独仏を中心とする西欧諸国は，強いユーロに象徴的な経済的な極としてのEUの重要性，つまり「欧州の自立」による多極化の世界観を主張する。イラク戦争をめぐる米仏間の国際秩序観はそもそも議論の出発点から異なっていた。

しかし独仏を中心とするEU諸国が主張する多極主義的な国際社会が成立するためには，欧州が「多国間協調主義(マルチラテラリズム)」の一翼を担うことも不可欠である。周知のように，多国間協調主義という場合には，平等で民主的な国際機関（その代表としての国際連合）を念頭に置く場合が多く，民主的な価値やルールを基礎とし，弱者も一定の権利を持つことにその意義がある。そういった国際社会の協調体制が整備されていなければ，結局は多極化構造の実現は困難である。一定の力を持つ大国やEUのような諸国群（グループ）の間で，ある程度対等で自由な関係が維持されることが不可欠である。その意味では，欧州にとってその自立性を確保するために，多極体制は米国一極主義に対抗するべきための国際構造であり，ビジョンであるが，多国間主義(マルチラテラリズム)はその実現のための論法と手段として不可欠だということになる。つまり「多極体制」の主張によって対等の関係を標榜したとしても，米国の軍事的優位の前には「弱者」となる欧州にとって，国際社会で米国の単独行動を抑制するためには影響力の大きな国やグループ（極）との間での「多国間協調主義」の主張が必要なのである。

しかし，独仏がイラク戦争をめぐって多国間協調主義を唱えた背景には欧州統合の発展という現実があった。今日では「多次元ガバナンス(マルチ・レベル)（制度的な枠組みを超えた，さまざまな次元・分野での協力や問題解決のための調整プロセス）」と呼ばれる段階にまで発展した民主主義的統合の現実が背景にあり，それが欧州に自信を与えている。これは力による真っ向勝負という世界観とは全く異なるものである。こうした「力の競争」を中心とする近代的な国際秩序観とは異なった，「ポストモダン」の世界観が欧州にはある。

米国は，しばしばこうした欧州側の言い分を特殊なものと指摘する。国際的な「規範（ノーム）」を決定するときに，欧州は数の力で圧力をかけてくる。この多国間主義は結局米国に対抗する勢力を形成し，米国の孤立を導く手段となっている。

しかし第2に，上記の分析とは反対に，EUが多国間主義を主張して米国に対抗したにもかかわらず，そこに本当の意味での「弱者擁護」の論理が一貫していたかというとそれは定かではない。EUは域内では多国間主義的な決定を行っているが，域外の決定様式や論理を受け入れないことも多々ある。その点ではEUの主張する多国間主義(マルチラテラリズム)というのは域外諸国を排除する論理に容易に変わる。

また，こうした欧州側の多国間主義的(マルチラテラリズム)アプローチは，論理的に突き詰めて

いくと,多極化の世界と矛盾する。詳しく述べる余裕はないが,欧州において多極化を考えるとき,「ウエストファリア体制」といわれてきた欧州諸大国間の勢力均衡的な国際システムがモデルとなっている。それは基本的に欧州大国主導の世界システムを意味する。多極化は極の間での対等な関係,つまり多国間(多角的)協調主義となるはずだが,一方で小国をアクターとして考慮しているわけではない。その意味では,多極的な国際秩序は大国中心的な世界観に基づいており,多国間協調主義の本質である,民主的で平等な関係が前提となっているわけではない。これは先に述べた欧州の中でのガバナンスはあくまでも EU という極の中での話であって,欧州以外の世界を含む地球規模では通用しないという米国の識者による指摘にも通じている。

　フランスの著名な国際政治学者デファルジュの指摘では,多極構造は個人の自由・平等を象徴する近代市民社会の基本概念である「社会契約」を通して全ての国家を包括的かつ平等に網羅する制度ではない。多国間主義がデモクラシーを基礎とする体系であるとするなら,多極構造とはアリストクラシー(貴族制度)とでもいうべき上下関係を前提にした体制であるといえよう。こうしてみると,独仏の「多国間主義」(マルチラテラリズム)の主張は自己正当化の議論でしかないということになる。米国人の眼には,それは対抗勢力を形成するための議論と映るのである。

31 イラク戦争後の米欧関係

（渡邊啓貴）

◎イラク後の欧州の安全保障政策の模索
——ソラナ報告から「人間の安全保障」ドクトリンへ向かう EU

　欧州の多国間主義はイラク戦争後に一層明確にされた。イラクの不安定な情勢を背景に，米国単独主義への批判は一層強くなった。それはすでに述べたように，2003年12月に，ソラナ EU 共通外交安全保障政策（CFSP）上級代表が発表した『よりよい世界における安全な欧州——欧州安全保障戦略〔ソラナ報告〕』に明確に示されていた。

　この報告では，EU が「世界における戦略的なパートナー」としてマルチラテラリズムの枠組みの中でその戦略を展開していくべきこと，広範かつグローバルな範囲の脅威に備えた「予防外交（プリベンティブ）」の重要性，そして「早期の迅速な，そして必要な場合には強硬な介入を育成していく《戦略文化》を発達させる必要がある」ことを強調することによって，欧州の熱意・責任意識の向上を説いた。

　ここに対抗と協力が並存する米欧関係の本質がある。米国の単独行動や一極支配という表現は本報告では一言も出てこないが，国連中心の「多国間主義（マルチラテラリズム）」という表現を用いることによって，EU はそれを受け入れないことを明確にした。しかし，同時に米国との協力関係を維持し，グローバルな戦略的パートナーとして協力する意思も明確にしたのである。

　米ネオコン（ブッシュ政権中枢を占めた新保守主義）のロバート・ケーガンは『ネオコンの論理』の中で，欧州は経済的に安定し，テロの脅威もない平和な「カント的な」世界に生きており，テロの脅威におびえて「ホッブス的な」弱肉強食の世界に生きている米国の立場を本気で理解しようとはしないと厳しく論じた。ここでは，世界の安全保障について本気で乗り出そうとしない欧州諸国の姿勢を無責任としたのである。報告にある《戦略文化》を高揚させたいという意向は，そうした EU の心構えを物語ったものであるように思われる。

　2004年9月，EU は保護・停戦監視・武装解除のための軍事兵力と安全確保・人権監視・国際的な文民組織活動を主目的とする，高度に専門的であ

り，相互に綿密に調整され，統合された1万5000人規模の軍民組織（警察，法律家，人権監視員，税専門家，医師，看護士などを含む）の派遣を含む「人間の安全保障」ドクトリンを発表した。これは，先の予防外交や多国間主義(マルチラテラリズム)を強調したソラナ報告の具体策として打ち出された新たな方向性である。純粋な軍事機構ではなく，文民活動の比重を重んじた平和維持活動と軍事介入の中間的なものと考えられている。人道支援，実効的な警察力，文民の危機管理，広範な政治経済支援を特徴としている。

重要な点は，米欧関係という地域的な同盟関係が極めて不透明なこの時期において，こうした試みが改めて確認されたことである。つまり，新たな取り組みとしてのEUの「人間の安全保障」政策は，米欧同盟内で軍備では圧倒的な劣勢にある欧州側からの同盟協力体制再構築のイニシアチブの一端とも考えられよう。米欧関係に並存する「協力と対立（軍事部門での角逐と文民協力での相互依存関係）」の構図を背景とした欧州側のアプローチである。EUが米欧関係において非軍事的役割強化を強調することで，米欧安全保障体制そのものの意義・役割を変えていこうという試みとも考えられる。米国が「戦闘」を請負い，欧州は交渉や復興支援などに限定された外交・非軍事面での責任を負うという，ある種の「すみ分け」でもある。

その背景には，多極化世界の一極としての欧州独自の地位の確立という目論見がある。このドクトリンは米国に対するEUの政治外交戦略上の意味を合わせもち，米欧同盟の相互補完的協力の質的変容の可能性をはらんでいる。

◎米欧安全保障共同体の模索

イラク戦争後の国際秩序がどのように展開していくのか。

グネソトEU安全保障研究所前所長は，今後の米欧関係の障害を3つ指摘した。第1は，米国が欧州同盟諸国を真に恒久的なパートナーと見なしているのか，それとも一時的な便宜的協力者としてしか見ていないのか，という西欧諸国にとって米欧同盟に関する本質的な問いであり不信である。第2に，政府レベルでの表向きの協力関係とは裏腹に，世論のレベルでは欧州各国の米国に対する反感は高まっていることである。世論の反米意識は根強いという主張である。第3に米欧間に国際システムをめぐる合意が存在しないことである。多国間（多角）的な組織に対する合意は曖昧なままである。(マルチラテラル)

オバマ政権は，イラクからの米軍撤退とアフガニスタンの治安強化の方向

性を明らかにしている。そしてそのため「多国間協調」の姿勢を打ち出しており，こうした方向は欧州では大変歓迎されている。オバマ政権が誕生して当面米国に対する反発は下火となり，期待は高まっている。しかし欧州の不信が完全に払拭されたわけではなく，また真の意味での米欧間の合意が確立しているのかまだ微妙な点も多い。2009年4月のNATO発足60周年に際してフランスのNATO統合軍事機構への復帰が実現したことは，米欧協力の好ましい兆候のひとつであろう。またオバマ大統領が同年6月ノルマンディー上陸60周年記念式典出席のためにフランスを訪問したこともその一つである。

　しかしいずれにせよ，米欧同盟のより安定した将来にとって双方の共通な認識は不可欠である。その考え方の一つは，多国間主義的な価値共有の共同体作りという発想である。フランスの政治・戦略思想家ライディの考え方は，こうした国際共同体の発想である。彼によると，米欧関係はフランス流に言えば「共和主義」，つまり民主主義精神という価値を共有して，共同体的な関係となるべきである。このアプローチは共通規範や価値観を基礎とするレジームやガバナンスによる平和的手段による秩序形成というリベラリスト的なアプローチでもある。規則やルールは「公共精神」や「市民の徳」によって不文律のうちに維持されるのである。

　他方で，そうした安全保障共同体を構築するには米欧のそれぞれが果たす具体的な役割をめぐる議論が不可欠である。米欧はあらかじめ「すみ分け」をしていくのか。その答えはまだ曖昧である。ソラナ報告に見られたように，欧州側は自らの平和的な役割・責任分担のための姿勢をある程度示している。それはEUの共通防衛政策の推進の中で追求できる。しかし，それでは，米欧間の軍事力行使に対する意識の格差は埋まらない。明確な役割分担については，スローンら米国の政治学者の議論は否定的である。米国の軍事的優位が国際社会で利用され，米国はその犠牲だけを強いられるという懸念があるからである。

　「一極か，多極か」という世界秩序認識を前提にした単独主義の限界が露呈していく中で共同体的な発想が不可欠であるということにも多くの人たちは気がついている。問題はどのような形で多国間主義を実現していくのか，ということにある。しかしそれをめぐる米欧間の温度差は大きい。その実現へのイニシアチブの行方は，イラク戦争の本当の意味での最終評価に関わっているだろう。

32 対日関係

(村上直久)

　1967年に欧州共同体（EC）が発足した後，1970年代から1990年代初頭にかけてのECと日本の関係は，激しい経済摩擦を特徴としている。日本の急速な経済発展に伴い，日本製品の対欧輸出が急増，それも自動車，エレクトロニクス製品，鉄鋼製品，ボールベアリングなど一部の業種に集中したことに伴うものだ。1979年にEC委員会は内部文書で日本人を「ウサギ小屋に住むワーカホリック」と批判，1982年にフランス政府は日本製のビデオテープレコーダー（VTR）の通関業務を貿易港ではなく税関職員が2人しかいない内陸のポワチエでのみ行うと発表，8世紀の対イスラム教徒との「ポワチエの戦い」に「日仏貿易戦争」をなぞらえる向きもあった。こうした不幸な関係に一応のピリオドを打ったのが，1991年7月18日にオランダ・ハーグでの首脳会議で発表された「日本と欧州共同体（EC）およびその加盟国との関係に関するハーグにおける共同宣言（いわゆる日・EC共同宣言）」だった。

　経済摩擦が緩和されるにつれて，政治面での対話や科学技術などさまざまな分野での協力が本格化してきた。そして，日・EC共同宣言発表の10周年に当たる2001年12月にブリュッセルで開かれた首脳会議で，「共通の未来の構築――日・EU協力のための行動計画」が発表され，「当然なパートナー（natural partners）」としての協力関係を確固としたものにする道筋が付けられたことで，日本とEUは「成熟した関係」に入ったといえよう。

◎「利益の均衡」

　日・EC共同宣言に至る過程を詳しくみてみよう。

　1989年以降，90年代初めにかけて，EC委員会はほぼ毎年，対日関係ペーパーを出したが，その中で一貫していたのは，EC／EUの対日貿易が巨額の赤字に達していることへの厳しい態度だ。いわく「容認できない」，「貿易収支の均衡を達成するには，対日輸出を輸入の2倍以上のペースで増やす必要がある」などというものだった。

　貿易不均衡に対するEC側の不満が一挙に爆発したのは，1990年1月にブリュッセルで開かれた海部首相（当時）とドロールEC委員長（当時）の会談

の席だった。ドロール委員長は日本市場の閉鎖性を厳しく批判，これに対して海部首相はEC側にも自動車など一部品目で対日輸入数量制限が残っていると反論し，一時険悪な空気が漂った。

　外務省首脳はこうした事態に危機感を抱き，ポスト冷戦時代の屋台骨を支える日米欧三極構造で最も弱い日欧関係を強化するための宣言作りに向けEC側との交渉に乗り出した。

　1991年4月初めまでにEC側は宣言草案をまとめていたが，これによると，共通目標は，①多国間貿易システムの一層の強化と開放，および保護主義の拒否を通じた世界貿易の拡大，②環境，エネルギーなど地球規模の問題の解決，③ソ連・東欧諸国の発展の支援，などを盛り込みたい意向を固めていた。

　しかし，日・EC経済関係に限ってみると，同宣言草案は前文で市場原理を確認するとともに，双方にバランスのとれた利益をもたらす形での相互の市場へのアクセス（参入）の必要性を強調しており，これは30年以上続いているECの対日貿易赤字を考慮すれば，日本側により大きな努力を要求することにつながる厳しい内容と受け止められた。いわゆる，「利益の均衡（balance of benefit）」問題である。これは1986年9月にウルグアイ・ラウンドが開始されたとき，ECが開始をうたう閣僚宣言に盛り込むよう強く主張したものの，日本をはじめとするアジア諸国がGATTの伝統を踏みにじる暴論として退けたいわくつきのものだった。草案には日・EC関係を分析した背景文書が付いており，この中でECは過去4年間，貿易赤字が200億ECU（欧州通貨単位，当時1ECUはほぼ1ドル）を超えるという「耐えられない規模に達している」と強調。これに加えて，自動車，電子データ加工機器，通信機器，電子部品の4分野で赤字全体の約50％を占めるという実態も問題視した。

　このため，赤字をこの水準にとどめておくだけでも，ECの対日輸出は対日輸入の少なくとも2倍のペースで増える必要があると指摘した。

　さらに，投資分野でも，累積ベース（1988年）で日本の対EC直接投資がECの対日投資に比べ14.5倍に達するという不均衡を問題視，ECの対日投資を促進する必要性を力説した。

　日・EC宣言構想をめぐっては，その後も懸案の貿易・投資関係の位置づけで意見調整が難航したものの，日・EC事務レベルで「管理貿易」につながる恐れがあると日本側が懸念する「利益の均衡」ではなく（数量面での不均衡を正面切って問題視せず），「公正な市場アクセス（参入機会）」を目指す

ことで暫定的に合意した。

　フランスは最終段階まで「利益の均衡」を盛り込むよう求めたが、宣言に最終的に盛り込まれたのは「相互の市場の公平なアクセス並びに貿易・投資を阻害する障害（構造的なものであるかどうかを問わない）の除去を実現するための決意を追求する」という文言で、EC側にとってこれは日・EC経済摩擦を解決するための枠組みとなることを期待させるものだった。

・　宣言は日・EC双方が、自由、民主主義、法の支配および人権、市場原理、自由貿易の促進および繁栄かつ健全な世界経済の発展を信奉しているとし、価値観の共有を強調。その上で双方が政治、経済、科学、文化など広範な分野で協力と対話を強化することを狙ったもので、「日・EC新時代」の幕開けをしるすものとなった。

　さらに宣言は、日本側にとって、国際問題での発言力をますます強めているECとの政治対話が制度化されることで、よりバランスのとれた外交を実施することを可能にするものと受け止められた。

・　宣言は「ECおよびEC加盟国は日本と、政治、経済、科学、文化など双方にとって関心のある分野で互いに情報を提供し、協議するとともに、双方の立場を調整することに努める」と明記。国際情勢や地域問題についても協議し、緊張緩和や人権をめぐる問題でも協力することになった。

　対話と協力関係を強化する分野としては、貿易、投資、産業、先端技術、

・　エネルギー、雇用問題、社会問題、競争規則を挙げた。最貧国を含む開発途上国の政治的、経済的発展や人権問題での進展を支援することも申し合わせた。このほかに、環境問題、資源・エネルギーの節約、テロや国際的犯罪および麻薬取引への対処、科学技術の分野での協力や、学術、文化、青年交流も強化することになった。

・　国際関係では、中・東欧諸国の政治・経済改革を支援し、アジア・太平洋地域における平和の促進や安定化および繁栄を目指して力を合わせることになった。

　対話と協議の枠組みとしては、①日本の首相とEC委員会委員長およびEC議長国首脳の間で年1回の定期協議、②EC委員会と日本政府の間で年1回の

・　閣僚協議、③日本の外相とECの現・前・次期議長国3カ国の外相および対外関係担当EC委員の間で年2回の定期協議を開くことになった。

　宣言発表の約1週間後には、1992年末の市場統合後の日本車輸入規制をめぐる合意が成立し、日・EC間の二大懸案が1991年7月に一挙に解決した形とな

った。

また、1994年までに当時のEC12カ国が139品目を対象に実施していた「残存対日輸入制限」を完全に撤廃した。

90年代に入って、日本経済のバブルがはじけ、日本の対EU輸出も1998年をピークに21世紀初頭にかけ、緩やかな減少傾向に転じ、対欧直接投資も1985年から10年間で3倍以上増加したことなどを背景に、欧州における「対日脅威感」が薄れてきた。

◎行動計画に具体性

2001年1月に河野洋平外相(当時)がパリで「日欧協力の新次元——ミレニアム・パートナーシップを求めて」との題で講演、21世紀に入った日欧関係を新たな次元に引き上げることを提案した。この提案が具体化したのが、「日・EU協力のための行動計画」だ。

前文で、日本とEUが「日欧協力の10年」を開始することを決定したとうたいあげた上で、「共通の未来を築いていく決意」を表明。「具体的措置および協調行動を一層重視し、日・EU関係に新たな推進力を与えなければならない」とし、「国際関係の平和および安全並びに繁栄に貢献する責任を共有していることを反映して、広範な分野にわたる未来志向の日・EU協力のためのアジェンダを本日(2001年12月18日)採択した」と述べている。

前文では第2パラグラフ以下、1991年以降の関係の進展、欧州およびアジア太平洋地域における変化に触れた上で、グローバル化時代における日・EU協力を強化する必要性を力説。「グローバル化への流れは、われわれの社会および国際社会全体に機会を与えると同時に課題も生み出すので、われわれはその利点を生かし、開発途上国とその本来の機会を分かち合い、一方でそのマイナスの影響を緩和する決意である」としている。

さらに、日本とEUは共通の問題として、それぞれの社会制度や生活の質に関わる問題、特に失業、高齢化社会および社会保障制度の見直しの必要性に直面しているとの認識を示している。

計画は、①平和と安全の促進、②万人のためにグローバル化の活力を活かした経済・貿易関係の強化、③地球規模の問題および社会的課題への挑戦、④人的・文化的交流の促進を重点目標に掲げている。

具体的に①では(カッコ内は例示、②以下も同様)、
(1) 国連改革(安全保障理事会の包括的な改革)

(2)　軍備管理・軍縮，不拡散（大量破壊兵器の廃絶達成）
　(3)　人権・民主主義・安定（日・EU人権問題定期協議）
　(4)　紛争予防・平和構築（NGOの紛争予防努力を支援）
　(5)　特定の地域情勢（北朝鮮の核開発問題）
・②では，
　(1)　双方向の貿易・投資関係の促進（規制改革対話強化）
　(2)　情報・通信技術に関する協力強化（データ保護確立）
　(3)　多角的貿易・経済問題での協力強化（貿易交渉促進）
　(4)　国際通貨・金融システムの強化（金融安定の促進）
・(5)　開発・貧困との戦い（アフリカ開発での協力）
　　③では，
　(1)　高齢化社会と雇用（年金，福祉政策の経験紹介）
　(2)　男女共同参画（男女共同参画の視点を主流化）
　(3)　教育（教育政策に関する経験の紹介）
・(4)　環境（開発途上国の持続可能な開発支援）
　(5)　科学技術（統合国際深海掘削計画＝IODP＝の推進）
　(6)　エネルギーと交通（クリーンな都市交通推進）
　(7)　テロ，国際犯罪，薬物取引，司法協力（核テロ防止条約の早期策定）
　　④では，
・(1)　学問の世界（ジャン・モネ・プログラムの枠拡大）
　(2)　社会生活を開始する若者のために
　(3)　市民社会の連携の強化および地域間交流の促進
を挙げている。日・EC宣言に比べて，内容が充実しており，広範囲にわたっている。それぞれの項目において，「直ちに開始すべきイニシアチブ」と
・「その他追求すべき措置」が明記されている。

　　行動計画は，「時流に合ったものであり続けるよう」毎年の日・EU定期首脳協議でその進展と実施状況が見直され，必要に応じて改定することになった。

　　安全保障の分野では行動計画策定に至る過程で，日本はバルカン半島の旧ユーゴスラビア諸国の復興など欧州周辺の問題でEUに対して，EUは北朝
・鮮の核開発問題など日本周辺の東アジアをめぐる問題で日本に対して，それぞれ力を貸す「クロス・サポート」という考え方が打ち出され，グローバルな観点から地域問題の解決を模索する方向性が打ち出された。

　　1991年の宣言に至る交渉で難航した貿易・投資分野に関しては，行動計画

で市場アクセスを容易にし，貿易を促進するための「日・EU相互承認協定」についての言及がなされた。同協定は2001年4月に合意が成立したもので，その内容は，輸出入時点に通常は輸入国が一定の輸入審査を行う代わりに，輸出国側による事前審査という手続きを採用することを相互に認め合うものだ。さらに，貿易・投資に関する障害・障壁を除去するために，両者間の「規制改革対話」を強化する必要性も指摘している。

さらにこの分野で「その他追求すべき措置」として，「日・EUビジネス対話ラウンドテーブル」や，日本市場に参入しようとするEU企業を支援する「ゲートウェイ・トゥ・ジャパン」を通じた民間部門の交流の促進を挙げている。

ゲートウェイ・トゥ・ジャパンは日・EU貿易促進キャンペーンの一環で，1994-1996年の第一次以来，1997-2000年の第二次，2002-2006年の第三次まで実施され，EU企業の貿易ミッションの対日派遣，日本での国際見本市への参加，市場調査の無料提供などを実施してきた。

その成果を踏まえて，2008年6月に，新キャンペーン「ゲートウェイ・プログラム」を開始した。EU企業からの派遣は2009年に始まり，日本市場で有望視される，①建築資材・建設技術，②ファッション・デザイン，③環境エネルギー関連技術，④医療ヘルスケア製品・技術，⑤インテリア・デザイン，⑥情報通信技術，の6産業分野において，展示，商談会を実施する。

企業関連の人材交流プログラムとしてはこのほかに「EUビジネスパーソン日本研修プログラム（ETP）」がある。ETPは日本市場への進出を目指す欧州企業からのビジネスパーソンを育てるためのプログラムで，1年間にわたって日本語のほかに日本文化，歴史，社会，法律，経済などを集中的に学び，さらに日本企業での実地研修もある。この人材育成プログラムは1979年に欧州委員会が日本経団連の協力を得て開始し，参加者はこれまで1000名を超える。

EU学生を対象とした在日企業インターンシッププログラム「ヴルカヌス」も定着している。今後の日欧経済関係を担うことが期待される欧州の若者を対象としており，1997年にスタート，2008年に12回目を迎えた。期間は1年間で，語学研修と企業研修を組み合わせている。これまで280名を受け入れた。

市民レベルでの交流も進んでおり，日・EU市民交流年に指定された2005年には1900件を超えるイベントが開催された。

◎期待される地球環境問題での協力

　欧州委員会産業総局の幹部は2008年11月，筆者（村上）に対し，対日協力でEUが重視している分野の1つとして地球環境問題を挙げた。

　2008年4月に東京で行われた第17回日・EU首脳協議では，地球環境問題が焦点となった。低炭素社会の実現に向けた資金調達や投資の最適化の必要性を認め，エネルギーの安全保障と気候変動緩和の対策として省エネの推進が短期的に最もコスト効率が高いとの認識などで一致した。さらにアフリカ諸国における貧困削減やWTOドーハ・ラウンドの成功裏の終結に向けた協力，国連改革の必要性でも歩調をそろえた。

　安全保障問題に関しては，アフガニスタンでのテロとの戦いで，農村開発や司法改革などの分野での協力を続けることを共同プレス発表でうたった。イランの核開発問題，中東和平プロセス，北朝鮮の核開発と同国が関与しているとされる拉致問題，ミャンマーの民主化支援でも意見の一致をみた。

　EU側からはバローゾ欧州委員会委員長，EU議長国スロベニアのヤンサ首相（当時），日本からは福田康夫首相（当時）が出席した。

　政治面で日・EU間の呼吸が合わないのはEUの対中武器禁輸措置解除問題である（「対中関係」参照）。経済面では，EU競争法の日本企業に対する適用をめぐる問題（「競争政策」参照）だ。競争法によって欧州委員会に巨額の制裁金を課される日本企業が続出している。

　EUは地球環境問題のほかに，WTOドーハ・ラウンドでも日本との共同歩調を模索しているようだ。

　ところで，日本企業にとって最大の関心は，会計基準や金融サービス規制，安全基準，査証・滞在労働許可制度問題などをめぐるEUの動向とみられる。

　EUと日本はさらなる関係強化策も模索している。07年10月，貿易自由化にとどまらず，環境・安全をはじめとする内政各分野でのルールの共通化などをカバーする「経済統合協定（EIA）」締結に向けた民間指導の共同研究を開始した。

　その後，2009年5月にプラハで開いた日・EU首脳協議で，「両経済の統合の強化」を目指し，非関税分野の協議に入ることに合意した。

　EC／EUの対日関係は21世紀に入って，個別案件での認識・意見の食い違いや利害対立を抱えながら，全般的に広範な協力を「主調音」として推移している。

33 対中関係

(村上直久)

　EU関係者の間で、中国への関心は高まるばかりだ。2008年11月末にブリュッセルで開かれた「世界EU学会（Global Jean Monnet Conference）」では、講演者やパネル討論者による中国への言及は多数あったが、日本に関心を示す発言はほとんどなかった。日欧経済摩擦が激しく、そのため日本への関心が強かった20年前と様変わりだ。欧州委員会内部では中国語を話す職員が増え、100人以上が対中関係に関わっている。

　背景には、中国が「改革・開放政策」の下、急速な経済発展を遂げ、世界第4位の経済大国（2008年にはドイツを抜いて世界第3位に躍進したとの統計もある）となり、東アジアの「異質な国」とみなして、無視するわけにはいかなくなったからだ。EUにとって中国は米国に次ぐ、2番目に重要な貿易パートナーであり、中国にとってEUは最大の貿易相手である。

　しかし、法の支配や民主主義などの基本的な価値についての認識を中国はEUと必ずしも共有していないことから、EUの対中政策は一筋縄ではいかないようだ。そのため、貿易・経済面で互恵関係を築こうと努力を重ねる一方で、チベット問題などをめぐる中国の人権状況にEU側が「物申す」と緊張が生まれやすい状況が続いている。

◎新中国戦略文書は中国に大国の「責任」を求める

　ECは1975年に中国と外交関係を樹立、その後、1985年に貿易・協力協定を締結。1989年6月の天安門事件を受けて、両者の関係は一時的に停滞したが、1995年に欧州委員会は「中国・欧州関係の長期政策」と題する文書を発表、この中で、①政治面、人権面での対話、②経済貿易関係、③EU-中国協力の3分野での政策を示した。これに基づき、1998年に「中国との包括的パートナーシップの構築」を策定、これは2001、2003年に改定された。2003年には「戦略的パートナーシップ」の構築で合意した。

　欧州委は2006年10月に「中国—EU：より緊密なパートナーと増大する責任」と題した、対中関係での新政策文書を発表した。その序文で、「欧州は中国が新たに獲得したパワーに効率的に対応する必要がある」とし、「欧州が今

日直面する，気候変動や雇用，移民，安全保障などの主要課題に取り組むには，われわれの価値観に基づいた，中国とのダイナミックな関係のポテンシャルを活用する必要がある」と強調。一方で，「中国の改革プロセス支援に関心がある」と明言し，中国の人権状況の改善を求めていく考えを示した。

- 新政策文書は，包括的アプローチの下で，①より開かれた多元的な社会への移行支援，②エネルギーの供給を確保し，気候変動に対応することなどを目的とした持続的な発展，③欧州企業の支援や対話を通じ，EUの利益の擁護を視野に入れた貿易・経済関係，④科学技術や移民政策，人的交流の面での中・EU協力，⑤国際的・地域的協力の5点を戦略目標として掲げている。
- ⑤に関連して，東アジアの安全保障情勢，台湾問題，中国の軍事支出の透明性，核兵器非拡散問題に言及。東アジアの安全保障情勢では日本にも触れ，「日中関係には改善の余地がある。EUは東アジアにおける主要プレーヤー間の緊密な関係と地域統合プロセスの継続に関心がある」としている。

- ◎世界同時不況脱出で「中国頼み？」
    経済・貿易関係（「BRICs」参照）ではEU側からみれば，「攻め」と「守り」の二面性がある。中産階級が急速に拡大している中国はEUにとって非常に重要な市場だ。EUの対中輸出は2000年から2005年の間に倍増した。なかでもサービス分野の輸出は2004年までの10年間で6倍増となった。
-    こうした中で，EUは中国が世界貿易機関（WTO）の取り決めを完全には順守していないとみており，中国市場へのアクセスの障壁を除去し，「真に互恵的な関係」の構築を望んでいる。

   「守り」の側面としては，中国からの集中豪雨にも例えられる輸出攻勢への対処にEUは追われている。最近では，中国製の繊維製品や靴のダンピング
- 輸出への対応でおおわらわだった。EUの反ダンピング調査において，中国関連案件は飛び抜けて多い。中国製の偽ブランド製品の問題も深刻だ。2007年にEU当局が押収した偽ブランド製品の60％は中国製だった。2009年に中国の温家宝首相が訪欧した際，偽ブランド製品の撲滅に向けた知的財産権分野での協力強化の取り決めが結ばれた。
-    EU関係者は，EU経済が世界同時不況から抜け出すために，中国の経済力に期待しており，中国が内需を拡大することを望むとしている。英国のブラウン首相は2009年2月，温家宝首相との会談後，中国の景気刺激策で可能となる，同国への輸出増加は「世界経済の回復にとって不可欠」と強調した。

◎対中武器禁輸解除は事実上棚上げ

　EUは1989年の天安門事件以来，中国への武器輸出を禁止してきたが，時代後れだとして2004年末の欧州理事会で禁輸解除に原則合意した。このため，解除は2005年前半中にも実現するとみられていた。しかし，欧州製のハイテク兵器の対中輸出に道を開く武器禁輸の解除は，台湾海峡における緊張を激化させるとして米国が強く反対していることに加えて，中国における人権状況に改善がみられないことに対してEU内部で根強い不満がある。

　2006年の対中関係の新政策文書では，中国とEUは，禁輸解除へ向けた環境を整備するため，中国における人権状況の改善，中台関係の改善，中国の軍事支出の透明性向上で進展を図る必要を指摘している。

　2008年のチベット暴動で，中国が武力弾圧を行ったことに対し，英国やフランスなどのEU加盟国では批判が強まり，北京五輪聖火リレーは，パリやロンドンなど各地で人権団体の抗議に遭った。中国政府はEU各国におけるチベット問題をめぐる動きに神経を尖らせるようになり，温家宝首相は，2009年の訪欧の際，前年12月にサルコジ大統領がチベット仏教最高指導者ダライ・ラマ14世と会談したフランスは素通りした。

◎中国側もEUを重要視

　中国側もEUを「中国にとって非常に重要なアクター」（中国・復旦大学のEU研究者）として重視している。同研究者は，「人権」「民主主義」「市場主義経済」などの価値・概念は欧州で生まれたものであり，中国にとって「EUはインスピレーションの源泉であり続けている」と指摘，その上で，「人権状況は良好とはいえず，改善には遠い道のりがある」と述べながらも，「今後，百年を要するわけではない」と中国政府の苦しい立場を代弁してみせた。

　欧州委員で通商担当委員を務めた，英国人のピーター・マンデルソン氏は，「中国は，新たな責任を受け入れるだけでなく，強いリーダーシップを発揮する立場にある」と述べ，中国を米国，EUとともにグローバル・ガバナンスにおける「三極」を構成する国とみなし，依然として「開発途上国」であるとの意識を払拭するよう求めている。

　2006年の対中政策文書は末尾で，「より緊密で強力な戦略的パートナーシップはEU，中国双方の利益にかなう。しかし，これには双方が協力して，中国側がより大きな責任を果たし，開放性を高める必要がある」としている。

34 対ロシア関係

(村上直久)

　EU／ECにとって，1991年末のソ連崩壊後，ロシアは軍事的脅威の対象から経済面や民主主義への移行などでの支援対象に，さらにパートナー関係に大きく変化した。

　ソ連が崩壊し，ロシアなど12カ国で構成する独立国家共同体（CIS）が発足した後，これら12カ国の民主化と市場経済移行を支援するためCIS諸国技術支援計画（TACIS）が始まった。TACISは環境，エネルギー，農業，原子力安全，行政改革，司法改革，組織犯罪およびテロとの戦い，移民問題，教育などでの取り組みを後押しする内容となっている。

　EUとロシアの第1回首脳会議は，エリツィン大統領と最高会議の対立で起きた武力衝突，いわゆる「モスクワ騒擾事件」の翌月の1993年11月，EU側から当時のドロール欧州委員会委員長と議長国ベルギーのデハーネ首相がベルギー空軍輸送機で氷点下のモスクワに飛び開催された。ドロール委員長が，帰途，筆者（村上）を含む同行記者団に対し，「ロシアは『欧州への回帰』を強く希望している」と述べたことが印象に残っている。これ以降，ほぼ1年に2回のペースで首脳会議が開かれてきた。

◎**協力と摩擦**

　ECはソ連が崩壊する2年前の1989年12月に貿易・経済協力協定を結んでいた。1994年にはEUはロシアとの間で「パートナーシップ協力協定（PCA）」を締結した（発効は1997年）。PCAは前文で，法の支配や人権尊重の重要性，環境保護での緊密な協力，宇宙開発での協力，情報のフローの改善などをうたっている。第1条では目的を①政治対話，②貿易・投資関係の促進，③ロシアの民主化と市場経済移行への完遂支援，④経済，社会，金融，文化の各側面での協力，⑤自由貿易圏創設のための条件整備，などと規定している。

　2003年にサンクトペテルブルクで開かれた首脳会議では，協力強化のために，PCAの枠内で，経済と地球環境，自由・安全・司法，対外安全保障，文化的側面を含む研究と教育，の4つの特定政策領域（「共通空間」）を創設することで合意した。

欧州委員会によれば，2008年時点で，EU-ロシア間の協力で重視されているのは，気候変動問題，麻薬と人身売買および組織犯罪への対応，アフガニスタンなどにおけるテロとの戦い，大量破壊兵器の非拡散，中東和平プロセス，イランの核兵器開発問題である。
　一方，2008年から2009年にかけて，EUとロシアの間では，グルジア紛争とウクライナ経由でのロシア産天然ガスの対欧供給の中断（キーワード「エネルギー」参照）で摩擦が生じた。
　2008年8月に発生したグルジア紛争では，EUはロシアの軍事行動を非難するとともに，当時のEU議長国フランスのサルコジ大統領が仲介に乗り出し，和平合意を成立させ，ロシア軍の撤退につながった。しかし，グルジアが米国の後ろ盾を得て，北大西洋条約機構（NATO）への加盟を希望していることに対し，ロシアが神経を尖らせているという事情もあり，グルジア情勢の先行きは不透明だ。
　2008年11月にニースで行われたEU・ロシア首脳会議では，グルジア紛争に関連して，EU側は，南オセチア州（グルジア北部にある自治州）とアブハジア自治共和国（グルジア北西部に位置し，ロシアと国境を接する自治共和国）をめぐる問題の解決を促した。2008年8月の紛争は，グルジアが，独立状態にあった南オセチア自治州の統治回復を狙って軍を侵攻させたことに対し，ロシアが南オセチアを支援して軍事介入を行ったことで発生したという

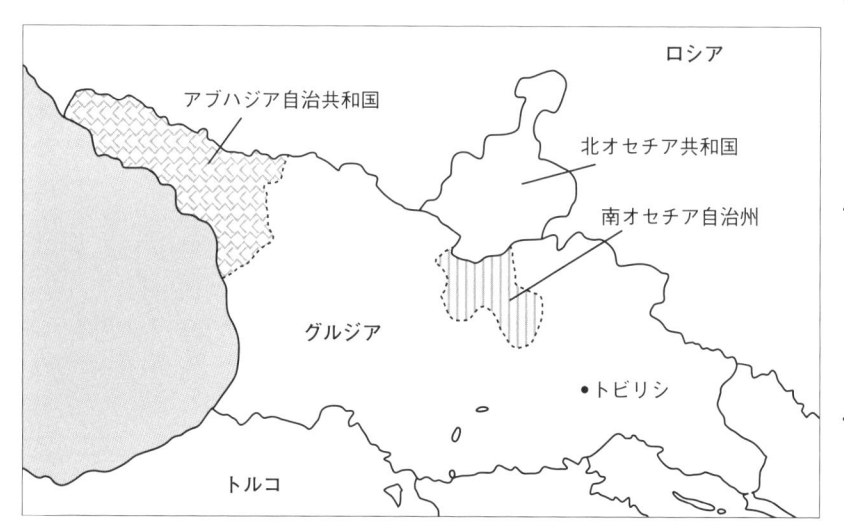

●図3　グルジア情勢

経緯がある。ニース首脳会議で，ロシア側はEUの仲介に謝意を表した。

◎エネルギーの「安全保障問題化」
　PCAは2007年に期限切れとなり，その後，新協定が締結されない限り，1年ごとに自動更新されることになっている。こうした中で，リトアニアなどのバルト諸国やポーランドが対ロ強硬姿勢を示したことでEUとロシアの関係が冷却化，さらに，2008年8月にはグルジア紛争が発生し，新協定の締結に向けた交渉に入れない状況が続いていた。
　バローゾ委員長をはじめとする欧州委員会首脳とロシアのメドベージェフ大統領やプーチン首相が2009年2月にモスクワで行った首脳会議で，PCAに代わる新協定締結に向け，双方が作業を急ぐことを確認した。
　モスクワ首脳会議ではまた，ロシア産天然ガスの対欧供給の中断に関連して，EU側は1991年の欧州エネルギー憲章の原則を新協定のエネルギー関連条文に反映させる必要性があるとし，エネルギー供給が政治的なあつれきに左右されないようにする重要性を強調した。
　エネルギーをめぐるEUとロシアの関係は，2008年春までのプーチン政権第2期の間に「政治化」された。この背景には，世界のエネルギー需要の拡大，欧州天然ガス市場の自由化，ロシアなどにおけるエネルギー分野の「再国有化」が挙げられよう。ロシアにとってエネルギーは「パワーを発揮する」手段となり，一方，EUはエネルギーは市場原理に委ねられるべきだと主張しており，このため，両者間のエネルギーをめぐる関係は徐々に「安全保障問題化」してきた。これは脅威とリスクを伴う言説を伴っている。プーチン政権の第1期では「協力の要因」であったエネルギー関係が，次第に「緊張の要因」となってきた。

◎協力と対立の間で
　エネルギー分野での結び付きに加えて，ロシアにとってEUは最大の貿易相手であり，一方，EUにとってロシアは3番目に大きな輸出市場だ。しかし，EUはグルジア紛争などにみられるようなロシアの「大国主義的」行動に強く反発している。こうした中で，EUはロシアと「戦略的パートナーシップ」を築こうとしているが，今後，関係は紆余曲折をたどることは必至とみられる。

35 対中東関係

(村上直久)

　EUにとって中東（および北アフリカ）は地理的に隣接しているのみならず、歴史的にも関係が深い。EU加盟国の中で、英国、フランス、イタリア、スペインがこの地域に植民地を有していた。EUはこの地域の安定を重要視している。中東紛争と呼ばれるイスラエル・パレスチナの対立やイラク戦争などに加えて、欧州への不法移民の出身地、テロ攻撃の拠点ともなっていることからこの地域の動向に強い関心を示している。

　中東は一般的には欧州からみた地理的概念だ。英語のMiddle Eastは広義にリビアからアフガニスタンに及ぶ地域の総称とされる（『ランダムハウス英和大辞典』第2版　小学館）。しかし、中東は地理的概念よりむしろ文化圏に近いとする見方もある。

　欧州委員会はホームページで、対中東関係ではイスラエル・パレスチナ紛争、地中海連合、湾岸協力会議（GCC）との関係、イランおよびイラクとの関係に焦点を合わせている。

◎中東和平プロセスに積極的に関与

　EUの前身である欧州共同体（EC）がアラブ側と機構間の関係を樹立したのは、第一次石油危機（1973）を受けてのことだった。ECとアラブ連盟の間のフォーラムを立ち上げ、「欧州アラブ対話（Euro-Arab Dialogue = EAD）」が始まった。EADでは経済問題の討議を重視し、イスラエル・パレスチナ紛争について議論することは避けた。しかしEADは、1979年にエジプトがイスラエルとのキャンプデービッド合意に署名したことでアラブ連盟から追放されたため、立ち消えとなった。

　中東和平プロセスが再び活発化したのは、東西冷戦体制の崩壊や湾岸戦争を受けた、1990年代の初頭だった。1993年にオスロ合意が電撃的に発表され、和平実現への期待が一時的に高まった。しかし、1996年のイスラエルにおける右派リクード政権の誕生以来、オスロ合意に沿った情勢の展開はみられなくなった。

　EUはイスラエル、パレスチナ自治政府に対して巨額の経済援助を行い、

貿易関係も緊密だが，政治的には米国と比べると影響力が劣ることは否めない。米国ではイスラエル・ロビーが強いこともあって，パレスチナでは「米国は親イスラエル」との見方が根強い。一方，イスラエルでは「欧州は親パレスチナ」であるとの見方が根強いようだ。

- こうした中で，EUは米国，ロシア，国連とともに構成する「四者（カルテット）」が策定した和平への道筋を示す「ロードマップ」(2003年)に基づいて，イスラエル，パレスチナが2国家体制の下，平和でかつ安全に共存できるようにするため，中東和平プロセスを促進しようと努力を傾注している。

- EUは特にパレスチナに対し，①国家建設，②和平達成までの移行期における支援，③紛争解決の支援，に関与している。①では，(i) 米国と協力して，近代的かつ民主的な警察部隊の創設，(ii) 衛生，教育，司法などの分野における機構の整備と「良き統治（good governance）」の確立，(iii) 信用保証や職業訓練および貿易円滑化措置の支援を通じたパレスチナ経済の成長支援，などを掲げている。②では，パレスチナ自治政府の財政への持続的な支

- 援や緊急人道援助を挙げている。③では東エルサレムの地位をめぐる問題，難民問題，安全保障措置をめぐる問題での解決を後押しするとしている。

  イスラエルでは2009年2月の総選挙を受けて，組閣工作が長引いたが，右派政党リクードのネタニヤフ党首を首班とする右派主導の政権が同年3月末にようやく発足し

- た。ネタニヤフ政権は，パレスチナ国家を樹立し，イスラエルと共存させるという「2国家共存」に消極的とみられ，08年末から3週間にわたってイスラエル軍が行ったパレスチナ自治区ガザへの攻撃で後退した中東和平のゆくえがさら

- に混沌としてきた。

  また，パレスチナ側では，アッバス自治政府議長の支持基盤であるファタハとイスラム原理主義組織ハマスの分裂状態が長期化している。パレスチナ和平のゆくえは混沌としているが，

- オバマ米新政権が打開策を打ち出すことができるのか目が離せない。EUはパレスチナにとって最大の援助者だ。

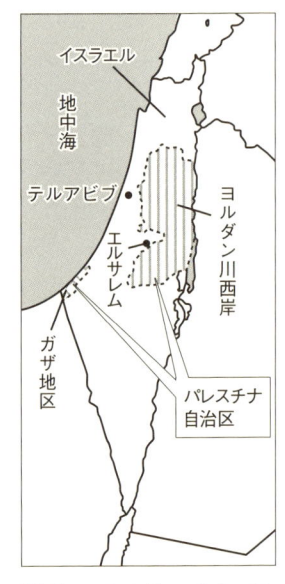

●図4　イスラエルとパレスチナ自治区

◎地中海政策

EUの中東政策において，地中海周辺諸国との関係の改善・緊密化は優先度が高い。地理的に接近していることと「宗主国 – 植民地」時代からの歴史的関係に加えて，天然ガスなどのエネルギーの供給源であり，合法・非合法移民者の出身地でもあるからだ。

初めての本格的政策は，1972年に打ち出した「包括的地中海政策（Global Mediterranean Policy = GMP）」であり，EC加盟国と地中海沿岸のEC非加盟国の間の貿易・援助の強化が主眼だった。

その後，1995年11月にバルセロナで開かれたEU15カ国と地中海沿岸12カ国・地域（モロッコ，アルジェリア，チュニジア，エジプト，マルタ，キプロス，イスラエル，ヨルダン，レバノン，シリア，トルコ，パレスチナ）の外相会議で，バルセロナ宣言を発表。対話や協力などの原則に基づいた関係，「欧州・地中海パートナーシップ（Euro-Mediterranean Partnership = EMP）」を樹立した。これが「バルセロナ・プロセス（Barcelona Process）」の開始を画すことになった。

バルセロナ宣言はパートナーシップの主目的として，平和と安全，繁栄の共有を掲げ，このために，政治対話，経済協力と自由貿易，社会・文化対話の側面で活動していくことになった。

2005年にはバルセロナで首脳会議が開かれ，5カ年の作業計画と「欧州 – 地中海対テロリズム行動規範」で合意した。さらに，活動の第4の柱として，「移民問題，社会法と安全保障」が加えられた。さらに，「欧州近隣政策

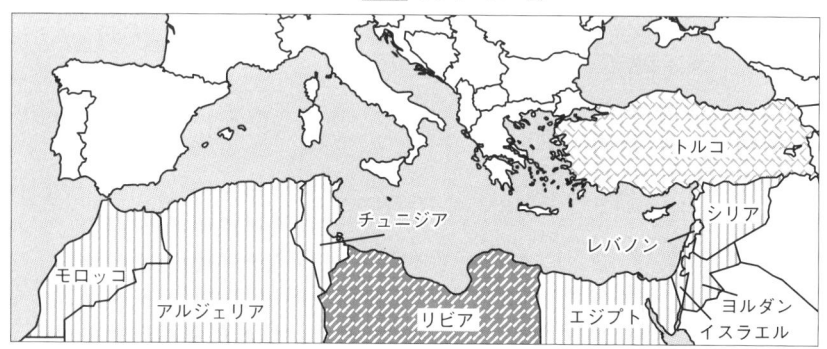

●図5　欧州・地中海パートナーシップ関係国

（European Neighborhood Policy = ENP）」が2国間ベースでバルセロナ・プロセスを強化するために適用されることになった。

　EUはパートナーシップの下で非加盟諸国の民主主義，政治的多元主義，人権状況の強化を後押しすることを目指してきた。政治対話に関して，過去10年間，女性団体やメディア組織など双方のさまざまな政治，経済，社会団体の間で対話が実現している。

　貿易に関しては，2010年までに「欧州－地中海自由貿易地域」の創設を目指している。

　欧州委員会は2008年5月8日に「バルセロナ・プロセス：地中海連合（Barcelona Process: Union for the Mediterranean）」と題する文書を発表。これは当時EU議長国だったフランスのサルコジ大統領が打ち出した「地中海連合」構想と「バルセロナ・プロセス」を合体させたものだ。サルコジ大統領の当初の構想はEU全加盟国を含むものではなく，加盟国のうち南欧諸国のみを対象としていた。

　同文書に基づき，2008年7月13日にパリのエリゼ宮（大統領官邸）で，EU27カ国，北アフリカ・中東16カ国・地域の合計43カ国・地域の首脳会議が開かれた。EU以外の地中海・北アフリカ・中東16カ国は，アルバニア，アルジェリア，ボスニアヘルツェゴビナ，クロアチア，エジプト，イスラエル，ヨルダン，リビア，モロッコ，モーリタニア，モナコ，モンテネグロ，シリア，チュニジア，トルコ，パレスチナ自治区（政府）だった。

　共同宣言が発表され，その中で，①「地中海における平和と安定の領域」の創設，②人材の育成と雇用の創出，③民主主義と人権，基本的自由の原則に基づく共通の未来の構築，などを目指すことを確認。また，「バルセロナ・プロセス：地中海連合」はEUの拡大プロセスからは独立したものであることも確認した。なお参加国の中で，トルコとクロアチアは2009年現在，EU加盟へ向けて交渉中である。

　会議では，「地中海沿岸高速道路」などのインフラ整備や「地中海の汚染除去」，「地中海太陽光発電プロジェクト」などの環境プロジェクト，さらにはスロベニアに「高等教育研究のための欧州－地中海大学」を創設することや「沿地中海企業育成イニシアチブ」などで合意した。

　フランスとエジプトが共同議長を務め，首脳会議は今後2年に1度開かれることになった。外相会議は毎年開くことで合意した。欧州委員会はバルセロナ・プロセスに1995年以来，160億ユーロの資金を投入してきた。

◎イラクとイラン

　2003年3月から4月にかけてのイラク戦争に至る過程で，イラクに大量破壊兵器が存在するとして開戦を主張した米国を支持する英国やスペイン，ポーランドなどに対して，独，仏，ベルギーなどが慎重論を唱え，EU内の亀裂が鮮明となったことは記憶に新しい。その後，EUはイラクの復興を支援する立場をとっているが，影は薄い。イラク駐留米軍の撤退期限が2011年末に設定されている中で，2009年1月末には地方選挙が行われ，政情安定化の兆候がみられたが，2009年末に予定される国会選挙でさらなる安定に結び付くのか関心が集まっている。

　国連安全保障理事会は2006年12月，イランに核開発の停止を求め，初の制裁決議を行ったが，イランは核開発を依然進めている。EUは平和裏にこの問題を解決しようとしているが，進展はほとんどみられない。2009年1月に発足した米国のオバマ新政権はこの問題でイランとの対話を模索しているが，対話が頓挫した場合，国連による制裁強化の要求などが浮上してくるのは避けられない。

　EUは1988年にバーレーン，クウェート，オマーン，カタール，サウジアラビア，アラブ首長国連邦（UAE）で構成する湾岸協力会議（Gulf Cooperation Council = GCC）と協力協定を締結し，毎年，双方の加盟国の合同外相会議を開いている。現在，EUとGCCは自由貿易協定の締結を目指して交渉を続けている。

36 開発支援

(村上直久)

　EU加盟の中では，英国，フランス，イタリア，ベルギー，オランダ，ポルトガル，スペインなどはEU域外に多くの植民地を有していた。そしてこれらの植民地が独立した後も，旧宗主国として政治・経済面で密接な関係を維持し，開発を支援している。EUとその加盟国による世界の開発援助のシェアは優に50％を超えている。人道支援でも過半を占めている。

◎ OCTからヤウンデ協定，そしてロメ協定へ

　EUとその前身であるECとEECが構築してきた開発援助の枠組みは変貌を遂げてきた。1957年に調印されたローマ条約では誕生したばかりのEECを構成する6カ国のうち，フランス，イタリア，ベルギー，オランダの4カ国と「特別の関係」にあった植民地に「海外の国および領土（Overseas Countries and Territories = OCT）」という枠組みを与えた。これは最初の重要な開発支援のための枠組みであり，EUはOCTに金融支援を実施し，単一の自由貿易地域作りを目指した。

　その後，OCT加盟国のうちマリ，スーダン，ソマリア，カメルーン，ルワンダなどが独立したため，新たな協定として1963年7月，アフリカ・カメルーンの首都ヤウンデでアフリカ18カ国との間で第1次ヤウンデ協定が締結され，翌年に発効した（1969年には第2次ヤウンデ協定に調印，同協定は1971年に発効）。しかし，ヤウンデ協定の互恵的な特恵体制では脆弱な経済基盤しか持たない途上国側が不利であるとの批判が高まった。

　こうした中で1975年2月にアフリカ・トーゴの首都ロメでECは途上国44カ国との間で第1次ロメ協定に調印。1973年にECに加盟した英国の旧植民地で構成する英連邦に加盟する20カ国も新規に参加したため，締約国数は倍増した。これらの途上国は「アフリカ，カリブ海，および太平洋諸国（Africa, Caribbean and Pacific Countries = ACP）」と総称されるようになった。

　貿易と政府開発援助（ODA）がロメ協定の主要手段だった。第1次ロメ協定では，貿易での互恵的な特恵体制が廃止され，ACP諸国からの農産物と鉱産物の輸出に対してはECでは関税が免除される一方，ACP諸国はEC諸国

に対し，同様の特恵を与える義務を負わなくなった。非互恵的な特恵体制への移行である。さらに，ACP諸国からECへの輸出に対しては輸出所得安定化制度（STABEX）を導入し，ココアやコーヒー，綿花，パーム，木材など指定された産品から得られる輸出所得が減少した場合，補償融資を実施するようになった。特定の鉱物の輸出に対して同様の所得補償を行うSYSMINや砂糖の価格・買い取り保証制度，工業協力制度も導入された。

以後，ロメ協定は三度更新された。援助額は，第1次協定の35億ECUから第2次協定（1981年発効）では54億ECUに，第3次協定（1986年発効）では89億ECUに，第4次協定（1990年発効）では120億ECUに増加した。第3次協定では通商分野と経済支援の規定が追加された。第4次協定ではACP諸国の債務問題や環境保護，人権問題にも関与した。加盟国も第4次協定では70カ国にまで増えた。ロメ協定の特徴は，EC／EU側のACP諸国に対する寛容さにあり，それは上述の非互恵的な特恵体制だけでなく，加盟国間の平等，主権の尊重，各国の政策意思決定の権利などに表れている。

しかし，25年間続いたロメ体制下でEC／EU側の"援助疲れ"が目立つようになり，東西冷戦体制の崩壊に伴う対外政策における重点が他にシフトしたこと，援助を受けるACP諸国の政治体制の未熟さに伴う腐敗の横行，STABEXへの依存からACP諸国の輸出産品が一次産品にとどまり，産業の高度化に結び付かなかったこともあり，ロメ協定は見直しを迫られるようになった。

米国がロメ協定は世界貿易機関（WTO）の補助金規定に違反しているとしてWTOに提訴したこともEU内の同協定見直しの動きに拍車をかけた。

1993年に発効したマーストリヒト条約で開発協力に関する規定を設けられたことも見直しの機運を高めた。同条約は，「開発協力分野における共同体の政策は，構成国が追求する政策を補完するものである」とし，開発協力政策が（ACP諸国に限定されるのではなく）途上国全般に適用されるとした。

◎コトヌー協定の発効

2000年2月末に失効したロメ協定に代わるものとして，2000年6月にアフリカ・ベナンの主要都市コトヌーでEUとACP79カ国との間で調印されたのがコトヌー協定である。同協定の有効期間は20年で2003年4月に発効した。

コトヌー協定は主要目的をACP諸国の貧困撲滅，持続的な経済発展，世界経済システムへの統合としている。具体的にはWTOルールへの合致を目

指し，非互恵的な特恵貿易体制を原則的に断念し，地域別の経済統合を視野に入れた地域経済連携協定（REPA）の締結を狙っている。ロメ協定の目玉であった STABEX と SYSMIN の一次産品所得補償制度は廃止した。

REPA の下で EU 市場へのアクセスが改善され，ACP 諸国の経済自由化を目指し，競争政策や投資など貿易関連分野での協力が強化され，開発協力と貿易のリンクがより強められることになる。

コトヌー協定ではまた，政治的コンディショナリティー（条件の付与）を徹底し，人権尊重，民主主義，法の支配の原則を順守していないと判断する締約国と協議を行い，それでも事態が改善しない場合は理事会の多数決により，「適切な措置」をとることができるようにした。さらに，平和や安全保障，武器取引など従来は開発協力の分野には含まれていない問題についても政治対話を行い，ACP 諸国に対して「良い統治（グッド・ガバナンス，good governance）」を求め，これに反した場合は開発協力の一部または全部を停止する。良い統治とは，公平で持続可能な発展に向けて「人間，自然，経済および財政の諸資源が透明かつ説明責任を負える形で管理されている」状態を指す。

加えて，開発協力で差別化と地域化を図っている。すなわち，開発水準や必要性，実効性，長期的な開発戦略に沿って異なる開発協力の取り決めを結び，後発開発途上国（LDC）や内陸開発途上国，島嶼開発途上国に対しては特別な措置を講じる。

コトヌー協定は換言すれば，貿易・開発と貧困撲滅や良い統治など倫理的，民主的，政治的な次元とのバランスを図っている。

ただ，コトヌー協定体制に対しては，①あまりにも細分化され，複雑である，②欧州委員会での担当スタッフの不足，③援助実施の遅れ，④プロジェクトの監視や財政コントロールが不十分なこと，⑤EU の援助プログラムと EU 加盟各国の援助プログラムの調整が足りないこと，などが批判されている。

それでも，全世界の半数近くの国と約10億人の人々を対象とする EU の開発援助は重要な意義を有しているのは否定できないだろう。

37 拡大

(村上直久)

　欧州統合の二本柱は「深化（deepening）」と「拡大（enlargement）」であることはよく知られている。深化に関する主要な成果は、単一市場の完成と欧州経済通貨統合（EMU）であり、6次にわたる（2007年1月1日のブルガリア、ルーマニアの加盟は第6次ではなく、第5次拡大IIと分類するやり方もある）拡大についてはハイライトは、第5次（2004年5月1日）の旧ソ連圏諸国のEU加盟により、欧州における「東西の分断」が最終的に消滅したことである。本稿執筆時点（2009年6月）では、EUはトルコおよびクロアチアと加盟交渉を進めている。このほかに欧州南東部バルカン半島や旧ソ連圏諸国の中では、EU加盟希望国が多数存在する。

◎ 6カ国から27カ国へ

　1967年のEC（6カ国で構成）発足以来、73年に英国、アイルランド、デンマーク（第1次拡大）、81年にギリシャ（第2次拡大）、86年にスペイン、ポルトガルが加盟し（第3次拡大）、ECは偶然にも6、7年の間隔で拡大してきた。93年11月の欧州連合条約（マーストリヒト条約）の発足でECはEUに衣替えしたが、1995年初めに実現したオーストリア、フィンランド、スウェーデンの3カ国のEU加盟（第4次）はこのリズムにほぼ沿っている。

　また第4次拡大までは、関税貿易一般協定（GATT）の貿易自由化交渉と重なる傾向があった。英国、デンマーク、アイルランドが加盟した73年にはGATTの東京ラウンドが始まり（79年に終了）、スペインとポルトガルが加わった86年はウルグアイ・ラウンドの開始年だ。オーストリア、フィンランド、スウェーデンの3カ国が加わった95年は貿易自由化交渉開始の年ではないが、GATTを継承した世界貿易機関（WTO）が発足した年である。強引に解釈すれば、統合の進展で力をつける欧州を内向きにさせないため、米国など域外国が世界貿易の自由化交渉を進めるという図式かもしれない。

　第4次拡大で1人当たりの国民所得がEU平均を上回るオーストリア、フィンランド、スウェーデンの裕福な3カ国が加盟し、EUは財政面で恩恵を受けるようになった。加えて、環境保護、社会福祉、女性の社会進出などで3カ国

は「先進国」であり、EU に好影響をもたらすとともに、EU 内部における政策決定過程をめぐる民主的手続きの徹底や透明性の確保などに関しても貢献している。また、EU の重心がやや北に移り、EU は地理的にもバランスが取れたものとなった。

旧ソ連圏諸国、特に東欧諸国の加盟問題が正式に議論され始めたのは1993年6月のコペンハーゲン欧州理事会だった。同会議では、EC と「欧州（準加盟）協定」を結んでいる東欧諸国について、①政治基準（民主主義、法の支配、人権・少数民族の尊重）、②経済基準（市場経済化）、③EU 法の総体 (acquis communautaire、アキ・コミュノテール、約8万ページに及ぶとされる) の受け入れなどの条件（コペンハーゲン基準）を満たせば加盟を認めるとの表現で、ポーランド、ハンガリー、チェコ、スロバキア、ブルガリア、ルーマニアの6カ国を加盟候補国として事実上認知した。ポーランドとハンガリーは94年春に、ルーマニアとスロバキアは95年6月に、ブルガリアは同年12月にそれぞれ加盟申請した。95年中にバルト3国も申請した。チェコは96年1月に申請した。その後、スロベニア、マルタ、キプロスも加盟申請した。

東欧諸国やバルト3国の国民は、EU への加盟を熱烈に希望したが、それは加盟によって欧州に加わるのではなく、「欧州に回帰する」のだと言う人が多い。これは第2次世界大戦以前もしくは大戦後の数十年間、旧ソ連の勢力範囲に強制的に組み込まれ、民主主義、市場経済、キリスト教などによって特徴付けられる「欧州」から無理やり引き離されていたことを念頭に置いたものとみられている。

EU は2004年5月1日に、東欧および地中海地域の10カ国を加え、25カ国体制となった。第5次拡大である。対象10カ国（EU10）のうちマルタとキプロスを除く8カ国（ポーランド、チェコ、ハンガリー、スロバキア、スロベニア、エストニア、ラトビア、リトアニア）は旧共産圏・社会主義圏に属していた。そのうち大半は第2次大戦以来、1990年代初めまで数十年間にわたって共産主義ソ連の圧制に苦しんできた。第5次拡大による4億5000万人の拡大欧州の誕生は紛争と分断の歴史を克服し、自由と繁栄のビジョンを与え、東西欧州が再び一体化されたことを意味した。

しかし、第5次拡大前の EU15カ国（EU15）の1人当たり GDP を100とすると、ポーランドは42、ラトビアは33に過ぎなかった。過去にアイルランドやギリシャの加盟時にも経済格差はあったが、第5次拡大ではそれ以上の開きがあった。

拡大に備えてEUは2000年12月、ニース条約をまとめ、これが拡大欧州に適用されることになった。

EUの東方・地中海拡大のメリットをみると、新規に加盟したポーランドなどEU10にとっては、EU15が形成する大市場へのアクセスが大幅に容易になった。EU10は単一市場にしっかりと組み込まれたからだ。

新規加盟国はまた、EU予算から巨額の農業補助金と地域開発資金を配分されるようになった。2005年だけで約110億ユーロに達した。

一方、EU15の多国籍企業にとってはEU10への生産拠点の移転が一層容易になった。EU10の平均賃金はEU15の5分の1とも6分の1とも言われる。さらに、拡大によりEU15への輸入規制や税関手続きは原則的に撤廃され、競争条件はEU15とEU10の企業の間で平準化に向かった。

しかし、新規加盟東欧諸国の受け入れ態勢にも問題がないわけではなかった。インフラの未整備と腐敗の横行だ。

人の移動に関しては、EU15はEU10からの労働移動を最長7年間制限できることになった。

ブルガリアとルーマニアについては、両国における汚職など腐敗の取り締まりや司法の独立の保証などをめぐる法整備が遅れていたことから、EUへの加盟が実現したのは2007年1月となった（第6次加盟）。これにより、EUは27カ国体制になった。ニース条約は加盟国を最大27カ国しか想定していないことから、さらなる拡大にはリスボン条約の発効が必要となる。

◎トルコとの加盟交渉は長丁場に

EUは2005年10月4日未明にルクセンブルクで初回のトルコ加盟交渉を行った。EUは04年12月の欧州理事会でその18年前に加盟申請を行ったトルコとの交渉を10月3日に始めることを決めていたが、その後フランスとオランダのEU憲法条約の否決やロンドンでの同時爆弾テロなどを受けて、イスラム教大国であるトルコへの警戒感が強まり、EU側の調整が土壇場まで難航、予定通りの開始が危ぶまれていた。加盟交渉は曲がりなりにも始まったものの、妥結しても、トルコ加盟は多額の予算措置を伴うため、2007-2013年をカバーする中期予算実施期間中は加盟を認めないことが決まっており、加盟は最速でも2015年となる。EU内部では交渉は10-15年の長丁場になるとの観測も出ている。

加盟が実現すれば、トルコは欧州と中東・中央アジアを結ぶ架け橋となる

ことが期待され，中東・中央アジアの民主化の促進要因となるとみられる。しかし，域内市民の間ではトルコ加盟に向けた熱気は感じられないようだ。EUが加盟交渉開始直前の2005年夏に行った世論調査によると，半数以上がトルコ加盟に反対。反対派の割合はオーストリアが80％，独仏がそれぞれ70％以上と，こうした傾向は西欧のEU15の間で強いことが判明した。この背景には，トルコはイスラム教徒が99.8％を占めるという「異教徒の国」であることに加え，国民の生活水準はEU平均の約3分の1と貧富の格差が大きく，人口も約7000万人とドイツに匹敵するため，労働力の移動が本格化すれば，域内市民の職が脅かされるとの懸念があるようだ。

EUはトルコが加わることによって，経済面では若年労働者と膨大な消費市場を確保でき，安全保障面では，中東の民主化・安定に向けて同国の力を借りることが出来る。さらに，トルコの加盟はEUが「キリスト教国クラブ」ではないことを示すことになり，異なった宗教間の融和，ひいてはイスラム教原理主義派によるテロの減少にもつながると期待されている。

一方，トルコにとって加盟交渉は始まったもののEU加盟に向けたハードルは依然として高い。トルコは「人の移動」や「司法」など35分野でアキ・コミュノテールを受け入れるために，国内法を書き換えなければならない。しかし，EU加盟というゴールが見えてきたことで，この目標を外からの圧力として利用し，トルコは国内の政治，経済，社会改革を一層推進するとみられる。

いずれにしても，EUにとってトルコ加盟に道を開くことは，EUが「開かれた地域統合体」であることを証明することになり，米国などの域外パワーからも歓迎されている。

◎近隣政策を活性化へ

バルカン半島に目を転じると，ユーゴスラビア連邦が分裂して誕生した国の中では，スロベニアは既にEUに加盟しており，そのほかにクロアチアが本稿執筆時点で，EU加盟交渉を行っている。クロアチアは2009年末までに加盟交渉を終え，2011年もしくは2012年までに加盟したい意向だ。しかし，欧州委員会やEU加盟国の多くはクロアチアが腐敗・組織犯罪対策で成果を示すまで，同国を加盟させることには難色を示している。

バルカン半島諸国では，マケドニアは2005年12月の欧州理事会で加盟候補国として認められたが，加盟交渉開始時期は明示されなかった。このほか

に，セルビア，モンテネグロ，ボスニア・ヘルツェゴビナ，アルバニアが欧州委員会によって「潜在的な加盟候補国」とみなされている。

旧ソ連圏のウクライナやグルジアはEU加盟を希望しているが，欧州委員会は加盟を前提としない「欧州近隣政策（European Neighborhood Policy＝ENP）」の対象としている。

EUはENPを2004年に開始したが，ブルガリアとルーマニアに続く加盟国は当分登場する見込みがなく，EUの拡大路線が行き詰まっている中で，EUに加盟できる見込みが少なくとも短中期的にはない近隣諸国との関係強化をENPを通じて模索している。

EUは，ベラルーシからウクライナ，モルドバ，西バルカン諸国，カフカス諸国，中東諸国を抜けて北アフリカに通じる一帯を「不安定の弧」とみなしており，放置すれば，政治的な不安定，宗教的な過激主義，人種間の闘争，組織犯罪，不法移民の温床になると懸念，EUの安全保障にとって無視することは出来ないとみている。そのため，これらの国を「良い統治」と経済的繁栄に導くことが急務だとしている。

ENPは，EU加盟の見通しを示すことまではいかないものの，貿易促進や援助の拡大，政治的な接触，EUの様々なプログラムへの参加を約束することによって，各国の改革を促すという「アクション・プラン」について交渉することが主要な柱だ。

アクション・プランについては，EUは既にアルメニア，アゼルバイジャン，グルジア，イスラエル，ヨルダン，モロッコ，モルドバ，パレスチナ自治政府，チュニジア，ウクライナと合意に達している。

こうした計画に基づいた実績も派手ではないが着実に上がっている。ウクライナは法制度改革を進め，その見返りに同国民のEU域内入国時のビザが簡素化されることになった。モロッコとモルドバは国境管理を改善し，ヨルダンやモロッコ，チュニジアはガバナンスや民主主義，人権について討議するフォーラムを立ち上げた。

ただ，ENPは，拡大プロセスが東欧の大半の改革を促したような効果はもたらしていないようだ。

◎トルコ，バルカン諸国の加盟は見通し立たず

EUの歴史をひもとくと，景気後退局面では，拡大推進の熱意は薄れる傾向があった。本稿執筆時点で，バルカン諸国とトルコのEU加盟については

現加盟国の間でさまざまな理由から反対の声が上がっており，見通しは立っていない。

EU最大の経済力を誇るドイツで連立政権の一角を占めるキリスト教民主同盟（CDU）は2009年6月の欧州議会選挙に向けて打ち出したマニフェストの中で，「近年のEU拡大には格別の努力を要したので，CDUはEUのアイデンティティーと機構を強化することを拡大に優先するために，地固めの時期が必要である」と指摘している。

ただ，CDUはクロアチアを例外扱いし，加盟に賛成している。そのクロアチアの隣国スロベニア（EU既加盟国）は海上の境界線紛争でクロアチアから妥協を引き出そうと強硬姿勢をとっており，08年12月からクロアチアの加盟交渉は膠着状態となっている。

同じく旧ユーゴスラビアに属していたマケドニアは05年に加盟候補国となったが，ギリシャは「マケドニア」の国名がギリシャ北部マケドニア州に対する領土的野心を示すものだとして，マケドニアのEU加盟交渉開始を実質的に阻止している。

トルコとの加盟交渉は05年10月に始まったが，ギリシャ系が多数のキプロス共和国が交渉進展を妨げている。同共和国は3万人のトルコ軍が駐留する北キプロス・トルコ共和国との再統合問題を抱えているため，トルコに対して強硬姿勢を貫いており，トルコのEU加盟に反対している。さらに，キプロス共和国は，フランスのサルコジ大統領とドイツのメルケル首相がトルコのEUへの正式加盟に反対していることも意識しているようだ。

旧ユーゴのボスニア・ヘルツェゴビナもEU加盟を希望しているが，構成民族の政治指導者間の対立が阻害要因となっている。さらに，セルビアについては，1990年代に戦争犯罪を犯したとされている，ボスニアのセルビア系軍人，ムラジッチ将軍（逃亡中）の旧ユーゴ戦争犯罪国際法廷（ハーグ）への引き渡しに協力するようオランダが要求しているが，同将軍が依然，逃走中であることから，オランダはセルビアのEUへの道を事実上，閉ざしている。

バルカン諸国やトルコは政治的，経済的基盤は脆弱であるものの，戦略的には欧州の安定にとって重要であり，EUが「拒否」した場合，EUが払う代価は大きなものとなるとの見方が根強い。

第3章

金融・財政・経済・産業

3.1 金融・財政
（梅本逸郎・村上直久）
3.2 経済（村上直久）
3.3 産業（村上直久）

38 欧州通貨統合前史

(村上直久)

　域内を旅行するビジネスマンや観光客は長い間，国を移動するたびにマルクやフラン，リラなど異なる通貨に両替しなければならない不便を甘受してきた。そうした不便を解消するとともに両替手数料などの無駄なコストをなくすためにEUは欧州経済通貨統合（EMU，正式には経済通貨同盟）による欧州単一通貨を導入した。

◎ウェルナー報告からEMS，ドロール報告まで

　1957年に調印されたローマ条約の起草者たちは，通貨の安定は続くものと楽観視し，さまざまな障壁を除去しながら，人，物，資本，サービスの自由移動を可能とする共同市場の構築を目指していけば欧州は統合できると想定していた。しかし，1968-69年までに各国通貨間の為替レートが不安定化するという新たな時代が到来し，当時の欧州共同体（EC, EUの前身）の共通農業政策（CAP）の域内単一価格システムを揺るがす事態となった。

　こうした状況を背景に，1969年12月，当時のルクセンブルク首相ピエール・ウェルナーを委員長として，EMU設立を正式目標とした特別検討委員会が設立された。ウェルナー委員会は1970年10月から1980年までの10年間に3段階でEMUを完成させる道筋を盛り込んだ「ウェルナー報告」をまとめた。第1段階では加盟国通貨の為替相場の許容変動幅を次第に縮小し，第2段階では欧州通貨協力基金（EMF）を発足させ，相場安定を支援，第3段階では為替レートを不可逆的に固定し，資本市場を統合，地域中央銀行を設立して，EMUを完成させる道筋になっていた。

　しかし，タイミング悪く，泥沼化したベトナム戦争の戦費調達に苦慮する米国が1971年8月にドルの金兌換を停止して実質的に変動相場制に移行したことから為替市場が不安定化した。EC各国は1971年12月のスミソニアン合意を受け，自国通貨の対ドル変動上下2.25％のトンネル（ワイダー・バンド）の中で，EC通貨同士を上下1.125％変動（蛇行）させることになり，「トンネルの中の蛇（スネーク）」とあだ名が付いた。その後，スミソニアン体制の崩壊に伴う対ドル自由変動相場制への移行でトンネルはなくなったが，域

内相場の変動幅は曲りなりにも維持された。

こうした状況下でも安定した通貨圏を創出しようとする意欲は失われなかった。1979年には当時のシュミット西独首相とフランスのジスカールデスタン大統領の提唱により,「スネーク」を発展させる形で,加盟各国間の通貨安定を図るため「欧州通貨制度（EMS）」が発足した。EMSは①為替相場を一定の変動幅の範囲内に抑える為替相場（レート）メカニズムと市場介入メカニズムの導入,②介入資金の支援を行う各種信用メカニズムの導入,③通貨変動で中心相場の設定基準となるECU（欧州通貨単位）の創出,の3本柱で構成されていた。同年3月には全加盟国が参加するEMSが発足した。

EMSはその後,何度か試練に直面したものの,ほぼ順調に推移した。1979-85年の為替レートの変動は1975-79年の半分に縮小し,1986-89年にはさらにその半分に縮小した。

こうした中でEU首脳の間で,通貨統合へ向けた意思は持続していた。1988年6月にハノーバーで開かれた欧州理事会は,当時のジャック・ドロールEC委員会委員長をトップとする「経済通貨同盟検討委員会」を発足させた。同委員会には加盟各国の中央銀行総裁や通貨問題専門家も加わった。同委は1989年4月に全会一致で,資本移動の自由化,経済収斂の促進,そして単一通貨の導入という3段階を経て,通貨同盟を実現すべきだという「ドロール報告」を提出した。同報告書は2カ月後のマドリード欧州理事会で承認された。

◎マーストリヒト条約

1989年は欧州にとって戦後最大の「大転換」の年だった。9月から12月にかけて東欧諸国の社会主義政権が次々に崩壊,クライマックスは11月9日のベルリンの壁の崩壊だった。同年12月にストラスブールで開かれた欧州理事会では,東西冷戦構造の崩壊を受けて,EUの結束を図り,政治統合と経済通貨統合を加速化させることで合意した。

1991年には統合深化の道筋を描いた新たな基本条約作りを討議する政府間会合（IGC）が開かれ,同年末,オランダのマーストリヒトで開催された欧州理事会で「マーストリヒト条約」についての合意が成立,同条約は翌年2月に調印された。

マーストリヒト条約にはEMUへの3段階アプローチが規定された。これはおおむねドロール報告のシナリオに沿ったものだった。

第1段階——資本移動に関するあらゆる規制を撤廃し,加盟国は経済のコ

ンバージェンス（収斂，均質化）に向けて努力する。1993年11月の条約発効までに大半の加盟国は資本移動を自由化した。

　第2段階——1994年1月1日，欧州中央銀行（ECB）の前身である欧州通貨機関（EMI）が設立され，多くの準備作業が開始された。

- 第3段階——単一通貨の導入と単一金融政策の採用（ECBの設立）を規定。早ければ1997年実施となっていた。1996年12月までに基準を満たす国がEU全体の過半数に達していれば，それらの国だけでユーロ導入を先行スタートさせる道が開けていた。先行スタートが不可能な場合は，1999年1月に基準達成国だけで第3段階に移行することを規定している。
- 安定したEMUを実現するために，EMUに参加するための経済コンバージェンス条件が設定された。すなわち，①過去1年間，消費者物価上昇率が最も低い3カ国の平均値プラス1.5％以内であること，②為替相場は，少なくとも2年間，為替相場メカニズム（Exchange Rate Mechanism = ERM）の許容変動幅内にあって，切り下げがないこと，③金利については過去1年間，イン
- フレ率が最も低い3カ国の長期金利の平均値プラス2％以内であること，④財政赤字は国内総生産（GDP）の3％以内であり，公的累積債務はGDPの60％以内であることだった。コンバージェンス基準には成長率や失業率など実体経済面での指標は含まれていないのが特徴だ。

　しかし，1992年の春になってEMU設立の道への歯車が狂ってしまった。
- デンマークが国民投票でマーストリヒト条約の批准を否決したからである。この後，同年9月のフランスにおけるマ条約国民投票を控えて，同条約が再び否決されるのではないかとの不安が広がり，欧州金融市場は動揺した。1992年9月からほぼ1年間続いた欧州通貨危機の背景にはまた，単一通貨の導入に市場が懸念を表明したことや，ドイツが東西統一に当たって多額の財政赤字
- を抱え，それによりドイツでのインフレ高進懸念が生じたことも挙げられる。特に，後者に関連しては，ドイツ連邦銀行がインフレ懸念を抑制するため，金利を引き上げたが，それがマルク買いを誘い，英ポンド，リラ，スペイン・ペセタなどの売り圧力を強めた。また，一部EU諸国の首脳や経済界の間では，ドルに匹敵する影響力を持つ欧州単一通貨の実現阻止を狙った英
- 米金融機関が通貨危機を仕掛けたのではないかとの陰謀説も根強かった。

　1993年8月に通貨危機はようやく収束し，EMUは安定を取り戻したが，これはEU各国が為替相場メカニズム（ERM）における為替レート変動幅を上下15％にまで拡大したことによって，投機が抑制されたことによる。

マーストリヒト条約は1993年11月に発効したが，通貨統合へ向けた歩みはその後，失速しかけていた。1994年春にかけて，EU内では欧州統合の焦点がオーストリアおよびフィンランド，スウェーデン，ノルウェーの北欧3カ国の加盟交渉に移っていたことや，ドロール欧州委員長の任期最後の年となり，それまで欧州統合全般の推進役を果たしてきた同委員長のカリスマ性が任期切れを控えて薄れ，事実上，レームダック化してきたという事情もある。

こうした状況を打開するため，1995年12月にマドリードで開かれた欧州理事会では，単一通貨の名称や導入のシナリオが焦点となった。理事会は単一通貨の名称として「ユーロ」を採択するとともに，通貨統合最終段階への移行のシナリオとしてABCの3段階方式を打ち出した。A段階では，EU首脳会議が，どの加盟国がいつ単一通貨を全面的に導入するかを決め，ECBと各国中銀で構成する欧州中央銀行システム（ESCB）を設立する。B段階では，通貨統合最終段階に参加する通貨と単一通貨の交換レートを確定する。C段階では単一通貨のみを域内での法定通貨とするとともに，単一通貨の紙幣と

	財政収支 （GDP比, %）	公的累積債務 （GDP比, %）	インフレ率 （年率，%）	長期金利 （%）
	1997年	1997年	1997年	1997年
基準	−3.0	60.0	2.7	7.8
ドイツ	−2.7	61.3	1.4	5.6
オーストリア	−2.5	66.1	1.1	5.6
ベルギー	−2.1	122.2	1.4	5.7
スペイン	−2.6	68.8	1.8	6.3
フィンランド	−0.9	55.8	1.3	5.9
フランス	−3.0	58.0	1.2	5.5
アイルランド	0.9	66.3	1.2	6.2
イタリア	−2.7	121.6	1.8	6.7
ルクセンブルク	1.7	6.7	1.4	5.6
オランダ	−1.4	72.1	1.8	5.5
ポルトガル	−2.5	62.0	1.8	6.2

●表1　通貨統合参加11カ国とマーストリヒト条約基準達成状況（1997年）
注：マイナスは赤字。
出典：欧州委員会，『ユーロの挑戦』村上直久，日本経済評論社，1998

硬貨を発行し、一般に流通させるというものだ。

この間、通貨統合最終段階への移行に向けて、加盟国の経済政策を監視する欧州委員会の役割が強化され、1998年3月には、11カ国(ベルギー、ドイツ、スペイン、フランス、アイルランド、イタリア、ルクセンブルク、オランダ、オーストリア、ポルトガル、フィンランド)がコンバージェンス条件を満たし、ユーロ圏参加資格があるとの結論を下したコンバージェンス状況報告を発表した。

EUは1998年5月2-3日にブリュッセルで開いた首脳理事会で、上記11カ国がEMU参加の必要条件を満たし、1999年1月1日にユーロを導入できるとの決定を下した。1998年6月にはECBが発足し、オランダ人のウィム・ドイセンベルク氏が初代総裁に就任した。

○政治統合をともない、依然存続中	
イングランドとスコットランド間の英国通貨同盟	1907年以来
イタリア通貨同盟	1861年以来
米連邦準備制度理事会 (FRB)	1913年以来
東西両独統合	1990年以来
○政治統合をともなわず、依然存続中	
ベルギー・ルクセンブルク通貨同盟	1923年以来
西アフリカCFAフラン圏	1948年以来
○政治システムの崩壊で失敗	
ドイツ通貨同盟	1857年〜第一次大戦
旧ソ連のシステム	1917〜93年
○一時的な通貨同盟	
ラテン通貨同盟	1865年〜第一次大戦*
スカンジナビア通貨同盟	1873〜1920年
○他の通貨連動 (ペッグ制)	
金本位制	1870〜1931年/36年
ERM	1979年以来

●表2　その他のおもな通貨統合
　注：1878年にリンクは銀から金に変換
　出典：『ユーロの挑戦』村上直久、日本経済評論社、1998

39 進化するユーロ

(梅本逸郎)

◎ユーロの発足

　ユーロは1999年1月1日に，EU加盟国のうち，オーストリア，ベルギー，フィンランド，フランス，ドイツ，アイルランド，イタリア，ルクセンブルク，オランダ，ポルトガル，スペインの11カ国で，欧州統一通貨として導入された。それまでEU各国通貨の為替相場を一定幅に抑えるために導入されていた欧州為替相場メカニズム（European Exchange Rate Mechanism = ERM）の中心レートで各国通貨の交換率を固定し，その上で各国通貨にユーロとの交換率が決められた。1ユーロに対する旧来の各国通貨との交換率はドイツ・マルクが1.95583，フランス・フランが6.55957，イタリア・リラが1936.27，スペイン・ペセタが166.386などであった。

　ただし，この時点では，当時の参加各国の紙幣・コインの印刷・鋳造能力では，最低でも2年の準備が必要とされたため，各国通貨はユーロの補助単位として残され，紙幣・コインの現金もそのまま流通を続けた。当時のユーロは，市民生活からみれば，計算上の仮想通貨に過ぎず，預金通帳やレシートに参考として印刷された金額でしか実感できないものだった。

　ユーロの現金は3年後の2002年1月1日に，紙幣150億枚，硬貨500億枚という人類史上空前の現金交換を経て流通を開始した。既存通貨はほとんどの国で数週間以内に姿を消し，ユーロは名実ともに欧州統合を象徴する通貨として，参加国市民の日常生活に溶け込んでいったのである。

　ユーロの紙幣は5ユーロから500ユーロまでの7種類。公募で採用されたデザインは，欧州の建築様式の歴史をたどったもので，表面は「窓」，裏面は「橋」がモチーフとなっている。欧州の「開放性」と「協力」を象徴したものだが，印刷された建造物はすべて架空のもので実在しない。特定の建造物は特定の国を代表してしまう恐れがあり，超国家組織のEUにはふさわしくないとして慎重に避けられた。一方で，1セント（1ユーロ＝100セント）から2ユーロまで8種類の硬貨については，裏面は鋳造する国が自由に図柄をデザインできることになっている。このためスペインの「セルバンテス」，オーストリアの「モーツァルト」などが鋳造されており，こちらは欧州の文化の多

様性が十分に発揮できるデザインとなっている。また硬貨については，自国通貨を持たないバチカン市国，モナコ公国などの小国でも鋳造が認められており，裏面が「ヨハネ・パウロ2世」といったユーロ硬貨も流通している。

ユーロ導入国はその後，2001年1月にギリシャ，2007年1月にスロベニア，2008年1月にキプロス，マルタ，2009年1月にスロバキアが加わって16カ国となった。チェコ，ポーランド，ハンガリーといった旧共産圏の主要国も，2008年の金融危機を受けて早急なユーロ導入の意向を表明しているが，導入までには最低でも2年間，自国通貨の対ユーロ相場を一定幅に保ったり，インフレ率を一定以下に抑える条件が定められており，ルール通りならこれら諸国でのユーロ導入は早くても2011年以降となる見通しだ。

一方，EU加盟国のうち英国，デンマーク，スウェーデンの3カ国は，通貨統合を定めたマーストリヒト条約の交渉，批准時の経緯や，EU加盟の際の合意で，ユーロ導入を自らの判断で留保する権利を認められている。デンマークでは2000年9月に，ユーロ導入の是非を問う国民投票が実施されたが，反対多数で参加は見送られた。ただデンマークは，ユーロ誕生と同時に新欧州為替相場メカニズム（ERM II）に参加し，ユーロと自国通貨クローネとの変動幅を2.25％以内に抑えており，実質的にユーロとの連動を確保している。

一方，これ以外のEU加盟国は，物価上昇率，金利，為替相場や，財政で一定の条件を満たせば，ユーロへの参加が義務付けられている。ERM IIに参加している「ユーロ導入候補国」は，2009年初め時点でエストニア，リトアニア，ラトビアの3カ国となっている。

◎**国際市場でのユーロ**

ユーロは誕生当初から，通貨圏の人口，経済規模が米国に匹敵するものだったことから，米ドルと並ぶ強い通貨となることが期待された。通貨の「強さ」を客観的に測ることは難しいが，為替市場での交換レートにとどまらず，準備通貨，決済通貨，資本調達のための通貨など，利用範囲の幅広さや，使い勝手のよさが重要な指標となる。

ユーロの対米ドル相場は，誕生後初の銀行営業日だった1999年1月4日には1ユーロ＝1.1789ドルをつけた（公式参照レートによる）。その後，ユーロ相場は下落を続け，2000年10月26日には0.8252ドルの安値まで落ち込んだ。この間，同年9月22日には日米欧中央銀行によるユーロ買い協調介入も実施された。ユーロ相場はその後，息の長い反転上昇局面に転じ，2008年7月15日に

は安値から倍近い1.5990ドルまで上昇した。この間，対円では2000年10月26日の1ユーロ＝89.30円を底に，08年7月23日には169.75円まで回復している。

　一方，ユーロは誕生当初から，国際資本市場では，大規模経済圏を背景にした強さを十分に発揮している。国際決済銀行（Bank for International Settlements = BIS）の統計では，ユーロが誕生した1999年に，国際資本市場での債券発行（償還を差し引いた純発行ベース）で，ユーロ建てのシェアは48.1％と，ドル建てのシェア43.3％を上回った。98年には，ドイツ・マルクなどユーロに統合された欧州通貨建ての債券発行シェアは計32.6％にとどまっていた。欧州企業は1999年から2000年にかけて，自国通貨の資本市場が急拡大したことを受けて積極的な資金調達を行い，通信企業などの大型合併・買収（M&A）を実現している。ユーロ誕生で，欧州企業には大規模な資金調達が可能となり，これを活用した積極経営が企業戦略の選択肢の1つとなったわけだ。債券発行シェアでのユーロ優位はその後も続いており，2008年第1・四半期は，ユーロ建てが43.3％，ドル建てが36.6％となっている。

　また，通貨の究極的な信用度，安全度が問題となる各国の外貨準備での保有でも，ユーロは誕生以来，シェアを拡大している。国際通貨基金（IMF）の統計では，ユーロが誕生した1999年第1・四半期の外貨準備に占めるユーロの比率は18.1％だったが，2008第1・四半期には26.8％まで上昇した。ユーロは誕生当初，欧州内でのマルクなどの外貨準備持ち合いが通貨統合で解消されるため，準備通貨としての利用が減少するとの予想もあったが，誕生後10年で，着実に準備通貨としての重要度を増してきた。この間，米ドルのシェアは71.2％から63.0％に減少している。米経常収支が巨額の赤字を続けていることや，サブプライム問題に端を発した米国の金融不安を受け，産油国や新興国がドル保有を敬遠し，ユーロに準備通貨の一部をシフトしていることの表れとみられる。ちなみに，円の外貨準備に占めるシェアはこの間，6.0％から3.1％に落ち込んでいる。

　ただ米ドルは，経済だけでなく，軍事で圧倒的に世界をリードする米国の国力を信用の背景に持っているのに対し，多国籍通貨のユーロには，「暴力装置」の裏付けまではない。基軸通貨としてのドルに対し，ユーロは，ドルの信用が損なわれる場合に備えた第2の世界通貨という位置づけといえそうだ。

◎ユーロと金融危機

　ユーロは誕生以来，幾度かの危機を経験してきた。最初の危機は，前述し

た導入当初のユーロ安だ。欧州企業が，通貨圏の拡大したユーロを使って大規模な資本調達を行い，その資金でIT（情報技術）景気に沸く米国で大型の合併・買収（M&A）を行ったことで，ユーロ売り・ドル買いの需要が高まったことが一因とされる。しかし，この時期のユーロ安は，ユーロ圏に物価上昇などの悪影響を及ぼすことはなく，むしろ発足したばかりの欧州中央銀行（European Central Bank = ECB）にとっては，面子の問題が大きかった。ECBとユーロ圏財務相は，日米に依頼してユーロ買いの協調介入を実施するとともに，単独でも為替市場への介入を繰り返し，ユーロ相場を支えた。

もう1つの危機は，2001-02年のITバブル崩壊，米同時テロを受けた不況で，ドイツやフランスなど主要国の財政が悪化，安定・成長協定で定めた財政赤字目標を大きく上回ってしまったことだ。同協定は，通貨統合前にドイツの強い要望で制裁条項まで盛り込んで締結されただけに，そのドイツが財政赤字を拡大してしまったことで，ユーロ圏の財政規律に疑念が強まることになった。安定協定については，財政赤字の算出で旧東独再建の支出を除外するなどの手直して，ドイツ，フランスへの制裁発動が回避されたが，ECBは2003年11月に，「協定の枠組みに対する信用やユーロ圏各国の健全財政運営に対する信頼を損ねる恐れがあり，きわめて危険な結論」と，異例の声明を公表している。通貨が統合され，金融政策決定はECBに一元化されたにもかかわらず，財政政策は引き続き各国の主権に委ねられており，これがユーロの「弱点」ともいえる。

このほか，米サブプライム問題に端を発した2007年からの金融危機も，ユーロを脅かす事態となった。この危機では，ドイツ，ベルギーなどで破綻寸前の金融機関が国有化などで救済されたほか，08年10月にはドイツ，フランスなどユーロ圏主要国が，国内銀行に公的資金による資本注入を決めている。ユーロ圏の金融監督行政は，やはり各国別で仕切られており，EU横断的な金融監督機関は存在しない。このため危機の最中には，アイルランドが抜け駆け的に国内預金の全額保護を決めて，英国からアイルランドへ預金移動が生じるなど，EUの危機対応の問題が浮き彫りとなっている。

また，本稿執筆時点（2009年6月現在）では，ユーロ圏の周辺に位置するポーランド，ルーマニア，ハンガリー，バルト諸国などで，自国通貨が対ユーロで急落し，ユーロ建ての対外債務返済に支障が出る恐れが強まっている。これら諸国に過大な融資を行ったオーストリア，イタリアの銀行も不良債権化の恐れに直面しており，「欧州通貨危機」の様相を呈している。

40 財政政策

(村上直久)

　欧州通貨統合の開始後に、ユーロの価値を安定させる目的で、統合参加国に財政規律維持を義務付けるために、1997年6月のアムステルダム欧州理事会で合意が成立したのが「安定と成長のための協定（Stability and Growth Pact = SGP）」だ。安定協定は、均衡予算もしくは黒字予算の計上による健全財政を目標としており、こうした厳しい目標を打ち出すことにより、低成長時に財政出動の余地が生じるようになることを目指している。すなわち、通貨統合参加国が健全財政を維持することは、金融政策の負担を減らし、インフレ率を低水準に安定させ、金利を引き下げることに役立ち、低インフレ下の持続可能な成長と高水準の雇用のために不可欠だとの考えに基づいている。

◎発効半年後にほころび

　安定協定の内容は、統合参加国の財政赤字が「GDPの3％以内」という通貨統合参加基準を超えた場合、最高でGDPの0.5％相当をEUに無利子預金として預託するというもの。具体的には、①超過赤字が2年以内に解消しない場合、預託金は制裁金としてEU予算に没収される、②年間のマイナス成長率が2％以下の場合、自動的に制裁除外決定の対象となり、マイナス成長が0.75％から2.0％未満の場合、加盟国の事情を考慮して、制裁から除外するかどうかを判断する。安定協定は通貨統合参加国だけでなく、英国などの未参加国にも適用されるが、罰則は参加国に限定されている。

　通貨統合参加国は安定協定の順守に向けた「安定化プログラム」の提出を、未参加国は統合参加条件を満たすための経済の「コンバージェンス達成計画」の提出を義務付けられている。安定協定はまた、加盟各国に財政状況の相互監視の強化もうたっている。このため、実際には安定協定は、通貨統合参加国が景気後退（リセッション）に陥った場合、景気浮揚のための財政出動を厳しく制約することになった。

　この安定協定は、ユーロ現金流通開始後半年も経たない2002年夏、突然変調を来たし、提唱国のドイツを困惑させることになった。世界経済の低迷とデフレ化の中で、EU最大の経済大国ドイツが、数十年ぶりといわれる大洪

水もあって財政赤字を膨らませ，GDP比3.75%と安定協定基準の3%を大幅に超える事態となったのである。ユーロ圏の2番目の経済大国フランスも財政赤字がGDP比3.1%と安定協定の上限を突破した。その後，自国経済の低迷にあえぐ独仏両国は3年連続して，財政赤字をGDPの3%以内に抑えるというルールを破り，それに対して欧州委員会は制裁を提案したが，財務相理事会で退けられたため，安定協定は事実上，死文化した。2004年には独仏に加えてポルトガルやギリシャも財政赤字がGDP比で3%を突破した。このため協定を実行可能な内容に改定することが急務となった。

・◎**安定協定を大幅緩和**

　EUは2005年3月にブリュッセルで開いた欧州理事会で安定協定を大幅に緩和することで合意した。具体的には新たに除外項目を設置。①研究開発や雇用促進，開発援助などに関連した政策コスト，②両独の統一など欧州統合関連のコスト，③年金改革コスト，などを財政赤字の算出から除外することで合意した。①は特にフランスなどが求めていたものだ。また，開発援助を除くことによってユーロ圏各国は第三世界への援助拡大を進めやすくなった。さらに，ポーランドやチェコなど新規加盟の中東欧諸国は，年金改革による歳入減少分を赤字から差し引くことでユーロ導入の障壁が低くなった。同時に，中期借り入れの上限を国民所得の1%に設定した。

　改定により，財政赤字の3%ルールと，公的債務をGDP比率60%以下に抑えるという目標は堅持されたが，ユーロ圏参加国が3%ルールに違反した場合でも，同国が低経済成長にあえいでいれば，EUが制裁発動について協議を開始するまで少なくとも5年の猶予期間を置くことになった。ドイツ連邦銀行は新協定の内容は従来の協定と比べてより複雑になり，透明性が減少したと嘆いてみせた。

　英紙フィナンシャル・タイムズは，改定により財政赤字の対GDP比率の許容限度は実質的に3.5-4.0%になるだろうと試算した。そして，安定協定は事実上，「ほごにされた」と手厳しい見方を示した。

　しかし，その後，ユーロ圏の景気回復もあり，2007年にはユーロ圏13カ国すべてが3%基準を満たし安定協定違反国はなくなったが，2008年秋に米国を震源とする世界的な金融危機が発生したことから，EU各国は大規模な景気刺激策を次々に打ち出したため，3%基準を順守するのは困難な状況となっている。金融危機により，09年にユーロ圏の財政赤字はGDP比で4%に膨らむ

見通しである。

欧州委員会は2009年5月に発表した夏季経済見通しの中で、金融危機とそれに対応するための大幅な財政出動の結果、2009年のEU財政赤字はGDP比6.0%（08年は2.3%）、10年には7.3%に急拡大すると予想した。加盟国別では英国とアイルランドが08年にはGDP比で14%と最大の赤字を記録する見通しである。

09年4月のロンドン金融サミットの前哨戦で、米国の財務省を中心にEUに対する財政出動の拡大要求が繰り返されたが、これに対してドイツやフランスなどEU主要国は頑として応じなかった。この背景には、必要以上の財政赤字拡大が将来の世代に強いる負担を避けようとする基本姿勢があった。

◎7カ年予算

EUは毎年、歳入歳出を定めた単年度予算を組んでいるが、長年、共通農業政策（CAP）に基づく農業関連予算が半分以上を占めるという財政の硬直化がみられたため、農業関連以外の政策目的予算を効率的に配分するために、現在では7年間をカバーする中期財政計画という枠組みを定め、それに基づいて単年度予算を編成している。

最初の中期財政計画は欧州委員会のドロール委員長が打ち出した「ドロール・パッケージⅠ」で、1988-92年を対象とし、域内市場統合の推進と毎年ごとの研究開発計画の統合が柱だった。続いて、欧州通貨統合第3段階の開始に備えて、1993-96年を対象とする「ドロール・パッケージⅡ」がまとめられた。その後、中東欧諸国などの加盟準備の一環として、2000-06年までの「アジェンダ2000」が打ち出された。

2007-13年を対象とする、現在の中期財政計画は、持続的発展が主要テーマで、経済成長と雇用創出のための競争力強化と加盟国の結束をうたっている。このほかに、天然資源の保存・管理、「EU市民権・自由・安全保障・司法」、EUの対外的役割の強化、農業市場政策を柱に据えている。

中期財政計画に沿って組まれた2009年度予算は世界金融危機による大幅な景気後退への対応に重点が置かれている。すなわち、全体の45%（金額にして600億ユーロ）が研究、イノベーション、地域開発のプログラムに向けられている。このうち研究関連予算は前年比11%増、イノベーション促進の予算は同22%増となっている。一方、農業関連予算は横ばいで全体の40%超だ。

41 ECBの金融政策

(梅本逸郎)

　欧州中央銀行（ECB）は，通貨統合によるユーロ導入に7カ月先立って，欧州通貨機関（EMI）を前身として1998年6月1日に創設された。ドイツの主張を容れて，本部は同国中央銀行であるドイツ連邦銀行の所在地と同じフランクフルトに置かれている。

　通貨統合を定めたマーストリヒト条約で，ECBの責務は「物価の安定」と定められ，金融政策の決定では，参加各国政府や欧州委員会の指示を受けない独立性が明記された。米連邦準備制度理事会（FRB）が連邦準備法で「最大限の雇用維持」も任務としているのに比べ，ECBの責務は物価安定だけに限定されている。政治からの独立が国際条約で規定されていることもあり，中央銀行としての独立度は，法制度的には一段と強い。この独立性の保証も，事実上の欧州基軸通貨マルクを持っていたドイツ政府の意向を反映したもので，このほか市中金融機関への流動性供給の枠組みや，金融政策決定の手法でも，かなりの部分をドイツ連銀から引き継いでいる。このため金融市場では，ECBは「ドイツ連銀の遺伝子を持つ」と評されている。また，強い独立性を反映して，ECBは公用語が英語と公式に指定されるなど，他の欧州連合（EU）の機関とは違った制度も採用されている。

　ユーロ参加国は，国内総生産（GDP）に比例してECBに資本金を払い込んでいるほか，ECBは同様に各国の拠出で独自の外貨準備も保有している。しかし，市中金融機関への資金供給，発券などの窓口業務は，既存の各国中央銀行が自国内の金融機関に対し行っている。ECBとこれらユーロ参加国の中央銀行は「ユーロシステム」と呼ばれる一体の中央銀行制度を形成しているほか，ユーロ不参加のEU加盟国中央銀行も含め，ECBは欧州中央銀行システム（ESCB）を形成し，域内の国際決済などを統括している。

　ECBの正副総裁を含む6人の理事は任期が8年で，欧州理事会（EU首脳会議）が任命する。政治からの独立を保証するため，任期中の解任は刑事事件を起こしたなどの例外ケースに限定されている。このほか，ユーロ参加国の中央銀行総裁が加わる理事会が，金融政策を決定する。理事会は通常月2回開催され，うち1回が金融政策の決定に充てられている。金融政策の決定は，本

部理事6人とユーロ参加国中央銀行総裁による理事会での多数決が原則だが，理事会の票決や議事録は，日銀，FRBなどと違って開示されていない。ECB幹部はこれまで，「決定は全員一致」と繰り返しており，票決が行われたのかどうかも明確にはされていない。ECBの「透明度」はこの点で，他の主要中央銀行と比べやや低いといわざるをえない。

ECBは，物価安定の目安として，ユーロ圏の消費者物価上昇率が「前年比2％未満で，それに近い水準」と非公式に規定している。実際にはユーロ圏の物価上昇率は1999年以来，ほとんど2％をやや上回る水準で推移しており，物価安定については，ECBは所期の目標をほぼ達成してきたといえる。

ユーロ圏の物価，景気は一様ではなく，国や地域ごとの違いは大きい。これを単一の金融政策，政策金利でまとめることは容易ではないが，ECBの金融政策決定が，各国の利害で深刻に脅かされるようなケースは，少なくとも表に出たことはほとんどない。なお，ユーロ参加国が16カ国以上になった場合には，理事会での議決に輪番制が導入され，一部のユーロ参加国中央銀行総裁が加われないことになっているが，09年1月のスロバキア参加で16カ国となった後も，暫定的に全中央銀行の総裁に議決権が与えられている。

政治からの独立を強く保証されたECBだが，その総裁人事では，EU内の政治が強い影響力を行使している。ECB初代総裁のウィム・ドイセンベルク（2005年死去）は，1998年6月-2003年10月に総裁を務めたが，フランスの強い圧力で8年の任期を自主的に短縮している。初代総裁を選出した1998年5月のブリュッセル首脳理事会では，ドイツをはじめとするほとんどのEU加盟国が，ドイセンベルク氏を総裁に推したのに対し，当時のシラク仏大統領が，フランス銀行総裁のジャン・クロード・トリシェ氏の指名を強硬に主張した。ECBの本部がドイツに設置され，ドイツ連銀の強い影響を受けることに対し，人事でフランスの影響力を確保することが狙いだったとみられる。

この結果，ドイセンベルク氏は「8年の任期を全うしない」ことを首脳理事会の場で口頭で宣言。さらに次期総裁にはトリシェ氏を任命するという暗黙の合意を得て，フランスはドイセンベルク初代総裁の任命に合意した。ドイセンベルク総裁は，首脳理事会での約束を守り，2003年10月末付で自主的に辞任し，2代目総裁にはフランスの主張通りトリシェ氏が就任している。

◎**金融危機後の政策**

米国の低所得者向け高金利型（サブプライム）住宅ローン焦げ付き多発に

端を発した金融不安が国際金融市場で一気に表面化したのは2007年8月9日。フランスの大手銀行BNPパリバが運営するファンドが、運用資産を算定できなくなくなったとして解約停止に踏み切ったことをきっかけに、欧州の銀行間市場で資金が逼迫した。ECBは直ちに、総額948億ユーロの緊急資金供給を実施し、とりあえず金融機関の資金繰りを安定させた。

その後、金融不安は米国を中心にくすぶり続けたが、08年になると、石油をはじめとする資源、農産物価格が急騰したことから、ECBは7月にいったん政策金利を4%から4.25%に引き上げた。ただ、同年9月の「リーマン・ショック」で金融危機が深まり、世界経済全体の変調が始まったことで、ECBは短期間で数回の利下げに踏み切り、09年5月の理事会では、政策金利は1%にまで引き下げられた（図2参照）。

ECBはこの間、他の日米欧の中央銀行と歩調を合わせ、これまで例のない流動性供給や、緩和策を決めている。市中金融機関への公開市場操作（オペ）による資金供給は、それまで通常2週間だったものを最大1年まで延長して、金融機関の資金繰り支援を強化。さらに、FRBやスイス国立銀行（SNB）とスワップ協定を結んで資金を融通し合い、ユーロ圏内の金融機関に対し、ドル建て、スイス・フラン建てでの資金供給も行っている。

また、09年5月の理事会では、ドイツを中心に欧州で約2兆ユーロの発行残高があるファンドブリーフ債（カバードボンド）を600億ユーロ買い入れる計画も発表した。ファンドブリーフ債は、不動産融資債権や自治体債を裏付けに金融機関が発行する資産担保証券の一種で、米国を中心に発行されているABS（資産担保債）と違い、裏付け資産が金融機関のバランスシートに残されており、格付けも全般に高い。

日米英の中央銀行は、金融危機を受けてそれぞれの国債買い入れに踏み切っているが、16カ国が参加するECBでは、国債買い入れは技術的、政治的な難しさがある。各国ごとに発行される国債は、それぞれの国の信用度を反映して利回りに差があり、特に金融危機後は、住宅バブルのはじけたアイルランド、中東欧向け融資が多いオーストリアの国債などの利回りが上昇しており、ECBが国債を買い入れるとしても、どの国債をどれだけ買い入れるかといった判断は極めて難しい。

ECBは日銀同様、国債の直接引き受けは禁じられているが、市場での買い入れは可能。ただ、通貨統合を決めたマーストリヒト条約では、ユーロ参加国の財政をユーロ圏で共同して穴埋めする行為は禁じられており、この条項

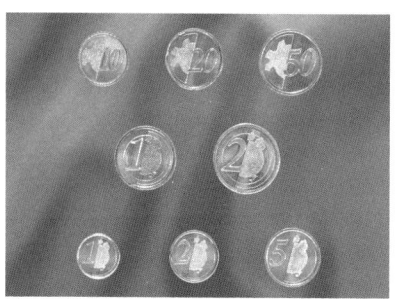

●図1　ユーロの硬貨と紙幣

も問題となる可能性がある。

　また，各国の中央銀行には通常「最後の貸し手」として，危機の際には「特別融資」として，担保さえ取ればどのような相手にも融資ができる規定があるが，ECBにはそれがない。ユーロ誕生当初から，モラルハザードを招くとして，危機時の対応については，あえて明確に規定しなかった経緯がある。

　一方，欧州委員会は金融危機後に，欧州レベルでの金融監督一元化に乗り出した。これまでのユーロ圏の金融監督は，各国がそれぞれの手法で行うことになっており，フランスでは中央銀行のフランス銀行，ドイツでは英国型の金融監督庁などばらばらで，ECBの関与はあくまで副次的なものとされていた。監督一元化に向かえば，ユーロ圏の金融行政を束ねる機関とECBの密接な協力が不可欠となり，ECBの関与は強まるとみられる。

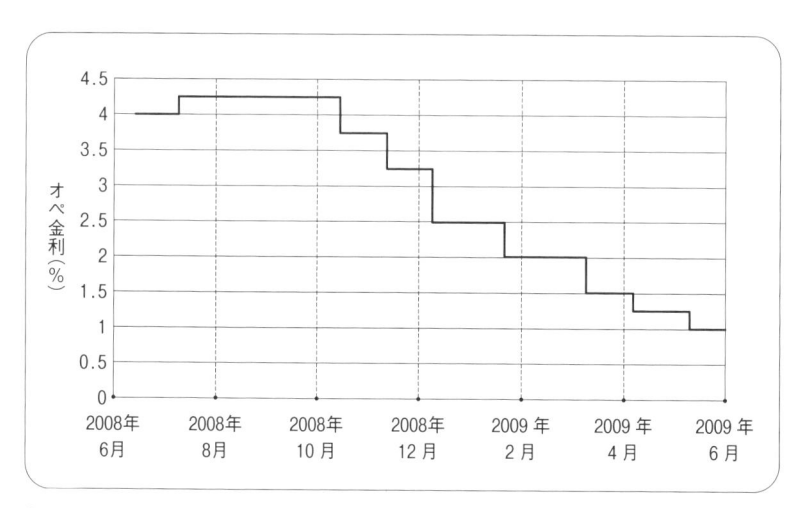

●図2　金融危機後のECB政策金利　　　　　　　出典：欧州中央銀行

1　金融・財政

42 税制改革

(村上直久)

　EUは関税同盟から始まり、その後、単一市場を発足させ、通貨統合も完成させたが、加盟各国は依然、個別の税制を敷いている。欧州委員会は1960年代初めからEUレベルで税率から課税ベースに至るまで一本化する本格的な税制統合を目指してきた。当初は税制調和について楽観的であり、法人税についても完全な調和が可能であると考えていた節があった。しかし、税制問題が閣僚理事会において全会一致事項であり、また、税制の変更は加盟各国の歳入に直接影響を及ぼすため、各国の主権の厚い壁に阻まれてきた。そのためEUは1985年ごろから加盟国間の税制調和（tax harmonization）を断念し、国境を超えた経済活動への障害となる税制に絞って調和を進めた。これは共通化できる制度は共通化し、できないものは調整（coordination）の対象にするというスタンスだ。これは事実上、税制分野でもマーストリヒト条約の「補完性の原理」を尊重し、各国の徴税主権と税制政策への介入を最小限にしようとするものだ。

　また、EUは「有害税制」に対する戦いを持続するとともに、研究・開発（R&D）促進のために、加盟各国に対し、税制面からの刺激策を効果的に活用するよう求めている。さらに、税制をめぐる透明性の向上と情報交換の促進により金融機関や企業による不正行為のリスクを軽減できるとみている。

◎ VAT税率

　EU内で税制統合に向けて野心的な動きがみられたこともあった。1992年3月に発表された「ルディング報告書」では、個人所得税を域内で統一し、法人税率を30％程度（当時の平均は約40％）に調和することを提案したが、各国政府は反対し、法人税の調和は閣僚理事会で否決された。

　これまで最も進展がみられたのが間接税である付加価値税（VAT）制だ。VATは日本の消費税、米国の売上税（sales tax）に相当し、物やサービスの取引・売買に対して課税される。VATの税率調整は標準税率が最低15％以上に、生活必需品などに適用している軽減税率は5％に統一された。従来、個人、事業者とも国外で買った商品のVATは国境の税関で自国の税率で払っ

ていた。税関廃止に伴い，個人は購入時に現地の税率で支払い，事業者はVAT番号を割り当てられ，帳簿に仕入れを記入した時点で自国の税務当局に支払う。1997年から事業者も購入地で払うようになった。

◎利子課税と法人税

「有害税制」との戦いで前進がみられたのが，金融・資本取引における，非居住者の債券，預金利子に対する課税問題だ。資本移動の自由化で，域内ではより有利な市場を求めてお金が移動している中で，域内の非居住者に対する源泉徴収税を課す国と課さない国があったため，一本化を目指したものだ。欧州委が当初，1989年に採択した源泉徴収税に関する指令案は，多数のドイツ国民による，源泉徴収されないルクセンブルクへの口座の移し換えが起きたため失敗に終わった。これを踏まえて，欧州委は1995年に新たな指令案をまとめ，利子所得課税について，指令採択後7年間は，①源泉地国で源泉課税か，②源泉地国と居住地国間の情報交換に基づき，居住地国で課税するか，のどちらかを選択できる柔軟な方式を提案した。その後，2000年の財務相理事会で共通利子課税を段階的に共通化することで合意。共通課税を逃れるためにスイスなどの域外国に流出するのを防止するため，域外国も含めて協議を進めた。その結果，2004年6月にスイスは銀行秘密保持制度の維持を条件として情報交換合意で妥結，域内のルクセンブルク，ベルギー，オーストリアの3カ国にも同様の秘密保持制度を認めることで合意した。新たな利子所得課税は2005年7月に税率15％で発効し，2008年7月から20％，2011年7月から35％に引き上げられる。課税は投資家の居住地での総合課税となっている。

また，財務相理事会は1997年12月に「有害な税制に関する競争の防止策のパッケージ（税制パッケージ）」を採択した。この中で，①法人課税に対する行動規範，②国境を越えて支払われる関連会社間の利子およびロイヤリティーへの源泉徴収税の廃止を目指す二重課税防止の指令の制定，③前述した共通利子課税についての指令制定，の3本柱を盛り込んだ。①の行動規範は，新たな優遇措置導入の禁止や現行の優遇措置の段階的廃止などが内容だ。

一方，法人税制の調整では，各国の主権への固執もみられ，大きな進展はみられない。域内では法人税率に関して，アイルランドのように著しく低い税率を設定している加盟国もあるが，20％台に設定している国が多い。アイルランドの首都ダブリンの造船所跡地には「ダブリン・ドック」と呼ばれる金融センターが設立され，外国企業を誘致するためドック進出企業には当

初，法人税がわずか10％に設定された（当時のアイルランドの法人税率は32％）。欧州委は同ドックが非居住者のみを優遇しているとして「有害な税制」と判断。アイルランドはそのため，ダブリン・ドックを将来廃止すると約束，その代わり，法人税率を2003年に12.5％に引き下げる方針を表明した。

・ アイルランドでは2008年6月に実施したリスボン条約の是非を問う国民投票で，同条約が否決されたが，低税率の引き上げを迫られるとの懸念が同条約反対陣営の間で根強いともいわれる。2008年後半のEU議長国を務めたフランスは域内法人税改革の一環として共通課税ベース制度（consolidated tax base, 複数加盟国にまたがる企業に対し，加盟国が共通の課税ベースを算出
・ する仕組み）の採択を当初推進する意向を有していたが，アイルランドに配慮して事実上，棚上げした。法人税率の設定は各国の徴税主権に関わる微妙な問題であり，本格的な調和は当分望めそうもないが，域外国との競争を考慮した場合，避けて通れない課題だ。

国名	法人税率	VAT標準税率	国名	法人税率	VAT標準税率
オーストリア	25	20	ラトビア	15	18
ベルギー	24	21	リトアニア	15	18
ブルガリア	10	20	ルクセンブルク	15	15
キプロス	10	15	マルタ	35	18
チェコ	21	19	オランダ	25.5	19
デンマーク	25	25	ポーランド	19	22
エストニア	21	18	ポルトガル	25	21
フィンランド	26	22	ルーマニア	16	19
フランス	33.33	19.6	スロバキア	19	19
ドイツ	29.51	19	スロベニア	22	20
ギリシャ	25	19	スペイン	30	16
ハンガリー	16	20	スウェーデン	28	25
アイルランド	12.5	21	英国	28	17.5
イタリア	31.4	20			

●表3　EU諸国の法人税率とVAT標準税率の内訳
　参考：KPMG Japanの2008年法人税率調査
　注：法人税率は2008年4月1日，VAT標準税率は2008年11月時点のもの。

43 会計基準

(村上直久)

　EUは企業会計に関して国際基準の採用を2001年に決め，2007年からは域内で上場する外国企業にもEU企業と同じ国際会計基準（IFRS，国際財務報告基準との表記もある）に準じた決算開示を義務付けている。このため，欧州市場に株式上場する域外企業は，2007年から追加的な決算情報の開示を求められている。EUで上場する日本企業は日本や米国の会計基準に従っているため，負担増を伴う追加情報の提供を嫌がる日本企業が上場を廃止する"EU市場離れ"が加速化している。金融庁によると，EU域内で上場する日本企業の数は，2002年の80社から，2007年には30社未満に激減した。

◎ EUが狙うグローバル・スタンダード

　企業会計をめぐっては，2002年に米エネルギー会社のエンロン，2005年には日本の大手化粧品会社であるカネボウで粉飾決算が露呈するなど，不祥事が相次いだが，こうした不祥事から投資家を守るため国が企業に義務付けているのが財務諸表の作成ルールだ。しかし，国ごとに基準が決められており，現地の基準を順守しなければその国の証券取引所に上場できない。

　1990年代から経済のグローバル化を背景に国際会計基準作りが進められてきた。世界の会計基準では米国の基準が最も厳格で最先端を行くとされてきた。日本企業の間でもソニーやトヨタ自動車，NTTドコモなど米国に上場する有力企業は米国基準を利用してきた。

　これに対して欧州は国別に会計基準を定めていたが，EUは競争力強化の一環として域内企業に対して「国際会計基準（IFRS）」に統一することにした。国際基準は欧州が主導する国際会計基準審議会（IASB，本部ロンドン）が作成しており，これをグローバル・スタンダード（世界標準）にして，米国基準と対抗させる意図も込められている。

　EUは2005年から欧州上場企業にIFRSの適用を義務付けた。2005年の導入に先立ち，域内企業は数年前から準備を開始するなど，多大な時間とコストを費やした。

　EUがIFRSの採用に至ったのは，域内の資本移動の自由化という大きな目

標の下で，加盟各国ごとに異なっていた会計基準を統一する必要があり，この目標とIFRSが合致したためだ。

　EUは2007年からは欧州の投資家を保護する目的で欧州以外の日米加などの企業についても，EUと同等（equal）と判断しない会計基準の利用は認めない方針をとっている。このため，EUはIASBとともに日米加など域外国の基準との違いを精査した。欧州委員会は2005年7月に発表した報告書で，日本基準について「全体として国際基準と同等」としながらも，日本基準を採用する企業には海外子会社の会計基準など26項目について補完措置を求め，将来も定期的に同等性を調べる方針だ。

- 日本基準では特に，①海外子会社について現地国の会計基準でもよいとしている，②企業の合併・買収（M＆A）で対等合併を認め，その場合，被買収企業の資産評価を簿価で行うこと（いわゆる「プーリング法」の採用）を容認している，③資産流動化などのために設立した特別目的会社（SPC）について支配関係があっても条件次第で連結対象外としている，という3点を問題視している。

　EUは2009年からは外国企業に対してハードルを一段高くし，国際会計基準自体に従うよう求めている。

◎コンバージェンスに向けた努力

- 　現在，部分適用国を含めると，100カ国以上に対してIASBの国際会計基準が適用されており，将来的には150カ国まで増えるとの予想もある。先進国では欧州各国のほかにオーストラリアがIFRSに移行，中国，インド，ブラジルも採用した。世界各国においてIFRSの適用が拡大する中，IASBとの会計コンバージェンス（収斂）の動きが加速している。
- 　米国では，エンロン問題の発生後，米国会計基準の威信が低下したことなどを背景に，2002年に米国財務会計基準審議会（FASB）がIASBとの会計コンバージェンスに向けた協議を開始した。日本でも日本会計基準の"孤立化"を避けるために企業会計基準委員会（ABSJ）がIASBと2005年3月より数度にわたり会計コンバージェンス会合を実施してきた。
- 　IASBを監督する国際会計基準委員会財団のヘリット・ザルム評議会議長は2008年6月の記者会見で，同審議会が策定のIFRSについて，「日本と米国は2013年ごろ，適用を開始してもおかしくない」と述べ，日米両国は2013年ごろに自国の会計基準からIFRSに移行する可能性が高いとの見方を示した。

ザルム氏は，欧州諸国など100カ国以上が採用したIFRSを日米両国が新たに導入するメリットとして，①企業の財務諸表の世界的比較が容易になり，的確な投資判断が可能になる，②グローバル企業は財務諸表の作成コストを削減できる，③監査業務も効率化され，監査コストも引き下げられる，などの点を挙げた。

　米証券取引委員会（SEC）は2008年8月，米国内企業への国際会計基準の義務付け案を公表。2014年以降に国際会計基準を段階的に義務付けることが可能かどうか，2011年に最終判断するとしている。

　金融庁の審議会は日本企業のIFRS導入の工程表を2009年1月に発表した。それによると，2009年度決算から一部大企業（多国籍企業）を対象に選択的に適用し，2012年度に全企業を強制適用の対象にするかどうか判断する。全企業に強制適用する場合，準備期間は少なくとも3年かかるとみられている。これは米国における工程表にほぼ歩調を合わせたものだ。企業会計基準では欧州基準が事実上の世界標準となりつつある。

　ただ，2008年秋に発生した世界金融危機を受けて，EUは同年10月に，企業会計基準のうち，時価で評価する時価会計の対象外となる金融商品の範囲を拡大した。これは一時的な措置とみられている。米国も金融安定化法に時価会計を一時停止できる措置を盛り込んだ。時価会計の一部凍結は，金融機関や企業が保有する証券化商品などの価格が大幅に下落しても決算期ごとに特別損失を計上しなくても済むという「緊急措置」だ。

　08年12月期の決算では，ドイツ銀行や英国のロイヤル・バンク・オブ・スコットランド（RBS）など欧州の銀行10行以上が，時価会計の一部凍結を利用することにより損失額を合計約2兆円回避したとされている。

　時価会計は景気循環を増幅させる（pro-cyclical）と言われている。こうした中で，景気後退への対応策の一環として時価会計を一部凍結することには賛否両論がある。日本証券アナリスト協会は，「時価会計は効率的市場における合理的な価格形成を前提としており，これが長期にわたって大幅に阻害されている時には緊急避難的な対応も適切と言える」との是認論がある一方で，「時価会計によって金融・資本市場の透明性が確保でき，不良資産の認識・処理が促進される面もあり，会計基準を相場動向によって改変すべきではない」との反対論も指摘している。

　09年執筆時点の状況は，財務状況の透明性を高める目的の会計制度の変革が世界金融危機による経済環境の激変と同時に起きていることが特徴だ。

44 欧州金融危機

(村上直久)

　米国の低所得者向け高金利型（サブプライム）ローンの焦げ付き問題に端を発し，2007年夏に本格化した金融危機は08年に入ってくすぶり続け，08年9月半ばには米証券大手リーマン・ブラザーズの破綻をきっかけに，一挙に深刻化し，その余波が欧州を直撃した。欧州の金融大手は巨額損失を計上し，経営危機に直面，そのうち多数が実質的な「国有化」や「公的管理」に追い込まれた。株価も大幅に下落した。深刻な金融危機は実体経済に影響を与え，EU経済はリセッション（景気後退）入りした。09年初めに同年の経済成長はマイナス2％近くと予想されていた。

◎欧州の主導権？

　2008年9月15日の「リーマン・ショック」は瞬く間に欧州に波及した。08年9月28日からの1週間，欧州金融界には荒波が押し寄せた。金融大手フォルティスのベルギーとルクセンブルクの各現地法人は仏金融大手パリバに身売りすることになり，独政府は経営危機に陥った同国不動産金融大手ヒポレアルエステートの救済策をまとめ，フランスなどは金融大手デクシアに公的資金を投入した。ドイツとデンマーク，ギリシャは預金全額保護の方針を発表，英国は預金保護の限度額を5万ポンドに引き上げた。

　金融機関の相次ぐ経営危機は，信用不安を増幅し，それが金融市場の機能をさらに低下させるという悪循環に入った。

　こうした中で，英仏独伊の4カ国は10月4日，緊急首脳会合を開催。EUレベルでも欧州委員会や欧州中央銀行（ECB）が中心となり，「百年に一度」とも言われる経済・金融危機への協調した取り組みを始めた。

　まず，欧州中央銀行や英中央銀行などが10月8日，金融市場のメルトダウンを防ぐため，米国の連邦準備制度理事会（FRB）とも歩調を合わせて，協調利下げに踏み切った。4日後にはユーロ圏緊急首脳会議で，経営困難な金融機関の救済策が決まった。金融・経済危機への対応では英国のブラウン首相の迅速な動きが目立った。英国は10月に総額370億ポンドの公的資本注入を柱とする金融機関への支援策を発表した。

10月下旬までには欧州金融市場はひとまず小康状態となった。米国が11月4日の大統領選挙を控えて，ブッシュ政権がレームダック状態となっている中，欧州では欧州主導の新たな金融秩序，ひいては世界秩序を構築すべきだとの声も出始めた。

　世界貿易機関（WTO）のパスカル・ラミー事務局長（元欧州委員会委員）は，英紙フィナンシャル・タイムズとのインタビューで，欧州は，新たな金融秩序づくり，地球温暖化対策，国連改革，WTOのドーハ・ラウンド（新多角的貿易交渉）の推進で主導権を発揮し，新しい世界秩序の構築を目指すべきだとの意見を表明した。

　こうした中で，日米欧と新興市場国の「20カ国・地域（G20）緊急首脳会合（金融サミット）」が2008年11月14,15両日，ワシントンで開かれた。欧州からは，英独仏伊の主要8カ国（G8）首脳会議のメンバーが入っている。5時間に及ぶ協議の後，「金融システム安定に必要なあらゆる追加的措置を取る」との首脳宣言を発表し，内需刺激のための財政政策での協調や利下げなど金融政策の重要性を指摘したが，事前の期待が高かっただけに，金融市場では具体策が乏しいことへの失望感も聞かれた。欧州からの参加国は金融市場の規制強化を訴えたが，結論は先送りされた。

◎欧州経済回復計画

　これと前後して欧州委員会は10月29日，「金融危機から景気回復へ向けた欧州の行動枠組み」と題する政策文書を採択，この中で雇用を安定させ，EU経済の国際競争力を向上させ，域内の需要を刺激して持続的成長を回復させること，「安定・成長協定」や国家補助規則の柔軟な適用などを打ち出した。

　欧州委はこの行動枠組みに沿って，11月26日には包括的景気刺激策として「欧州経済回復計画（European Economic Recovery Plan = EERP）」を採択，実施に移した。

　EERP文書の前文でバローゾ欧州委員会委員長は，「欧州は無力ではない…欧州は景気後退にブレーキをかけ，潮の流れを変えることができる。一緒に沈むか，それとも一緒に泳ぎきるかだ」と指摘。EERPの基本原則が「連帯と社会正義」であるとした上で，2本柱として①購買力の強化を通じた需要喚起のための，域内総生産（GDP）の1.5％に相当する総額2000億ユーロ規模の財政出動，②欧州の競争力強化を目的とした投資拡大，を挙げた。

　EERPは基本的には実体経済を支援するための野心的な一連の行動を通じ

て，金融危機へのマクロ経済面からの対抗策であり，深刻なリセッション入りを回避することが目的だ。EERPは，景気後退期には福祉関連の支出増を見込む，「自動安定化措置（automatic stabilizer）」を盛り込んだ「安定・成長協定」や「リスボン戦略」に沿っている。同戦略の下では具体的に，知識
- 重視型社会の創設，エネルギー安全保障の強化，低炭素社会への移行に重点が置かれている。

2000億ユーロのうち，1700億は加盟国が，残り300億はEUが負担することになっている。しかし，08年11月22日時点では，英独仏西伊の主要5カ国の財政出動は合計で1000億ユーロに満たず，先行きを危ぶむ声も出ていた。

- EUはEERP文書の中で，「欧州の経済回復は域内企業がグローバル市場の提供する可能性を利用できる能力にかかっている」とした上で，保護主義と戦い，新興国やその他の開発途上国の持続的な経済成長を後押しする必要性を強調。具体的には，①WTOドーハ・ラウンドの早期妥結，②EU加盟候補国や西バルカン諸国への経済支援，③近隣諸国との自由貿易ネットワーク
- の構築，④「大西洋経済協議会（Transatlantic Economic Council）」を通じたオバマ米新政権との関係緊密化，⑤BRICs（ブラジル，ロシア，インド，中国）との対話継続，の必要性を指摘した。

米国のオバマ政権は，景気対策として「グリーン・ニューディール」を唱えているが，欧州委はEERP文書で，「（金融）危機は低炭素経済への大がか
- りな経済構造のシフトが起きる前夜に発生した。気候の（激しい）変動と戦うという目標は新技術の開発と雇用創出，エネルギー安全保障の強化に向けた新たな大規模な経済的機会と合体させることが可能だ」とし，具体的に，

――欧州委員会は欧州投資銀行（EIB）などと共同で，「エネルギー，気候変動，インフラのための2020年基金」を立ち上げる，
- ――建物のエネルギー効率を高めるために，「（環境にやさしい）グリーンな」製品やサービスに対する付加価値税（VAT）税率の引き下げを提案する，

などの方針を表明した。

09年3月時点で，EU主要国における財政出動のうち地球環境対策の資金の割合をみると，フランスが25％と高く，次いでドイツが13％，英国が7％とな
- っている。

◎再び金融危機

09年1月中旬に欧州を「第二波」の金融危機が襲った。08年秋以後の景気の

落ち込みで，金融機関の損失拡大への懸念が強まったことなどが原因だ。英銀大手ロイヤル・バンク・オブ・スコットランド（RBS）は08年12月通期の最終赤字が最大280億ポンドに達すると発表。これは英銀行の損失額としては過去最大級。不良資産の拡大が原因とされ，金融市場に衝撃を与えた。英政府はRBSおよび同様に窮地に陥ったロイズ・バンキング・グループを事実上国有化した。両行への追加支援は850億ポンドに上り，これは英国のGDPの4割超にも相当する。

欧州大陸では，フランスとオランダがそれぞれ105億ユーロと100億ユーロの公的資金を銀行に注入した。

第二波の金融危機を受けて，不良資産となった証券化商品を銀行から分離するための銀行免許を付与される「バッド・バンク（不良銀行）＝ bad bank」設立論議も聞かれるようになった。ただ，実現には切り離す不良資産の査定額を決める基準をどう設定するかという問題が立ちはだかっている。米国では投資資金方式を採用している。

◎ 景気刺激策の効果

欧州委員会は09年3月4日に「欧州の経済回復を推進する（Driving European recovery）」と題した文書を発表した。この中で，09年のEU経済はマイナス2％近くになると予想しているが，10年にはEERPの下における政策の効果などによりマイナス約0.5％にとどまると予想している。

09年3月までに，EUおよび加盟各国の09, 10両年の財政出動額見込みは福祉制度による「自動安定化措置分」を含めて，4000億ユーロに膨れ上がった，これは域内GDPの3.3％に相当するという。ただし，IMFはEUのこうした主張に全面的に同意しておらず，09年3月時点で，EU主要国が表明・実施中の景気対策はGDP比で，ドイツが1.5％，英国が1.4％，フランスが0.7％，イタリアが0.2％といずれも米国の2％を下回っているとみている。

同文書はEERPが全体的にどのような効果を及ぼすかが明確になるのは数カ月先になるだろうとしながらも，景気刺激策の量的側面と改革の方向はポジティブなものであるとしている。欧州委はEERPの政策の実施状況を監視し，欧州理事会に報告し，その上で10年に「ポスト・リスボン戦略」を作成するための準備を始める方針だ。

さらに，金融危機の教訓として欧州の構造改革の具体策を更新する必要性を指摘している。

◎大胆な金融市場改革を目指す

　欧州委は08年秋に既に今回の金融危機への対応として，まず財政による景気刺激，その後，金融市場の構造改革に大胆に取り組むという二段階構えの戦略を打ち出していた。金融市場改革は，危機に陥った一因として，金融機関の規制・監督が不十分だったとの認識に基づいている。

　英独仏の主要3カ国とオランダ，ルクセンブルク，09年前半のEU議長国チェコは同年2月にベルリンで開いた首脳会合で「すべての金融市場，商品，参加者をカバーする」包括的な規制枠組み作りで合意した。規制対象の金融機関の中にはヘッジファンドも含まれる。

　これを受けてEUは09年3月1日にブリュッセルで開いた臨時欧州理事会で，欧州委に対し，金融監督の強化に向けた作業を急がせることで合意した。欧州委が同月4日に発表した文書「欧州の経済回復を推進する（Driving European recovery）」では，「未来のために責任ある，そして信頼できる金融市場」の必要性を強調，市場の監督は消費者のリテール・バンキングへの信頼回復で重要な役割を果たすだろうと指摘した。

　欧州委は08年11月に，ジャック・ドラロジエール元国際通貨基金（IMF）専務理事を座長とする作業部会に監督強化に焦点を合わせた金融市場改革に向けた提言をまとめるよう委託。同部会は31項目におよぶ提言を盛り込んだ「ドラロジエール報告（De Larosière Report）」を09年2月末に欧州委に提出した。同報告が主としてカバーしているのは，①EUにおける金融機関・市場の監督をどのように進めていくか，②金融市場を安定させるための監視，早期警戒，危機管理に関する欧州レベルの協力をどのように強化するか，③グローバルな協力，の3点だ。

　同報告書の目玉は，欧州金融市場の監督に関してマクロ面からの健全性を確保するために，金融市場のリスクを監視する「欧州システミック・リスク理事会（European Systemic Risk Council = ESRC）」の新設を提唱している点だ。システミック・リスクとは連鎖的破綻のリスクだ。同理事会の議長はECB総裁が務めるため，ECBは金融政策に加えて金融監督にまで権限を拡大することになる。メンバーはEU加盟各国中銀総裁や欧州委当局者らから成る。

　理事会の役割は，EUにおけるマクロ面の健全性に対するあらゆるリスクに関する情報を収集し，必要であればリスク警報を発することだ。グローバルなレベルではIMF，主要国の金融当局で構成する「金融安定化フォーラム

(FSF)」，G20と緊密に協力する。

　これに対して，銀行，保険，証券の3分野に目を光らせ，ミクロ面での健全性を確保するために別の監督機関「欧州金融監督システム（European System of Financial Supervision ＝ ESFS）」の設立も提唱した。EU域内で国境を越えて活動する金融機関の業務を集中的に監視する。

　ドラロジエール報告は，また政策面の改革や規制改革を必要とする優先分野を列挙している：

—より強力なマクロ経済政策とマクロ面からの健全性分析

　　具体的には，行過ぎた金融緩和政策や過剰流動性を避け，資産バブルを把握し，お金や信用が持続不可能なペースで膨張するとき金融を引き締めること

—「バーゼルⅡ」と呼ばれる，金融機関に対する新たな自己資本比率規制合意の早急な改革

　　具体的には，流動性リスクの測定と制限，自己資本の共通定義，簿外金融手段に対するルールの厳格化など

—格付け会社に関して

　　具体的には，金融システムにおける格付け会社の役割の見直し　証券化商品の格付けへの新たなアプローチなど

—会計

　　具体的には，国際会計基準審議会（IASB）のガバナンスの強化，時価会計の役割に対する幅広い考察など

—保険

—制裁／監督権限

—プライベート・エクイティー（未公開株式）などパラレル銀行システム

　　具体的には，潜在的にシステミックなリスクを内包する金融システムのすべての分野を規制／監督対象とする必要性。ヘッジファンドについては経営者の規制を通じて，ヘッジファンド情報開示の必要性

—証券化商品／デリバティブ（金融派生商品）市場

　　具体的には，デリバティブ商品を標準化，簡素化する必要性，EU内にクレジット・デフォルト・スワップ（貸付債権を直接取引することなく，その信用リスクを保証してもらうオプション取引）の清算機関を設立する必要性

―投資ファンド

　　具体的には，共通EUルールの強化など

　報告書はEU内において，ワンセットの中核的な規制ルール／監督基準をつくる必要性を強調している。また，危機管理のための明確で透明性のある枠組みを直ちに確立する必要があり，すべてのEU加盟国は同種の手段・手続きを有するべきだとしている。さらに，各国の預金保護制度を調和させ，民間部門があらかじめ資金を調達する必要があるとしている。

◎格付け会社，ヘッジファンドを登録制に

　EUは09年3月4日，ブリュッセルで開いた大使級会合で格付け会社を登録制とし，監督当局の監視下に置くことを目指した規制案を基本承認した。今回の金融危機では米住宅ローンに絡んだ不適切な格付けが市場を混乱させたとして，格付け会社にも責任があるとの考えに基づいている。08年11月のG20金融サミットにおける合意内容に沿ったもの。米国のムーディーズ・インベスターズ・サービスや英国のフィッチなどの格付け会社が対象となる。

　09年3月14日英国で開催されたG20財務相・中央銀行総裁会議で，格付け会社を登録制度にし，情報を開示することで合意が成立した。ヘッジファンドおよびその経営者についても登録制を導入することになった。

　また，欧州委は金融機関幹部やトレーダーが受け取る高額のボーナスも問題視している。こうしたボーナス制度の下では，短期間で成果を上げようとする傾向が強まるからだ。欧州委当局者は，オバマ大統領が提唱しているような50万ドルの上限設定に関心を示している。フランスのサルコジ大統領は，仏政府から合計105億ユーロの資本注入を受けた主要6行の幹部に08年分のボーナスの受け取りを断念させた。

◎保護主義に対抗

　1929年10月，米ニューヨーク株式市場の大暴落に端を発した世界大恐慌は各国を連鎖的に保護貿易主義に走らせ，第2次世界大戦の遠因となったが，今回の金融危機とその結果としての景気後退を背景に，EUでは保護主義への警戒感が高まっている。

　域内では，フランスのサルコジ大統領がルノーやプジョー・シトロエン・グループ（PSA）など同国の自動車メーカーに，3社への総額65億ユーロの低利融資の条件として，仏国内での生産拠点の存続を求め，チェコなどの東欧

諸国での生産を仏国内に「呼び戻したい」と表明したことが，「近隣窮乏化政策」であるとか「補助金戦争」であるとされ，問題視されている。また，英政府による同国金融機関への手厚い支援も「金融ナショナリズム」と批判する向きもある。ただ，仏政府は公的支援の監督権限を有する欧州委に対して，自動車産業支援策は自国の業界と雇用の保護だけを狙ったものではないと説明，理解を求めた。

　EUは09年3月1日の緊急欧州理事会で，危機にあっても単一市場を堅持すること，経済ナショナリズムや保護主義を排除する欧州経済通貨統合（EMU）の枠組み内でのみ，現在の危機を克服することが可能だと強調した。

　イタリアのアマート元首相と同国出身のボニーノ元欧州委員は，欧州委員会が銀行や自動車メーカーへの補助金を調整する作業部会の設立を提唱している。

　一方，東欧のEU加盟国では，西欧の銀行が資金を大量に引き揚げたため，深刻な金融危機に見舞われ，通貨下落に直面している。理事会では，「既存のすべての利用可能な手段」を動員して対応することで一致した。09年3月20日の欧州理事会では危機に陥ったハンガリーなど東欧諸国のEU加盟国に対するEU特別融資枠を倍増し，500億ユーロに拡大することで合意した。

◎ 5月に欧州雇用サミット

　EUは景気後退が労働市場に及ぼす影響を懸念している。EU域内では09年，約350万人分の雇用が失われ，10年には失業率が10％に達すると予想されている。こうした中で，欧州委は09年3月4日に発表した「欧州の経済回復を推進する」の中で，金融危機が域内市民に強いる犠牲を緩和するために，加盟国に以下の措置を勧めている。

　―フレックスタイムのパート労働への資金支援による雇用確保
　―景気後退で最も影響を受けている市民が収入を確保するための適切な支援
　―衰退産業でのパート労働従事者に対する職業再訓練とスキルアップ支援への投資
　―個人の過剰債務を防止し，金融機関へのアクセスを確保する措置の採用
　―新たな雇用機会探しを容易にするための単一市場内での労働者の自由な移動を確保すること
　―若者の失業を減らすため，教育・職業訓練の促進，「（環境にやさしい）

グリーンな雇用」の創出

EUは加盟国がこれらの措置を実施するのを支援するために,「欧州グローバル化調整基金(European Globalization Adjustment Fund)」や「欧州社会基金(European Social Fund = ESF)」の活用を検討している。後者のプログラムは毎年,域内で900万人の労働者を支援している。

EUは2009年5月7日,プラハで,経済・金融危機を受けた失業者の急増に対処するため「欧州雇用サミット」を開き,ワークシェアリングや公的基金の利用などを通じて雇用を維持することや,各種手当ての引き下げを容認することなどによって新規雇用の創出を拡大することで合意した。

◎ 第2回 G20 首脳会議

2009年4月2日のロンドン金融サミット(G20)を控えて,世界金融・経済危機への対応で,一層の財政出動を求める米英と金融規制の強化を訴える独仏の対立が伝えられ,加えて日本の麻生首相が英紙とのインタビューで過剰な公的支出のリスクを警戒するメルケル・ドイツ首相の姿勢を批判するなど不協和音が高まっていた。

しかし,ふたを開けてみると,世界経済を回復軌道に乗せる必要から,G20全体で2010年末までに総額5兆ドルの財政出動に踏み切り,世界の成長率を4%押し上げることで合意した(首脳宣言)。ただ,国別の数値目標は盛り込まれず,「総論賛成」という形になった。金融監督と規制の強化では,米英が歩み寄り,①格付け機関への登録制を導入する,②ヘッジファンドを監督・規制の対象にする,③タックスヘイヴンを特定し,罰則を含む対抗措置を準備する,④「金融安定化フォーラム」を改組して,すべてのG20を含む新しい「金融安定化理事会」を創設する,ことで一致した(同宣言)。

主催国英国のブラウン首相は,一連の合意により「新たな世界秩序」が生まれると成果を強調した。

◎見え始めた出口

本稿執筆時点(2009年6月)では,いくつかの暗い予想はあるものの,深刻な景気後退からの出口は見え始めている。

欧州中央銀行(ECB)は2009年6月初め,景気判断を下方修正し,同年のユーロ圏の実質成長率をマイナス4.6%と見込み,3月時点のマイナス2.7%から2ポイント近く下方修正した。欧州委員会も5月初めにユーロ圏の2009年の

成長率見通しを1月時点の予想のマイナス1.9%からマイナス4%に下方修正していた。

　欧州委員会のアルムニア委員（経済担当）は，成長率見通し発表の際，欧州経済は「第2次世界大戦後，最も深刻かつ広範囲にわたる不況の只中にある」と指摘した。

　欧州委員会によると，こうした中で，2009年のEU財政赤字は大規模な財政出動の結果，GDP比6%（2008年は2.3%），2010年は7.3%に急拡大する見通しだ。EUは安定・成長協定の下で同比率を3%以下に収めるよう求められているが，一時的に逸脱することは避けられない。さらに，雇用情勢も景気後退を受けて，急激に悪化し，2009-10年にはEU27カ国で850万人分の職が失われる見込み（200-08年には950万人分の雇用が創出された）。

　ただ，アルムニア委員は，「大幅な下方修正にもかかわらず，欧州の景気が下げ止まる兆しが見えてきた」とも述べた。ECBのトリシェ総裁も，2010年半ばにはユーロ圏がプラス成長に転じる可能性を指摘した。欧州の景気は不透明感は漂うものの，次第に明るさを取り戻していくとみられる。

　2009年6月18, 19の両日，ブリュッセルで開かれた欧州理事会では，ロンドンでのG20首脳会議での議論を受けて，金融リスクへの対処策が話し合われた。その結果，金融危機の再発防止のため，欧州全域のリスクを監視する「欧州システミック・リスク理事会（European Systemic Risk Board=ESRB）」と銀行，証券，保険の個別業態の経営健全性を監視する「欧州金融監督システム（European System of Financial Supervisors=ESFS）」の二機関を新設することが決まった。両機関は2009年秋までに欧州委員会が詳細を詰め，新体制は2010年にスタートする予定。

　ESRBは主として欧州中央銀行（ECB）によって運営され，金融システム全体を揺るがすシステミック・リスク（連鎖破綻）を回避するため，問題のある加盟国に「警告」や「勧告」を出す。

　金融危機が引き金となった欧州経済の不振はしばらく続きそうだが，不況というトンネルから脱出した時点で，今回の金融危機を教訓に強靭で健全な金融システムを構築できているかどうか注目される。

1　金融・財政

45 市場統合

(村上直久)

　市場統合は通貨統合とともに欧州統合の深化の大きな成果の1つだ。1992年末にひとまず完成した市場統合は国境を越えた大規模な規制緩和だった。1985年の「域内市場統合白書」に基づいて，人，物，サービス，資本の自由な移動，すなわち「4つの移動」を促進するために，各国の法制，技術仕様・基準，行政プロセス，その他の保護主義的な各種障壁を除去し，共通化することを目標としてきた。

◎**市場統合のメリット**
　市場統合は「アナウンスメント効果」により，1985年から7年間で900万人前後の雇用を創出したと推定されている。市場統合は政府調達，労働・職業の自由移動，自動車，化学製品，金融サービス，動植物検疫，運輸，資本移動，会社法，知的所有権・工業所有権，課税の分野などにおける270項目にわたってEUが採択した指令（directive）に基づき，加盟各国が国内法を整備する方法をとった。（用語「チェッキーニ報告」参照）

　EU市民にとっては，①他のEU加盟国に，居住し，働き，学び，老後を過ごす権利，②競争の激化による物価の下落および購入時における選択肢の拡大，③消費者保護水準の向上，などを意味し，域内企業にとっては国境を越えた事業が容易になり，かつコストを削減できることを意味する。

　ただ，域内国境がなくなっても自由に流通する商品に対するコントロールが撤廃されたわけではない。消費者保護が徹底され，生産段階で衛生基準が順守されているかどうかを確認するために多くの検査が必要となった。これにはEU基準が適用され，域外から流入する商品の検査には21カ所に専門検査所が設けられた。EU加盟国で生産された製品には，衛生基準，食品添加物，危険物質などに関する調整措置がとられた。化学品，薬品，医療器具，おもちゃについても，安全性などをめぐる基準が統一された。製品の安全性については統一基準を満たした製品には「CE (Communauté Européenne)」マークが付けられるようになるなど，欠陥製品から消費者を保護するための一歩が踏み出された。

欧州委員会は1年後の1993年12月に発表した報告書の中で，市場統合の効果を列挙した。
1. 年間7千万点の税関書類の作成が不要となった。
2. 国際（国境を越えた域内間）輸送コストの3％が節約できた。
3. 域内での合併・買収（M&A）活動が倍増した。
4. 競争にさらされていなかった域内間貿易分野でも貿易が倍増した。

　12年後の2004年末に欧州委員会が発表した推計によると，市場統合の効果として，2003年までに累計250万人の新規雇用が創出され，GDPは1.8％増加し，8700億ユーロの富が創造されたという。（用語「モンティ報告」参照）

◎サービス分野の自由化に後れ

　これまで多大な成果が上がったにもかかわらず，市場統合はまだ不完全である。技術の進歩や政治的状況の変化は，市場統合によって成立した域内単一市場が機能する環境を不断に変化させている。多くの障害を除去しても，他の障害が新たに生じるという「もぐらたたき」の状況もある。

　市場統合に関連して，特に後れが目立つのがサービス分野における自由化だ。エネルギー，金融サービス，鉄道輸送，航空輸送などのサービス分野が代表的だ。加盟各国間での基準認証の相互承認も各国政府の官僚制の壁に阻まれるケースが多い。「税制改革」の項で述べたが，税制統合はいまだ道遠しという状況だ。そうした中で，2006年になってようやくEUではサービス自由化法案が成立した。域内におけるサービスについての規制や行政手続きを簡素化するものだ。しかし，例えばポーランドなど東欧のサービス企業などが西欧で事業を行う場合，所属国（ポーランド）の労働法を適用できるという「原国籍主義（母国原則）」は自由化法案から除外された。公教育や運輸，通信，金融といった他の法律で規制される分野も除外されている。

　サービス産業はEU経済の70％を占める重要分野だが，国外からのサービスを開放することで職が奪われる恐れがあるなどの懸念が広がり，フランスでは2007年のEU憲法条約の是非を問う国民投票に至る過程で，「ポーランドの鉛管工」の脅威などが取りざたされた。こうしたことが憲法否決に向けた世論を盛り上げるのに一役買ったとされる。

　そうした中でサービス自由化法案は成立したものの，従来からの国家間の障壁や既得権がまだ多く残され，単一市場の完全成立には程遠い状態だ。

◎リスボン戦略のゆくえ

　EUは2000年3月のリスボン欧州理事会で、日米などとの競争に勝ち抜くために、「EU経済を知識重視型で世界で最も競争力のある経済に改革する」ことを目指す10年計画「リスボン戦略」を打ち出した。戦略では持続的な成長、完全雇用、社会的結束を目標にしている。

　EUは5年後の2005年にブリュッセルで開かれた欧州理事会で、リスボン戦略の中間見直しを行った。会議で発表された報告書によると、リスボン戦略の過去5年間の実施状況は「不十分なところがあり、遅れもみられる」とし、日米など域外経済パワーとの潜在成長力の格差はむしろ広がっていると指摘した。このためリスボン戦略を再活性化する必要があると強調した。その上で、EUは①成長と雇用に関する優先順位を洗い直す、②競争力の基盤を再生させる、③潜在成長力と生産性を高める、④社会的な一体感を強めるなどの必要があると指摘、技術革新を促進し、人材の最適利用を目指すべきだとうたった。これを受けてEUは具体的に、欧州の競争力を強化し、2010年までに600万人分の雇用を創出するとともに、欧州の潜在成長率を3％にまで引き上げることを目指している。

　欧州委員会は2009年3月4日に発表した「欧州の経済回復を推進する（Driving European recovery）」と題した文書の中で、「景気回復への道が緩やかなものとなったリスボン戦略の下で構造改革を加速する必要がある。各国が力を合わせ、単一市場という競争上のわれわれのアドバンテージを最大限に活用することにより、われわれは欧州がより早く不況から脱出することを確実なものとすることが出来るだろう」と指摘している。

　その上で経済危機に直面して取っているさまざまな措置は、未来型の欧州経済への円滑な移行を準備するだろうとし、この関連で景気が上向き始めたとき、「グリーン（環境にやさしい）技術と製品」の市場がリード役になると見込まれるため、「低炭素経済」へのシフトを視野に入れた努力を継続する必要があると強調している。

　また、同文書は2008年秋からの経済危機は欧州経済の構造改革の必要性を改めて浮き彫りにしたと指摘。リスボン戦略の下で、「成長と雇用のための総合ガイドライン（Integrated Guidelines for Growth and Jobs）」づくりについての討議を進める。これを踏まえて、「ポスト2010年リスボン戦略」づくりを09年後半、議長国スウェーデンの下で開始し、10年春に議長国スペインの下で決定を目指す。

46 グローバル化への対応

(村上直久)

中国とインドの急速な経済発展に象徴されるように,経済のグローバル化の波が欧州に押し寄せている。中印両国はロシア,ブラジルとともに国名の頭文字をとってBRICsと総称され,その動向に域内で関心が高まっている。

◎中国は第2の貿易相手国

中国は2007年には米国に次いで,EUにとって金額では2番目の貿易相手国となった。1999年には4番目だった。インドはEUにとって2007年には9番目,ロシアは3番目,ブラジルは10番目の貿易相手国だった。

欧州委員会統計局(ユーロスタット)によると,2007年には中国はEUの総輸出のうち5.8%を受け入れ,輸入では16.2%を占めた,このため貿易赤字は1590億ユーロとEUの貿易相手国の中では最大だった。ロシアにも545億ユーロの赤字を計上し,貿易赤字はこの2ヶ国が突出している。ブラジルに対しても113億ユーロの貿易赤字を記録した。

しかし,対インドではEUは貿易黒字を計上している。インドはEUの総輸出の2.4%を受け入れ,インド製品はEUの総輸入の1.8%となっており,中・EU貿易関係に比べるとまだ小規模にとどまっている。

欧州委統計局によると,EUの対中国貿易のパターンは大幅に変化している。中国からはエレクトロニクス製品などの高付加価値製品の輸入が目立つようになった。さらにEU諸国による対中投資を反映した輸入が増えている。これはEU企業が中国に大量に投資して現地で生産活動を行い,生産物をEUに"再輸入"するというものだ。日米の企業も同様の操作を大々的に行っている。中国の輸出の約6割は日米欧などの外資系企業が担っている。

その半面,EU企業は中国市場へのアクセスでさまざまな障壁に直面し,輸出の伸びが妨げられている。そうした中で,EUは中国に貿易・投資政策の一層の自由化を促している。具体的には,①価格統制や差別的な登録義務,恣意的な衛生基準などの特定製品に対する輸入障壁の除去,②合弁企業設立の義務付けや差別的な免許手続き,制限的な外国為替規制などの投資障壁の除去,③知的所有権の保護,などのビジネス環境の改善を求めている。

EUは2001年の中国の世界貿易機関（WTO）加盟は中国市場の自由化を促進し，世界経済に利益をもたらしたと考えているが，同時に中国が加盟条件を順守することが必要だとみており，今後も順守状況を監視していく方針だ。さらにEUは中国とさまざまな産業分野での対話や協力を進めている。

◎中国との貿易摩擦

過去数年間で最も注目されたのは中国製繊維製品の動向だ。中国繊維製品の対EU輸出は2004年末，二国間で輸入数量の割り当てを認めた輸入数量規制（クオーター制）の撤廃を受けて急増し，EUへの中国製Tシャツの輸入は2005年1-3月期で前年同期比164％，亜麻糸で同151％，ズボンは同413％，女性用ブラウスは同186％，ベッドシーツは同164％と急増した。これを受けて，欧州委はセーフガード（緊急輸入制限措置）を発動する構えをみせたため，中国政府は協議に応じ，その結果，中国側はTシャツや亜麻糸など主要10品目の輸出の伸び率を約3年間，8-12.5％に抑制することに同意した。両者はこれを完全自由化に向けた暫定的取り決めと位置づけた。中国製品のEUへの輸入急増については，繊維製品に次いで，布靴や革靴，スリッパなど6品目の靴製品も問題となったが，中国側が輸出自主規制に応じたことで決着した。

◎関係強化を図る

一方，グローバル化が加速する「大競争時代」において，経済発展が目覚しい中国とインドという2つの経済・人口大国との関係強化を図ることはEUにとって不可欠となっている。両国との関係強化は米国のユニラテラリズム（単独行動主義）に対抗するための「多極世界」構築というビジョンを抱くEUにとって避けて通れないものだ。

EUは中印両国と定期的に首脳会議を開催しているが，2005年にはEUと中国の外交関係樹立30周年を記念する首脳会議が北京で開かれ，温家宝首相らが出席した。1985年に締結した「EC（欧州共同体）・中国貿易経済協力協定」に代わる包括的な「枠組み協定」の締結と長期的な「戦略パートナーシップ」作りを目指すことで合意した。さらに，雇用・社会問題に関する対話開始，地球温暖化防止，再生可能エネルギー，宇宙開発など8項目の協定に調印した。関係強化の背景には，EUにとって中国は無視することのできない巨大な市場だという事実がある。例えば，中国は2007年10月に定めた中長期計画で新たに30基前後の原発の建設が必要となる計画を定めた。また，旅客

機も今後20年間に3400機の需要が見込まれるという。

　BRICs4カ国のうち，中国とインドが位置するアジア諸国との対話をEUはアジア欧州会議（ASEM）の場で活発に進めており，グローバル化への対応も主要議題の1つだ。2006年9月にヘルシンキで開かれた第6回ASEM首脳会議では「グローバル化に伴う経済構造の変化にどう対応するか」について意見交換が行われ，グローバル化による市場開放が利益をもたらし，生産性を向上させる点を確認した。その上で，構造改革とあらゆるレベルでグローバル化への効果的な対応とそれに伴う調整が必要であり，その過程で保護主義が障害になるとの認識で一致した。BRICsをはじめとする新興国の成長を世界全体の利益となるよう世界情勢の変化の中でどう軟着陸させるか。「グローバル化」をいかに制御していくかがEUの大きな課題だ。

主要輸入相手国			主要輸出相手国			主要貿易相手国		
相手国	金額（万ユーロ）	%	相手国	金額（万ユーロ）	%	相手国	金額（万ユーロ）	%
全体	1,425,525	100.0	全体	1,239,873	100.0	全体	2,665,398	100.0
1 中国	231,411	16.2	1 米国	261,634	21.1	1 米国	442,809	16.6
2 米国	181,176	12.7	2 スイス	92,747	7.5	2 中国	303,202	11.4
3 ロシア	143,587	10.1	3 ロシア	89,125	7.2	3 ロシア	232,712	8.7
4 日本	78,103	5.5	4 中国	71,791	5.8	4 スイス	169,514	6.4
5 スイス	76,768	5.4	5 トルコ	52,611	4.2	5 日本	121,848	4.6
6 ノルウェー	76,756	5.4	6 日本	43,745	3.5	6 ノルウェー	120,121	4.5
7 トルコ	46,919	3.3	7 ノルウェー	43,365	3.5	7 トルコ	99,530	3.7
8 韓国	39,481	2.8	8 インド	29,485	2.4	8 韓国	64,274	2.4
9 ブラジル	32,668	2.3	9 アラブ首長国連邦	26,818	2.2	9 インド	55,736	2.1
10 リビア	27,320	1.9	10 カナダ	25,900	2.1	10 ブラジル	53,953	2.0
11 インド	26,250	1.8	11 韓国	24,793	2.0	11 カナダ	49,173	1.8
12 台湾	26,077	1.8	12 オーストリア	22,713	1.8	12 南アフリカ	41,407	1.6
13 カナダ	23,273	1.6	13 ウクライナ	22,368	1.8	13 台湾	39,413	1.5
14 アルジェリア	21,147	1.5	14 ブラジル	21,285	1.7	14 シンガポール	38,986	1.5
15 南アフリカ	20,923	1.5	15 メキシコ	20,927	1.7	15 サウジアラビア	38,378	1.4

●表4　主要国とのEUの貿易統計表（BRICs含む，2007年）
　出典：欧州委員会統計局

47 経済モデル論争

(村上直久)

EUは経済社会面では,米国の自由競争に基づく市場原理主義のアンチテーゼとして,社会政策を通じた福祉重視社会を目指しているとの見方もある。しかし,事情は単純ではない。

◎欧州型資本主義

欧州統合は理念的には自由な競争を保証するとともに,社会的弱者を排除しない,より公正で平等な社会を実現することを目標として掲げている。

米国は市場原理のあくなき貫徹を重視するが,欧州,特に大陸欧州は福祉の充実による社会の安定に重きを置いている。こうしたスタンスの違いは例えば地球環境問題への対応の違いによく表れている。米国は,地球温暖化の元凶である二酸化炭素（CO_2）の排出削減を目指す「京都議定書」から離脱したが,その理由として経済成長の抑制につながるとの懸念を表明した。

米連邦準備制度理事会（FRB）のグリーンスパン議長（当時）は,2004年1月ベルリンでの講演で,「ある欧州の指導者が発した『市場とはジャングルのおきてなのか』という言葉が,米国と大陸欧州の違いを明確に示している」と指摘,欧州型の経済システムを皮肉った。

米国の市場原理主義はグローバリズムと結合し,米国標準を世界中に広めようとしている。これに対し,EU内では危機感を持つ向きが少なくない。フランスのユベール・ベドリーヌ元外相は「欧州統合の前途にもし危険があるとしたら,それはコントロールされていないグローバル化である。欧州はそのようなグローバル化を規制する用意がある」と述べている。

しかし,アングロサクソン型モデル,特に米国型モデルは21世紀に入り,変調を来たすようになった。米長距離通信大手ワールドコム（総資産約1070億ドル）は2002年7月,連邦破産法11条に基づく会社更生手続きの申請を適用した。長引く通信不況による業績低迷で,企業買収などに伴う膨大な債務が経営を圧迫した上,同年6月末に大規模な利益水増しが発覚したことが致命傷となった。ワールドコムは1999年から2002年5月にかけて,自社株の価格を下支えする目的で,収益性を実態よりよく見せかけ,「傷んでいた」財務状況

を隠蔽する粉飾会計を行っていた。

　米国では21世紀に入ってからのIT（情報技術）バブルの崩壊でIT関連企業は過去の過剰投資による巨額の債務負担にあえぐようになった。ワールドコムに加えて、国際通信大手グローバル・クロッシング、ケーブルテレビ大手アデルフィア・コミュニケーションズが破綻し、このうち後者はワールドコムと同じく不正経理の発覚が破綻の引き金となった。エネルギー卸売り最大手エンロンも巨額の不正経理の発覚で、2001年12月に破綻していた。米企業の会計疑惑の広がりで、世界標準とされた米国型資本主義が問い直されるようになった。

　ブッシュ政権は2002年秋の中間選挙を控えて危機感を覚え、野党民主党に「共和党政権は企業寄り」と攻撃されたこともあり、企業会計問題に強い姿勢を示さざるをえなくなった。ブッシュ大統領は7月には、監査法人が監査とコンサルティング業務の同時提供禁止やインサイダー取引など証券詐欺行為に対する禁固刑25年など罰則強化などを盛り込んだ企業会計改革法（サーベンズ・オクスリー法）に署名し、企業不正再発を防ぐ姿勢を明確にした。

　2007年には、米国で、低所得者向け住宅融資（サブプライムローン）の返済焦げ付きとそれに伴う住宅差し押さえが急増し、大きな経済・社会問題に発展した。サブプライム住宅ローン問題の特徴は、住宅事業やローンと直接関係がない金融機関に巨額損失となって影響が表れた点にある。住宅ローンの貸し手はリスク分散や資金調達の目的でローン債権を担保にした証券を発行、これがさまざまな証券化商品に姿を変えて世界中の金融機関に販売されたからだ。ローン返済が順調な間は高収益の金融商品としてもてはやされたが、焦げ付きが増えるとともにローン債権が組み込まれた金融商品の価値も急落し、投資していた世界の金融機関に巨額の損失をもたらすようになった。

　サブプライム住宅ローン問題は2007年半ば以降、金融機関の損失拡大を通じて、世界の金融・資本市場に深刻な打撃を与えるようになった。

　そして2008年秋、米国発の金融危機が世界に広がった。米証券大手のリーマン・ブラザーズが実質破綻したことが危機の引き金となった。サブプライムローンを証券化した金融商品を抱え込んでいたことが致命傷となった。その後、米連邦議会で金融救済法案の審議が混乱、危機が底知れぬ不況に転じる境目となった。

　欧州大陸企業の間では1990年代からアングロサクソン型経営の浸透が目立っていた。敵対的な合併・買収（M&A）の活用や、株主価値および短期的

209

収益を重視する経営だ。コア・コンピタンス（中核業務）への集中や自社株買い，ストックオプションの導入もそうだ。友好的な買収では，双方の事業部門やポストを温存する傾向が強く，リストラは進みにくい。買収する側とされる側の力関係を明確にするには敵対的M&Aが一番というわけだ。

　欧州大陸の企業の中でも，ドイツ企業の危機感は強かった。労使の共同参画と合理主義，そして高度な技術力が「ドイツ株式会社」の強さの原点だったが，その独自性が市場原理の前で薄れつつあったのだ。

　しかし，米国発の金融危機は「経済モデル」の見取り図を変えようとしている。

◎2モデルの競合

　欧州では2つの資本主義経済モデルが競合している。1つは英国でみられる自由競争，資本獲得，経済成長を追及する競合的政府間主義（competitive intergovernmentalism）であり，これはネオリベラリズム（新自由主義）に

	大陸欧州型社会経済モデル	アングロサクソン型社会経済モデル
財・サービス市場	調整的	競争的
同一産業内の企業関係	調整的ないし協力的，有力な業界団体の存在	競争的
企業統治	複数の利害関係者(stakeholder)重視	株主（shareholder）重視
企業所有	支配的株主への集中・持ち合い，金融機関の役割大	分散所有，機関投資家（年金基金中心）
資本市場の役割	相対的に低い	高いかつ「企業支配のための市場」としても機能
企業と銀行の関係	緊密で長期的取引関係	希薄
労働市場	固定的で移動性が低い	流動的で移動性が高い
労使関係	協調的	対立的
労働組合の組織率	低下傾向にあるが相対的に高い（EU平均で3割，最高はデンマークで8割超）	低い（13％）
集団交渉のカバー率	高い（EU全体で8割の労働者をカバー）	低い（労働者全体の15％）
賃金水準の弾力性	相対的に低い	高い
雇用保護	相対的に手厚い	低い
人材教育育成システム	長期雇用に基づく企業内の人材育成	自己責任に基づくスキル取得
社会的連帯の度合い	高い	低い

●表5　大陸欧州型社会経済モデルとアングロサクソン型社会経済モデルの比較
　出典：星野郁「欧州の社会モデルの現状と行方」，『日本EU学会年報』第23号

分類される。もう1つがドイツに代表される協調、国際ケインズ主義、労使間社会対話を基軸に据える協調的政府間主義（cooperative intergovernmentalism）である。

英国型（アングロサクソン型）モデルは、金融が経済を牽引する市場経済モデルである。この背景には一層グローバル化する多国籍企業の活動や巨大化する国際資本移動が、規制緩和や自由化、民営化を通じて、伝統的な国民国家の基盤を掘り崩し、その管理能力を低下させることによってより市場経済化の方向へ押しやっているという状況があるとされる。

そして、株主重視の経営、投資家保護の観点からする時価会計制度や企業統治コードの導入など、アングロサクソン型の経営スタイルが世界的に広まってきた誘因としては、グローバルな金融市場の統合が進み、その中でグローバルなマネー循環を牛耳る英米の機関投資家や投資銀行（証券会社）、ヘッジファンドが支配的な影響力をふるうようになっていることがあるという。

2008年の世界金融危機勃発後、同年のノーベル経済学賞を受賞した米プリンストン大学のポール・クルーグマン教授は、金融危機が起きたことに最大の責任がある人物としてFRBのグリーンスパン前議長を名指し、同氏が「デリバティブ（金融派生商品）の潜在的危険性を知りながら、規制に動こうとせず、米国内で住宅バブル発生の兆候があったにもかかわらず、手を打とうとしなかった」と批判。ネオリベラリズムに基づく金融政策運営を批判した。

一方、ドイツに代表されるモデルは「ライン型資本主義」と、経済活動水準の決定要因として通貨政策を第一とするマネタリスト的な「フランクフルト・モデル」に分けられる。前者はドイツの「社会市場経済」を支えてきたが、主要な柱である企業における共同決定制度の変質などにより、黄昏を迎えている一方、ドイツ連邦銀行（ブンデスバンク）が標榜してきた後者は、各国中央銀行の強力な支持を得てユーロ圏に移植されたとの見方がある。

EU内にはこのほかに、企業経営の柔軟性（flexibility）と安定（security）を両立させる、「フレクシキュリティー(flexicurity)」の「スカンジナビア型モデル」、従業員の早期退職を容認してきた「地中海型モデル」がある。

グローバルな大競争が激化する中で、EUが目指すのは、競争力の強化と社会的連帯の両立を可能にするモデルだ。すなわち、アングロサクソン型モデルの特徴である、市場における競争力の強化などを目指しつつ、ドイツ・モデルにおける労働者の雇用の安定などにも目配りするというものだ。

48 競争政策

(村上直久)

「競争政策(競争法,独占禁止法)は,共同市場の確立と並んで,共同体全体における調和と均衡のとれた経済発展の促進,より高い生活水準,そして加盟国間のより緊密な関係の構築という共同体の基本的目標を実現するためにローマ条約が規定する2つの主要な手段である」(「1992年度競争政策報告書」)。

EUの競争法は,現在では米国の競争法(反トラスト法)と並んで,世界の主要な競争法制の双璧であり,EU域内のみならず,域外諸国の競争法制にも少なからぬ影響を与えている。

EUは健全な競争は市場経済の基本的なメカニズムであり,企業が消費者の欲する製品を提供するよう促し,企業によるイノベーションを促進し,物価水準を押し下げる効果があるとみている。そして実効性のある企業間競争を実現するには企業が相互に独立していると同時に,互いに競争上の圧力を加えることが必要であるとみている。

◎2つの柱

EUの反トラスト法上の規定としては,2社以上の企業間の協定などのカルテルを規制する81条,および市場における支配的地位の濫用を規制する82条の2つの条文が存在する。

欧州委員会はEC条約によってこれら2つの規定を適用するための権限を有しており,その中には企業の検査,書面による情報提供の要請,罰金を課すことなどがある。2004年5月1日以来,加盟各国の競争政策当局も競争が歪曲されたり,制限されたりすることを防ぐためにEC条約の81条と82条を適用する権限を付与されている。

カルテルについては,EU域外の企業が,EU域内向けの輸出についてカルテルを締結することによって共同市場における競争に影響を及ぼす場合には,このカルテルはEU競争政策の対象となると解されている(「効果理論」)。

支配的な地位の濫用の規制は,市場において有効な競争に直面していない

企業に対する行為の規制である。EC条約によれば「一または複数の企業による、共同市場またはその重要な一部における支配的な地位の濫用行為は、加盟国間の取引に影響を及ぼす恐れがある限り、共同市場と両立しないものとして禁止される」(第86条1項、82条)。

規制される行為は、このように市場における支配的な地位にある企業によるその地位の濫用行為である。濫用行為が規制の対象となっているため、カルテル規制の場合とは異なり、対象行為に対する規制の適用を免除する余地は認められていない。

さらに、カルテル規制では複数の企業による共同行為が対象とされているが、ここでは、通常は企業の単独行為が問題となる。ただ、複数の企業が共同で支配的な地位を濫用したと認定されることもある。

支配的地位と判断する尺度としては、市場占拠率が著しく高い場合(85%または90%以上)を除いて、市場占拠率だけでは当該企業が支配的な地位にあるかどうかを認定できないとされている。市場占拠率以外の要因としては、著しく高額な価格設定、差別的な価格設定あるいは忠誠リベート、抱き合わせ契約(販売)、供給拒絶、排他条件付き取引などがある。

◎マイクロソフトをやり玉に

EUは競争法を躊躇することなく域外企業に適用している。これまで最も注目を集めたのは、コンピューターソフトの巨人、米マイクロソフトに対して行った是正措置と巨額の罰金支払い命令だ。

欧州委員会は、2004年3月、マイクロソフトが基本ソフト(OS)「ウィンドウズ」の独占的地位を濫用して音楽・映像ソフト「メディア・プレーヤー(WMP)」販売などの公正な競争を阻害し、EU競争法に違反したとし、WMPの分離出荷などの是正措置と4億9720万ユーロの罰金支払いを命じた。EUの一企業への制裁金としては過去最高額だ。罰金額はその後、過去最高の8億9900万ユーロまで引き上げられた。

欧州委はマイクロソフトに限らず、過去20年間にわたって欧州市場における米ハイテク企業の「独占的地位の濫用」疑惑問題を調査してきたが、実際の行動は和解や勧告にとどまっており、正面切って制裁措置を科したのは初めてだった。例えば1984年に欧州共同体委員会(EC委員会、欧州委の前身)は米IBMに対して、同社のメインフレーム・コンピューターへの他社のハードウェア製品の接続問題をめぐって法的判断を下すには至らず、行為指針を

示すにとどめただけだった。

　2008年には米半導体大手インテルに対しても独禁法違反の是正措置を命じた。欧州委によると，インテルは欧州のパソコン小売業大手に，インテル製中央演算処理装置（CPU）を搭載したノートパソコンだけを販売するよう働きかけ，報償金を支払ったとされる。

　2007年に欧州委が命じたカルテル制裁金は合計33億3400万ユーロ，2005年までは年間5億ユーロ前後だったが，2006年には約18億4600万ユーロに膨らんでいた。2007年はその1.8倍だ。日本企業へのカルテル制裁も目立つ。摘発された企業数は，2007年には米国の3社に対し日本は12社。日本企業の制裁金は全体の22％を占める。

　制裁金の算出については，独禁法違反があった対象分野の売上高が課徴金の基準となる日本とは異なり，EUでは対象企業の世界総売上高の10％が制裁金の上限と定められている。EUは域内市場で独禁法違反を防ぐには巨額の制裁金で抑止力を高めるのが有効だと考えている。一方，情報提供者など協力的な企業には制裁金の減額や免除などを認める「リニエンシー」の制度（自主的な申告による減免制度）を設けている。

◎米企業間の合併にも待った

　一方，競争政策のもう1つの主要分野である企業合併の審査では米企業に「待ったをかけた」こともある。欧州委は2001年7月に，ゼネラル・エレクトリック（GE）と航空電子部品のハネウェル・インターナショナルという米企業同士の大型合併を全会一致で認めない方針を決めた。両社の合併は米司法省が同年5月に承認していたが，欧州委は航空機エンジンなどで高いシェアを持つGEが航空機部品に強いハネウェルを買収すれば，航空機関連市場での支配力が強くなり過ぎると判断した。GEはその後，欧州司法裁判所に提訴したが，合併合意は白紙に戻された。

　EUは1989年合併規則に基づいて，1990年以来，合計売上高が50億ユーロ以上で，そのうち5000万ユーロをEU内部で上げている，域外企業同士の合併に関する管轄権を行使しており，GEとハネウェルの取引はこの基準に該当していた。

　1989年の合併規則の改訂版となった2004年合併規則では，寡占的で，かつ企業間に協調的な関係がみられない市場も含めて，「有効競争を阻害する」か否かによって域内市場との中立性を判断する基準が採用された。

49 EU域内格差（地域政策）

(村上直久)

　EUでは1970年代から加盟国間・地域の経済格差が問題視されてきた。加えて1980年代以降のEU拡大で加盟した国とそれ以前からの加盟国の間の格差が目立つようになった。こうした格差を縮小するために考案された政策が地域政策だ。域内全体の調和のとれた発展を目指して各加盟国・地域間の開発不均衡を是正し、経済・社会・領土的結束を強化することを目的としている。EUが地域政策に投じている予算額も共通農業政策（CAP）に次いで2番目という状況が続いてきた。EUは2007-2013年の中期財政計画では3分の1以上の予算を充当しており、地域政策は、EUの競争力向上と地域住民の福利厚生にとって不可欠の政策と位置づけた。

◎7倍の格差

　域内の格差では、最も富裕な国ルクセンブルクと最貧国ルーマニアの間の経済格差（GDP水準比較）は7倍を超えている。もっとも、東南アジア諸国連合（ASEAN）10カ国内で最富裕国ブルネイと最貧国ミャンマーの経済格差である100倍超を大幅に下回っている。

　人工衛星から夜間にEU加盟諸国を撮影した写真をみると、ロンドン、ハンブルク、ミュンヘン、ミラノ、パリの周辺の明るさが目立つことに気付く。実際、EU域内総生産の43％、研究・開発投資の75％が、域内総面積の14％を占めるに過ぎないこれら5都市を結ぶ5角形の内部に集中している。

　地域政策のスタートは欧州地域開発基金（ERDF）が設立された1975年だった。しかし、ERDFはあくまでも加盟国主導の国別割当制度に基づき、EUの共通政策というよりはむしろ加盟国の国内政策の色彩が濃いものだった。

　1987年に単一欧州議定書が発効したことを受けて、その翌年に抜本的な地域政策の改革が行われた。割当制度を廃止し、政策ベースを採用。①市民への恩恵、②富の再配分のためでなく各地域の潜在的発展力を引き出すこと、③発展を阻害する構造的障害の除去、という3つの基本方針を打ち出した。単一欧州議定書には「地域の参加を通じた地域間不均衡の是正」の必要性が明記された。

地域政策の予算は倍増した。財政面では，欧州地域開発基金（ERDF），欧州社会基金（ESF），欧州農業指導保証基金指導部門（EAGGF）が構造基金（structural funds）として統合され，この強化された財政基盤をそれまでの単年度予算ではなく，多年度予算として運用することになった。

　構造基金は援助対象が5分類された。すなわち，①後進地域（1人当たりのGDPがEU平均の75％未満），②産業衰退地域，③長期失業対策，④産業構造の変化への適合，⑤a. 共通農業政策（CAP）および共通漁業政策の支援，b. 遠隔地域，となっている。援助方式についてはばらまきとの批判を受けてきた個別事業対象のプロジェクト方式から，整合的な複数の事業からなるプログラムを援助対象とするプログラム方式に変更された。

　その後，分類は調整を経て，2000-2006年の地域政策支援プログラムでは，①オブジェクティブ（目的）1―最後進地域の開発，②オブジェクティブ2―困難に直面する地域の構造転換，③地域間協力，④都市地域の持続的開発，⑤イノベーション活動―地域の競争力強化のためのイノベーション戦略立案，⑥加盟候補国の運輸と環境，となっている。

◎格差是正基金

　1993年に発効したマーストリヒト条約は，ユーロの導入を柱とする欧州通貨統合への道筋を描いているが，ユーロ導入に備えて経済的コンバージェンス（収斂，均質化）のための財政的負担が大きいと予想される，スペイン，ポルトガル，ギリシャ，アイルランド4カ国を念頭に設立されたのが格差是正基金（cohesion fund，　結束基金との表記もある）である。これら4カ国は当時，1人当たりの平均GDPがEU平均の90％に満たない国だった。基金は環境対策および輸送インフラの整備に使われた。1993-1999年に4カ国が受け取った基金総額は167億ユーロに上った。

　また，マ条約に基づいて，EU政策に地域の声を反映させ，EUと一般市民の距離を可能な限り縮小させるために，加盟国の自治体，地域当局代表344人で構成する「地域評議会」がEUの諮問機関として設立された。

◎2007-2013年の目標

　欧州委は2007年5月にEUの地域政策について報告書を発表。この中で「EU経済の収斂をはじめ，地域，地方レベルでの行政サービスや公的ガバナンスの向上，そして加盟国における成長と雇用機会の拡大に貢献している」

と指摘した。特に大きな恩恵を受けたのはギリシャ，スペイン，ポルトガル，アイルランドの4カ国だ。ギリシャは，国民所得の対加盟国平均値をかつての74％から2005年時点で88％に上昇させることができた。スペインはEU平均の91％から102％へ，アイルランドは102％から145％へ押し上げた。

一方，EUの東欧への拡大後，大きな所得格差が発生したが，この格差は市場のメカニズムでは容易に収斂せず，地域政策による支援が重要となっている。

EUは2007年から2013年の7カ年を対象に総額約3470億ユーロの予算をERDF，ESFおよび格差是正基金に計上している。①開発の後れている加盟国・地域を支援する「収斂」事業，②最も不利な地域以外の地域の競争力，雇用を強化するための「競争力・雇用」事業，③国境を接する地域同士の協力，加盟国間・地域間協力の強化を目的とする「欧州領土協力事業」，が3本柱だ。具体的には，運輸インフラの整備，環境対策，イノベーションの促進，教育・訓練の拡大などが重点事項となっている。1人当たりGDPがEU平均の75％以下の地域への支援を目的とする①の「収斂」事業は，17加盟国，84地域，人口1億5400万人を対象としている。3470億ユーロに地域振興目的の加盟国による公共・民間投資を合わせるとほぼ1兆ユーロに達する。

欧州委員会が2009年3月4日に発表した，「欧州の経済回復を推進する（Driving European Recovery）」と題する文書によると，ESFは2009年だけで900万人の労働者への支援を計画している。09年には108億ユーロに上る無償資金がESFの下で交付される予定で，これは金融・経済危機に対応して，労働市場における需給のマッチングの改善（ミスマッチの削減），労使双方による共同イニシアチブの後押し，公的雇用サービスの強化などが目的だ。

欧州委員会によると，EUによる雇用支援措置は加盟各国の個別の経済事情や労働市場の状況を勘案して実施されるとともに，EU経済の長期的な構造改革ニーズとも整合性を保つ必要があるという。

さらに，加盟国が雇用支援で適切かつ効果的な措置を講じるには以下の点に留意すべきだと指摘している：

　―雇用の維持，特に派遣労働者，フレックスタイム労働者への財政支援
　―景気後退によって最も影響を受ける市民に対する十分な生活保護
　―労働者の再訓練とスキルの向上に向けた投資
　―年金の前払いなどによる過剰債務を抱えている個人への援助

50 金融市場改革

(村上直久)

　域内金融市場の改革・自由化に関しては、1958年のローマ条約67条に加盟国相互間の自由な資本移動という考え方が盛り込まれている。1960年5月には「資本移動に関する第一次自由化指令」が採択され、資本移動契約の形態別に自由化の程度・速度を定めたリストを作成し、具体的な第一歩を踏み出し、その後、数次の自由化措置を重ねてきた。

◎画期的な第二次銀行指令

　EUは各金融機関が自国以外の域内全域で展開することを目指してきたが、この流れの中で最も注目されたのが第二次銀行指令である。これは、市場統合に至る過程で、単一市場が「要塞化」するかどうかのリトマス紙とみなされていた。同指令は、1993年から単一銀行免許を導入した。域内の1国で免許を持っていれば、他の加盟国でも営業を可能にし、本国の監督官庁のコントロールだけを受ける（母国主義）というものだ。

　具体的に最大の論議を呼んだのは、域外国銀行による子会社設立の際に適用される相互主義の運用手続きをどうするかという点で、①欧州委員会は指令実施6カ月前までに日米など第三国の金融市場でEUの銀行が内国民待遇を受けているかどうか調査し、報告書を作成する、②もし、内国民待遇がなされていない場合は、第三国との交渉およびその国の銀行から出されている免許申請手続きを停止することをEU議長国が代表を務める銀行諮問委員会に諮り、特定多数決で合意を得られなければ同提案は閣僚理事会に送付され、理事会は特定多数決で決定する、というものだ。

　相互主義条項は当初、第三国、特に日米の銀行から、外銀を締め出す手段として保護主義的に使われるのではないかと懸念が表明されていたが、修正案が出され、いくぶん緩和された。欧州委員会のブリタン副委員長（当時）は、相互主義条項が内国民待遇、実質的市場参入、同一競争機会の確保を目指したものとなったとしている。日本についての報告書は1992年7月にまとまり、EU加盟国の銀行は日本で内国民待遇を受けているとの結論が出された。

第二次銀行指令により，銀行業務の大幅な自由化につながる「国境を越えた金融市場」が実現した。その後，証券業務は1993年の投資サービス指令で，保険ビジネスも同年の第三次指令で，それぞれ母国主義の単一免許制に統一された。

◎金融サービス行動計画

　しかし，1990年代後半になり，単一通貨ユーロの導入が現実味を帯びて来る中でも，加盟国間の法制度や税制，取引慣行の違いなどの残存障壁のために金融市場統合は阻まれていた。

　こうした中で欧州委は1999年5月に「金融サービス行動計画（Financial Services Action Plan = FSAP)」を打ち出した。対象期間は1999－2005年。FSAPは，①単一金融卸売市場の完成，②リテール（小売）金融サービスのためのオープンで安全な市場の構築，③EU金融市場の継続的な安定性の確保，という3つの戦略目標を打ち出した。FSAPの具体的な対象や立法プロセスを策定するため，ベルギー国立銀行（中央銀行）のラムファルシー総裁を議長とする賢人会議（ラムファルシー委員会）が設置され，42項目の対象を特定するとともに，4段階のアプローチによる金融自由化関連立法プロセス（用語「ラムファルシー・プロセス」参照）の改善方法を提示した。2004年までに42項目のうち39項目が達成され，具体的には国際会計基準（IFRS）の単一基準の採用，インターネットや電話によるリモート金融サービス，担保の共通基準，インサイダー取引など市場の悪用規制，単一発効目論見書の導入などに関わるものだ。

　欧州委員会はFSAPの評価について，2005年12月5日付のプレス・リリースで「マクロ経済的な見地からすれば，FSAPはセグメント化された欧州の金融市場の統合を効率的に進めるための法的基盤（legislative foundaiton）を構築した」として，その成果を強調した。言い換えれば，域内金融市場では流動性が高まり，競争が激化し，安定性が高まったというわけだ。欧州委は金融市場統合だけで域内GDPを1.1％押し上げ，0.5％の雇用創出効果があると試算している。

◎新たな金融サービス政策

　欧州委は，域内の経済成長と雇用創出を一段と促進するにはさらなる金融市場統合が不可欠と判断し，2005年12月に新たな金融サービス政策を策定

し，「金融サービス政策白書2005-2010（White Paper on Financial Policy 2005-2010）」と名付けられた。優先事項としては，投資ファンドをめぐる環境と金融リテール・サービスの改善を挙げている。域内のファンド業界は5兆ユーロを超える資産を管理しているが，集合投資を容易にするための規制環境の整備を求めている。また，金融リテール・サービスの拡大と，そのために消費者にとっての銀行口座へのアクセス障壁の排除も求めている。

こうした中で2007年7月に米国で発生した，低所得者向け住宅融資（サブプライムローン）焦げ付き問題に端を発した世界的な金融危機は域内金融市場にも波及した。EUは金融市場への信認を回復するために，より効果的なクロスボーダーの金融監督の必要性を痛感するようになった。欧州委員会は2008年，金融市場安定策の一環として，格付け会社に，証券化商品などに絡んだ格付けの手法や根拠などの情報開示を義務付ける法規制を提案した。2009年中の法規制の導入を目指す。情報開示違反にはEU全域での営業停止や提訴などの制裁措置も定める。

2008年9月にベルリンで開かれた欧州理事会は，金融危機への対応策として，ヘッジファンドの国際的監視や，脱税の温床として問題視されてきたタックスヘイヴン（租税回避地）の透明性の確保を強く求め，拒否する国には制裁も検討するなど金融規制の強化を促進することで合意した。

金融危機はEUの金融界改革の今後の展開に大きな影響を与えそうだ。

2009年4月初めにロンドンで開かれたG20首脳会合（金融サミット）（「欧州金融危機」参照）で採択された首脳宣言は，投機マネーの温床となるタックスヘイブンの規制強化や金融機関の報酬体系の見直しを打ち出した。

タックスヘイブンについての討議では中国の湖錦涛国家主席とフランスのサルコジ大統領がタックスヘイブンの「ブラックリスト」の公表について鋭く対立した。サルコジ大統領が透明性に関する既存の基準を順守していないタックスヘイブンを経済協力開発機構（OECD）が公表することを求めたのに対し，香港とマカオを抱える中国だけが反対。一時，サルコジ大統領は首脳会合から退席する構えを見せるなど険悪な雰囲気となった。

中仏対立に割って入ったのがオバマ米大統領。OECDリストに「留意する（take note）」ことで妥協が成立した。タックスヘイブンを①規制を受け入れない国・地域，②受け入れ用意のある国・地域，③受け入れる国・地域に3分類し，透明性の確保や罰則のあり方について検討を続けることになった。銀行が顧客口座の秘密を保持できる時代は終わったとの認識が広がりつつある。

51 欧州会社法

(村上直久)

　日本でも2006年5月に新会社法が施行され、コーポレート・ガバナンス（企業統治）が強化されたが、EUでは加盟各国固有の会社法とは別に域内全体をカバーする欧州会社（ラテン語の"Societas Europea"を略して「SE」と呼ばれる）法が存在する。EU全域の事業展開を可能にする法制度だ。

　欧州委員会が1970年に提案してから30年に及ぶ議論を経て、2001年10月8日の雇用相理事会で採択され、3年後の2004年10月8日より施行されている。同法は、SEの設立方法や機関を規定する「欧州会社規則」と、SEにおける従業員の関与のあり方を規定する「欧州会社への労働者の関与に関する指令」からなる。

◎労働者の経営参加を重視

　議論が長引いたのは、欧州会社法に労働者の経営参加の義務付け規定を盛り込もうとしたからだ。ドイツの労使経営協議会が規定案のモデルだった。結局、欧州会社法は労働者の経営参加を限定することで合意が成立した。

　設立が認められるSEは、会社の種類としては公開有限会社、資本金は12万ユーロ以上、登記地は本社所在地の加盟国で、EU官報に掲載、商号は個別会社名の後にSEを付けることとなった。設立の方法としては、①域内の国籍が異なる複数の公開有限会社による合併、②同じく複数の公開・非公開会社による持ち株会社の設立、③同じく共同子会社の設立、④他の加盟国に子会社を2年以上有する企業のSEへの転換、などがある。

　欧州会社法のメリットとしては、設立、登記、決算報告等の会社運営について、加盟国ごとの会社法に応じて手続きを変える必要がなく、欧州会社規則に準じて手続きができる点がある。また、いったんSEとして登記すれば、本社を別の加盟国に移転する場合も従来のように各加盟国で解散・新規設立の手続きを行わないで済む。さらに、これらの手続きコストも大幅に削減される。

　SEとなった企業は、複数の支店を有する単一の企業となり、単一の株主総会、単一の役員会、単一の人事システムなどを有するようになる。単一の経

営体制（単層）を持つことで可能となる節約は相当程度に上ると見込まれる。

また，企業の再構築も容易となる。すなわち，目的別に分けた法人を設立することや，複数の加盟国に存在する株主から投資された資金によって持ち株会社を設立することも可能となる。

- 全加盟国において SE は2種類の経営形態（一元制／二層制）を選択することが可能である。二層構造は，従業員代表の経営関与が求められる場合により望ましいシステムとなりうる。

  また，従業員の権利を保護するため，特別交渉組織の3分の2以上（かつ少なくとも2加盟国の従業員の3分の2以上を代表する）が望んだ場合にのみ，従業員の経営参加権は縮小するとされる。したがって，従業員は権利の縮小を防ぐことが相当程度まで可能となる。

  このように SE において従業員の権利が手厚く保護されているのは，市場主義原理だけでなく，従業員の権利・福祉を重視する欧州大陸型資本主義の表れとみることもできよう。ただし，SE にとって特別交渉組織との交渉に時間やコストがかかる場合，資金の手当てが相当の負担になることも予想される。さらに，欧州会社法は企業合併を歪曲しかねないとの懸念も指摘されている。例えば，英国の企業は従業員の経営参加に向けた企業風土が顕著なドイツの企業よりもスペイン企業との合併を選好するかもしれないからだ。

- ◎税制は未整備

  欧州会社法は税制に関する規定を欠いており，SE 設立後も域内各国に点在するグループ内の企業，支店はそれぞれ所在国において個別の納税手続きを採用しなければならない。

- また，SE は EU 域内で上場している大企業を想定した制度で，域内の中小企業には使いにくい制度とみられている。さらに，外国企業の子会社は非公開会社であるケースが多いため，公開会社にのみ限定されている合併，転換による SE 設立は非公開会社を公開会社に転換しない限り実施できない。日本企業の欧州進出においては，非公開会社の形態をとるケースが多く，日本の欧州進出企業にとってのメリットは限定的とみられる。

- ちなみに2007年春までに，EU 域内には60社を超える SE が設立された。国別では登記国はドイツが圧倒的に多く22社。このほか，オランダ，スウェーデン，英国，オーストリアなどを登記国に選んだ SE が目立つ。Allianz SE（保険業，登記国ドイツ）などの大企業も含まれる。

52 ─ 農業と食の安全

(村上直久)

　EUの共通農業政策（Common Agricultural Policy = CAP）は共通通商政策（Common Commercial Policy = CCP）と並んで，政策決定過程が加盟国から完全に共同体に委嘱された最重要の共通政策である。

◎急務だった食糧確保

　CAPもCCPも1958年1月1日に発効したローマ条約にすでに共通政策として盛り込まれていた。ローマ条約39条はCAPの目的として，①農業生産性の向上，②農業従事者の生活水準の向上，③市場の安定，④供給の安定，⑤農産物供給の確保，⑥適切な供給価格の確保，等を掲げている。CAPの原則としては，ⅰ）域内単一価格，ⅱ）域内市場の優先（域内農産物を輸入農産物より優先的に扱うこと），およびⅲ）共通財源の確保，が設定された。CAPの費用は加盟国が分担するとともに，その財源も共同体の機関である欧州農業指導保証基金（European Agricultural Guidance and Guarantee Fund = EAGGF）が運営している。

　CAPが誕生した約50年前は欧州統合に当初から参加した西ドイツ，フランス，イタリア，ベネルクス3国の6カ国が，10年以上にもおよぶ食料不足から抜け出してまもない時期であり，食料の確保が急務で，農業生産を推進することが求められていた。CAPが軌道に乗ったのは，1960年に農産物支持価格および介入買い上げ方式，輸入課徴金および輸出払戻金が採用され，その後，1962年から1965年にかけて農畜産物ごとに共同市場が確立されてからである。1960年代がCAPの"離陸"の時期といえよう。

◎「牛肉やバターの山，牛乳やワインの湖」

　域内の単一価格は生産性の最も低い地域に合わせて設定されたことから，生産性の高い農家は増産に努めた結果，域内農業生産は急速に拡大，1980年には主要農産物の大部分について自給率が100％を超える状況となった。すなわち，「牛肉やバターの山，牛乳やワインの湖」と称される過剰在庫問題が生じてきた。このため，財政負担問題が深刻化した。さらに，輸出払戻金の

供与による域内農産物の輸出拡大は,米国などの伝統的農産物輸出国との間で農産物貿易摩擦を引き起こした。

その後,穀物部門と酪農部門に「保証限度数量」が導入されたり,穀物部門に「最大生産枠」や「セットアサイド」制度(耕地の20%以上を5年間休耕する農業者に助成金を付与する措置)が導入されたが,生産過剰は続いた。

EUは1990年代に入ると,当時,交渉が続いていたウルグアイ・ラウンド(多角的貿易交渉)農業交渉もにらんで,欧州委員会農業政策担当のマクシャリー委員の提案に基づく「1992年改革(マクシャリー改革)」と呼ばれる画期的な改革を実行した。

1993年から実施されたマクシャリー改革はCAP3原則を維持しつつ,①農家に休耕や転作を条件に直接支払制度を導入すること,②穀物や牛肉などの価格支持水準を3年間で約30%引き下げること,が柱だった。マクシャリー改革は,過剰生産を抑制して,EUの全予算の7割前後まで占めるようになったCAP予算による財政負担問題を改善するとともに,直接支払措置を通じて,農村環境に配慮しつつ,農村社会を維持することを狙っていた。

◎アジェンダ2000

しかし,マクシャリー改革はCAP予算を抑制するには不十分であり,また,中東欧諸国などの加盟による第5次EU拡大を控えて,農業予算が膨張する可能性が出てきた。このため,2000-2007年の中期財政計画に向けた改革案「アジェンダ2000」の中で,CAP予算の上限を設定するとともに,農村開発政策を明記し,直接支払制度に各国の環境保護要件を設け,モジュレーション(modulation,農家への直接支払いを雇用状況や経営状況に応じて最大20%の範囲で削減し,削減分を農村開発支援に振り向ける措置),クロス・コンプライアンス(cross compliance,農業者が直接所得補償を受ける条件として各加盟国が設定する環境保全措置・食料安全基準を順守すること)などを盛り込んだ。

さらに欧州委員会は2002年7月に「CAP中間見直し(Mid-term review of the CAP=MTR)」を発表し,新たなCAP改革の方向性を示した。その柱は,①直接支払方式にデカップリング(生産規模と補助金額の連携を切り離す),②環境保護,食品の安全,動物保護などの強化,③長期休耕制度の導入,④直接支払いの段階的削減と削減分の農村開発資金への充当,などである。

また,2002年のブリュッセル欧州理事会では,東方拡大をにらんで,CAP

に関しては10年間の移行期間が設定された。すなわち，価格支持措置は中東欧新規加盟国にも同様に適応されるが，直接支払額については2004年の25％から段階的に引き上げ，2013年に従来からの加盟国と同水準の100％とすることが決まった。

◎ WTO ドーハ・ラウンドへの対応

EU が農業予算の使い方を改革したことは，CAP が余剰食糧を対象とする輸出補助金の拠出などを通じて世界貿易の流れを歪めているとの批判にもこたえている。2002年の「CAP 中間見直し（MTR）」までの改革で，貿易を歪曲する補助金を最大70％削減したと試算されている。EU は世界貿易機関（WTO）のドーハ・ラウンド（新多角的貿易交渉）において輸出補助金の全面的撤廃を提案しているが，これは他の主要国が同様の措置をとることが条件となっている。

2008年に入って，世界的な食料価格の高騰を受けて，欧州委は，小麦や大麦などの減反政策を完全に撤廃することを決めた。EU の穀物類の生産量は2007年で約2億5700万トンだったが，欧州委は生産調整の撤廃で「年間の生産量は10％程度増える」とみている（EU は耕地面積の約10％の範囲で作付けを制限してきた）。また，穀物類の輸入関税をゼロに据え置く措置も2009年まで延長することにした。

◎食品の安全性

EU は20世紀末から食品の安全性をめぐる問題に神経を尖らせている。その背景には EU 域内で一連の食品汚染問題が起こり，食品の安全性に対する消費者の意識の高まりがある。1980年代から断続的に続いた BSE（牛海綿状脳症，いわゆる狂牛病）禍，成長ホルモンを使って肥育した米国産牛肉の輸入禁止，1999年にベルギーやフランスで立て続けに起きた鶏肉，卵のダイオキシン汚染，下水処理残留物を利用したフランスの家畜飼料生産問題，コカ・コーラの汚染騒ぎ，遺伝子組み換え（GM）食品の流通や GM 作物をめぐる論議などは日本でも大きく報道された。

2002年2月21日に新たな EU 食品安全法が発効した。これは「農場から食卓まで（from the farm to the fork）」の包括的な一連の食品安全措置を規定したものであり，これらの措置の中には食品と飼料をめぐるリスクに関する新たな強化された緊急警報システム，食品と飼料に重大なリスクが生じそうな

時，欧州委員会に付与される新たな緊急介入権限，それまでのさまざまな食品関連常設委員会の再編成・統合，予防原則やトレーサビリティー（追跡可能性）など食品法に関する主要原則などが含まれている。

・「農場から食卓まで」というのは，生産者から流通業者を経て消費者までをカバーするというコンセプトである。同法により欧州委員会は自らのイニシアチブでリスク管理を行うことが可能となった。

・予防原則は，ある食品の安全性についての科学的知見が定まっていなくても「疑わしきは罰する」というものだ。食品安全法第7条は予防原則に割かれ，「健康に対して害が生じる可能性があれば，科学的に不確実性が残る場合にも，健康を守るために暫定的な行動のリスク管理措置が必要になる」としている。トレーサビリティーは食品や飼料の生産履歴を明らかにしようとするものだ。生産，加工，流通のすべての段階において，食品もしくは飼料に含まれることが見込まれる食品，飼料，家畜などを「トレース（追跡）」する。

・EUは2006年1月に，域内における食品安全対策の強化と調和を目指す，改正食品飼料安全規則を施行した。このうち柱となるものが包括的衛生規則であり，これによってEUの消費者に届けられる食の安全を確保する責任を食品業者に負わせている。食品業者は農場段階を除く食品産業のあらゆる部門で，自己監視プログラムと「ハセップ（HACCP，危害分析重要管理点）」原則の適用が義務付けられる。また，食品生産に関わる施設は登録が必要で，輸入食品はEU製品と同等の高い安全基準を満たさなければならない。

・域内におけるBSE発生状況は21世紀に入り改善しており，月齢30カ月以下の健康な処理牛でBSEが検出されたケースは2001年1月以来皆無だ。発見されたBSE感染牛は，いずれも1990年代に厳格なBSE規則，特に肉骨粉の禁止などがEUレベルで実施される以前に感染したことを示唆している。

・EUはGM作物についての指令を2004年に発効させた。EUは1998年の指令でGM作物については販売の新規承認，輸入を事実上禁止してきたが，新たな指令は，リスク評価と情報開示規定を整備することで解禁となった。しかし，EU指令は世界有数の厳格さを誇り，GM作物の域内市場での販売を科学的評価に基づいて1件ずつ個別に認可する制度だ。

・EUは2002年に欧州食品安全庁（European Food Safety Agency ＝ EFSA，本部はイタリアのパルマ）を発足させた。食品の安全性に関して科学的評価を行うとともに，それを伝達するのが主要な任務だ。評価対象は食物連鎖に対するリスク，動植物の健康と食品供給の安全性に関連する全事項だ。

53 エネルギー

(村上直久)

　EUを取り巻くエネルギー情勢は変わりつつある。特に目立つのがエネルギー供給基盤の脆弱性だ。2006年にEU域内で消費されたエネルギーの域外依存率は約54％と前年の53％から上昇し，全体の半分を超える水準が続いている。また，石油，石炭など化石燃料の備蓄は減少する半面，エネルギー価格は高騰している。エネルギー供給用のインフラは老朽化が進んでおり，改善が必要で，今後20年間で1兆ユーロの投資を要する。こうした中で，地球温暖化をストップするために，化石燃料の消費を減らし，風力や太陽光発電などによる再生可能エネルギーへの依存度を高めることが求められている。

◎ロシアとの危うい関係

　EUのエネルギー政策の基本は，①競争力のあるエネルギー市場の確保，②持続的かつ多様なエネルギー資源の確保，③欧州を世界で最もエネルギー効率のよい地域とすること，④クリーンエネルギーのための技術革新を促進すること，⑤域内のエネルギー供給の安定，⑥エネルギー分野の対外政策でEU共通のアプローチをとること，などである。

　③のエネルギー効率に関しては，欧州委員会は2020年までにエネルギー消費の20％削減を目標としている。⑤に関連しては，2030年には域内で必要なエネルギーの70％以上が輸入に依存するようになるとの厳しい予測がある。

　欧州委統計局によると，2006年の域内エネルギー生産の内訳は，原子力が29％を占め最大だった。このほか天然ガスが20％，再生可能エネルギーが15％，原油は14％だった。EUは消費する天然ガスの約29％，原油の約26％をロシアに依存しており，ロシアへのエネルギー依存度の高さが目立つ。

　こうした中で，EUとロシアの間ではエネルギー政策をめぐる不協和音が目立つようになった。EUは2006年9月末に打ち出した新エネルギー政策の中で，ロシアの天然ガス独占企業ガスプロムなどを念頭に，域外の会社によるEU内の支配を制限する内容を盛り込んだ。これに対してロシア政府は直ちに反発した。また，域内においては競争を促すために巨大エネルギー企業の分割を促しているが，当該企業からの強い反発に遭っている。

EUとロシアは冷戦時代からすでに密接な関係にある。東欧向けにロシアの天然ガスを運ぶパイプラインが建設されたのは1960年代だが，70年代には西ドイツやフランスなど西欧向けが敷設され，現在は欧州全体に張りめぐらされている。ロシアの機嫌を損ねればEUが「くしゃみをしかねない」状態となっている。実際，2006年初頭にロシアがウクライナへの天然ガスの供給をストップしたとき，ウクライナ経由でガスを受け取っていた欧州諸国への供給も停止され，文字通り欧州諸国は震え上がった。ガスプロムによるEU向けのガス供給のうち80％はウクライナ経由となっている。同年末にはウクライナの隣国，ベラルーシへのガス供給停止騒動も起き，核兵器に代わってエネルギーを使うロシアの「恫喝外交」が鮮明となった。2009年にも同様の事態が起きた。新年早々，一時的にロシアはウクライナへの天然ガスの供給，そしてウクライナ経由の欧州向けガスの供給も全面的にストップした。欧州のエネルギー安全保障が改めて問われた形となった。

　ロシアはウクライナ，ベラルーシ両国へのガス供給を一時停止した理由として，両国のような旧ソ連諸国に安く提供してきた天然ガスの価格を国際レベルに引き上げる価格調整の一環だと説明したが，実際は，ウクライナとベラルーシのガスパイプライン運営会社の経営権を奪取することが目的だった。

　そしてロシアは旧ソ連諸国を経由しない欧州向け供給ルートの開設にも余念がない。2003年末にはロシア南部から黒海を縦断し，ブルガリアに至るガスパイプライン「サウス・ストリーム」をバルカン半島経由でイタリア南部まで延伸させた。さらに，2005年末にはロシア北西部からバルト海を経てドイツに至る「北欧パイプライン（ノルド・ストリーム）」建設計画に着手している。

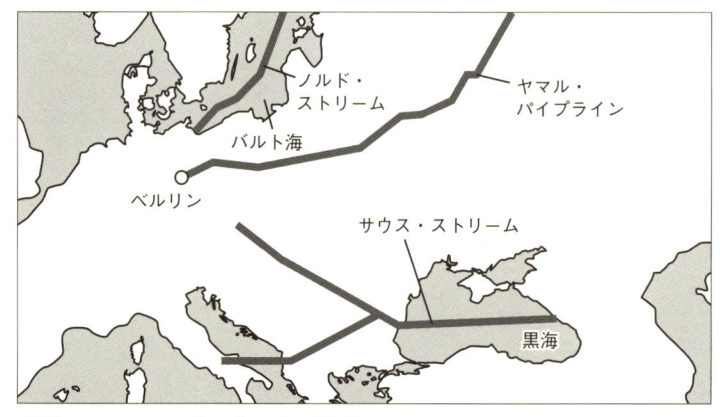

●図3　ロシアのパイプライン計画

◎新エネルギー政策

　EU域外企業が域内企業の経営権を握ろうと目論んだ場合，EUの同意を必要とするEUの新エネルギー政策に対し，ロシア議会国際委員会は「ロシア企業によるEU経済のある部門への進出をEUがストップしようとするのであれば，われわれもそれに対応するロシア経済の戦略部門への外国パートナーによるアクセスを制限しなければならない」と早くも牽制球を投げた。ガスプロムは，新エネルギー政策が実行に移されれば「欧州のガス供給の長期的安定にとって深刻な悪影響を及ぼすだろう」と警告した。

　確かに新エネルギー政策は，ロシアのガスプロムが，ドイツのRWEや英国のナショナル・グリッドなどのインフラ設備を保有する主要電力・ガス会社の支配権を握るのを防ぐ狙いがあるとみられている。言い換えれば，EU企業がロシアのエネルギー市場への投資で制限を課されている中で，新エネルギー政策はエネルギー市場へのアクセスでEUとロシア間で相互主義を確立するための第一歩でもある。

◎規制緩和をめぐる議論

　しかし，新エネルギー政策の下では域内エネルギー会社も無傷では済まされない。欧州委員会のバローゾ委員長は，「公正な競争を保証するのが目的で，保護主義ではない」と強調。フランスのEdFやドイツのイーオンなど巨大エネルギー会社を分割して，競争政策を促進する狙いがあるとみられる。

　新政策では，加盟国の電力・ガス会社が保有する送電線やパイプラインなどの設備の開放，そして，エネルギー生産会社とエネルギー設備保有・運営会社の分離（アンバンドリング＝unbundling）も求めている。そこには，エネルギー事業への新規参入を促進し，料金値下げにつなげる狙いがある。

　欧州委員会のピエルバルグス委員（エネルギー担当）は，垂直的に統合された巨大エネルギー企業は，強固なネットワークを持っているため，エネルギー市場への新規参入を阻害する傾向にあり，特に新たなインフラに投資するインセンチブをそいでいると指摘。欧州委統計局の数字を引用して，エネルギー業界が垂直統合されている加盟国では，1998年からエネルギー価格は設備の老朽化も重なって29％上がったのに対し，アンバンドリングが進んだ加盟国では設備投資も活発で，価格の上昇は6％にとどまったとしている。

　しかし，設備保有・運営会社は相対的に規模が小さくなるため，ガスプロムやサウジアラムコなどによる買収の標的にされやすくなる。域外企業によ

る域内エネルギー企業の支配権の制限はこのために設けられたものだ。

◎地球環境問題とのバランス
　エネルギー問題は地球環境問題と切り離せないが，EUはどのようにして両者をバランスさせようとしているのだろうか。
　ピエルバルグス委員は欧州が直面するエネルギー問題として，供給確保のほかに気候変動に関連する問題があると指摘，その上でこれら2つの難題を逆にチャンスに転化し，欧州の競争力強化に結び付ける必要性を強調した。
　さらに，そのためにはエネルギー戦略と地球環境戦略を統合する必要があるとし，具体的には，①エネルギー効率の大幅な向上，②低炭素もしくはゼロ炭素排出技術の開発，③CO_2回収技術の開発，が求められているとした。同委員によると，中でも新世代の低炭素・ゼロ炭素技術の研究開発とその成果の早期実施は，エネルギー供給の確保と明日の競争力確保に向けてEUにアドバンテージをもたらすだろうとみている。
　しかし，地球温暖化問題への対応で，風力や太陽光発電などの再生可能エネルギーのシェアの急速な拡大が望めない中，当面，安全性に懸念が残るものの，CO_2などの温室効果ガスを排出しない「安価でクリーンな」原発に依存せざるをえない状況となってきている。イタリアで保守的なベルルスコーニ政権が2008年に誕生し，同国が原発推進に大きくかじを切ったことから，主要8カ国に属する独仏英伊のEU域内4大国の中で脱原発政策を推進するのはドイツだけとなった。ドイツは2020年までに段階的に原発を廃止する方針だが，メルケル政権の内部ではこうした方針の転換を求める声も根強い。
　EU4大国の中で，再生可能エネルギーの利用促進で長足の進歩がみられるのがドイツだ。同国は太陽光発電設備の設置では世界をリードしており，2004年の年間設置実績では日本を追い抜き世界一になった。ドイツのシンクタンクBMIの調査によれば，2006年には世界全体における新規に設置された太陽光発電能力の国別シェアでは58％をドイツが占め，ダントツのトップとなった。これは，一般家庭がソーラー・パネルを設置し，電力を生産した場合，電力会社が割増価格で買い取ることを保証する「フィード・イン・タリフ（feed in tariff, 固定価格買い取り制度）」が普及しているからだ。専門家の中には，ドイツでは太陽エネルギーは2008年時点では1％未満だが，長期的に全電力需要の最大30％をまかなうようになる可能性があると指摘している。また，風力発電では，EUは全世界の発電量の70％超を占める。

54 環境問題

(村上直久)

 EUが環境問題への取り組みを本格化させたのは1972年のパリ欧州理事会からだった。これを受けて1973年に第一次環境行動計画（EAP）を宣言し、域内環境政策の基本方針を示した。現在は「第六次環境行動計画（EAP6）」へと引き継がれている。この間、1987年の単一欧州議定書により初めて環境に関する規定を正式にEC条約に盛り込んだ。同条約174条はEUの環境政策の目的として、①環境の質の保存および保護、②天然資源の賢明かつ合理的な利用、③人間の健康の保護、を挙げた。環境政策の原則としては、i）予防原則、ii）事前警告原則、iii）発生源抑止原則、iv）汚染者負担原則が明記されている。この中で注目されるのが、環境破壊が現実に引き起こされる前に対応措置をとる予防原則で、科学的確証がなくても、危険性が十分疑われるならば、使用や販売を止めることになった。地球温暖化防止のための二酸化炭素（CO_2）排出規制や、オゾン層破壊防止のためのフロン規制などEUレベルの対応がこの原則から導き出された。

 1997年に調印されたアムステルダム条約（改正欧州連合条約）では、EUのすべての政策、活動には環境配慮を義務付ける条項も入った。リスボン条約の中には市民の基本権の一つとして環境権が明記されている。

◎**優先課題は地球環境問題**

 現行のEAP6は、①気候変動（地球温暖化問題）、②自然と生物多様性の保護、③天然資源と廃棄物、④環境と健康・生活の質、の4点を最重要課題と定めている。

 地球温暖化問題では、EUは京都議定書の下で、CO_2など温室効果ガスを1990年比で2008-2012年に8％減らすよう求められているが、省エネなどが進んだこともあり、目標を達成する見込みだ。

 EUは2007年3月の欧州理事会で、包括的な地球温暖化・エネルギー対策に合意した。京都議定書が2012年に期限切れとなるのをにらみ、13年以降、20年までに①域内の温室効果ガス排出量を1990年比20％削減する、②風力や太陽光など再生可能エネルギーへの依存度をエネルギー消費量全体の20％（現

在約8.5％）まで高める、③運輸部門の燃料に占めるバイオ燃料の割合を10％に高める、などの野心的な数値目標を掲げた包括対策を世界に先駆けて打ち出した。①と②を合わせて「20 20 by 2020」戦略とも呼ばれている。

　欧州委員会は2008年1月、これらの目標を達成するための実施法案を提出、温室効果ガスの削減目標達成に向けて、加盟国に個別目標の順守を義務付けるほか、温暖化ガスの排出権を売買するEU排出権取引制度（EUETS）を拡充・強化する政策を打ち出した。再生可能エネルギー指令案もまとめ、同エネルギーの割合が最低でも20％に達するように順守すべき原則を示し、加盟国別目標を定めた。特に運輸部門では各加盟国が2020年までに再生可能エネルギー（主にバイオ燃料）の割合を最低10％に引き上げることを提案している。さらに、二酸化炭素回収・貯蔵（COS）の法的枠組みに関する提案も行った。

　EUは2008年12月に開いたブリュッセル欧州理事会で、温室効果ガスの排出量を2020年までに1990年比20％削減する数値目標を盛り込んだ包括的な地球温暖化対策で合意。また、欧州委員会のディマス委員（環境担当）は、2009年12月にコペンハーゲンで開かれる国連気候変動枠組み条約第15回締約国会議（COP15）で、地球温暖化対策の次期枠組み（ポスト京都議定書）で合意が成立すれば、EUは削減幅を30％まで拡大する用意があると表明した。

◎**排出権取引に入札制を導入**

　EUが世界に先駆けて排出権取引の運用を開始したのは2005年だった。2007年には米国のニューヨークやカリフォルニアなどの有力州が加わった。

　EUの排出権取引で参加企業に割り当てられる排出上限は運用の第1期（2005-2007年）は05年比8％増の水準、第2期（2008-2012年）は同6％減の水準だが、第3期（2013-2020年）はこれを同21％減の水準に大幅に引き下げる。

　排出枠は第1期は事実上参加企業に無償供与されていたが、例えば発電会社は13年から全量入札を通じて入手することになり、電力料金の上昇につながる可能性がある。航空会社も対象となり、主要産業はすべて参加することになる。排出枠は2025年から完全有料化される。しかし、厳しい国際競争にさらされている重工業部門は有償配分の適用基準が緩和される。

　加盟各国は2020年までにEUETSによって年間総額約500億ユーロ（約7兆6500億円）の収入が得られる見通しだ。この一部はエネルギー技術の革新や開発途上国の温暖化対策支援に回される。

欧州委によると，包括提案を適切な計画に基づいて実施すれば，2020年までの負担は，年間 GDP の0.5％（約900億ユーロ）以下に抑えられると試算している。また，同提案の実施により，EU は天然ガスや石油の輸入を2020年までに500億ユーロ分削減できると見込んでいる。

◎温暖化ガス削減で中期目標を提案
　EU は2008年7月に開いた環境相会合で，温室効果ガスの排出量削減で2020年を期限とする「中期目標」の導入を国際社会に求める方針を決めた。先進国全体で2020年までに1990年比で25-40％削減を要求している。2050年までの長期目標では，先進国全体で60-80％，世界全体で50％以上の削減を求める。国際的な中期目標はポスト京都議定書の枠組み交渉に直接の影響を与えるため，日米欧や途上国の駆け引きが激しくなっている。環境相会合の直後に開かれた主要国首脳会議（G8）洞爺湖サミットの際に行われた，中国やインドなどの途上国を含めた「主要排出国会議（MEM）」では，両途上国の反対で世界全体の50％削減目標の設定はできなかった。

◎途上国に CO_2 排出の抑制求める
　欧州委員会は2009年1月末，コペンハーゲンで同年12月に開かれる「国連気候変動枠組み条約締約国会議（COP15）」での「ポスト京都議定書」づくりに向けた包括提案を発表した。その中で，EU がこれまでスタンスを必ずしも明確にして来なかった，中国やインドなど新興国を含む開発途上国の果たす役割について，義務とはしないものの，温室効果ガスの排出量を2020年まで何も対策を講じなかった場合に比べて15-30％抑制する必要があると指摘した（中国は CO_2 の大排出国であり，2006年には全世界排出量の20％を占め，国別では20.3％を記録した首位の米国とほぼ並んだ。インドは4.5％で4位）。同時に，干ばつや暴風雨，大洪水の頻発および砂漠化などの気候激変に最も影響を受けやすい最貧国を含むすべての国が，こうした激変に適応できるようにするための「行動の枠組み」づくりを提唱した。
　また，欧州委の包括案は途上国に対し，CO_2 を吸収する熱帯雨林の伐採の抑制などを含む，温室効果ガスの排出量の伸びを抑制するための「低炭素社会に向けた開発戦略」を2011年までに作成するよう求めている。
　欧州委は包括提案の中で，国際航路を飛ぶ飛行機や船舶からの温室効果ガスの排出を新たに規制対象とする対応策も打ち出した。

55 新化学品規制
(REACH)

(村上直久)

　欧州では世界中の化学物質の31％が製造されており、これは米国の28％を上回っている。また、ドイツのバイエル社などをはじめ世界的な化学メーカーがひしめいている。しかし、1981年まで厳格な健康・安全性テストは実施されていなかった。81年以降に厳格な審査をパスした新化学物質は3000種類以上存在するが、同年以前からすでに市場に流通している化学物質約10万種類のうち99％は、人体や環境への影響に関する十分な知見はないとされる。

　こうした中で欧州委員会は2001年に「今後の化学物質政策に関する戦略（the Strategy for a Future Chemicals Policy）」を発表、その中で、従来のシステムを検討した結果、高レベルの化学物質に関する安全性と域内化学産業の競争力を確実にするための新しい戦略を打ち出し、それを「化学物質の登録、評価、認可および制限に関する規則（Regulation concerning the Registration, Evaluation, Authorisation and Restriction of Chemicals）」と名付けた。いわゆるREACH規則と呼ばれるものだ。

　REACH規則は、持続可能な開発という包括的な枠組みの中で、①人の健康と環境の保護、②EU域内の化学産業の競争力維持と強化、③域内市場の細分化の防止、④透明性を高めること、⑤国際的な努力を一本化すること、⑥動物を使用しない試験方法の推進、⑦WTOの枠組みの下におけるEUの国際的義務との調和を図ること、という7つの目標を掲げている。

　EUはREACH規則を2007年6月に発効させた。この規則を実施するための機関として、欧州化学物質庁（European Chemicals Agency = ECHA）が職員の募集などのための1年間の準備期間を経て、2008年6月3日にヘルシンキで発足した。

◎世界標準

　REACH規則の下では、年間1トン以上製造する約3万種類の化学物質が対象となる。それらが人体の健康や環境に及ぼす影響についてのデータを収集し、リスクを特定し、安全に使用しうることを示さなければならない。

　実施機関ECHAの正式発足により、域内では化学物質のECHAへの登録

と事前登録のプロセスがスタートした。化学物質の製造・輸入業者は，中断することなく製造・輸入活動を継続するには2008年12月1日までに化学物質の事前登録を終えるよう義務付けられた。

事前登録が行われた物質のリストは，以下のサイトに掲載されている。
欧州化学物質庁の物質事前登録リスト
http://apps.echa.europa.eu/pre-registered/preregistered-sub.aspx

ECHAは登録の手続きを管理し，提出された文書を評価し，加盟国の代表が合意しなかった場合を除き（合意しなかった場合は欧州委員会が決定），評価を踏まえて決定を下す。化学物質の認可と制限の手続きにおいて欧州委に専門家の意見を提供し，さらに，研究開発のための登録義務の免除要求や，予備登録の段階で「物質情報交換フォーラム（Substance Information Exchange Forum = SIEFs)」を結成し，動物試験データの共有を促進する。

日米の企業を含むEU域外企業も域内で化学物質を製造，販売する場合はREACH規則の対象となる。このため，化学物質の安全性に関する規則では，市場規模が大きいことも相まってEUのREACH規則が事実上の世界標準となる可能性が大きい。

REACH規則は食品の安全性をめぐる問題への対応と同様に予防原則を採用しているのが特徴的だ。すなわち，科学的証拠について互いに矛盾するデータが存在するなどの不確実性がある場合，安全性の評価は通常，最大の懸念を生じさせる証拠に基づくべきであるとされる。また，潜在的なリスクに対しても企業に適切な管理措置を講じるよう求めている。さらに，非常に大きな懸念を起こさせる化学物質については認可制が設けられている。こうした化学物質は発がん物質や毒性物質，生体内に蓄積されやすい物質など1000種類以上あるとされる。

REACH規則は既存の40に上る化学物質関連の法律に取って代わるとともに，単一のEU化学物質管理システムを作り出すことになる。

欧州委員会のディマス委員（環境担当）は，「REACH規則は世界で最も野心的な化学物質に関する規制を行う規則である。市場や職場で見つかった有害化学物質に関する情報は共有され，企業は大きな懸念を生じさせる化学物質については安全な代替品を発明することが求められる」と指摘した。

REACH規則の実施は大気，水，土壌の汚染の削減につながると期待されている。一方，実施の総コストは，直接費と間接費を合計して，28億-52億ユーロと試算されている。

56 安全基準・廃棄物管理

(村上直久)

EUは消費者保護のために生産財および消費財の安全性を確保することに注力している。その安全基準はEUが一般的には豊かな消費者人口約5億人を抱える巨大市場であることから、事実上の世界標準となる場合が多い。また、廃棄物管理戦略も構築している。

◎製品安全指令

EUは日本より早く、1985年に製造物責任（PL）法を成立させた。製造物責任とは製品の欠陥によって、消費者その他第三者が生命・身体または財産に被害を被った場合、過失の有無に関わらず、その製造・輸入・販売に関与した事業者が負うべき損害賠償責任のことである。

2001年には製品安全に関するEU指令が成立した。同指令の下では、域内当局への危険な消費者用製品の通知に関する、製造業者および販売業者の責務について詳細な指針が定められている。すなわち問題の深刻さの度合いについての基本的な判断方法、何をどのようにして、いつだれに報告しなければならないのか、そして具体的にどのような場合に報告が免除されるのかなどが示されている。インターネットの活用により、危険な製品に関する情報を一般に公開するシステム（RAPEXシステム）も運用されている。日系企業などEU域内に進出している域外企業にとって、EUにおける個別の製品安全基準および認証制度の動向を把握することはますます重要性を帯びてきている。

◎廃棄物戦略——自動車、電気製品のリサイクル指令

EUでは毎年13億トン（そのうち4000万トンが有害）のごみが処分されており、住民1人当たりでは約3.5トンになる。このほかに7億トンの農業ごみも出ている。ごみは2020年には1995年比では45％増加すると予想されている。

こうした中で、EUは環境に悪影響を与えずにごみの大幅削減を図るために、①廃棄抑制、②リサイクルとリユース（再利用）、③最終処分とモニタリング、という3つの基本原則を打ち出した。

欧州委員会は，2005年12月，廃棄抑制とリサイクル戦略の実施に向けた最初のステップとして，1975年の廃棄物枠組み指令を改定して，新廃棄物枠組み指令を提案した。指令は，家庭のごみなど少なくとも4種類の廃棄物のリサイクル率を50％，建築・解体廃棄物のリサイクル率を70％とするなど，加盟国が2020年までに達成すべき目標の設定や，加盟国による廃棄抑制計画の策定や欧州委員会への抑制実績の報告の義務化，廃棄抑制目標の設定などを求めている。ここ数年，EU内に進出している日系企業が注目しているのは，新化学品規制（REACH）のほかに，廃棄された自動車や家電製品のリサイクル，有害物質の使用禁止に関わる指令だ。域内では年間最大900万トンの廃車が発生するとされ，このうち4分の1はリサイクルされずに処分場で処理され，土壌や地下水を汚染する原因になっているという。こうした中で，EUは2000年9月に自動車メーカーに対して廃車の回収とリサイクルを義務付ける指令を出した。もちろん日本車メーカーも対象だ。2007年からは2002年7月以前に販売された車も廃車の回収が義務付けられた。

　家電製品のリサイクルを定めた「廃電気電子機器（waste electrical and electronic equipment = WEEE）」指令は2002年に出された。急増するテレビやパソコンなど電気・電子機器廃棄物の処理問題への対応が目的で，ごみの埋め立て・焼却に関するEUの措置を補完する。

　EUは，指令により，電気・電子機器のリサイクルが増えることで，最終処理に回される廃棄物の総量が減少するとしている。さらに，電気・電子製品の回収およびリサイクルの責任を製造業者が負うことになるため，指令は環境にやさしい電気・電子機器の設計のためのインセンティブになる。一方，消費者は電気・電子機器を無料で返品できる。

　WEEE指令による製品のリユース（再利用）とリサイクルを進めるための方策を定めたのが，「特定有害物質使用制限（Restriction of Hazardous Substances in Electrical and Electronic Equipment = RoHS）」指令だ。2006年7月1日に発効した。有害物質として鉛，水銀，カドミウム，六価クロムなど6種類の物質の電気・電子機器への使用を禁止している。

　有害物資規制については，米カリフォルニア州が州法の中に同様の内容を盛り込んだ法律を成立させた。中国も2005年に上記6種類の物質を電子情報製品に使用することを禁止した。

　経済のグローバル化が進む中で，EU基準に合致しない製品を他の地域に輸出することはますます難しくなりつつある。

57 共通通商政策 (CCP)

(村上直久)

　EUは世界最大の貿易圏であり，1958年に発効したローマ条約中に，加盟国と第三国間の貿易推進をうたい，第三国に対して共通関税率表を採用する関税同盟（customs union）の結成を目指すとしている。関税同盟は域内関税を撤廃し，対外共通関税を設定するもので，EUは1958年から10年以上をかけて1968年にこれを完成させた。関税同盟の完成後は，EUと域外国との通商協定の締結権は各加盟国からEUに移された。このため関税貿易一般協定（GATT）とその後継機関である世界貿易機関（WTO）では，欧州委員会と議長国がEUを代表して交渉に当たっている。

◎共通通商政策の目標

　EUの前身であるEECは共通通商政策（CCP）の目標として，①世界の自由貿易との調和的発展，②貿易取引障壁・規制の漸進的撤廃，③関税障壁の引き下げ，④輸入ルールの共通化，を挙げた。その後，リスボン条約（第207条1項）はこの政策の対象として，物・サービスの貿易に関する関税・通商協定の締結，知的財産権の商業的取り扱い，自由化措置の統一，外国直接投資，輸出政策，ダンピングや補助金政策に対抗する貿易保護措置などを挙げている。

　EUはGATTのウルグアイ・ラウンドを最後とする一連の多角的貿易交渉には共通通商政策に基づいて臨んできた。本稿執筆時点で難航している，WTOのドーハ・ラウンド（新多角的貿易交渉）についても同様だ。交渉のヤマ場に差しかかってくると，EUは頻繁に外相理事会や農相理事会を開いて，各国間の意見を調整し，統一的対応を打ち出す。共通通商政策に限ってみれば，EUは事実上，対外的に"超国家"として機能しているといえよう。

　リスボン条約（第207条3,4項）は，理事会は国際機関との協定を交渉したり，締結する必要がある場合，原則的には特定多数決で議決を行うが，①EUの文化的および言語的多様性を侵害するおそれがある，文化および音響映像（AV）関連の貿易分野，②サービスの国内組織に著しい混乱を生じさせる恐れがある，社会，教育および保険サービスの分野，については，全会一致で議決する，と定めている。①のAV関連とは，映画やテレビ番組などのこと

で，GATTのウルグアイ・ラウンドで取り上げられたが，ハリウッド作品など米国で製作された映画の輸入を制限したいフランスとそれに反対する米国の対立が解けず，ウ・ラウンドでは合意は成立しなかった。

◎保護主義を否定

　共通関税以外の共通通商政策の柱は反ダンピング（不当廉売）課税だ。1980年代には日本製品が次から次へとやり玉に挙がった。域外からの輸入価格が域内向けに不当に低く抑えられ，それによって域内企業が損害を被っていることが立証されれば，その輸入品に対して損害分を上乗せする，ダンピング防止のための課税が行われる。調査は欧州委員会が実施し，ダンピングと判断されれば，一定期間の暫定課税を経て，確定課税に移行する。輸入品だけでなく第三国や域内でのいわゆる「スクリュー・ドライバー（ねじ回し）」方式の簡単な組み立てによる製品にも「迂回防止税」が課された。1980年代から1990年代初頭にかけて，日本製品ではコピー機，ファクシミリ，テレビ・カメラシステムなどに反ダンピング税が課され，日・EU貿易摩擦が激化した。日本製自動車の域内への輸入急増も摩擦の原因となり，厳しい交渉の末，1991年7月に日本車メーカーが事実上の輸出規制をすることで決着した。具体的には，1992年末以降，日本車の直接輸入を7年間ほぼ当時の水準である年間123万台に凍結した後，完全自由化するというものだった。EUによる日本製品への反ダンピング課税については，日本側が反撃に出たケースも存在し，GATTのパネル（小委員会）に提訴して，勝訴したこともある。

　こうした中で，1992年末の市場統合を控えて，EUは共通通商政策の側面でも「要塞化」しつつあるのではないかとの懸念が域外で高まった。こうした懸念を払拭するため，欧州委員会は1988年10月，声明を発表し，「EUは欧州の要塞にはならず，世界のパートナーになる」ことを強調，その上で，(1) EUは既存の国際協定の義務を順守する，(2)保護主義を否定し，開放性を明確化する，(3)サービスなど国際ルールが確立していないものについては，域内ルールを一方的に相手国に押し付けない，という3点を再確認した。これにより，「要塞化」論議はひとまず収束した形となった。

　一方，EUは対外関税についても徐々に引き下げてきた。農産物を含む全貿易品に対するEUの平均関税率は1995年に9.5％だったが，2004年には6.5％にまで引き下げられた。ただし，日本の関心品目である乗用車やテレビなどはそれぞれ10％，14％などと，依然，高水準にある。

58 科学技術（情報通信とEIT）

（村上直久）

　情報通信技術（information and communications technologies＝ICT）はEUにおいては経済発展および社会の近代化のための主要な原動力となっている。今日，EU域内の企業は全投資額の20％をICT関連に振り向けており，ICT分野は全研究開発（R&D）支出の26％を占めている。さらに基礎的公共サービスの60％はオンラインで利用可能となっており，EU市民の半数以上はインターネットを定期的に使用している。ICT分野はEU域内GDPの6-8％を占めているが，この数字が示すよりもずっと重要であり，経済全体におけるイノベーションの推進から，高齢化社会の到来への対応まで，多くの課題に関連して主要な役割を果たしている。EUにおけるICT革命だ。

◎ eEurope 行動計画

　EUは1999年12月にICT革命が急速に進展する米国を横目でにらみながら，域内でもインターネットや電気通信ネットワークの利用などICTの恩恵を普及させようとしてeEurope（電子欧州）イニシアチブを提示し，21世紀の早期段階にこれを完全に成し遂げるためのeEurope2002行動計画を2000年6月に策定した。

　eEuropeイニシアチブの前段階として，1980年代後半から1990年代の約10年間にわたる，域内における電気通信（telecommunications, テレコムと以下省略）自由化がある。この自由化プロセスにおいて携帯電話サービスなど移動体通信の自由化や周波数帯域規則の枠組み決定などが行われ，テレコム技術の革新とテレコム，メディアの産業の融合化が進む土壌が出来上がった。

　eEuropeはインターネットなど，世界クラスの情報インフラに域内の企業，市民がアクセスできるようにすることを目標とし，このための障害（インターネット教育の遅れ，インターネット接続料金の高さ，eコマース＝電子商取引の遅れ，リスク・キャピタルの不足などの問題）を克服することを目指したものだ。

　eEurope2002行動計画は，①低価で高速で安全なインターネット，②人と技能への投資，③インターネット利用の活性化，の3つの目標を掲げており，

具体的には目標①では，研究者，学生のための高速インターネットや安全なネットワークとスマート・カードの相互運用性などを掲げ，目標②ではデジタル時代に入る欧州若年層のための措置や知識基盤経済への全員参加などを目指している。目標③では，eコマースの促進やオンライン政府（電子政府）の構築をうたっている。

eEurope2002行動計画は全体として，知識基盤経済整備のための短期戦略として位置づけられた。換言すれば，ニューエコノミーで要求される未曾有のスピードへの対応力をつけることが狙いだった。

◎今度は i2010

しかし，eEurope2002年行動計画は，当初の2002年目標から2005年へ延長され，さらに「i2010（欧州情報社会2010）」へと発展していっている。

i2010 は成長と雇用促進のための情報化社会作りを目指している。具体的には，①デジタル経済のための真の単一市場である欧州情報空間の創設，②イノベーションとICT研究投資の促進，③情報化社会における成長と雇用の包摂性（inclusion），公共サービスおよび生活の質の促進が目標だ。

域内におけるデジタル経済化は2008年時点ではかなり進んでおり，例えば，欧州のブロードバンド市場は9000万回線を有しており，これは世界の他のいかなる地域経済圏よりも多い。

欧州委員会は2008年に欧州議会に提出したi2010の中間見直し報告で，次のように指摘した。

――欧州はネットワーク経済の実現に向けて大きな進歩を遂げたが，デジタル・デバイド克服のための努力を継続しながら，次世代ネットワークへの移行を進めるためにはさらなる努力が必要。

――EUは5億人に上る世界最大の消費市場をよりよく活用すべきであり，また，デジタル経済のための単一市場を創設する必要がある。

――ICTの研究費用は大半の加盟国において目標を下回っている。

欧州委員会の情報社会・メディア総局は「欧州のデジタル革命を形づくる（Shaping Europe's Digital Revolution）」と題するパンフレットを2008年に配布した。その中で，①欧州内での電話料金引き下げ，②「112」をEU域内で共通の緊急呼び出し電話番号とすること，③情報通信技術（ICT）を利用して，道路輸送の安全性を向上させるための「スマート車両システム」を構築すること，④インターネットをより安全なスペースにすること，の4つの目標

を掲げている。

①では，域内の他国で携帯電話を利用した場合の転送料金（自国外での音声通話料）を2008年に上限料金を受信の場合22セント，送信の場合46セントに設定するEU規則を制定したとしている（その後，2009年4月に欧州議会は発信を46セントから段階的に引き下げ，2011年には35セントに，受信は22セントから11セントに引き下げる案を承認した）。

②については，現在，ブルガリア1国のみが「112」番を採用していないが，採用に向けて準備を進めている。

③に関しては，このシステムは自動車が横滑りした場合の制御や事故を起こした場合の緊急センターへの自動連絡などを可能にするものであり，これにより域内における年間の自動車事故による死者を2500人減らすことができると試算されている。また，道路の混雑解消や汚染物質排出量の大幅削減にもつながると期待されている。

④2006年4月から域内在住の市民はインターネットで「.eu」のドメイン・ネームを使用することができるようになった。その後，2年以上経過したが，現在では300万人近くが「.eu」のアドレスを保有している。これによりサイバースペース内でEUが提供している，プライバシーや個人データの保護など，消費者かつ個人としての権利の保護を享受できるようになった。さらにEUはインターネットをより安全にするために，人種差別や児童ポルノに関連したコンテンツの取り締まりを強化しており，欧州委員会はこのために2009-2013年に5500万ユーロの支出を提案している。

EUは経済のグローバル化に対応するためのイノベーションを促進する目的で，欧州における最先端科学技術の研究拠点となる「欧州工科大学（European Institute of Innovation and Technology = EIT）」作りを進めている。EITは高等教育，研究，ビジネスのイノベーションで形成する「知識の三角形（knowledge triangle）」を意識したものだ。EITは，最先端技術の研究・開発で日米に後れをとっているとの危機感から，気候変動，再生可能エネルギー，次世代ICTなどの分野の研究で産学官の連携を強化する目的で設立される。本部はハンガリーの首都ブダペストに設置される。

EUは当初，大学施設を建設し，世界的に有名な米マサチューセッツ工科大学（MIT）の欧州版に育てることを目指していたが，一部加盟国の反対を受けて，キャンパスを持たず，インターネットを利用して運営する「バーチャル大学」の形にすることに決めた。

59 ガリレオ・プロジェクト

(村上直久)

　太陽黒点の発見などで知られる中世イタリアの天文学者ガリレオ・ガリレイの名前を冠した欧州版の全地球測位システム（global positioning system = GPS）の構築を目指す「ガリレオ・プロジェクト」をEUは欧州宇宙機関（ESA）とともに進めている。同プロジェクトは資金調達が難航し、「離陸」に手間取ったが2008年に入り、ようやく本格的に動き出した。同プロジェクトの下では、高度2万4千キロの地球周回軌道上に30基のガリレオGPS衛星（そのうち3基は予備）を打ち上げることになっている。

◎米国のGPSに対抗

　現在、世界で運用されている地球測位システムは、米国のGPSで、これは軍事用のみならず、カーナビなどの民生用にも広く使われており、事実上の独占状態となっている。米国のGPSは軍事利用が優先されるために、何らの警告もなしに民生用目的のユーザーが締め出されることがある。1991年初めの湾岸戦争当時、明らかに軍事利用目的が優先されたために、GPSを利用して得られる位置情報が民生用機器においては精度が目に見えて下がったことはよく知られている。

　EUとESAは、ガリレオを米国防総省の管理下に置かれたGPSと互換性のある新システムとして開発を進めている。ただし、ガリレオは米国のGPSとは異なり、軍事目的ではなく民生利用のニーズにこたえるために設計されたシステムである。EUはガリレオ・プロジェクトを推進することにより、2020年までに3000億ユーロに達すると予想される世界の衛星通信市場で存在感を示したい意向だ。

　米国は当初、欧州版GPS作りは「無駄な重複」だとして難色を示していたが、2004年1月末に、ワシントンで開かれた会合で、世界各地のすべてのユーザーと機器メーカーに対してGPSとガリレオ間の完全な相互運用性を保証することで合意、GPSとガリレオの並存が決まった。

　ガリレオはナビゲーションおよび位置特定に関する機能に加えて、独自の測位機能と計時機能を備えており、安全な航空機運航システムやインターネ

ットバンキング，環境汚染物質の追跡など幅広い分野での利用法が可能になると期待されている。

ESAによるとガリレオの主な特徴としては，ほかに①他の衛星ナビゲーション・システムからの独立，②サービスのコンセプトとしては開放性，安全性，商業性，公共性を打ち出している，③世界規模でのサービスを提供する，④世界的な規模での位置・時刻決定が可能な衛星配置とする，⑤将来のモバイル・ネットワークとの互換性を目指す，などだ。

◎域外からは12カ国が協力

- EUは2007年11月末に開いた運輸相理事会でガリレオ・プロジェクトについて最終決定に達し，2013年の本格稼動を目標とすることになった。当初，2008年までに衛星4基を打ち上げ，サービスを開始する予定だったが，運営面などをめぐる加盟国間の交渉が難航し，結局，稼動は2013年に先延ばしされた。
- 総事業費も34億ユーロと，当初見込みの9億ユーロ強から大幅に増加した。一部は民間資金を当て込んでいたが，企業側が採算性を疑問視し，参加を見送ったため，EUが全額負担することになった。

域外からは12カ国がガリレオ計画に協力しており，中でも中国は2億ユーロ，インドは3億ユーロの拠出を約束している。

- 一方，域外との競争も激しさを増しそうだ。米国防総省が運営しているGPSは，本来，軍事目的だが，一般に開放されており，使用料は無料だ。衛星30基のガリレオの測定精度は誤差1メートル以内と，24基のGPSの3メートル以内を上回るというのがうたい文句だが，GPSは2012年に更新され，使い勝手が一段と向上する見込みだ。
- また，ガリレオに域外国として参加している中国は，独自の衛星測位システム「北斗（コンパス）」を推進，ロシアも同様のシステム「グロナス」を擁している。

欧州委員会のバロー副委員長（運輸担当）は，「ガリレオは欧州の技術の粋を集めたものになるだろう」と誇らしげに語った。

- 欧州委は2008年7月までに，ガリレオ・プロジェクトについて，26の衛星の調達手続きを開始した。2013年までの衛星配備を目指して，2009年半ばまでに応札業者を決定する見通しである。この入札で26の衛星と地上管制用基盤設備を調達する。

60 運輸政策

(村上直久)

EUの運輸政策の根底にあるのは，経済活動に関して加盟国間の国境をなくし，人，物，サービス，資本が自由に域内を移動できるようにすることだ。

◎シングル・スカイ，オープン・スカイ

航空分野では，1980年代後半からの三次にわたる自由化措置で，EUには単一航空市場が形成された。それまでは加盟国の航空会社が運航サービスを提供できるのは，自国を発着地とする航空路線に限られていた。航空市場の統合により，EU域内で運航する航空会社に課せられていた航路，便数，料金設定に関する制限などあらゆる商業規制が撤廃された。EU域内では旅客と貨物の両面での航空輸送で新規参入やM&Aが促され，格安航空会社の相次ぐ設立が示しているように，価格やサービスなどの競争条件が格段に向上し，利用者をはじめ欧州経済全体が大きな恩恵を受けている。

自由化の三段階で，まず1987年12月に採択された第1弾では既存のルール緩和のために導入され，各国政府が新規運賃の導入を阻止する権限を制限するとともに，各航空路線ごとの航空会社間の座席数配分に柔軟性を与えた。

1990年に導入された第2の施策は，市場をさらに開放し，座席数配分を一層柔軟化するとともに，自国と他のEU加盟国間を運航できる旅客数および貨物量の制限を撤廃した。自由化の第3弾は1993年1月から適用され，運賃の設定など域内におけるサービスの提供を自由化した。1997年4月にはカボタージュ（他のEU加盟国の国内路線に就航する権利）が解禁された。その後，単一航空市場はノルウェー，アイスランド，スイスにも拡大された。

しかし，長い間，EUの対外的な共通航空政策は確立されていなかった。すなわち，域内各国は域外国とそれぞれ2国間航空協定を結び，それに基づいて運航サービスを提供してきたのである。こうした状況を変えるきっかけとなったのは，欧州司法裁判所が2002年11月，EU加盟国と米国の間で結ばれている8つのオープン・スカイ（航空自由化）2国間協定中の，航空会社の国籍と経営支配に関する規定が，EUの基本条約にある「営業の自由」条項に違反するとの判決を下したことだった（いわゆる「オープン・スカイ判

決」)。すなわち，当事国間の国際線へのアクセスをそれぞれの国籍の航空会社にのみ与えている国籍条項を違法とし，そうした内容を含む2国間協定はすべて改定されなければならないとしたのである。

EU閣僚理事会は2003年6月，第三国との航空協定の改定交渉を行う権限を欧州委員会に付与し，2004年4月にこうした航空協定交渉に関する規則を採択した。これに基づき，欧州委員会はこれまで400近い国際航空協定を約60カ国との間で改定した。今後の対外航空政策として欧州委は，①2010年までに欧州の南方および東方の隣国との間で，包括的航空協定を締結して共通航空市場を創設する，②世界の主要地域との間で包括的航空協定交渉を開始する方針だ。

EUと米国の間のオープン・スカイ協定は2008年3月に発効した。世界の航空需要の約6割を占める大西洋路線を対象に欧米の航空会社に自由な路線開設を認めるものだ。欧州の航空会社は自国外の空港でも米国との路線を自由に開設できる。例えば英国のロンドンと米国の主要都市を結ぶ路線は米英の会社の独占状態だったが，独ルフトハンザや仏エールフランスも路線開設できるようになった。

こうした中で，域内航空業界では再編が進み，エールフランスとオランダKLMの統合をはじめ，英ブリティッシュ・エアウェイズ（BA）とスペインのイベリア航空も新設持ち株会社の傘下に入る形で事実上，合併した。

日本政府は2009年，欧州委員会との交渉の結果，EU加盟国との2国間航空協定において，協定当事国の航空会社と他のすべての加盟国の航空会社を同等に扱う，いわゆる「共同体指定条項」を受け入れることに同意した。

EUはもちろん「空の安全」にも留意している。2004年4月から，「空の安全」と航空量のニーズを満たすための野心的な欧州空域の改編措置である「シングル・ヨーロピアン・スカイ（SES）」を実施している。SESは欧州空域の改編と，技術および手続きに関するルールの調和と欧州全体に統一した航空交通管理（ATM）システムを発展させることを狙っている。

また，欧州委は最低安全基準を満たせないことが判明した航空会社については域内外を問わず，運航停止を命じることになった。2006年3月には，欧州委は安全性が確立されていないと判断される92の航空会社の「ブラックリスト」を発表した。92社の内訳は，コンゴの航空会社が50社，シエラレオネが13社，赤道ギニアが11社など，大半がアフリカの航空会社である。アジアでは北朝鮮やタイの航空会社もリストに掲載された。

ブラックリストには，機体が旧式であったり，整備状況が不十分な場合などに掲載される。リストは少なくとも3カ月ごとに見直され，航空会社側は安全基準を満たせば，リストから外すよう要請できる。

◎ TEN

1993年11月に発効したマーストリヒト条約には，市場統合を具体的に促進するための共通基盤を整備する方策として，「輸送に関するトランス・ヨーロピアン・ネットワーク（TEN）」の建設を推進する規定が盛り込まれた。これを受けて，1994年のエッセン欧州理事会で14件のプロジェクトが採択された。その半分以上が鉄道網の改善だ。ロンドン―パリ―ブリュッセル間の鉄道網などが含まれ，その後，ロンドン―パリ間は「ユーロスター」，パリ―ブリュッセル―アムステルダム間は「タリス」と称される高速鉄道サービスが始まり，運行時間は大幅に短縮され，便利になった。欧州委は2001年には新たに東欧圏を結ぶ高速道路網など6プロジェクトを追加した。

2004年にはインターオペラビリティー（相互運用）に関する指令（トランス・ヨーロピアン・レール・システムに関する指令の改正）が出され，高速鉄道ネットワークにおけるインターオペラビリティーの技術的問題の検討や国際貨物輸送サービスに関する全ネットワークへのアクセス自由化への対応措置が盛り込まれた。

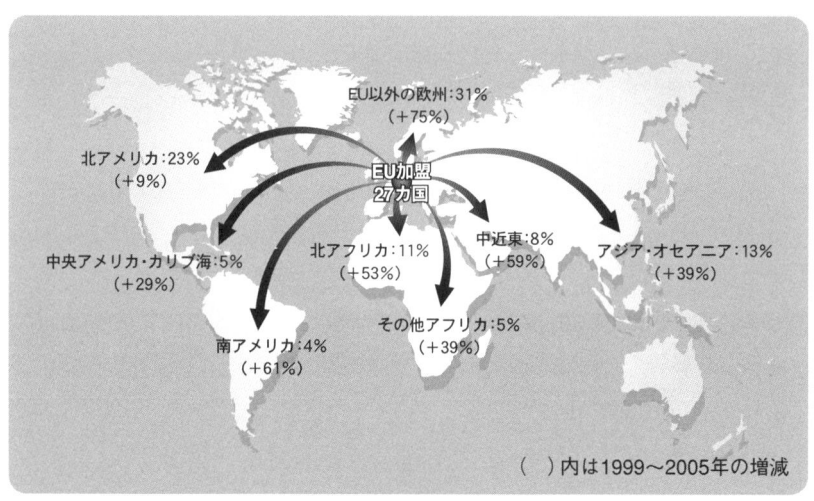

●図4　EUからの目的地域別航空旅客数の割合
出典：欧州委員会統計局，『ヨーロッパ』2008年夏号

Column 2

2009欧州議会選挙とバローゾ欧州委員長の続投

2009年6月には5年に一度の欧州議会選挙（6月4-7日）が行われ，その約2週間後に定例欧州理事会（6月18-19日）が開かれた。

欧州議会選挙はEU域内市民の民意をEUの政策決定に直接反映するために，1979年から行われているが，投票率は下降線をたどっており，7回目の今回は約43％と過去最低だった。この背景には，税徴収権や予算編成権など国民（＝EU市民）に直接影響する枢要な権限の大半を加盟各国政府が依然握っている点が挙げられよう。EU諸機関，特に欧州委員会が政策の提案・運営において「市民から遊離する傾向」をみるEU市民は多く，EUレベルでの「民主主義の赤字」の克服が大きな課題だ。

欧州議会議員の任期は5年で，定数は前回から削減されて，736（改選前は785）。議席数は人口にほぼ応じて配分され，最多はドイツの99，最小はマルタの5。欧州議会の所在地はブリュッセル，ルクセンブルク，ストラスブール（仏東部）の3カ所に分散しており，議員はこの三都市間を頻繁に往復している。

欧州議会の主な会派は，右派の「欧州人民党・欧州民主党グループ（EPP-ED，キリスト教民主勢力）」，左派の「欧州社会主義グループ（PES，社会民主主義勢力）」，中道・リベラルの「欧州自由民主連盟グループ（ALDE）」の3つ。今回の選挙では，中道右派の獲得議席は267（36％）とほぼ横ばいだったが，最大会派の地位は守った。半面，英労働党の大敗の影響で，中道左派は159議席にとどまり，退潮が目立った。欧州自由民主連盟グループは80議席を確保して，第三党の地位を維持した。環境派の「緑のグループ・欧州自由連盟（GREENS/EFA）」は53議席を獲得し，第四党に躍り出た。

EUの最高意思決定機関である欧州理事会は6月18-19日にブリュッセルで開かれ，欧州委員会のジョゼ・マヌエル・バローゾ委員長の続投を基本承認した。2009年11月から5年間，2期目を務める。

バローゾ委員長の第一期目の業績として，域内の温室効果ガス排出量削減など，地球温暖化問題で野心的な目標を打ち出したことが挙げられる。しかし，2008年の世界金融・経済危機への受身の対応を独仏など一部加盟国から批判される失点もあった。加えて，欧州憲法条約を2005年にフランスとオランダで，リスボン条約を2008年，アイルランド国民投票で否決され，欧州統合の停滞を招いた。

リスボン条約は，今秋，アイルランドの国民投票が行われ，批准が承認されれば，2009年中にも発効となる。ただ，批准論議は沈静化しており，予断は許さない状況だ。

第4章
社会・生活・労働・文化

4.1 社会と生活（村上直久）
4.2 労働（村上直久）
4.3 文化
（泉　邦寿・市川芳治・
木村護郎クリストフ・須網隆夫・
杉谷眞佐子・村上直久）

61 社会政策の展開

(村上直久)

　EUでは,「ソーシャル・ヨーロッパ」という言葉が聞かれる。日本語にしにくいが,強いて訳せば「欧州統合の社会的側面」とでもいえようか。EUは当初,ローマ条約に基づいて経済共同市場作りを目指したこともあり,社会・労働政策はあまり省みられなかった。同条約には男女同一賃金に関する規定が存在したくらいだった。しかしその後,企業を対象とする経済活動の障壁除去や自由化・効率化だけでなく,労働者の権利・福祉の拡大,市民生活の改善なども目指すべきだとの声が域内で広がるようになった

◎ドロール委員長の登場で弾み

　仏社会党政権で蔵相を務めたドロール氏は,1985年にEC委員長に就任したが,サッチャー首相率いる英国保守党政権の拒否権でECの社会労働政策が停滞している状況を打開するため,労働者の安全衛生に関連する提案については,加盟各国の全会一致ではなく特定多数決で採択できるようにすることを目指し,同年12月のルクセンブルク欧州理事会で同条約の改正を実現した。

　さらに,労使対話である「社会対話」をEC委員会が欧州レベルで促進するよう努力することになった。

　こうした中で,東西冷戦が終結した1989年12月に仏ストラスブールで開かれた欧州理事会では,英国を除くEC11カ国が政治宣言としての「社会憲章」を採択。第1部では,雇用と賃金,生活労働条件の改善,社会保護,団結権と団体交渉権,職業訓練,男女均等待遇,労働者への情報提供・協議・参加,職場の安全衛生,児童・若年者の保護など広範な分野にわたって基本的社会権のリストを示した。(第2章2.1,21「社会憲章」参照)

　1993年11月に発効したマーストリヒト条約では,英国を除く11カ国が社会政策に関する議定書とその付属協定を付けて「社会条項」とすることで合意した。協定では,社会政策分野の立法手続きとして,労働組合と使用者団体という「ソーシャル・パートナー」への2段階の協議を明確に規定した。英国は「オプト・アウト(不参加)」の形をとった。議定書の合意事項には,職場

の安全衛生以外の労働条件や労使関係，男女均等についても英国を除く他の11カ国の特定多数決で決定できると明記された。これにより，それまで事実上の棚上げ状態となっていた欧州労使協議会（European Works Council = EWC），育児休業，パートタイム，セクシャルハラスメント，性差別事件における挙証責任（ある事実の存否が不明であるときに，それによって不利な判断を受ける当事者の負担）の転換などをめぐる指令案について11カ国で決められるようになり，EU 労働法が急速に進展することになった。

英国ではその後，1997年6月の総選挙でメージャー保守党政権が大敗し，18年ぶりに労働党政権が誕生した。ブレア労働党政権はそれまでの保守党の政策を翻し，社会条項への参加に同意（「オプト・イン」），これによりマーストリヒト条約を改正したアムステルダム条約では，社会条項が本体に組み込まれることになった。また，新たに「雇用条項」や「被差別条項」もアムステルダム条約に組み込まれた。英国はオプト・インしたことにより，それまでに成立していた欧州労使協議会，育児休業，パートタイムなどに関する指令の適用を受けるようになった。

◎ドロール路線の方向転換

仏社会党員のドロール委員長は，東西冷戦終結前後の欧州理事会では，記者会見などで高福祉を実現したスウェーデンへの敬意を示すことがよくあった。ドロールはサッチャーの新保守主義への反発としてソーシャル・ヨーロッパを推進してきたともいえる。しかし，1990年代に入り，欧州経済が停滞し，失業率が上昇するようになると，ソーシャル・ヨーロッパの実現だけでは不十分で，市場統合後の新たな構造改革を打ち出す必要を痛感するようになった。この路線転換の表れが，1993年12月のブリュッセル欧州理事会に提出された「成長，競争力，雇用——21世紀に向けての挑戦と方策」（通称「ドロール白書」）だった。同白書は，労働市場の硬直性を構造的な失業の原因とし，労働市場の柔軟性を高め，企業の競争力を強化する措置を提言した。しかし，これはネオリベラリズム（新自由主義）流の企業外部労働市場の柔軟化ではなく，企業内の配置転換や労働時間の弾力化，企業内訓練の強化などを通じて，内部労働市場を柔軟化することを目指している。

1994年7月に発表された「欧州社会政策白書」では，ドロール路線の転換が雇用の側面だけでなく，労働社会政策全般において展開されている。同白書は，労働市場における「機会のより良い配分」の必要性を強調，「戦後欧州社

会が維持してきた，社会的規制を加えた市場経済システムは，維持されるべきだ。われわれは純粋なむき出しの市場経済を選ぶべきではない。しかし，社会的規制の実行方法には抜本的な改革が必要だ」としている。

この白書が発表されて以来，域内では「ソーシャル・ヨーロッパ」路線とは離れた，域内市民の連帯を維持・強化するために，「柔軟な労働組織」作りや労働者，消費者，取引先などの利害関係者（ステークホルダー）が企業経営に関与するなどの，新たな「欧州社会モデル」の模索が始まった。

◎リスボン条約に明記された社会政策

その後，21世紀に入り，EUはリスボン戦略に沿って，競争力の強化，雇用促進，社会的結束の3つの目標を同時並行的に促進してきた。例えば競争力のある知識重視型経済は新たな社会的排除を生まないのか，世界最強の経済圏の構築と社会保護制度の充実は両立するのか，などの問題が生じてきた。

このため人々を取り巻く経済社会環境の変化が新たな社会的排除と貧困を生み出さないようにすることも，経済成長と社会的公正の観点から重要なテーマとなってきた。

リスボン条約（153条）は，雇用促進，生活水準の向上，労働条件の改善のために，加盟各国が次に掲げる分野で加盟国を支援・補完することを規定している：

・労働者の健康と安全を守るための労働環境の向上
・労働条件
・労働者の社会保障と社会的保護
・雇用契約が打ち切られた労働者の保護
・労働者への情報提供と労働者との協議
・労働者と経営者から代表を出すことと，共同決定を含む両者の利益の擁護
・EU域内に合法的に居住している第三国出身者の雇用条件の整備
・労働市場から排除された人々の同市場への再統合
・労働市場参入機会と労働での待遇に関する男女の平等な扱い
・社会的排除の撲滅
・社会保護システムの近代化

EU域内では低所得のために社会的に疎外される可能性のある人々が6000万人に上るとされる。また，EU総人口の18％が貧困（中所得者層が手にす

る平均給与の60％以下の所得層を指す）の危機に瀕しているといわれる。これらの問題を解決するには，潜在能力を持つ人的資源を掘り起こし，新規雇用へとつなげていかねばならない。欧州では過去数年で数百万人分の雇用が創出されたが，リスボン戦略が掲げた完全雇用を実現するにはさらに1500万人分の職が必要とされている。

EUは2003年に貧困と社会的排除を撲滅するための行動計画（2002-2005年）に7500万ユーロをつぎ込んだ。同計画はこうした問題に取り組む上での加盟国間の協力を，データ収集，情報交換，政策協調，モニタリングなどを通じて促進することを目的としている。

貧困や社会的排除は，所得が低いことだけにとどまらず，教育，住居，家族の支援，都市環境，地域振興の問題とも密接に絡み合っており，この計画を通じて，国や地方自治体，NGO，大学関係者が幅広く政策協力に携わることが期待されている。

また，域内では失業を減らし，地域格差を縮小させるために，単一労働市場の創設が課題に上ってきた。このために，欧州委員会は労働力移動に関する，直接および間接の残存障壁を除去する必要性を強調している。さらに，労使が国境を越えて団体交渉を行えるよう立法措置を計画している。

このように域内において社会的結束を促進するための新たな「欧州社会モデル」の模索は続いている。

政策分野	立法手続き
労働者の健康と安全，労働条件，労働市場から疎外された人の統合，労働者への情報と労働者との協議，労働機会と待遇面での男女平等	理事会の特定多数決と欧州議会との共同手続き
社会保障と労働者の社会的保護，労働契約終了時の労働者保護，労使利益の代表と集団的保護，EU域内に合法的に居住する非加盟国国民の労働条件，雇用促進と雇用機会の創造のための財政的貢献	理事会の全会一致と欧州議会との共同手続き
賃金，団体権，ストライキ権，ロックアウトを強いる権利	加盟国に独占的立法権

●表1　EUの社会労働政策分野別の立法手続き
出典：『ヨーロッパ』2006年冬号

62 社会保障・年金問題

(村上直久)

少子高齢化に直面して、いかにして持続可能な年金を確保するかという課題にEUは日本と同様に直面している。

EU域内において、年金制度は大半の高齢者の所得の保証と経済的自立を支えているが、多くの高齢者、特に女性の高齢者にとって年金不足は深刻な問題である。そして、今後数十年間、就労年齢人口が激減し、年金生活者が激増すると予測される中で、高齢者に対し十分で運営可能な年金制度を確保することはEUにとって重要課題の1つである。欧州委員会は、2050年時点で、貧困のリスクにさらされる75歳以上の高齢者は30％以上に上り、特に女性の高齢者の経済状況の悪化が心配されると予測している。

◎不在だったEUの年金政策

サッチャー元英首相に代表されるリベラル・ナショナリズムとドロール元欧州委員長が代弁してきたソーシャル・ヨーロッパ路線の対立が長い間続いたこともあり、EUの制度的枠組みとしての年金政策は不在だった。

EUレベルの年金戦略の重要性が初めて脚光を浴びたのは、2000年のリスボン欧州理事会においてであった。「社会保護の現代化」というタイトルの下で年金制度の持続可能性を研究するよう欧州委員会に指示した。これを受けて、欧州委員会は、年金制度の持続可能性は財政的観点からのみ判断されてはならず、社会的持続可能性を確保することが重要であるとし、このために年金計算のパラメーターの調整にとどまってはならず、問題の根源をえぐり出す必要性を強調する報告書をまとめた。すなわち、年金制度を持続するために就業率を引き上げる必要性を指摘した。

2001年12月のラーケン欧州理事会では、年金分野における諸目的と作業方法に関する、社会保護委員会と経済政策委員会による合同報告「公開調整手法の適用」と題する報告書が提出された。この中で、①年金の社会的目標を達成しうるのに十分な年金を確保すること、②年金制度を支えるための財政的持続可能性、③年金制度を経済、社会および個人の変化するニーズに適応させること、の3点の必要性が強調され、これが3原則となる。

3原則に基づいて11の共通目標が打ち出された。1）高齢者による妥当な生活水準の享受，2）退職後に適切な生活水準を維持できる年金受給資格を得られるようにするための，公的・私的年金へのアクセス，3）世代間の連帯，4）高水準の雇用達成，5）高齢労働者の労働市場参加のためのインセンティブと年金制度による段階的退職の選択の促進，6）持続可能な財政の維持，7）負担に関連した現役世代と退職世代の公平なバランス，8）積み立て年金制度のポータビリティー，9）労働市場の柔軟性および安定性に適合する年金制度作り，10）男女均等待遇の原則，11）年金制度の透明性を高め，変化する環境に適応できるものにすることや，年金改革に関する広範なコンセンサス作りだ。特徴として，EUが「社会的排除」を克服するために，高齢者の貧困の防止を優先課題としており，高齢者雇用にも重点を置いている。

2002年のバルセロナ欧州理事会では，引退年齢を2010年までに5歳引き上げるという野心的な目標を設定した。さらに2003年のコペンハーゲン欧州理事会では高齢者の「社会的排除削減目標」が設定された。

◎加盟各国年金制度の構造的問題

欧州委員会は年金戦略に関して3つの優先課題を設定している。十分で持続可能な年金制度の確保と年金受給権の加盟各国間でのポータビリティー，年金制度を充実させるための施策を検討するために設立した「年金フォーラム」での議論である。

また加盟各国にみられる退職金の減少傾向や年金支払いコストの増加を背景にして，現在各国が進めている年金の構造改革だけでは不十分だとみている。そのため高齢者が退職を先延ばしにし，働き続けるためのインセンティブの必要性を力説している。55歳-64歳人口の就業率は2000年には36％だったが，2004年には41％まで上昇した。2000年のリスボン欧州理事会では，同就業率を50％にまで引き上げる目標が設定されている。そして高齢者が働きやすい環境を整備するための労働市場改革も進めるべきだとしている。

年金の将来を人口学的従属人口比率（高齢者人口＝65歳以上とするもの）／生産年齢人口（15歳-64歳）で考えれば，1960年には16％だったが，2000年には24％に上昇，2050年には53％に達すると予想されている。これを出生率を引き上げることにより対応しようとしても，生産年齢人口に達するまでには15年かかる。それまで移民の流入で補えるのだろうか。このため，経済的人口従属比率すなわち生産年齢人口の就業率を引き上げることが急務だ。

63 人口問題

(村上直久)

　EUは前代未聞の人口変動に直面しており、これは域内社会全体に深刻な影響を与えるだろう。大半のEU諸国では人口減少と少子高齢化が同時進行しており、労働力の確保に危機感を抱いている。欧州委員会は2005年3月にまとめた報告書の中で、労働力供給源として移民だけでは不十分であり、対策作りが急務だと指摘している。

◎暗い未来

　欧州委のバローゾ委員長も演説で、高齢化がもたらす脅威は企業や労働者にとって現実のものになりつつあると指摘、「こうした状況に対応するために、われわれは域内の成長・雇用戦略を見直す必要がある」と述べた。

　欧州委の報告書には「暗い数字」があふれている。EU全体の人口は漸増し続け、2035年にはピーク人口の5億2100人前後に達するが、その後は減り始めると予測。さらに、2030年までに人口の高齢化、出生率の低下、そしてベビーブーム世代の引退などで、EU内の労働可能人口は2100万人減少すると予想している。これは米国では2050年まで労働可能人口が増え続けるという予想とは対照的だ。米国の人口増大を支えるのは主として中南米などからの移民の受け入れだ。国連は、米国は差し引き年間平均110万人と、移民の受け入れ国として最大だと指摘している。2位ドイツの20万4000人、3位英国13万3000人、4位イタリア12万人を大きく上回っている。

　報告書は、EU内では2030年までにスペインの人口に等しい4000万人が新たに引退すると見込んでおり、今後数十年間は、数百万人の労働者不足に悩まされることになると指摘した。

　労働者不足は経済成長を維持する上で大きな障害となる。欧州委は、移民の流入だけではEUの人口問題を解決するためには十分ではないとみている。

　ただし、トルコがEUに加盟した場合、EUの人口は現在の4億9000万人から急増することになり、労働力不足の解消に役立つとみられる。トルコとの交渉が順調に進んだ場合、トルコが最速でEUに迎えられるのは2015年だが、その時点で同国の人口は8210万人となり、ドイツにほぼ匹敵することに

なる。そうなればEU人口はトルコ他の新規加盟国を含めると合計で6億1500万人と現在の米国の人口の2倍以上となる。トルコに先立ち，アルバニア，ボスニア・ヘルツェゴビナ，クロアチア，マケドニア，セルビア，モンテネグロが2015年までに加盟する可能性がある。その場合，労働力不足問題の深刻化は先送りされるだろう。

それでも現在のEU27カ国における人口問題の深刻さは変わらない。報告書によると，EUにおける出生率は1.5であり，これは"置き換え"（人口減を招かない世代交代）水準の2.1を大幅に下回っている。EU27カ国中，人口が増えているのはマルタとキプロスの小国2カ国のみであるとの統計もある。

欧州委は，欧州市民は住宅問題，地球環境の変化，雇用の不安定などから子どもをより多く持つのを思いとどまっていると指摘，子どもの世話や両親の育児休暇の増加，育児手当の拡大など，働きながらの出産・育児を容易にするための"家族支援策"が必要だと強調している。労働力不足への対応としては，労働生産性の向上や年金改革も課題になるとしている。さらに，年金改革に加えて，退職年齢の引き上げも必要だとしている。経済協力開発機構（OECD）によると，55歳以上の労働人口のうち就業している割合は2003年時点で欧州は42％と，日本の62％，米国の60％を大幅に下回っている。

高齢者増加対策としては，高齢者の世話をしている家族の支援，社会サービスや地域ネットワークの充実が必要とみられる。欧州委は，急激な人口変動に備えて，公共輸送機関への高齢者のアクセスを改善し，1人暮らしの高齢者のためには都市計画や家の設計にも工夫をする必要があるとしている。

欧州委が2008年12月に新たに発表した推計によれば，域内では人口高齢化が加速している。高齢化の影響で2008年時点で2.4％前後のEUの潜在成長率は2060年までに1.2％程度に低下すると予測している。この間，生産年齢人口（15歳から64歳）が全人口に占める割合は2008年時点の67％から56％にまで落ち込み，一方，65歳以上の高齢者の割合は17％から30％に急増し，社会保障費の負担も大幅に増えるとみている。

◎フランスとスカンジナビアの経緯

欧州で少子高齢化の先頭を走るのはスロバキアで出生率は1.24。二番手はポーランドの1.27で，いずれも日本の1.32も下回っている。

しかし，フランスや北欧諸国の状況は違う。フランスでは出生率は一時1.65まで落ち込んだが，10年間で2.0に引き上げた。北欧諸国ではスウェーデ

ンの出生率は1998年,1999年両年の1.50を底にして,2006年には1.85まで回復した。育児休業中に所得の8割を保証する保険制度,15歳まで支払われる児童手当など支援は手厚い。1-2歳児を育てる世帯に手当を支給するノルウェー,男性が育児に参加しやすい環境を整えたデンマークなども高い出生率を維持している。

国連人口基金(UNFPA)によると,2050年時点の世界人口は89億人と予想されており,内訳はアジア人が52億人(現在は38億人),アフリカ人が18億人(現在は8億5100万人),中南米人が7億6800万人(現在は5億4300万人),北米人が4億4800万人(現在は3億1000万人),欧州人が6億3200万人(現在は7億2600万人)と予想されており,欧州人だけが減少すると見込まれている。

EU地域のみならず,欧州全体を考えると,人口減少は深刻な問題だ。EUにとって拡大で人口が一時的に増えても,長期的にみれば"焼け石に水"に過ぎない。持続可能な経済成長を維持するためには,労働力の確保は不可欠であり,欧州は人口減少に歯止めをかけるため,出生率の向上などに向けた待ったなしの対策を迫られている。

	人口	出生率(%)		人口	出生率(%)
オーストリア	833.2万人	1.40	ラトビア	227.1万人	1.35
ベルギー	1066.7万人	1.60	リトアニア	336.6万人	1.31
ブルガリア	764.0万人	1.37	ルクセンブルク	48.4万人	1.65
キプロス	79.5万人	1.47	マルタ	41.1万人	1.41
チェコ	1038万人	1.33	オランダ	1640万人	1.70
デンマーク	547.6万人	1.83	ポーランド	3812万人	1.27
エストニア	134.1万人	1.55	ポルトガル	1061万人	1.35
フィンランド	530.0万人	1.84	ルーマニア	2152万人	1.31
フランス	6375万人	2.00	スロバキア	540万人	1.24
ドイツ	8222万人	1.32	スロベニア	202万人	1.31
ギリシャ	1121万人	1.39	スペイン	4528万人	1.38
ハンガリー	1004万人	1.34	スウェーデン	918万人	1.85
アイルランド	442万人	1.90	英国	6118万人	1.84
イタリア	5962万人	1.32			

●表2 加盟国の人口と出生率
出典:人口は2008年欧州委員会統計局,出生率は2006年欧州委員会統計局
(ただし,ベルギーのみ2006年 WHO による)

64 消費者保護

(村上直久)

　EUは域内市民をより健康的に，また安全に暮らせるようにすることによって生活の質を高めるために，消費者政策を重視している。域内市民＝消費者は4億9千万人に達し，彼らの支出はEUのGDPの58％に達する。消費者はEUの経済成長と雇用創出に不可欠であり，換言すれば消費者はEU経済における主要なプレーヤーだ。EUはまた，公平で透明，かつ開かれた域内市場を形成することによって消費者の選択の幅を広げるとともに，悪徳プレーヤーを市場から締め出す努力を重ねている。しかし，国境を越えたショッピングに対する域内市民の信頼性は，自国内でのショッピングに対する信頼性ほどは高くないという問題や，中国製品の安全性をめぐる問題もくすぶっている。リスボン条約は「消費者の利益を促進し，かつ消費者保護の高い水準を確保するため，連合は情報，教育に対する消費者の権利を促進するとともに，消費者の健康，安全および経済的利益を保護し，その利益を守るために，消費者自らが組織することに貢献する」と規定している（169条1項）。

◎"3CとI"
　欧州委員会のメグレナ・クレバ消費者保護担当委員は，消費者を市場にとって「厄介者」扱いする企業はいずれ報いを受け，逆に消費者のハートをつかむ企業は繁栄するとの信念を抱いている。同委員によると，EUは消費者政策の優先課題として，①消費者の選択（choice）の幅を広げること，②消費者に十分な情報（information）を提供すること，③域内市場のどこでも消費者として同様の権利を享受できること（competitiveness），④製品の安全性で妥協しないこと（信頼＝confidence），を設定している。
　EU域内では近年，国境を越えたショッピングが大幅に増加しており，電子商取引の登場で域内小売市場の統合が進んでいる。2006年の統計では，過去1年間に自国以外の国でショッピングをした経験のあるEUの消費者は26％に上り，2003年の12％から急増した。また，インターネットを利用して商品を購入したり，サービスの提供を受けた消費者の割合も2006年には27％に達した。消費者の選択の幅は域内統合や情報社会の発達で広がっている。

◎消費者戦略

EUがまとめた「2007-13年における消費者政策戦略文書は，成長と雇用，市民との関係を重視。①消費者が正しい選択をできるようにするため，正確な情報を提供し，市場の透明性および信頼性を高めることによって，「より強い消費者」を作る，②価格，選択，品質，多様性，安全性，購入しやすさなどの観点から消費者の満足感を高める，③個人では対処できないような危険，脅威から消費者を効果的に保護する，という目標を掲げている。

これらの目標を達成するために，欧州委員会は具体策として，1) 消費者市場および加盟各国の消費者政策の監督強化，2) 消費者保護のための規則の整備，3) 訴訟方法の改善，4) 消費者教育，5) 国際市場での消費者保護，などを打ち出している。

2) に関連して，「タイムシェアリング（不動産の限定期間利用権に関する）指令」を見直し，「消費者クレジット指令」を新設してより安価なクレジットへのアクセスを消費者に可能にした。また，EUレベルでの消費者団体を支援し，「欧州消費者諮問グループ（European Consumer Consultative Group = ECCG）」を通じて加盟国の消費者団体との協議を継続する。

3) に関連して，「欧州消費者センター・ネットワーク（European Consumer Centers Network = ECCN）」を通じて，既存の「代替紛争解決（ADR）」システムを強化し，国境を超えた少額訴訟手続きの充実を図る。一方，米国型の集団訴訟を促進することは避けたいとしている。

◎中国製品

欧州委員会は製品の安全性を確保するために，「非農産物緊急警告システム（Rapid Alert System for Non-food Products = RAPEX）」を強化している。近年，EUのRAPEXから発せられる警告の5割が玩具などの中国製品に関連している。欧州は中国にとって最大の輸出先であり，最大の貿易相手国だが，製品安全性の面では，中国は欧州委員会の最優先課題となっている。RAPEXは欧州委員会とEU加盟各国の間で迅速な情報交換を可能にしている。さらに，EUは2006年に中国と，危険な消費者向け製品に関するEU・中国緊急警告システムの新設を定めた覚書を交換した。また，市場監視メカニズムや中国製品に関するRAPEX警告の追跡行動について，詳細な報告書を欧州委員会に提出することに同意した。

65 感染症対策

(村上直久)

　欧州では長い間,感染症との戦いが続いている。中世の欧州ではわずか4～5年で人口の3分の1がペスト(当時,黒死病と呼ばれていた)で死亡したという。EUが現在,注目している感染症は,2009年春に新型の流行が始まったインフルエンザのほかに,エイズ(後天性免疫不全症候群),結核,マラリア,サルモネラ症,レジオネラ症(在郷軍人病),百日咳だ。

◎封じ込めに重点

　新型インフルエンザH1N1のEU域内における感染者は本稿執筆時点(2009年5月末)で,数百人に上り,英国が200人超と最も多く,100人超のスペインが続き,加盟国の大半で感染者が出た。

　EU域内では4月末にルクセンブルクで開かれた緊急保健担当相理事会で,欧州委員会のワシリウス委員(保健担当)が新型インフルエンザの流行について,感染による死者数が高水準に達する可能性は小さいとの見方を示し,「状況を過小評価すべきではないが,パニックに陥る必要はない。われわれは域内においてこうした事態に備えて過去数年間,準備してきた。SARS(急性肺炎)や鳥インフルエンザへの対応で経験を積んでおり,しっかりした監視・警報メカニズムを設置している」と冷静な対応を呼びかけた。

　EU各国政府はメキシコ渡航の自粛などを求めたが,日本や中国で実施されたような空港などでの「水際対策」は行わず,二次感染の防止に向けた「封じ込め対策」に重点を置き,市民の日常生活を厳しく制約することは避けた。また,抗ウイルス薬タミフルを早期から予防的に積極投与する方針をとったことで,重症患者の増加を抑えた。マスクの着用は感染者の近くにいる場合を除いて新型インフルエンザの予防には効果がないとされ,米国と同様,欧州でもマスク姿は珍しかった。

　欧州委員会の中では公衆衛生緊急オペレーション部門(Health Emergency Operations Facility)が24時間体制で,EU各国,欧州疾病予防管理センター(ECDC),世界保健機関(WHO)および米国,メキシコ両国の政府と協力して新型インフルエンザの流行状況を監視し,EUの対応を調整するため

に24時間態勢で活動している。ECDCは2005年の5月にスウェーデンのソルナに設立されたEUの機関で，これまで鳥インフルエンザやエイズ，SARS（急性肺炎）などの感染症対策を行ってきた。ECDCは今回の新型インフルエンザの流行に対しては，感染状況についての情報をアップデートし，EU各国の監視活動を調整している。

EUは関連情報の共有やリスクマネジメント措置の調整に加えて，抗ウイルス剤の在庫確保や有効なワクチンの早期開発・製造を推進する方針だ。

◎エイズ，結核，マラリアなど他の感染症

インフルエンザのほかに，EUが感染症対策で重点を置いているのが，エイズ，結核，マラリア，サルモネラ症，百日咳，レジオネラ症（在郷軍人病）などだ。レジオネラ症はレジオネラという細菌に汚染された水を，エアゾル（空気中の微粒子）として吸入することで発症し，レジオネラ肺炎とポンティアック熱（非肺炎型熱性疾患）に分けられる。

EUはエイズ対策を1980年代後半から積極的に進めており，予防と教育の促進および監視体制の改善を対策の柱に据えている。「EuroHIV」レポート2007年年央版によると，WHO欧州地域50カ国（ロシアを含む）における2006年の新規HIV感染者は8万6912人で，このうち2万4102人は麻薬使用者だった。EU主要国では同年，新規感染者は英国が8925人，フランスが5750人，ドイツが2718人に上り，英国とドイツでは2005年と比べて倍増している（フランスは2005年の統計未報告）。

その他の感染症ではサルモネラ症患者が多いことが目立つ。ECDCなどによると，EU27カ国においてサルモネラ症患者は2006年には16万9409人を数え，人口10万人当たりでの発症数は34.4人だ。ただ，1997年の32万1923人から減少傾向を示している。

結核患者も2007年にはEU27カ国で8万4591人に上り，人口10万人当たりでの発症数は171.1人となっている。ただ，1998年から2002年にかけての患者数は10万人を超えていた。

また，2006年にはEU27カ国で百日咳が1万895人，マラリアが8693人，レジオネラ症が5699人となっている。このうち百日咳とマラリアは着実に減少しているが，レジオネラ症は年を追うごとに増えている。

66 労働時間規制と派遣労働者保護

(村上直久)

　独仏をはじめとするEU諸国は，世界の中でも時短の流れを早くから主導してきた国々であり，日本の労働界も見習うべきモデルとみなしてきた。しかし，21世紀に入り，雇用確保と引き換えに労働時間延長に同意する労働組合が独仏の企業で目立つようになった。これは，EU東方拡大に伴って，労働コストの低い東欧諸国への生産拠点の移転をちらつかせて，労働者に労働時間の延長を受け入れさせようとする経営者側の戦略に加えて，米企業との生産性の格差は労働時間の違いによるものだという見方がある。しかし，EU域内の生産性を上昇させるには労働時間を延ばすだけでは不十分だとの指摘もある。

　また，EUは2008年には派遣労働者に正社員並みの待遇を与える「有期派遣労働者指令」を成立させた。

◎ EUの労働時間の上限は週60時間

　EUは2008年6月にルクセンブルクで開いた雇用相理事会で，労働時間について「原則週48時間，労働者が同意していても最長60時間」とすることで合意した。60時間を超える場合は，さらに労使の団体協約などで労働者代表らの同意が必要となる。EUは1993年に週48時間労働制を導入したが，労働者の同意があれば労働時間を延長できるという例外規定が悪用され，労働者が渋々，時間外労働に応じていたケースが目立ったという。このため例外の適用条件を厳格化し，順守しない雇用者には制裁を課すことになる。

　経済協力開発機構（OECD）によると，独仏の年平均実労働時間は2003年時点で約1450時間で，日米の1800時間，チェコの約1970時間などに比べて大幅に少ない。ドイツでは労働時間は連邦法ではなく，労使の協定によって週35時間と決められている企業が多い。フランスでは法定労働時間が週35時間となっている。ちなみに英国では週労働時間は37時間，米国では40時間が標準だ。

　ドイツで労働時間延長に向けて口火を切ったのは電機大手のシーメンスだった。シーメンスでは2004年6月末，独西部のノルトラインウエストファーレ

ン州内の2カ所の携帯電話工場で，週労働時間を35.7時間から40時間に延ばすことで経営側が独金属労組IGメタルと合意が成立した。経営側は労組と合意できなければ，対象となる2工場の生産機能を賃金が低いハンガリーに移すことを提案していた。交渉の結果，賃金を据え置いたまま，2年間，週労働時間を40時間に延長することになった。

自動車大手ダイムラークライスラーもCクラス「メルセデス」の新型車の生産をめぐり，激しい労使交渉の末に2004年7月下旬，賃金据え置きのまま2012年まで雇用を保証する見返りにドイツ南部における工場の従業員の労働時間を週35時間から40時間にすることで合意が成立した。

◎仏の大企業労組は抵抗

フランスでは2000年2月にワークシェアリング促進による雇用創出のために週35時間労働制を導入した。法定労働時間を週39時間から35時間に短縮し，短縮分で生じるとされる仕事を失業者に「ワークシェアリング（労働の分かち合い）」の形で割り当てるという方策だ。これによりフランスの労働時間は先進国でも突出して短くなった。

仏経済情勢観測所は，週35時間労働への移行によって，失業率は1.2ポイント低下すると試算していた。

しかし，経営者側や保守・中道のシラク大統領（当時）は労働コストが上昇し，競争力の低下につながると猛反発した。そのため2005年3月には就業時間の延長を認める法律が成立した。2007年に就任したサルコジ大統領は週35時間労働の見直しに着手している。

欧州委員会は，フランスの時短法は，労働市場の柔軟化や雇用創出には結び付かないだろうと批判している。また，ドイツでは1983年から1996年まで時短が10.6％進んだが，それは雇用増には結び付かなかった。

◎ OECDの見方

労働時間延長が欧米間の生産性ギャップの縮小につながるとの議論もある。OECDによると2000年時点で，労働者1人当たりの生産性を米国を100とするとEUは70だが，労働時間1時間当たりでは米国を100とするとEUは91（1975年には65だった）であり，この統計からすれば問題は働く時間数なのだ。OECDの雇用見通しは「1人当たりの実質GDPで米国が欧州主要国を上回っているのは，一時間当たりの生産量の違いではなく，労働者1人当たりの

労働時間が大幅に違うことに起因する」と指摘している。

独デカバンクの試算では、独企業がすべて週40時間労働に移れば雇用コストは7％下がり、経済成長率は0.5％上昇するという。

しかし、「労働時間延長の合意は賃金引き下げにつながるものの、生産性上昇には結び付かないだろう」（国連貿易開発会議＝UNCTADの主任エコノミスト、ハイナー・フラスベック氏）との悲観的な見方もある。

実際、生産性を上昇させるには、EUが競争力強化のために打ち出している「リスボン戦略」が目標に掲げる、①労働者のスキルの向上、②研究開発支出の増加、③雇用水準の上昇、こそ不可欠だとの声も根強い。賃金増を伴わず、雇用確保目的だけの労働時間延長は労働者に一方的に不利であるのは確かであり、こうした動きが欧州全体に広まるのかどうか注目される。

◎派遣労働者を正社員と均等待遇

日本では2008年9月の世界金融危機の発生後、製造業を中心に「派遣切り」が広がっているが、EUは同年10月に、「有期派遣労働者指令」を正式に決定した。これにより就労初日より、賃金、産休、休暇に関して、有期派遣労働者に対して正規労働者と同等の待遇を適用することになった。また、有期派遣労働者に対しても社員食堂や保育施設などの共用施設や通勤交通サービスなどの利用において同等の権利を与えるとともに、次の派遣先が決まるまでの間、保育および職業訓練施設の利用を容易にするよう企業に義務づけている。さらに、派遣代理店や企業が指令に違反した場合の罰則を加盟国政府に定めるように求めている。

欧州委員会のシュピドラ委員（雇用・社会問題・機会均等担当）は、指令について、「欧州の労働者にとって大きな前進であり、労使間対話の強化につながる。派遣労働者の安心感を強め、就労条件の改善を図りながら、産業界が必要とし、労働者が願う労働時間の柔軟性の維持が可能となる」と述べた。

EUでは、1997年の「パートタイム指令」や1999年の「有期労働者指令」など非正規労働者の差別禁止や保護を目的とした指令を成立させてきたが、6年越しの審議を経た今回の指令は均等待遇をさらに徹底したものだ。EU域内の有期派遣労働者は約800万人に達するとされているが、有期派遣労働者指令が成立した背景には、合理的な理由がないと有期雇用契約が締結できないドイツなど、均等待遇導入の「先進国」が推進役となったといわれている。英国や中東欧諸国は今後、3年以内に法制化を義務付けられている。

67 移民政策

(村上直久)

　EUでは東西冷戦体制の崩壊やグローバル化の進展に伴う人の移動の活発化を受けて，合法・非合法の移民や難民の流入が急増している。

　欧州委員会によると，2006年1月時点でEU域内に在住する第三国の国民は1850万人に上った。これはEU加盟国市民の約4％に相当する。国別では，トルコ（230万人），モロッコ（170万人），アルバニア（80万人），アルジェリア（60万人）の順だ。EUが域外から受け入れる移民は毎年200万人前後に達している。移民の受け入れでは，英国，ドイツ，イタリア，スペインの4カ国で全体の4分の3を占めている。

　一方，EU域内では日本と同様に少子高齢化が進み，医療，IT部門などの熟練労働者，農業，建設，旅行サービスなどの低熟練部門などでの人手不足が顕著となり，移民労働力への需要が高まっている。

　EUでは1980年代まで移民・難民に対する厳格な規制が続いていた。しかし，1990年代に入ると，マーストリヒト条約が移民の問題を正面から取り上げ，「EU共通の利害」として認識されるようになった。その後，1999年に発効したアムステルダム条約は，EUを「自由，安全，司法」の領域として位置づけ，その発展を目指すべきだとした。

　1999年10月，EUはフィンランドのタンペレで開いた欧州理事会で，EU共通移民政策の構築に向けた「タンペレ・プログラム（1999-2004年）」を採択した。その中で，移民問題に取り組む基本理念として，①人道的，経済的にバランスのとれた受け入れを原則とする，移民・難民の流入管理に向けた総合的アプローチの策定，②域内にすでに居住する第三国民に対する公正な処遇，③送り出し国，中継国とのパートナーシップ，④ジュネーブ条約などの国際条約を尊重した共通の難民保護政策の確立，を打ち出した。これにはデンマークが「オプト・アウト（不参加）」し，英国は選択的「オプト・イン」することになった。

　その後，2004年11月の欧州理事会で，2010年までにEU単一の難民・移民認定・移民政策の確立を目指す「ハーグ・プログラム（2005-2010年）」を採択した。

欧州委員会は，まずタンペレ・プログラム，次にハーグ・プログラムに基づいて不法移民対策，統合政策，受け入れ態勢の整備などに取り組んでいる。特に，不法移民対策では，不法移民および人身売買を阻止するための包括的計画，送還行動計画，第三国への財政・技術援助のための計画などをまとめた。

　2005年5月にはワルシャワに本部を置く「欧州対外国境管理協力庁(European Agency for the Management of Operational Cooperation at the External Borders of the Member States of the European Union = FRONTEX)」を創設し，国境管理体制の統一性を目指している。主要任務は，加盟国が国境管理・監視を遂行するに当たっての協力体制を整備することだ。

◎**加盟国間で食い違いが表面化**

　しかし，EU加盟国は移民政策で必ずしも同一歩調をとってはいない。深刻な食い違いが表面化したのはFRONTEXが創設された2005年だった。スペインは同年，最大百万人の不法滞在中の移民に恩赦を与え，滞在を認める決定を下したが，これに対してフランスやドイツはスペイン経由での大量の移民流入を警戒した。英国も「ポイント制」の導入を通じた規制強化を打ち出した。こうした中で，欧州委員会は域内共通の枠組み作りを模索している。

　EUは2004年5月1日に旧ソ連圏・地中海諸国10カ国が加盟し，25カ国の地域共同体に膨れ上がったが，新規加盟10カ国は7年間，従来のEU15カ国への移民を制限することに同意したため，大量の移民流入は起こりそうにもないとみて，新規加盟国からの年間の移民流入を約33万5千人と推定した。したがって欧州委は危機感をそれほど抱いていなかった。しかし，EU域外の北アフリカや中東，ロシアやウクライナなどの独立国家共同体（CIS）加盟国，すでにEU入りしたスロベニアを除く旧ユーゴスラビアなどからの移民が増え続けている。

　問題をさらに複雑にしているのはEU各国市民の間で政府の移民政策に対して広まっている誤解だ。例えばドイツでは連立与党の後押しで政府がビザ発給の要件を緩和したため，ロシアやウクライナからの不法労働者の流入の大幅増に道を開き，人身売買や売春をあおったとの批判が広まっているが，実際には東方からのヤミ経済従事者や娼婦の流入が大幅に増加したとの報告はドイツの警察当局から上がってはいない。

◎移民を選別

　しかし，ドイツ政府内部ではスペインの措置により，スペイン経由で大幅に移民が入ってくるのではないかとの警戒心も強まった。ドイツは移民法を改正し，高度な技術や知識を持つEU域外からの労働者に定住許可を与えることにしたほか，移民にドイツ語受講を義務付けたが，これは実質的な移民流入規制の強化だ。

　フランスでも与党の国民運動連合（UMP）が国籍と職業に応じた移民の「割当枠」の導入を提案，同国政府はその是非の検討を始めた。イタリア政府は労働市場の自由化とセットで，移民流入の規制の必要性を公然と主張している。デンマークでもラスムセン首相が率いる自由党が，厳しい移民流入規制を選挙公約の1つに掲げて，総選挙に勝利した。

　そして伝統的に労働力を確保するために，移民には寛容だった英国も方針を変え，オーストラリアで導入されているシステムにならったポイント制の導入により，医師，技術者，情報技術（IT）専門家といった熟練労働者には高い得点を与え，引き続き永住ビザを発給するが，半面，単純労働者の移住に対する規制を強化した。英国によるこうした移民政策の変更は，経済的理由からの移民流入を制限するのではなく，移民受け入れに関する規則をより明確にするのが目的だとしているが，EU域外からの移民流入については大幅に制限しようとする意図は隠していない。英国の労働市場では約60万人分の労働力不足がみられるが，これについては東欧諸国や旧ソ連圏諸国からの移住労働者で埋めたい方針だ。

　英国ではこれまで経済的理由による移民の入国を許可するかどうかについては労働許可証の有無などで決めていたが，ポイント制の導入により移民労働者をスキルや就業可能な職業によってランク付けし，低ランクのグループに対しては規制を厳しくする。

　EU全体としては合法移民に対して，可能な限りEU加盟国国民と同等の権利と義務を与える方針で，彼らが新しい社会に適応するための法整備を進めている。一方，非合法ルートでEU域内に流入する移民や人身売買に対しては取り締まりを強化している。

◎アフリカからの不法移民が急増

　2006年に入るとEUはアフリカからの不法移民の急増に悩まされるようになった。矢面に立たされているのが，地理的にアフリカに近いスペイン，イ

タリア，マルタなどだ。

　北東大西洋のスペイン領カナリア諸島には2006年前半だけで2万人以上の不法移民がモーリタニアやセネガルなどのアフリカ諸国から漂着した。シチリア島以南のイタリア南部の島々には，同時期1万人を上回る不法移民が小船などで漂着した。そして，欧州にたどり着けず，地中海や大西洋で海難事故に遭うアフリカ人も少なくない。

　欧州委員会はアフリカからの不法移民の急増に手をこまねいたわけではなく，1チーム25-30人で構成する「緊急対応チーム」を立ち上げ，アフリカからの貧しい不法移民がスペインやイタリアなどに大挙して上陸した場合への対応を支援する態勢を構築した。さらに，地中海沿岸諸国の海岸線や近海の監視を強化するシステム作りを進めている。

　より根本的な対応策としては，アフリカ諸国に対してEUが開発援助を増やし，これらの国の経済発展を促して，自国で生活していけるための雇用やインフラを確保することだ。状況が好転すればEUへの移民を目指すアフリカ人は減少すると期待されている。

　EUはこうした目的のために，2008-2013年に180億ユーロの開発援助をアフリカ諸国に供与する。

◎欧州委の焦り

　移民対策として欧州委が検討しているのは，条件を満たす移民には「ブルーカード」と呼ばれる，米国でみられるグリーンカードのようなものを発給し，永住権を保証することなどだ。

　EUは2008年7月初め，フランスのカンヌで開いた非公式内務相会合で，加盟国が多数の不法移民を対象に一括して在留許可を与えるという「救済措置」の原則廃止や合法的な移民への協調した対応，効率的な国境管理など5つの柱からなる「移民・難民協定」の制定で合意した。これは2010年から実施される。これにより，不法移民を最長1年半身柄拘束したり，最長5年間の再入国禁止など厳格な移民管理に転換することになる。EU加盟国では1980年代以降，フランス，スペイン，イタリア，ポルトガル，ギリシャの5カ国で約370万人の不法移民に対して在留が認められた。ある加盟国で多数の不法移民が在留許可を得ると，域内では移動の自由原則があるので，域内全体に影響を及ぼす可能性がある。移民規制強化の背景には，移民の増加が失業率の上昇や治安の悪化を招きかねないとの不安が根強いという事情がある。

68 男女機会均等政策

(村上直久)

　欧州統合の過程において、男女平等の原則は重要な理念である。EUの前身である欧州経済共同体（EEC）の創設条約であるローマ条約にも同一労働に対する男女労働者間の同一賃金が明記されている。しかし、その後、男女平等の原則を実現するためのさまざまな努力が払われてきたが、女性が満足できる、完全といえる状態にはまだ至っていない。

◎ジェンダー主流化アプローチ

　EUは男女機会均等政策（ジェンダー政策）において3本柱からなる総合的アプローチをとっている。3本柱とは法制、ジェンダー主流化アプローチ（gender mainstreaming）、ポジティブ・アクションだ。

　ジェンダー主流化アプローチとは、男女機会均等問題を雇用戦略の全局面で主流化しようとするものだ。これはEC条約の第2、3条で、あらゆる活動において男女間の不平等をなくし、平等を促進すべきだとの規定が根拠だ。法制面ではこのほかに、EC条約の13条で、職場の内外における性的差別の撲滅、14条で雇用や職業における男女平等がうたわれている。

　そしてリスボン条約では、「男女の平等機会および平等待遇の原則の適用を確保するための措置を採択する」と明記されている。加えて、性を理由とする差別だけでなく、間接差別の是正、ポジティブ・アクションを可能とする立法の筋道を明記している。

　ジェンダー主流化アプローチの主要政策分野としては、①労働市場、②男女間の賃金格差、③意思決定における男女の関与のバランス、④仕事と私生活の調和、⑤社会への取り込み（social inclusion）と社会的保護、⑥移民女性、⑦男女平等を促進するための男性の役割、⑧教育と訓練、⑨男女間暴力と女性の人身売買の防止、などが挙げられている。

　このうち、男女間の賃金格差は、女性は男性の85％程度となっており、この水準はほとんど変化していないという。また、就業率を男女別にみると、1996年には男性70％、女性50.2％だったが、2001年には男性73％、女性54.98％と格差は約2％ほど縮小した。

◎行動計画，ロードマップ

　21世紀に入ってEUはいくつかの注目すべき取り組みを進めてきた。

　その端緒となったのが，2000年のEU基本権憲章に基づく「機会均等に関する共同体枠組み戦略」（第5次アクションプログラム）で，①経済生活における平等，②意思決定における男女のバランスのとれた参加，③市民生活における機会均等，⑤性別役割に関する固定概念の打破，が柱となっている。これに基づき，2001年には優先課題として，男女賃金格差，2002年には仕事と家庭生活の両立，2003年には意思決定における男女間のバランスのとれた参画，2004年には固定概念の打破が取り上げられた。

　また，2002年のバルセロナ欧州理事会は，2010年までに3歳から義務教育就学までの児童の少なくとも90％，および3歳未満の児童の少なくとも33％に保育を提供することで，女性労働者にとってのディスインセンティブをなくすよう求めている。

　そして2006年には，2006-2010年をカバーする「男女平等（実現）のためのロードマップ」が採択された。これはジェンダー主流化アプローチとそのための個別措置の全体的調整を行うためのものだ。

　さらに，2007-13年を対象とする「プログレス・プログラム」があり，これは男女平等原則の実効的な実施をサポートし，ジェンダー主流化アプローチをあらゆるEUの政策において促進するのが目的だ。

◎着実な取り組み

　以上みてきたように，EUは男女平等を実現するために着実に総合的な取り組みを進めている。

　そして毎年春の欧州理事会には男女平等に関する報告書が提出される。これを支援するために，欧州委員会の雇用・社会問題・機会均等総局には，男女平等問題を扱う部署と「平等，差別に対する行動，法的問題」を扱う部署（ユニット）が特別に設けられている。

　さらに2006年12月には，男女平等問題に関する情報を収集・分析し，この問題に対する域内市民の認識を深め，ジェンダー主流化アプローチをサポートする手段を開発するための研究所「欧州男女平等研究所（European Institute for Gender Equality）」が設立された。

69 ワーク・ライフ・バランス（生活の質）

(村上直久)

　仕事と私生活をどうやってバランスさせていくかというワーク・ライフ・バランスの問題への取り組みがEU域内で進んでいる。少子高齢化の進展に伴う労働人口の減少に対応するだけでなく，男女平等政策の推進や労働者の福祉向上，経済のグローバル化の中でEUの競争力を強化するための労働市場の発展という課題にも結び付いている。

◎リスボン戦略

　ワーク・ライフ・バランスがEUの政策課題として初めて取り上げられたのは2000年の「成長と雇用のためのリスボン戦略」の中であり，特に女性の雇用と高齢者の活用を図ることによって，持続可能な経済成長と生産性向上，就業率の向上を目指している。EUでは女性のパートタイム労働者はおよそ3割強を占めており，これに対してパートタイムで働いている男性は10％弱である。就業率でも女性は男性に比べて低く，EUは2010年までに女性の就業率を60％に引き上げることを目標にしている。

　EUは2006年3月には男女平等推進のためのロードマップ（行程表）を採択し，この中でワーク・ライフ・バランスを重点課題としている。女性が多いパートタイム労働に関しては，フルタイム労働者と同様の扱いが受けられるようにするなど，待遇改善を求めている。

　欧州委員会は2007年6月，より開放的で信頼性の高い労働市場と，より生産的な職場作りのための共通原則，フレクシキュリティー原則を検討する政策文書を発表した。この原則は柔軟な（flexible）労働市場と安定した（security）雇用を組み合わせたものだ。欧州委は柔軟性を多面的に捉え，職場と私生活上の責任の両立だけでなく，柔軟な仕事の進め方や生産性の向上，技能の習得も視野に入れている。具体的には仕事の分かち合い（ジョブ・シェアリング），テレワーク，フレックス・タイム制などに注目している。

◎加盟国間でばらつき

　過去30年間でEU内において実施されてきた具体的な施策としては，保育

サービスの充実，育児休業，融通可能な勤務時間，柔軟な勤務形態などに関するものが中心だ。しかし，各国の現状にはばらつきが目立つ。例えば育児休暇の期間は一部加盟国では3-4カ月だが，ドイツ，フランス，ポーランド，スロバキアでは3年となっている。また，ギリシャやスペイン，オランダ，ポルトガル，英国では育児休業中は無給だが，その他の加盟国では何らかの手当てが支給されている。

EU内でワーク・ライフ・バランスへの取り組みが進んでいる加盟国は，デンマークやフィンランド，スウェーデンなどの北欧諸国やフランスで，これらの国では女性の労働市場への参加率や出生率が高いとされる。英国で広範なワーク・ライフ・バランス政策が導入されたのは最近のことだ。

「欧州生活労働条件改善財団（European Foundation for the Improvement of Living and Working Conditions）」が2004-2005年に行った「労働者の代表による最も望ましいワーク・ライフ・バランス施策」に関する調査（図1）によれば，最も求められている施策はフレックス・タイム制度や労働時間貯蓄制度の導入（回答者の26％）で，次いで1週間当たりの労働時間の全体的な短縮（19％）などである。

ワーク・ライフ・バランスを実現するための施策の中には，企業や官公庁などの雇用主に財政面や人繰りでの余裕を必要とするものが多いが，生活の質を向上させるために不可欠であり，無視できない課題となっている。

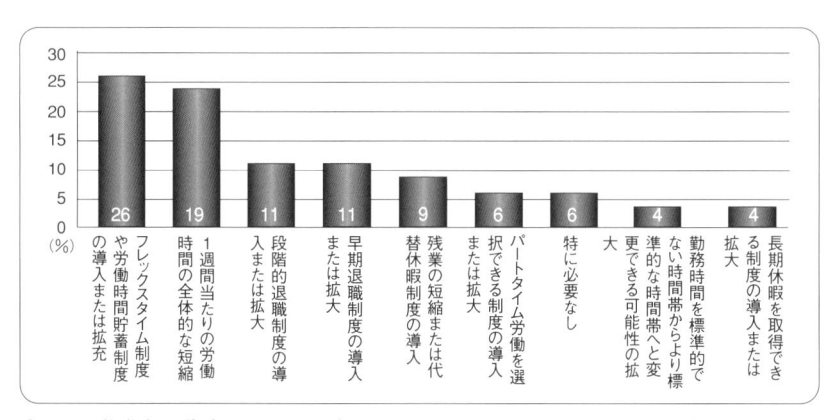

●図1　労働者の代表による最も望ましいワーク・ライフ・バランス施策

出典：『ヨーロッパ』2007年夏号（欧州生活・労働条件改善財団（Eurofound）による欧州における労働時間とワークライフバランスに関する調査（ESWT）2004-2005年）

70 歴史認識

(村上直久)

EUに関連して歴史認識を語るとき避けて通れないのが，EUが依拠する価値観をどのようにみているかという点だ。

EUがほとんどカバーしている欧州の文明は，キリスト教，ギリシャ・ラテン文明，ヒューマニズム（ユマニスト）的伝統に基づいているといえるだろう。

◎リスボン条約前文

リスボン条約の母体の欧州憲法条約草案には，キリスト教への言及があったが，その後，EU域内には多数居住するイスラム教徒やユダヤ教徒への配慮もあり削除された。しかし，ギリシャ文明にさかのぼる民主主義やヒューマニズム的伝統への言及は盛り込まれている。

リスボン条約では前文（preamble）に「不可侵で，奪うことのできない人権，自由，民主主義，平等と，法の支配という普遍的価値が発展した，欧州の文化的，宗教的，ヒューマニスト的遺産からインスピレーションを得て…」とEUを育んだ欧州の伝統的価値を強調している。

その上で，「欧州の分断の克服」という20世紀末の東西冷戦体制の崩壊にも触れ，将来の欧州建設に向けた強固な基盤形成の重要性を強調している。

前文ではまた，次のようなことがうたわれている。

——歴史，文化，伝統の違いを尊重し，欧州の人々の間における連帯を深化させること

——補完性の原則に従って，可能な限り市民に近いところで決定が行われる，より密接な連合体を創設するプロセスを続けること

リスボン条約の前身であるEU憲法条約の前文では「われわれの憲法は…権力が少数派の手中にではなく，多数派の手中にあるので，民主主義と呼ばれている」とアテナイの歴史家，トゥキディデスの言葉を引用し，格調高い文言があったが，民主主義への言及は比較的あっさりしたものに変えられた。

◎根強い歴史認識をめぐる対立

　しかし，歴史認識をめぐっては理想論だけでは片付けられない。数十年前の歴史的出来事・事件をめぐって現在，加盟国間の関係，加盟候補国間の関係，域外周辺国との関係でしこり，対立が残っているケースがある。それぞれ代表例を挙げてみる。

① ドイツ・ポーランド問題

　オーデルナイセ国境線問題は，冷戦時代はくすぶっていたが，東西冷戦の崩壊を受けた両独統一の際に戦後のソ連の占領下で定めた国境を変更しないことで合意が成立し，2004年のポーランドによるEU加盟の際にも大きな問題とならなかった。

　しかし，ポーランドのカチンスキ首相は2007年6月，EUの閣僚理事会における，人口規模などに基づく持ち票配分に関連して，1939年9月から1945年にかけての「ナチス・ドイツによるポーランドへの侵攻がなければ，ポーランドの人口ははるかに大きかった。ポーランドは人口6千万人の国になっていただろう」と述べ，物議をかもした。EU内では"歴史の傷"には触れないことが暗黙の了解となっているが，重要問題になると"怨念"が噴出してくるのは避けられないようだ。

② バルカン半島の歴史

　バルカン半島を支配したオスマン・トルコは圧制者だったのか，それとも比較的温和な保護者だったのか。前者の見解は大半のセルビア人やギリシャ人，ブルガリア人の子どもたちが教えられてきたものだ。彼らにとって数世紀続いたオスマン・トルコの支配は，粘り強さと狡猾さによってのみ信仰と文化を維持したキリスト教徒にとって圧政の暗夜に等しく，それは圧制者から自由になり，その後ずっと幸せに暮らすようになるまで続いた。

　トルコにおいて，そしてボスニア・ヘルツェゴビナのイスラム教徒の間で，バルカンの歴史は鏡の裏側からみられている。西欧における大半の政治体制と比べて，オスマン・トルコは少数派の宗教や言語に対して理解があり，寛容であり，そうした態度は恩知らずなバルカンの臣民が蜂起し，目に入るイスラム教徒はだれでも虐殺するまでなお続いたというものだ。

③フランスの"帝国主義"に対する評価

　フランスでは1990年の法律がホロコーストの否定を違法としており，2001年の法律は，奴隷貿易を人道に対する犯罪として説明するよう定めている。
　しかし，フランスの植民地主義の功罪については意見が分かれている。
- 2005年の法律案審議において海外でのフランスの存在が果たした前向きの役割，とりわけ北アフリカにおける役割を認めるよう右派の国会議員グループが求めたことが論議を呼んだ。これに対して，カーン大学の法理学教授チェリ・ルバール氏は「フランスの植民地主義が前向きであったということは決して自明の事実ではない。アルジェリアのイスラム教徒に与えた恥ずべき法
- 的地位を，1945年にアルジェリアのセティフで起きた最大5000人のアルジェリア人の虐殺を，カリブ海におけるフランスの繁栄を確保するために奴隷という地獄を耐え忍んだすべての人々を思い起こす必要がある」と反論した。

◎**欧州共通歴史教科書，独仏教科書**
- 　上述のように歴史認識は欧州各国の市民にとって重要でかつ微妙な問題だ。そうした中で，将来を担う若者向けの欧州共通教科書が1990年代に執筆された。2006年には，19世紀の普仏戦争，20世紀の両大戦の三度にわたって戦火を交えてきた独仏の共通歴史教科書が刊行され，両国の高校（ドイツはギムナジウム，フランスはリセ）で使用され始めた。
- 　『ヨーロッパの歴史――欧州共通教科書』（日本語版，東京書籍，1994年）は12カ国の歴史家が執筆，英仏ノルウェーの3カ国の国籍を持つ英銀行家フレデリック・ドルーシュが編集し，1992年に出版された（日本語訳は木村尚三郎ら）。ドルーシュは序文で，「非合理的な偏見」が欧州諸国民の歩み寄りを妨げていると指摘，歴史教育に「欧州的次元」を体系的に導入する試みだ
- としている。この共通教科書に対しては，植民地について支配する側であった欧州中心の歴史観で記述されているなどの批判があるものの，ナショナリズムを超えた汎欧州教科書の誕生は，欧州統合が進展する中で意義深いものといえよう。
- 　『ドイツ・フランス共通歴史教科書【現代史】』は2006年に出版されてから独仏それぞれで数万冊が使用されているという（日本語版2008年12月，明石書店）。「1945年以後のヨーロッパと世界」との副題が付いた独仏共通教科書は，独仏6人ずつで構成する歴史家・歴史教師のチームが執筆した（日本語訳監修は福井憲彦ら）。

71 知的財産権をめぐる状況

(須網隆夫)

　知的財産権は，知的財産権法によって保護される権利であり，特許権・商標権・意匠権・著作権・原産地表示などを含む概念である。知的財産権は財産権制度の一部であるが，EC条約は，加盟国の財産権制度には影響を及ぼさない（EC条約295条）。また現行EC条約中には，知的財産権に関するEC権限を直接定める規定はなく，知的財産権制度は，加盟国の権限に属する事項である。そのため，個々の知的財産権を承認する要件・承認の手続・付与される権利の内容は，加盟国が原則として自由に定めることができる。権利者に特定地域を限って排他的権利を付与することは知的財産権の本質的特徴であるが，そのような特徴は，ECの目的である共同市場・域内市場の創設に密接に影響する。そのため，加盟国法による知的財産権は，EC法による一定の規制に服さざるを得ない。ただし，規制の対象は，「権利の付与」と区別される「権利の行使」だけである。

　規制の第1は，EC条約が保障する自由移動との関係で生じる。域内市場は，人・物・資本・サービスという4つの要素が，域内国境を越えて自由に移動できる領域であるが（同3条1項），知的財産権が加盟国ごとに成立し，相互に独立して存在することは，権利者が輸入国で有する権利を行使して，権利の対象製品の輸入を阻止できることを意味する。換言すれば，知的財産権によって，共同体が複数の領域に分割される効果が生じるので，輸入阻止を認める知的財産権法は，禁止される「同等の効果を有する措置」に該当し（同28条），知的財産権に基づく輸入制限が適法であるためには，自由移動に対する例外として正当化される必要がある。そしてEC条約30条の定める正当化理由には「工業的及び商業的所有権の保護」が含まれており，知的財産権の「固有の目的」である権利行使は，これに該当して正当化される。ただし，権利者自身によって又は権利者の同意を得て，ある加盟国で製品が適法に流通されると権利は消尽してしまい，当該製品が他加盟国に輸出された場合に，権利者が，輸入国における権利を行使して輸入を妨げることはできないことが，欧州司法裁判所の判例により確立している。これを「権利の消尽」と言う。

　第2に，自由移動との関係では問題が生じなくても，EC競争法（同81・82

条）により規制される場合がある。知的財産権は，権利者に独占権を付与するため，市場における有効競争の維持を目的とする競争法とは本質的に緊張関係にあり，知的財産権のライセンス契約の内容が競争制限的合意に該当して禁止されたり（同81条），ライセンス付与の恣意的拒否など，権利行使の態様が，支配的地位の濫用を構成して違法で評価される場合（同82条）がある。

　知的財産権と自由移動との緊張は，加盟国の知的財産権法を調和させることにより緩和され，また域内の全領域に適用される単一の知的財産権法によって克服される。そのため，多くのEC立法が採択され，「EC指令によって調和された加盟国法」と「EC規則による統一法」という二元的制度が，少なからぬ種類の知的財産権に成立している。前者としては，加盟国の知的財産権法の調和を実現する指令が，特許権（一部の発明につき）・商標権，著作権・著作隣接権などについて制定され，権利の内容（保護期間など）・違法行為への対応など，加盟国法の各側面を調和している。これらのEC指令は，域内市場の設立・機能に関する加盟国法を調和するEC権限を根拠としている（EC条約95条）。後者は，加盟国法制度と併存するEC独自の知的財産権制度の構築であり，商標権・意匠権については，共同体規則によるEUレベルの統一制度が既に機能し，スペインに設立された「欧州商標庁（OHIM）」が登録手続を担当している。他方特許権については，国際条約である「欧州特許条約」に基づく，非加盟国を含む国際システムが存在し，申請・付与の手続は統一されている。しかし，同システムによる特許権は，基本的に各国法による特許権の束であり，成立した特許の効力・解釈は各国法によって判断される。そのため2000年には，共同体特許規則案が提案され，EC法に基づく制度構築の議論が続いている。これらのEC規則は，ECの目的達成に必要な権限がEC条約中に明示されていない場合のEC権限を定める条項が根拠に使用されているが（同308条），リスボン条約は，EU全域に適用される欧州知的財産権の創設に関する権限を明示している（EU運営条約118条）。なお，EC指令・規則の内容は，WIPOの条約，WTO協定（特にTRIPS協定）など国際条約との整合性を確保している。

　最後に，欧州司法裁判所の判例法は，域内加盟国間における権利消尽と異なり，域内加盟国と域外第三国との関係では国際的消尽を否定して，並行輸入を阻止できることを認めている（シルエット事件先決裁定）。このことは，内外差別として批判されることもあるが，むしろEU域内各国間の関係が，通常の国家間関係とは異なることを示唆すると理解すべきだろう。

278

72 メディア政策・規制

(市川芳治)

EUにおけるメディアに関する政策・規制は，視聴覚（audiovisual）分野と総称され，放送をはじめ映画なども含む概念で捉えられることが一般的である。放送などを「サービス」と認識し，その域内の自由移動の障壁となる要因を取り除いて統一市場の形成を目指す経済面での原則が掲げられる一方，社会的・文化的に重要な役割を果たす分野であることに配慮した政策立案がなされており，他の分野とは異なる特色となっている。各規制においては，EU基本権憲章等が参照され，表現・情報の自由（基本情報享受権を含む）の確保も欠かさず言及されている。また，今後の経済成長を支える重要な産業であると認識されており，産業政策上の位置づけも大きい（リスボン・アジェンダでも取り扱われ，追加施策である"i2010"と呼ばれる情報社会・メディア政策パッケージでは，中核的な位置づけを得た）。

なお，この分野は必ずしもEUに権能が集約されていない。EUの施策のみならず，"上乗せ""独自政策"を行う多彩な加盟国レベルの取り組みに留意が必要である。

◎規制の枠組み・1──視聴覚メディアサービス指令

視聴覚分野全体の規制の枠組みとしては，視聴覚サービスの統一市場を形成することを目的とした「視聴覚メディアサービス指令（Audiovisual Media Services Directive, AVMSD）」（新指令）が存在する。この指令は，従来型のテレビ放送が衛星放送などにより国境を越えることを念頭に1989年に策定された，「国境なきテレビ指令（Television without Frontiers Directive, the TVWF Directive）」（旧指令）を改正したものである。

旧指令は，域内のサービスの自由移動・開業の自由に対する障壁の撤廃を図りながら，同時に発信国において規制を実施し，共通化された最低限の基準を設置するという2つの原則を示し（免許付与等を行ういわゆる事業法とは違う規律であることに注意)，人種・性・宗教・国籍に基づく憎悪を扇動する内容を含む放送の禁止，テレビ広告に関する規制（一時間当たり・一日当たりの量的規制，たばこ・処方箋が必要な薬のコマーシャルの禁止，知覚

できない形で潜在意識に働きかけるサブリミナルの使用禁止)，番組内容・編成のスポンサーからの中立確保(《放送事業者の編集責任・独立性に影響を与えることの禁止》など)，加盟国社会にとって重要とされるイベントについての独占放送の禁止，少数者保護，反論権の確保といった措置を規定するとともに，欧州製番組の制作比率義務付け(50％以上)，欧州の独立プロダクションによる制作番組比率義務付け(最低10％)等を行い，欧州製作品の市場振興を図るものとなっていた。

2009年12月19日までに国内法化される新指令は，旧指令の規制内容を維持しつつ，欧州において興りつつあるビデオオンデマンド(VOD)サービスなどにも規制の対象範囲を拡大し，「テレビ放送」と「オンデマンド視聴覚メディアサービス」という二区分を導入している。加えて，米国などで増加の著しい新しい形態の広告であるプロダクトプレースメント(映画やテレビ番組の中に企業の商品やロゴマークを意図的に組み込む広告手法)やインタラク

●旧指令の対象範囲

テレビ放送	定義なし(オンデマンドサービス)
スクランブルの有無を問わず，公衆が受信することを企図したテレビ番組の，有線ないし無線(衛星を含む)による最初の伝送	(個別要求を必要とするコミュニケーションサービスは「テレビ放送」に含まれない)

●新指令の対象範囲

視聴覚メディアサービス	
テレビ放送	オンデマンド視聴覚メディアサービス
電子通信ネットワーク上において，公衆に対して，メディアサービスプロバイダーの編集責任のもと，主たる目的を情報，娯楽，教育(to inform, entertain or educate)とする番組を提供するもの，ないし「視聴覚コマーシャルコミュニケーション」(テレビ広告，スポンサーシップ等経済活動として宣伝することを企図した映像)	
同時視聴 (例：従来型のテレビ放送，衛星放送のペイパービュー，ブロードバンド等によるIPTVサービス等)	ユーザーによる選択・個別要求による視聴 (例：PC向け・携帯電話向けVODサービス等)

ティブ広告についても規制の射程に含めている。このように，競合手段が増加する中で，消費者利益を考慮しつつ放送事業者が確固たる経済基盤を確保できるよう，広告に関する規制の一定の緩和なども行っている。

　規制は区分ごとに段階的に適用されることとなっている。ユーザーが自ら選択でき，社会に与えるインパクトが異なるオンデマンド視聴覚メディアサービスについては，限定された規制のみが課されている。また，電子新聞や検索エンジン等を明文で規制から除外しているほか，表現の自由と並立するものであること，加盟国に新しい免許や行政認証を課すことを求めるようなものではないことが確認されている。

　少数者および人間の尊厳の保護に関する領域については，情報社会の倫理的側面という視角から，別途の検討が進み，勧告も出されている。加盟国に対し，反論権ないしそれに同等するものをオンラインメディアでも導入するよう検討すること，関連業界においていわゆる有害サイトを遮断するフィルタリング・格付けを行うレーティング制度の開発を行うことなどが示されている。

　新指令の執行面での特徴としては，旧指令のように加盟国に対する一般的な順守義務条項を置くだけではなく，直接的な規制よりも官民共同スキームなどによる共同規制，事業者団体などによる自己規制の活用を推奨するという形で，表現の自由に配慮した国内法化手段を提示していることが挙げられる。

◎規制の枠組み・2――競争法・国家補助

　競争を歪める国家補助を禁じているEU競争法の枠組みにおいて，視聴覚分野では，公共放送・映画に代表される視聴覚作品向けの規律が示されている。

　公共放送については，アムステルダム条約において，条約に準ずる議定書に，公共放送の位置づけが明記された。加盟各国の公共放送システムが，各々の社会の民主的・社会的・文化的なニーズ，またメディアの多様性を確保する必要性に直接関わっていると認識され，その果たすべき任務の範囲内で，加盟国に公共放送への資金ファイナンスの権限が委ねられており，EUのメディア政策の特徴の1つとなっている。

　映画については，その制作コスト・文化的重要性の両面において視聴覚作品の中でも特に卓越していることから，国家補助禁止に関して置かれてい

る，文化政策について一般的な適用除外を許す条項について，通達の形で欧州委員会が解釈を明らかにしている。加盟各国が，補助を受ける作品が文化的なものであることを保証すること，あくまで市場経済における通常の商業展開を刺激するという観点から，原則として制作コストの50％以下の補助に限定して財政支援を許容することなどの条件が示されている。なお2001年に定められたこの通達は，2012年12月末日まで延伸適用されるものとなっている。

◎財政支援プログラム MEDIA

EUでは，視聴覚分野を，欧州の文化的価値を伝播，発展させ，かつ高スキルの将来性ある雇用を創造するものと位置づけており，支援のプログラムを策定，実施している。

主要テーマ	具体施策例
視聴覚分野におけるスキルの獲得と改善	・脚本技術の改善支援等，開発・制作・流通・普及・プロモーションの各段階における，質・潜在能力を高める専門スキルの強化 ・映画学校への支援等，欧州における視聴覚分野の職業訓練活動の改善
開発	・ドラマ，アニメ，ドキュメンタリー等の分野における，とくに中小企業の独立系プロダクションによる欧州・国際展開をにらんだ開発プロジェクトの支援 ・完成保証，会計サービス提供等による，共同制作を含めた，欧州の制作プロダクションへの支援
流通と普及	・吹き替え，字幕付与への支援等，流通する欧州製視聴覚作品の文化的・言語的多様性の促進 ・各媒体，映画配給において，欧州・国際市場への展開を促すインセンティブを付与し，欧州製映画の流通を改善 ・放送事業者と独立プロダクション・流通事業者の協力推進による越境放送の促進 ・欧州視聴覚作品のデジタル化の促進
プロモーション	・欧州・海外のプロフェッショナル向け市場へのアクセス確保による流通の改善 ・映画祭の支援等による欧州視聴覚作品への欧州・海外の人々のアクセス増加
パイロット・プロジェクト	・情報通信技術の導入・活用による市場開発プロジェクトの支援

●表3　MEDIA2007の具体計画

MEDIAと呼ばれるこのプログラムは，1990年代から実施されており，現在はMEDIA 2007が執行され，2013年末日までを対象期間としている。

目的は3つで，①欧州の文化的・言語的多様性と映画・視聴覚遺産の保護・育成などを通じた異文化対話の促進，②各関係者との協力促進によるEUの内外での欧州製視聴覚作品の流通・視聴の増加，③雇用にメリットをもたらすオープンで競争的な欧州市場の枠組みの中，専門家間の連携促進などによる欧州の視聴覚分野の競争力の強化，となっている。

この目的達成のため，視聴覚作品制作の上流工程（スキルの獲得・改善等），下流工程（流通・プロモーションの促進など），そしてパイロットプロジェクトの支援が行われており，総資金は7億5500万ユーロとなっている（原則，各事項の半額を上限に資金拠出する）。

◎メディア・リテラシー，メディアの多様性確保の取り組み

EUでは，域内の自由移動・競争秩序の確保，文化・産業振興の観点のほか，メディア・リテラシー，メディアの多様性の確保といった領域もカバーされている。

メディア・リテラシーとは，メディアの伝える内容を批判的に読み解く力であるとされる。このメディア・リテラシーについては，リスボン・アジェンダの時点から取り組まれ，視聴覚メディアサービス指令では明文規定も置かれた。メディア・リテラシーを持つ人々こそが，十分な情報を得た上で判断を行い，コンテンツやサービスの性質を理解し，新しい技術によってもたらされる機会を最大限活用できるという考えに立ち，欧州委員会に対し，3年おきにEU域内におけるその浸透度について報告し，必要に応じて促進のための提案を行うことを求めている。

メディアの多様性の確保については，民主的プロセスを支える表現・情報の自由を確保するための必須の条件と位置づけており，単なるメディアの所有規制よりも広い概念で捉え，欧州委員会がその検討・分析を行っている。

欧州委員会が通達の公表を行うこととなっているが，現在のところ，加盟国の規制に加えて，それ以上の規律を考える必要はないとの判断となっている。

◎対外関係

対外政策は，加盟各国の補完的位置づけにとどまるものながら，域内政策

の特に社会的・文化的側面を色濃く反映したものとなっており，欧州議会を中心に，活発な動きがある。欧州議会は，WTOドーハ・ラウンドやWTO閣僚会合の決議において，視聴覚サービスのような基本的公共サービスを，GATS（サービスの貿易に関する一般協定）協議における自由化議論から排除することを求めている。また，ユネスコ（UNESCO）による文化的表現の多様性の保護と促進に関する条約を支持し，特に文化的活動・財・サービスは，経済的性格と同時に文化的性格を持ち，アイデンティティー・価値観・意味を伝えるものであることから，単に商業的価値を持つものとして扱ってはならないとした（その後，EUおよび加盟各国は同条約を批准するに至っている）。

　先述のMEDIA2007は，欧州諸国と第三国との関係強化をうたっており，2008年には，ブラジル，アルゼンチン，韓国，日本等をパートナーとする，映画作品の流通・プロモーション支援等のプロジェクトに対し，200万ユーロを拠出している。その後，これを嚆矢として，第三国との文化的・商業的関係を強化するより幅広い協力プログラムMEDIA MUNDUS（メディア・ムンドゥス）が策定されており，2011年開始となっている。

73 　言語の多様性と言語政策

（泉　邦寿・木村護郎クリストフ）

　文化および教育はマーストリヒト条約（1992年）以降、EUの課題領域として明確に位置づけられてきた（126条および128条、アムステルダム条約ではそれぞれ149条および151条）。EUの文化・教育政策は「多様性の中の統合」という標語が示すように、文化的な多様性を尊重しつつ加盟各国市民の連帯を高める、という目標を掲げている。

　経済統合が画一化をもたらすのではないかという危惧がしばしば表明されるが、この批判にこたえることができなければ、EUは市民の支持を持続的に得ることはできない。また各加盟国の市民の相互理解と尊重なくして統合の深化は望めない。その意味で、文化的な多様性の尊重は、欧州統合において付加的な案件ではなく、不可欠な前提であるといえる。EU基本権憲章（2000年）は22条で「EUは、文化的、宗教的、言語的な多様性を尊重するものとする」とうたっている。

　しばしば文化を支える基盤とみなされる言語はEUの文化的な多様性を象徴するとともに、EUの実質的な運営にも根本的に関わるという点で、「多様性の中の統合」の試金石といえよう。EU域内では、23のEU公用語をはじめ60以上の地域的な音声言語が使用されており、手話や移民の言語などを加えると、言語の数はその数倍になる。

　従来、EUは言語政策課題の領域ごとに個別に対応してきた。しかし2005年に初めて「多言語主義」が欧州委員の担当課題に加えられ、2007年には「多言語主義」を主管する欧州委員が任命されたように、より包括的な言語政策を目指す姿勢がみられる。

　EUの取り組みが急速に積極化しつつあるものの、EU域内の言語政策は基本的に加盟国の主権のもと各国ごとに行われていることは変わらない。以下では、EUの言語政策の特徴を把握した上で、加盟各国の言語の多様性への対処の主な類型をみていく。

◎ EU の言語政策

　EUの言語政策は、EU自体の言語使用政策および域内の言語の多様性に関

する政策に分けることができる。

　EU自体の使用言語については，加盟国の国語・公用語を原則としてEU公用語にしていることが大きな特徴である。公用語規定は，欧州経済共同体（EEC）理事会規定第1号（1958年）として定められ，理事会の全会一致でなければ改変できないことになっている（EC設立条約290条）。EEC設立当初は加盟6カ国の4言語が公用語とされたが，東方拡大を経た2009年現在，公用語は23言語にまで増えている（図2）。この公用語数は，6言語を公用語とする国際連合をはじめとする国際的な機関・組織の中で際立っている。EUのように数千人の通訳者・翻訳者を擁する組織は，他に類を見ない。なお，EUの言語関連費用は，東方拡大によって公用語の数が11から20にほぼ倍増した2004年以降も，EU総予算の1%あまり，市民1人当たりの負担額は年間2ユーロ程度と計算されている。

　多大な労力と費用をかけてこのような多言語体制を維持している理由は，EUで言語が果たしている役割に対応して，2つの側面から挙げられる。1つ

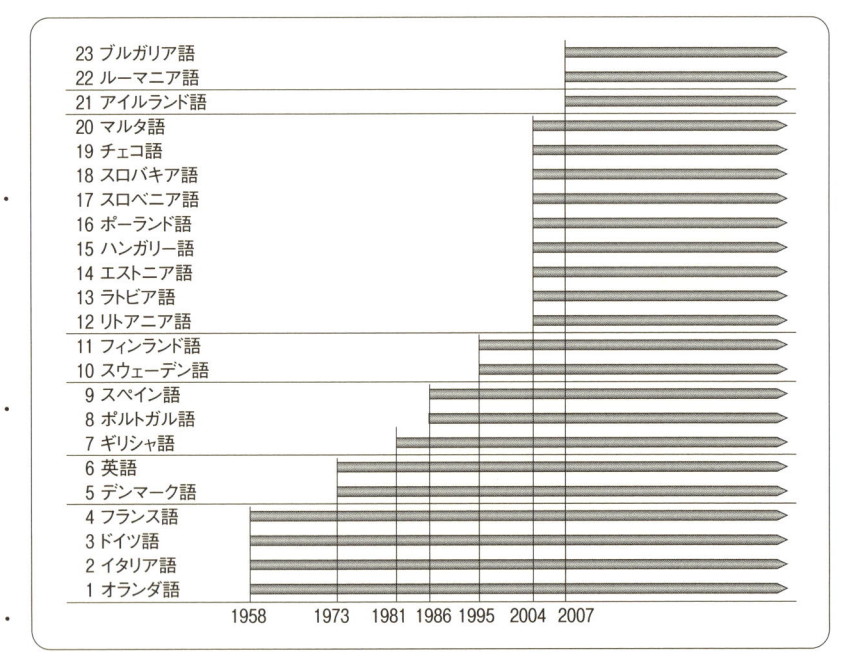

●図2　EUの公用語一覧
　注：アイルランド語は1973年以降，条約において使用されている。
　出典：http://ec.europa.eu/commission_barroso/orban/keydoc/keydoc_en.htm

は，言語の象徴的な役割である。加盟国語の平等は，加盟国の平等というEUの原則を象徴するものと理解される。特定国の言語のみに公用語の地位を与えることは，加盟国の平等への違反とみなされやすい。もう1つは実際的な理由である。EUの方針や決定は，市民の社会生活に直接の影響を及ぼす。よって市民に理解できる言語で伝達がなされることが必要とされる。こうして，法規等においてはすべての公用語が正本とされ，EUの官報はすべての公用語で発行され，またEU市民は，EU主要機関との連絡においてどの公用語を使用してもよく，当該言語で返事を受ける権利を有する。

しかし言うまでもなく，実際にすべての公用語が等しく用いられるわけではない。現実には公用語の間に大きな格差が生じている。実務言語は，機関ごとの内部規定によって，あるいは事実上，いくつかの言語にほぼ限られている。欧州議会の全体会議では原則としてすべての公用語の使用が認められるが，委員会レベルでは事実上，英語とフランス語が主に用いられる。欧州委員会は，実務言語を英語，フランス語，ドイツ語と定めている。また欧州司法裁判所は内部ではフランス語を使用している。その他の諸機関においては，欧州商標庁のように，英語，フランス語，ドイツ語，スペイン語，イタリア語を実務言語とするところもあれば，欧州中央銀行のように英語のみを使用する組織もある。

全体的な傾向としては，加盟国の増加とともに実務言語としての英語の使用率が増加しており，今後もこの傾向は続くことが予想される。その中で，英語母語話者が有利になることの問題性が指摘されている。欧州委員会は，EU機関においても多くみられるようになった英語「母語話者」に限定した求人は差別に当たるとの見解を出している。多言語主義の原則と，英語への収斂傾向のギャップにどう対応するかが，EU自体の言語使用に関する政策の1つの焦点となるだろう。

EUの言語使用に関わるもう1つの問題は，公用語になっている言語とそれ以外の格差である。とりわけ2004年に人口40万ほどのマルタのEU加盟とともにマルタ語がEU公用語になったことは，少数言語にも公的な地位を要求する動きが高まるきっかけとなった。日常的な話者数が少ない（約7万人）ものの国語の地位にあるアイルランド語はアイルランド政府の働きかけによって2007年にEU公用語に加えられた。またEUの9つの公用語よりも話者人口の多いカタルーニャ語（500万人以上）を筆頭に，加盟国で地域的な公用語の地位を持つ言語（後述）にも翻訳や口頭で使用する可能性が認められつつあ

る。ただし費用はその言語が使われる加盟国が負担する。EUの公用語体制の原則は変わらないものの，加盟国の責任において一定の範囲内で地域少数言語の公的な認知がみられることはEUの言語政策史において新しい展開である。

・　次に，EUが域内の言語的な多様性の尊重と促進に関してどのような施策をとっているかをみていく。加盟国の言語政策が人や物の自由移動というEUの基本原則との兼ねあいで問題になった場合は，原則として加盟国の政策を尊重しつつ，個別の事例ごとに欧州司法裁判所が判断を下している。

・　加盟国の言語政策を補完する形でEUが独自の取り組みをみせてきたのは主に異言語教育政策と少数言語政策である。もっとも，異言語教育に関しては「言語のための欧州共通参照枠（Common European Framework of Reference for Languages, CEFR, 2001年）」，少数言語に関しては「地域言語または少数言語のための欧州憲章（European Charter for Regional or Minority Languages, ECRML, 欧州地域語少数言語憲章；1992年）」など，

・　欧州共通の枠組みを作る上では欧州会議（欧州評議会）の取り組みが先進的であり，EUは欧州会議と連携している。ここではEU自体の取り組みを挙げる。

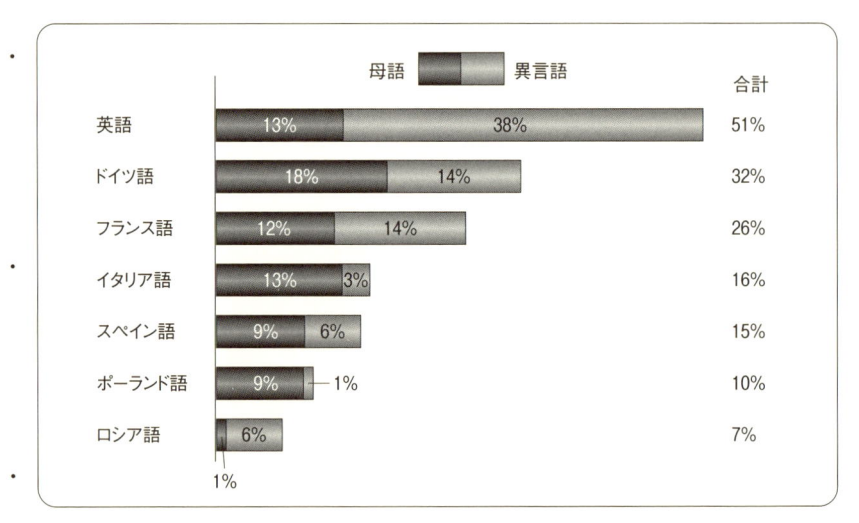

言語	母語	異言語	合計
英語	13%	38%	51%
ドイツ語	18%	14%	32%
フランス語	12%	14%	26%
イタリア語	13%	3%	16%
スペイン語	9%	6%	15%
ポーランド語	9%	1%	10%
ロシア語	1%	6%	7%

●図3　EU域内で最も多く使用されている言語（%）
出典：Special Eurobarometer 243/Wave 64.3 http://ec.europa.eu/education/languages/pdf/doc629_en.pdf

異言語教育の目標として，EU は「母語＋2言語」を掲げている。この目標は，より多くの言語が学ばれることによって多様性を尊重するとともに，EU 市民の移動能力を高める意図を含んでいる。欧州委員会は，英語以外の異言語をも身に付けることが競争力を高める上で有効であるとして，経済において多言語を戦略的に活用することを政策課題の1つに挙げている。

　2005年の EU 加盟国および加盟候補国における調査（15歳以上の2万8694名が対象）では，2つ以上の異言語を話す人，すなわち EU の異言語習得目標を達成している人は28%であった。一方，半数弱の人（44%）は母語以外の言語を話すことができないとしている。国や年齢による偏りは大きいが，全体としてまだ目標達成には遠いことがうかがえる。同調査による言語能力の言語別の分布は前頁の図3の通りである。

　言語学習・教育支援は1990年代以降，「リングア計画（LINGUA）」によって実施されてきた。2007年以降は，EU の教育政策を統合する「生涯学習計画」のもとにおかれた各下位計画（コメニウス，エラスムス，グルンドヴィ，レオナルド・ダ・ヴィンチ）が言語学習・教育の促進を組み込んでいるほか，複数の下位計画にまたがる活動の支援については領域横断計画の一つとして設けられた「言語重点活動（Key Activity Languages）」に引き継がれている。

　少数言語に関しては，EU は1982年に設立された「欧州少数言語事務局（European Bureau for Lesser-Used Language, EBLUL）」をはじめとする少数言語保護活動への財政支援などを行っている。しかし移民の言語はその対象に含まれておらず，移民の母語維持に関する政策は今後の課題である。

◎加盟各国の言語政策

　EU 加盟国の言語的多様性への対処は，大まかに5類型に分けることができる。

①単一公用語：ブルガリア，エストニア，フランス，ギリシャ，ラトビア，リトアニア，ポーランド
②単一公用語，しかし特定地域において地域言語に一定の地位：オーストリア，チェコ，ドイツ，ハンガリー，ポルトガル，ルーマニア，スロバキア，スロベニア，スウェーデン，英国
③特定地域において併用公用語：スペイン，デンマーク，オランダ，イタリア
④言語連邦：ベルギー

⑤多言語国家：キプロス，フィンランド，アイルランド，ルクセンブルク，マルタ

ここでは，それぞれの類型から代表的な国を挙げてその言語事情および政策の特徴を概観する。

①フランス

フランスはフランス語を単一公用語とする国だが，国内で使用されている言語は数多い。海外県，海外領土の言語と移民の言語を除く主なものを挙げると，ブレイス（ブルトン）語，バスク（エウスカラ）語，カタルーニャ語，

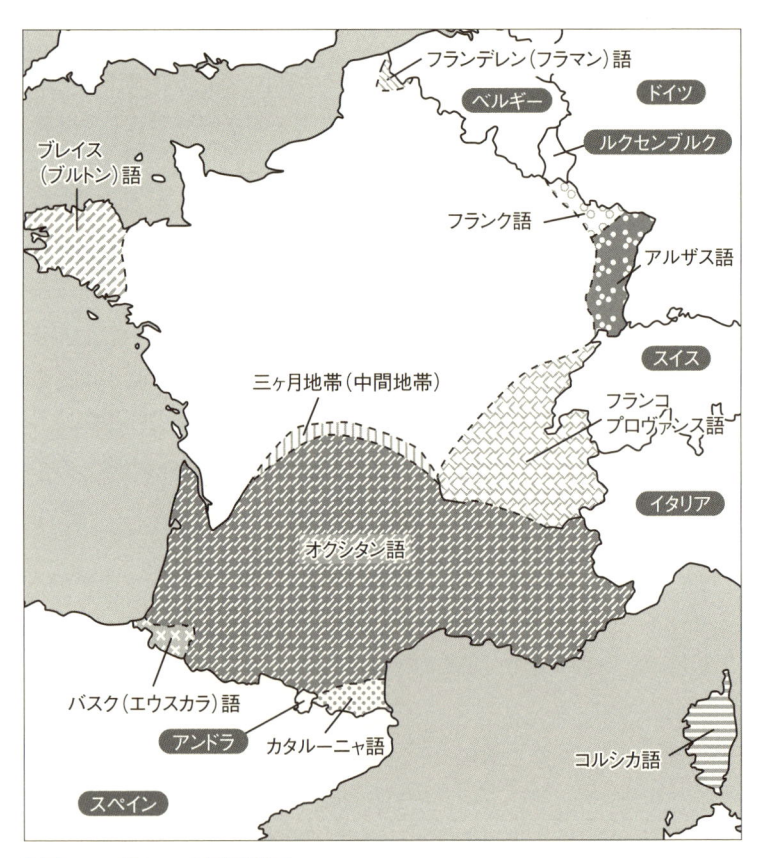

●図4　フランスの言語地図

＊ただし，フランス語はフランス全土で使用される。

参考：B. Müller: *Le français d'aujourd'hui*, Klincksieck, 1985, p.16. A. Martinet (éd.)：*Le Langage*, La Pléiade, Gallimard, 1968, pp.1156-7など

フランデレン（フラマン）語，フランク語，アルザス語，フランコプロヴァンス語，オクシタン語，コルシカ語，オイル諸語などがある。これらの言語はそれぞれの地域でその独自の文化とともに維持され，使用されてきたが，大革命後の共和国政府が強力に進めた単一言語政策によって衰退していった。

　19世紀の第三共和制下に始まる普通教育の無償，義務化とともにフランス語による教育は徹底され，「一にして不可分」の国民国家をまとめる要としての重要な役割をフランス語1言語に負わせ，他の言語の教育を長く禁じてきた。1952年のデクソンヌ法によって初めて4つの地域語（ブレイス語，バスク語，オクシタン語，カタルーニャ語）が選択授業として普通教育にも導入されることになった。その効果はさほど大きくはなかったが，その意義は大きかった。1980年代になって地域語の種類は増加され，教育課程も強化され（例えば2言語併用の学校も可能となり存在する），バカロレアの科目としても選択できるようになった。また，通りの名称も2言語で表示されるようにもなった。しかし，多言語的な状況が積極的にフランスの文化資産として公的に認められ，推進されるまでには至らなかった。

　1992年に共和国憲法の一部改正が行われた際，第2条に「共和国の言語はフランス語である」という項目を加えたが，これはEU統合の中における自国アイデンティティーの強化のためと考えられる。また同じ流れの中で，1994年には「フランス語使用法」も成立した。これらの根拠の一つを政府はEUのいわゆる「補完性の原理」に置いていた。

　1992年に欧州会議（欧州評議会）で採択された欧州地域語少数言語憲章にフランスは1999年になってようやく署名をした。しかし，憲法院がこの憲章の批准は憲法違反になるとしたため，批准には至らなかった。この経緯には共和国原理である「一にして不可分」に反するのではないかという危惧が強く見てとれるが，具体的には憲法に挿入された言語条項と矛盾することが指摘された。その後，2008年6月に憲法の一部改正が行われた際，「地域語は共和国の資産に属する」との文言が第75条に初めて挿入された。これにより，国をまとめる要としてのフランス語の地位を揺るがさずに，地域語も共和国を形成する資産であること，すなわちフランスが多言語・多文化から形成されていることが公に認められたことになる。また，これによって法的な矛盾が解消され，欧州地域語少数言語憲章の批准についてもその可能性が出てきたといえる。

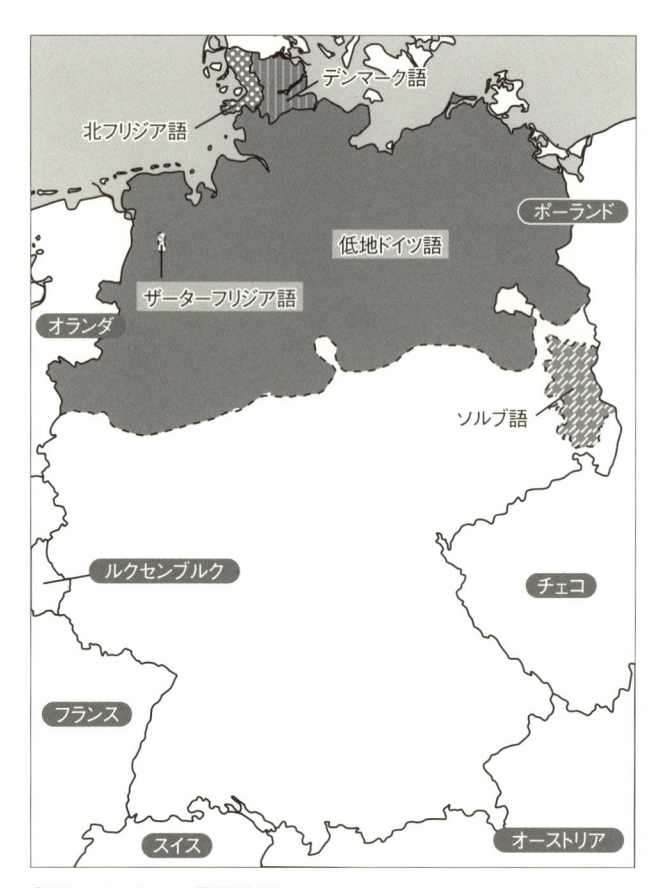

●図5　ドイツの言語地図
＊ただし，ドイツ語はドイツ全土で使用される。
参考：Bundesministerium des Innern (Hrsg.)：*Regional- und Minderheitensprachen in Deutschland*, Berlin 2008

②ドイツ

　単一の言語が全国的に使われるが，一部の地域で少数言語の公的な使用を認めている例としてドイツが挙げられる。歴史的には1871年の統一以降，ドイツでは領内の非ドイツ語住民に対しては同化主義的な傾向の強い政策がみられたが，1945年の敗戦以降の領土縮小および東西分断の下，領内に残った代表的な少数言語については保護政策がとられてきた。西側のドイツ連邦共和国では1955年にドイツとデンマーク両政府による「ボン・コペンハーゲン声明」で国境地域ドイツ領内のデンマーク人について保護がうたわれ，デンマーク政府からの支援も受けている。また東側のドイツ民主共和国では憲法

でスラブ系の少数民族ソルブ人の権利が明記され、官公庁や地名のソルブ語とドイツ語の2言語表記などソルブ語の公的な促進が行われた。1990年の東西ドイツ統一の際、統一条約の付属議定書によってソルブ語促進政策は継続が保証された。

現在、「欧州地域語少数言語憲章」（ドイツは1992年に署名、1998年に批准）による保護対象となる「少数言語」に認められているのは、ドイツ領内のデンマーク語とソルブ語のほか、北海沿岸・島嶼地域を中心に分布するフリジア語、また特定の集住地域を持たないが都市部に多いロマ・シンティ（「ジプシー」）の話すロマニ語である。その他、ドイツ北部一帯で話される低地ドイツ語が（方言ではなく）独自の「地域語」として認められている。

州の権限の強い連邦国家ドイツでは、これらの少数言語話者の権利については居住地域の含まれる州ごとに定められている。ソルブ人の場合、中心的な居住地域が位置するザクセン州では、州法によりソルブ人の居住地域において官庁や裁判所でソルブ語を使用することが認められている。またソルブ語で教育を行う公立学校が設置されている。

これらの旧来の少数言語話者はいずれも数がきわめて少なく、あわせて10数万人程度である。また居住範囲も一部の地域に限られている。それに対して数が多く、かつ全国的に分布しているのが、200万弱のトルコ人をはじめとする「新しい」少数言語話者である。これらの移住者に対しては、2005年の移民法に代表されるように、ドイツ語を学んでドイツ社会に統合することを働きかける政策が中心である。移住者の母語は教育に取り入れられることはあっても、政策によって保護・促進する対象とはみなされていない。このように、旧来と新来の言語的少数者に対する政策は際立った対照をなしている。

③スペイン

スペインは単一の言語（カスティーリャ語）が全国レベルでは使われるが、特定地域においては他の言語が公用語として併用されている国の1つである。1978年憲法第3条にカスティーリャ語はスペイン国家の公用語であって、すべての国民がこれを知る義務があり、使用する権利があると規定されていると同時に、自治州においては他の言語も公用語とされうるとされている。また、言語的な多様性は文化的資産であり、尊重され、護られなくてはならないとされている。

フランス同様にスペインでも近代国民国家の形成過程で言語的な統一へ力

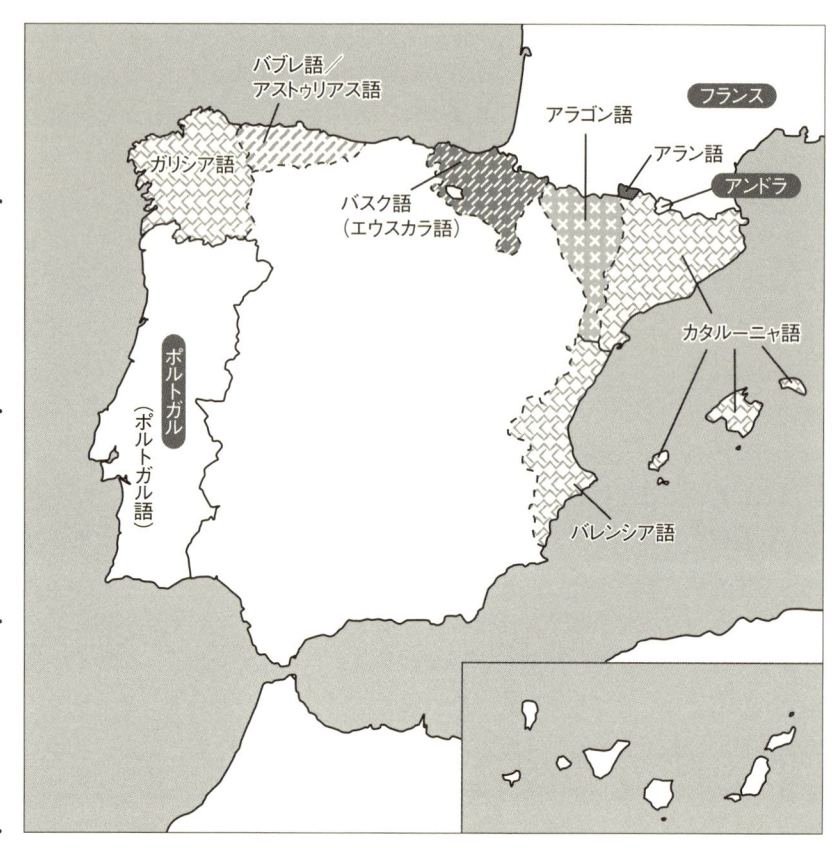

●図6　スペインの言語地図
　＊ただし，カスティーリャ語はスペイン全土で使用される。
　参考：『欧州諸国の言語法』三元社，2005, p.113

が傾けられたが，カスティーリャ語以外の言語使用を排除することにはならなかった。フランコ政権時代には地域言語への抑圧がとりわけ強かったが，同政権の崩壊後，各地域の自治権拡大と共に上記のような条文が憲法に入った。それに従って，カタルーニャ，バレアーレス諸島，バスク，ナバーラ，ガリシア，バレンシアの各自治州には，その地域の言語（カタルーニャ語，バスク（エウスカラ）語，ガリシア語，バレンシア語など）をカスティーリャ語とともに公用語とする憲章や法律が存在し，その他の自治州（アストゥリアス，カスティーリャ・イ・レオン，アラゴンなど）では，その地域の言語が，公用語ではないが保護と使用振興の対象とされている。

　各州の公用語が制定され，それによって教育がなされるのは後にみるベル

ギーに似ているが、カスティーリャ語がスペイン全体をまとめる国家語となっている点が異なっている。カスティーリャ語は各州の公用語の上に被さる形になっているが、それだけにカスティーリャ以外の各州で問題が起こらないわけではない。例えば、州の自治を強く推し進めるカタルーニャでは、州の公用語カタルーニャ語でしか教育を受けられないことがあり、それに不満を持つカスティーリャ語話者が、国家語であるカスティーリャ語での教育を受ける権利を主張して訴訟を起こすなどの現象がみられる。また、EUにおいてカタルーニャ語の限定的な使用が認められつつあるように、国家語と州の公用語との関係は、今後のEU統合の進展のあり方と無縁ではないだろう。

④ベルギー

　多言語国家の連邦王国ベルギーはフランス語、オランダ語、ドイツ語を公用語としている。現在のベルギーは連邦国家であるが、三層からなる複雑な組織体となっている。4言語地域（フランス語、オランダ語、仏蘭2言語併用、ドイツ語）、行政的な組織の3地域（ワロン、フランデレン、ブリュッセル首都圏）、3共同体（フランス語、フランデレン、ドイツ語）がそれである。基本は3言語・文化による区分であり、それがほぼ地理的区分と一致しているので、言語による連邦といってよい。（約58％がオランダ語地域、32％がフランス語地域、0.7％がドイツ語地域、残り9.3％がブリュッセル首都圏に住んでいる。）

　オランダ語圏の住民は基本的にオランダ語のみで生活し、教育も一言語のみによるが、これはフランス語圏においても同様である。ブリュッセルではフランス語、オランダ語のどちらでも教育を受けることが可能で、その選択は個人ないしは家庭による。また、ドイツ語圏では文書を含め基本的にドイツ語でのコミュニケーションが行われ、学校もドイツ語による教育が行われているが、行政的にはワロン地域に属している。したがってフランス語を使用する機会も多く、学校でもフランス語教育は重要視されている。住民はほとんどが独仏の2言語話者といってよい。

　ブリュッセルを除けば、基本的に言語による住み分けが明確になされ、地域内では1言語なのがベルギーの特徴であり、これは町の表示から交通機関の表示、アナウンスまで徹底している。ベルギー全体としては長年にわたりフランス語が社会経済的に上位に立つ言語であったため、長らくフランデレンではフランス語の習得に力が入れられてきた。反対にワロンではオランダ

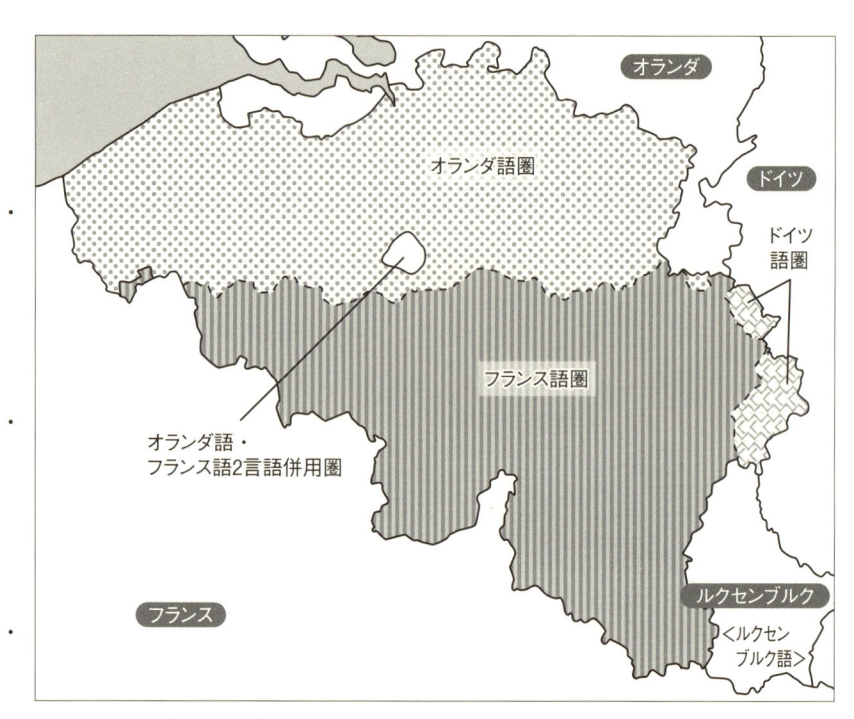

●図7 ベルギーの言語地図
参考：『読んで旅する世界の歴史と文化 オランダ・ベルギー』新潮社，1995

・語の学習が熱心に行われたとは言い難い。つまり，ベルギー全体としてみると，フランス語が上位の言語（H言語），オランダ語が下位の言語（L言語）のいわゆるダイグロシア（社会的2言語兼用）であったということができる。
　しかし，近年，産業構造の変化からフランデレン地域の経済的発展は著しく，それと共に言語についても，フランデレンではフランス語が以前ほど熱心に学ばれなくなり，それよりは英語を，また，ワロンでもオランダ語よりは英語を学ぶ傾向が強まっている。したがって，言語地域の異なるベルギー人同士が話し合う際に英語が使用されることも見受けられるようになった。それだけではなく，オランダ語圏では離脱独立さえ求める動きも強くなっている。このような動きには，EU統合の進展の中で地域の役割が強まってきたことが大いに関係していよう。

⑤ルクセンブルク
　ルクセンブルクは大公を元首とする小さな大公国である。この地域の言

はもともとフランス・ロレーヌ地方のフランク語と同じくドイツ語のモーゼル・フランケン方言であるが，1984年に国語並びに公用語となり，ルクセンブルク語と称されている。公用語としてはこのほかにフランス語，ドイツ語が使用される多言語国家である。

　このような言語状況になったのは歴史的な経緯によるところが大きいが，現在，教育ではこの3言語を教え，使用するので，大多数のルクセンブルク人はこれらの言語を同じように使用することができる。社会生活上，この3言語が使用される場は使い分けられているので，トライグロシア（社会的3言語兼用）といえる状況が生じているが，最も使用されるのはフランス語である。

　家庭ではルクセンブルク語が使用されているが，長らくドイツ語でなされてきた教会でのミサや説教もこの言語でなされるようになり，以前ドイツ語が使用されていた部分に入れ替わっていく傾向がみられる。母語以外のドイツ語，フランス語は小学校低学年から始められ，小学校高学年，中学になるとこれを使用して授業も行われるようになり，高校ではフランス語で授業がなされることが多くなる。中学からはそれに英語が加わる。

　ルクセンブルクでは今やルクセンブルク人以外の人々にその労働力の多くを依存しているため，ルクセンブルク人だけで国を運営できるとはだれも考えていず，したがってフランス語やドイツ語が使用されることにはまったく違和感がない。それどころか，自らのアイデンティティーにとってルクセンブルク語という母語は当然中核をなすが，フランス語とドイツ語を合わせて使用することにも自らの特性を認め，文化的にもゲルマン系とラテン系両方の性格を合わせ持つことをアイデンティティーと考えている。この点で従来の一言語によるアイデンティティーというあり方を越えているといえる。ルクセンブルクの姿はEUの中でも今後さらに注目されてよいものであろう。

74 文化政策

(杉谷眞佐子)

　文化分野は基本的に加盟国の権限に属し関連条文もなく，1981年ロンドン首脳会議で協力強化が提言された際，英国が反対するなどの経緯もあった。しかし，1983年のシュツットガルト首脳会議では文化面での協力が宣言に盛られるなど，政治統合へ向け評価の機運が高まる。その理由として文化が，共同体の多様性の理解や多言語教育の推進，価値観の共有，「市民の欧州（Citizen's Europe）」形成や「欧州市民性（European Citizenship）」の育成へ向け中核的機能を持ち得ることが挙げられる。さらに文化は産業振興や域外との共存・交流促進の手段として重要な役割を担い得る。これらの観点を中心に，文化政策の特色を概観する。

◎「欧州文化首都」事業

　ヨーロッパ・アイデンティティーの育成をめざす初期の文化政策の代表例として挙げられるのは「欧州文化都市（European City of Culture）」事業である。1974年の総選挙後，軍事政権から共和制へ移行し，1981年ECへ加盟したギリシャの文部閣僚で，著名な女優でもあったメリナ・メルクーリが1985年に提案したもので，閣僚理事会で採択後，アテネが第1号に選ばれた。1999年，議長国ドイツのもとでEU共通の事業として強化され，名称も「欧州文化首都（European Capital of Culture）」へ変更，欧州議会の意見を考慮した欧州委員会の推薦に基づき，閣僚理事会が原則として1年に1都市を選定することが決定された。2000年にはクラカウ，プラハなど9都市が選ばれ，東方拡大の機運を高めるのに役立った。選定都市はEUの助成を受け，欧州共通の歴史的遺産や文化を欧州次元で紹介，多様な企画を，他の加盟国と連携を取りながら開催する。地方都市が選定されると諸事業を始め，観光地としても脚光を浴び，経済効果も少なくない。2009年以降は新・旧加盟国からそれぞれ1都市が，2019年以降は全体で1都市が選ばれる方針である。「欧州文化首都」と並び2008年にはノルウェー，2010年にはトルコから「非加盟国を代表する欧州文化都市」が選ばれるなど，EU域外との交流促進の役割も果たす。

◎文化政策の条文化と「文化2000プロジェクト」

　EUの文化政策が法的基盤を持つのは，1993年発効のマーストリヒト条約128条（アムステルダム条約151条）の「加盟国や地域の主権を尊重しつつ，欧州文化の多様性と共通性を推進する」という趣旨の条文以降で，年間最低5億ユーロ（当時）の予算措置も取られるようになった。その活動は大きく3分野に分かれ，1996-97年から1999年まで，①「カレイドスコープ」（音楽，演劇，造形美術等を含む芸術活動の推進），②「アリアドーネ」（出版・書籍文化事業，翻訳活動等の推進，アリアドーネはギリシア神話のミノス王の娘），③「ラファエル」（伝統的文化遺産や歴史遺産の保護・修復等の助成，ラファエロはイタリアの盛期ルネサンスの画家・建築家）の各プロジェクトが実施された。

　2000年には新規に「文化2000プロジェクト」が立ち上げられ，「欧州文化の首都」活動と並び，幅広い市民生活の諸領域や芸術分野の国境を越えた交流，ネットワーク構築等の文化推進プログラムが展開されるようになった。諸プロジェクトは各加盟国に設置された「文化の出会いスポット（Cultural Contact Point）」を通じていわば，ボトムアップ式に募集され，EU次元で選定される。支援プロジェクトは，①革新的・実験的な文化活動で最低3カ国の関係者から構成され期間は1年の文化事業，②5カ国以上の諸機関・関係者が参加して数年にわたる文化事業，③「欧州文化首都」のように欧州次元やグローバルな次元で重要な意義を有する文化事業，の3分野から構成された。本プロジェクトは当初2004年までの予定であったが2年間延長され，複数国の芸術家や活動家の協力事業，姉妹都市交流，「Netd@y Europe」等学校でのインターネット国際交流などが促進された。また加盟国図書館の16世紀の諸文献，一部美術館の歴史的名作のデジタル化とインターネット上の公開など，欧州共通の歴史や精神文化に対する認識を高めるプロジェクト，主として社会人対象の多言語学習の推進，言語文化の普及（ICTによる言語学習や少数言語の維持・学習の促進，ポルトガル語からノルウェー語等少数言語や域内・域外の言語を結ぶ文学作品等の優れた翻訳の表彰・助成など），若手芸術家の支援（著名オーケストラでの研修とCD作成による自立・就業支援までを視野に入れた活動など），文化遺産の修復技術者養成などが挙げられる。「芸術活動における創造性の保護」に関しては，著作権保護がEU次元で規定され，加盟国には2002年末までに国内法の整備が求められた。2007年から2013年にかけ，諸種の文化活動助成プログラムが実施されている。

◎「文化戦略2007―グローバル化時代における文化政策」

　上記の助成プロジェクトに対し体系的・効果的にEUの文化政策を推進すべく2007年11月，欧州議会と閣僚理事会は欧州委員会の提言を受け，EU初の文化戦略構想を発表した。その目標は，①文化的多様性と異文化間対話の推進，②成長，革新，競争力強化を目標とする「リスボン戦略」の枠組みにおける創造性の契機としての文化の推進，③外交・国際関係における本質的要因としての文化の活用，の3点である。①では定期的な文部大臣会合等を通じて，諸分野での芸術家，芸術作品，関係専門機関の国境を越えた協力関係の強化，デジタル化による文化遺産や活字文化の幅広い公開や一般市民によるアクセス向上，市民の文化活動への参加可能性の向上，文化の多様性に対する理解の促進，「ヨーロッパ・アイデンティティー」と多文化共存能力を欧州市民性の資質として推進する，②では創造性を基盤とする諸種の産業振興，文化産業における諸機関の地域，国，欧州レベルでのより効果的な協力体制の構築，③では「文化」を外交や開発支援政策の有効な手段として積極的に評価し，ユネスコの「文化的表現の多様性の保護と促進に関する条約（文化多様性条約）（Convention on the protection and promotion of the diversity of cultural expressions. 2005年10月パリ，ユネスコ総会で賛成148，棄権4，反対2―米国，イスラエル―で採択)」の実現に資することなどが挙げられた。数年単位で重点目標を定め「リスボン戦略」と同様，「各国の権限を十分尊重」した上で「開かれた政策協調」を行い，定期的に統計等を通じて加盟国の実施状況が報告されることになった。2008年から2年間の重点目標には交流促進，文化遺産のデジタル化，複数言語学習，文化ツーリズムの促進，教育分野との協力による相乗効果の追求等と並び，文化分野に関する諸統計の実施と比較可能性の改善も目標の一つとされた。2005-06年「欧州文化の経済的側面（The economy of culture in Europe）」の調査が初めて実施され，文化分野における雇用状況，分野別経済効果，一般市民の芸術・文化活動への参加状況等がEU27カ国に関して公表された。欧州全体でみると，例

	名所／旧跡訪問	映画	絵画／美術館	音楽会	図書館	演劇鑑賞	オペラ／バレエ
EU平均	54	51	41	37	35	32	18
ホワイトカラー	63	75	47	44	39	36	22

●表4　文化活動への参加（％）

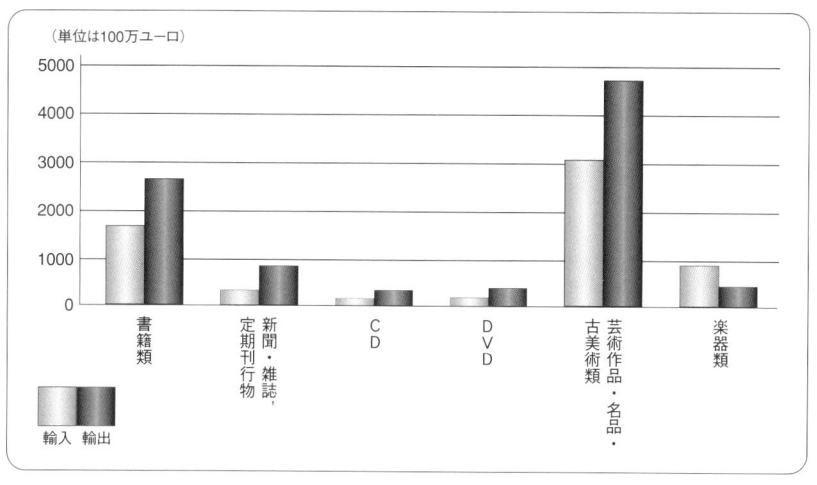

●図8　主要文化消費財の輸出入額
出典：欧州委員会統計局・貿易統計データバンクより，2007年春作成

えば雇用に関しては2004年には5800万人（3.1％）が従事しており，02年に比べ雇用率全体が低下するなか，文化分野では1.85％の伸びが見られ，相対的に高学歴者が多いという結果が得られた[1]。2007年の『文化統計』では「過去12ヵ月で1回以上経験した文化活動」に対し，全体で前頁の表4のような結果が得られ，社会層や加盟国による相違も明らかにされた[2]。

	総額 (1000ユーロ)	EU域内 (％)	EU域外 (％)
ドイツ	852,628	74	26
フランス	403,967	73	27
英国	625,902	68	32

●表5　新聞・雑誌の輸出状況

2006年の主要文化消費財に関するEU27カ国と域外の貿易額は図8のようで，主要輸出先は米国，スイスである。新聞・雑誌類の輸出が特に多い国は英・独・仏の3カ国で総額，及び輸出の割合は表5を参照。

◎「欧州異文化対話年」と多文化社会への取り組み

域内文化の多様性とともに多くの移民労働者を抱えるEUは，委員会の提言に基づき2008年を「欧州異文化対話年」と定め「世界へ開かれた欧州市民の育成」を目指し，近隣国や第三国を含めた多くのプロジェクトを市民の目線で実施・助成した。数カ国参加の「北海沿岸自転車ロード」の開発・整備等と並び，2007年の「欧州機会均等推進年」を受けマイノリティーの「メイ

ンストリーム化」を一つの主要目的とし，亡命作家・芸術家支援活動，東欧の地域開発と絡めたロマの人々との対話，旧ユーゴスラビア地域の歴史的建造物の修復と和解，スラブ系近隣諸国との対話，地中海沿岸諸国・イスラム文化圏と映画を通じての相互理解促進などが行われた。職業教育と関連させ，イタリア，ドイツ，オーストリア，チェコ，ギリシャ，ハンガリー，スペインが協力し，言語，専門知識の学習と並び，人種差別への対応などもカリキュラムに含む移民出身の介護士養成プロジェクトなどもあり，人権，民主主義などEU共通の価値観を反映させた内容が多く，グローバル化の広がり・深化を受けた広義の文化事業が支援を受けている。

　以上の諸事業が示すように，文化政策は国境を越えた相互理解の促進，近隣諸国との共存，経済振興政策と関連しており，それは社会生活諸次元を対象とする「地域開発政策」とも関連して進められている。またメディアの役割も大きい。例えば独仏間では東西ドイツ統一の1990年，独仏政府が合意し，それぞれの公共放送局が協力し，文化や報道番組を中心とする独仏2言語の国際公共放送局"ARTE"が設立され，92年より放送が開始された。外国語番組では2言語の字幕スーパーが付き，番組の質も高いため近隣諸国でも受信されている。

　国，地域，EU次元でそれぞれの特徴を持つ文化政策に対し，「欧州文化の価値観調査[3]」（2007年）では，「文化事業推進体」として第1位に選択された割合が上位から「EU諸機関」28%，「自国政府」25%で「地域」は10%であった。EU主導に対しあまり抵抗感がないことがうかがわれ，「文化戦略」による国境を越えた協力事業が今後域内・域外で展開されていくと予想される。

---

[1] (http://ec.europa.eu.culture/key-documents/doc873_de.htm)
[2] *Cultural statistics.* EC, EUROSTAT：website http://ec.europa.eu/eurostat
[3] 教育・文化総局が2007年2-3月に実施。27カ国15歳以上2万6466人対象。*European Cultural Values*（2007）. Special Eurobarometer. No. 278.

75 教育政策

（杉谷眞佐子）

◎歴史的概観

EU加盟各国は，政治的に「統合」を意識しながら，普通・職業両コースにおいては個別に多様な教育制度や内容を抱えている。教育分野は統合の深化につれ「補完性の原理」が特徴的な変化を示す領域ともいえる。欧州次元の教育政策は2008年現在まで大きく4期に分けて考察できよう。

第1期は1969年から1984年までである。1968年以降欧州各国が学生運動に揺れるなか，1969年10月の欧州議会で欧州の発展のためには教育の分野で国境を越えた協力が重要であると強調。ECで初めての教育閣僚会議が1971年に開催され，大学生交流を中心に話し合われた。並行して1970年に「産業・科学技術」委員会で職業教育での協力が論議され，1971年同委員会内に「教育と訓練」を扱う部門が設置。1973年には「教育部門」が欧州委員会の研究科学部門に統合され「研究・科学・教育」総局が開設。1974年「欧州職業訓練開発センター（Centre Européen pour le Développement de la Formation Professionnelle（仏），European Centre for the Development of Vocational Training（英）＝Cedefop）」の設立も決定された。

だがEC条約には教育政策に関わる条文はなく，1978年の閣僚会議で「中等教育段階におけるECの扱いと『欧州次元の教育』（European Dimension）の促進」「外国語教育の促進」「大学生の交流制度の確立」等普通教育に関わる内容が議題とされた際，法的根拠の欠如を理由に実質的に参加拒否の国もあり，教育分野の交流を促進する活動は一時危機的状況に陥る。1980年，閣僚会議は協調行動を，①移民労働者や子どもの教育，②教育機関の協力の緊密化，③定期的な諸統計調査の実施と結果の公開，④高等教育機関の協力関係拡大，⑤外国語教育の促進，⑥教育の機会均等，の6領域に限定する決議を採択し，活動を再開した。その後，ECの拡大とグローバルな競争社会の出現，ICT技術の急速な発展への対応の必要性などを背景に，より質の高い職業教育を含む教育分野の重要性の認識が高まり，1981年「雇用・社会問題・教育」の総局内に「教育・訓練・青少年」部局が開設された。このように教育分野での協力が進んだ背景には，青少年雇用問題への国境を越えた取り組

みがあり，ドイツが議長国を努めた1983年上半期の6月には，加盟国の「労働・社会・雇用」領域担当の閣僚と教育閣僚の第1回会議が開催されている。

　1983年シュツットガルト欧州理事会では，職業教育分野での協力関係の強化とならんで，「大学間の協力関係の制度化，相互の経験交流の強化，外国語教育方法の開発，他の加盟国に関する学習の促進」についての宣言が採択された。上記③の調査機関に関しては，1980年以降，欧州委員会と加盟国が共同で教育分野の諸調査を実施，結果の公開を通じて相互理解を深める「教育情報ネットワーク（Eurydice）」の開設に至った。同本部は現行の「教育・文化」総局に置かれ，定期的に教育制度や外国語教育の実態調査を行い，複数言語で報告している。

　第2期は1985年9月の閣僚理事会での「教育における欧州の次元の推進」採択に始まり，「市民の欧州」の実現を目指し普通教育での協調行動が開始される質的展開の時期である。1988年から1992年の中期計画で，ヨーロッパ・アイデンティティーの育成，民主主義，社会正義，人権尊重という共通の基本原則，EU成立後その社会・経済の発展に参加できる能力の育成，他の加盟国の歴史，文化，経済，社会に関する学習を目標とし，そのために文学，外国語，歴史，地理，社会，経済，芸術の諸科目で「欧州次元の教育」を促進するなどカリキュラム，教材開発，教科書の著者・出版社の意識啓発，生徒や，教員の交流，教員研修機関や指導者の交流，教員養成の国際協力，教員志望学生の留学助成などが明記され，具体的な教育現場に影響を与えた。1992年に調印されたマーストリヒト条約126，127条では「加盟国の権限を尊重」した上で普通・職業教育に対しEC次元での教育支援が明記され各種プログラムが展開された。この条文はEUの東方拡大をにらんで修正され，ニース条約149，150条に継承された。

　第3期は1993年より2000年までで，欧州連合（EU）の政治統合が進み，教育における「欧州の次元」は深化・拡大し，普通教育・職業教育での相互交流が東欧の加盟候補国を含め実施される。1995年教育部門は「教育・訓練・青少年」総局へ，1999年には「教育・文化」総局が新設され，EUでの教育政策の比重の高まりが制度的にも確立された。欧州委員会は1995年『知識基盤型社会における普通教育と職業教育』に関する白書を提出し，「欧州教育・科学・研究推進圏」創出のため，外国語教育を含め加盟国間の教育の質向上の必要性を強調した。同白書では欧州市民は「母語＋2言語／外国語」を学習すべきとする「3言語主義」も提唱されている。

第3期は域内の統合の深化と並行して，高等教育や職業教育における交流が，まず米国・カナダを対象に域外へ拡大された時期である。1990年代後半「情報化社会での学習」プログラム，ユネスコとの「大学修了資格の認定に関する取り決め」の採択，閣僚理事会での欧州諸言語の学習の早期開始に関する共同声明など，知識基盤型社会への対応，情報化社会への対応が進められた。1999年6月には大学生・研究者交流の促進，高等教育の改革・質向上と単位互換へ向け，大学間の教育内容を比較可能なものに調整する「ボローニャ・プロセス」が開始され，域外を含めての国際競争力強化へのEUの取り組みが進められる。続く第4期については2000年の「リスボン戦略」以降で後述する。

◎普通教育・職業教育助成プログラム

　第2期の「欧州の次元」決議を法的根拠とし，「ソクラテス（Socrates）」プログラム，「エラスムス（Erasmus）」プログラム，「ペトラ（Petra）」プログラム（学校修了生に職業訓練を提供し就職活動を支援），「ユース・ヨーロッパ」プログラム（全青少年対象の交流）等各助成プログラムが実施され，それらは第3期に継承拡充され，欧州統合の深化・拡大に大きく貢献した。

　なかでも「ソクラテス」は，普通教育を含む教育分野における欧州次元の最初の総合プログラムで，「教育の質改善と『欧州教育圏』の創出」を目指し，1995年から1999年に第1期，2000年から06年に第2期が実施された。それ以前のプログラムを統合し成人教育を対象とする「グルンドヴィ」（Grundtvig），ICTを活用し遠隔教育の開発・普及を図る「ミネルバ」（Minerva），「既存の諸プログラムの補完・相互連関・効率化を促進するプラン」，「（加盟各国の）地方レベルに『共同体の諸プログラム』の普及を図る広報活動プラン」などの8領域から構成されている。

◎外国語教育政策と外国語教育助成プログラム

　「多様性の中の統一」や移動能力育成を図るEUにおいて外国語教育は重要課題である。1989年7月「リングア（Lingua）」が採択され1990年から1994年にかけて施行，外国語授業や習得の促進，（当時既に明らかであった英・独・仏・伊など「大言語」への集中を避け）欧州の言語の多様性の維持とその意識啓発，自律的で生涯にわたる学習態度の育成，教員研修・授業の質の向上，教材・技術の開発が目的とされた。「リングア」は後に普通教育では「ソ

クラテス」，職業教育では「レオナルド・ダ・ヴィンチ」に統合された。「ソクラテスⅠ」（1995-1999年）はリングアのなかのA）教員養成機関の相互協力，B）現職教員の現地での研修助成，C）教員志望者が語学助手として現地滞在する際の諸経費，D）教材開発や運用力評価資材の開発（少数学習者言

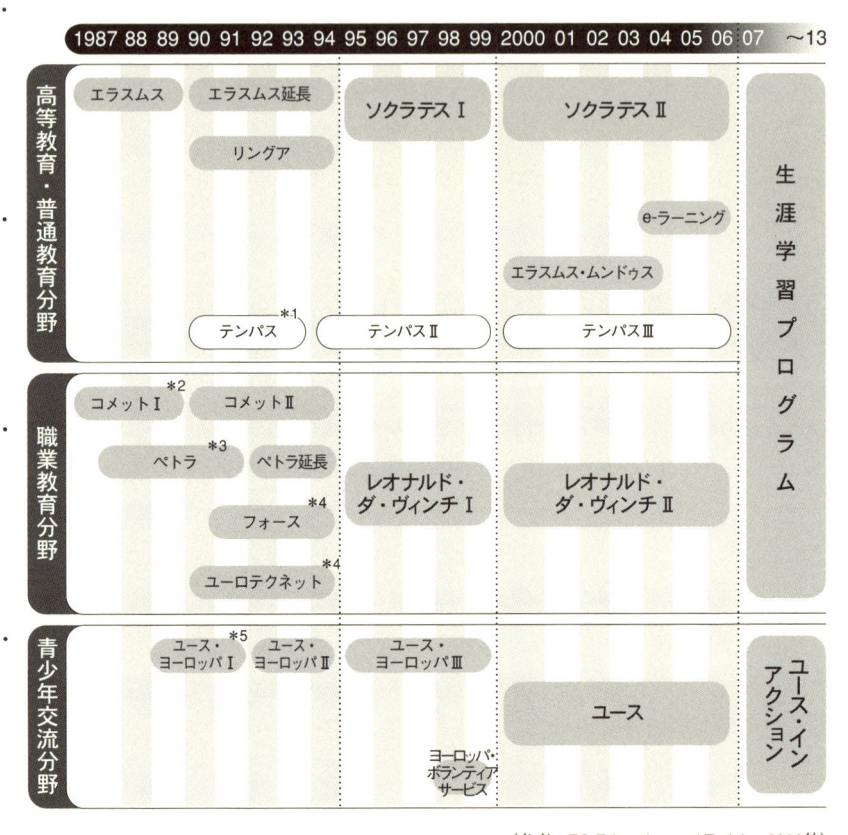

分野	1987-89	90-94	95-99	2000-06/07	～13
高等教育・普通教育分野	エラスムス	エラスムス延長／リングア	ソクラテスⅠ	ソクラテスⅡ／エラスムス・ムンドゥス／e-ラーニング	生涯学習プログラム
		テンパス*1	テンパスⅡ	テンパスⅢ	
職業教育分野		コメットⅠ／コメットⅡ／ペトラ*3／ペトラ延長／フォース*4／ユーロテクネット*4	レオナルド・ダ・ヴィンチⅠ	レオナルド・ダ・ヴィンチⅡ	
青少年交流分野		ユース・ヨーロッパⅠ*5／ユース・ヨーロッパⅡ	ユース・ヨーロッパⅢ／ヨーロッパ・ボランティアサービス	ユース	ユース・イン・アクション

（参考：EC Education and Training 2006他）

●図9　EC，EUの教育分野における主要助成プログラムの展開（1987～2013年）

*1　楕円は域外との大学間交流プログラムで，「テンパス」（Trans-European-Mobility Program for University Students, Tempus）は東欧，旧ソ連，中央アジア，Ⅲ以降は地中海沿岸の北アフリカを対象とし，2007-2013年は「テンパスⅣ」を施行。「エラスムス・ムンドゥス」（Erasmus Mundus, EM）はアジア，アフリカ，北米，南米，オーストラリア等全世界を対象とする。「EMⅠ」（2004-2008年）に続き，2009-13年は「EMⅡ」を施行。アジアとの交流に関してはp.309の表6参照。
*2　高等教育機関，及び主として中小企業の産学協同訓練プログラム
*3　学校教育修了後，就職前に行う職業訓練プログラム
*4　技術革新に伴う継続訓練，ICT分野での技能向上訓練プログラム
*5　「欧州市民性（European citizenship）」の育成を目指した青少年交流プログラム

語を含む），E）参加国間での生徒の諸教育プロジェクトや「コメニウス」（就学前教育・学校教育における教員・生徒の諸支援プログラム），「エラスムス」（大学間の交流プログラム）の助成を行った。「ソクラテスⅡ」（2000-2006年）は，1期の A, B, C, E の継続とコメニウスへの統合が図られた。重点領域として，3-8歳児童のための教員養成・研修教材の開発，ICT 教材活用のための研修，地理，自然科学，数学等の科目を母語と外国語で教授する「バイリンガル教育」のための教員研修・教材の開発などへテーマが広がる。優れた実践例を各国で表彰し，欧州次元で相互に紹介する「欧州言語ラベル制度（European Language Label）」が1997年に開始された。

「レオナルド・ダ・ヴィンチ」（Ⅰ期：1995-1999年，Ⅱ期：2000-06年）は職業教育における「欧州次元」の促進，外国語学習支援を通じ訓練や就業における移動能力の育成が目標とされた。2000年の調査でも英，独，仏，西，伊のほかオランダ，ギリシャなど当時の全加盟国の言語が企業活動で使用されていることが判明し，社員の多言語能力の有益性が確認された。「中小企業での外国語訓練」「経済用語」など現場に密着した外国語教授法・教材の開発，企業コミュニケーションにおける異文化対応能力の育成，優れた実践例を推奨・紹介する活動に重点が置かれた。その後「ソクラテス」とともに「生涯学習プログラム」に統合されている。

職業コースにおける移動能力促進のため，大学間での単位交換制度に準じた「職能教育における技能評価の欧州共通枠組み（European Credits for Vocational Education and Training, ECVET）」の開発が2002年から進められており，2008年にブリュッセルで開かれた欧州理事会と欧州議会での承認を経て，実施へ移される予定である。

欧州次元の外国語教育促進に関して，EU は2001年9月26日「欧州会議（評議会，Council of Europe）」と初めての公式共同企画として「欧州言語年」を開催。以降同日を「欧州言語の日」に制定した。欧州会議の「言語政策部局」は30年以上の経験を基に，2001年「欧州言語共通参照枠（言語のための欧州共通参照枠, Common European Framework of Reference for Languages: Learning, teaching, assessment, CEFR）」を発表。欧州市民の個人次元の「複言語主義（Plurilingualism）」を提唱し，社会集団次元の多言語状態・多言語主義（Multilingualism）と区別した。CEFR の「能力記述文（Can-do-statement）」に基づく言語活動領域別の A1～C2レベル評価は EU 加盟国の指導要領でも採用されていく（pp.312-313に表7 欧州言語共通参照枠，自

己評価表を掲載）。CEFR の特徴は，複数言語学習を進めるための「学習方法を学習する力」「異文化対応能力」など言語次元に還元されない複合的なコミュニケーション能力の定義と，それを具体化するための「欧州言語ポートフォリオ」の開発にある。同ポートフォリオは移動の際使用される能力証明書「欧州パスポート（Europass）」に採用されている。欧州会議は言語教育，歴史教育等を通じ欧州次元の教育の推進に大きく貢献してきており，EU の教育政策の重要な協力機関で，マーストリヒト条約やニース条約では「欧州会議との協力」が明記されている。他方，EU は用語として「複言語主義」は使わず「多言語主義」で通すなど相違も見られる。2007年「教育・文化」総局に「多言語」部局が新しく開設され，EU 機構内で多言語教育推進の体制が強化された。

◎エラスムス

　エラスムス（European Region Action Scheme for the Mobility of University Students, ERASMUS）は，オランダの思想家にちなみ命名された EU の高等教育分野での交流促進プログラム。1987年より開始されスイス，トルコ等非加盟国を含め年間20万人の大学生，（教育・研究・管理にわたる）大学関係者，企業研究者などの留学や研修を2-6週間の準備用語学講習も含め助成する。1990年留学促進や留学生の支援を目ざし，プログラム参加者による国際機関で EU 公認の「エラスムス学生ネットワーク」が設立され，活動を継続している。2008年までに欧州31カ国3100以上の大学が参加，190万人が助成を受けた。国境を越え，2つの大学で修了資格を取得する「ダブル・ディグリー」制度等を含む交流により，講義内容の透明化，単位互換，諸資格の認定等相互調整が必要となり，その過程を通じて，各大学の国際化，カリキュラム・制度改革，教育・研究の質の保証が要請され，「欧州高等教育圏」創出を目指す「ボローニャ・プロセス」の契機ともなった。

　「ボローニャ・プロセス（Bologna Process）」は教育・研究の質の保証，よりグローバルな魅力と競争力強化を求めて，1999年6月イタリアのボローニャで加盟候補国ほか総勢29カ国の教育閣僚会議が開催され，2010年までに教育内容の整備・改革，共通の資格制度の導入を目指す取り決めとその動きを指す。ドイツなど伝統的に学士制度（Bachelor）を持たない国はその資格を導入し，修士，博士課程が再編されている。カリキュラムの調整等を通じ，単位互換制度（European Credit Transfer System, ECTS）も導入されている。

ソクラテスの一部であったエラスムスは2007年より「生涯学習プログラム」の一部となり，助成の対象は，企業研修や企業の専門家を教授として招聘する国際的な産学協同へも拡大された。

　非欧州圏大学との交流を目的として2004年から「エラスムス・ムンドゥス（Erasmus Mundus）」が開始された。発足に際しての委員会提言では，既に英・独・仏など2国間協定で同様のプログラムを推進する加盟国もあるが，1999/2000年の統計で年間50万人以上の留学生を受け入れている米国と比較しても，多国間協力という欧州の特長を打ち出し，同時に加盟国の大学間の健全な競争を促すことが重要であるとされている。最低3加盟国の3大学が参加し，原則としてその2言語を使用，2カ国へ留学する「マスターコース・プラン」などが特徴的である。

　エラスムス・ムンドゥスには「欧州支援事務局（Europe Aid Office）」とリンクした「世界へ開かれた窓（(Erasmus Mundus) External Cooperation Window, EMECW)」プログラムがある。これは，中近東，アジア，中南米，アフリカなどから学生，院生，教授を1カ月から34カ月の範囲で受け入れ，大学教育のグローバルな開発支援を目指す（表6参照）。

◎教育と訓練におけるリスボン戦略

　EU教育分野の第4期の活動は，2000年3月のリスボン欧州理事会を受け，知

	2004/05	2005/06	2006/07	2007/08	2008/09
日本	2	6	3	4	7
中国	12	85(67)*	81(99)*	136	244
韓国	3	3	4	5	5
台湾	—	5	14	10	17
香港	—	2	1	3	—
インド	5	137(133)*	31(288)*	81	164
タイ	1	32(28)*	14(53)*	41	38
マレーシア	—	23	25(32)*	20	19
米国	3	20	28	34	75
留学生総数	140	808(353)*	741(636)*	1196	1957

●表6　「エラスムス・ムンドゥス」におけるアジア8カ国と米国からの奨学生数

　参考：http://ec.europa.eu/education/programmes/mundus/projects_en.html (2009/6/7)
　　　（　）*はエラスムス・ムンドゥスのなかでアジアの特定国を対象とする「アジアへの窓」プログラムによる学生数で内数。内数の一部は研究者も含む。採択後の辞退・補充等により実数は若干異なる可能性がある。

識基盤型社会での競争力強化，雇用拡大と教育の質保証・向上，知識基盤型社会への適応力（ICT，外国語運用力，移動能力等）育成，社会の結束性，環境保護の推進を求める具体的な改革プログラム，リスボン戦略の展開により始まる。2010年までの具体的な行動目標や生涯学習能力開発プログラム（Lifelong Learning Program，LLP，或いはLLLP）の基礎的技能に関する欧州次元での合意が主目的で，「母語でのコミュニケーション能力」「外国語でのコミュニケーション能力」「数学能力と科学・工学に関する基礎的能力」

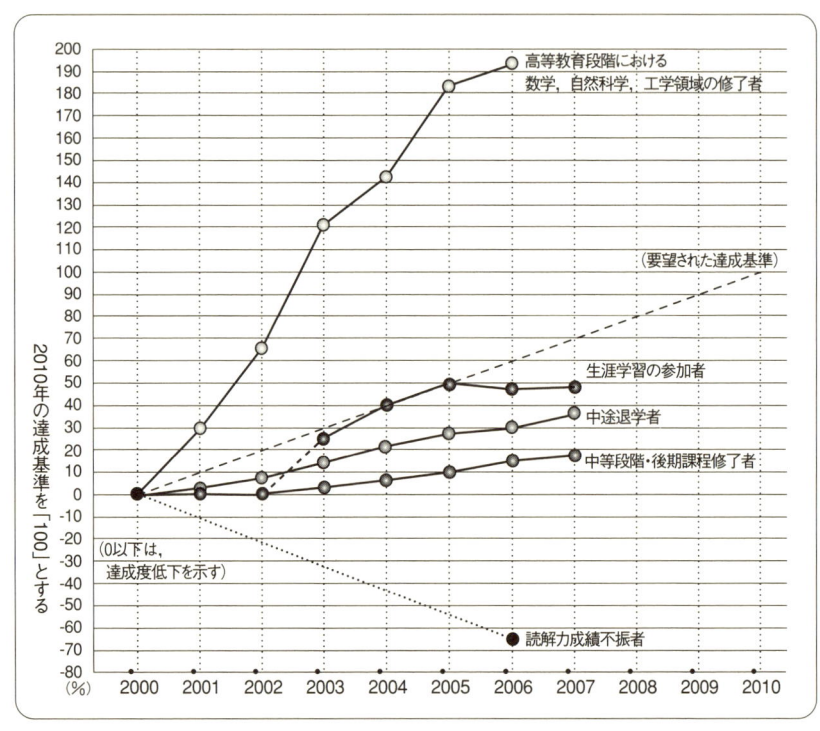

●図10　2010年に以下の5基準を達成するための経年変化（2000-2007年）
1) 18〜24歳人口で前期中等教育修了，及び中途退学者の割合は2000年17.6%，2007年14.8%であるが，2010年10%未満に減少を目標。
2) 15歳児の読解力に関し2000年 PISA 調査では EU18カ国平均2000年20.1%だが，2006年調査では増加して24.1%になっている。2010年までに20%に減少を目標。
3) 20〜24歳人口の76.6%（2000年），78.1%（2007年）が中等教育後期課程修了者であるが，2010年までに少なくとも85%への引き上げを目標。
4) 高等教育修了生における数学・自然科学・工学の専門領域出身者の割合をジェンダーバランスも考慮して15%以上に高める。
5) 「生涯学習」の参加者（25〜64歳人口が4週間以上の学習に参加する割合）を2010年に12.5%に高める。

「ICT能力」「自律学習能力」「積極的な市民性・社会参加能力」「文化の受容と表現能力」が掲げられている。目標達成に関して，東欧諸国を含め27加盟国間で比較可能な指標に基づく統計調査を実施。2005年の中間報告では達成度が相対的に低いことが指摘され，2010年までの目標が新たに確認された。それを受けた2008年の報告では主要項目の達成状況は図10のようである。図11は2外国語学習普及の状況で，EU27カ国の平均では2001/2002年調査と2005/2006年を比較すると中等教育段階，前期課程で1.3語から1.4語へと平均履修外国語数が増加していることが分かる。後期課程はいずれも1.6語である。

　リスボン戦略は数値目標を掲げ，教育分野での政策協力を促す。達成へ向けEUでは初めて，加盟国行政分野の代表者で欧州レベルの委員会を構成し個別目標を設定，その実現へ向けて取り組む「裁量的政策調整（Open method of coordination, OMC）」が取り入れられ，各国議会での審議を経なくても取り組みが可能である。また高等教育分野への影響が大きく，非加盟国からは「ボローニャ・プロセス」がリスボン戦略の手段と化すことへの危惧も表明された。他方，2005年の中間報告を受け，2006年にブリュッセルで開かれた欧州理事会での再合意を経て「欧州教育・経済圏」創出へ向けた27加盟国の教育政策は多言語教育，環境教育，政治参加のための市民性教育など，EU統合の基本理念を活かしながら継続・強化される方向がみられる。

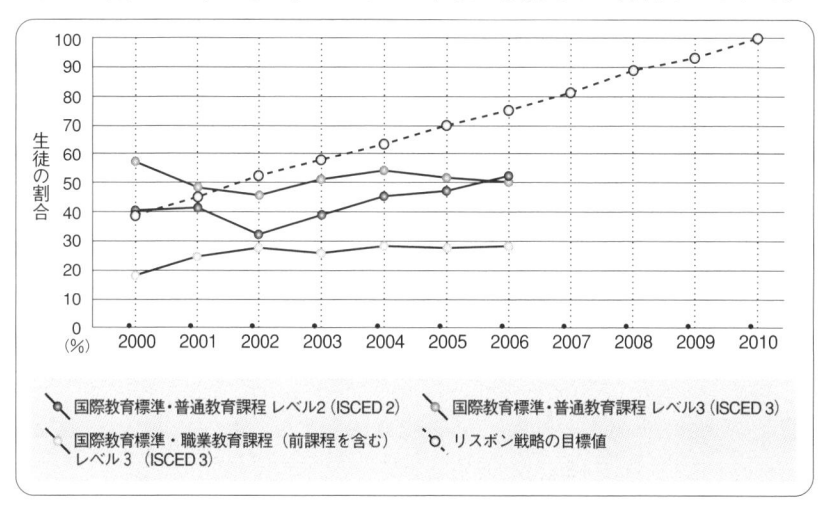

●図11　中等教育段階（普通・職業教育課程）で2外国語を学習する生徒の割合の経年変化（2000-2006年）

　出典：（図10, 11とも）欧州委員会，*Progress towards the Lisbon objectives in education and training-Indicators and benchmarks*, 2008，ドイツ語版も参照。

社会・生活・労働・文化

		A1	A2	B1
理解すること	聞くこと	はっきりとゆっくりと話してもらえれば，自分，家族，すぐ周りの具体的なものに関する聞き慣れた語やごく基本的な表現を聞き取れる。	(ごく基本的な個人や家族の情報，買い物，近所，仕事などの)直接自分につながりのある領域で最も頻繁に使われる語彙や表現を理解することができる。／短い，はっきりとした簡単なメッセージやアナウンスの要点を聞き取れる。	仕事，学校，娯楽で普段出会うような身近な話題について，明瞭で標準的な話し方の会話なら要点を理解することができる。／話し方が比較的ゆっくり，はっきりとしているなら，時事問題や，個人的もしくは仕事上の話題についても，ラジオやテレビ番組の要点を理解することができる。
理解すること	読むこと	例えば，掲示やポスター，カタログの中のよく知っている名前，単語，単純な文を理解できる。	ごく短い簡単なテクストなら理解できる。／広告や内容紹介のパンフレット，メニュー，予定表のようなものの中から日常の単純な具体的に予測のつく情報を取り出せる。／簡単で短い個人的な手紙は理解できる。	非常によく使われる日常言語や，自分の仕事関連の言葉で書かれたテクストなら理解できる。／起こったこと，感情，希望が表現されている私信を理解できる。
話すこと	対話に参加する	相手がゆっくり話し，繰り返したり，言い換えたりしてくれて，また自分が言いたいことを表現するのに助け船を出してくれるなら，簡単なやりとりをすることができる。／直接必要なことやごく身近な話題についての簡単な質問なら，聞いたり答えたりできる。	単純な日常の仕事の中で，情報の直接のやりとりが必要ならば，身近な話題や活動について話し合いができる。／通常は会話を続けていくだけの理解力はないのだが，短い社交的なやりとりをすることはできる。	当該言語圏の旅行中に最も起こりやすいたいていの状況に対処することができる。例えば，家族や趣味，仕事，旅行，最近の出来事など，日常生活に直接関係のあることや個人的な関心事について，準備なしで会話に入ることができる。
話すこと	一貫性のある話をする	どこに住んでいるか，また知っている人たちについて，簡単な語句や文を使って表現できる。	家族，周囲の人々，居住条件，学歴，職歴を簡単な言葉で一連の語句や文を使って説明できる。	簡単な方法で語句をつないで，自分の経験や出来事，夢や希望，野心を語ることができる。／意見や計画に対する理由や説明を簡潔に示すことができる。／物語を語ったり，本や映画のあらすじを話し，それに対する感想・考えを表現できる。
書くこと	書くこと	新年の挨拶など短い簡単な葉書を書くことができる。例えばホテルの宿帳に名前，国籍や住所といった個人のデータを書き込むことができる。	直接必要のある領域での事柄なら簡単に短いメモやメッセージを書くことができる。／短い個人的な手紙なら書くことができる：例えば礼状など。	身近で個人的に関心のある話題について，つながりのあるテクストを書くことができる。／私信で経験や印象を書くことができる。

●表7　欧州言語共通参照枠，自己評価表（A1–C2）
　参考：吉島茂・大橋理枝訳『外国語教育Ⅱ　外国語の学習，教授，評価のためのヨーロッパ共通参照枠』ドイツ文化センター・朝日出版社，2008

		B2	C1	C2
理解すること	聞くこと	長い会話や講義を理解することができる。また，もし話題がある程度身近な範囲であれば，議論の流れが複雑であっても理解できる。／たいていのテレビのニュースや時事問題の番組も分かる。／標準語の映画なら大多数は理解できる。	たとえ構成がはっきりしなくて，関係性が暗示されているにすぎず，明示的でない場合でも，長い話が理解できる。／特別の努力なしにテレビ番組や映画を理解できる。	生であれ，放送されたものであれ，母語話者の速いスピードで話されても，その話し方の癖に慣れる時間の余裕があれば，どんな種類の話し言葉も難なく理解できる。
理解すること	読むこと	筆者の姿勢や視点が出ている現代の問題についての記事や報告が読める。／現代文学の散文は読める。	長い複雑な事実に基づくテクストや文学テクストを，文体の違いを認識しながら理解できる。／自分の関連外の分野での専門的記事も長い技術的説明書も理解できる。	抽象的で，構造的にも言語的にも複雑な，例えばマニュアルや専門的記事，文学作品のテクストなど，事実上あらゆる形式で書かれた言葉を容易に読むことができる。
話すこと	対話に参加する	流暢に自然に会話をすることができ，母語話者と普通にやりとりができる。／身近なコンテクストの議論に積極的に参加し，自分の意見を説明し，弁明できる。	言葉をことさら探さずに流暢に自然に自己表現ができる。／社会上，仕事上の目的に合った言葉遣いが意のままに効果的にできる。自分の考えや意見を精確に表現でき，自分の発言を他の話し手の発言の主旨に合せて上手に続けることができる。	慣用表現，口語体表現をよく知っていて，いかなる会話や議論でも努力しないで加わることができる。／自分を流暢に表現し，詳細に細かい意味のニュアンスを伝えることができる。／表現上の困難に出会っても，周りの人がそれにほとんど気がつかないほどに修正し，うまく繕うことができる。
話すこと	一貫性のある話をする	自分の興味関心のある分野に関連する限り，幅広い話題について，明瞭で詳細な説明をすることができる。／時事問題について，いろいろな可能性の長所，短所を示して自己の見方を説明できる。	複雑な話題を，派生的問題にも立ち入って，詳しく論ずることができ，一定の観点を展開しながら，適切な結論でまとめ上げることができる。	状況にあった文体で，はっきりとすらすらと流暢に記述や論述ができる。効果的な論理構成によって聞き手に重要点を把握させ，記憶にとどめさせることができる。
書くこと	書くこと	興味関心のある分野内なら，幅広くいろいろな話題について，明瞭で詳細な説明文を書くことができる。／エッセイやレポートで情報を伝え，一定の視点に対する支持や反対の理由を書くことができる。／手紙の中で，事件や体験について自分にとっての意義を中心に書くことができる。	適当な長さでいくつかの視点を示して，明瞭な構成で自己表現ができる。／自分が重要だと思う点を強調しながら，手紙やエッセイ，レポートで複雑な主題を扱うことができる。／読者を念頭に置いて適切な文体を選択できる。	明瞭な流暢な文章を適切な文体で書くことができる。／効果的な論理構造で事情を説明し，その重要点を読み手に気づかせ，記憶にとどめさせるように，複雑な内容の手紙，レポート，記事を書くことができる。／仕事や文学作品の概要や評を書くことができる。

Column 3 「連邦制」か「国家連合」か──欧州統合の最終形態は

これまで成しとげてきた市場統合，そして通貨・経済統合の先に，政治統合という目標を掲げている欧州連合（EU）にとって，最終的にどのような形態や政体を目指すのかという問題は避けて通れない。換言すれば，EU加盟各国が統合をさらに進め，それぞれの国家主権を最終的に放棄して，連邦制を目指すのか，それとも各国の主権が多くの分野で残る「国家連合」に向かうのかという選択肢だ。

前者の主張はドイツ人の間でよく聞かれる。コール首相は1995年12月，マドリード欧州理事会で，「通貨統合とは政治統合に向けて必要なステップであり，政治統合とはEU各国のナショナリズムや米国の孤立主義的傾向およびロシア情勢の変化に対し自由と平和を保証するものだ」とし，通貨統合は必然的に政治統合を必要とするとの議論を展開した。同氏のビジョンは最終的にはEU各国の「国民国家としての終焉」と国家主権をプールした「欧州合衆国」の誕生に導くものだ。

フィッシャー外相は2000年5月，ベルリンで「連合から連邦へ──欧州統合の最終形態に関する考え方」とのテーマで講演し，10年以内に「諸国家の連合（union of states）」から「欧州連邦（European Federation）」へ移行し，欧州議会の二院化や憲法条約を基礎とする秩序の形成を訴えた。

「国家連合論者」はフランスや英国の指導者の間に多い。フランスのジョスパン首相は2001年5月の演説で，加盟国がその独自性を維持しつつ，市場，貿易，通貨，外交，安全保障など共通化できる分野はEUレベルで共通化していくという「国民国家からなる連邦（Federation of Nation States）」という構想を明らかにした。これは，ブレア英首相が2000年10月，ワルシャワでの演説で提唱した，政府間権力と超国家権力の独特の組み合わせである「自由で独立し，主権を持つ諸国の欧州」という「国家連合」構想におおむね呼応する。

リスボン条約には「連邦制」への言及はない。EUは当面，「パイオニア・グループによる先行統合」を容認しつつ，国家連合と欧州連邦の中間の政体にとどまる可能性が強い。しかし，20年後，30年後，経済面での統合がさらに進み，それと同時に米国のみならず中国やインドなど域外のメガ国家のパワーが飛躍的に増大してくれば，EUは国際政治の舞台で存在感を保つために「欧州合衆国」に限りなく近い政体に徐々に移行することを余儀なくされる可能性は否定できない。

第5章

各地で進む地域統合

5.1 アジア
5.2 南北アメリカ
5.3 アフリカ・地域間機構

(村上直久)

76 ASEAN［東南アジア諸国連合］

(村上直久)

　東南アジアの地域協力機構であるASEANは，1967年8月8日にタイ，インドネシア，フィリピン，マレーシア，シンガポールの東南アジア5カ国によって設立された。域内の経済成長，社会文化の発展，政治経済の安定を目的としてうたっているが，ベトナム戦争のさなかであったこともあり，米国の意向が色濃く反映している。これら自由主義諸国5カ国を結束させて，当時の北ベトナムからの共産主義の浸透や政権のドミノ的共産化を防ぐことが念頭にあった。

　ASEANはその後，1984年にブルネイ，1995年にベトナム，1997年にラオス，ミャンマー(旧ビルマ)が加盟，1999年にはカンボジアが加わり，東南アジア域内すべての国を含む「10カ国体制」ができた。人口は約5億8000万人で拡大EU27カ国の4億9000万人を上回るが，合計GDPは約8600億ドルとEUの約13兆ドルの7％にも満たない。

　ASEANの事務局はインドネシアのジャカルタにある。

　ASEANの最高意思決定機関は首脳会議で，公式会合は3年ごとに開催される。政策決定の最高機関である定例外相会議と域外対話国を招いての拡大外相会議が毎年7月下旬に開催される。定例外相会議は毎年のASEANの集大成とされており，加盟国の持ち回りで開かれている。

　冒頭でASEANを地域協力機構と規定したのは，世界で最も進んだ地域共同体であるEUと比べると，組織面，運営面での整備が不十分だからだ。外相会議における意思決定の方法は，協議と全会一致が原則で，全会一致が不可能な場合の決定方法は首脳会議に委任することになっている。すなわち話し合いを通じて醸成されるコンセンサスが重視されており，協議と決定に常にあいまいさがつきまとっている。換言すれば，ASEANは各国の緩やかな合意と慣習に則って運営されている「東洋的な組織」ともいえよう。

◎ **ASEANの歴史**

　ASEANの現在までの歴史は大まかに5つの段階に分けられよう。最初は，結成から1975年のベトナム戦争終結までで，米国のベトナム戦略に加担

する親米反共諸国の連合体だった。第2段階は1970年代末から1980年代半ばまでで，南北統一ベトナムのカンボジア侵攻を受けて，ベトナムとASEANの当初加盟5カ国との対決色が強まった。第3段階は1980年代半ばから1990年代初頭で，経済的には外資による経済開発を進め，域内特恵制度の拡充，関税引き下げなどの経済協力を推進した。第4段階はソ連・東欧圏の崩壊やカンボジア問題の解決などを背景に，ASEAN各国の経済成長や地域経済協力が進展した1990年代初頭から1990年代末だ。その後，1997年のアジア通貨危機を契機とした政治・経済体制の激変期を経て，政治的安定と経済回復を実現しつつあり，新たな飛躍の時期を迎えている。

ASEANの歴史を首脳会議の歴史でたどってみよう。

1976年にインドネシアのバリ島で開かれた第1回首脳会議では「経済協力促進による域内の強靭性強化こそ地域安全保障，政治的安定確立の基礎」と宣言，経済協力の重要性が強調された。

1987年12月にマニラで開かれた首脳会議では，「平和・自由・中立地帯化」の実現，非核地帯の早期設立，カンボジアの中立・独立・非同盟化，域内の特恵貿易の導入促進，などの声明を採択，政治面に重点が置かれた。

1995年12月，バンコクで開かれた第5回首脳会議ではASEAN地域フォーラム（ARF）の活用を宣言し，非核地帯条約に調印した。条約は締約国による核兵器の製造・開発・配備・実験の禁止，他国による核兵器域内配備・貯蔵禁止，放射性物質・廃棄物の海中・大気への投棄を全面禁止した。非核地帯条約としては中南米のトラテロルコ条約，南太平洋のラロトンガ条約に続くものだ。

1998年12月，ハノイで開かれた第6回首脳会議では，経済危機克服に向けた貿易と投資の自由化や経済金融改革の推進をうたった。

2001年12月にブルネイのバンダルスリブガワンでの第7回首脳会議，2002年12月にカンボジアのプノンペンで開かれた第8回首脳会議ではテロ対策が焦点となり，反テロ宣言が採択された。

2007年1月にフィリピンのセブ島で開かれた第12回首脳会議では，基本法となる「ASEAN憲章」の指針を採択した。また，当初目標より5年前倒しし，2015年の「ASEAN共同体」の実現を目指すことにした。

◎ ARFとAFTA

ASEAN関連の組織としてはARF（ASEAN地域フォーラム），構想とし

てはAFTA（ASEAN自由貿易地域，ASEAN Free Trade Area）が重要だ。

ARFはアジア・太平洋地域の政治・安全保障を対象とする対話のフォーラムで，1994年7月にバンコクで初の閣僚会議が開かれた。①安保対話，防衛交流などを通した信頼醸成，②予防外交，③紛争解決，という3段階に沿ってすべての参加国に心地よいペースで多国間協議を進めるのを目標とする。信頼醸成はある程度達成されており，予防外交をどう進めるかが当面の最大課題である。ASEAN外相会議に併せて開かれるARF閣僚会議の下に，信頼醸成，テロ対策と国境を越える犯罪などに関する作業部会がある。

2003年プノンペンで開かれた閣僚会議では，北朝鮮に対して，核拡散防止条約（NPT）からの脱退撤回を求める議長声明を採択するとともに，ミャンマー政府に民主化運動指導者アウン・サン・スー・チー女史の拘束解除を要求した。

AFTAは域内の関税や非関税障壁を引き下げて貿易の自由化を進め，ASEAN加盟国の経済の活性化を図る構想で，1991年にタイのアナン首相が提唱，翌92年1月にシンガポールで開かれた第4回首脳会議で合意されたことを受け，93年に発足した。電子機器等15分野での域内関税を2003年までに5％以下，10-15年までにゼロとし，数量制限，非関税障壁の撤廃も目指す。自国農業への影響が大きい品目については関税撤廃期限を18年に設定した。サービスについては準備のできた国から自由化することになっている。このほかにASEAN産業協力スキーム（AICO）や，域内の投資自由化を推進するためのAIA（ASEAN投資地域）枠組み協定などの経済協力体制がある。

◎ ASEANの経済的奇跡

東南アジア諸国はかつては欧米列強の植民地で，マレーシアのゴムに代表されるように一次産品の供給基地だった。第二次世界大戦中には日本軍による侵略の歴史もあった。こうした植民地支配が崩れたのが第二次世界大戦後で，東南アジア諸国は次々に政治的独立を手にした（この地域ではタイだけが列強の植民地支配を免れた）。しかし，経済構造の脱植民地化は困難な道をたどった。もちろん，第一の課題は工業化だったが，東南アジア諸国がまず採用した工業化の方式は保護主義的なものだった。すなわち，自国市場を国際市場から隔離し，保護された国内市場の中で内向きの工業化を試み，それによって輸入製品を国産化していくという「輸入代替化」と呼ばれる方式だった。しかし，この方式は狭い国内市場の限界にさえぎられて挫折してしま

った。こうしたことから東南アジアの経済には1960年代から1970年代にかけて「停滞」のイメージがつきまとった。

東南アジア諸国の工業化が本格化したのは，1980年代に入ってからのことだった。1970年代には二度にわたる石油危機で主要な輸出先であった先進国経済が低迷し，一次産品市況の停滞と世界的な高金利がこれに追い討ちをかけた。このため，東南アジア諸国は経常収支の大幅な赤字，対外債務の急増，財政赤字の膨張に見舞われた。こうした中で輸入代替品から輸出志向への構造転換は猶予を許されなくなり，保護主義的諸政策を打ち捨て，規制緩和を本格的に開始した。

構造転換の過程で，日本と NIES（新興工業国）からの投資が集中するという幸運にも恵まれ，ASEAN の工業化は本格化した。さらに1980年代後半以降の円高並びに NIES 通貨高により，東南アジア諸国の工業製品の相対競争力が強まった。日本・NIES 企業の対東南アジア投資も大幅に増加した。例えばタイでは，1986-90年の5年間でそれまでの25年間分の投資累計額（登録資本額ベース）の3倍を上回る急激な投資が日本から流入した。

1990年代に入っても ASEAN の工業化はおおむね順調に進んだが，1997年7月のタイ通貨バーツの下落に端を発するアジア通貨・経済危機の発生で急ブレーキがかかった。アジア通貨危機の経緯を概観すると，①1995年以降のドル高局面において,「ドル連動性」下の東南アジア各国通貨が割高となり，これに伴いアジア諸国の輸出は伸び悩み，経常収支が大幅に赤字化した，②経常収支赤字の補填を短期性資金を中心とした外国資金に求め，この資金が非生産的なバブル部門に集中したが，その後のバブルの崩壊過程で同部門に融資してきたノンバンクなど金融機関に大量の不良債権が発生し，株式市場の暴落を誘発した，③こうしたマクロ経済の動揺にヘッジファンドなど国際金融筋が着目し，為替差益を狙って，過大評価された東南アジア各国通貨を大量に空売りするという"攻撃"を仕掛け，タイ・バーツをはじめとする東南アジア各国通貨の急落を誘った，という展開だった。

アジア通貨危機によって，日本の金融機関の間では融資の焦げ付きが多発するようになり，1997-98年の金融危機の遠因となった。通貨危機はアジアにとどまらず，1998年8月にはロシア，1999年1月にはブラジルに広がった。

しかし，ASEAN 経済はその後，急速に回復し，21世紀初めには通貨危機以前の順調な発展ペースを取り戻した。

◎ ASEANの課題

　ASEANの直面する最大の課題の一つは加盟国間の貧富の格差をいかにして是正するかという点だ。比較的豊かなシンガポールやブルネイと最貧国のミャンマーやカンボジアの間では，1人当たりGDPで最大100倍の格差があるとされている。こうした中で1995年以降に加盟したベトナム，ミャンマーなど後発4カ国の間には，「貧困対策と社会基盤整備が先決」との声が多い。もちろん，従来からの加盟国の間ではグローバル化やIT革命に伴う恩恵をASEAN各国がいかに等しく共有するかという問題への取り組みも進んでいる。

　安全保障面では南シナ海の南沙諸島の領有問題やミャンマー情勢への対応が「とげ」として残っている。

　フィリピン，マレーシア，ベトナム，ブルネイのASEAN4カ国と中国，台湾がその全体，もしくは一部の領有権を主張して争っている，石油・天然ガス資源が豊富な南沙諸島問題では，1992年のマニラ外相会議で平和的解決を盛った「南シナ海宣言」を採択して以降，実効性ある合意は打ち出されていないのが実情だ。

　それでも安全保障面での共同行動強化へ向けた機運は高まっている。2004年11月にビエンチャンで開かれた第10回首脳会議では「ASEAN安全保障共同体」へ向けた行動計画案がまとまった。各国に設立する平和維持センターが連携し，テロ対策などの治安確保に向けた合同訓練や情報共有を促進することになった。今後，ASEANがPKO部隊を創設する際に，同センターのネットワークが部隊を統括する本部機構の受け皿となる見通しだ。「平和と安全維持のためのASEAN調整組織」も設立，各国間の安全保障などに関する利害調整を行う。

　経済面ではASEANは飛躍の時期を迎えている。2003年10月のインドネシア・バリ島首脳会議で採択した「協和宣言Ⅱ」中の，2020年までに人，物，カネの移動自由化を図る経済共同体構想を柱としている。行動計画を策定し，非関税障壁撤廃の作業計画を立てる方針で，他の加盟国出身のビジネスパーソンが域内旅行する際の査証免除などを明記している。EUの市場統合を意識したものだ。

　ベトナム戦争のさなかの1967年に「反共同盟」として結成されたASEANは，東南アジア全体の平和と繁栄を目指す地域協力機構に変貌し，2007年に創設40周年を迎えた。同年11月にシンガポールで開かれた首脳会議では，最

高規範となる ASEAN 憲章に署名，2015年の経済共同体創設に向け，大きく前進した。

憲章は①地域の平和と安全の維持，非核武装，②強い競争力を持つ単一市場作り，③貧困削減と格差縮小，④民主主義，法による統治，人権と基本的自由の擁護，⑤持続可能な発展と自然環境の保護，を目的に掲げたが，内政不干渉や全会一致の原則を維持している。このため，東アジア共同体構想を論じる前に，地域協力機構としての限界をどうやって突破できるのかという課題に直面している。

また，ASEAN 首脳会議は加盟国の政治情勢に影響を受けやすいという特徴がある。ASEAN は2009年2月末から3月初めにかけてタイ中部のリゾート地ホアヒンで首脳会議を開催した。タイ政府は当初，首脳会議を08年12月にバンコクで開く予定だったが，市民団体「民主主義市民連合」がバンコクで大規模な反政府活動を続け，空港を占拠するなどしたため，延期を余儀なくされた。

首脳会議では，城内の基本的人権を保護，促進する人権機構の09年内の設置で合意した。人権機構は ASEAN を「人間本位の共同体」にする最も重要な取り組みの一つと位置付けられている。しかし，ミャンマー民主化問題に関しては，各国はミャンマー軍政に対して国民和解の促進を働きかけたが，議長声明はスー・チーさんの解放要求には言及しなかった。

ホアヒン首脳会議では，2015年までの ASEAN 共同体創設に向けた取り組みなどを盛り込んだ「チャアム・ホアヒン宣言」に署名。さらに，共同体を構成する政治安全保障，社会文化の両分野の共同体創設への行動計画も採択した。

ASEAN 各国は世界金融危機への対応も協議し，保護主義に抗し，新たな障壁の導入を控えることでも合意した。09年2月の ASEAN と日中韓（ASEAN プラス3）財務相会議で，域内の通貨危機に備えて外貨融資の枠組み「チェンマイ・イニシアチブ」の資金総額を800億ドルから1200億ドルに引き上げると決めたことを歓迎した。

このほかにエネルギー安全保障に向けた ASEAN 石油安全保障協定の署名を歓迎するとともに，食糧安全保障を確保するため，ASEAN プラス3が緊急コメ備蓄の枠組み創設に向けて尽力していることを評価した。

ASEAN はミャンマーの民主化運動への対応などさまざまな問題を抱えながらも，地域共同体として着実に歩みを進めている。

77 東アジア共同体構想

(村上直久)

　欧州統合をモデルとして、東アジアにもASEANを中核に地域共同体を作ろうという機運が盛り上がってきたのは21世紀に入ってからだ。進め方のみならず構成メンバーや形態、機能などについての合意は成立していないものの、東アジア共同体の結成を意識した東アジア首脳会議が2007年までに3回開かれた。さまざまな障害が指摘され、東アジア域内外において賛否両論が渦巻く中、可能性を模索中だ。

◎ASEANプラス6

　2004年7月にインドネシアのジャカルタで開かれたASEAN外相会議では、「東アジア共同体」すなわち「ASEANプラス3（日中韓）共同体」作り構想についての討議が盛り上がった。ただ、ASEANにとってプラス3という共同体は諸刃の剣だ。影響力低下を恐れるASEANは「われわれが運転席に座るのが原則」（インドネシア外務省高官）などと予防線を張るが、日中韓の経済力を考えると指導力の維持は難しい。共同体の第一歩となる東アジア首脳会議の定期開催でもASEANは存在感の確保に腐心した。結局、ASEANが主催し、議長を務めることになった。また、毎年開催とし、開催時期はASEAN年次首脳会議の機会とすることを決めた。

　ASEANプラス3（日中韓）にインド、オーストラリア、ニュージーランドの3カ国を加えた16カ国は2005年12月にマレーシアで初の東アジア首脳会議を開いた。オーストラリアなど3カ国が参加することになったのは、ASEANとの協力関係が密接なことと、東南アジア友好協力条約（TAC）に加盟していることが考慮されたためだ。16カ国は総人口で30億人を超え、GDPも9兆ドルに迫る。

◎初回はクアラルンプールで

　初回の東アジア首脳会議（EAS）は2005年12月にマレーシアのクアラルンプールで開催された。ASEANと日中韓および印豪NZの首脳が参加した。冒頭のみ、ロシアの首脳がゲスト参加した。会議で採択されたクアラルンプ

ール宣言では、EASはこの地域における共同体形成において「重要な役割を果たしうる」とし、従来のASEANプラス3（日中韓）の枠組みに加えて、東アジアにおける地域協力の発展に寄与することが期待される。さらに、EASは開放的、包含的、透明な枠組みであるとし、グローバルな規範と普遍的価値の強化に努めるとした。協議の対象は、政治、安全保障、経済、社会・文化と幅広い領域にわたることになった。クアラルンプール会議では、日本は鳥インフルエンザ対策として、ASEAN対話国中では最大規模（75億円の拠出金）の支援を表明、対ASEAN協力では中国に先行された形となっていたが、改めて存在感を示した。

　東アジア首脳会議は2007年には二度開催された。1月にフィリピンのセブ島で開かれた会議では、エネルギー問題で成果があり、「東アジアのエネルギー安全保障に関するセブ宣言」を採択した。11月にシンガポールで開かれた首脳会議では、地球環境問題が焦点となり、「気候変動、エネルギーおよび環境に関するシンガポール宣言」が採択された。日本から出席した福田首相（当時）は、①東アジアにおける「低炭素・循環型社会」の構築、②東アジアの豊かで多種多様な自然との共生、③東アジアにおける環境保全インフラ作りを柱とする日本の協力を表明し、歓迎された。

　ただ、2007年の東アジア首脳会議では、東アジア共同体形成に向けた熱気は初回のクアラルンプール会議と比べるとやや冷めたと受け止められた。

◎経済連携協定の活用

　東アジア共同体を視野に入れた場合、欧州統合のように機構の整備を主要な手段とするのではなく、二国間、多国間の自由貿易協定（Free Trade Agreement＝FTA）や経済連携協定（Economic Partnership Agreement＝EPA）の形成をてこにして、それらを張りめぐらす形で進めていくことになりそうだ。貿易と投資と生産の形が、それぞれに変貌・発展し、その過程でFTAとEPAのネットワークをつむぎあげていくという形だ。そして、"EPA止まり"とはせずに、多面的な形で地域統合を目指すというものだ。

　日本国内の研究グループ「東アジア共同体評議会」（政財官学界の有識者で構成）は欧州統合を意識し、東アジア共同体の実現に向けて体系的な提言を行っている。

　同評議会は2006年8月に公表した政策報告書「東アジア共同体構想の現状、背景と日本の国家戦略」の中で、まず、東アジア共同体の理念として、

①「平和・繁栄・進歩」理念の重視，②「開放性，透明性，包括性」原則の重視，③経済，政治，安全保障，環境，社会などさまざまな分野での機能的協力の推進，④東アジアにおける文化の多様性の底流に混成文化という特徴があるとの認識の下でのゆるやかなアイデンティティーの形成，を提唱。

・　そのうえで，東アジアにおける貿易・投資協力，金融協力，政治・社会・文化協力を提唱。貿易・投資協力では，下記のような3段階アプローチを日本政府が提示すべきであるとしている。

1) 第1段階

　　貿易・投資の自由化および円滑化さらには経済協力を含む経済連携協定（EPA）を東アジア諸国・地域を加盟国として設立し，物だけでなく，人，資本，情報などが自由に移動する統一市場を実現する，

2) 第2段階

　　共通域外関税制度を適用する関税同盟に移行することで統一された貿易政策を実施する，

3) 第3段階

　　金融制度などのさまざまな経済制度の統一，共通マクロ経済政策，さらには単一通貨を含む経済統合へ発展させる。

　さらに，政策報告書は，東アジア共同体に向けた日本としての努力・態勢整備として，「東アジア政策閣僚会議」の開催や日本の農業市場の開放および日本への外国人労働者の受け入れに関する基準・資格の整備，などを挙げている。

　日本は2007年11月に ASEAN との経済連携協定の締結で合意した。日本は，コメ，乳製品など一部の農産物を対象から除外した上で，鉱工業品を中心に輸入額で9割以上の関税を即時撤廃。ASEAN 主要国も薄型 TV や自動車部品などの関税を10年間で段階的に撤廃することになった。協定は2008年秋に発効した。中韓に先行されていた EPA 交渉だが，ようやく追い付いた。

　日本政府は2007年11月に，東アジア共同体の構築に向けた考え方を発表した。その中で，①「開かれた地域主義」の原則に基づくこと，②「機能的アプローチ」をとること，③普遍的な価値を尊重し，グローバルなルールを順守すること，の3点を挙げた。

　①に関しては，米国が東アジア共同体から締め出されることを懸念しており，何らかの形で関与させる方法を模索しようとする意図がうかがわれる。正式参加を望むロシアの意向も無視できない。

②の機能的協力の促進を重視するのは，東アジアはEU地域に比べて，経済の発展水準のみならず，民族，宗教，政治理念，安全保障政策，文化などの側面で多様性が目立つからだ。特に，共産主義一党独裁の中国，社会主義のベトナム，軍事独裁強権体制のミャンマーを念頭に置いているようだ。EUでみられるような政治的制度や枠組みの導入は時期尚早と判断している。

このため，協力の分野としてはとりあえず，(a)金融支援・通貨協力，(b)道路など輸送網の整備，(c)地球環境・エネルギー問題・食品生産での協力，(d)情報技術を駆使した，国境を超えた製造業の最適生産システム作りなどが中心になると予想される。

(a)に関連しては，1990年代後半のアジア通貨危機の際，日本が提案した「アジア通貨基金」構想が，国際通貨基金（IMF）の領分を侵すとして米国から強硬に反対され，断念せざるをえなかった経緯がある。(b)に関しては，中国とインドシナ半島を縦断する幹線道路，インドシナ半島を横断する幹線道路がそれぞれ複数，整備されつつあり，国境での税関手続きの簡素化と相まって，物流の迅速化・効率化が急速に進みつつある。(d)については，日本の自動車，エレクトロニクス業界では，日本で基幹部品を製造し，それをベトナムなどで作った周辺部品とともに，タイやマレーシアに運び，そこで組み立て，完成品を欧米などASEAN域外に輸出するという新たな「三角生産・貿易システム」の構築が盛んになっている。労働コストや関税，労働者の技術力などを勘案して，最適システムを目指している。

③の普遍的価値の尊重では，中国やミャンマーの人権問題が「とげ」として残りそうだ。

◎東アジア共同体は非現実的か

アジアでは発展段階の格差，日本の歴史認識問題や中国政治の特殊性などから，EUを模した東アジア共同体など，地域の経済統合は非現実的との見方が根強い。だが，これに向かう協議の過程自体が，この地域に最も欠ける信頼の醸成につながるだろう。

日本は中国を上回り，ASEANの約9倍の経済規模を持つ。東アジア諸国に積極的に巨大な市場を提供し，企業活動を超えた人材育成や制度作りなどの協力を通じて，経済統合に向かう努力をすべき時期に来ているのではないだろうか。

78 ― 南アジア地域協力連合 [SAARC]

(村上直久)

　南アジアは第二次世界大戦後、インド・パキスタン間の数次のカシミール紛争が象徴するように政治的な緊張が今でも続く地域だ。しかし、地域協力に向けた動きも1980年代からみられた。

　バングラデシュのジアウル・ラーマン大統領は1980年、南アジア7カ国（インド、パキスタン、スリランカ、バングラデシュ、ネパール、ブータン、モルディブ）の地域協力構想を提唱。1985年12月のダッカ首脳会議でSAARCは南アジアにおける緩やかな地域協力の枠組みとして正式に発足した。

　創設憲章は、南アジア諸国民の福祉の増進、経済社会開発および文化面での協力の促進を目的として掲げ、主に経済、社会、文化の各側面での協力を柱とする。統合行動計画は農業・農村開発、運輸・通信、社会開発、環境・気象、科学技術、人材開発、エネルギーの7分野を対象としている。係争や2国間問題は取り上げないことになっており、決定は全会一致によって行われる。

　ただ、インド・パキスタン間で緊張が高まったとき、SAARCの会合は両国の代表が非公式に接触する場を結果的に提供しており、緊張緩和に役立っているといわれる。例えば、2001年12月に起きたインド国会議事堂襲撃事件により両国関係が一時的に緊張したが、翌月、カトマンズで開かれた首脳会議はインド、パキスタン両国代表の接触の場となった。事務局はカトマンズに設置され、首脳会議、外相会議、常設委員会（外務次官会議）、技術委員会がある。

　2007年にアフガニスタンが加盟して8カ国となり、人口は約15億人に上るが、貧困にあえぐ開発途上国の集まりだ。しかし、BRICsの一角を占めるインドを中心に経済成長が続き、地政学的にみた戦略面でも重要な位置にあることから、域外国の関心は高い。日本、中国、韓国、米国、EU、イランがオブザーバー参加している。EUは1998年からSAARCと対話を行っており、衛生、環境、麻薬、人身売買などに関連する地域問題について議論している。

　経済面では域内の関税引き下げを柱とする南アジア特恵貿易協定（SAPTA）が1995年12月に発効。2006年1月にはこれを発展させた形の南アジア自由貿易圏（SAFTA）が発足した。

79 北米自由貿易協定 [NAFTA]

(村上直久)

　北米自由貿易協定（NAFTA）は，米国とカナダの間で1989年1月に発効した米加自由貿易協定をメキシコに拡大した協定だ。NAFTAが発効したのは1994年1月。2国間の貿易自由化の流れをメキシコにもそのまま当てはめ，北米に単一の経済圏を樹立するのがNAFTAの目的だ。この背景には，EUが市場統合を事実上完成させ，通貨統合への具体的な道のりを歩み始めたという1990年代前半の状況がある。

　NAFTA締約国3カ国の人口は合計約4億3000万人で，ASEAN10カ国の5億5000万人やEU27カ国の4億9500万人をやや下回る。世界の3大自由貿易地域／統合体の人口がほぼ接近しているのは注目すべき点だ。ただ，1人当たりGDPでは，NAFTAが約3万1000ドル，EUが2万8000ドルで，ASEANの約1500ドルを大幅に上回っている。さらに，名目GDPではNAFTAが13兆3000億ドル，EUが12兆7000億ドルとほぼ互角だが，ASEANは約8000億ドルと大きく引き離されている。

◎協定の中身

　NAFTAはその目的として，①商品・サービスの貿易障壁の撤廃と国境を越えた移動の促進，②公正な競争条件の促進，③内国民待遇の供与や現地調達義務の禁止などを通じた投資機会の拡大，④厳しい原産地基準，⑤知的財産権の保護，⑥実効性のある紛争解決手続きの確立，⑦メキシコ政府は2000

	即時撤廃	1998年撤廃	2003年撤廃	2008年撤廃
メキシコ→米	84%	8%	7%	1%
米→メキシコ	43%	18%	38%	1%
加→メキシコ	41%	19%	38%	1%
メキシコ→加	79%	89%	12%	1%

●関税撤廃状況（米・加・メキシコ3カ国間）

※米加間では米加FTAの関税撤廃スケジュールがそのまま適用され，1998年に完了した。

出典：外務省ホームページ

年までの移行期間後，米加の金融機関による進出を原則自由化する，などを挙げている。①の市場アクセス分野ではEUとは異なり，対外共通関税を設定していない。

　3カ国間の関税撤廃状況については前頁表の通り。

・　また，関税の免除・還付も新規の導入を禁止し，既存の措置も削減していくこととなった。

・　これに関連して，メキシコの輸出保税加工業（マキラドーラ）制度のNAFTA域内での停止が大きな波紋を投げ掛けている。米企業や米国に進出している域外企業にとっては，米国とメキシコの国境地帯に設けられたマキラドーラ・ゾーンへ部品を運び，そこで加工した財を再度，無関税で米国市場へ持ち込むという利点があったため，この地域には日本を含むアジアの企業や米企業の加工工場が密集していた。しかし，2000年11月からマキラドーラ・ゾーンの保税が廃止された上，国境地域での人件費高騰などの悪条件も重なり，同地域への投資は急激に減少した。中には東南アジアに生産拠点を移すケースも出ている。日系企業の業界団体によると，マキラドーラ・ゾーンでの工員の賃金は年々上昇し，中国との人件費格差は約7倍に開いたという。地の利だけに頼るマキラドーラ制度は歴史的役割を終えたとの悲観論も出始めている。

・　③に関連して現地部品調達比率は，北米地域で生産された部品を総コストの50％以上使った完成車の関税はゼロにし，また，この比率は8年以内に62.5％に引き上げられることになった。

・　⑤に関連して，コンピューターのソフトウエア，データベースも著作権保護の対象とされた。商標登録の保護は商品に加えて，サービスにも適用される。医薬品，農業関係の微生物特許，集積回路デザインの保護，営業秘密についても保護対象となった。

・　⑥に関連して，反ダンピング税（AD）と相殺関税措置（CVD）の国内法は維持されることになったが，他の締約国のAD・CVD関連法の改正などを求めて，世界貿易機関（WTO）の2国間パネル（小委員会）の審査を請求できる。

・　農業分野では，3カ国共通の合意は作られなかった。米加間では，両国間のFTAを踏襲した。米・メキシコ間では，協定発効時にすべての非関税障壁を関税化するかあるいは関税割当制を導入し，関税の段階的引き下げを盛り込んだ。カナダ・メキシコ間では，関税の引き下げを推進するが，一部の数量

制限も認めることになった。

　一方，環境問題，労働問題に関しては補完協定で合意，NAFTA本協定と同時に発効した。ただ，労働力移動の自由化は盛り込んでいない。

◎発効前の期待と不安

　米国内では当初，安い労働力を求めて米国の企業がメキシコへ拠点を移し，国内の産業空洞化が加速するのではないかと懸念する向きが多かった。さらに，安価なメキシコ製品の急増によって国内産業が大打撃を被り，その結果，失業者が増えるとの見方が広まった。一方，NAFTAは輸出増を加速し，空洞化どころか米国内の雇用の増加につながるとの見方もあった。

　3カ国の中で，NAFTAを最も歓迎したのはメキシコで，最大の恩恵を受けるのも，またメキシコであるというのが大方の見方だった。メキシコ・ビジネス界はNAFTAによる米国からの投資流入がメキシコの経済成長を少なくとも1％押し上げる効果があると試算していた。その半面，メキシコ側からみれば，同国の民族資本は依然弱く，零細企業が多い産業構造を改善しないままNAFTAに参加すれば，ほとんどの中核企業は米国の大資本の傘下に吸収されるという根強い批判もあった。

◎発足から10年以上経過

　NAFTAは発足後，10年以上経過したが，実際に何をもたらしただろうか。貿易と投資は特に米国とメキシコの間で飛躍的に増加した。

　メキシコの対米輸出は1993年の約600億ドルから2007年には2800億ドルに達した。一方，米国のメキシコ向け輸出は1993年の410億ドルから2007年には1360億ドルに達した。NAFTA締結交渉に加わり，現在はメキシコシティーでエコノミストとして活躍しているルイス・デラカイエ（Luis de la Calle）氏は，「人々がメキシコの経済史を回顧するとき，今後はNAFTA以前とNAFTA以後に二分するようになるだろう」と述べた。

　NAFTAは締約国のGDPの堅調な伸びや失業率の減少傾向につながるとともに，生産拠点としてのメキシコの重要性を高めたとされる。

　NAFTAはメキシコ国民の生活水準を引き上げた。米小売大手のウォルマートが進出を加速させ，1000軒近くの店舗をメキシコに構えたことなどもあり，白物家電の平均価格はNAFTA以前のおよそ半分にまで下がったとされる。冷蔵庫であれ，薄型TVであれ，3カ国の小売価格はほとんど変わらない

という状況が出現したという。

　また，メキシコはNAFTAの締結をきっかけに企業会計や銀行監査制度を米国並みに改善，これが合併・買収の呼び水となり，米シティグループはメキシコ最大の金融グループを約135億ドルで買収した。

　一方，NAFTAに対する批判もくすぶっている。そのうち代表的なものは，NAFTAは主に事業主やエリートに恩恵を与えており，米国では製造業を中心に失業者が増えたとの指摘である。2004年，2008年の大統領選挙戦では，日本で報道されているよりはずっと深刻な問題として議論された。

　2008年の民主党の候補者選びでは，ヒラリー・クリントン上院議員（当時）が，「(米国人の職を守るために) 当選すれば，NAFTA再交渉を行う」と述べると，一方，オバマ上院議員（当時）は「1994年の発効以来，全米で百万人の職が失われた」と指摘した。しかし「オバマ陣営の攻撃は『虚偽』であり，『カナダ政府には再交渉はしない』との秘密メモを送っているのでは」とクリントン陣営から批判を受けるなど熱を帯びた論戦が展開された。

　社会的側面では，NAFTAによってメキシコから米国への不法移民は減少しなかった。2002年にメキシコ国境付近で身柄を拘束された不法移民は約92万人，その後，警備強化の結果，やや減少したとみられるが，拘束されずに"無事に"不法入国した，メキシコや他の中米諸国からの移民は少なくともこの数倍と見積もられている。米国の賃金水準は公的にはメキシコの約4倍とされるが，実質的には「1カ月で1年分を稼げる」という。

　また，米国政府は2001年9月11日の同時多発テロを受けて，国境の警備を強化。メキシコ国境については，2006年に，国境沿いに700マイル（約1100キロ）にわたって高いフェンスを築く法案が可決され，一部が完成している。

◎限界

　NAFTAはさまざまな問題を抱えながらも，貿易・投資の飛躍的増加につながった。しかし，その限界もみえ始めている。多くの企業が低賃金のメキシコに進出したため，労働需給が圧迫され，メキシコで必ずしも低コストの労働力が確保できるとは限らなくなった。加えてメキシコにとって人件費が大幅に低い中国の台頭は脅威となっている。中国製品の米市場席巻に直面している。

80 — 南米南部共同市場 [メルコスル]

(村上直久)

　南米有数の観光地，イグアスの滝の近くに，ブラジル，アルゼンチン，パラグアイの3カ国が接する国境地帯がある。パラナ川にイグアス川が合流する地点だ。この3カ国にウルグアイを加えた4カ国で，南米南部共同市場（メルコスル）が結成された。合流地点にメルコスル4カ国の代表が集まる会議場がある。1991年にパラグアイの首都アスンシオンで調印された条約に基づいて，1995年，域内関税の原則撤廃と域外共通関税を実施する関税同盟として発足した。欧州統合の目覚しい発展やNAFTAに刺激された格好だ。

　これら4カ国は，他の中南米諸国と同様に，米国の「裏庭」に位置するものの，歴史的にはスペイン・ポルトガル文化の影響が大きい。また，NAFTAと異なり，4カ国とも開発途上国だ。

　メルコスル域内では90％の品目の関税を撤廃，域外では85％の品目に対して最高20％，平均14％の共通関税を設定した。原産地証明についての規定も盛り込まれ，域内貿易において，メルコスル原産とみなされ，関税ゼロの扱いを受けるための現地調達比率は原則60％とされた（パラグアイについては2008年まで40％，2014年までは50％，同年以降は60％）。

　また，マクロ経済政策の協調および対外貿易，農業，工業，財政・金融，外国為替，資本，サービス，税関，交通・通信などのセクター別経済政策に関して協調することになった。さらに労働市場の自由化を目指し，商法や税法などの法制度も域内で調整することにした。

　1996年の首脳会議でチリ，ボリビアの准加盟が決まり，チリとは1996年10月，ボリビアとは1997年4月に自由貿易協定に調印し，両国を準加盟国とした。その後，ペルー，コロンビア，エクアドルも準加盟国となった。

　機構としては，最高位機関としての共同市場審議会がある。加盟国の外相，経済相で構成され，半年に一度開催される。執行機関としては共同市場グループがあり，加盟国の外務省，経済省，中央銀行の代表で構成される。共通域外関税の実施状況を監視する貿易委員会も存在する。事務局はウルグアイの首都モンテビデオにある。2004年8月には域内紛争処理などのための常設仲裁判所が，2006年12月にはメルコスル議会が発足した。

1998年4月には，エルサルバドル，ニカラグア，グアテマラ，ホンジュラス，コスタリカの5カ国からなる中米共同市場（CACM）と貿易協定を締結した。2000年7月のブエノスアイレスでの首脳会議で，自動車の域内貿易を2006年から自由化する新たな自動車協定で合意するとともに，マクロ経済指標で目標値を設定することになった。

　2006年7月にはベネズエラがメルコスルに正式加盟した。同国は2006年4月，アンデス共同体加盟のコロンビア，ペルーによる対米自由貿易協定（FTA）締結を理由にアンデス共同体からの脱退を発表していた。

　ベネズエラの加盟で，同国を含む正式加盟5カ国の人口は約2億5000万人，域内GDP合計は約1.3兆ドルに達した。

　メルコスルの結成により，ブラジルやアルゼンチン，チリの地場資本による隣国への投資が活発となった。また，アルゼンチンにとってブラジルは米国を上回る輸出市場となり，ブラジルにとってもアルゼンチンは米国に次ぐ第2の輸出相手国に浮上した。ウルグアイとパラグアイにとってはメルコスルの比重が輸出の5割を超えるようになった。貿易構造を分析すると，ブラジルとベネズエラを除く3カ国の場合，域外に対して農畜産品など一次産品の輸出国であり，また域内に対して工業製品も輸出するようになっている。

　しかし，メルコスルにとってすべてがバラ色ではない。債務危機や通貨危機にたびたび見舞われるなど，経済基盤は危うく，ひとたび一角が崩れれば全体に影響するというもろさがある。1999年にはブラジル通貨危機のさなか，アルゼンチンが自国通貨を放棄して「ドル化」を打ち出し，ブラジルから「国家主権の放棄だ」と非難される騒ぎもあった。それでも米国という共通の「敵役」が存在するため，対米関係での「協調」を軸にまとまりやすいという側面もある。

　ところでメルコスルは経済に重点を置いているが，各国間の信頼醸成に向けても努力している。メルコスルの合意事項には，非民主主義的な政治体制は認めない「民主主義条項」や「平和地帯宣言」「非核地帯宣言」も盛り込まれており，新たな政治関係の構築を通じて，結束を強めようとしている。

　こうした中で2008年5月には，南米12カ国（ブラジル，アルゼンチン，パラグアイ，ウルグアイ，ベネズエラ，ペルー，ボリビア，コロンビア，エクアドル，チリ，ガイアナ，スリナム）がブラジリアで政治対話の強化や経済，社会分野での協力などを目指す南米諸国連合（UNASUR）設立条約に調印した。

81 — 米州自由貿易地域 [FTAA]

(村上直久)

　西半球では，北のNAFTA，南のメルコスルが順調に発展しているのに勇気付けられ，南北アメリカを一体化させる貿易圏構想の実現に向けた交渉が進んでいる。米州自由貿易地域（FTAA）構想と呼ばれ，この原型は1990年6月にブッシュ（父親）政権が打ち出した「米州活性化構想（EAI）」である。中南米で進んでいた脱ポピュリズム改革を側面から支援しつつ，貿易・投資の自由化で南北双方の民間活力に道を開くのが狙いだ。米国経済にとって中南米は重要な地位を占めている。1999年の米国からの輸出総額（財とサービス）の約36％がFTAA地域向けであった。

◎世界最大の自由市場

　FTAA構想が実現すれば，北はアラスカから南はティエラデルフエゴに至る総人口約8億5000万人，域内GDP合計が14兆6500億ドルの世界最大の自由貿易圏が誕生する。

　1994年にマイアミで開かれた第1回米州サミット（キューバを除く南北アメリカとカリブ海諸国34カ国）で創設が決まり，1998年にチリのサンティアゴで開かれた第2回米州サミットで創設に向けた行動計画が採択された。計画では義務教育の普及や貧困解消，国家汚職，麻薬，テロ，武器密輸などに共同で対処し，零細企業への融資制度，判事研修のための司法研究センターの設置などもうたわれている。

　FTAA交渉の基本機構としては，最上位に貿易大臣会合があり，実務者レベルによる交渉の最終チェックと管理を行う。その下に貿易副大臣で構成する貿易交渉委員会（TNC）があり，FTAA交渉グループに指示を与えるとともに，FTAAの全体的構成や法制度に関してさまざまな決定を下す。TNCは年最低2回開かれる。FTAA交渉グループは貿易大臣会合およびTNCから指示を受け，協定の文言について交渉を実施している。9つのグループがあり，それぞれ市場アクセス，投資，サービス，政府調達，紛争解決，農業，知的所有権，補助金・反ダンピング・相殺措置，競争政策をカバーしている。事務局はFTAA交渉グループ開催国（ホスト国）に設置されている。

2001年4月にカナダのケベックで開かれた第3回米州サミットでは，FTAA交渉を2005年1月までに完了させ，同年12月までに発効させることを確認したケベック宣言に調印した。宣言は「われわれは社会正義と人間の可能性を実現しながら，大いなる繁栄と経済チャンスの拡大を作り出す」とうたい，FTAAは世界貿易機関（WTO）の規則に沿って運営されると明記した。

　宣言はまた参加に不可欠の条件として「民主主義の実践」を強調している。民主化条項は米国が強く求めたもので，現在，排除しているキューバと同様，「民主的秩序を壊すような国」に対してはFTAAへの参加を見直すことを記し，民主化後退の兆しがあるとしてハイチへの懸念を示した。

◎米国とブラジルの確執

　民主化のほかに，FTAA構想が貿易の領域を越えて踏み込んでいる分野としては人権や貧困，労働，環境問題もある。これらの点については各国の取り組みや認識の違いがあるため，交渉がこじれる原因となる可能性を秘めている。米政府は，自由貿易体制と民主化の問題を切り離せないとしており，FTAAが中南米各国の民主的な体制の下での経済発展を保証することを促す内容でなければ，米議会の承認を得ることは難しくなるとみられている。

　実際その後，交渉は米国とブラジルの対立が表面化し，難航するようになった。ブラジルは米国の農業補助金と反ダンピング措置の撤廃がFTAAの条件だと訴え続けている。ブラジルにとっては，これらが撤廃されないままFTAAが始まれば，同国が競争力を持つ農産品や鉄鋼製品が米国市場に十分進出できない。一方，米国の工業製品がブラジルにあふれ，米国経済に呑み込まれてしまうという危機感を抱いている。このように両国が泥仕合を演じていることもあり，交渉は暗礁に乗り上げ，2005年の交渉完了という目標は達成できなかった。

　交渉期限の約2カ月前の2004年11月には，アルゼンチンのマルデルプラタで第4回米州サミットが開催された。サミットは「貧困撲滅と民主的ガバナンス強化のための雇用創出」をうたったマルデルプラタ宣言を採択した。

　FTAA交渉は成功するのだろうか？ニカラグアのように経済開発が遅れた国，トリニダードトバゴのような圧倒的に小規模の国が，米国と一緒になって自由貿易地域を形成してもうまくいくのだろうか。FTAAの実現は，各国，特に米国とブラジルの政治的意思にかかっているとみられるが，仮に発足してもそれを機能させる方法を改めて検討する必要が出てくるだろう。

82 アフリカ連合 [AU]

(村上直久)

　アフリカは長い間,「暗黒の大陸」と呼ばれ,20世紀後半にかけて大半の国が欧州列強の植民地だった。1960年代に植民地支配を脱し,多くの独立国家が誕生したが,経済発展,民主化には直接結び付かなかった。それどころか,人種対立などを原因とする地域紛争や内戦の多発と大量の難民の発生,エイズやマラリアなど感染症の流行,貧困の深刻化などに悩まされてきた。

　そうした中でアフリカには,アフリカ諸国の統一,連帯の促進,主権・領土の擁護,新植民地主義との戦いなどを掲げるアフリカ統一機構(OAU)という地域機構が1963年から存在したが,さまざまな難題に立ち向かうには無力だった。しかし,1990年代に英仏などかつての宗主国が散在する欧州で統合が飛躍的に進んだことに刺激され,地域の一体化をより強固にするために2002年7月にOAUを改組し,アフリカ連合(AU)が発足した。

◎ EU をモデル

　EUをモデルとしており,加盟しているのは53カ国で,総人口は約8億5000万人。アフリカ大陸と周辺の島嶼国のうち,モロッコを除くすべての国が加わった。モロッコは西サハラ領有問題をめぐって1985年にOAUを脱退した。1人当たりのGDPは600ドル超で最貧国がほとんどだ。

　AU本部はエチオピアの首都,アディスアベバに置かれている。組織面では,最高決定機関として首脳会議があり,少なくとも年1回開催される。EUの首脳会議(欧州理事会)に相当する。その下に各国外相など閣僚により構成される閣僚会議があり,少なくとも年2回開かれる。政策の調整,首脳会議の議題の準備を行う。EUの閣僚理事会に当たる。さらにその下部機関として,各国常駐代表(大使級)で構成する常駐代表者会があり,少なくとも月1回開催され,閣僚会議の準備を行う。

　欧州委員会に相当し,執行機関の役割を果たす委員会があり,委員長を含む10人の委員からなる。このほかにAU域内の虐殺行為や戦争犯罪の抑止を目指す平和安全保障委員会がある。15カ国で構成し,再選可で任期3年(5カ国)と再選不可で任期2年(10カ国)の2種類がある。アフリカを東西南北お

よび中央の5地域に分け，各地域から1国ずつが3年任期の委員を出す。

さらに加盟各国から5名ずつの議員からなるAU全アフリカ議会（PAP）を設置した。所在地は南アフリカ。ただ，設置から5年間は加盟国への勧告権限のみ有する。

- 2006年にはアフリカ人権裁判所を発足させた。本部はタンザニアのアルーシャにある。加盟国政府による人権侵害などの不法行為について，国際条約，国際法に基づき判断する。

将来はEUをモデルとして，アフリカ裁判所，アフリカ中央銀行を作り，通貨統合も視野に入れている。組織の原則として，民主主義，法の支配，透
- 明性，説明責任を負う政治体制の確立，人権の尊重を掲げ，目的としては戦争の防止，貧困の削減，民主主義諸国の支援を挙げている。もちろん，紛争の克服も重要課題だ。AUの創設規約は「加盟国による虐殺や戦争犯罪に介入する権利を持つ」としているが，紛争防止・解決のメカニズムを具体的にどうするかは大きな課題だ。この点で平和安全保障委員会への期待は大き
- い。当面，世界最悪の人道危機といわれる，スーダン西部のダルフール紛争への対応が注目されている。

◎多難な前途

OAUをAUに発展的に解消させた背景には，冷戦終結後の世界がアフリ
- カへの関心を失ったとの認識がある。「アフリカは声を1つにしなければ，国際社会での比重が低下するばかりだ」との危機感も関係者から聞かれる。

経済規模でも人口でも小国の集団であるアフリカは，地域協力や地域統合を歴史的な課題としてきた。サハラ砂漠以南48カ国の平均人口規模は約1000万人で1国当たりの平均GDPは70億ドルに満たない。1人当たりGDPは約
- 600ドルで日本の2％未満だ。うち33カ国は重債務貧困国。「規模の経済」を享受するためには広域市場の創設が求められてきた。

しかし，AUの前途は多難だ。政治体制や経済情勢など，加盟国間の違いは著しく，AUとしての機構整備がどこまで進むか不透明だ。また，多くの国が巨額の対外債務にあえぎ，各国間の経済格差も大きい中で，経済統合の
- 議論は現実味を持たない。EU型統合を目指すにしては，欧州を取り巻く環境とはあまりにもかけ離れている。

それでも豊富な天然資源に恵まれ，西側先進諸国もアフリカ開発支援に本格的に取り組む姿勢を見せ始めており，将来は必ずしも暗くない。

83 — 地域間機構としての「ASEM」/「APEC」

(村上直久)

◎地域間機構としての ASEM

　EU は1990年代前半，後述するアジア太平洋経済協力（Asia Pacific Economic Cooperation）会議へのオブザーバー参加を働きかけてきたが，認められなかった。そのため，ASEAN と日米韓に直接働きかけて，対等な立場での欧州とアジアの対話を行うアジア欧州会議（Asia-Europe Meeting = ASEM）を1996年に発足させた。バンコクで開かれた第1回 ASEM 首脳会合にはアジアからミャンマー，ラオス，カンボジアを除く ASEAN7カ国と日中韓3カ国，EU からは EU 加盟15カ国と欧州委員会が参加した。

　バンコク首脳会合後に発表された声明は，政治対話の強化や貿易・投資の拡大を目指す「アジア・欧州パートナーシップ」を形成したとし，第1回 ASEM 会合の成果を強調した。冷戦後，唯一の超大国である米国が出席していない珍しい会議だ。また，かつての宗主国と植民地が半世紀を経て対等な立場で連携を深めるようになったことでも注目される。バンコク会合では，自由貿易の推進，メコン開発協力，アジア欧州基金の設置などで合意した。EU 側は，市場統合で「アジアのパートナー」にも開かれた障壁のない単一市場を設立していると指摘。その上で APEC がこれを上回る自由化を実施する用意があるのかどうか注視するとした。日本政府関係者によると，会議ではアジア側の貿易自由化に向けた熱意に直面して，EU 側は「守勢」に立たされた格好だったという。その後，アジアからはミャンマー，ラオス，カンボジア，インド，パキスタン，モンゴルおよび ASEAN 事務局，EU 側からは2004年5月加盟のポーランドなど10カ国，2007年1月加盟のルーマニアとブルガリアも ASEM に加わった。ASEM 首脳会合は2年ごとに開かれ，1998年にはロンドンで，2000年にはソウルで，2002年にはコペンハーゲンで，2004年にはハノイで，2006年にはヘルシンキで開かれた。

　第6回首脳会合（ASEM6）では，ASEM の将来に関するヘルシンキ宣言が採択された。今後10年の対話と協力の主要分野として，多国間主義の強化と共通のグローバルな脅威への対処，グローバリゼーション，持続可能な開発などが挙げられた。気候変動に関する ASEM 宣言も採択され，エネルギー効

率の改善や再生可能エネルギーの利用促進などがうたわれた。

　ASEMの会合としては、首脳会合のほかに、外相会合が隔年に開かれ、経済閣僚会合、財務大臣会合が原則として毎年開催されている。また、ASEM全体の調整を行うために高級実務者会合（SOM）が年2回のペースで、貿易・投資の円滑化・促進のために貿易と投資に関する高級実務者会合（SOMTI）が年1回程度開かれている。しかし、ASEMは国際的にはあまりインパクトを持っていない。貿易自由化の方法をめぐるアジア内での意見の相違や、人権問題をめぐる欧州の規範とアジアの規範の対立などが背景にある。

◎ APEC

　環太平洋地域の経済協力の促進を目指す動きは1970年代からみられた。APECは1989年にオーストラリアのホーク首相の呼びかけで、同国のほかに日本、米国、カナダ、韓国、ニュージーランド、ASEAN6カ国の合計12カ国で発足、同年11月にキャンベラで第1回閣僚会議が開かれた。1993年11月にはシアトルで第1回非公式首脳会議が開かれた。翌1994年にインドネシアのボゴールで開かれた第2回首脳会議では、「ボゴール目標」が採択され、先進メンバーは2010年までに、途上メンバーは2020年までに自由で開かれた貿易投資の達成を確約した。2001年の同時多発テロの直後に上海で開催された首脳会議以降、テロ対策も主要な議題となった。

　メンバーはその後増え続け、21カ国・地域に達している。ロシアやパプアニューギニア、チャイニーズ・タイペイ（台湾）、中南米のメキシコ、チリ、ペルーなどが新たに加わった。APECメンバーの総人口は世界全体の約4割、GDPは世界全体の約6割を占める。

　APECは「開かれた地域協力」というモットーの下、各メンバーの自発的な行動を通じて、貿易・投資の自由化・円滑化と経済技術協力の推進を基本原則としている。機構としては事務局がシンガポールにあり、事務局長は任期1年で開催国から選ばれる。首脳会議、外相、経済担当相による閣僚会議が年1回開かれるほか、高級事務レベル会合（SOM）が適宜、開かれる。

　米国はAPECを中心にアジア・太平洋地域の自由貿易圏を含む地域経済統合を促進したい考えだ。東アジア共同体構想やFTAAとどのような整合性を持つことになるのか、まだ議論は煮詰まっていない。ただ、APECは経済面で米国のアジア地域への関与を継続させるという意味で重要な役割を果たしていくことになるとみられる。

第3部 資料編

1 EU〔リスボン条約〕(部分訳)（中村民雄）
2 EU運営条約〔旧EC条約〕(部分訳)（中村民雄）
3 主要判例（多田英明・中村民雄）
4 加盟国・関連諸国基礎資料（梅本逸郎）
5 欧州統合Who's Who（梅本逸郎・村上直久）

1 EU条約
〔リスボン条約〕
（部分訳）

前文

〔ベルギー以下27カ国は〕

[1] 欧州共同体の設立から着手した欧州統合の過程の新しい段階に達することを決意し，

[2] 普遍的価値たる個人の不可侵にして不可譲の権利，民主主義，平等，自由および法の支配を発展させた欧州の文化的，宗教的，人文主義の遺産から着想を得て，

[3] 欧州大陸の分断終焉の歴史的な重要性と未来の欧州建設のための確固たる基礎を築く必要性を想起し，

[4] 自由，民主主義，人権および基本的自由の尊重ならびに法の支配の諸原則への愛着を確認し，

[5] 1961年10月18日にトリノで署名された欧州社会憲章および労働者の基本的社会権に関する1989年の共同体憲章に定められた基本的社会権への愛着を確認し，

[6] 諸国の人々の歴史，文化および伝統を尊重しつつ，人々の間の連帯を深めることを希望し，

[7] 機関のいっそう民主的で効率的な運営を強化することによって，単一の機関枠組みの中で，機関に授けられた任務をよりよく遂行可能にすることを希望し，

[8] 諸国の経済の強化と収斂を達成し，本条約およびEU運営条約の諸規定に従い，単一で安定した通貨を含む経済通貨同盟を設立することを決意し，

[9] 持続的開発の原則を考慮しつつ，域内市場の完成，強化された格差是正および環境保護の文脈において，諸国の人々の経済的社会的進歩を推進し，経済統合の前進が他の分野の漸進を並行して伴うように確保しつつ政策を実施することを決断し，

[10] 諸国の国民に共通の市民権を設けることを決意し，

〔注〕
本部分訳では，欧州理事会Presidentの訳語として「常任議長」でなく「理事長」を採用した。議長職以外の仕事があること，政治的には議長以上の可能性を秘めていることも事実であること，さらに欧州委員会の委員長（President）という訳語とも対応し，訳語としても常任議長以上に素直であることなどによる。

[11] 欧州ならびに世界の平和，安全および進歩を推進するために，第42条の規定に従って共通防衛に至りうる共通防衛政策の漸進的な構築を含めて，共通外交安全保障政策を実施し，もって欧州のアイデンティティと独立を高めることを決意し，

[12] 本条約およびEU運営条約の諸規定に従って，自由，安全および司法の領域を設立することにより，人の自由移動を促進しつつ，諸国の人々の安全と治安を確保することを決意し，

[13] 欧州の人々の間に，補完性原則に従って市民に可能な限り近く決定が行われる，絶えず緊密化する連合を形成する過程を継続することを決意し，

[14] 欧州統合を前進させるために，さらに手段を講じるべきことに鑑み，

[15] 欧州連合（EU）を設立することに決定した。

第1編　共通規定

第1条〔連合の設立〕

本条約により，締約諸国は相互において欧州連合（以下連合という）を設立し，連合に構成諸国は共通にもつ目標を達成するために権限を付与する。

　本条約は，欧州の人々の間に絶えず緊密化する連合をつくる過程の新たな段階をなし，そこでは可能な限り公開かつ市民に近づけて決定が行われる。

　連合は，本条約およびEU運営条約（以下設立諸条約という）を基礎とする。この2つの条約は，同一の法的価値をもつ。連合〔EU〕は欧州共同体〔EC〕に代替しそれを継承する。

第2条〔連合の価値〕

連合は，人間の尊厳，自由，民主主義，平等，法の支配，少数者である人々の権利を含む人権の尊重の諸価値を基礎とする。これらの価値は，多元主義，無差別，寛容，正義，連帯および男女平等が優越する社会にある構成国に共通する。

第3条〔連合の目標〕

1. 連合は，平和，連合の価値および連合の人々の幸福を推進することを目的とする。

2. 連合は，その市民に，域内国境のない自由，安全および司法の領域を提供する。その領域では，対外国境管理，難民，移民および犯罪予防と犯罪対策に関する適切な措置とともに人々の自由移動が確保される。

3. 連合は，単一市場を設立する。連合は，均衡のとれた経済成長および価格安定性に基づく欧州，すなわち完全雇用および社会的進歩ならびに環境の質の高水準の保護と改善をめざす高度に競争的な社会市場経済の持続可能な発展に向けて活動する。連合は科学技術の進歩を推進する。

　連合は，社会的疎外および差別に対抗し，社会的正義および社会的保護，男女の平等，世代間の連帯ならびに子供の権利の保護を推進する。

　連合は，経済的，社会的および領土的結束ならびに構成国間の連帯を推進する。

　連合は，その豊かな文化的かつ言語的な多様性を尊重し，欧州の文化遺産の保全と向上を確保する。

4. 連合は，経済通貨同盟を設立し，その通貨はユーロとする。

5. より広い世界との関係においては，連合はその価値および利益を堅持し推進し，連合の市民の保護に貢献する。連合は，平和，安全保障，地球の持続可能な発展，人々の連帯と

相互尊重，自由かつ公正な貿易，貧困の撲滅，および人権の保護，とりわけ子供の権利の保護，ならびに国際連合憲章の原則の尊重を含む国際法の厳格な遵守および発展に貢献する。

6. 連合は，これらの目的を，設立諸条約において連合に付与された権限の範囲に応じて，適切な手段により追求する。

- 第4条〔連合と構成国の関係〕

1. 設立諸条約において連合に付与されていない権限は，第5条に従って，構成諸国に留まる。

2. 連合は，設立諸条約の前における構成国間の平等ならびに構成国の国民的同一性を尊重する。この国民的同一性は，構成国に内在する政治的および憲法的な基本構造であって，地域および地方の自治政府に関するものを含む。連合は，領土の一体性の確保，公序の維持，国家安全保障の機能を含む構成国の必須の国家機能を尊重する。とりわけ，国家安全保障は，各構成国の専らの責任として残る。

3. 誠実協力原則に従って，連合と構成国は，設立諸条約から生じる任務の遂行において，相互に十分尊重し，かつ支援する。

　構成国は，設立諸条約から生じる義務または連合機関の行為から生じる義務の履行を確保するために，一般的または個別的なあらゆる適切な措置をとる。

　構成国は，連合の任務の達成を促進し，また連合の目標の達成を危険にさらす可能性があるあらゆる措置を控える。

- 第5条〔連合の権限〕

1. 連合権限の限界は，権限付与の原則によって規律される。連合権限の行使は，補完性および比例性の原則によって規律される。

2. 権限付与の原則においては，連合は設立諸条約において構成国から付与された権限の範囲内において，設立諸条約の定める目標を達成するために行動する。設立諸条約において連合に付与されていない権限は構成国に留まる。

3. 補完性の原則においては，連合は，その排他的権限に属さない分野において，意図された行動の目標が構成国の中央次元（レベル）または地域および地方次元（レベル）のいずれにおいても十分に達成できないものの，提案された行動の規模または効果ゆえに連合次元（レベル）においてよりよく達成できるとき，その範囲においてのみ，行動する。

　連合の機関は，補完性原則を，補完性および比例性の原則の適用に関する議定書に従って適用する。構成国議会は，当該議定書に定める手続に従って補完性原則の遵守を確保する。

4. 比例性の原則においては，連合の行動の内容および形式が設立諸条約の目標の達成に必要な範囲を超えないものとする。

　連合の機関は，比例性の原則を補完性および比例性の原則の適用に関する議定書に従って適用する。

- 第6条〔基本権〕

1. 連合は，2007年12月12日にストラスブールで採択された，2000年12月7日の欧州連合基本権憲章に定める権利，自由および原則を，設立諸条約と同一の法的価値をもつものとして認める。

　当該憲章の規定は，設立諸条約に定める連合の権限をいかなる形でも拡大しない。

　当該憲章の権利，自由および原則は，憲章の解釈と適用を規律する憲章第7編の一般規定に従い，かつ，当該規定の源を示した，憲章中に言及された解説を適切に考慮しつつ，解釈される。

2. 連合は，人権および基本権保護のための欧州条約〔欧州人権条約〕に加盟する。この加盟は，設立諸条約が定める連合の権限を害さない。
3. 人権および基本権保護のための欧州条約〔欧州人権条約〕が保障する基本権および構成国に共通する憲法の伝統に由来する基本権は，連合法の一般原則をなす。

第7条〔連合の構成国資格の停止〕

1. 3分の1の構成諸国，欧州議会もしくは欧州委員会による理由を付した提案に基づいて，閣僚理事会は，欧州議会の承認を得た後に，構成員の5分の4の多数で行動し，いずれかの構成国による第2条に掲げる価値に対する重大な違反の明白な危険があることを認定することができる。この認定を行う前に，閣僚理事会は関係構成国を聴聞し，同一の手続に従って，当該国に勧告を行うことができる。

閣僚理事会は，当該認定がなされた根拠が事後も継続しているかどうかを定期的に検証する。

2. 欧州理事会は，3分の1の構成諸国の提案に基づいて，または欧州委員会の提案に基づいて欧州議会の承認を得た後に，全会一致により行動し，いずれかの構成国による第2条に掲げる価値に対する重大かつ継続的な違反があることを，当該国の意見提出を求めた後に，認定することができる。

3. 第2項に基づく認定がなされたとき，閣僚理事会は特定多数決により行動し，当該構成国に対して，閣僚理事会において当該国を代表する構成員の投票権を含め，設立諸条約を適用して生じる一定の権利の停止を決定することができる。その際に，閣僚理事会は，そのような停止が自然人および法人の権利義務に及ぼしうる効果を考慮する。

いずれにせよ当該国は，設立諸条約に基づく構成諸国の義務に継続して拘束される。

4. 閣僚理事会は，特定多数決により行動し，第3項に基づいて採られた措置が採られる原因となった状況の変化に応じて，当該措置を変更ないし廃止することを後に決定できる。

5. 本条について欧州議会，欧州理事会および閣僚理事会に適用される投票方式は，EU運営条約第354条に定める。

第8条〔隣国関係〕

1. 連合は，連合の価値を基礎とし，協力に基づく緊密で平和的な関係を特徴とする，繁栄と善隣の地域を設立することをめざし，隣国との特別の関係をつくる。

2. 第1項の目的のために，連合は，関係諸国と具体的な協定を締結することができる。これらの協定は，相互的な権利義務および共同で行う活動の可能性を定めることができる。当該協定の実施は，定期協議の対象となる。

第2編　民主原則規定

第9条〔民主的平等原則〕

連合のすべての活動において，連合は，市民の平等の原則を遵守するものとし，市民は連合機関，組織，独立部局および専門行政機関から等しく配慮されるものとする。構成国のあらゆる国民は，連合市民とする。連合市民権は，国家市民権に追加されるものであって代替するものではない。

第10条〔代表民主主義〕

1. 連合の運営は，代表民主主義に基づく。
2. 市民は，連合次元(レベル)では欧州議会において直接に代表される。

構成国は，その国家元首または政府の長により欧州理事会において，またその政府により閣僚理事会において代表され，当該政府は

構成国議会または市民に対して民主的に説明責任を負う。
3. あらゆる市民は，連合の民主的運営に参加する権利をもつ。決定は可能な限り公開されて行われ，かつ市民に可能な限り近づけて行われる。
4. 欧州次元(レベル)の政党は，欧州政治意識の育成および連合市民の意思の表明に貢献する。

第11条〔参加民主主義〕
1. 連合機関は，適切な手段により，市民および代表団体に，連合のあらゆる活動分野について，市民および代表団体の意見表明および公開の意見交換の機会を設ける。
2. 連合機関は，公開の，透明で，定期的な対話を代表団体および市民団体と維持する。
3. 欧州委員会は，連合の活動が一貫性をもち透明であることを保障するために，関係者に対して広く諮問する。
4. 相当数の構成国からの百万人以上の市民は，設立諸条約の実施のために法的行為が必要と市民が考える問題に関して，欧州委員会がその権限の範囲において，何らかの適切な提案を提出するように促す発議をすることができる。EU運営条約第24条第1段に従って，このような市民発案に必要な具体的な手続および要件を定める。

第12条〔各国議会の役割〕
構成国議会は，次の各号の通り，連合の健全な運営に積極的に貢献する。
(a) 連合の機関による情報提供を受け，また欧州連合における構成国議会の役割に関する議定書に従って，構成国議会に送付される連合の立法案の送付を受ける。
(b) 補完性および比例性の原則の適用に関する議定書に定める手続に従って，補完性原則が遵守されていることを監督する。
(c) 構成国議会は，自由，安全および司法の領域制度において，EU運営条約第70条に従って，連合の当該地域の政策の実施に対する評価制度に参加する。同条約第88条および第85条に従って，欧州警察機関の政治的監視および欧州検察機構の活動の評価に関与する。
(d) 本条約第48条に従って，設立諸条約の改正手続に参加する。
(e) 本条約第49条に従って，連合への加盟申請について通知を受ける。
(f) 欧州連合における構成国議会の役割に関する議定書に従って，構成国議会間および欧州議会との議会間の協力に参加する。

第3編　機関に関する規定

第13条〔連合の機関〕
1. 連合は，単一の機関枠組みにより運営される。この機関枠組みは，連合の価値を推進し，連合の目標を前進させ，連合の利益，連合市民および連合構成国の利益に奉仕し，連合の政策および活動の一貫性，実効性および継続性を確保することをめざす。

機関枠組みは次から成り立つ。
―欧州議会
―欧州理事会
―閣僚理事会
―欧州委員会
―欧州連合裁判所
―欧州中央銀行
―会計検査院

2. 各機関は，設立諸条約が付与する権限の範囲内において，かつ設立諸条約が定める手続および条件に従って行動する。連合機関は相互に誠実な協力を行う。
3. 欧州中央銀行および会計検査院に関する規定およびその他の機関に関する詳細の規定

はEU運営条約に掲げる。
4. 欧州議会,閣僚理事会および欧州委員会は,諮問的資格において活動する経済社会評議会および地域評議会により補佐される。

第14条〔欧州議会〕

1. 欧州議会は,閣僚理事会と共同して,立法権および予算権を行使する。欧州議会は,設立諸条約の定めるところに従って,政治的統制および諮問の任務を行う。欧州議会は,欧州委員会の委員長を選出する。
2. 欧州議会議員は,連合市民の代表により構成される。欧州議会は,750名を超えない議員,および議会議長からなる。市民の代表は,各構成国につき最低6議席以上とし,逓減比例的とする。いかなる構成国も,96議席を超えて配分されない。
　欧州理事会は,欧州議会の提案に基づき,かつ当該議会の同意を得て,全会一致により本項前段に述べる原則を尊重しつつ欧州議会の構成を定める決定を採択する。
3. 欧州議会議員は,自由かつ秘密の投票による直接普通選挙により任期5年をもって選出される。
4. 欧州議会は,議会議長および役員を議員から選出する。

第15条〔欧州理事会と理事長〕

1. 欧州理事会は,連合の発展に必要な活力を提供し,連合の政治の一般的方向性およびその優先順位を明確化する。欧州理事会は,立法権を行使しない。
2. 欧州理事会は,構成国の国家元首もしくは政府首長ならびに欧州理事会理事長および欧州委員会委員長により構成する。連合外交安全保障上級代表はその作業に参加する。
3. 欧州理事会は,理事長により招集され,6か月ごとに二度会合する。議事の必要に応じ

て,欧州理事会の構成員は,閣僚1名の補佐を,また欧州委員会委員長については委員会委員1名の補佐を受けることを決定することができる。情勢に応じて,欧州理事会理事長は,欧州理事会の臨時会合を招集する。
4. 設立諸条約が特段の定めをおく場合を除き,欧州理事会の決定は,コンセンサスにより行われる。
5. 欧州理事会は,任期2年半かつ1回更新可能な理事長を,特定多数決により選出する。理事長に障害または重大な非行がある場合は,欧州理事会は同一の手続に従って理事長の職を解くことができる。
6. 欧州理事会理事長は,次の事項を行う。
(a) 議長を務め,議事を進行する。
(b) 欧州委員会委員長と協力し,かつ総合理事会の作業に基づいて,欧州理事会の作業の準備と継続性を確保する。
(c) 欧州理事会内の結束とコンセンサスの促進に努める。
(d) 欧州理事会の各会合の後に,欧州議会に報告を行う。
欧州理事会理事長は,その地位と権限において,連合の共通外交安全保障政策に関する問題の対外代表を務める。ただし,連合外交安全保障上級代表の権限を害さない。
欧州理事会理事長は,国内の職務を有してはならない。

第16条〔閣僚理事会〕

1. 閣僚理事会は,欧州議会と共同して,立法権および予算権を行使する。閣僚理事会は,設立諸条約の定めるところに従って,政策形成および調整の任務を行う。
2. 閣僚理事会は,閣僚級の代表であって,自国政府を拘束する合意と投票をすることができる各構成国の代表1名により構成する。
3. 設立諸条約が特段の定めをおく場合を除

き，閣僚理事会の決定は特定多数決により行われる。

4. 2014年11月1日より，特定多数決は，閣僚理事会構成国の少なくとも15カ国からなる55％以上の多数であって，連合の総人口の65％以上をなす構成諸国を代表する多数とする。

可決阻止少数には，閣僚理事会構成国の4カ国以上が含まれなければならない。これに満たないときは，特定多数決が成立したものとみなす。

特定多数決に関するその他の取り決めは，EU運営条約第238条第2項に定める。

5. 2014年10月31日まで適用される特定多数決の定義に関する経過規定および2014年11月1日より2017年3月31日まで適用される特定多数決の定義に関する経過規定は，経過規定に関する議定書〔注：右段参照〕に定める。

6. 閣僚理事会は，分野別の編成により会合する。そのリストは，EU運営条約第236条に従って採択される。

総合理事会は，分野別の閣僚理事会の作業の一貫性を確保する。総合理事会は，欧州理事会理事長および欧州委員会と連携して，欧州理事会会合の事前準備を行い事後作業を確保する。

外務理事会は，欧州理事会の定めた戦略指針にもとづいて，連合の対外行動を具体化し，連合の行動の一貫性を確保する。

7. 構成国政府の常駐代表委員会は，閣僚理事会の作業の準備に責任をもつ。

8. 閣僚理事会は，立法的の行為の法案を審議し表決するときは公開で会合する。この目的のために，閣僚理事会の各会合を，連合の立法的行為の審議部分と非立法的行為の審議部分とに二分して行う。

9. 外務理事会の議長を除く各分野の閣僚理事会の議長は，EU運営条約第236条に従って定める条件に従い，閣僚理事会における構成

国代表の平等な輪番により務める。

経過規定に関する議定書　第3条

1. EU条約第16条第4項に従って，欧州理事会および閣僚理事会の特定多数決の定義に関する同条同項の規定およびEU運営条約第238条第2項の規定は，2014年11月1日より発効する。

2. 2014年11月1日から2017年3月31日までの間は，特定多数決により行為が採択されるときは，閣僚理事会の一構成員は，それが第3項に定める特定多数決〔注：ニース条約方式〕により採択されるべきことを要請することができる。その場合，第3項および第4項が適用される。

3. 2014年10月31日まで，以下の規定〔注：ニース条約方式〕が有効である。これはEU運営条約第235条第1項第2段を害しない。

欧州理事会および閣僚理事会の行為が特定多数決を要求するとき，構成員の票数は以下のとおりとする。

ベルギー	12
ブルガリア	10
チェコ	12
デンマーク	7
ドイツ	29
エストニア	4
アイルランド	7
ギリシャ	12
スペイン	27
フランス	29
イタリア	29
キプロス	4
ラトビア	4
リトアニア	7
ルクセンブルク	4
ハンガリー	12
マルタ	3

オランダ	13
オーストリア	10
ポーランド	27
ポルトガル	12
ルーマニア	14
スロベニア	4
スロバキア	7
フィンランド	7
スウェーデン	10
連合王国	29

設立諸条約において，欧州委員会の提案に基づいて採択されなければならないとき，255票以上の賛成があり，それが構成国の過半数を代表するとき行為は採択される。その他の場合は，255票以上の賛成があり，それが構成国の3分の2以上を代表するとき行為は採択される。

欧州理事会または閣僚理事会の一構成員は，欧州理事会または閣僚理事会において特定多数決により行為が採択されたとき，特定多数決を形成する構成諸国が，連合の総人口の62％以上を代表することを確認する検査を要求できる。検査によりその通りでないことが判明したときは，当該行為は採択されない。

4．2014年10月31日まで，設立諸条約において，閣僚理事会の全構成員が表決に参加するわけではない場合，すなわちEU運営条約第238条第3項に定める特定多数決を述べている場合は，特定多数決は，本条第3項に定める，加重票および閣僚理事会構成員数と同等の比率，また関連する場合は関係構成諸国の人口と同等の比率とする。

第17条〔欧州委員会と委員長〕

1．欧州委員会は，連合の一般利益を推進し，その目的のために適切な発議を行う。欧州委員会は，設立諸条約の適用および設立諸条約に基づいて連合機関が採る措置の適用を確保する。欧州委員会は，欧州連合司法裁判所による統制の下で連合法の適用を監督する。欧州委員会は，予算を執行し，計画を運営する。欧州委員会は，設立諸条約の定めるところに従って，調整的，執行的および運営的任務を行う。共通外交安全保障政策および設立諸条約が定めるその他の場合を除き，欧州委員会は，連合の対外代表を確保する。欧州委員会は，連合機関間の合意を達成するため，連合の年次計画および多年次計画を発議する。

2．連合の立法行為は，欧州委員会の提案に基づいてのみ採択することができる。ただし，設立諸条約が特段の定めをおく場合を除く。その他の行為は，設立諸条約が欧州委員会の提案に基づいて採択されるべき旨を規定するときは，そのように採択される。

3．欧州委員会の任期は五年とする。

欧州委員会委員は，その能力全般および欧州への献身に基づいて選定されるものとし，その独立性は疑いのないものでなければならない。

職務を遂行するにあたり，欧州委員会は完全に独立であるものとする。第18条第2項を害することなく，欧州委員会委員は，いかなる政府その他の機関，団体，独立部局もしくは専門行政機関の指示も求めずまた受けてはならない。欧州委員会委員は，その義務もしくは任務遂行と両立しないあらゆる行動を控えなければならない。

4．リスボン条約の発効の日から2014年10月31日まで任命される欧州委員会は，委員長および〔複数の〕副委員長の中の1人となる連合外交安全保障上級代表を含め，各構成国一名から構成する。

5．2014年11月1日以降は，欧州委員会は，委員長および連合外交安全保障上級代表を含め

1・EU条約（リスボン条約）（部分訳）

て，構成国数の3分の2に相当する数の委員数により構成する。ただし，欧州理事会が全会一致によりこの数を変更する決定を行うときはこの限りでない。

- 欧州委員会の委員は，すべての構成国の人口規模および地理的広がりを反映しながら，構成国間の平等な輪番制に基づいて構成国の国民から選定される。この輪番制は，欧州理事会がEU運営条約第244条に従って全会一致により定める。

6. 委員会委員長は，次のことを行う。
  (a) 委員会の運営の指針を定める。
  (b) 委員会の内部編成を決定し，委員会が一貫性をもって，実効的かつ一体として活動することを確保する。
  (c) 連合外交安全保障上級代表以外の〔複数の〕副委員長を委員会委員から任命する。

- 委員会委員は，委員長が辞職を求めるときは辞職するものとする。連合外交安全保障上級代表は，委員長が辞職を求めるときは，第18条第1項に定める手続に従って，辞職するものとする。

7. 欧州議会選挙を考慮しつつ，かつ適切な諮問を行なったのち，欧州理事会は，特定多数決により決定し，欧州委員会の委員長候補を欧州議会に提示する。当該候補は，欧州議会の総議員の過半数により選出される。当該候補が必要な過半数の賛成を得ないときは，欧州理事会は，特定多数決により行動し，1カ月以内に，同一の手続に従って欧州議会により選出される新たな候補を提案する。

  閣僚理事会は，選出された委員会委員長との共通の合意により，委員会委員として任命しようとするその他の者の一覧を採択する。

- これらの者は，構成国の意見に基づいて，第3項第2段および第5項第2段に定める基準に従い，選定される。

  委員会委員長，連合外交安全保障上級代表およびその他の委員会委員は，一体として，欧州議会の承認投票にかけられる。この承認に基づいて，欧州理事会は，特定多数決により行動し，欧州委員会を任命する。

8. 欧州委員会は，一体として，欧州議会に責任を負う。EU運営条約第234条に定める手続により，欧州議会は欧州委員会の不信任決議案を採択することができる。不信任決議案が採択されたときは，欧州委員会委員は一体として総辞職し，また連合外交安全保障上級代表は欧州委員会において行う職務を辞するものとする。

第18条〔連合外交安全保障上級代表〕

1. 欧州理事会は，特定多数決により行動し，欧州委員会委員長との合意の上で，連合外交安全保障上級代表を任命する。欧州理事会は当該上級代表を同一の手続により解職することができる。

2. 連合外交安全保障上級代表は，連合の共通外交安全保障政策を遂行する。当該上級代表は，自らの提案により当該政策の展開に貢献し，閣僚理事会の与える使命に従って当該政策を遂行する。共通安全保障防衛政策についても同様とする。

3. 連合外交安全保障上級代表は，外務理事会の議長を務める。

4. 連合外交安全保障上級代表は，欧州委員会の副委員長の一人となる。当該上級代表は，欧州委員会においては，連合の対外関係の運営および連合の対外行動のその他の局面の調整に責任をもつ。欧州委員会内において当該責任を果たすとき，当該責任に関する限りで，連合外交安全保障上級代表は，第2項および第3項と両立する範囲で，欧州委員会の手続に拘束される。

第19条〔連合裁判所〕

1. 欧州連合裁判所には，司法裁判所，一般裁判所および〔複数の〕専門裁判所が含まれる。欧州連合裁判所は，設立諸条約の解釈および適用において法の遵守を確保する。

構成国は，連合法の適用される分野において，実効的な法的保護を確保するために十分な救済を提供する。

2. 司法裁判所は，各構成国から1名の裁判官により構成する。当該裁判所は，〔複数の〕法務官により補佐される。

一般裁判所は，各構成国につき少なくとも1名の裁判官を含む。

司法裁判所の裁判官および法務官ならびに一般裁判所の裁判官は，独立性に疑いのない者であって，EU運営条約第253条および第254条に定める条件を満たす者から選ばれる。構成国政府の共通の合意により任期6年をもって任命される。退任する裁判官および法務官は再任されることができる。

3. 欧州連合裁判所は，設立諸条約に従って，次の事項を行う。

(a) 構成国，連合機関または自然人もしくは法人の提起する訴訟に対する判断。

(b) 構成国の裁判所の要請に基づき，連合法の解釈または連合機関の採択した行為の効力に関する先決裁定。

(c) 設立諸条約に規定するその他の事項に対する判断。

第4編　強化協力規定

第20条〔強化協力〕

1. 連合の非排他的権限の枠内において相互間に強化協力を設定することを希望する構成諸国は，設立諸条約の関連規定を適用して連合機関を利用しかつ当該権限を行使することができる。ただし，本条およびEU運営条約第326条ないし第334条に定める制限と細則に服する。

強化協力は，連合の目標推進を目的とし，連合の利益を保護し，かつ連合の統合過程を強化する。このような協力は，EU運営条約第328条に従って常時あらゆる構成国に開放されているものとする。

2. 強化協力を許可する決定は，当該協力の目標を連合全体によって合理的な期間内に達成することが不可能であることが確認された場合であって，かつ当該協力に構成国の少なくとも9カ国が参加するとき，閣僚理事会から最終手段として与えられる。閣僚理事会は，EU運営条約第329条に定める手続に従って行動する。

3. 閣僚理事会のすべての構成員は閣僚理事会における討議に参加することができるが，強化協力に参加する構成国を代表する閣僚理事会の構成員だけが，表決に参加するものとする。表決の準則は，EU運営条約330条に定める。

4. 強化協力の枠組において採択された行為は，参加諸国のみを拘束する。当該行為は，連合に加盟する候補国が受容しなければならない既得成果（acquis）とはみなされない。

第5編　連合対外行動の通則規定および共通外交安全保障政策の特別規定

第1章　通則規定

第21条〔目的と運用〕

1. 連合の国際舞台における行動は，連合の創設，発展および拡大を発揚してきた諸原則に導かれ，それらを広い世界において推進するよう設計される。その諸原則とは，民主主義，法の支配，人権および基本的自由の普遍

349

性および不可分性、人の尊厳の尊重、平等および連帯の諸原則、ならびに国際連合憲章の諸原則および国際法の尊重である。

　連合は、前段に述べる諸原則を共有する第三国および国際組織、地域組織または世界組織との関係を発展させ提携をする。連合は、共通の課題に対する多国間の解決を、とりわけ国際連合の制度において、推進する。

2. 連合は共通政策および共通行動を策定し追求し、また次に掲げる諸目標のために、国際関係のあらゆる分野において高度の協力をめざして行動する。

- (a) 連合の共通の価値、基本的利益、安全、独立、一体性の擁護。
- (b) 民主主義、法の支配、人権および国際法の諸原則の積み上げおよび支持。
- (c) 国際連合憲章の諸目的および諸原則、ヘルシンキ最終文書の諸原則および対外国境に関する目的を含むパリ憲章の諸目的に則した、平和維持、紛争予防および国際安全保障の強化。
- (d) 貧困撲滅を主目的とした、発展途上国の持続可能な経済、社会および環境の開発育成。
- (e) 国際貿易の制限の漸進的廃止などを通じた、全世界諸国の世界経済への編入の奨励。
- (f) 持続可能な発展のために、環境の質および世界天然資源の持続可能な管理の維持と向上のための国際的措置の展開援助。
- (g) 天災または人災に直面する人々、諸国および諸地域への救援。
- (h) より強固な多国間協力と健全なグローバル・ガバナンスに基づく国際体制の推進。

3. 連合は、本編およびEU運営条約第5編が扱う連合の様々な分野の対外行動ならびに連合のその他の政策の対外的側面を展開し実施するにあたり、第1項および第2項に掲げる諸原則を尊重し、諸目標を追求する。

　連合は、その対外行動の様々の分野間の一貫性および、連合の対外行動と連合のその他の政策との一貫性を確保する。閣僚理事会および欧州委員会は、連合外交安全保障上級代表の補佐を受けながら、この一貫性を確保し、そのために協力する。

第22条〔欧州理事会の役割〕

1. 第21条に述べる諸原則および諸目標に基づいて、欧州理事会は連合の戦略的利益および戦略目標を特定する。

　連合の戦略的利益および戦略目標に関する欧州理事会の決定は、共通外交安全保障政策およびその他の連合の対外行動分野に関する。当該決定は、連合と特定の国もしくは地域を対象にすることができ、または主題別の行動方法を示すこともできる。当該決定は、その対象期間、連合および構成国に利用可能な手段を明示する。

　欧州理事会は、閣僚理事会の勧告に基づき、全会一致により行動する。閣僚理事会は各分野について定める方式により当該勧告を採択する。欧州理事会の決定は、設立諸条約が定める手続に従って実施される。

2. 共通外交安全保障政策の分野については連合外交安全保障上級代表が、その他の分野の対外行動については欧州委員会が、両者共同して提案を閣僚理事会に提出することができる。

第2章　共通外交安全保障政策に関する特別規定

第1節　共通規定

第23条〔政策目標〕

本章に従った、連合の国際舞台での行動は、第1章に定める一般規定の諸目標を追求し、当該規定に従って遂行される。

第24条〔政策権限〕

1. 連合の共通外交安全保障政策に関する権限は、外交政策のすべての分野および連合の安全保障に関するすべての問題を対象とする。連合の安全保障には、共通防衛政策の漸進的な構築が含まれ、当該政策は共通防衛に至りうる。

　共通外交安全保障政策は、特別の規定と手続に服する。当該政策は、欧州理事会および全会一致で行動する閣僚理事会により策定され実施される。ただし、設立諸条約が特段の定めを置くときはこの限りでない。立法の行為の採択は排除される。共通外交安全保障政策は、設立諸条約に従って、連合外交安全保障上級代表により実施される。この分野における欧州議会および欧州委員会の具体的な役割は、設立諸条約に規定する。欧州連合裁判所は、この分野に関する規定については管轄権をもたない。ただし、本条約第40条の遵守を監視する管轄権およびEU条約第275条の定める一定の決定の適法性を審査する管轄権を除く。

2. 対外行動の諸原則および諸目標の枠内において、欧州連合は、構成国間相互の政治的連帯の発展、一般利益問題の特定および絶えず進む構成諸国の行動の収斂の達成を基礎として、共通外交安全保障政策を遂行し、策定し、実施する。

3. 構成国は、連合の共通外交安全保障政策を、誠実および相互連帯の精神において積極的にかつ留保なく支持し、この分野における連合の行為を遵守するものとする。

　構成国は、相互の政治的連帯を強化し、発展させるために協力して活動する。構成国は、連合の利益に反する活動または国際関係における結束力としての連合の実効性を損ねる可能性がある活動を控える。

　閣僚理事会および連合外交安全保障上級代表は、これらの諸原則の遵守を確保する。

第25条〔実施方式〕

連合は、次に掲げるものを通して共通外交安全保障政策を遂行する。

(a) 　一般指針の策定。
(b) 　次の事項を策定する決定。
　　(i) 　連合がとるべき行動
　　(ii) 　連合がとるべき立場
　　(iii) 　(i)および(ii)に述べる決定の実施のための取決め
(c) 　政策実施における構成国間の体系的協力の強化。

第26条〔政策の実施〕

1. 欧州理事会は、連合の戦略的利益を特定し、防衛の意味合いをもつ事項を含めて、共通外交安全保障政策の諸目標を決定し、一般指針を策定する。欧州理事会は、必要な決定を採択する。

　国際情勢に照らして必要があるときは、当該情勢における連合の政策の戦略骨子を策定するために、欧州理事会理事長は欧州理事会の臨時会合を開催する。

2. 閣僚理事会は、共通外交安全保障政策を構築し、欧州理事会が策定する一般指針および戦略骨子に基づいて、共通外交安全保障政策を具体化し実施するために必要な決定を採択する。

　閣僚理事会および連合外交安全保障上級代表は、連合の活動の一体性、一貫性および実効性を確保する。

3. 共通外交安全保障政策は、連合外交安全保障上級代表および構成国により、各国および連合の資源を使いつつ、実施される。

第27条〔連合外交安全保障上級代表・対外行動局〕

1. 連合外交安全保障上級代表は，外務閣僚理事会の議長を務め，自らの提案を通して共通外交安全保障政策の準備に貢献し，また欧州理事会および閣僚理事会の採択する決定の実施を確保する。

2. 連合外交安全保障上級代表は，共通外交安全保障政策に関する事項について連合を代表する。当該上級代表は連合に代わって第三者と政治対話を行い，国際組織および国際会議において連合の立場を表明する。

3. 連合外交安全保障上級代表は，その使命を遂行するにあたり，欧州対外行動局の支援を受ける。当該局は構成国の外務機関と協力して作業し，閣僚理事会事務総局および欧州委員会の関連部局ならびに各国外務省から配置された職員により構成されるものとする。欧州対外行動局の組織および運営については，閣僚理事会の決定において定める。閣僚理事会は，連合外交安全保障上級代表の提案を受けて，欧州議会に諮問した後，欧州委員会の承認を得て行動する。

第28条〔実地行動決定〕

1. 国際情勢が連合の実地行動を必要とするときは，閣僚理事会は必要な決定を行う。当該決定は，目的，範囲，連合に利用可能な手段，必要に応じて期間，および実施の条件を定める。

　当該決定の対象となった問題に実質的な影響を及ぼす状況変化があるときは，閣僚理事会は当該決定の原則および目的を再検討し，必要な決定を行う。

2. 第1項に述べる決定により，構成諸国は，自らの採択した立場および自らの活動遂行を確約したものとする。

3. 第1項に述べる決定に基づいて，国別の立場または国別の行動をとる計画があるときは，必要に応じて閣僚理事会における事前の協議を可能にするために，情報は時間の余裕をもって関係構成国により提供される。事前の情報提供義務は，当該決定の各国実施だけの取決めであるときは適用されない。

4. 情勢の変化から絶対の必要が生じながらも第1項に述べる決定の見直しがなされない場合は，構成国は，当該決定の一般目的を考慮しつつ，緊急事態として必要な措置を採ることができる。関係構成国はそのようなあらゆる措置を直ちに閣僚理事会に通告する。

5. 本条に述べる決定の実施において何らかの多大な困難があるときは，構成国はそれを閣僚理事会に付託し，閣僚理事会においてそれを討議し適切な解決策を模索するものとする。当該解決策は行動の目的に反してはならず，行動の実効性を損ねてはならない。

第29条〔特定問題決定〕

閣僚理事会は，地理的または主題別の内容の特定問題について連合の態度を明確にする決定を採択する。構成国は，各国の政策が連合の立場に適合することを確保する。

第30条〔提案権〕

1. いずれかの構成国，連合外交安全保障上級代表または欧州委員会の支援を得た連合外交安全保障上級代表は，共通外交安全保障政策に関するあらゆる問題を閣僚理事会に付託することができ，また閣僚理事会に，適宜，発議しまたは提案を提出することができる。

2. 迅速な決定が必要な場合は，連合外交安全保障上級代表は，自らの発議または一構成国の要請により，48時間以内または緊急の場合はそれよりも早く，閣僚理事会の臨時会合を開催する。

第31条〔意思決定・建設的棄権〕

1. 本章に述べる決定は，欧州理事会および全会一致により行動する閣僚理事会が採択する。ただし，本章が特段の規定をおくときはこの限りでない。立法的行為の採択は排除される。

　閣僚理事会の各構成員は，投票を棄権するとき，公式の宣言を行うことにより〔建設的〕棄権の取扱いを受けることができる。この場合，当該決定を適用する義務は課されないが，当該決定が連合を拘束することは受け入れる。相互連帯の精神において，〔棄権した〕関係構成国は当該決定に基づく連合の行動と衝突またはそれを妨害する可能性のあるいかなる行動も控えるものとし，また他の構成国は当該構成国の立場を尊重する。このような棄権の扱いを受ける閣僚理事会の構成員が，構成諸国の3分の1以上に達し，かつそれら諸国が連合総人口の3分の1以上となる場合は，当該決定は採択されない。

2. 第1項の適用除外として，閣僚理事会は次の場合には特定多数決により行動する。

— 第22条に述べる，連合の戦略的利益および戦略目標に関する欧州理事会の決定に基づいて，連合の行動または立場を明示する決定を採択する場合。

— 欧州理事会の自らの発意による提案，連合外交安全保障上級代表の発意による提案または欧州理事会が連合外交安全保障上級代表に具体的に要請して連合外交安全保障上級代表が閣僚理事会に提出した提案に基づいて，連合の行動または立場を明示する決定を採択する場合。

— 連合の行動または立場を明示する決定を実施する決定を採択する場合。

— 第33条に従って特別代表を任命する場合。

　閣僚理事会の構成員が，自国の政策の重大かつ言明された理由ゆえに，特定多数決によ

り採択されるべき決定の採択に反対する意図である旨を宣言するときは，投票は行われない。連合外交安全保障上級代表は，関係する構成国と緊密に協議しつつ，当該国に受け入れ可能な解決策を模索するであろう。当該上級代表がこれに成功しないときは，閣僚理事会は，特定多数決で行動し，事案を欧州理事会に付託してその全会一致による決定を要請することができる。

3. 欧州理事会は，第2項に述べる場合以外に，閣僚理事会が特定多数決により行動する場合を定める決定を，全会一致により採択することができる。

4. 第2項および第3項は，軍事または防衛の意味合いをもつ決定には適用されない。

5. 手続問題については，閣僚理事会は構成員の過半数により行動する。

第32条〔共通の態度〕

構成国は，あらゆる共通外交安全保障政策問題であって一般利益に関わる問題について共通の態度を決定するために，欧州理事会および閣僚理事会において相互に諮問する。連合の利益に影響を与えうる国際舞台における何らかの行動または確約を行う前に，各構成国は欧州理事会または閣僚理事会において他の構成国に諮問する。構成国は，各国行動の収斂を通して，連合が国際舞台においてその利益と価値を主張できるよう確保する。構成国は相互連帯性を示すものとする。

　欧州理事会または閣僚理事会が，前段の意味にいう連合の共通の態度を明示したとき，連合外交安全保障上級代表および構成国の外務大臣は，それぞれの活動を閣僚理事会において調整する。

　第三国および国際組織において，構成国の外交使節および連合の代表部は協力し，共通の態度を形成し実施することに貢献するもの

とする。

第33条〔特別代表〕
閣僚理事会は，連合外交安全保障上級代表の提案に基づいて，特定の政策問題に関する使命をもつ特別代表を任命することができる。この特別代表は，当該上級代表の権威の下にその任務を実行する。

第34条〔国際場面での協調〕
1. 構成国は国際組織および国際会議において協調して行動する。構成国は連合の立場をそのような場において堅持する。連合外交安全保障上級代表はこの協調を組織する。

すべての構成国の参加するわけではない国際組織および国際会議において，参加する構成国は連合の立場を堅持する。

2. 第24条第3項に従って，すべての構成国の参加するわけではない国際組織および国際会議に出席する構成国は，参加しない構成国および連合外交安全保障上級代表に共通の利益に関するあらゆる事項をつねに報告する。

国際連合安全保障理事会の構成員である構成諸国は協調し，他の構成国および連合外交安全保障上級代表につねに全面的に報告する。

国際連合安全保障理事会の構成員である構成諸国は，その任務を遂行するにあたり，国際連合憲章の下での当該国の責任を害さずに，連合の立場および利益を擁護する。

国際連合安全保障理事会の議題となる事案について連合が立場を明示しているときは，安全保障理事会に出席する構成諸国は，連合の立場が連合外交安全保障上級代表から発表されるよう〔安全保障理事会に〕要請する。

第35条〔在外使節間の協力〕
第三国および国際会議における構成国の外交使節および連合の代表部ならびにそれらの国際組織への代表は，本章に基づいて採択された連合の立場および行動を明示する決定が遵守され実施されることを確保するよう協力する。

これらの者は情報交換および共同評価の実施を通して協力関係を築く。

これらの者は，EU運営条約第20条第2項c号に述べる第三国の領土において保護を受ける欧州市民の権利の実施および同条約第23条に従って採択される措置の実施に貢献する。

第36条〔欧州議会への報告〕
連合外交安全保障上級代表は，共通外交安全保障政策および共通安全保障防衛政策の主要局面および基本的選択肢について欧州議会へ定期的に諮問を行い，当該政策の進展を報告する。当該上級代表は，欧州議会の見解が正当に考慮されることを確保する。特別代表は欧州議会への要約報告に参加することができる。

欧州議会は閣僚理事会および連合外交安全保障上級代表に質問または勧告を行うことができる。1年に二度，欧州議会は共通安全保障防衛政策を含む共通外交安全保障政策の実施状況を審議する。

第37条〔国際協定〕
連合は，本章が対象とする分野において，一または二以上の国家もしくは国際組織と協定を締結することができる。

第38条〔政治安保評議会〕
EU運営条約第240条を害さずに，政治安全保障評議会は，共通外交安全保障政策が対象とする分野における国際情勢を監視し，閣僚理事会もしくは連合外交安全保障上級代表の要請または自らの発議により，閣僚理事会に意

見を述べることを通して政策の策定に貢献する。また同評議会は，連合外交安全保障上級代表の権限を害さずに，合意された政策の実施を監視する。

本章の範囲内において，政治安全保障評議会は，閣僚理事会および連合外交安全保障上級代表の責任の下で，第43条に述べる危機管理実地活動の政治的統制および戦略的方向づけを行う。

閣僚理事会は同評議会に対して，閣僚理事会が定める危機管理活動の目的および期間について，当該活動の政治的統制および戦略的方向づけに関する決定をする権限を付与することができる。

第39条〔個人情報保護〕

EU運営条約第16条に従い，かつ同条第2項の適用除外として，本章の範囲に入る活動を構成国が実施するにあたり構成国が行う個人情報の処理について個人の保護に関する準則および当該情報の自由移動に関する準則を，閣僚理事会は定める。これらの準則の遵守は，独立の機関の統制に服する。

第40条〔外交安保と他の政策の権限関係〕

共通外交安全保障政策の実施は，EU運営条約第3条ないし第6条に述べる連合権限の行使のために設立諸条約が定める手続の適用および機関の権限範囲に影響を与えない。

同様に，当該諸条に掲げた政策の実施は，本章に基づく連合権限の行使のために設立諸条約が定める手続の適用および機関の権限範囲に影響を与えない。

第41条〔経費負担〕

1. 本章の実施から連合機関に発生する行政経費は連合予算に計上される。
2. 本章の実施から発生する実地活動経費もまた連合予算に計上される。ただし，軍事または防衛の意味合いをもつ実地活動から発生する経費および閣僚理事会が全会一致により特段の決定を行う場合はこの限りでない。

経費が連合予算に計上されない場合は，閣僚理事会が全会一致により特段の決定を行わない限り，構成国の国民総生産規模に応じて構成国が経費を負担する。軍事または防衛の意味合いをもつ実地活動から発生する経費については，閣僚理事会における自国代表が第31条第1項第2段に基づく公式の〔建設的棄権〕宣言をした構成国は，当該経費の財政的貢献を義務づけられない。

3. 閣僚理事会は，共通外交安全保障政策の枠組みにおける率先行動への緊急資金拠出のために，とりわけ第42条第1項および第43条に述べる任務の準備作業のために，連合予算の配分の迅速な使用を保障する具体的な手続を定める決定を採択する。閣僚理事会は欧州議会へ諮問したのちに行動する。

第42条第1項および第43条に述べる任務の準備作業であって，連合予算に計上されないものは，構成国の拠出により設ける開始基金により資金をまかなう。

閣僚理事会は，連合外交安全保障上級代表の提案に基づいて特定多数決により，次の事項を定める決定を採択する。

(a) 開始基金の設立および資金供与のための手続。とりわけ，基金への配分金の額および払戻手続。
(b) 開始基金の運営手続。
(c) 財政統制手続。

第42条第1項および第43条に従って計画された任務が連合予算に計上できない場合，閣僚理事会は連合外交安全保障上級代表に当該基金の使用を許可する。

連合外交安全保障上級代表はこの使命の実施について閣僚理事会に報告する。

第2節　共通安全保障防衛政策の規定
第42条〔共通安全保障防衛政策〕

1. 共通安全保障防衛政策は，共通外交安全保障政策の不可欠の部分をなす。共通安全保障防衛政策は，連合に非軍事的および軍事的設備を利用する実地行動能力を提供する。連合は，国際連合憲章の原則に従った平和維持活動，紛争予防活動および国際安全保障強化のための連合域外での使命において，当該設備を利用することができる。当該諸任務の遂行は，構成国の提供する諸力を利用して行われる。

2. 共通安全保障防衛政策は，共通連合防衛政策の漸進的な構築を含む。欧州理事会が全会一致により共同防衛に至る決定をするときそれにいたる。この場合，欧州理事会は，構成国に各国憲法の要件に従って当該決定を採択するよう勧告する。

本節に従った連合の政策は，一定の構成諸国の安全保障防衛政策の特定の性質を害さないものとし，また北大西洋条約機構〔NATO〕により各国共同防衛が実現されると考える一定の構成諸国の北大西洋条約上の義務を尊重しつつ当該機構の定める共通安全保障防衛政策と整合的であるものとする。

3. 構成国は，閣僚理事会が定める目的に貢献するために，共通安全保障防衛政策の実施のために非軍事的および軍事的能力を連合が利用できるようにする。多国籍軍を共同で編成する構成諸国については，当該多国籍軍も共通安全保障防衛政策において利用できるようにする。

構成国は，自国の軍事能力を漸進的に向上させることを確約する。防衛能力開発，研究，購入および軍備の分野の専門機関（欧州防衛機関）は，実地行動上の必要を特定し，その必要を満たすための措置を推進し，防衛部門の産業技術的基盤の強化に必要なあらゆる措置を特定することに貢献し，必要に応じて，その措置の実施に貢献し，欧州軍事能力および軍備政策の策定へ参加し，閣僚理事会による軍事能力向上に関する評価の補佐を行う。

4. 共通安全保障防衛政策を実施する決定は，本条に定める使命を開始する決定を含め，連合外交安全保障上級代表の提案または一構成国の発議にもとづいて閣僚理事会が全会一致により行動して採択する。連合外交安全保障上級代表は，構成国内資源および連合の手段の両方を使用する旨を，必要に応じて欧州委員会とともに，提案することができる。

5. 閣僚理事会は，連合の価値を保護し連合の利益に奉仕するために，連合の枠組において，任務の遂行を特定の構成国群に委ねることができる。そのような任務の遂行は，第44条により規律される。

6. 軍事能力が高水準に達し，かつこの分野において最も過酷な使命のために相互により高度の拘束力のある誓約を交わした構成諸国は，連合の枠組において制度的に明確な協力関係を設立する。このような協力関係は，第46条の定めるところにより規律される。当該協力関係は，第43条の規定に影響しない。

7. ある構成国が，その領土において武装侵略の被害を受けたとき，他の構成国は，国際連合憲章第51条に従って，その行使できるあらゆる手段により，当該国に対する救援および支援の義務を負う。一定の構成諸国の安全保障および防衛政策の特定の性格を害してはならない。

この分野における確約および協力は，北大西洋条約機構における確約と両立するものでなければならない。当該機構の加盟国である構成諸国においては，当該機構が集団的防衛の基礎かつその実施のための場として存続す

る。

第43条〔安保防衛政策の遂行〕

1. 第42条第1項に定める任務を遂行するにあたり，連合は非軍事および軍事手段を使用できる。この任務には共同武装解除活動，人道救助活動，軍事的助言支援活動，紛争予防および平和維持活動，平和創出および紛争後安定化を含む危機管理における戦闘部隊活動などが含まれる。これらのすべての任務は，第三国の領土内におけるテロリズムへの当該国による対策に対する支援を含む，テロリズムに対する闘いに貢献することができる。

2. 閣僚理事会は，第1項に定める任務に関する決定を採択する。この決定において，任務の目的および範囲ならびに任務実施の一般条件を定める。連合外交安全保障上級代表は，閣僚理事会の権威の下において，かつ政治安全保障評議会と緊密かつ恒常的な接触をもちつつ行動し，このような任務の非軍事および軍事的局面の調整にあたる。

第44条〔安保防衛任務の特定構成国群への委託〕

1. 第43条に従って採択される決定の枠組みにおいて，閣僚理事会は任務を引き受ける意欲および必要な能力のある構成国群に当該任務の実施を委託することができる。これらの構成諸国は，連合外交安全保障上級代表と連携して，当該任務の運営について相互に合意する。

2. 当該任務に参加する構成諸国は，自らの発意または他の構成国の要請により，閣僚理事会に任務の進展につき定期的に報告を行う。当該構成諸国は，当該任務の完遂が重要な重大な結果を生むとき，または第1項に述べる決定に定める任務の目的，範囲および条件の変更を必要とするときは，直ちに閣僚理事会に報告する。このような場合，閣僚理事会は必要な決定を採択する。

第45条〔欧州防衛機関〕

1. 第42条第3項に述べる欧州防衛機関は，閣僚理事会の権威に服しつつ，次の各号を任務とする。

(a) 構成国の軍事能力目標の特定および，構成国の確約した能力を守ることの評価に貢献すること。

(b) 実地行動上の必要品の調和を推進し，実効的かつ相互適合的な調達方式の採用を推進すること。

(c) 軍事能力面の目標の達成のための多面的企画を提案し，構成国が実施する計画の調整および特定の協力計画の運営を確保すること。

(d) 防衛技術研究を支援し，共同研究活動および将来の行動の必要性に対応する技術的解決策の研究を調整および計画すること。

(e) 防衛部門の産業技術基盤強化および軍事支出の実効性向上のためのあらゆる有益な措置を特定し，必要に応じて実施することに貢献すること。

2. 当該機関は，参加を希望するすべての構成国に開放される。閣僚理事会は，特定多数決により行動し，当該機関の設置規程，所在地および運営準則を定める決定を採択する。この決定は，当該機関の活動への実効的な参加水準を考慮すべきである。当該機関内において，共同企画に加わる構成国を結集して，特定グループが設定される。当該機関は，必要に応じて欧州委員会と連携しつつその任務を遂行する。

第46条〔高度軍事協力〕

1. 第42条第6項に定める常設の制度的協力に参加を希望する構成諸国であって，常設の制

度的協力に関する議定書に掲げる基準を満たし，かつ軍事能力の誓約を行った諸国は，閣僚理事会および連合外交安全保障上級代表にその意思を通知する。

- 2. 第1項に述べる通知から3カ月以内に，閣僚理事会は，常設制度的協力を設立し，かつ参加構成諸国の一覧を定める決定を採択する。閣僚理事会は，連合外交安全保障上級代表に諮問した後，特定多数決により行動する。
- 3. いかなる構成国も，後日，当該常設制度的協力に参加を希望するときは，閣僚理事会および連合外交安全保障上級代表にその意思を通知する。

　閣僚理事会は，常設の制度的協力に関する議定書第1条および第2条に定める基準を満たし，かつ誓約を行った関係構成国の参加を承認する決定を採択する。閣僚理事会は，連合外交安全保障上級代表に諮問した後，特定多数決により行動する。参加構成諸国を代表する閣僚理事会構成員のみ投票に参加する。

　特定多数決は，EU運営条約238条第3項a号に従って定める。
- 4. 任意の参加構成国が常設の制度的協力に関する議定書第1条および第2条に定める基準をもはや満たさず，またはもはや誓約を保つことができないときは，閣僚理事会は当該関係構成国の参加を停止する決定を採択することができる。

　閣僚理事会は特定多数決により行動する。問題の構成国を除き，参加構成諸国を代表する閣僚理事会構成員のみ投票に参加する。

　特定多数決は，EU運営条約238条第3項a号に従って定める。
- 5. 常設の制度的協力から脱退を希望するいずれかの参加構成国は，閣僚理事会にその意思を通知するものとし，閣僚理事会は当該構成国が参加を終了したことを記録する。
- 6. 制度的協力の枠組内で採択された閣僚理事会の決定および勧告であって，第2項ないし第5項に定めるものではないものは，全会一致により採択される。本項の目的において，全会一致とは，参加構成諸国の代表のみの投票からなる。

第6編　最終規定

第47条〔法人格〕
連合は，法人格を有する。

第48条〔改正手続〕
1. 設立諸条約は，通常改正手続に従って改正することができる。設立諸条約はまた，簡易改正手続に従って改正することもできる。

通常改正手続

2. あらゆる構成国の政府，欧州議会または欧州委員会は，閣僚理事会に対して，設立諸条約を改正する提案を提出することができる。これらの提案は，とりわけ，設立諸条約において連合に付与された権限を増加または減少させるために出すことができる。これらの提案は，閣僚理事会が，欧州理事会に提出し，構成国の国内議会に通知する。
3. 欧州理事会が，欧州議会および欧州委員会に諮問した後，提案された改正を検討することに賛成する決定を単純多数決により採択したときは，欧州理事会理事長は，諮問会議を開催する。この諮問会議は，構成国の国内議会，構成国の元首または政府の首長，欧州議会および欧州委員会の諸代表により構成する。欧州中央銀行も通貨分野の制度変更の場合は諮問される。諮問会議は，改正提案を検討し，第4項に定める構成国政府代表者会議に対する勧告をコンセンサスにより採択する。

　欧州理事会は，提案された改正の範囲から

して諮問会議の開催が正当化されないときは，開催しないことを，欧州議会の承認を得た後，単純多数決により決定することができる。諮問会議を開催しない場合，欧州理事会は構成国政府代表者会議の議題を明示する。
4. 構成国政府代表者会議は，この条約に加える改正を共通の合意により決定するために，欧州理事会理事長により招集される。

　改正は，すべての構成国がその憲法上の要件に従って批准した後に発効する。

5. この条約の改正条約への署名から2年後，5分の4の構成国が当該改正条約を批准しつつ一または二の構成国が批准手続において困難に直面しているときは，その問題は欧州理事会に付託される。

簡易改正手続

6. あらゆる構成国の政府，欧州議会または欧州委員会は，欧州理事会に対して，連合の対内政策に関するEU運営条約第3編のすべてまたは一部の規定を改正する提案を提出することができる。

　欧州理事会は，EU運営条約第3編のすべてまたは一部の規定を改正する決定を採択することができる。欧州理事会は，欧州議会および欧州委員会に諮問した後，ならびに通貨分野の制度的変更の場合は欧州中央銀行に諮問した後，全会一致により行動する。当該決定は，各構成国の憲法上の要件に従って各構成国による承認があるまでは発効しない。

　前段に述べる決定は，設立諸条約において連合に付与された権限を拡大してはならない。

7. EU運営条約または本条約第5編において，閣僚理事会が一定の分野または事項に全会一致により行動する旨の定めがあるとき，欧州理事会は，当該分野または当該事項において特定多数決により閣僚理事会が行動する

ことを許可する決定を採択することができる。本項は，軍事的意味合いのある決定または防衛分野の決定には適用されない。

　EU運営条約において，閣僚理事会が立法的行為を特別の立法手続に従って採択する旨の定めがあるとき，欧州理事会は，当該行為を通常の立法手続に従って採択することを許可する決定を採択することができる。

　前段および前前段に基づいて欧州理事会が行うあらゆる発議は，構成国の国内議会に通知される。国内議会が当該通知から六カ月以内に反対の意思を表明したときは，前段または前前段に述べる決定は採択されない。反対がない場合は，欧州理事会は当該決定を採択することができる。

　前段および前前段に述べる決定の採択については，欧州理事会は，欧州議会の承認を得たのちに全会一致により行動する。当該欧州議会の承認は，総議員の多数により与えられる。

第49条〔連合加盟の資格と手続〕

第2条に述べる価値を尊重し，それを共に推進することを確約するあらゆる欧州の国は，連合への加盟を申請できる。欧州議会および構成国の国内議会は，この申請について通知される。申請国は，申請を閣僚理事会に行うものとし，閣僚理事会は，欧州委員会へ諮問したのち，総議員の多数により行動する欧州議会の承認を得た後，全会一致で行動する。欧州理事会の合意した加盟資格条件は考慮される。

　加盟に関する条件および当該加盟に伴う連合の基礎となる設立諸条約の修正は，構成国と加盟候補国との間の協定の対象となるものとする。当該協定は，各締約国の憲法上の要件に従って，各締約国による批准を受けるものとする。

第50条〔連合からの任意脱退〕

1. いずれの構成国も，自国の憲法上の要件に従って，欧州連合から脱退することを決定することができる。
2. 脱退を決定する構成国は，その意思を欧州理事会に通知する。欧州理事会の示す指針に照らして，連合は，当該国の脱退に関する取決めを明記した協定を，当該国と連合の将来の関係枠組を考慮しつつ，当該国と交渉し締結する。当該協定は，EU運営条約第218条第3項に従って交渉される。閣僚理事会は，特定多数決により行動し，欧州議会の承認を得た後に，当該協定を締結する。
3. 当該関係国に対する設立諸条約の適用は，脱退協定の発効日より，または発効しない場合は第2項における通知から2年後に，停止される。ただし，欧州理事会が，当該関係構成国との合意を得て，全会一致によりこの期間を延長する決定をしたときはこの限りでない。
4. 第2項および第3項において，脱退する構成国を代表する欧州理事会または閣僚理事会の構成員は，閣僚理事会または欧州理事会における討議もしくは当該国に関する決定に参加してはならない。
   特定多数決は，EU運営条約第238条第3項b号に従って定める。
5. 連合から脱退した国が再加盟を申請するときは，当該申請は第49条に定める手続に服する。

第51条〔付属書〕

設立諸条約に付属する議定書および付則は，設立諸条約の不可欠の一部をなすものとする。

第52条〔地理的適用範囲〕

1. 本条約は，〔ベルギー以下EU27カ国〕に適用される。
2. 設立諸条約の地理的適用範囲は，EU運営条約第355条に規定する。

第53条〔有効期間〕

本条約は，無期限に締結される。

第54条〔批准と発効〕

1. 本条約は，締約国の憲法上の要件に従って締約国により批准される。批准書は，イタリア共和国政府に寄託される。
2. 本条約は，最終批准国が批准書を寄託した翌月の初日に発効する。

第55条〔正文〕

1. 本条約は，ブルガリア語，チェコ語，デンマーク語，オランダ語，英語，エストニア語，フィンランド語，フランス語，ドイツ語，ギリシャ語，ハンガリー語，アイルランド語，イタリア語，ラトビア語，リトアニア語，マルタ語，ポーランド語，ポルトガル語，ルーマニア語，スロバキア語，スロベニア語，スペイン語，スウェーデン語において単一の原本が作成され，イタリア共和国政府の公文書館に寄託される。イタリア共和国政府は，他の締約国の各政府に公正な謄本を送付する。
2. 本条約はまた，構成国の憲法体制において，その領土の全域または一部において公用語たる地位を認められているその他の諸言語であって，構成諸国が決定するあらゆる言語に翻訳されることができる。関係構成国は，当該翻訳の公正な謄本を，閣僚理事会の保存書庫に寄託する。

2 EU運営条約
〔旧EC条約〕
（部分訳）

第1部 原　則

第1条〔設立条約〕
1. 本条約は，連合の運営を組織し，連合権限を行使する分野，限度および態様を定める。
2. 本条約およびEU条約は，連合の基礎となる条約である。この2つの条約は，同一の法的価値をもち，設立諸条約と呼ぶ。

第1編　連合権限の類型と分野

第2条〔権限類型の性質〕
1. 設立諸条約が特定の分野について連合に排他的権限を付与するときは，連合のみが立法し法的拘束力のある行為を採択することができるが，構成国も，連合から授権があるとき，または連合行為の実施のために授権があるときに限り，立法し法的拘束力のある行為を採択することができる。
2. 設立諸条約が特定の分野について連合に構成国と共有する権限を付与するときは，連合および構成国が当該分野について立法し法的拘束力のある行為を採択することができる。構成国は，連合が権限を行使していない範囲において権限を行使する。構成国はまた，連合がその権限の行使の停止を決定した範囲において権限を行使する。
3. 構成国は，その経済政策および雇用政策を，本条約が定める制度において調整する。連合は，当該制度を定める権限をもつ。
4. 連合は，EU条約の規定に従って，共通防衛政策の漸進的な構築を含む，共通外交安全保障政策を策定し実施する権限をもつ。

361

5. 設立諸条約が定める一定の分野と条件において，連合は構成国の行動を支援，調整または補完する行動を実施する権限をもち，これにより当該分野における構成国の権限に代替することはない。

　この分野に関する設立諸条約の規定に基づいて採択された連合の法的拘束力のある行為は，構成国の法令の調和に及んではならない。

6. 連合権限の範囲と行使の態様は，設立諸条約の各分野に関する規定に定める。

第3条〔排他的権限の分野〕

1. 連合は，次の分野において排他的権限をもつ。
    (a) 関税同盟
    (b) 域内市場の運営に必要な競争法規の定立
    (c) ユーロを通貨とする構成諸国の通貨政策
    (d) 共通漁業政策の下での海洋生物資源保護
    (e) 共通通商政策

2. 連合はまた，国際協定の締結を連合の立法行為が規定する場合もしくは連合の域内権限の行使を可能にするために国際協定の締結が必要である場合，または国際協定の締結が共通準則に影響を及ぼしもしくは当該準則の範囲を変更しうる範囲において，国際協定の締結について排他的権限をもつ。

第4条〔共有権限の分野〕

1. 第3条および第6条に述べる分野に関わる権限を除き，設立諸条約が権限を連合に付与するとき，連合は構成国と権限を共有する。
2. 共有権限は次の主たる分野に適用される。
    (a) 域内市場
    (b) 本条約に定める局面についての，社会政策
    (c) 経済，社会および領土の結束
    (d) 農業および漁業，ただし海洋生物資源保護を除く。
    (e) 環境
    (f) 消費者保護
    (g) 運輸
    (h) 欧州横断網
    (i) エネルギー
    (j) 自由，安全および司法の領域
    (k) 本条約に定める局面についての，公衆衛生問題における共通の安全性事項

3. 研究技術開発および宇宙の分野においては，連合は行動の実施権限，とりわけ計画の策定と実施の権限をもつ。ただし，当該権限が行使されても，構成国の自らの権限行使は妨げられない。

4. 開発援助および人道援助の分野においては，連合は活動を行い共通政策を実施する権限をもつ。ただし，当該権限が行使されても構成国の自らの権限行使は妨げられない。

第5条〔経済政策および雇用政策の調整〕

1. 構成国は連合において各国経済政策を調整する。この目的のために，閣僚理事会は，とりわけ当該政策の概括指針などの措置を採択する。

　ユーロを通貨とする構成国については特段の規定が適用される。

2. 連合は，構成国の雇用政策の調整を，とりわけ当該政策の指針を明示することを通して，確保する措置を採択する。

3. 連合は，構成国の社会政策の調整を確保する先導措置を採択することができる。

第6条〔支援，調整または補完的活動の分野〕

連合は，支援，調整または補完的活動を行う権限をもつ。欧州次元における当該活動は，次の通りとする。
    (a) 人の健康の保護と向上
    (b) 産業

(c) 文化
(d) 観光
(e) 教育，職業訓練，若年層およびスポーツ
(f) 市民災害保護
(g) 行政協力

第2編　通則規定

第7条〔政策・活動の一貫性〕〔略〕
第8条〔男女平等の推進〕〔略〕
第9条〔雇用等の考慮〕〔略〕
第10条〔差別への対抗〕〔略〕
第11条〔環境保護の全政策編入〕〔略〕
第12条〔消費者保護の考慮〕〔略〕
第13条〔動物の幸福の配慮〕〔略〕
第14条〔公共事業への配慮〕〔略〕

第15条〔公開で透明な運営〕
1. 健全な統治を促進し，市民団体の参加を保障するために，連合の機関，組織，独立部局および専門行政機関は，その公務を可能な限り公開して行う。
2. 立法行為の議案の審議および表決にあたり，欧州議会は公開で審議を行い，閣僚理事会も同様とする。
3. 連合のあらゆる市民，あらゆる自然人または法人で構成国に居住もしくは登録事務所をもつものは，連合機関，組織，独立部局および専門行政機関のあらゆる媒体の文書の入手権をもつ。ただし，本項に従って定められる原則および条件に服する。
　このような文書入手権を規律する一般原則および，公的または私的利益を理由とした制限については，欧州議会および閣僚理事会が，通常立法手続に従って行動し，規則において定める。
　連合の各機関，組織，独立部局および専門行政機関は，その議事が透明であることを確保し，本項第2段に述べる規則に従って，その文書の入手可能性に関する詳細の定めを各議事規則において定める。
　欧州連合裁判所，欧州中央銀行および欧州投資銀行は，その行政的任務を遂行する場合にのみ本項に服する。
　欧州議会および閣僚理事会は，第2段に述べる規則が定める条件において，立法手続に関する文書の公表を確保する。

第16条〔個人情報保護〕〔略〕
第17条〔教会および非信仰的組織の地位尊重〕〔略〕

第2部　無差別および連合市民権

第18条〔国籍差別の禁止〕
設立諸条約の適用範囲内において，かつその特段の規定を害することなく，国籍にもとづくあらゆる差別は禁止される。〔以下略〕

第19条〔一般的差別禁止立法〕
1. 設立諸条約の他の規定を害することなく，かつ設立諸条約が連合に付与した権限の制限内において，閣僚理事会は，特別立法手続に従って全会一致により行動し，欧州議会の承認を得た後に，性別，人種もしくは民族的出自，宗教もしくは信念，障害，年齢または性的志向にもとづく差別に対抗するために必要な措置を定めることができる。〔第2項略〕

第20条〔連合市民権〕

1. 連合の市民権をここに創設する。構成国の国籍をもつ者はすべて，連合市民とする。連合市民権は，国家市民権に追加されるものであって，それに代替しない。
2. 連合市民は，設立諸条約に定める権利を享受し，義務に服するものとする。連合市民は，とりわけ次の権利をもつ。
   (a) 構成国の領土内において自由に移動し，居住する権利
   (b) 居住する構成国において，当該国の国民と同一の条件において，欧州議会選挙および自治体選挙において投票し，立候補する権利
   (c) 自らの母国たる構成国が外交代表を置かない第三国領土において，すべての構成国の外交機関による保護を当該国の国民と同一の条件において受ける権利
   (d) 欧州議会へ請願する権利，欧州オンブズマンへ申し立てる権利，連合の機関および諸問機関に，設立諸条約の用いるすべての言語により交信し，同一の言語により回答を受ける権利
   これらの権利は，設立諸条約およびその実施のために採択された措置により明示される条件と制限に従って行使されるものとする。

第21条〔自由移動居住権〕

1. あらゆる連合市民は，構成諸国の領土内において自由に移動し居住する権利をもつ。ただし，設立諸条約およびそれを実施する措置が定める制限と条件に服する。
〔第2項以下　略〕

第22条〔自治体・欧州議会選挙権〕〔略〕
第23条〔外交的保護〕〔略〕

第24条〔連合に対する市民の権利〕

欧州議会および閣僚理事会は，EU条約第11条の意味における市民発案に必要な手続および条件を，当該市民の所属構成国の最低数を含め，通常立法手続に従って規則において定める。

あらゆる連合市民は，第227条に従って欧州議会に請願する権利をもつ。

あらゆる連合市民は，第228条に従って設置されるオンブズマンに申請することができる。

あらゆる連合市民は，本条またはEU条約第13条に述べる連合機関または組織のいずれに対しても，EU条約第55条第1項に述べる言語の一つにより，書面を送付し，同一の言語により回答を得ることができる。

第25条〔市民権の追加〕〔略〕

第3部　連合の政策および対内行動

第1編　域内市場

第26条〔定義〕

2. 域内市場は，人，役務，商品および資本の自由移動が設立諸条約に従って確保される域内国境のない地域より成り立つ。〔第1項・第3項　略〕

第27条〔域内格差の考慮〕〔略〕

第2編　商品の自由移動

第28条〔関税同盟の基本原則〕〔略〕
第29条〔第三国産品〕〔略〕

第1章　関税同盟

第30条〔域内関税の撤廃〕
輸出入関税およびそれと同等の効果のある賦課金は，構成国間において禁止される。この禁止はまた財政的性格の関税にも適用される。

第31条〔共通関税表〕〔略〕
第32条〔関税同盟の指標〕〔略〕

第2章　税関協力

第33条〔税関協力立法〕〔略〕

第3章　構成国間の数量制限の禁止

第34条〔輸入数量制限の禁止〕
輸入の数量制限およびこれと同等の効果のあるすべての措置は，構成国間において禁止される。

第35条〔輸出数量制限の禁止〕
輸出の数量制限およびこれと同等の効果のあるすべての措置は，構成国間において禁止される。

第36条〔例外的制限〕
第34条および第35条は，公衆道徳，公序もしくは公安，人間もしくは動植物の健康および生命の保護，美術的，歴史的もしくは考古学的価値のある国民文化財の保護，または工業的および商業的財産権の保護を理由として正当化される，輸出入品もしくは通過中の商品に対する禁止もしくは制限を排除するものではない。ただし，そのような禁止もしくは制限は，恣意的な差別の手段または構成国間の通商に対する偽装された制限になってはならない。

第37条〔商業的性格の国家独占の調整〕〔略〕

第3編　農漁業

第38条～第44条〔略〕

第4編　人，役務および資本の自由移動

第1章　労働者

第45条〔自由移動〕
1. 労働者は連合内を自由に移動する権利をもつ。
2. この移動の自由には，雇用，報酬その他の労働および雇用条件に関して，構成国の労働者間の国籍に基づくあらゆる差別の廃止を伴う。
3. この移動の自由は，公序，公安または公衆衛生を理由として正当化される制限に服しつつ，次の権利を伴う。
(a) 実際になされた雇用の提供を受諾する権利。
(b) その目的のために構成諸国領土内を自由に移動する権利。
(c) いずれかの構成国の国民の雇用を規律する法令または行政規則の定めるところに従って雇用の目的で当該国に滞在する権利。
(d) いずれかの構成国において就職した後，当該国領土内に在留する権利。ただし，欧州委員会の採択する欧州規則に定める条件に服する。

4. 本条は，公務員の雇用には適用されない。

第46条～第48条〔略〕

第2章　設立の自由

第49条〔設立の自由〕
以下に定める諸規定の枠内において，いずれかの構成国の国民が他の構成国の領土において設立する自由に対する制限は禁止される。この禁止は，あらゆる構成国の国民があらゆる構成国の領土において代理店，支店または子会社を設立することに対する制限についても適用される。

　設立の自由には，設立地の構成国の法が自国民に対して定める条件において，資本に関する章4節の規定に服しつつ，自営業者としての活動を開始し遂行する権利，および事業とりわけ第54条後段の意味での会社または企業を設立し経営する権利が含まれる。

第50条〔促進立法〕〔略〕
第51条〔公権力行使の除外〕
本章の諸規定は，いずれの構成国においても，当該国における公権力の行使に一時的にでも関係する活動に対しては適用されない。

　欧州議会および閣僚理事会は，通常立法手続に従って，一定の活動に本章の諸規定が適用されない旨を定めることができる。

第52条〔公序・公安・公衆衛生の例外〕
1. 本章の諸規定およびそれに基づいて採られた措置は，公序，公安または公衆衛生を理由として外国人の特別待遇を定める構成国の法令または行政規則の規定の適用を害さない。〔第2項　略〕

第53条〔略〕

第54条〔会社への準用〕
いずれかの構成国の法に従って設立された会社または企業であって，その登録事務所，経営の本拠または営業の中心地を連合内にもつものは，本章の目的においては，構成国の国民たる自然人と同様に扱われるものとする。

　「会社または企業」とは，民事または商事法に基づいて設立された会社または企業であって，協同組合その他の公法または私法により規律される法人を含み，非営利的なものを除いたものをいう。

第55条〔略〕

第3章　役務(サービス)

第56条〔役務(サービス)提供の自由〕
以下に定める諸規定の枠内において，連合内における役務(サービス)提供の自由に対する制限は，役務の対象となる者がいる構成国とは異なる構成国に設立した構成諸国の国民について，禁止される。

　欧州議会および閣僚理事会は，通常立法手続に従って行動し，本章の諸規定を連合内に設立し役務(サービス)を提供する第三国国民に対して拡張することができる。

第57条〔役務(サービス)の定義〕
設立諸条約において「役務(サービス)」とされる役務は，対価を通常伴って提供される役務(サービス)であって，商品，資本および人の自由移動に関する規定によって規律されないものをいう。〔中略〕

　設立の権利に関する章を害することなく，役務(サービス)の提供者は，提供のために，提供先の構成国において，当該地の構成国国民に課されるのと同一の条件において，その営業を一時的に行うことができる。

第58条～第62条〔略〕

第4章　資本および支払

第63条〔移動制限禁止〕
1. 本章に定める諸規定の枠内において，構成国間および構成国と第三国間における資本の移動に対する制限は禁止される。
2. 本章に定める諸規定の枠内において，構成国間および構成国と第三国間における支払に対する制限は禁止される。

第64条～第66条〔略〕

第5編　自由，安全，司法の領域

第1章　一般規定

第67条〔定義と目標〕
1. 連合は，基本権ならびに構成国の異なる法的伝統および法制度を尊重しつつ，自由，安全および司法の領域をなす。
2. 連合は，内部国境における人に対する統制が撤廃されることを確保し，また第三国国民に対して公正に，難民，移民および対外国境統制に関する共通政策を構成国間の連帯にもとづいて形成する。本編の目的のために，無国籍者は第三国国民として取り扱う。
3. 連合は，犯罪，人種差別，外国人排斥を予防しそれらに対抗する措置，警察と司法機関その他の所轄機関との調整および協力のための措置，刑事事件判決の相互承認，および，必要に応じて刑事法の近似化を通して，高水準の安全を確保するよう努力する。
4. 連合は，とりわけ民事事件における裁判上および裁判外の決定の相互承認の原則を通して，司法の利用可能性を促進する。

第68条〔指針〕〔略〕

第69条〔各国議会による監視〕
構成国議会は，補完性および比例性の原則の適用に関する議定書に定める取決めに従って，第4章および第5章に基づき提出される提案および立法発案が補完性原則に則することを確保する。

第70条〔各国実施の評価制度〕〔略〕
第71条〔域内安全評議会〕〔略〕

第72条〔各国内秩序の維持権〕
本編は，公序の維持および国内治安の保全に関して構成国に課された責任の履行に影響を与えない。

第73条〔国家安全保障〕
国家安全保障を担当する行政所轄省庁間の協力および調整の形態については，構成国が相互間および自国内において適切と考えるものを自由に編成する。

第74条〔行政協力〕〔略〕

第75条〔犯罪資金凍結措置〕
第67条に掲げる目標を達成するために，テロ活動および関連活動の防止および対抗について，欧州議会および閣僚理事会は，通常立法手続に従って規則により行動し，自然人もしくは法人，集団または非国家組織の所属，所有もしくは保有下にある資金，金融資産または経済収益の凍結等，資本移動および支払に関する行政上の措置に関する枠組みを定める。
　閣僚理事会は，欧州委員会の提案に基づいて，第1段に述べる枠組みを実施するための措置を採択する。

本条に述べる行為には，必要な法的権利保護規定を含める。

第76条〔警察・刑事法分野の立法提案〕

- 第4章および第5章に定める行為は，第74条に述べる当該両章が対象とする分野における行政協力を確保する措置とともに，次の各号のいずれかにより採択される。
  - (a) 欧州委員会の提案に基づく，または
  - (b) 構成国の四分の一の発案に基づく。

第2章　国境管理，難民および移民に関する政策

第77条〔目的と手段〕

1. 連合は次の目的のために政策を展開する。
   - (a) 域内国境通過時における人の管理を，人の国籍を問わず，確実に撤廃すること。
   - (b) 対外国境を通過する人の検査および実効的な通過監視を行うこと。
   - (c) 対外国境の統合的運営制度を漸進的に導入すること。
2. この目的のために，欧州議会および閣僚理事会は，通常立法手続に従って，次の事項を定める措置を採択する。
   - (a) 査証その他の短期滞在許可に関する共通政策。
   - (b) 対外国境の通過者を対象とした統制。
   - (c) 第三国国民が連合内を短期間旅行する自由をもつための条件。
   - (d) 対外国境に関する統合的運営制度の漸進的な構築に必要なあらゆる措置。
   - (e) 域内国境通過時における人の管理を，人の国籍を問わず，撤廃すること。
- 〔第3・4項略〕

第78条〔難民政策の形成〕

1. 連合は，あらゆる第三国国民であって国際的保護を必要とする者に対して適切な地位を提供し，かつ不追放不送還原則（ノン・ルフールマン non-refoulement）の遵守を確保するために，難民，副次的保護および一時的保護に関する共通政策を形成するものとする。この政策は，1951年7月28日のジュネーブ条約〔難民条約〕および1967年1月31日の難民の地位に関する議定書〔難民議定書〕その他の関連条約に従うものでなければならない。
2. 第1項の目的のために，欧州議会および閣僚理事会は，通常立法手続に従って行動し，次の事項からなる欧州共通難民制度のための措置を定める。
   - (a) 連合全域において有効な，第三国国民の難民の統一的地位。
   - (b) 欧州の難民庇護を受けない第三国国民であって，国際的保護を必要とする者に対する副次的保護の統一的地位。
   - (c) 避難民の大量流入時の一時的保護の共通制度。
   - (d) 難民または副次的保護の統一的地位の付与および撤回に関する共通手続。
   - (e) 難民または副次的保護の申請を審査する責任を負う構成国を決定する基準および制度。
   - (f) 難民または副次的保護の申請者の収容条件の標準。
   - (g) 難民もしくは副次的保護または一時的保護を申請する人の流れを統制するための第三国との友好協力関係。
3. 一または二以上の構成国が第三国国民の突発的流入を特徴とする緊急事態に直面した場合，閣僚理事会は，欧州委員会の提案に基づいて，関係構成（諸）国のために暫定措置を採択することができる。閣僚理事会は欧州議会に諮問した後，行動する。

第79条〔移民政策の形成〕

1. 連合は，移民流入の効率的管理，構成国に適法に在留する第三国国民の公正な処遇，ならびに違法移民および人身売買の防止および対策強化措置を，すべての段階において確保することを目標とした共通移民政策を形成する。
2. 第1項の目的のために，欧州議会および閣僚理事会は通常立法手続に従って行動し，次の分野において措置を採択する。
   (a) 入国および在留の条件，ならびに，家族の再会を目的とするものを含む長期査証および在留許可を構成国が発行する際の基準。
   (b) 構成国に合法的に在留する第三国国民の権利の明確化。これには他の構成国での移動居住の自由を規律する条件を含む。
   (c) 違法移民および無許可在留。これには無許可で在留する者の追放および本国送還を含む。
   (d) 人身，とりわけ女性および子供の売買への対策。
3. 連合は，構成諸国のいずれかの領土において入国，滞在または在留の条件を満たさない，もしくはもはや満たさなくなった第三国国民を出身国または出身地へ帰還させるために，第三国と協定を締結することができる。
4. 欧州議会および閣僚理事会は，通常立法手続に従って行動し，構成国の領土内に適法に在留する第三国国民の統合を推進するために，構成国の行動を奨励し，支援する措置を定めることができる。ただし，構成国の法令のいかなる調和も除外する。
5. 本条は，雇用労働もしくは自営労働を問わず，労働を求めて第三国から領土内に来る第三国国民の受入数を構成国が決定する権利に影響を与えないものとする。

第80条〔連帯公平負担の原則〕

本章に定める連合の政策およびその実施は，構成国間の連帯および財政的意味合いを含めた責任の公平負担の原則により規律される。必要があるときはつねに，本章に基づいて採択される連合の行為は，この原則を実行する適切な措置を含む。

第3章　民事司法協力

第81条〔民事司法協力の形成〕

1. 連合は，越境的意味合いをもつ民事事件における司法協力を，判決および裁判外の決定の相互承認原則に基づいて，形成する。この協力には，構成国の法令の近似化措置の採択を含みうる。
2. 第1項の目的のために，欧州議会および閣僚理事会は，通常立法手続に従って行動し，とりわけ域内市場の適切な運営に必要なときは，次の事項を確保するための措置を採択する。
   (a) 判決および裁判外の事案における決定の構成国間相互の承認および執行。
   (b) 裁判上および裁判外の文書の越境送達。
   (c) 法および管轄の抵触に関して構成国において適用される準則の相互適合性。
   (d) 証拠収集における協力。
   (e) 司法の高水準の利用可能性。
   (f) 必要であれば構成国において適用される民事訴訟規則の相互適合性を推進することを通して，民事訴訟の適正な運用に対する障害の除去。
   (g) 紛争解決の代替的手法の開発。
   (h) 裁判官および司法職員の修習の支援。
3. 第2項にかかわらず，越境的意味合いをもつ家族法に関する措置は，特別立法手続に従って閣僚理事会により定められる。閣僚理事会は欧州議会に諮問した後，全会一致により

行動する。

閣僚理事会は，欧州委員会の提案に基づいて，越境的意味合いをもつ家族法の諸局面のうち，通常立法手続により採択される行為の対象にできるものを定める決定を採択することができる。閣僚理事会は欧州議会に諮問した後，全会一致により行動する。

第2段に述べる提案は，各国議会に通知される。各国議会が当該通知日から6カ月以内に異議を表明するときは，決定は採択されてはならない。異議がないときは，閣僚理事会は決定を採択することができる。

第4章　刑事司法協力

第82条〔刑事司法協力の形成〕

1. 刑事事件における連合内の司法協力は，判決および司法的決定の相互承認原則に基づくものとし，第2項および第83条に述べる分野について，構成国の法令の近似化を含む。

欧州議会および閣僚理事会は，通常立法手続に従って，次の各号の措置を定める。
(a) あらゆる形式の判決および司法的決定の連合全域における承認を確保するための準則および手続の確立。
(b) 構成国間の管轄抵触の防止および解決。
(c) 裁判官および司法職員の訓練の奨励。
(d) 構成国の司法機関またはそれと同等の所轄機関間の刑事訴訟手続および決定の執行に関する協力の促進。

2. 判決および司法的決定の相互承認ならびに越境的意味合いをもつ刑事事件における警察および司法協力を促進するために，欧州議会および閣僚理事会は，通常立法手続に従って指令をもって，最小限の準則を定めることができる。当該準則は，構成国の法的伝統および法制度の違いを考慮に入れる。

当該最小限の準則は，次の事項を対象とする。

(a) 構成国間での証拠の相互許容性。
(b) 刑事手続における個人の権利。
(c) 犯罪被害者の権利。
(d) その他刑事手続の特定の局面であって，閣僚理事会が決定によりあらかじめ特定したもの。この決定の採択については，閣僚理事会は欧州議会の承認を得た後に全会一致により行動する。

本項に述べる最小限準則の採択によっても，構成国が刑事手続における個人の権利のより高水準の保護を維持または導入することは妨げられない。

3. 閣僚理事会のいずれかの構成員は，第2項に述べる指令案が自国の刑事司法制度の基本的局面に影響を及ぼすと考えるときは，当該構成員は当該指令案を欧州理事会に付託するよう求めることができる。この場合，通常立法手続は停止される。欧州理事会は，審議の後，コンセンサスがある場合は，この4カ月の停止期間内に当該法案を閣僚理事会に差し戻し，閣僚理事会は通常立法手続の停止を解除する。

同一の期間内に，意見の不一致があるときであって，少なくとも9カ国の構成国が指令案に基づいて強化協力を構築することを希望するときは，当該構成諸国は，欧州議会，閣僚理事会および欧州委員会にその旨を通知する。この場合，EU条約第20条第2項および本〔EU運営〕条約第329条第1項に述べる強化協力を開始する許可が与えられたものとみなし，強化協力に関する諸規定が適用される。

第83条〔重大犯罪刑法の最小限調和〕

1. 欧州議会および閣僚理事会は，通常立法手続に従って採択される指令において，性質もしくは効果からまたは共通に対策を講じる特段の必要から越境的意味合いをもつ特に重大

な犯罪の分野において，刑事犯罪の定義および刑罰に関する最小限の準則を定めることができる。

　当該犯罪分野は次の通りとする。テロ活動，人身売買，女性および子供の性的搾取，違法薬物取引，違法武器取引，資金浄化，汚職，支払手段の偽造，コンピュータ犯罪ならびに組織犯罪。

　犯罪の動向に基づいて，閣僚理事会は本項に定める基準に合致するその他の犯罪分野を特定する決定を採択することができる。閣僚理事会は欧州議会の承認を得た後に全会一致により行動する。

2．調和措置の対象となっている分野における連合の政策の実効的な実施を確保するために刑事立法の近似化が不可欠であることが判明したときは，指令において，関係分野における犯罪の定義および刑罰に関する最小限の準則を定めることができる。当該指令は，第76条を害することなく，当該調和措置の採択に用いられたのと同一の通常または特別立法手続により採択される。

3．閣僚理事会のいずれかの構成員が，第1項または第2項に述べる指令案が自国の刑事司法制度の基本的局面に影響を及ぼすと考えるときは，当該構成員は当該指令案を欧州理事会に付託するよう求めることができる。この場合，通常立法手続は停止される。欧州理事会は，審議の後，コンセンサスがある場合は，この4カ月の停止期間内に，当該法案を閣僚理事会に差し戻し，閣僚理事会は通常立法手続の停止を解除する。

　同一の期間内に，意見の不一致があるときであって，少なくとも9カ国の構成国が指令案に基づいて強化協力を構築することを希望するときは，当該構成諸国は，欧州議会，閣僚理事会および欧州委員会にその旨を通知する。この場合，EU条約第20条第2項および本

〔EU運営〕条約第329条第1項に述べる強化協力を開始する許可が与えられたものとみなし，強化協力に関する諸規定が適用される。

第84条〔各国の犯罪予防の支援〕〔略〕

第85条〔欧州検察機構〕

1．欧州検察機構（Eurojust）の使命は，2カ国もしくはそれ以上の構成国に影響しまたは共同して訴追することを要する重大犯罪に関して，構成国の機関および欧州警察機関（Europol）の捜査活動ならびにそれらの提供する情報に基づいて，各国の捜査および訴追機関間の調整および協力を支援し強化することである。

　これに関連して，欧州議会および閣僚理事会は，通常立法手続に従って採択される規則において，欧州検察機構の組織，運営，行動範囲および任務を定める。その任務には次のものを含めることができる。

(a)　各国所轄機関が行う刑事捜査の開始ならびに訴追開始の提案。とりわけ連合の財政的利益に対する犯罪に関する刑事捜査および訴追に関するもの。

(b)　第a号に述べる捜査および訴追の調整。

(c)　管轄権の抵触の解決および欧州司法網（European Judicial Network）との緊密な協力等を通した，司法協力の強化。

　当該規則はまた，欧州検察機構の活動の評価について欧州議会および構成国議会が関与するための取決めを定める。

2．第1項に述べる訴追においては，第86条を害することなく，司法手続の公式行為は各国の所轄公務員が遂行する。

第86条〔欧州検察官〕

1．連合の財政的利益に影響する犯罪に対抗するために，閣僚理事会は特別立法手続に従

- って採択される規則において，欧州検察機構に欧州検察官を設けることができる。閣僚理事会は，欧州議会の承認を得た後に全会一致により行動する。
- 閣僚理事会における全会一致がない場合は，9カ国以上の構成国グループが規則案を欧州理事会に付託するように要請することができる。この場合，閣僚理事会の手続は停止される。欧州理事会は，審議の後，コンセンサスがある場合は，この4カ月の停止期間内に当該法案を閣僚理事会に採択のために差し戻す。
- 同一の期間内に，意見の不一致があるときであって，9カ国以上の構成国グループが規則案にもとづいて強化協力を構築することを希望するときは，当該構成諸国は，欧州議会，閣僚理事会および欧州委員会にその旨を通知する。この場合，EU条約第20条第2項および本〔EU運営〕条約第329条第1項に述べる強化協力を開始する許可が与えられたものとみなし，強化協力に関する諸規定が適用される。

2. 欧州検察官は，第1項に規定する規則の定めるところに従い，2カ国以上の構成国に影響する重大犯罪および連合の財政的利益に対する犯罪の正犯および共犯を，欧州警察機関と適宜連携して，捜査し，訴追し，判決に付することを職務とする。欧州検察官は，当該犯罪に関して，構成国の所轄裁判所において検察官の職務を遂行する。

3. 第1項に述べる規則において，欧州検察官に適用される一般準則，その職務の遂行を規律する条件，その活動に適用される手続準則，証拠の許容性を規律する準則，および欧州検察官が職務遂行上採った手続的措置の司法審査に適用される準則を定める。

4. 欧州理事会は，同時にまたは事後に，欧州検察官の権限を拡張して越境的局面をもつ重大犯罪に及ぶように第1項を改正し，かつ2カ国以上の構成国に影響する重大犯罪の正犯および共犯について第2項をそのように改正する決定を採択することができる。欧州理事会は，欧州議会の承認を得た後，かつ欧州委員会に諮問した後，全会一致により行動する。

第5章　警察協力

第87条〔警察協力の形成〕

1. 連合は，刑事犯罪の防止，探知および捜査に関係する警察，税関その他の法執行専門機関を含め，すべての構成国の所轄機関が関与する警察協力を形成する。

2. 第1項の目的のため，欧州議会および閣僚理事会は，通常立法手続に従って行動し，次の事項に関する措置を定めることができる。

(a) 関連する情報の収集，保存，処理，分析および交換。

(b) 職員の訓練への支援，ならびに職員の交流，装備および犯罪探知の研究に関する協力。

(c) 組織犯罪の重大な形態の探知に関する共通捜査技術。

3. 閣僚理事会は，特別立法手続に従って行動し，本条に述べる機関間の実践行動協力に関する措置を定めることができる。閣僚理事会は欧州議会に諮問した後，全会一致により行動する。

閣僚理事会における全会一致がない場合は，9カ国以上の構成国グループが措置案を欧州理事会に付託するように要請することができる。この場合，閣僚理事会の手続は停止される。欧州理事会は，審議の後，コンセンサスがある場合は，この4カ月の停止期間内に当該法案を閣僚理事会に採択のために差し戻す。

同一の期間内に，意見の不一致があるとき

であって，9カ国以上の構成国グループが係争の措置案に基づいて強化協力を構築することを希望するときは，当該構成諸国は，欧州議会，閣僚理事会および欧州委員会にその旨を通知する。この場合，EU条約第20条第2項および本〔EU運営〕条約第329条第1項に述べる強化協力を開始する許可が与えられたものとみなし，強化協力に関する諸規定が適用される。

第2段及び第3段に定める具体的な手続は，シェンゲン既得成果の発展となる行為については適用されない。

第88条〔ユーロポール〕

1. 欧州警察機関（Europol）の使命は，2カ国以上の構成国に影響する重大犯罪，テロ活動および連合の政策が対象とする共通利益に影響する犯罪形態を予防しそれらに対抗するにあたり，構成諸国の警察機関その他の法執行機関による行動およびそれらの相互協力を支援しかつ強化することである。

2. 欧州議会および閣僚理事会は，通常立法手続に従って採択される規則において，欧州警察機関の組織，運営，行動分野および任務を定める。この任務には次のものを含めることができる。

(a) とりわけ構成国機関または第三国機関もしくは第三者団体から寄せられる情報の収集，保存，処理，分析および交換。

(b) 構成国の所轄機関が相互に共同で，または共同捜査班に関連しては，欧州検察機構と適宜連携して，実施する捜査および実地行動の調整，組織および実施。

当該規則は，欧州警察機関の活動を欧州議会が構成国議会とともに監視する手続も定める。

3. 欧州警察機関によるいかなる実地行動も，関係する領土をもつ構成国の機関と連携し，かつその承諾を得て行われなければならない。強制的措置の適用は，各国所轄機関の排他的な任務とする。

第89条〔越境捜査の取決め〕〔略〕

第6編　運輸

第90～100条〔略〕

第7編　競争，税制，法令近似化に関する共通規定

第1章　競争規定

第1節　事業者に適用される準則

第101条〔競争の制限歪曲禁止〕

1. あらゆる事業者間の合意，事業者団体の決定および協調行為であって，構成国間の通商に影響する可能性があり，かつその目的または効果として域内市場における競争の制限または歪曲をもつもの，とりわけ以下に掲げる行為は，域内市場に適合しないものとして禁止される。

(a) 直接または間接に，購入または販売価格その他の営業条件を固定する行為。

(b) 生産，販売，技術開発または投資を制限または統制する行為。

(c) 市場または供給源を分割する行為。

(d) 同等の取引に対して他の取引主体に異なる条件を適用し，当該主体を競争上不利にする行為。

(e) 契約の締結において，義務の性質または商業的使用に照らして，契約の対象事項と関連しない追加的義務を他方当事者が受諾することを条件にする行為。

2. 本条に基づいて禁止されるあらゆる合意または決定は当然無効とする。

3. ただし，次の場合には第1項が適用されないものと宣言できる。
- — 事業者間のいずれかの合意または合意類型，または
- — 事業者団体のいずれかの決定または決定類型，または
- — いずれかの協調行為または協調行為類型

であって，
商品の生産もしくは販売の向上または技術的もしくは経済的進歩に貢献しつつ，かつ消費者にその成果たる恩恵の公正な分配を認め，かつ次のいずれにも該当しないもの。
- (a) これらの目標の達成に不可欠とはいえない制限を関係事業者に賦課するもの。
- (b) 対象となった生産物の実質的な部分について競争を排除する可能性を当該事業者に与えるもの。

第102条〔優越的地位の濫用の禁止〕

域内市場またはその実質的部分において優越的地位にある一または二以上の事業者によるあらゆる濫用は，構成国間の通商に影響する可能性のある限りにおいて域内市場に不適合なものとして禁止される。

このような濫用となりうる行為は，とりわけ次の行為である。
- (a) 直接または間接に，不当な購入もしくは販売価格その他の不当な営業条件を課す行為。
- (b) 生産，販売または技術開発を制限し消費者を害する行為。
- (c) 同等の取引に対して他の取引主体に異なる条件を適用し，当該主体を競争上不利にする行為。
- (d) 契約の締結において，義務の性質または商業的使用に照らして，契約の対象事項と関連しない追加的義務を他方当事者が受諾することを条件にする行為。

第103条〜第106条〔略〕

第2節　国家が付与する補助

第107条〜第109条〔略〕

第2章　税制規定

第110条〔内国税差別の禁止〕

いかなる構成国も，他の構成国の生産物に対して，同種の国内生産物に直接または間接に課される税を超えて，いかなる種類のいかなる内国税も直接または間接に課してはならない。

さらに，いかなる構成国も，他の構成国の生産物に対して，他の生産物に間接的保護を与える性質のいかなる内国税も課してはならない。

第111条〜第113条〔略〕

第3章　法の近似化

第114条〔域内市場立法〕

1. 設立諸条約に特段の定めがある場合を除き，本条は第26条に定める目標の達成のために適用されるものとする。欧州議会および閣僚理事会は，通常立法手続に従って，かつ経済社会評議会に諮問した後，構成国の法令または行政規則の定める規定を近似化する措置を域内市場の設立または運営を目的として定める。
2. 第1項は，租税規定，人の自由移動に関する規定または被用者の権利および利益に関する規定には適用されない。
3. 欧州委員会は，第1項に基づいて提出する提案であって，健康，安全，環境保護および消費者保護に関するものについては，とりわけ科学的事実に基づくあらゆる新たな進展を

考慮しつつ，高水準の保護を基礎とするものとする。欧州議会および閣僚理事会もまた，それぞれの権限の範囲内において，この目標の達成を追求する。

4. 欧州議会および閣僚理事会，閣僚理事会もしくは欧州委員会による調和措置の採択後，いずれかの構成国が第36条に述べる主要な必要性または環境もしくは労働環境の保護に関する主要な必要性を理由として，国内規定を維持することが必要であると考えるときは，当該構成国は，当該規定およびそれを維持する理由を欧州委員会に通知する。

5. さらに，第4項を害することなく，欧州議会および閣僚理事会，閣僚理事会もしくは欧州委員会による調和措置の採択後，いずれかの構成国が，当該調和措置の採択後に生じた当該構成国に特有の問題を理由に，環境または労働環境の保護に関する新たな科学的証拠に基づいて，国内規定を導入することが必要であると考えるときは，当該構成国は，その予定する規定およびそれを導入する理由を欧州委員会に通知する。

6. 欧州委員会は，第4項および第5項に述べる通知から6カ月以内に，関係する当該国内規定が恣意的な差別の手段または偽装された通商制限でないかどうか，および域内市場の運営に障害とならないかどうかを検証した後，当該国内規定を承認または拒否する決定を採択する。

この期間内に欧州委員会の決定がないときは，第4項および第5項に述べる国内規定は承認されたものとみなす。

事案の複雑性により正当化され，かつ人の健康への危険がないときは，欧州委員会は関係構成国に対して本項に述べる期間はさらに6カ月延長されうる旨を通知することができる。

7. 第6項に基づいて，構成国が調和措置の適用除外となる国内規定を維持または導入することを許可されたとき，欧州委員会は直ちに当該調和措置の修正を提案するかどうかを検討する。

8. いずれかの構成国が既存の調和措置が対象とした分野における特定の公衆衛生問題を提起するときは，当該構成国はその問題について欧州委員会の注意を喚起し，欧州委員会は直ちに適切な措置を提案するかどうかを検討する。

9. 第258条および第259条に定める手続の適用除外として，欧州委員会およびあらゆる構成国は，他の構成国が本条に定める権限を不適切に行使していると考えるときは，事案を連合司法裁判所に直接提訴することができる。

10. 本条に述べる調和措置には，第36条に述べる一またはそれ以上の非経済的理由のために，連合の統制手続に服しつつ，構成国に一次的方策を採ることを許可するセーフガード条項を適宜含む。

第115条〔近似化立法〕
第114条を害することなく，閣僚理事会は，特別立法手続に従って全会一致により行動し，欧州議会および経済社会評議会に諮問した後，域内市場の設立または運営に直接に影響する構成国の法令または行政規定を近似化する指令を定める。

第116条～第117条〔略〕

第118条〔欧州知的財産権の創設・保護〕
域内市場の設立にあたり，欧州議会および閣僚理事会は通常立法手続に従って，連合全域において統一的な知的財産権保護を行う欧州知的財産権の創設ならびに連合全域での認可，調整および監督の集中的制度設立のため

の措置を定める。

閣僚理事会は，特別立法手続に従って規則において，欧州知的財産権に関する言語を定める。閣僚理事会は，欧州議会に諮問した後，全会一致により行動する。

第8編　経済通貨政策

第1章　経済政策

第119条〔政策内容と目的〕

1. EU条約第3条に定める目的のために，構成国および連合の活動は，設立諸条約に定めるところに従い，経済政策の採択を含む。この経済政策は，構成国の経済政策の緊密な調整，域内市場および共通目的の策定に基づき，開放的自由競争市場経済の原則に従って運営される。

2. 前項と並行して，かつ設立諸条約の定めるところおよびそこに定める手続に従い，この活動には，単一通貨ユーロならびに単一通貨政策および単一為替相場政策の策定および実施が含まれ，これら両方の主たる目的は，価格安定性の維持および，この目的を害さずに，開放的自由競争市場経済の原則に従って連合の一般的経済政策を支援することにある。

3. 構成国および連合のこれらの活動は，次の指導原則の遵守を伴うものとする。すなわち，価格の安定，健全な公共財政および通貨状態，ならびに持続的な収支均衡である。

第120条〜第126条〔略〕

第2章　通貨政策

第127条〔政策目標と運営方式〕〔略〕

1. 欧州中央銀行制度の主たる目標は，価格安定性の維持とする。この目標を害さずに，欧州中央銀行制度は，EU条約第3条に定める連合の諸目標の達成に貢献するために連合の一般的経済政策を支援する。欧州中央銀行制度は，資源の効率配分を重視する開放的自由競争市場経済の原則および第119条に定める原則に従って行動する。

2. 欧州中央銀行制度を通して遂行する基本的任務は，次の通りとする。

―連合の通貨政策の策定と実施。
―第219条に適合する外国為替操作の実施。
―構成国の公式外貨準備の管理と運用。
―支払制度の円滑運営の推進。

〔第3項以下　略〕

第128条〜第133条〔略〕

第3章　組織規定

第134条〜第135条〔略〕

第4章　ユーロが通貨である構成国の特別規定

第136条〜第138条〔略〕

第5章　経過規定

第139条〜第144条〔略〕

第9編　雇用

第145条〜第150条〔略〕

第10編　社会政策

第151条〔目標・多様性考慮〕

連合および構成国は，1961年10月18日にトリノにおいて署名された欧州社会憲章および労働者の基本的社会権に関する1989年の欧州共同体憲章等に定められた基本的社会権を念頭に置きつつ，雇用の推進，向上を維持しつつ生活と労働の調和を可能にする，生活条件および労働条件の向上，適切な社会の保護，労使対話，永続的な高雇用のための人的資源

の開発ならびに社会的排除対策を目標とする。

この目的のために，連合および構成国は，とりわけ契約関係の分野における，各国実務の多様な形態および連合経済の競争力維持の必要性を考慮しつつ行動する。

連合および構成国は，このような発展は，社会制度の調和を支持する域内市場の運営から生じるばかりでなく，設立諸条約に定める手続ならびに法令または行政行為に定める規定の近似化からも生じるものと信じる。

第152条〔労使の自律的対話〕

欧州連合は，各国制度の多様性を考慮しつつ，連合次元(レベル)において労使の役割を認識し推進する。連合は，労使の自治を尊重しつつ，労使対話を促進する。

成長と雇用のための社会三者サミットは労使対話に貢献する。

第153条〔実施措置・方式〕

1. 第151条の目標を達成するために，連合は次に掲げる分野について構成国の活動を支援し補完する。
(a) 労働者の健康と安全を保護するための，とりわけ労働環境の向上。
(b) 労働条件。
(c) 労働者の社会保障および社会的保護。
(d) 雇用契約が終了した労働者の保護。
(e) 労働者への情報と諮問。
(f) 労使の利益の代表と集団的防御。これには第6項に服した共同決定を含む。
(g) 連合領土内に合法的に居住する第三国国民の雇用条件。
(h) 労働市場から排除された者の編入。ただし第166条を害さない。
(i) 労働市場の機会および職場での待遇に関する男女の平等。

(j) 社会的排除への対抗。
(k) c号を害することなく，社会的保護制度の現代化。

2. この目的のために，欧州議会および閣僚理事会は，
(a) 知識向上，情報交換および最良実務の相互教示の発展，革新的方法および経験評価の推進に向けた先導行動を通して，構成国間の協力を奨励するための措置を採択することができる。ただし，構成国の法令のいかなる調和も除く。
(b) 第1項a号ないしi号に述べる分野について，指令において，各構成国に普及した条件および技術準則に留意しつつ，漸進的な実施のための最小限要件を定めることができる。このような指令は，中小規模の事業者の設立と発展を抑止するような行政的，財政的および法的な制約を課すことは避けるものとする。

欧州議会および閣僚理事会は，地域評議会および経済社会評議会に諮問した後，通常立法手続に従って行動する。

第1項c号，d号，f号およびg号に述べる分野については，閣僚理事会は，特別立法手続に従って，欧州議会，地域評議会および経済社会評議会に諮問した後，全会一致により行動する。

閣僚理事会は，欧州委員会の提案に基づいて全会一致により行動し，欧州議会に諮問した後，第1項d号，f号およびg号に通常立法手続を適用することを決定することができる。

3. 構成国は，労使の共同の要請を受けて，第2項に基づいて採択された指令の実施，または適切な場合，第155条に従って採択された閣僚理事会決定の実施を，労使に委任することができる。

この場合構成国は，指令または決定が実施

されなければならない日までに，労使が協定により必要措置を導入することを確保する。関係構成国は，当該指令または決定の課す結果を保障する地位につねに立つことができるよう必要なあらゆる方策を採らなければならない。
- 4. 本条に基づいて採択される規定は，
- —構成国の社会保障制度の基本原則を策定する権利に影響しないものとし，かつ，当該制度の財政均衡に著しく影響してはならない。
- —構成国が設立諸条約に適合したいっそう厳格な保護措置を維持または導入することを妨げない。
- 5. 本条は，賃金，団結権，ストライキ権またはロックアウト権には適用されない。

第154条〔労使諮問〕
1. 欧州委員会は，連合次元の労使への諮問を推進することを任務とし，両当事者に対する均衡のとれた支援を確保することを通して，労使対話を促進するあらゆる関連した措置を採択する。
2. この目的のために，社会政策分野の提案を提出する前に，欧州委員会は連合の行動の可能な方向性について労使へ諮問する。
3. この諮問の後に欧州委員会が連合の行動が望ましいと考えるときは，欧州委員会は予定した提案の内容を労使へ諮問する。労使は欧州委員会に意見または適宜勧告を提出する。
4. 第2項および第3項に定める諮問がなされる際に，労使は欧州委員会に対して，労使が第155条に定める手続を開始することを希望する旨を通知することができる。当該手続の期間は9カ月を超えないものとする。ただし，関係労使および欧州委員会が共同で当該期間の延長を決定するときはこの限りではない。

第155条〔連合労使協定の締結と実施〕
1. 労使が望むときは，連合次元の労使対話を通じて協定を含む契約関係に達することができる。
2. 連合次元で締結された協定は，当該労使および構成国に特有の手続および慣行に従って実施されるか，または第153条が対象とする事項については，締約当事者の共同の要請があるとき，欧州委員会の提案に基づく閣僚理事会決定によって実施される。欧州議会は通知を受ける。

当該労使協約が第153条第2項により全会一致が要件とされる分野の一つに関係する規定を一またはそれ以上含むときは，閣僚理事会は全会一致により行動する。

第156条〔各国協調の促進〕〔略〕

第157条〔男女労働者の平等待遇〕
1. 各構成国は，男女労働者の同一労働または同一価値労働に対する同一賃金の原則が適用されることを確保する。
2. 本条にいう「賃金」とは，通常の基本もしくは最低の賃金または給与その他の現金もしくは現物のあらゆる対価であって，労働者が雇用主から当該雇用に関して直接または間接に受け取るものをいう。

性別を理由とする差別のない平等賃金とは，次のことをいう。
- (a) 出来高払いの同一労働に対する賃金は，同一の計算単位に基づいて計算される。
- (b) 時間払いの労働に対する賃金は，同一職務に対して同一とする。

3. 欧州議会および閣僚理事会は，通常立法手続に従って行動し，経済社会評議会に諮問した後，同一労働または同一価値労働同一賃金の原則を含め，労働および職業の事項について男女の平等機会および平等待遇の原則の適

用を確保するための措置を採択する。
4. 労働生活における男女の実際の完全な平等を確保するために、平等待遇の原則は、進出度の低い性別の者の職業活動の遂行または職業経歴上の不利の防止もしくは補償をより容易にするために、構成国が特定の有利を与える措置を維持または採択することを妨げない。

第158条～第161条〔略〕

第11編　欧州社会基金

第162条～第164条〔略〕

第12編　教育，職業訓練，若年層，スポーツ

第165条〔目的・手段〕
1. 連合は，構成国間の協力を奨励し，必要に応じて，各国の行為を支援し補完することを通して，質の高い教育の開発に貢献する。連合は，教育内容および教育制度の組織化ならびに構成国の文化的および言語的多様性に対する構成国の責任を十分尊重する。
　連合は，スポーツ特有の性質，ボランティア活動に基づくその構造およびその社会的および教育的機能を考慮しつつ，欧州スポーツの推進に貢献する。
〔第2項以下　略〕

第166条〔職業訓練〕〔略〕

第13編　文化

第167条〔目的・手段〕
1. 連合は，構成国の国民的および地域的多様性を尊重しつつ，同時に共通の文化的遺産を

顕示しつつ，構成国の文化の開花に貢献する。
2. 連合の行動は，構成国間の協力の奨励ならびに，必要に応じて，次の領域における各国の行動の支援および補完を目的とする。
―欧州の人々の文化および歴史に関する知識および普及の増強。
―欧州次元の重要性のある文化的遺産の保存および保護。（ルビ：レベル）
―非営利的な文化交流。
―視聴覚部門を含む，芸術的および文学的創作。
3. 連合および構成国は，文化の領域において，第三国および所轄国際機関，とりわけ欧州評議会，との協力関係を育成する。
4. 連合は，設立諸条約の他の規定に基づく連合の行動において，とりわけ連合の文化の多様性を尊重し推進するために，文化的局面を考慮する。
5. 本条に述べる目標の達成に貢献するために，
―欧州議会および閣僚理事会は，通常立法手続に従って行動し，地域評議会に諮問した後，先導措置を採択する。ただし，構成国の法令のいかなる調和も除く。
―閣僚理事会は，欧州委員会の提案に基づいて，勧告を採択する。

第14編　公衆衛生

第168条〔目的・手段〕
1. 高水準の人の健康の保護は，連合のすべての政策および活動の策定および実施において確保される。
　連合の行動は，各国の政策を補完するものであって，公衆衛生の向上，人の疾病の予防，ならびに肉体的および精神的健康に対する危険の源の除去に向けられる。この行動

は，主要な健康被害の原因，伝染および予防に対する研究ならびに健康に関する情報提供および教育を推進することを通して，当該主要な健康被害へ対抗すること，ならびに健康に対する重大な越境的脅威への監視，早期警戒および対抗活動を対象とする。

　連合は，薬物関連の健康被害の削減に関して，情報提供および予防を含め，構成国の行動を補完する。

- 2. 連合は，本条に述べる分野について，構成国間の協力を奨励し，必要に応じて，構成国の行動を支援する。連合は，とりわけ越境的地域での構成国の健康医療事業の相互補完性を高める構成国間協力を奨励する。

　構成国は，欧州委員会と連携して，第1項に述べる領域における各国の政策および計画を相互に調整する。欧州委員会は，構成国と緊密に連絡をとりつつ，そのような調整を推進するあらゆる有益な発議，とりわけ指針および指標の提示，最良実務の相互教示の制度化ならびに定期的な監視および評価に必要な基礎の準備を目的とした発議を行うことができる。

- 3. 連合および構成国は，公衆衛生の領域において，第三国および所轄国際組織との協力関係を育成する。

- 4. 第2条第5項および第6条 a 号の適用除外として，かつ第4条第2項 k 号に従って，欧州議会および閣僚理事会は，通常立法手続に従って行動し，経済社会評議会および地域評議会に諮問した後，安全性に対する共通の関心に応じるため，次の措置を定め，本条に述べる目標の達成に貢献する。

  - (a) 人由来の組織および物質ならびに血液および血液派生物に関する品質および安全性について高い水準を定める措置。ただし，これらの措置により，いかなる構成国もいっそう厳格な保護措置の維持または導入を妨げられない。

  - (b) 公衆衛生保護を直接の目的とする動植物医療分野の措置。

  - (c) 医薬品および医療用器具の品質および安全性の高い水準を定める措置。

- 5. 欧州議会および閣僚理事会は，通常立法手続に従って行動し，経済社会評議会および地域評議会に諮問した後，人の健康を保護し向上させることを目的とした先導措置，とりわけ主要な越境的健康被害への対抗を目的とした先導措置，ならびにタバコおよび過剰飲酒に関する公衆の健康保護を直接の目的とした先導措置を採択することもできる。ただし，構成国の法令のいかなる調和も除く。

- 6. 本条に定める目的のために，閣僚理事会は欧州委員会の提案に基づいて，勧告を採択することもできる。

- 7. 連合の公衆衛生分野の行動は，構成国の健康政策の策定，健康医療事業の編成および提供に関する責任を十分尊重する。構成国の責任には，健康事業および医療事業の運営ならびに当該事業に配分された資源の分配が含まれる。第4項 a 号に述べる措置は，細胞組織および血液の無償提供または医療使用に関する各国規定に影響しない。

第15編　消費者保護

第169条〔目的・手段〕

1. 消費者の利益を推進し高水準の消費者保護を確保するために，連合は，消費者の健康，安全および経済利益の保護に貢献し，また情報および教育への消費者の権利および消費者の利益を擁護するために消費者が組織化する権利に貢献する。

2. 連合は，次の措置を通して，第1項に述べる目標の達成に貢献する。

  - (a) 域内市場の完成の文脈において第114条

に従って採択される措置。
(b) 構成国の実施する政策を支援，補完および監視する措置。

3. 欧州議会および閣僚理事会は，通常立法手続に従って行動し，経済社会評議会に諮問した後，第2項b号に述べる措置を採択する。

4. 第3項に従って採択される行為は，構成国がいっそう厳格な保護規定を維持または導入することを妨げない。当該規定は設立諸条約に適合しなければならない。当該規定は欧州委員会に通知される。

第16編　欧州横断網

第170条〔目的〕

1. 第26条および第174条に述べる目標の達成を助けるために，また連合市民，経済主体ならびに地域および地方社会が域内国境のない地域の設立から生じる恩恵を全面的に享受できるようにするために，連合は，運輸，電気通信およびエネルギー基盤の分野において欧州横断網の整備および展開に貢献する。

2. 開放的かつ競争的市場制度の枠組において，連合の行動は各国網の相互接続性および相互作動性ならびに当該各国網の利用可能性を推進することを目的とする。連合は，とりわけ連合の島嶼部，内陸部および周縁地域と中心地域とを連結する必要性に配慮する。

第171条～第172条〔略〕

第17編　産業

第173条〔略〕

第18編　経済，社会および領土の結束

第174条〔目的〕

全体的な調和のとれた発展を推進するために，連合は経済，社会および領土の結束を強化することにつながる行動を展開し追求する。

とりわけ，連合は，様々な地域の発展度の差異の縮減および最も不利な状況にある地域の後進性の縮減を目的とする。

関係地域のうち，農村地域，産業転換に影響された地域，および自然もしくは人口年齢構成の苛酷かつ永続的な困難を被っている地域，たとえば人口密度の極端に低い最北端地域，ならびに島嶼部，国境および山間地域などに対して，とくに注意を払うものとする。

第175条～第178条〔略〕

第19編　研究技術開発および宇宙

第179条〔目的〕

1. 連合は，設立諸条約の他の章により必要とされるすべての研究活動を推進しつつ，研究者，科学知識および科学技術が自由に流通する欧州研究圏を達成することにより，連合の科学技術基盤を強化し，連合の産業を含めて連合がいっそう国際競争力をもつように奨励することを目的とする。

2. この目的のために，連合は，その全域において，中小規模の事業者，研究所および大学を含めた事業者による高度良質の研究および技術開発活動を奨励する。〔以下略〕

第180条～第188条〔略〕

第189条〔宇宙政策〕

1. 科学技術の進歩，産業の競争力および連合の政策の実施を推進するため，連合は欧州宇宙政策を作成する。この目的のために，連合は共同先導行動を推進し，研究技術開発を支援し，宇宙の探検および活用に必要な努力を調整することができる。
2. 第1項に述べる目標の達成に貢献するため，欧州議会および閣僚理事会は，通常立法手続に従って行動し，必要な措置を定める。この措置は，欧州宇宙計画の形態をとることができる。ただし，構成国の法令のいかなる調和も除く。
3. 連合は，欧州宇宙機関と適切な関係を築く。
4. 本条は，本編の他の規定を害さない。

第190条〔略〕

第20編　環境

第191条〔目標と政策形成〕

1. 連合の環境に関する政策は，次に掲げる目標の追求に貢献する。
—環境の質の保全，保護および向上
—人の健康の保護
—自然資源の長期的見通しに立つ合理的な利用
—地域的または世界大の環境問題，とりわけ気候変動対策に取り組む国際次元の措置の推進。
2. 連合の環境に関する政策は，連合の様々な地域の多様な状況を考慮しつつ高水準の保護をめざす。この政策は，予防警戒原則ならびに，予防行動をとるべきとの原則，環境損害は源において優先的に是正されるべきとの原則，汚染者が費用を負担すべきとの原則に基づく。

これに関連して，環境保護の要請に応じる調和措置には，構成国が，連合の監督手続に服しつつ，非経済的な環境上の理由から，適宜，暫定的方策を採ることを認めるセーフガード条項を含むものとする。
3. 環境に関する政策を準備するにあたり，連合は次の点を考慮する。
—入手可能な科学技術データ。
—連合の様々な地域の環境状態。
—行動または無行動に対する潜在利得および潜在費用。
—連合全体の経済的社会的発展および連合の諸地域の均衡のとれた発展。
4. 連合および構成国は，それぞれの権限の局面において，第三国および所轄国際組織と協力する。連合の協力についての取決めは，連合と関係第三者との協定の対象事項とすることができる。

前段は，国際組織において交渉し，国際協定を締結する構成国の権限を害さない。

第192条〜第193条〔略〕

第21編　エネルギー

第194条〔政策目標と実施〕

1. 域内市場の設立および運営にあたり，環境の保全および向上の必要性を考慮しつつ，連合のエネルギー政策は，構成国間の連帯の精神に基づいて，次の事項を目的とする。
(a) エネルギー市場の運営の確保，
(b) 連合内のエネルギー供給の安全性の確保，
(c) エネルギー効率および節約の推進ならびに新エネルギーおよび再生可能な形態のエネルギー開発の推進，ならびに，
(d) エネルギー網の相互接続性の推進。
〔第2項・第3項　略〕

第22編　観光

第195条〔略〕

第23編　市民災害保護

第196条〔略〕

第24編　行政協力

第197条〔略〕

【第4部　海外の諸国および領土との連携】

第198条～第204条〔略〕

【第5部　連合の対外行動】

第1編　連合の対外行動の通則

第205条〔行動原則〕
この〔第5〕部のもとでの連合の国際舞台における行動は，EU条約第5編第1章に定める諸原則に誘導され，そこに定める諸目標を追求し，そこに定める一般規定に従って実施される。

第2編　共通通商政策

第206条〔目的〕
連合は，第28条ないし第32条に従って関税同盟を設立することを通して，共通の利益のために，世界貿易の調和的な発展，国際貿易および外国直接投資に対する制限の漸進的な廃止，ならびに関税その他の障壁の低減化に貢献する。

第207条〔原則〕
1. 共通通商政策は，とりわけ関税率の変更，商品および役務（サービス）の貿易に関する関税および貿易協定の締結，知的財産権の商業的側面，外国直接投資，自由化措置および輸出政策の統一的実現，ならびにダンピングまたは補助金に対して採られる貿易保護措置の統一的実現に関して，統一的な原則に基づく。共通通商政策は，連合の対外行動の原則および目標の文脈において実行される。

2. 欧州議会および閣僚理事会は，通常立法手続に従って行動し規則において，共通通商政策の実施枠組を明示する措置を定める。

3. 一またはそれ以上の国家もしくは国際組織との協定を交渉し締結する必要があるときは，第218条の規定が準用される。ただし，本条の特段の規定に服する。

　欧州委員会は閣僚理事会に勧告を行い，閣僚理事会は欧州委員会に必要な交渉を開始することを許可する。閣僚理事会および欧州委員会は，交渉された協定が連合の対内政策および対内準則に適合することを確保する責任を負う。

　欧州委員会はこの交渉を，当該任務について欧州委員会を補佐する，閣僚理事会の任命する特別部会に諮問しつつ，かつ閣僚理事会が欧州委員会に発することのできる指令の枠内において進める。欧州委員会は交渉の進展

2・EU運営条約〔旧EC条約〕（部分訳）

383

について定期的に特別部会および欧州議会に報告する。

4. 第3項に述べる協定の交渉および締結については，閣僚理事会は特定多数決により行動する。

外国直接投資および知的財産権の商業的側面を含む役務(サービス)貿易の分野における協定の交渉および締結について，当該協定が対内準則の採択に閣僚理事会の全会一致を必要とする規定を含むときは，閣僚理事会は全会一致により行動する。

閣僚理事会はまた，次の各号について，全会一致により行動する。
(a) 文化的および視聴覚的役務(サービス)貿易の分野における協定であって，それが連合の文化的および言語的多様性を害する危険があるもの。
(b) 社会的，教育的および保健的役務(サービス)貿易の分野における協定であって，当該役務の構成国内組織に重大な支障をきたす危険があり，かつ，当該役務を提供する構成国の責任を害する危険があるもの。

5. 運輸分野における協定の交渉および締結は第3部第6編の規定および第218条に服する。

6. 通商政策の分野における本条の付与する権限の行使は，連合と構成国の間の権限の区分に影響を与えず，かつ，設立諸条約が構成国の立法もしくは行政規定の調和を排除している限りにおいて当該調和に至らない。

第3編　第三国との協力および人道援助

第1章　開発協力
第208条〜第211条〔略〕

第2章　第三国との経済，財政および技術協力
第212条〜第213条〔略〕

第3章　人道援助
第214条〔略〕

第4編　制裁措置

第215条〔制裁措置の採択〕

1. EU条約第5編第2章に従って採択された決定が，一もしくはそれ以上の第三国との経済的および財政的関係の，部分的もしくは全面的な，中断または削減を定めるときは，閣僚理事会は，連合外交安全保障上級代表および欧州委員会の共同提案に基づき特定多数決により行動し，必要な措置を採択する。閣僚理事会は欧州議会にこれを通知する。

2. EU条約第5編第2章に基づいて採択された決定にその旨の定めがあるときは，閣僚理事会は，自然人または法人および国家以外の集団または団体に対して，第1項に述べる手続に基づいて制限措置を採択することができる。

3. 本条に述べる行為は，法的権利保護に関する必要な規定を含む。

第5編　国際協定

第216条〔条約締結権〕

1. 連合は，設立諸条約にその旨の定めがあるとき，設立諸条約の定める目標の一つを連合の政策の枠内において達成するために協定の締結が必要であるとき，連合の拘束力のある立法的行為にその旨の定めがあるとき，または協定の締結が共通準則に影響しもしくはその範囲を変更する可能性があるとき，一またはそれ以上の第三国もしくは国際組織と協定を締結することができる。

2. 連合が締結した協定は連合機関および構成国を拘束する。

第217条〔連携協定〕〔略〕

第218条〔条約締結手続〕
1. 第207条に定める特段の規定を害することなく，連合と第三国もしくは国際組織との協定は以下の手続に従って交渉され締結される。
2. 閣僚理事会は，交渉開始を許可し，交渉指令を採択し，協定への署名を許可し，協定を締結する。
3. 欧州委員会は，または予定された当該協定が共通外交安全保障政策に専らもしくは主として関係するときは連合外交安全保障上級代表が，閣僚理事会に勧告を提出するものとし，閣僚理事会は，予定された協定の主題に応じて，連合の交渉担当官または連合の交渉団の団長を推薦しつつ，交渉開始を許可する決定を採択する。
4. 閣僚理事会は，連合の交渉担当官に対して指令を発することができ，また特別部会を指名してそれと協議しながら交渉を進めなければならないものとすることができる。
5. 閣僚理事会は，交渉担当官の提案に基づいて，協定への署名および，必要に応じて当該協定の発効前の暫定的適用を許可する決定を採択する。
6. 閣僚理事会は，交渉担当官の提案に基づいて，協定を締結する決定を採択する。
　協定が共通外交安全保障政策に専ら関係するときを除き，閣僚理事会は当該協定を締結する決定を次の通り採択する。
(a) 次に掲げるものについては欧州議会の承認を得て採択する。
　(i) 連携協定
　(ii) 人権および基本的自由の保護のための欧州条約〔欧州人権条約〕への連合の加盟
　(iii) 協力手続を設けて特定の制度的枠組を築く協定
　(iv) 連合の財政に重要な意味合いをもつ協定
　(v) 通常立法手続または欧州議会の承認を必要とする特別立法手続が適用される分野を対象とする協定
　欧州議会および閣僚理事会は，緊急の場合には，承認するための期限に合意することができる。
(b) その他のものについては，欧州議会への諮問を経て採択するものとする。欧州議会は，閣僚理事会が事案の緊急性に応じて設定できる期限までに意見を表明する。当該期限までに意見がないときは，閣僚理事会は行動することができる。
7. 協定の締結にあたり，当該協定がその修正を簡易な手続または当該協定が設立する組織により採択する旨を規定しているときは，閣僚理事会は，第5項，第6項および第9項の適用除外として，連合のために当該協定の当該修正を交渉担当官が承認することを許可することができる。閣僚理事会はこの許可に特定の条件を付することができる。
8. 閣僚理事会は，本条の手続全体を通して，特定多数決により行動する。
　ただし，閣僚理事会は，連合の行為の採択に全会一致を必要とする分野および連携協定を対象とする協定，ならびに第212条に述べる加盟候補国との協定については，全会一致により行動する。閣僚理事会は，人権および基本的自由の保護のための欧州条約〔欧州人権条約〕への加盟に関する協定については全会一致により行動し，当該協定を締結する決定は，構成国が憲法上の要件に従って承認したのちに発効する。
9. 協定により設立される団体が法的効果のある行為を採択しなければならないとき，閣僚理事会は，欧州委員会または連合外交安全

保障上級代表の提案に基づいて，当該協定の適用を停止し，連合が当該団体において取るべき立場を明示する決定を採択する。ただし，当該協定の機関枠組を補足または修正する行為についてはこの限りでない。

10. 欧州議会は，本条の手続のすべての段階において，直ちにかつ全面的に報告を受ける。

11. 各構成国，欧州議会，閣僚理事会または欧州委員会は，予定された協定が設立諸条約の規定に適合するかどうかについて，司法裁判所の意見を得ることができる。司法裁判所の意見が否定的であるときは，予定された協定は，それが修正され，または設立諸条約が改正されない限り，発効できない。

第219条〔第三国との通貨協定〕〔略〕

第6編　連合と国際組織および第三国ならびに連合代表部との関係

第220条～第221条〔略〕

第7編　連帯条項

第222条〔手続〕

1. 連合および構成国は，いずれかの構成国がテロ攻撃または天災もしくは人災の被害を受けたときは，連帯の精神により共同して行動するものとする。連合は，次の目的のために，構成国の供与する軍事資源を含め，連合に利用可能なあらゆる手段を発動する。

(a)　―構成国領土内でのテロの脅威を防止する。

　　―民主的機関および文民たる市民をあらゆるテロ攻撃から保護する。

　　―テロ攻撃があった場合，構成国の政治機関の要請を受けて当該国をその領土内において支援する。

(b)　天災または人災の被害があった場合，構成国の政治機関の要請を受けて当該国をその領土内において支援する。

2. 万一，一構成国がテロ攻撃または天災もしくは人災の被害を受けたとき，他の構成国は当該構成国の所轄政治機関の要請を受けて当該国を支援する。この目的のために，構成諸国は閣僚理事会において相互に調整を行う。

〔第3・4項　略〕

第6部 機関および最終規定

第1編　機関規定

第1章　機関

第1節　欧州議会

第223条～第226条〔略〕

第227条〔市民の請願権〕
あらゆる連合市民および自然人または法人であって構成国に居住し，または登録事務所をもつ者は，連合の活動分野内に入り，かつ自らに直接に影響する問題について，個人として，または他の市民もしくは人と共同して，欧州議会に請願する権利をもつ。

第228条〔欧州オンブズマン〕

1. 1名の欧州オンブズマンは，欧州議会により選任され，あらゆる連合市民またはあらゆる自然人もしくは法人であって構成国に居住しもしくは登録事務所登録をもつ者から，連

合の機関，組織，独立部局もしくは専門行政機関の活動上の行政過誤の事案に関する苦情を受理する権限を与えられる。ただし，欧州連合裁判所が司法職務において行った行為を除く。

　欧州オンブズマンは，その義務に従って，自らの発意，または直接もしくは欧州議会議員を経由して提出された苦情に基づき，理由があると認めた調査を遂行する。ただし，申し立てられた事実が，現にまたは既に訴訟手続の対象となっているときを除く。欧州オンブズマンは，行政過誤の事案を認定した場合，当該事案を関係する機関，組織，独立部局もしくは専門行政機関に送付するものとし，当該関係機関，組織もしくは専門行政機関は，自らの見解を欧州オンブズマンに通知するために3カ月の期間をもつ。欧州オンブズマンは，その後，欧州議会および関係機関，組織，独立部局もしくは専門行政機関に対して報告書を提出する。苦情申立人はこの調査の結果を通知される。

　欧州オンブズマンは欧州議会に対して調査の結果に関する年次報告書を提出する。
2. 欧州オンブズマンは，欧州議会の選挙ごとに，当該議会の任期と同期間をもって選任される。欧州オンブズマンは再任可能とする。

　欧州オンブズマンが，その職務の遂行に必要な条件を満たさなくなったとき，または重大な非行により有罪とされたときは，欧州議会の請求を受けて司法裁判所がこれを罷免することができる。
3. 欧州オンブズマンは，その職務の遂行において完全に独立である。欧州オンブズマンは，その職務の遂行において，いかなる機関，組織，独立部局または専門行政機関の指示も求めずまた受けてはならない。欧州オンブズマンは，その任期中，営利非営利を問わず，他のいかなる職業にも従事してはならない。
4. 欧州議会は，欧州委員会の意見を求めた後，かつ閣僚理事会の承認を得て，自らの発議により特別立法手続に従って規則において，欧州オンブズマンの職務の遂行を規律する規則および一般条件を定める。

第229条～第233条〔略〕

第234条〔欧州委員会不信任決議〕

欧州委員会の活動に関する不信任動議が欧州議会に提出されたときは，当該議会は当該動議の提出から少なくとも3日を経過するまでは，それについての採決をしてはならず，また採決は記名投票によってのみ行われる。

　不信任動議は，投票数の3分の2の多数が当該議会の総議員の過半数の多数でもあるときに可決され，このとき欧州委員会は一体として総辞職し，また連合外交安全保障上級代表は，欧州委員会において行う職務を辞する。欧州委員会は，EU条約第17条に従って後任と交代するまで，現在の業務を継続して取り扱う。この場合，後任の欧州委員会の任期は，総辞職させられた欧州委員会に予定されていた任期の終了時をもって終了する。

第2節　欧州理事会

第235条〔票決等〕

1. 投票が行われるとき，欧州理事会のあらゆる構成員は，1名を超えない他の構成員の代理としても行動することができる。

　欧州理事会が特定多数決により行動するときは，EU条約第16条第4項および本条約第238条第2項が欧州理事会に適用される。欧州理事会が投票により決定するときは，理事長および欧州委員会委員長は投票に参加してはならない。

出席する構成員本人または代理人による棄権は，全会一致を要する欧州理事会の行為の採択を妨げない。

2. 欧州理事会は，欧州議会議長を聴聞のために招致することができる。

3. 欧州理事会は，手続問題およびその議事規則の採択については単純多数決により行動する。

4. 欧州理事会は，閣僚理事会事務総局の補佐を受ける。

第236条〔閣僚理事会の編成に関する決定〕〔略〕

第3節　閣僚理事会

第237条〔開催等〕〔略〕

第238条〔多数決〕

1. 単純多数により行動することが求められているとき，閣僚理事会は，構成員の過半数により行動する。

2. EU条約第16条第4項の適用除外として，2014年11月1日より，経過規定に関する議定書に定める規定に服しつつ，閣僚理事会が欧州委員会または連合外交安全保障上級代表の提案に基づいて行動しない場合，特定多数は，構成諸国を代表する閣僚理事会の構成員の72％以上の多数であって，連合の人口の65％以上となる多数とする。

3. 2014年11月1日より，経過規定に関する議定書に定める規定に服しつつ〔注：EU条約第16条の右段参照〕，本条約において閣僚理事会のすべての構成員が投票に参加するわけではない場合について，その特定多数は以下の通りとする。

(a) 特定多数とは，投票に参加する構成諸国を代表する閣僚理事会の構成員の55％以上の多数であって，当該諸国の人口の65％以上を代表する多数とする。

可決阻止少数には，投票に参加する構成諸国の人口の35％以上を代表する閣僚理事会の構成員の最小数に一構成員を追加した国数を含まなければならない。これに満たないときは，特定多数に達したものとみなす。

(b) 前a号の適用除外として，閣僚理事会が欧州委員会または連合外交安全保障上級代表の提案に基づいて行動しない場合，特定多数は，構成諸国を代表する閣僚理事会の構成員の72％以上の多数であって，当該諸国の人口の65％以上となる多数とする。

4. 構成国の代表本人または代理人による棄権は，全会一致を要する連合の行為の採択を妨げない。

第239条〜第243条〔略〕

第4節　欧州委員会

第244条〔委員の輪番制〕

EU条約第17条第5項に従って，欧州委員会は，欧州理事会が全会一致により定める輪番制および次の原則に基づいて選定される。

(a) 構成国は，自国民が欧州委員会の構成員となる順番および在任期間の決定に関して，厳格に平等な立場で扱われる。したがって，任意の構成2カ国の各国民の任期合計の差は，一期を超えてはならない。

(b) a号に従って，将来の各期の欧州委員会は，構成国すべての人口統計的かつ地理的な広がりを十分に反映して構成される。

第245条〜第249条〔略〕

第250条〔意思決定〕

欧州委員会は，委員団構成員の過半数により行動する。〔以下略〕

第5節　欧州連合裁判所

第251条〜第252条〔略〕
第253条〔司法裁判所の裁判官・法務官〕
司法裁判所の裁判官および法務官は，独立性に疑いがなく，かつ各出身国の最高の司法職への任命に必要な資格をもつ者もしくは優れた能力が認められた法律学識者から選ばれる。これらの者は，第255条に定める選考諮問会議への諮問を経て，構成国政府の共通の合意により任期6年をもって任命される。

3年ごとに，裁判官および法務官の一部交代を，欧州連合裁判所設置規程に定める条件に従って行う。

裁判官は，互選により司法裁判所長官を任期3年をもって選出する。長官は再選可能である。

退任する裁判官および法務官は再任可能とする。

司法裁判所は，書記官を任命し，その職務に関する準則を定める。

司法裁判所は，その手続規則を採択する。当該手続規則は閣僚理事会の承認を要する。

第254条〔一般裁判所の裁判官〕
一般裁判所の裁判官数は，欧州連合裁判所設置規程により定める。当該設置規程は，一般裁判所が法務官により補佐を受ける旨を定めることができる。

一般裁判所の構成員は，独立性に疑いがなく，かつ高位の司法職への任命に必要な能力をもつ者から選ばれる。これらの者は，第255条に定める選考諮問会議への諮問を経て，構成国政府の共通の合意により任期6年をもって任命される。退任する構成員は再任可能である。

一般裁判所の構成員は，3年ごとに一部交代する。

裁判官は，互選により一般裁判所長官を任期3年をもって選出する。長官は再選可能である。

一般裁判所は，書記官を任命し，その職務に関する準則を定める。

一般裁判所は，その手続規則を司法裁判所と合意の上で定める。当該手続規則は閣僚理事会の承認を要する。

欧州連合裁判所設置規程に特段の定めがない限り，設立諸条約の司法裁判所に関する規定は一般裁判所に準用される。

第255条〔司法職選考諮問会議〕
構成国政府が第253条および第254条に述べる任命を行うに先立って，司法裁判所および一般裁判所の裁判官および法務官の職務遂行への候補者の適格性について意見を述べるために，選考諮問会議が設置される。

選考諮問会議は，司法裁判所および一般裁判所の元構成員，各国最高裁判所の構成員，優れた能力をもつ法律家から選ばれた7名の者で構成し，そのうちの1名は欧州議会が提案する。閣僚理事会は，選考諮問会議の運営規則を定める決定および当該会議の構成員を任命する決定を採択する。閣僚理事会は，司法裁判所長官の発議により行動する。

第256条〔一般裁判所管轄権〕
1. 一般裁判所は，第263条，第265条，第268条，第270条および第272条に述べる訴訟または手続を第一審として審理し判断する管轄権をもつ。ただし，第257条に基づいて設置された専門裁判所の管轄に属する訴訟もしくは手続，および欧州連合裁判所設置規程において司法裁判所に留保された訴訟もしくは手続を除く。欧州連合裁判所設置規程は，一般裁判所が他の訴訟または手続類型について管轄権をもつ旨を規定することができる。

本項に基づいて一般裁判所が下す決定は，欧州連合裁判所設置規程が定める条件および制限内において，法律問題についてのみ司法裁判所に上訴することができる。
- 2. 一般裁判所は，専門裁判所の判決に対して提起された訴訟または手続を審理し判断する管轄権をもつ。

　本項に基づいて一般裁判所が下す決定は，連合法の一体性または一貫性に対する重大な危険を生じるとき，欧州連合裁判所設置規程が定める条件および制限内において，例外的に司法裁判所の審査に服することができる。
- 3. 一般裁判所は，欧州連合裁判所設置規程が定める特定の領域において，第267条に基づく先決裁定のために付託される問題を審理し判断する管轄権をもつ。

　一般裁判所が，連合法の一体性または一貫性に影響する可能性がある原則問題への決定が必要な事案であると考えるときは，当該事案を司法裁判所による裁定のために付託することができる。

　先決裁定のために付託された問題に対する一般裁判所の決定は，連合法の一体性または一貫性に対する重大な危険をもたらすとき，欧州連合裁判所設置規程が定める条件および制限内において，例外的に司法裁判所の審査に服することができる。

第257条〔専門裁判所〕

　欧州議会および閣僚理事会は，通常立法手続に従って，特定の領域において提起される訴訟もしくは手続の一定類型の第一審として審理し判断する専門裁判所を一般裁判所に附属して設置することができる。欧州議会および閣僚理事会は，欧州委員会の提案に基づき司法裁判所への諮問を経たのち，または欧州司法裁判所の要請により欧州委員会への諮問を経たのち，規則をもって行動する。

　専門裁判所を設置する規則は，当該裁判所の組織準則および当該裁判所に付与される管轄権の範囲を定める。

　専門裁判所の下す決定は，一般裁判所に対して，法律問題についてのみ上訴することができ，または，専門裁判所の設置規則において定めるときは，事実問題についても上訴することができる。

　専門裁判所の構成員は，独立性に疑いがなく，かつ司法職への任命に必要な能力をもつ者から選ばれる。これらの者は全会一致で行動する閣僚理事会により任命される。

　専門裁判所は，司法裁判所と合意の上で手続規則を定める。当該手続規則は，閣僚理事会の承認を要する。

　専門裁判所を設置する規則に特段の定めがない限り，欧州連合裁判所に関する設立諸条約の規定および欧州連合裁判所設置規程の規定は，専門裁判所に準用される。当該規程第一編および同規程第64条は，つねに専門裁判所に準用される。

第258条〔委員会による対不履行国訴訟〕

　構成国が設立諸条約の下での義務を履行していないと欧州委員会が考えるときは，欧州委員会は，関係構成国に自らの見解を提出する機会を与えた後，その事案について理由を付した意見を述べる。

　関係構成国が欧州委員会の定める期間内に当該意見に従わないときは，欧州委員会は事案を欧州連合司法裁判所に提起することができる。

第259条〔構成国による対不履行国訴訟〕〔略〕

第260条〔対不履行国訴訟の効果〕

1. 構成国が設立諸条約の下での義務を履行していないと欧州連合司法裁判所が認定する

ときは，当該国は司法裁判所の判決に服従するために必要な措置を採ることを義務づけられる。

2. 関係構成国が欧州連合司法裁判所の判決に服従するための必要措置を採っていないと欧州委員会が考えるときは，欧州委員会は当該国に自らの見解を述べる機会を与えた後，事件を司法裁判所に提訴する。欧州委員会は，当該構成国が支払うべき一括支払金または制裁金であって当該事件の事情に適すると考える額を明記する。

司法裁判所は，当該構成国が判決に服従していないと認定するときは，当該国に対して一括支払金または制裁金を課すことができる。

この手続は，第259条を害さない。

3. 欧州委員会が，関係国が立法手続に基づき採択された指令を実施する措置を通知する義務を怠っていることを理由に第258条に従って事件を欧州連合司法裁判所に提訴する場合，欧州委員会は，適切と考えるとき，当該構成国が払うべき一括支払金または制裁金であって当該事件の事情に適すると考える額を明記することができる。

司法裁判所が，義務の不履行を認定するときは，欧州委員会の明記した額を超えない一括支払金または制裁金を当該構成国に課すことができる。この支払義務は，司法裁判所が判決において定める日時に発生する。

第261条〔罰則の無限管轄権〕〔略〕
第262条〔知的財産権紛争管轄権付与決定〕〔略〕

第263条〔取消訴訟〕
欧州連合司法裁判所は，立法行為の効力，閣僚理事会，欧州委員会および欧州中央銀行の行為であって勧告および意見以外のものの効力，ならびに第三者に対して法的効果を生じる意図の欧州議会および欧州理事会の行為の効力を審査する。司法裁判所は，連合の組織，独立部局または専門行政機関の行為であって第三者に対して法的効果を生じる意図の行為の効力についても審査する。

この目的のために，構成国，欧州委員会，閣僚理事会または欧州委員会が提起する訴訟であって，権限の欠如，必須の手続要件の違反，設立諸条約もしくはその適用に関係するその他の法のあらゆる準則の違反，または権限の目的外行使を理由とするものについて，司法裁判所は管轄権をもつ。

司法裁判所は，同一の条件において，会計検査院，欧州中央銀行ならびに地域評議会が自らの特権を保護する目的で提起する訴訟について管轄権をもつ。

あらゆる自然人もしくは法人は，第1段および第2段に述べる条件において，その者を名宛人とする行為または自らに直接かつ個人的に関係する行為について，および自らに直接関係する規制的行為であって実施措置を伴わないものについて，訴訟を提起することができる。

連合の組織，独立部局および専門行政機関を設置する行為において，自然人または法人に対して法的効果を生じる意図の当該組織，独立部局または専門行政機関の行為に対する当該自然人または法人の提起する訴訟に関する具体的な条件および制度を定めることができる。

本条に定める訴訟は，行為の公表または原告への通知または通知がない場合は原告が知った日のいずれかから，2カ月以内に提起されなければならない。

第264条〔取消訴訟の効果〕
訴訟に十分な根拠があるときは，欧州連合司

法裁判所は関係する行為の無効を宣言する。

ただし，司法裁判所は，必要があると考えるときは，無効を宣言した行為の諸効果のうち有効確定的として扱うべき部分を明示する。

第265条〔不作為違法確認訴訟〕〔略〕

第266条〔訴訟の効果〕
- 機関，組織，独立部局もしくは専門行政機関であって，その行為の無効を宣言され，またはその行為の懈怠が設立諸条約に違反するとの宣言を受けたものは，司法裁判所の判決に従うために必要な措置を採らなければならない。
- この義務は，第340条第2段の適用の結果生じるいかなる義務にも影響しない。

第267条〔先決裁定手続〕
- 欧州連合司法裁判所は，次の各号に関して先決裁定を行う管轄権をもつ。
  (a) 設立諸条約の解釈
  (b) 連合機関，組織，独立部局または専門行政機関の行為の効力および解釈
- このような問題が構成国のいずれかの裁判所または審判所において提起された場合，当該裁判所または審判所は，判決をするために当該問題に関する決定が必要であると考えるときは，司法裁判所に対して当該問題に関する裁定を行うように求めることができる。
- このような問題が，その決定に対して国内法上司法的救済がない構成国の裁判所または審判所において提起された場合，当該裁判所または審判所は，事案を司法裁判所に付託しなければならない。
- このような問題が，構成国の裁判所または審判所に係属中の事件において拘留中の人に関して提起されたときは，欧州連合司法裁判

所は遅延を最小限にして行動する。

第268条〔損害賠償訴訟〕
欧州連合司法裁判所は，第340条第2段に定める損害賠償に関する紛争について管轄権をもつ。

第269条〔構成国資格停止手続審査〕
司法裁判所は，欧州理事会または閣僚理事会がEU条約第7条〔EU構成国の資格停止処分〕に則り採択した行為について，欧州理事会または閣僚理事会の決定の対象となった構成国の要請がある場合に限り，かつ，同条に定める手続規定に関してのみ当該行為の効力を判断する管轄権をもつ。

当該要請は，当該決定の日から1カ月以内になされなければならない。司法裁判所は，当該要請の日から1カ月以内に判断を行う。

第270条〜第274条〔略〕

第275条〔共通外交安保政策の限定管轄権〕
欧州連合裁判所は，共通外交安全保障政策に関係する諸規定ならびに当該諸規定に基づいて採択された行為に関しては，管轄権をもたない。

ただし，EU条約第40条の遵守を監視する管轄権および，本〔EU運営〕条約第263条第4段に定める条件に従って提起された訴訟であって，EU条約第5編第2章に基づいて閣僚理事会が採択した自然人または法人に対する制限的措置を規定する決定の効力を審査する訴訟について判断する管轄権はもつ。

第276条〔国内警察行為の審査除外〕
欧州連合司法裁判所は，自由，安全および司法の領域に関する第3部第5編第4章および第5章の規定に関するその管轄権を行使するにあ

たり，構成国の警察その他の法執行機関の実施した活動の効力もしくは比例性について，または公序の維持および国内治安の擁護に関して構成国が負う責任の履行について，審査する管轄権をもたない。

第277条〔違法性の抗弁〕
第263条第5段に定める期間の徒過にもかかわらず，あらゆる当事者は，連合の機関，組織，独立部局または専門行政機関の採択した一般的に適用される措置が争点となっている訴訟において，当該措置の不適用性を司法裁判所において訴えるために，第263条第2段に特定する理由を主張することができる。

第278条〔出訴の無停止効〕〔略〕

第279条〔仮の措置〕
欧州連合司法裁判所は，提起されたあらゆる事件において，必要なあらゆる仮の措置を講じることができる。

第280条〜第281条〔略〕

第6節　欧州中央銀行

第282条〜第284条〔略〕

第7節　会計検査院　第285条〜第287条〔略〕

第2章　連合の立法行為，採択手続その他の規定

第1節　連合の立法行為

第288条〔行為の種類と効果〕
連合の権限を行使するために，連合機関は，規則，指令，決定，勧告および意見を採択する。

　規則は，一般的適用性をもつ。それは全面的に拘束力をもち，あらゆる構成国において直接に適用可能である。

　指令は，名宛人たる構成国に対して，達成されるべき結果について拘束力をもつが，方式と手段の選択は各国機関に委ねる。

　決定は，全面的に拘束力をもつ。名宛人を特定する決定は，当該名宛人のみを拘束する。

　勧告および意見は，拘束力をもたない。

第289条〔立法行為・手続の定義〕
1. 通常立法手続は，欧州委員会の提案に基づいて欧州議会および閣僚理事会が共同で，規則，指令または決定を採択する手続とする。当該手続は第294条に定める。
2. 設立諸条約が定める特定の場合において，欧州議会が閣僚理事会の参加を得て，または閣僚理事会が欧州議会の参加を得て，規則，指令または決定を採択する手続を特別立法手続とする。
3. 立法手続により採択された法的行為を立法行為とする。
〔第4項　略〕

第290条〔非立法行為の委任〕
1. 立法行為は，当該立法行為の一定の非本質的要素を補完または改正する非立法行為を採択する権限を，欧州委員会に委任することができる。

　当該権限委任の目的，内容，範囲および期間は，当該立法行為において明確に規定する。ある領域の本質的要素は立法行為に留保されるものとし，ゆえに権限委任の対象となってはならない。〔第2項以下　略〕

第291条〔実施行為〕
1. 構成国は，法的拘束力のある連合行為を実施するために必要な国内法上のあらゆる措置を採択する。
2. 法的拘束力のある連合行為の実施のために統一的条件が必要とされるときは，当該連合行為は欧州委員会に，または，正当な理由のある個別の場合もしくはEU条約第24条および第26条に定める場合は閣僚理事会に，実施権限を付与する。〔第3項以下 略〕

第292条〔勧告の採択〕〔略〕

第2節 行為の採択手続その他の規定

第293条〔委員会の提案修正・撤回権〕〔略〕

第294条〔通常立法手続〕
1. 設立諸条約において，行為の採択のために通常立法手続を述べるときは，以下の規定が適用される。
2. 欧州委員会は，欧州委員会および閣僚理事会に提案を提出する。

第一読会
3. 欧州議会は，第一読会においてその立場を採択し，それを閣僚理事会に伝達する。
4. 閣僚理事会が欧州議会の立場を承認するときは，欧州議会の立場に対応した文言において当該行為が採択される。
5. 閣僚理事会が欧州議会の立場を承認しないときは，閣僚理事会は第一読会においてその立場を採択し，それを欧州議会に伝達する。
6. 閣僚理事会は第一読会においてその立場を採択するに至った理由を十分に欧州議会に通知する。欧州委員会は自らの立場を欧州議会に十分に通知する。

第二読会
7. 当該伝達から3カ月以内に，欧州議会が，
(a) 第一読会での閣僚理事会の立場を承認するとき，または決定を行わないときは，閣僚理事会の立場に対応した文言において当該行為が採択されたものと見なされる。
(b) 総議員の多数により，第一読会での閣僚理事会の立場を否決するときは，提案された行為は採択されなかったものと見なされる。
(c) 総議員の多数により，第一読会での閣僚理事会の立場に修正を提案するときは，修正された案文が閣僚理事会および欧州委員会に送付され，閣僚理事会および欧州委員会は当該修正に対して意見を述べる。
8. 欧州議会の修正を受理してから3カ月以内に，閣僚理事会が特定多数決により，
(a) 当該修正をすべて承認するときは，検討されていた行為は採択されたものと見なされる。
(b) 当該修正の必ずしもすべてを承認するわけではないときは，閣僚理事会議長は，欧州議会議長と合意のうえで，6週間以内に協議委員会の会合を開催する。
9. 閣僚理事会は欧州委員会が否定的意見を述べた修正については全会一致により行動する。

協議
10. 協議委員会は，閣僚理事会の構成員またはその代表およびそれと同数の欧州議会の代表議員により構成し，第二読会での欧州議会および閣僚理事会の立場を基礎にして，閣僚理事会の構成員またはその代表の特定多数かつ欧州議会の代表議員の多数により，共同文書の合意に達することを任務とする。
11. 欧州委員会は協議委員会手続に参加し，欧州議会および閣僚理事会の立場の調停のた

めに必要なあらゆる発議を行う。

12. 開催から6週間以内に，協議委員会が共同文書を承認しないときは，提案された行為は採択されなかったものと見なされる。

第三読会
13. 当該期間内に，協議委員会が共同文書を承認するときは，欧州議会は投票数の多数により行動し，また閣僚理事会は特定多数決により行動し，それぞれ協議委員会での承認日より6週間以内に共同文書に従って検討されている行為を採択する。欧州議会または閣僚理事会が採択に失敗したときは，提案されていた行為は採択されなかったものと見なされる。
14. 本条にいう3カ月および6週間の期間は，欧州議会または閣僚理事会の申立てにより，それぞれ最長1カ月および2週間延長される。

特別規定
15. 設立諸条約において，一定の構成国グループの発議，欧州中央銀行の勧告，または司法裁判所もしくは欧州投資銀行の要請により，立法行為が通常立法手続により上程される特段の場合については，第2項，第6項第2文および第9項は適用されない。

当該特段の場合，欧州議会および閣僚理事会は，提案された行為を第一および第二読会でのそれぞれの立場とともに欧州委員会に伝達する。欧州議会または閣僚理事会は，手続中はつねに欧州委員会の意見を求めることができ，欧州委員会は自らの発議により意見を述べることもできる。また欧州委員会は，必要と考えるときは，第11項に定める条件において協議委員会に参加することができる。

第295条～第299条〔略〕

第3章　連合の諮問機関

第300条〔諮問機関〕
1. 欧州議会，閣僚理事会および欧州委員会は，助言任務を行う地域評議会および経済社会評議会の補佐を受ける。
2. 経済社会評議会は，使用者団体，労働者団体およびその他の市民社会の，とりわけ社会経済，市民生活，専門職および文化の領域における代表により構成される。
3. 地域評議会は，地域および地方団体の代表により構成し，この代表は，地域もしくは地方自治体の選挙により使命を与えられた者，または選挙された議会に政治的責任を負う者とする。
4. 経済社会評議会および地域評議会の構成員は，いかなる使命ないし指示にも拘束されてはならない。当該構成員は，任務の遂行にあたり，連合の一般利益のために完全に独立でなければならない。〔第5項　略〕

第1節　経済社会評議会
第301条～第304条〔略〕

第2節　地域評議会
第305条～第307条〔略〕

第4章　欧州投資銀行

第308条～第309条〔略〕

第2編　財政規定

第310条〔予算および財政原則〕
1. 連合の収支の全費目は，予算年度ごとに作成される概算に含めるものとし，予算に示される。

連合の年次予算は，第314条に従って欧州議

会および閣僚理事会により定められる。予算に示される収入と支出は均衡しなければならない。

2. 予算に示される支出は，第322条に述べる規則に従って，年次予算の年度について承認される。

3. 予算に示される支出を実行するためには，連合の行動の法的根拠および第322条に述べる規則に従って関係支出を実行する法的根拠を示す，拘束力のある連合の法的行為を事前に採択しなければならない。ただし，当該法が特段の定めをおく場合はこの限りでない。

4. 予算の均衡を維持するために，連合は，注目すべき意味合いを予算に対してもうるあらゆる行為については，当該行為より生じる支出が連合の固有財源の範囲内において支出可能であり，かつ第312条に述べる多年度財政枠組みを遵守することを保証しなければ，当該行為を採択することができない。

5. 連合の予算は，健全な財政運営の原則に従って執行される。構成国は，連合に協力して，予算に計上され配分された費目を当該原則に従って消化することを保障する。

6. 連合および構成国は，第325条の定めに従って，連合の財政利益に影響する詐欺その他のあらゆる違法行為に対処する。

第1章　連合の固有財源
第311条〔略〕

第2章　多年度財政枠組み
第312条〔略〕

第3章　連合の年次予算
第313条～第319条〔略〕

第4章　共通規定
第320条～第324条〔略〕

第5章　詐欺対策
第325条〔略〕

第3編　強化協力

第326条〔原則〕

いかなる強化協力も，設立諸条約および連合法を遵守しなければならない。

当該協力は，域内市場または経済，社会および領土的結束を損ねてはならない。当該協力は，構成国間の通商における障害または差別となってはならず，また構成国間の競争を歪曲してはならない。

第327条〔相互尊重義務〕

いかなる強化協力も，それに参加しない構成国の権限，権利および義務を尊重する。当該諸国は参加する構成国による当該協力の実施を妨げてはならない。

第328条〔開放義務〕

1. 強化協力が設定されるとき，当該協力は，設定許可決定が定めるあらゆる参加条件に適合することを条件として，すべての構成国に開放されていなければならない。また当該協力はその後もつねに，すべての構成国に開放されていなければならない。ただし，当該参加条件に加えて，当該協力枠組においてすでに採択された行為に適合することを条件とする。

　欧州委員会および強化協力への参加構成国は，可能な限り多数の構成国の参加を促進することを確保する。

2. 欧州委員会および，適切な場合，連合外交安全保障上級代表は，欧州議会および閣僚理

事会に対して，強化協力の展開状況について定期的に報告を行う。

第329条〔設定許可手続〕
1. 排他的権限の分野および共通外交安全保障政策を除き，設立諸条約が対象とする分野の一つにおいて，構成諸国が相互に強化協力を設定することを希望するときは，提案する強化協力の範囲および目的を特定して，欧州委員会に申請する。欧州委員会はその旨の提案を閣僚理事会に提出することができる。欧州委員会が提案を提出しないときは，欧州委員会は関係構成諸国に提出しない理由を通知する。

　強化協力を進めることの許可は，閣僚理事会の決定により付与される。閣僚理事会は，欧州委員会の提案に基づき，かつ欧州議会の承認を得た後，行動する。

2. 共通外交安全保障政策の枠組みにおいて相互に強化協力を設定することを希望する構成諸国からの申請は，閣僚理事会に対して行われる。当該申請は連合外交安全保障上級代表に送付され，連合外交安全保障上級代表は予定された強化協力が連合の共通外交安全保障政策に適合するかどうかについて意見を表明するものとし，また当該申請は欧州委員会に送付され，欧州委員会は当該予定された強化協力がとりわけ連合のその他の政策に適合するかどうかについて意見を表明する。当該申請はまた，欧州議会にも情報として送付される。

　強化協力を進めることへの許可は，全会一致により行動する閣僚理事会の決定により付与される。

第330条〔表決〕
閣僚理事会のすべての構成員は閣僚理事会における討議に参加することができるが，強化協力に参加する構成国を代表する閣僚理事会の構成員だけが，表決に参加する。

　全会一致は，参加国の代表の投票のみにより成立する。

　特定多数決は，第238条第3項に従って定める。

第331条～第332条〔略〕

第333条〔多数決移行〕
1. 強化協力の文脈において適用されうる設立諸条約の規定が閣僚理事会の全会一致による行動を定めるとき，閣僚理事会は，第330条に定める方式に従って全会一致により行動し，閣僚理事会が特定多数決により行動する旨を定める決定を採択することができる。
2. 強化協力の文脈において適用されうる設立諸条約の規定が，閣僚理事会が特別立法手続により行為を採択するものと定めているとき，閣僚理事会は，第330条に定める方式に従って全会一致により行動し，閣僚理事会が通常立法手続により行動する旨を定める決定を採択することができる。閣僚理事会は欧州議会に諮問した後，行動する。
3. 第1項および第2項は，軍事または防衛の意味合いのある決定には適用してはならない。

第334条〔一貫性維持〕〔略〕

第7編　一般および最終規定

第335条～第339条〔略〕

第340条〔法的責任〕
連合の契約責任は，問題となった契約に適用される法により規律される。

　非契約責任の場合は，連合は，構成国の法に共通の一般原則に従って，連合機関または

その職員が職務の遂行において引き起こしたあらゆる損害を賠償する。

　第2段にかかわらず，欧州中央銀行は，構成国の法に共通の一般原則に従って，同行またはその職員が職務の遂行において引き起こしたあらゆる損害を賠償する。

　連合職員の連合に対する個人的責任は，当該職員に適用される公務員就業規則または雇用条件に定めるところにより規律される。

第341条～第343条〔略〕

第344条〔制度外紛争解決の禁止〕
構成国は，設立諸条約の解釈または適用に関する紛争を設立諸条約が定める解決方式以外のいかなる解決方式にも委ねないことを確約する。

第345条〔所有権制度〕
設立諸条約は，構成国における所有権制度を規律する準則を害さない。

第346条〔国家安全保障〕
1. 設立諸条約は次の各号に掲げる準則の適用を排除しない。
　(a) いかなる構成国も，開示が国家安全保障の必須利益に反すると当該国が考える情報の提供を義務づけられない。
　(b) あらゆる構成国は，武器，弾薬および軍需資材の生産または貿易に関係する，国家安全保障の必須利益の保護に必要と当該国が考える方策を採ることができる。そのような方策は，軍事目的に特定する意図では生産されていない製品に関する域内市場における競争条件に不利に影響してはならない。
2. 閣僚理事会は，欧州委員会の提案に基づき，第1項b号の定めが適用される製品に関する，1958年4月15日の一覧表を改正する決定を全会一致により採択することができる。

第347条～第351条〔略〕

第352条〔条約規定外の立法権〕
1. 設立諸条約の掲げる目標の一つを達成するために，設立諸条約が定める政策の枠内において連合の行動が必要と判明したときであって，設立諸条約が必要な権限を規定していないときは，閣僚理事会は全会一致により行動し，欧州委員会の提案に基づき欧州議会の承認を得た後，適切な措置を採択する。当該措置が，閣僚理事会により特別立法手続により採択されるときも，欧州委員会の提案に基づき欧州議会の承認を得たのちに閣僚理事会は全会一致により行動する。
2. 欧州委員会は，EU条約第5条第3項に述べる補完性原則監視手続を用いて，本条に基づく提案に対しては，各国議会の注目を喚起する。
3. 本条に基づく措置は，設立諸条約が構成国の法令の調和を排除している場合については，そのような調和を伴ってはならない。
4. 本条は，共通外交安全保障政策に関係する目標を達成するための根拠として用いることはできない。また本条にもとづいて採択されたいかなる行為も，EU条約第40条第2段に掲げる制限を尊重する。

第353条〔多数決に移行できない事項〕
EU条約第48条第7項は，次に掲げる諸規定には適用されない。
―第311条第3段および第4段
―第312条第2項第1段
―第352条および
―第354条。

第354条〔構成国資格停止手続の多数決〕

連合加盟から構成国に生じる一定の権利を停止することに関するEU条約第7条の適用においては，問題となった構成国を代表する欧州理事会または閣僚理事会の構成員は，表決に参加しないものとし，問題の構成国は，同条第1項および第2項に述べる3分の1もしくは5分の4の計算には算入しない。出席している構成員本人または代理人の棄権は，同条第2項に定める決定の採択を妨げない。

EU条約第7条第3項および第4項に述べる決定の採択において，特定多数決は，本〔EU運営〕条約第238条第3項b号に従って定められる。

EU条約第7条第3項に従って採択された投票権を停止する決定の後に，閣僚理事会が設立諸条約の規定に基づいて特定多数決により行動するときは，その特定多数決は，本〔EU運営〕条約第238条第3項b号に従って定めるところ，または閣僚理事会が欧州委員会もしくは連合外交安全保障上級代表からの提案に基づいて行動するときは本〔EU運営〕条約第238条第3項a号に従って定めるところとする。

EU条約第7条の適用においては，欧州議会は投票数の3分の2の多数であって，総議員の過半数を代表する多数により行動する。

第355条〔地理的適用範囲〕〔略〕
第356条〔無期限の有効期間〕〔略〕

第357条〔発効〕

本条約は，締約国の憲法上の要件に従って締約国により批准される。批准書は，イタリア共和国政府に寄託される。

本条約は，すべての批准書が寄託されるときは，最終批准国が批准書を寄託した翌月の初日に発効する。ただし，寄託が翌月の初日まで15日未満になされたときは，本条約は寄託日の翌々月の初日まで発効しない。

第358条〔正文〕〔略〕

3 主要判例

1 EC法の国内直接効果の法理・EC法の実効的実現の原則

ファン・ヘント・エン・ロース事件
Case 26/62, Van Gent en Loos [1963] ECR 1

【要旨】 EC条約の規定に，構成国の国内裁判所で行使できる権利が直接発生する効果（直接効果）があることを初めて示した。EC条約規定の文言と内容が明確で無条件であり，他に実施措置を必要としない場合に直接効果が生じる。欧州司法裁判所は，ECが構成国の主権制限により成立した共同体で，構成国と国民の両方が統治し統治される「新しい法秩序」であり，そこでは権利は実効的に実現されるべきだからと直接効果を認める理由を説明した。

【事実・争点】 EEC設立後に原告が西ドイツからオランダにホルマリンを輸入した。オランダの税関はEEC設立時よりも高い関税を課した。原告はこの課税処分が，EEC設立後の域内関税の引き上げを禁止するEEC条約12条に違反して無効だと主張した。争点は，EEC条約12条に，私人に国内裁判所で行使可能な権利を発生させる効果（直接効果）があるかどうかである。オランダの税務審判所は，欧州司法裁判所に先決裁定を求めた。先決裁定手続とは，各国の国内裁判所が判決に必要なEC法の解釈など先決問題について，欧州司法裁判所に統一的判断を求める手続である。

【先決裁定】 EEC条約の諸規定が構成国の

［執筆分担］
中村：1～10，多田：11～14

国民に直接に権利を発生させる効果をもつかどうかを判断するためには，当該条約諸規定の精神，全体の構成，文言を考慮する必要がある。

EEC 条約の目的は共同市場を設立することであり，共同市場が機能することは共同体の関係当事者の直接の利益である。この条約は，国家間に義務を生じさせる合意を超えている。具体的には，主権的権利を付与された共同体機関を設立し，その機関による権限行使が，構成国と市民の両方に影響を及ぼす共同体をつくる合意である。EC 諸国の国民も，EC の欧州議会や経済社会評議会を介して共同体の運営に協力するものとされている。しかも欧州司法裁判所には先決裁定の任務が託されている（EEC 条約177条〔EC 条約234条＝EU 運営条約267条〕）。これは共同体法が国内裁判所においても直接に権利主張の根拠とされうる権威をもつことをすでに構成国が承認していることの表れである。

以上から，EC は国際法における新しい法秩序を構築するものであって，構成国は主権的権利を，限られた領域ながら，EC との関係で制限したと結論できる。EC の統治は，構成国だけでなく国民にも及ぶ。したがって，構成国の立法とは独立に，EC 法は個々人に義務を課すだけでなく，権利も与える。この権利は個々人に代々継承されるものとなる。このような権利は，EEC 条約が明文で与えた場合だけでなく，EEC 条約が構成国，個人，および共同体の機関に明確に課した義務からも発生する。そしてその権利は実効的に実現されるべきである。

本件で争点となった EEC 条約12条についていえば，その規定は，文言と内容が明確かつ無条件であり，他に実施措置を必要としない。ゆえに，同条から EC 諸国の国民に直接に EC 法上の権利が生じ，各国の裁判所はその権利を保護する義務があるといえる。

【解説】　この先決裁定が EC の憲法的な性格づけをした。EC は，従来の国際組織と異なり，国家が主権を制限して成立させた新しい独立の法秩序であり，EC の統治は国家だけでなくそこの国民にも直接に及ぶ独自の実効性をそなえた法秩序という性格づけである。

本件では EC 条約（基本法規）の主要規定の直接効果が肯定されたが，後の EC 判例で EC の派生法規（EC が採択する規則，指令，決定など）についても，明確かつ無条件の規定に直接効果が認められた。ただし EC 指令は，私人が国に対して権利を主張する垂直関係に限って直接効果が認められる。EC 条約の規定は，実体内容により，垂直関係だけでなく，私人対私人の水平関係にも直接効果が認められうる。

EC 法の規定の多くに直接効果が認められた結果，各国の私人が，域内市場の自由化を妨げる各国の法令や行政措置を EC 法違反と訴え，私人の手でも市場統合を進めることができるようになった。

2　EC 法の優位性原則

コスタ 対 エネル事件
Case 6/64, Costa v. ENEL [1964] ECR 585

【要旨】　EC 法と国内法が抵触する場合，EC 法が，憲法を含むあらゆる国内法につねに優先する。この EC の根本原則を初めて示した。EC 法は独立の法源であり，共同体法と

して特別かつ独自の性質をもつから、EC法が国内法より上位の規範であり、つねに国内法に優先すると欧州司法裁判所は述べた。

- 【事実・争点】　EEC設立後、イタリア政府は1962年に民間電力会社を国有化した。原告コスタは国有化された民間電力会社の株主であった。国有化後、電力料金の支払いを拒み、国有化が、EEC設立後の新規国営化を禁じる当時のEEC条約37条に違反し違法だとイタリアの裁判所に訴えた。

- イタリア法では、国際条約は法律と同位の法とされ、同位の法の間に抵触があるときは、「後法は前法を破る」の法理により解決するものとされていた。そこでイタリア政府は、本件ではEC条約（1958年）よりも国有化法（1962年）が後法であるから、国有化法が優先し適用されると反論した。イタリアの裁判所は欧州司法裁判所に、どう解決すべきかについて先決裁定を求めた。

- 【先決裁定】　EEC条約は、通常の国際条約とは異なり、独自の法制度を創り出した。この法制度は、本条約の発効と同時に、構成国の法制度の一部に編入されるから、構成国の裁判所はEECの法制度を適用しなければならない。

- 無期限に存続するECを創設し、ECが機関、法人格、法的能力、国際的な場面での代表能力をもち、とりわけ主権の制限または構成国からECへの権限の移譲によって現実にECが権限をもつとしたことにより、構成国は、限られた領域ながら、主権的権利を制限し、構成国の国民および構成国自体を拘束する法体系を創り出した。

- ECから生じる立法が構成国の法に編入されることやEC条約の文言と精神に照らすならば、すべての構成国が相互に承認したEC法制度に対して、ある構成国が事後的に一方的な措置をとって優越することはできないといえる。もしも事後的な国内立法のために構成国ごとにEC法の実効性が異なることになるなら、共同市場の創設という条約目的は達成不可能になり、条約が禁じる構成国の国民間の国籍差別も生むであろう。EC設立条約で引き受けた義務を、もしも締約国が事後的に国内立法で変更できるならば、締約国が条約で引き受けた義務は無条件ではなく条件つきの不確定的な義務にすぎなくなろう。またEEC条約は、EC規則が全面的な拘束力をもち、すべての構成国に直接に適用されると規定し、そこに留保をまったくつけていない。もしもある構成国が立法措置によってEC規則を一方的に無効にでき、その国内立法措置のほうがEC規則に優越できるならば、EEC条約のEC規則に関する規定は空文に帰すであろう。

以上からして、EEC条約より生じる法は独立の法源であり、その特別かつ独自の性質ゆえに、いかなる形式の国内法にせよ、その国内法の規定がEC法に優位することはありえないというべきである。国内法がEC法に優位するならば、EC法は共同体の法としての性格を奪われ、共同体そのものの法的基盤が揺らぐであろう。構成国が、EEC条約に基づいて権利義務を国内法制から共同体法制へ移譲したことは、構成国の主権的権利の永久の制限を伴う。共同体の概念に合致しない各国の事後的な一方的行為は、共同体法に優位することはできない。

【解説】　EC法の優位性原則は、ECの全種類の法規（基本法規たるEC条約、派生法規たるEC規則やEC指令など）が、構成国の憲法を含めたあらゆる国内法に優位し、いかなるときも優先するという絶対的な原則であ

る。ゆえに EC 法と国内法が抵触するとき、どちらが先に制定されたかを問わず、つねに EC 法が優先する。絶対的な優位性原則は、その後も繰り返し判示され、判例法上の EC 憲法原則として確立している。ただし、ドイツ、イタリア、ポーランドの憲法裁判所などは、自国憲法（の人権規定など）に対する EC 法の優位性を無条件で認めることには慎重である。

3　EC 指令を実施しない構成国の損害賠償責任

フランコヴィッチ事件
Case C-6 & 9/90, Francovich [1991] ECR I-5357

【要旨】　EC 法は実効的に実現されるべきという原則から演繹して、構成国が EC 指令を期限までに完全に国内実施しなかったことが原因で私人に損害が生じた場合は、私人への損害賠償責任が構成国に EC 法上発生しうるという法理を導いた。EC 条約の明文にない EC 法上の国家賠償法理を認めた判例。

【事実・争点】　イタリア政府は、EC 指令（本件では、倒産企業の労働者の未払い賃金を国が補償する制度を整備するよう義務づける指令）を実施期限後もまったく実施していなかった。そのため未払い賃金の支払が確保されなかったとして、原告ら倒産企業の労働者が EC 指令を根拠にイタリア政府に未払い賃金分の損害賠償を求めた。主たる争点は、本件の EC 指令の関連規定に直接効果がないとしても、EC 指令の不実施という構成国の EC 法違反行為によって私人が被った損害を構成国が賠償する責任が EC 法上発生するのではないかという点である。

【先決裁定】　EC 条約は構成国だけでなくその国民も法主体とする法秩序を創造した。この法秩序は各国の法秩序の一部をなしている。それゆえ各国の裁判所は EC の法を適用する義務がある。しかも各国の裁判所は、この法秩序の完全な実効性を確保し、個人の権利保護を行う義務を負う。構成国の責めに帰す違反により個人が権利を侵害されたときに救済を得ることができないならば EC 法秩序の完全な実効性は損なわれ、個人の権利保護も弱められる。したがって構成国が自らの責めに帰す EC 法違反により個人に生じた損害に対して責任を負うとの一般原則は EC 条約の制度に内在するといえる。加えて、EC 条約5条〔現 EC 条約10条〕は、構成国が EC 法上の義務を遂行するためにあらゆる適切な措置をとるべきものとしている。その義務には、EC 法違反による違法な結果を除去する義務も含まれる。以上から、構成国が自らの責めに帰す EC 法違反により個人に生じた損害を賠償する義務を負うというのは EC 法の原則といえる。

ただし、構成国の賠償責任の要件は、損害を引き起こした EC 法違反の性質によって異なる。EC 指令を期限内に実施しなかった構成国については、「個人への権利付与が達成さるべき結果の一つとして指令で定められていること」、「その権利の内容がその指令の規定から確定可能であること」、「構成国の義務違反と被害者たる個人の損害の間に因果関係があること」の三要件を満たせば個人の損害に対する賠償責任が発生する。これ以外の要件については各国法の同様訴訟における要件が同等に適用されるが、その場合でも、EC 法

403

上の救済が実現不可能，または至難になるような運用は許されない。

【解説】 その後の EC 判例で，EC 指令の不履行にとどまらず，一般的に，構成国の立法・行政・司法のどの機関であれ，それが EC 法に十分重大に違反する行為（不作為を含む）をしたことが原因で私人に損害が生じたときは，構成国に EC 法上の損害賠償責任が発生すると判断された（Case C-46 & 48/93 Brasserie du Pêcheur and Factortame [1996] ECR I-1029；Case C-224/01, Köbler [2003] ECR I-10239）。責任発生要件は，①構成国が反した EC 法の準則が個人に権利を与える目的であり，②当該違反が十分に重大であり（たとえば指令を国内実施しない，あるいは明白かつ重大に裁量の限界を逸脱し，）かつ③国の法違反と被害者の損害との間に直接の因果関係があることである。賠償範囲は，被った損害に対応し，個人の権利への侵害時からの損害であって，EC 法違反が確定した判決時以降の損害に限られない。

　こうして1990年代以降，EC 法の実効的な実現は金銭的制裁力により飛躍的に高まった。もしも構成国が EC 法に違反すると，一方で欧州委員会に訴えられて制裁金を課されうるし（現 EC 条約169・171条，リスボン条約の EU 運営条約258・260条），他方で十分重大な EC 法違反については国内で私人の損害賠償訴訟にさらされうるからである（本件判例など）。

4　EC 法の一般原則としての人権・基本権尊重原則

国際商社事件
Case 11/70, International Handelsgesellschaft [1970] ECR 1125

【要旨】 EC 法において人権・基本権の明文規定が EC 条約になくても EC 法の一般原則（不文法）として保護されることを初めて示した。この判例法は後に条約に明文化されリスボン条約に継承されている。

【事実・争点】 EC の共通農業政策〔CAP〕においてトウモロコシ粉の EC 域外輸出は許可制度となっていた（EC 規則120/67号）。その輸出を確実に行わせるために，許可申請者には預託金の納付義務が課されていた。ドイツの原告会社は許可を受け，許可総重量に応じた預託金を納めたが，実際は許可量の一部しか輸出しなかった。そこで預託金を没収された。原告は預託金の没収はドイツ基本法（憲法）が保障する人格の自由発展権（同2条）および所有権（同14条）を過度に制限した違法があり，EC 規則は無効であるとドイツ行政裁判所に出訴した。ドイツ行政裁判所は欧州司法裁判所に先決裁定を求めた。争点は，EC 規則をドイツ憲法に照らして違法と判断することが許されるか。許されないならば，EC 法上の基本権は存在するのか。存在するとして本件の EC 規則は EC 法上の基本権違反かどうかである。

【先決裁定】 共同体機関が採択した措置の合法性を判断するために，国内の法規や国内法

の概念を用いることは，共同体法の統一性と実効性を損なう悪影響がある。当該措置の合法性は共同体法に照らしてのみ判断されなければならない。そもそも設立条約から生じる法は，独立の法源であって，その性質ゆえに，いかなる形の国内法にも優位されることはできない。優位されるならば共同体法としての性格を奪われ，共同体の存立基盤そのものが疑問視されることになりかねない。したがって，共同体の措置の合法性またはその構成国内での効果については，構成国の憲法が定める基本権あるいは構成国の国家構造を定める原則に反するという主張をもとに判断されてはならない。

しかし，共同体法に同様の権利が内在的に保障されていないかどうかは検討に値する。事実，基本権の尊重は法の一般原則の不可欠の部分をなしており，欧州司法裁判所はこれを保護するものである。そのような権利の保護は，全構成国に共通の憲法の伝統からその精神を読み取りつつ，共同体の枠組みと目的の下で保障されなければならない。

本件の預託金制度が，共同体の法制度において保障されるべき基本権的性格の権利に違反しないかどうかを検討するに，これは共通農業政策の制度を実効的に運営する目的に必要な範囲の手段であり，かつ他に考えられる手段よりも実効的な手段であるから，預託金の没収制度自体を違法とはいえない。しかも預託金は輸出許可されたトウモロコシ総量の価値に比例しないほど過大とはいえないから，基本権的性格の権利に対する過度の侵害ともいえず，本件での制度の具体的な運用にも違法はない。

【解説】　その後すべてのEC諸国が欧州人権条約を批准してからは，EC判例は，EC法上の人権・基本権の保護は，「全構成国に共通

の憲法の伝統および構成諸国が協力または署名する人権保護のための国際条約が示す指針からその精神を読み取る」と述べて，参照対象を拡大した（Case C-260/89 ERT [1991] ECR I-2925, para. 41など）。

不文法として人権・基本権を保護するという判例法理は，1990年代に条約上も明文化された（現EU条約6条2項，リスボン条約のEU条約6条3項）。EU諸国は，2000年には基本権のカタログである「EU基本権憲章」を採択した。発効に失敗した2004年の憲法条約は，EU基本権憲章を条約本文に編入していたが，リスボン条約は条約本文に編入しなかった。とはいえリスボン条約は，EU基本権憲章を別文書ながら，EU条約・EU運営条約と「同一の法的価値」をもつと認めて法的拘束力を与えている（リスボン条約でのEU条約6条1項）。またリスボン条約は，EU自体が将来的には欧州人権条約に加盟して，人権・基本権の法的判断については最終的に欧州人権裁判所（EUの裁判所とは別）に服する展望を示している（リスボン条約でのEU条約6条2項）。

5　ECの黙示的権限と排他的権限

欧州陸上運送条約（AETR）事件
Case 22/70, Commission v. Council [1971] ECR 263

【要旨】　ECには条約の明文で認められた（対内的）立法権限の行使に必要不可欠な範囲で，対外的にも条約締結権限が黙示的に発生しうると初めて認めた。しかもその権限は

405

ECだけが排他的に行使できる権限（排他的権限）となりうる場合があることも認めた。

【事実・争点】 1962年に当時6カ国だったECの中の5カ国がEC域外国と欧州陸上運送条約（AETR）を締結した。しかしAETRは批准が進まず発効しないうち1969年になった。その年ECは、域内の陸上運送業の労働者保護に関するEC規則を採択した。翌1970年にEC6カ国はAETRの発効にむけた会議に臨むために各国の立場を閣僚理事会の議事録として採択した。この議事録採択が違法であると欧州委員会は訴えた。争点は欧州委員会の主張の正しさである。すなわち、対内運輸政策と対外運輸政策は密接不可分であって、域外国とのAETRによってEC域内の1969年EC規則が修正させられる可能性があるから、ECが対内権限を行使した政策分野については、たとえEC条約に対外条約締結権限の明文がなくてもECがその事項については黙示的にかつ排他的にもつ、という主張が正しいかどうかである。

【判決】 EC条約には、運輸政策の分野の国際条約の交渉および締結について具体的な明文がない。ゆえに対外関係の分野の共同体法の体系全体を見て判断する必要がある。EEC条約210条〔現EC条約281条〕は、ECが法人格をもつと定める。この規定は「一般および最終規定」と題されたEEC条約第6編の冒頭にある。第6編は第1編を補充するものであるから、共同体が対外関係においては、第1編に定める諸目的すべてについて第三国との契約関係を形成する能力をもつという趣旨と解しうる。

　しかもECがもつ条約締結権はEEC条約の明文から生じるばかりではなく、EEC条約の他規定や共同体機関が採択する措置からも生じうる。とりわけ、共同体が条約に定められた共通政策の実施のために共通準則を定める法規を採択するたびごとに、その法規の形式がいかにあれ、構成国はもはや個々にまたは集団で当該準則に影響を及ぼす義務を第三国との関係で負う権利をもたなくなる。この共通準則が発効した後は、共同体だけが、共同体法制の適用がある分野に影響する契約上の義務を第三国に対して負い履行する地位にある。EEC条約の諸規定の実施については、対内的な共同体措置の体系と対外的なそれとは分離できないからである。

　陸上運送については、EEC条約に運輸政策の規定があり、また1969年にEC規則が採択されたから、1969年の規則の発効以後はECがAETRの交渉・締結権限を排他的にもつものと認めうる。これらの共同体権限は構成国の競合的権限の可能性を排除する。ECの枠組みの外でとられるいかなる行為も、共同市場の統一性および共同体法の統一的適用と相容れないからである。

【解説】 当時と異なり、今日のEC条約は具体的なECの対外権限を多く明文化している。しかしECの対外権限が包括的に明文化されているわけではないので、今日でも本件判例は重要である。たとえば1994年の世界貿易機関（WTO）設立条約締結において、サービス貿易に関する国際協定の締結権限がECだけにあるか、ECと構成国の両方にあるかが争われたとき、サービス貿易に関する条約締結権の明文はなかった。欧州委員会は本件判例を持ち出してECに権限があり、かつECだけにあると主張したが、欧州司法裁判所はECと構成国の両方にあると判断した（Opinion 1/94（WTO）〔1994〕ECR I-5267）。

　なお、「排他的権限」という本件判例で登場した概念は、今日リスボン条約において、EU

と構成国の立法権限配分を示す概念の一つとして明文化され継承されている（リスボン条約でのEU運営条約2条・3条）。他に「共有権限」や「支援・調整・補完権限」という類型が概念化されている（EU運営条約2条〜6条）。

6 商品の自由移動(1)：域内の貿易自由化の徹底

ダッソンヴィル事件
Case 8/74, Procureur du Roi v. Dassonville [1974] ECR 837

【要旨】 非関税障壁の大半をなす「数量制限と同等の効果のある措置」を広く解釈し、国産品にも輸入品にも同等に適用される政府規制であっても輸入を阻害するものは禁止されうるとした。商品の自由移動原則を徹底した判例。

【事実・争点】 ベルギー法は原産地を銘柄に表示して販売する商品については、販売者は原産地証明書の添付を義務づけていた。隣国のフランスにはこのような法的義務はなかった。被告人の並行輸入業者は、スコットランド産ウィスキーをフランス経由で仕入れてベルギーで販売したが、原産地証明書なしに販売したため起訴された。被告人は、ベルギー法がEEC条約30〔現EC条約28、リスボン条約のEU運営条約34〕条違反であると抗弁した。争点は、数量制限と同等の効果のある措置を禁止している当該条文の解釈である。それは輸入品を差別する法規制に適用されるだけなのか、国産品にも輸入品にも同等に適用されるが輸入を阻害するような法規制にも適用されるのかである。

【先決裁定】 構成国が制定するすべての通商法規であって、共同体内の通商を、直接的または間接的、現実的または潜在的に、阻害する可能性のあるものは、数量制限と同等の効果を有する措置と解するのが相当である。本件の場合、商品の真正さを保障する規制方法は、構成国の行政庁間の協力など他により通商制限的でない手段がある。にもかかわらず、イギリスからの直接輸入業者を除いては提出できないような、形式的な原産地証明書をすべての販売業者に義務付けることは合理的な措置ではなく、貿易を阻害する措置となる。ゆえに本件のベルギー法はEEC条約30条違反である。

7 商品の自由移動(2)：相互承認原則と新たな例外的規制事由の容認

カシス・ドゥ・ディジョン事件
Case 120/78, Rewe-Zentrale [1979] ECR 649

【要旨】 ECの統一的な規制法規がなく、各国規制が多様にあるときでも、ECの一国で適法に製造販売された商品は原則として他国でも自由に流通できるとする規制基準の「相互承認原則」を示唆した。他方で、構成国がEC条約の明文にない目的のために規制を行える例外的な場合もあると認めた。

【事実・争点】 ドイツ法はリキュールのアルコール度数を25度以上としていた。原告はフ

ランスのディジョン産カシス（リキュール。度数15〜20度）をドイツに輸入したが不許可となった。不許可処分を原告は EEC 条約30〔現 EC 条約28，リスボン条約の EU 運営条約34〕条違反と訴えた。被告のドイツ政府機関は，アルコール飲料の製造販売を規制する EC の統一法規がない間は，各国が公益目的で独自の規制を行う権限をもつのであり，本件の場合，公衆の健康保護，不公正取引を防止することによる消費者の保護という公益目的で規制しており正当と反論した。争点はドイツ政府の主張の正しさである。

【先決裁定】 たしかにアルコール飲料の製造販売に関する EC の共通法規がない間は，構成国はその点に関して規制権限をもつ。しかし問題の製品の販売に関する各国規制法が異なるために生じる EC 域内の商品通商の障害が容認できる場合とは，各国法の規定が，徴税の監督，公衆の健康保護，公正な商取引，消費者保護など強行法規による規制を要請するほどの公益目的のためにあり，その規制措置がその公益目的に関連し，かつ比例している場合だけである。

本件のドイツ法は，公衆の健康保護，公正取引の確保による消費者保護という目的では正当化できない。アルコール度数を規制しても，酒は薄めて大量に飲まれうるので，度数規制は公衆の健康保護に関連しない。公正取引の確保等については，ラベルに原産国名と度数の表示をすれば足りるから，本件規制は目的に比例していない。ゆえに EEC 条約30条違反である。

8　商品の自由移動(3)：販売条件規制と製品規制の区別

ケック事件
Cases C-267/91 & 268/91, Keck ［1993］ECR I-6097

【要旨】　1990年代に入って通商規制を目的としない規制まで域内の商品移動（自由貿易）を阻害する規制と主張する傾向がでてきたため，販売条件の規制については内外平等の規制であり，規制効果も内外平等である限り，通商阻害的ではないと判例法を修正した。

【事実・争点】　フランス法は原価割れ販売を禁止していた。被告人のケックらはドイツとの国境に近いフランスのストラスブールで原価割れ販売をして起訴された。ケックらはドイツには原価割れ販売を禁止する法令はなく，国境付近では客をドイツ側にとられてしまい，フランス法が商品販売上の競争の妨げになるから，フランス法は間接的・潜在的に商品の移動を阻害する措置であり，EC 条約28〔旧 EEC 条約30，リスボン条約の EU 運営条約34〕条に反すると主張した。争点はこの主張の正しさである。

【先決裁定】　ダッソンヴィル事件以来の一貫した EC 判例により，EC 条約28条は，構成国間の通商を，直接的または間接的，現実的または潜在的に阻害する可能性のある措置に適用される。

ところで本件の原価割れ販売禁止令の目的は，構成国間の商品通商を規制する目的ではない。なるほどそのような禁止令も，他国産

の商品の販売量を制限しうるが，そのような可能性が禁止令にあるからといって，その禁止令が「数量制限と同等の効果のある措置」と法的に評価すべきかどうかは別問題である。近年の傾向として，商業上の自由を阻害する措置はすべて EC 条約28条違反と訴える傾向があるため，数量制限と同等の効果のある措置が何であるかについてその判例法を明確化する必要がある。

　カシス・ドゥ・ディジョン事件においては，各国法の調整が EC においてなされていない間，ある構成国が商品の満たすべき要件を法規で定め，それを他の構成国において適法に製造販売された商品にも適用するために商品の自由移動に対して障害が生じるような場合，その法規がすべての製品に内外無差別に適用されるとしても，商品の自由移動に優越するような公益目的によって正当化されない限りは，EC 条約28条に違反すると判断された。

　しかし，これまでに判断されていたことに反して，販売について一定の条件を課しまたは一定の販売を禁止する各国法規の規定を他の構成国からの製品に適用することは，それが国内のすべての関連業者に適用され，かつその規定の法律上および事実上の影響が国産品の販売と外国産品の販売に同等に及ぶ限り，ダッソンヴィル事件にいう構成国間の通商を直接的または間接的，現実的または潜在的に阻害する可能性のある措置にはあたらないというべきである。本件の法令もこのような法令であり，EC 条約28条の適用範囲外である。よって本件の原価割れ販売禁止法には，EC 条約28条は適用されない。

【解説】　本件の結果，製品規制と販売条件規制という区別が導入された。製品そのものに対する政府規制（アルコール度数規制など）

は，貿易阻害の度合いが高いので，自由貿易原則を徹底するために，政府規制がたとえ内外平等の規制であっても，政府が正当な目的を掲げ，目的に関連し，かつ比例した手段で規制していることを立証しなければならない。他方，販売方法に対する政府規制（原価割れ販売など）は，内外平等の規制であり，現実効果もそうであれば許容されるという区別が導入された。

　もっとも区別が難しい場合もある。たとえば，雑誌での酒広告を禁止する構成国 A の法令のために，酒広告を載せても適法な構成国 B で発行された飲食店経営雑誌を A 国において販売できなくなった場合，この法令は，飲食店経営者のための雑誌（製品）に対する規制となるのか，酒の広告販売に対する一般的な規制なのかは区別が難しい。EC 判例は，その規制により製品の再包装を強いられる場合や（Case C-470/93, Mars [1995] ECR I-1923），製品が事実上販売できなくなるほどの阻害が生じている場合は，製品規制に分類している（設例の雑誌の事案―Case C-405/98, Gourmet [2001] ECR I-1795）。

9　EU 市民権と国籍差別禁止原則

グルゼルチク事件
Case C-184/99, Grzelczyk [2001] ECR I-6193

【要旨】　域内での移動と居住の自由権（EU 市民権の一つ）を行使した EU 諸国の国民（EU 市民）は，経済活動に従事していなくても，移動先国の国民と同等の待遇を原則とし

て受けうるとした。

【事実・争点】　フランス人の原告は，ベルギーの4年制大学に入学し，アルバイトをして自活していたが，4年目は学業多忙でアルバイトができなくなり，ベルギーの生活保障給付を申請した。しかしベルギー法は，原告のような状況の自国民には無条件で給付を認めるが，外国人については賃金労働者または無国籍者または難民にしか給付を認めず，原告はどれにも該当しなかった。原告は給付拒否処分をEC法違反と争った。争点は，本件のような非拠出型の社会保障給付の支給にあたり，同様の状況の自国民には課さない条件を，適法に居住する他の構成国の国民に課すことは，EU域内の自由移動・居住権（EU市民権の一つ。EC条約18条〔リスボン条約のEU運営条約21条〕）を行使したEU市民に対する国籍差別となり違法かどうかである。

【先決裁定】　原告がもしもベルギー人であったならば，賃金労働者でなくても，生活保護給付を受けられた。原告に給付が拒否されたのは外国籍だけが理由である。ゆえに本件は国籍差別の事例である。国籍差別は，EC条約の適用範囲内では原則として禁止される（EC条約12条〔リスボン条約のEU運営条約18条〕）。

EU市民権は，構成諸国の国民の基本的地位となるべきものであり，国籍を問わず，同じ状況にある人は法的に同じ待遇を受けられるようにするものである。ただし，明文で定められた例外には服する。EU市民は，移動先の構成国領土内に適法に居住する場合，EC法の事項的管轄内のあらゆる状況において，たとえば，EC条約が保障する基本的自由を行使している場合や，他の構成国に移動し，居住するEU市民の権利を行使している場合

などに，国籍差別禁止原則を援用することができる。

ただし，EU市民は移動・居住の自由についてEC条約等の定める制限と条件に服する。学生の場合，ECの学生自由移動指令が，移動先の構成国に居住する間，その国の社会保障制度に負担をかけないことを移動と居住の条件にしている。とはいえ，負担をかけないとは，その国の公的財政に不合理な負担をかけないことと狭く解釈すべきである。

以上から，生活保護給付のような非拠出型の社会給付の受給資格について，自国民に課さない条件を適法に居住する他の構成国の国民に課すことは，EC条約上の国籍差別原則および市民権規定に反し，禁止される。

【解説】　1980年代までは，経済活動に従事する労働者とその家族だけに域内自由移動と居住の権利がEC法上保障されていた。1990年代の条約改正で，経済活動に従事しない人一般を含めてEU市民権というEU諸国の国民に自動的に付随する法的地位が新設され（EU運営条約20条・現EC条約17条），EU域内の他国に自由に移動し居住する権利や，移動先の居住国での自治体や欧州議会の選挙に立候補や投票する権利などが認められた（EU運営条約20条以下・現EC条約18条以下）。1990年代を境にしてEC／EUは経済共同体から政治共同体へと変質し始めた。その性質変化を示すのが本件である。

この判例で，EU市民権を行使してEU域内の他国に移動した市民は，国籍差別を受けない地位にあるので，EC法が関係する事象については，原則として移動先国の国民と同様の状況で同様に取り扱われる法的地位にあるとされた。とはいえ実際にはEC法規が例外も設けている。たとえば社会保障給付については，2004年のEU市民自由移動指令

（Directive 2004/38/EC）が，移動先国は自国民以外のEU市民の居住開始から少なくとも3カ月は給付義務を負わないとしている。学生についても，連続5年間適法に居住して永住権を取得しない限り，移動先国は生活保護給付を支払う義務がないと規定している（指令24条2項）。とはいえ，本件は明文の例外がないときに立ち戻るべき原則を示した点で意義が大きい。

10 WTO諸協定に照らしたEC法の効力審査（否定）

繊維協定覚書事件
Case C-149/96, Portugal v. Council [1999] ECR I-8395

【要旨】 世界貿易機関（WTO）の諸協定は，EC法と根本的に性質が異なるから，WTO諸協定は，それに照らしてEC法が違法であるかどうかを判断する規範とはならないとした。

【事実・争点】 WTO諸協定の締結後，ECは，繊維・繊維製品の市場アクセスに関する覚書をインド，パキスタンと交わした。1996年にECの閣僚理事会は覚書を承認する決定をした。ポルトガルは，この閣僚理事会決定がWTO諸協定（1994年のGATTやWTO繊維協定など）に違反するとして，決定の取消を欧州司法裁判所に求めた。争点は，WTO諸協定に照らして，閣僚理事会の決定の効力を審査できるかどうかである。WTO以前の1947年のGATTについては，欧州司法裁判所の先例で，GATTの制度ではECと異なり政府間交渉による紛争解決を行い，司法的な紛争解決の制度ではないから，GATT規定はECにおいて，EC法規の効力を審査する根拠としての法規範となる法的効果を認められないと判断されていた。しかし，ポルトガルは，1995年のWTO諸協定は，司法的な紛争解決手続を整備したので，先例はもはや当てはまらないと主張した。

【判決】 たしかにWTOは，セーフガード〔緊急輸入制限〕制度や紛争解決制度を強化しているので，1947年のGATTとは相当に異なる。しかしなおWTOは締約国間での互恵的な交渉にも重きをおいている。ゆえに，もしも締約国の司法機関に，WTO諸協定に違反する締約国の国内法を適用しないように義務づけるならば，その締約国の立法府または行政府が交渉によってWTO上の紛争を解決する余地を奪われることになるであろう。WTO諸協定は，締約国の国内法制度において，協定を誠実に実施する法的な方法を特定してはいない。

具体的に，EC法秩序におけるWTO諸協定の適用について検討するならば，WTO設立条約の前文にあるように，1947年のGATTと同様に，WTOも「相互主義に基づき互恵的な合意を締結すること」を目的とした交渉の原則に基づいている。ゆえに，WTO諸協定は，非対称的な義務をECが負うECと第三国との国際協定やECと第三国の特別関係を築く国際協定とは異なる。また，ECの最も重要な通商相手国であるいくつかの締約国も，WTO諸協定について，国内法の規定の効力を審査する根拠として適用する法規範にはならないと判断している。

なるほど，ECが締結した国際協定の規定について，締約諸国のうちの一国の裁判所がそれを直接適用できると考え，その他の締約

国の裁判所は直接適用できないと判断したからといって、その国際協定の実施が相互主義に反するということにはならない。しかし、WTO諸協定は、相互主義に基づく互恵的な協定であって、それゆえに前述したようなECと第三国の国際協定とは区別されるべきであるから、ECの通商相手国が相互主義に反するならば、WTO諸協定の適用に不統一が生じることになる。このような状況で、もしもEC法がWTO諸協定に適合することを確保する役割をECの司法部門の役割として受け入れるならば、ECの通商相手国の立法部門や行政部門がもつ交渉余地をECの立法部門および行政部門から奪うことになってしまうであろう。

　以上からして、WTO諸協定の性質と構造に照らして、WTO諸協定は、原則として、それに照らしてECの裁判所がEC機関の採択した措置の効力を審査する規範とはならない。

【解説】　欧州司法裁判所は、旧GATT（1947）もWTO諸協定（1994）も、それが締約国間の国際交渉による紛争解決を本質とする秩序であると捉え、EC法秩序のような高度の司法的秩序とは異なるとみている。そこでWTO諸協定の規定について、それにEC法が違反するかどうかを判断する基準となる上位の法規範としての地位も認めなければ、個人に直接に権利を生じさせる直接効果も認めていない。

11　EC条約81条における協調行為の射程とEC競争法の域外適用

ウッドパルプ事件

Joined Cases C- 89, 104, 114, 116-117 and 125-129/85, Woodpulp I [1988] ECR 5193, Woodpulp II [1993] ECR I-1307

【要旨】　ウッドパルプII事件では、EC条約81条により禁止される協調行為（concerted practices）と（意識的）並行行為との境界が明確化され、ウッドパルプI事件では、EC競争法の域外適用に関する欧州司法裁判所の見解が示された。

【事実・争点】　EC域外（米国、カナダ、および事件当時EC未加盟のスウェーデン、フィンランド、ノルウェー）に所在するウッドパルプ製造業者らは、次期四半期にEC域内において販売するウッドパルプの最高価格を同時または近接した時期に公表していた。欧州委員会は、①本件事業者らによる価格情報の交換（事前の価格公表）により本件市場における価格情報が人為的に透明化されたこと、②経済分析の結果、本件市場は斉一な価格が生まれる寡占状態にはないことを理由に、価格決定を目的とした協調行為と認定した（Case IV/29.725 – Woodpulp [1985] OJ L85/1）。これに対し、欧州委員会の認定を不服とする本件事業者らは、欧州司法裁判所へ上訴した。本件の争点は協調行為の認定における並行行為の評価（ウッドパルプII事件）、およびEC域外事業者へのEC競争法の適用可否である（同I事件）。

【判決】　（ウッドパルプII事件）並行行為

は，協調行為が並行行為の唯一の説得力のある説明とならない限り，協調行為の証拠とみなすことはできない。EC条約81条は競争を歪曲するいかなる形態の共謀も禁止するものの，事業者から競争者の現在または予想される行動に自らを賢明に適応させる権利を奪うものではない。従って，欧州委員会の主張する並行行為は，製品の性質，事業者の規模と数，当該市場規模を考慮に入れ，協調行為以外により説明できないのかを確認する必要がある。

本件においては，協調行為は並行行為の唯一の説得力ある説明要因とはならない。価格公表制度は，パルプ市場が継続的取引を前提とした市場であるという事実と，買い手と売り手が事業上の危険を限定したいという要求に合理的に対応した結果である。また，価格公表の時期にみられる近接性は，人為的なものではない本件市場の高度の透明性の直接の結果である。価格の一致と価格の動向は，市場の寡占的傾向と特定の時期の特別な事情によって十分説明できるものである。ゆえに欧州委員会が立証した並行行為は，協調行為の証拠とはならない。

（ウッドパルプⅠ事件）EC条約81条違反行為は，2つの要素，すなわち協定・決定・協調行為の形成，およびその実行から構成される。競争法の禁止規定の適用可能性が協定・決定・協調行為等が形成された場所により決定されるのであれば，事業者は容易に禁止規定を免れることができよう。したがって，管轄権の決定的要因は，協定等が実行される場所である。

【解説】　EC条約81条1項は，事業者間の協定，事業者団体の決定，協調行為を禁止する。協調行為については，初期の事例である染料事件欧州司法裁判所判決（Case 48/69, Dyestuffs [1972] ECR 619）により，「いわゆる協定が締結される段階には到達していないが，競争というリスクを意識的に事業者間の事実上の協力に代える事業者間の調整の一形態」と定義された。したがって，協調行為は協定としては捕捉できない事業者間の競争制限的行為を規制対象とするところ，協調行為の射程を考える上で，並行行為との境界が問題となる。本判決では，染料事件判決で示された「並行行為それ自体は協調行為と同一ではないが，並行行為が製品の性質，事業者の規模・数，市場規模からみて市場の通常の状態に合致しないような競争の状況をもたらす場合には，協調行為の有力な証拠となる」という見解からさらに踏み込み，協調行為が並行行為の唯一の説得力のある説明とならない限り，並行行為を協調行為の証拠とみなすことはできないとされた。

他方，EC競争法の域外適用について欧州司法裁判所は，EC域外に所在する本件事業者がEC内に設立した購入者に対して直接販売する行為，および価格合意を共同市場において実施する行為を捉え，違法行為がEC内で実施されているがゆえに管轄権が生じると判示した（実施理論・執行理論（implementation doctrine）と呼ばれる）。

12　EC条約82条における支配的地位の濫用とライセンス拒否

マイクロソフト事件

Case T-201/04, Microsoft v. Commission [2007] ECR II-3601

【要旨】　EC条約82条は，支配的地位を有す

る事業者によるかかる地位の濫用を禁止する。本件では，マイクロソフトによるオペレーティング・システム（以下，OS）の相互運用性情報（interoperability information）のライセンス拒否が濫用行為と認定された。

【事実・争点】　欧州委員会は2004年3月24日の決定（Case COMP/C-3/37.792 Microsoft, [2007] OJ L32/23）において，マイクロソフトがサン・マイクロシステムズに対し，サーバー用 OS の開発に必要なクライアント PC 用 OS（PC 用 OS）の相互運用性情報のライセンス拒否を濫用行為と認定し，総額4億9719万6304ユーロ（約646億円，1ユーロ＝130円）の制裁金賦課を含む排除措置を命じた。マイクロソフトは本件決定を不服として第一審裁判所へ提訴したところ，本件決定は排除措置の実施に関する一点を除いて全面的に支持された。本件の争点は，先例に照らしてマイクロソフトによる相互運用性情報のライセンス拒否が濫用行為に該当するか否かである。

【判決】　複製権は著作権の一部を構成する排他的権利であり，ライセンス拒否それ自体は支配的地位を有する事業者によるものであっても濫用行為とはならない。しかしながら，権利者による排他的権利行使としてのライセンス拒否は，例外的な状況において，正当化事由を欠く場合には濫用行為となりうる。すなわち例外的な状況とは，ライセンス拒否が，①隣接市場における特定の行為の実施に不可欠な製品またはサービスを対象とすること，②隣接市場における有効な競争を排除するものであること，③潜在的な顧客需要のある新製品の誕生を阻止することの3要件が満たされる場合である。本件では，①について，マイクロソフトの PC 用 OS 市場の占拠率は90％を超える「準標準」となっており，競争者は同社の PC 用 OS との互換性がなければサーバー用 OS の販売を継続できないこと，②について，マイクロソフトの競争者はライセンス拒否の結果，軒並みサーバー用 OS 市場で苦戦していること，③について，マイクロソフトがライセンス拒否によりサーバー用 OS の相互運用性に関して優位に立つことで，競争者による革新的なサーバー用 OS の開発販売が抑制された。他方，マイクロソフトの主張する，同社の相互運用性情報が①著作権により保護されていること，②重要な革新的技術を含む事業上の秘密であることはライセンス拒否を正当化する事由とはならない。

【解説】　本件では，マイクロソフトによる PC 用 OS のサーバー用 OS との相互運用性情報のライセンス拒否が濫用行為とされた。ライセンスの拒否が濫用行為として禁止されうることは，先例であるマギル事件欧州司法裁判所判決（Joined Cases C-241-242/91 P, Magill [1995] ECR I-743），IMS Health 事件欧州司法裁判所先決裁定（Case C-418/01, IMS Health [2004] ECR I-5039）により確立されているところ，本件においてライセンス拒否の対象となされた相互運用性情報は，両事件と比べ遙かに知的財産権（著作権）としての実質を伴うものであった。すなわち，マギル事件，IMS Health 事件におけるライセンス拒否の対象は，知的財産権（著作権）で保護されていたものの，それぞれ各放送局のテレビ番組を整理・編集した番組表，医薬品販売データベース構築のためのドイツ全土を対象とした区割案であった。マイクロソフトは，欧州委員会の認定に対し，競争者に相互運用性情報へのアクセスを認めることにより，技術開発に対するインセンティブに否定

的な影響が生じると主張した。本件判決は，知的財産権法の下での知的財産権保護と競争法の下での競争秩序の維持の在り方を改めて問うものである。

　なお，本件判決では，欧州委員会決定において，マイクロソフトによるウインドウズ・メディア・プレーヤーの同時購入をPC用OSの入手条件とする「抱き合わせ販売」の実施を濫用行為と認定した点も支持された。他方，排除措置として示された，欧州委員会によるマイクロソフトの排除措置の遵守状況の監視支援を目的とした監視受託者の選任については，欧州委員会が旧施行規則（Council Regulation No 17）の下，権限を欠いていることを理由に取り消された。

13　企業結合を巡る米欧当局の対立

GE／ハネウェル事件
Case T-209/01, Honeywell v. Commission [2005] ECR II-5527, Case T-210/01, General Electric v. Commission [2005] ECR II-5575

【要旨】　欧州委員会は，GEによるハネウェルの合併について，水平的な事業の重複，垂直的市場閉鎖効果，コングロマリット効果を理由に禁止した。第一審裁判所は，欧州委員会による後二者の認定は不十分であるとしつつも，結論として本件決定を支持した。なお，本件合併は欧州委員会による禁止決定に先立ち米国司法省により条件付で承認されていたところ，企業結合を巡る米欧当局の対立が表面化した。

【事実・争点】　General Electric（GE，米国）は，航空機エンジン，発電システム，金融等多くの事業を展開しているところ，競争者United TechnologiesがHoneywell International（ハネウェル，米国）を買収する計画を有していることを知り，同社に先んじて航空電子機器，発電システム等の事業を営むハネウェルを買収することとした。GEは，ハネウェルの買収計画を米欧当局へ届け出たところ，米国司法省は2001年5月2日，クレイトン法7条の下，本件買収による水平的な事業の重複のみを問題としたが，一部部門の分割を条件に承認した。他方，欧州委員会は同年7月3日，本件買収が行われると両社の水平的な事業の重複，垂直的統合，および混合的統合の結果として反競争的効果がもたらされるとして本件買収を禁止した（Case No. COMP/M.2220-General Electric/Honeywell, [2004] OJ L48/1）。欧州委員会決定を受けた両社は本件計画を断念したが，欧州委員会決定を不服とし第一審裁判所へ上訴した。本件の争点は，欧州委員会による垂直的市場閉鎖効果，コングロマリット効果の認定である。

【判決】　欧州委員会決定により認定された，3市場（大型リージョナルジェット機用エンジン市場，ビジネスジェット機用エンジン市場，小型海洋ガスタービン市場）における水平的な事業の重複は是認できる。しかしながら，両社のエンジン事業とエンジンスターター事業が垂直的に統合されることでGEの大型商用ジェット機用エンジン市場における支配的地位が強化されることによる市場閉鎖効果，およびコングロマリット効果，すなわちGEが自己の供給する航空エンジンとハネウェルの供給する航空電子機器・非航空電子機器を抱き合わせることによる市場閉鎖効果については，十分に証明されていない。

14 EC競争法の私的執行

クレハン事件
Case C-453/99, Courage Ltd. v. Crehan; Crehan v. Courage Ltd. [2001] ECR I-6297

【要旨】 EC競争法の執行方法は，欧州委員会と構成国競争当局による公的執行（競争法違反行為を止めさせるための排除措置，制裁金等）のほか，私人による私的執行（損害賠償請求，差止請求等）に大別される。本先決裁定により，EC競争法（EC条約81条・82条）違反行為により損害を被った私人は，たとえ自身がEC競争法に違反する契約の一方当事者であっても，EC法上の権利として違反行為者に対して損害賠償を請求する権利を有することが確認された。

【事実・争点】 クレハン氏は，ビール醸造業のカレッジ社がグランド・メトロポリタン社と設立したIEL (Inntrepreneur Estates Ltd) との間でパブ2軒の賃貸借契約を締結した。クレハン氏は本契約の下，カレッジ社から一般パブよりも割高な価格でビールを購入することが求められていたところ，同氏のパブは経営不振のため廃業するに至った。カレッジ社は，クレハン氏によるビール代金の一部不払いを理由に英国の裁判所へ提訴し，他方クレハン氏は，ビールの購入先を拘束する本件契約はEC条約81条1項(d)号に禁止行為として掲げられている「同等の給付に対して異なる条件を適用する」差別対価に当たるとして，本契約に基づくビールの価格と一般パブ向け価格との差額について損害賠償を求める訴えを提起した。同裁判所は，EC条約81条は同条に違反する契約当事者へ救済を与える根拠となりうるか，またその場合に，当該当事者は同条に反する契約条項の遵守から生じた損害賠償を請求する権利を有するか等について先決裁定を付託した。

【先決裁定】 EC条約81条により禁止される競争を制限ないし歪曲する契約の一当事者である私人は，国内法の規定の下，自己の違反行為に基づく損害賠償請求権が否定されていたとしても，同条1項違反を国内裁判所において主張できる。これは，①EC条約は独自の法秩序を形成し，個人にEC法上の義務を負わせる一方，権利を付与しており，②EC条約81条はEC条約3条1項g号に掲げられている共同市場の維持に不可欠であること，③EC条約81条1項・82条は個人間に直接効果を有し，国内裁判所は関係する個人に生じる権利の保護が求められていることによる。競争制限的な契約・行為により被った損害の賠償請求が認められなければ，EC条約81条の完全な有効性（full effectiveness），とりわけ同条1項による禁止の実効性は危うくなろう。しかもこのような権利の存在は，共同体競争法の執行を強化し，競争を制限・歪曲する協定・行為を抑止するものである。この観点から，国内裁判所における損害賠償請求訴訟は，共同体における有効競争の維持に大きく貢献するものであり，競争法違反とされる契約の一方当事者が提起するこのような訴訟に対する絶対的な禁止はなされるべきではない。

4 加盟国・関連諸国 基礎資料

[凡例]
① 加盟　　　正式に加盟承認された年
② 面積　　　100km²以下は切り上げ計算
③ 人口　　　小数点以下切り上げ
④ 平均寿命　全人口の2008年統計計算による
⑤ 対日貿易　2008年9月現在における一ユーロ＝127円レート計算による
＊EU統計局：欧州委員会統計局の略

［加盟国　27カ国］

オーストリア共和国／ベルギー王国／ブルガリア共和国／キプロス共和国／チェコ共和国／デンマーク王国／エストニア共和国／フィンランド共和国／フランス共和国／ドイツ連邦共和国／ギリシャ共和国／ハンガリー共和国／アイルランド／イタリア共和国／ラトビア共和国／リトアニア共和国／ルクセンブルク大公国／マルタ共和国／オランダ王国／ポーランド共和国／ポルトガル共和国／ルーマニア／スロバキア共和国／スロベニア共和国／スペイン王国／スウェーデン王国／英国

［関連諸国　19カ国］

アンドラ公国／アルバニア共和国／アゼルバイジャン共和国／ボスニア・ヘルツェゴビナ／スイス連邦／クロアチア共和国／グルジア共和国／アイスランド共和国／コソボ共和国／リヒテンシュタイン公国／モナコ公国／モンテネグロ／マケドニア旧ユーゴスラビア共和国／ノルウェー王国／セルビア共和国／ロシア連邦／サンマリノ共和国／トルコ共和国／ウクライナ

（それぞれアルファベット順）

オーストリア共和国
Repblik Österreich　Republic of Austria

- **加盟**　1995
- **面積**　8万3800km^2
- **人口**　833.2万人（08年，EU統計局）
- **平均寿命**　男77.2歳，女82.8歳（06年，EU統計局）
- **65歳以上の高齢者**　16.9%（07年，EU統計局）
- **出生率**　1.40（06年，EU統計局）
- **2050年の推定人口**　820万人（EU統計局）
- **住民**　ゲルマン系が大部分
- **外国人**　約75万人
- **言語**　ドイツ語
- **宗教**　カトリック74%，プロテスタント5%
- **首都**　ウィーン（168万人）
- **主な都市**　グラーツ（25万人），リンツ（19万人），ザルツブルク（15万人），インスブルック（12万人）
- **政治体制**　連邦共和制
- **元首**　大統領：ハインツ・フィッシャー，任期2010年まで
  歴代大統領：トーマス・クレスティル（1992-2004），クルト・ワルトハイム（1986-92）
- **議会**　2院制：国民議会（下院）と連邦議会（上院）
- **内閣**　議院内閣制。大統領が下院第1党から首相を任命　首相：ヴェルナー・ファイマン（社会民主党，08年2月発足）　歴代首相：アルフレッド・グーゼンバウアー（社会民主党，2007-08），ウォルフガング・シュッセル（2000-07）
- **通貨**　ユーロ（1999年1月の創設時から導入）
- **GDP/1人当たり**　3739億ドル／4万5181ドル（07年，IMF）
- **産業**　機械，金属加工，観光
- **略史**　13世紀にハプスブルク家がオーストリア王権確立。15世紀から1806年まで同家が，中東欧を版図とする神聖ローマ帝国皇帝の座を独占した。1866年の普墺戦争で敗北し，1918年には第1次世界大戦の敗北で，ハプスブルク王家を追放し，中欧の領土を失ってオーストリア共和国が成立した。1938年にはナチス・ドイツに併合された。第2次大戦後は米英仏ソの4カ国管理下に置かれたが，55年に4カ国との主権回復条約で，中立国として独立を果たす。
- **政治**　戦後は社民党が長く政権を担当。2000年に保守国民党と，ナチス礼賛発言などで物議を醸したハイダー党首率いる極右自由党との連立政権が誕生した際に，他のEU加盟14カ国（当時）が2国間関係を凍結する制裁を発動した。ハイダー氏は党首を辞任し，EU側は同年9月に制裁を解除した。06年からは社民党が再び第1党に復帰している。
- **外交・国防**　中立国として独立を果たしたことから，NATOには非加盟。大量破壊兵器などの保有も禁じられている。
- **日本との関係**　1869年に修好通商航海条約を締結。1955年には日本が世界で最初に永世中立を承認した。貿易，通商のほか，音楽を中心とする文化，観光でも活発な交流がある。2002年には，小澤征爾氏がウィーン国立歌劇場の音楽監督に就任している（10年退任予定）。
- **対日貿易**（07年，財務省）　日本の輸出1521億円（自動車，電子機器など）
  オーストリアからの輸入1885億円（自動車・部品，木材，木製建具など）

ベルギー王国
Koninkrijk België　Kingdom of Belgium　Royaume de Belgique

加盟　1957（原加盟国）
面積　3万0500km²
人口　1066.7万人（08年，EU統計局）
平均寿命　男76.6歳，女82.3歳（06年，EU統計局）
65歳以上の高齢者　17.1%（07年，EU統計局）
出生率　1.6（06年，WHO）
2050年の推定人口　1090万人（EU統計局）
住民　オランダ語（フラマン語）を話すフラマン人が北部を中心に58%，フランス語を話すワロン人が南部を中心に31%。東部にはドイツ語を話すドイツ人（1%未満）。
外国人　約8%
言語　公用語はオランダ語系のフラマン語，フランス語系のワロン語，ドイツ語
宗教　カトリック75%，プロテスタント25%
首都　ブリュッセル（103万人）
主な都市　アントワープ（47万人），ヘント（23万人），シャルルロワ（20万人），リエージュ（19万人）
政治体制　立憲君主制
元首　国王：アルベール2世，1993年即位
議会　2院制：下院（比例代表制）と上院（一部は間接選挙）
内閣　議院内閣制。国王が組閣担当者を指名
　首相：ヘルマン・ファン・ロンパイ（キリスト教民主フランドル党），08年12月発足
　歴代首相：イブ・ルテルム（08.3-08.12），ギー・フェルホフスタット（1999-2008）
通貨　ユーロ（1999年1月の創設時から導入）
GDP/1人当たり　4536億ドル／4万2556ドル（07年，IMF）

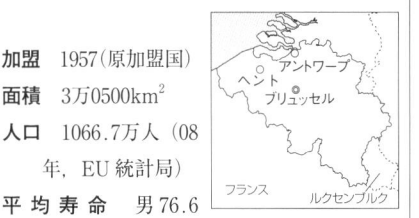

産業　化学，機械，金属，食品加工
略史　中世からフランドル地方の毛織物産業などを背景に商業地域として繁栄。15世紀のブルゴーニュ王国を経て，ハプスブルク家の支配下に置かれる。1815年のウィーン会議でオランダに併合された後，1830年に独立した。第1次，第2次世界大戦ではともに中立を宣言したが，ドイツに侵略，占領された。
政治　1830年の独立以来，南部のフランス語圏出身者が政治の要職を占め，経済，文化でも優位にあった。しかし戦後は，北部フラマン地域の経済が，化学，機械，商業など急速に発展し，人口でもフランス語圏を上回って，両言語圏の対立が先鋭化した。1993年には，ドイツ語圏を加えて3地域に大幅な自治権を認める憲法改正が行われ，連邦国家に移行。08年12月には金融危機に伴う銀行国有化で裁判に圧力を掛けたとしてルテルム内閣が総辞職。
外交・国防　ブリュッセルにEU本部があり，「EUの首都」を自認。49年からのNATO原加盟国で，NATO本部もブリュッセル郊外に置かれている。総兵力約4万人で，アフガニスタンへも派兵。
日本との関係　経済，文化で幅広い交流があるが，特に皇室とベルギー王室は親密な関係にあり，93年のボードワン前国王の葬儀に天皇皇后両陛下が参列したほか，99年のフィリップ皇太子殿下の結婚式にも皇太子殿下・同妃殿下が出席。
対日貿易（07年，財務省）　日本の輸出9293億円（自動車，同部品，建設機械，電子機器など）
ベルギーからの輸入2274億円（医薬品，ダイヤモンド，化学製品など）

ブルガリア共和国
Република България　Republic of Bulgaria

- **加盟**　2007
- **面積**　11万0900km²
- **人口**　764.0万人（08年，EU統計局）
- **平均寿命**　男69.2歳，女76.3歳（06年，EU統計局）
- **65歳以上の高齢者**　17.3%（07年，EU統計局）
- **出生率**　1.37（06年，EU統計局）
- **2050年の推定人口**　510万人（EU統計局）
- **住民**　南スラブ系のブルガリア人が84%，トルコ系が約9.4%，ロマ人が4.7%など
- **言語**　ブルガリア語
- **宗教**　ブルガリア正教が83%，イスラム教が12%など
- **首都**　ソフィア（134万人）
- **主な都市**　プロブディフ（37万人），バルナ（35万人），ブルガス（23万人），ルセ（17万人）
- **政治体制**　共和制，大統領直接選挙制
- **元首**　大統領：ゲオルギ・パルバノフ（社会党＝旧共産党＝出身），02年1月就任
  歴代大統領：ペタール・ストヤノフ（1997-2002），ジェリュ・ジェレフ（1990-97）
- **議会**　1院制：直接選挙
- **内閣**　議院内閣制。首相を議会から選出。
  首相：セルゲイ・スタニシェフ（社会党＝旧共産党），05年8月発足
  歴代首相：シメオン・サクスコブルクゴツキ（シメオン2世，2001-05），イワン・コストフ（1997-2001）
- **通貨**　レフ（1ユーロ＝1.95583レフで固定）
- **GDP/1人当たり**　396億ドル／5186ドル（07年，IMF）
- **産業**　農業中心で1人当たりGDPはEU最下位。

略史　7世紀にアジア系のブルガル人が，スラブ人居住地域に侵入してブルガリア王国が成立。14世紀末から19世紀後半まで，オスマン・トルコの支配下に置かれた。1877-78年の露土戦争の後，自治権を獲得し第3次ブルガリア王国が設立され，1908年に独立宣言した。第2次大戦では枢軸国側に加わって参戦し，44年にはソ連の軍事侵攻とともに共産党中心の政権が誕生。国王シメオン2世が亡命し，46年にブルガリア人民共和国が成立した。共産主義時代は，ジブコフ第一書記が35年にわたる独裁体制を敷いたが，90年複数政党制に移行し，ブルガリア共和国に改名。

政治　1990年の民主化後は，市場経済への移行の中で，高インフレ，失業など経済，社会の不安定が生じた。2001年には，スペインに亡命していたシメオン2世が帰国して新党を結成。議会選挙で第1党となり，首相に就任した。しかし05年選挙では，旧共産党の社会党が第1党に復帰している。

外交・国防　2004年にNATOに加盟。06年には米軍に国内4カ所の基地，軍事施設利用を認める協定を結び，米国との関係を強化している。兵力は約5万人。

日本との関係　1939年に相互に公使館設立。その後，共産政権発足で国交が途絶え，59年に回復した。民主化に伴い，徐々に経済，文化交流が進展。日本は有償，無償合わせて05年度までにODAを累計530億円供与している。

対日貿易（07年，財務省）　日本の輸出154億円（自動車・同部品，原動機など）
ブルガリアからの輸入63億円（衣料，培養微生物など）

キプロス共和国
Κυπριακή Δημοκρατία　Republic of Cyprus

加盟 2004
面積 9200km^2
人口 79.5万人（08年，EU統計局）
平均寿命 男78.8歳，女82.4歳（06年，EU統計局）
65歳以上の高齢者 12.3%（07年，EU統計局）
出生率 1.47（06年，EU統計局）
2050年の推定人口 100万人（EU統計局）
住民 ギリシャ系78%，トルコ系18%
言語 ギリシャ語，トルコ語
宗教 ギリシャ正教，イスラム教
首都 ニコシア（22万人，このほか北キプロス側に8万人）
主な都市 リマソール（18万人），ラルナカ（8万人）
政治体制 共和制，大統領直接選挙制
元首 大統領：ディミトリス・フリストフィアス（労働人民進歩党，08年就任）
　　　歴代大統領：タソス・パパドプロス（2003-08），グラフコス・クレリデス（1993-2003）
議会 1院制：定員80議席だが，ギリシャ系56議席のみで運営
内閣 大統領が任免
　　　首相：大統領が政府最高責任者のため首相はいない
通貨 ユーロ（08年1月導入）
GDP/1人当たり 213億ドル／2万7326ドル（07年，IMF）
産業 観光
略史 地中海の海上交通中継地として古代から，エジプト，ギリシャ，ペルシャ，ローマ帝国の支配を受ける。東ローマ帝国の支配下でキリスト教化。1191年に十字軍によってキプロス王国が設立されるが，1470年にベネチア共和国の植民地に。さらに1571年のレパント海戦後に，オスマン・トルコへ割譲された。1878年には露土戦争後のベルリン会議で英国が統治権を獲得し，1925年には正式に英国領となった。1960年に英国から独立。ただ，英軍基地には主権が及ばず，現在も英軍基地は英国の海外領土となっている。
政治 ギリシャ系，トルコ系の対立で，北部の北キプロスには実効支配が及んでいない。独立当初は，トルコ系住民に副大統領ポストを与えるなど宥和策がとられたが，63年に内戦が勃発。国連キプロス平和維持軍が64年以来，駐留を続けている。74年にはギリシャ軍部の指導によるクーデターが発生し，トルコ軍がトルコ系住民保護を理由に派兵して，南北が完全に分断された。北部キプロスは83年に独立を宣言するが，承認したのは事実上トルコだけにとどまっている。99年にトルコ，ギリシャで相次いで大地震が起きたことをきっかけとした両国の関係改善を背景に，アナン国連事務総長の仲介で「連合共和国」への移行や大統領輪番制などを盛り込んだ和平案がまとまるが，北部では住民投票で過半数の支持を得たものの，キプロス（南）で否決された。
外交・国防 トルコの反対でNATOは非加盟。兵力1万人。
日本との関係 1960年の独立以来，国交を結んでいる。
対日貿易（07年，財務省） 日本の輸出859億円（自動車・同部品，船舶など）
　　　キプロスからの輸入23億円（海産物など）

チェコ共和国
Česká republika　Czech Republic

- **加盟**　2004
- **面積**　7万8800km²
- **人口**　1038万人（08年，EU統計局）
- **平均寿命**　男73.5歳，女79.9歳（06年，EU統計局）
- **65歳以上の高齢者**　14.4%（07年，EU統計局）
- **出生率**　1.33（06年，EU統計局）
- **2050年の推定人口**　890万人（EU統計局）
- **住民**　西スラブ系のチェコ人が90%，モラビア人4%，スロバキア人2%など
- **言語**　チェコ語
- **宗教**　カトリック27%，プロテスタント2.5%など
- **首都**　プラハ（119万人）
- **主な都市**　ブルノ（37万人），オストラバ（31万人），プルゼニ（16万人）
- **政治体制**　共和制，大統領は両院合同総会で選出
- **元首**　大統領（バツラフ・クラウス，市民民主党（ODS）出身，03年就任）歴代大統領：バツラフ・ハベル（1989-93，1993-2003），グスタフ・フサーク（1975-89）
- **議会**　2院制：下院（任期4年）と上院（任期6年）
- **内閣**　議会で選出後に大統領が承認。首相：ヤン・フィシェル（09年4月発足）歴代首相：ミレク・トポラーネク（2007-09），イジー・パロウベク（2005-06）
- **通貨**　コルナ（1ユーロ＝24.77コルナ，2008年9月）
- **GDP/1人当たり**　1753億ドル／1万7069ドル（07年，IMF）
- **産業**　機械，自動車・部品，化学

略史　9世紀に大モラビア帝国が成立し，チェコ，スロバキア両民族の統一国家が形成されたが，その後スロバキアはハンガリー支配下に。チェコではボヘミア王国が成立。1620年からはオーストリア・ハプスブルク家の支配下に入る。第1次大戦後の1918年にチェコスロバキア共和国として独立，西欧型民主主義の政体が確立した。しかし，ズデーテン地方にドイツ系300万人が居住することを理由に，ナチス・ドイツが同地域の割譲を要求。38年に英，仏，伊，独が結んだミュンヘン協定で対ナチス宥和政策として割譲が認められた。第2次大戦後は従来の領土を回復したが，46年総選挙で共産党が第1党となり，48年にチェコスロバキア人民共和国が成立した。68年には，ドプチェク共産党第一書記の下で，自由化政策が導入されたが，8月にソ連を中心とするワルシャワ条約機構軍が軍事介入して「プラハの春」の幕が引かれた。

政治　89年のベルリンの壁崩壊後の「ビロード革命」で共産政権は崩壊。共産時代に抵抗運動を続けた「市民フォーラム」を主導した作家，バツラフ・ハベルが大統領に就任した。その後93年にスロバキアは議会議決で分離独立した。

外交・国防　1999年にNATO正式加盟。2008年7月には米国と，ミサイル防衛（MD）システム配備計画に関する協定に調印した。兵力は3万8000人。

日本との関係　共産政権時代から文化，スポーツ交流。民主化後は，市場経済移行とEU加盟を追い風に，経済交流が拡大。

対日貿易（07年，財務省）　日本の輸出3077億円（自動車・同部品，電子機器など）チェコからの輸入565億円（自動車部品，金属など）

デンマーク王国
Kongeriget Danmark　Kingdom of Denmark

- **加盟**　1973
- **面積**　4万3000km²（本土のみ，EU加盟地域から除外されるグリーンランドは217km²）
- **人口**　547.6万人（08年，EU統計局）
- **平均寿命**　男76.1歳，女80.7歳（06年，EU統計局）
- **65歳以上の高齢者**　15.3%（07年，EU統計局）
- **出生率**　1.83（06年，EU統計局）
- **2050年の推定人口**　540万人（EU統計局）
- **住民**　ゲルマン系デンマーク人90%
- **外国人**　移民人口が約9%
- **言語**　デンマーク語
- **宗教**　ルター派プロテスタント82%，イスラム教3%など
- **首都**　コペンハーゲン（51万人）
- **主な都市**　オーフス（24万人），オーデンセ（16万人）
- **政治体制**　立憲君主制
- **元首**　国王：マルグレーテ2世女王（1972年即位）
- **議会**　1院制：直接選挙，任期4年
- **内閣**　議院内閣制
  首相：アナス・フォー・ラスムセン（保守の自由党出身，01年発足）
- **歴代首相**　ポール・ニーロプ・ラスムセン（1993-2001），ポール・シュリューター（1982-93）
- **通貨**　クローネ（ユーロと1ユーロ＝7.46038クローネを中心に上下2.25%の幅で変動）
- **GDP/1人当たり**　3119億ドル／5万7260ドル（07年，IMF）
- **産業**　農業，畜産，化学
- **略史**　中世においては，ノルウェー，スウェーデンとのカルマル同盟で北欧全域を支配。16世紀にスウェーデンが離脱，その後はスウェーデンやプロイセンとの抗争で領土を減らし，1814年にはキール条約でノルウェーを失った。ただ，グリーンランドはその後も海外領土として保有。第1次世界大戦では中立を維持したが，第2次大戦では1940年にドイツに占領され，44年にはアイスランドも独立した。戦後は49年に原加盟国としてNATOに加盟。
- **政治**　1992年に，欧州連合条約（マーストリヒト条約）の批准が国民投票で小差で否決され，欧州に「デンマーク・ショック」が走った。その後，通貨統合不参加などを認める条項を盛り込んで，93年に再投票で批准を可決した。通貨統合参加については2000年に是非を問う国民投票が実施されたが，否決されている。ただ，08年の金融危機を受けて，ラスムセン首相は11年までに再び国民投票を行う意向を表明。
- **外交・国防**　兵力2万2000人。NATOを軸としながらも，伝統的に国連PKOなどに積極参加している。
- **日本との関係**　1867年に修好通商航海条約が結ばれた。皇室との関係も深く，経済，文化交流が盛ん。また，豚肉を中心とする対日食料品輸出が多いため，長年対日貿易収支で黒字を続けている。
- **対日貿易**（07年，財務省）　日本の輸出902億円（自動車・同部品，電子機器など）デンマークからの輸入2382億円（豚肉，医薬品など）

エストニア共和国
Eesti Vabariik　Republic of Estonia

- **加盟**　2004
- **面積**　4万5200km²
- **人口**　134.1万人（08年、EU統計局）
- **平均寿命**　男67.4歳、女78.6歳（06年、EU統計局）
- **65歳以上の高齢者**　17.1%（07年、EU統計局）
- **出生率**　1.55（06年、EU統計局）
- **2050年の推定人口**　110万人（EU統計局）
- **住民**　フィン・ウゴル系のエストニア人が68.6%、ロシア人が25.7%、ウクライナ人2.1%など
- **言語**　エストニア語
- **宗教**　ルター派プロテスタント13.6%、ロシア正教12.8%など
- **首都**　タリン（39.6万人）
- **主な都市**　タルトゥー（10.2万人）、ナルバ（6.7万人）
- **政治体制**　共和制
- **元首**　大統領：議会が選出、トーマス・ヘンドリック・イルベス（06年就任）
  歴代大統領：アルノルド・リューテル（2001-06）、レナルト・メリ（1992-2001）
- **議会**　1院制：比例代表直接選挙
- **内閣**　大統領が指名し、議会が承認
  首相：アンドルス・アンシプ（改革党、05年発足）
  歴代首相：ユハン・パルツ（2003-05）、シーム・カラス（2002-03）
- **通貨**　クローン（1ユーロ＝15.6466クローンを中心に上下15%で変動）
- **GDP/1人当たり**　212.8億ドル／1万5850ドル（07年、IMF）
- **産業**　機械、木材製品
- **略史**　中世以来、近隣各国の支配。1219年にデンマーク人が進出しタリン市を築く。1346年にドイツ騎士団が占領し、タリンはハンザ同盟都市として栄える。1629年にはスウェーデン領に、1721年には北方戦争でスウェーデンが敗北しロシア領となる。ロシア革命後は1918年に独立を宣言、20年にはソ連も独立を承認した。しかし39年に結ばれた独ソ不可侵条約の秘密議定書で、ソ連の領域と規定され、40年にソ連に併合された。ベルリンの壁崩壊後の90年3月には最高会議が期限付きで独立を宣言。91年8月のソ連保守派クーデター未遂事件を受けて完全独立を宣言し、9月6日にソ連が承認した。
- **政治**　1992年の国民投票で、大統領制の憲法を採択。独立後は一貫して経済改革を押し進め、北欧諸国を中心とする外資を積極誘致し、高成長を実現した。
- **外交・国防**　2004年にはEU、NATOへの加盟を果たす。バルト3国、北欧諸国さらにEUとの協力が外交の軸。対ロシアでも友好関係を目指すが、国境問題、国内残留ロシア人問題などを抱える。07年には、国内のソ連兵士像撤去をめぐり、モスクワのエストニア大使館前で抗議行動。エストニア側は、ロシアからサイバー攻撃があったと抗議している。常備兵力は約5000人。
- **日本との関係**　戦前からエストニアを承認していたが、91年の再独立で国交再開。市場経済下に伴って、経済関係も拡大している。
- **対日貿易**（07年、財務省）　日本の輸出157億円（自動車・同部品、工具など）
  エストニアからの輸入92億円（木製建具、石油製品など）

フィンランド共和国
Suomen tasavalta　Republic of Finland

加盟　1995
面積　33万8100km²
人口　530.0万人（08年，EU統計局）
平均寿命　男75.9歳，女83.1歳（06年，EU統計局）
65歳以上の高齢者　16.5%（07年，EU統計局）
出生率　1.84（06年，EU統計局）
2050年の推定人口　520万人（EU統計局）
住民　フィン・ウゴル系のフィン人が91.7%，スウェーデン人が5.5%，ラップランドに住むサーミ系など
言語　公用語はフィンランド語とスウェーデン語
宗教　ルター派プロテスタント83%，ロシア正教1.1%など
首都　ヘルシンキ（56.5万人）
主な都市　エスポー（23.6万人），タンペレ（20.6万人），バンター（19.1万人），トゥルク（17.5万人）
政治体制　共和制
元首　大統領（直接選挙制）：タルヤ・ハロネン（00年就任，06年再選，社民党出身）
歴代大統領：マルティ・アハティサリ（1994-2000），マウノ・コイビスト（1982-94）
議会　1院制：比例代表制
内閣　大統領が首相を指名，議会が承認。首相は大統領と共同で行政権を行使
首相：マッティ・バンハネン（03年発足，07年第2次）
歴代首相：アネリ・ヤーテーンマキ（2003），パーボ・リッポネン（1995-2003）
通貨　ユーロ（1999年1月の創設時から導入）
GDP/1人当たり　2450億ドル／4万6601ドル（07年，IMF）
産業　紙・パルプ，造船，電子機器（携帯電話）
略史　ロシアとスウェーデンの強国に挟まれ，双方の支配を受ける歴史が続く。1323年に両国の国境確定に伴いスウェーデン領となったが，1721年にはカレリア地方がロシアに割譲され，1809年にはフィンランド大公をロシア皇帝が兼任することでロシア領に。1917年のロシア革命で独立を宣言し，フィンランド共和国が成立した。しかし39年には，ソ連の侵攻による冬戦争で領土を一部失い，41年からは第2次世界大戦を「継続戦争」として枢軸国側で参戦した。44年にはソ連と休戦して，駐留ドイツ軍を駆逐するラップランド戦争を戦った。戦後は，48年にソ連と友好協力相互援助条約を結んだが，内政面での自由は認められたものの，外交では中立が義務付けられ，国際情勢緊迫時にはソ連と安全保障で協議することなどが規定された。このため，ソ連に外交的に取り込まれることを「フィンランド化」と呼ぶ外交用語も生まれた。
政治　中道左派の社会民主党，農民を基盤とする中央党，穏健保守の国民連合が3大政党。社民党のハロネン大統領は，同国として初めての女性大統領。ソ連との経済関係が強かったため，ソ連崩壊後は失業率急上昇などの影響を受けたが，その後は携帯電話のノキア社など，ハイテク産業が台頭して欧州でも屈指の豊かな経済となっている。教育水準も高く，OECDの学習到達度国際調査で毎回上位にランクされている。

外交・国防 ソ連崩壊後も，安全保障での中立政策は変更せず，NATOには非加盟。NATOとは1994年に平和のためのパートナーシップ協定を結んでいる。常備兵力3万2000人。

日本との関係 1919年に独立を承認。44年には一時国交が中断したが，その後は友好関係を維持。ハロネン大統領（04年），小泉元首相が相互に訪問するなど活発な交流。

対日貿易（07年，財務省） 日本の輸出2967億円（自動車・同部品，AV機器など）フィンランドからの輸入1981億円（木材，鉱物など）

フランス共和国
République française　French Republic

加盟 1957（原加盟国）
面積 55万1500km^2（海外領土を除く）
人口 6375万人（08年，EU統計局）
平均寿命 男77.3歳，女84.4歳（06年，EU統計局）
65歳以上の高齢者 16.2%（07年，EU統計局）
出生率 2.00（06年，EU統計局）
2050年の推定人口 6570万人（EU統計局）
住民 ケルト，ラテン，ノルマン，ゲルマンが混血したフランス人が大半。バスク，ブルターニュ，アルザス，コルシカなどに独自民族
外国人 アラブ系450万人など
言語 フランス語
宗教 カトリック80%，イスラム教9%など
首都 パリ（中心部213万人，首都圏964万人）
主な都市 マルセイユ（81万人），リヨン（45万人），トゥールーズ（39万人），ニース（34万人），ナント（27万人），ストラスブール（26.4万人）
政治体制 共和制，大統領直接選挙制
元首 大統領：ニコラ・サルコジ（07年就任，保守中道の国民運動連合＝UMP＝出身）
歴代大統領：ジャック・シラク（1995-2007），フランソワ・ミッテラン（1981-95）
議会 2院制：国民議会（下院，任期5年，小選挙区制）と上院（任期6年，間接選挙）
内閣 大統領が任免
首相：フランソワ・フィヨン（07年5月就任）
歴代首相：ドミニク・ドビルパン（2005-07），ジャンピエール・ラファラン（2002-05）
通貨 ユーロ（1999年1月の創設時から導入）
GDP/1人当たり 2兆5603億ドル／4万1511ドル（07年，IMF）
産業 化学，農業，航空宇宙
略史 紀元前1世紀にローマ帝国がケルト人居住地のガリアを占領し属州とする。5世紀にはゲルマン人のフランク族によるフランク王国が，西ヨーロッパをまたがる領域を支配した。同王国のカール大帝の死後，9世紀に分割して誕生した西フランク王国が現在のフランスの領土の基礎となる。カペー朝，バロア朝を経て1589年にブルボン朝が成立，17世紀には絶対王制が絶頂期となる。1789年のフランス革命で第1共和制へ移行したが，1804年にはナポレオンが帝政を樹立し，欧州各国とアウステルリッツの戦い，トラファルガーの海戦，ロシア遠征などの戦争となるが，1815年にはワーテルローの戦いで英普連合軍に敗れる。そ

の後，1871年の普仏戦争，第1次世界大戦とドイツとの間で戦争を繰り返し，第2次大戦では国土の半分をドイツに占領され，南半分には対独協力のビシー政権が成立した。対独レジスタンスを率いたドゴール将軍が1944年のパリ解放後に臨時政府を樹立した。ドゴール将軍は引退後，58年にアルジェリア独立問題をきっかけに政権復帰，初代大統領となり第5共和制を発足させた。

政治　07年の大統領選では，決選投票でサルコジ氏と社会党の女性候補ロワイヤル元家庭担当相が争ったが，大差でサルコジ氏が勝利し，初の女性大統領は誕生せず。サルコジ大統領はその後，社会党から外相を起用するなど柔軟姿勢を示している。

外交・国防　ドゴール大統領の下，1966年にNATOの軍事機構から脱退し，冷戦下で米国と距離を置いた独自の核抑止力保持が安全保障政策の基礎となる。外交では対独関係を軸に，EU内外での強い発言力を確保。2003年の米国のイラク侵攻に反対し，対米関係は冷却化したが，サルコジ大統領の下で修復が進み，09年4月にはNATO軍事機構に復帰した。総兵力は25万人。01年に徴兵制を廃止。

日本との関係　文化，経済で幅広い交流。1995年のシラク大統領時代に南太平洋での核実験で関係が冷却化したが，その後はシラク氏が日本文化に造詣が深いことなどもあって修復している。サルコジ大統領はアジアでは中国重視の姿勢を示している。

対日貿易　(07年，財務省)　日本の輸出9839億円（自動車，AV機器）
フランスからの輸入1兆1801億円（ワイン，医薬品，皮革・繊維製品）

ドイツ連邦共和国
Bundesrepublik Deutschland Federal Republic of Germany

加盟　1957（原加盟国）
面積　35万7000km^2
人口　8222万人（08年，EU統計局）
平均寿命　男77.2歳，女82.4歳（06年，EU統計局）
65歳以上の高齢者　19.8％（07年，EU統計局）
出生率　1.32（06年，EU統計局）
2050年の推定人口　7460万人（EU統計局）
住民　ゲルマン系ドイツ人が大半
外国人　約700万人（トルコ人230万人など）
言語　ドイツ語
宗教　カトリック31％，ルター派プロテスタント31％，イスラム教4％など
首都　ベルリン（340万人）
主な都市　ハンブルク（175万人），ミュンヘン（129万人），ケルン（99万人），フランクフルト（65万人），シュツットガルト（59.7万人），ドルトムント（58.7万人），エッセン（58.2万人），デュッセルドルフ（58.1万人）
政治体制　連邦共和制
元首　大統領：（間接選挙で選出）ホルスト・ケーラー（04年就任）
歴代大統領：ヨハネス・ラウ（1994-99），ローマン・ヘルツォク（1999-2004）
議会　2院制：連邦議会（下院，小選挙区比例代表制），連邦参議院（州政府代表で構成）
内閣　議院内閣制。連邦議会で選出，大統領が任命
首相：アンゲラ・メルケル（キリスト教民主同盟，05年11月発足）
歴代首相：ゲアハルト・シュレーダー

427

(1998-2005)，ヘルムート・コール (1982-98)

通貨 ユーロ（1999年1月の創設時から導入）

GDP/1人当たり 3兆3222億ドル／4万0415ドル（07年，IMF）

産業 機械，自動車，化学

略史 4世紀のゲルマン民族大移動の後，フランク王国が成立。この分裂で成立した東フランク王国のオットー1世がローマ法王から戴冠され，神聖ローマ帝国が形成されていく。中世においては，神聖ローマ帝国の内部で，ドイツ語圏を中心とする広い地域で封建諸侯が乱立する体制が続いた。16世紀にはルターによる宗教改革を受けた三十年戦争などで国土は荒廃。19世紀に入ってナポレオンの侵攻により，民族統一の機運が高まるが，プロイセン王国が1871年に普仏戦争に勝利して統一を果たした。第1次世界大戦の敗北で共和制（ワイマール共和国）に移行するも，33年にはヒトラー率いるナチスが政権を掌握した。45年の敗戦後は，米英仏占領地域とソ連占領地域の分断が進み，49年には東西に分かれた2つのドイツ国家が成立した。61年には東独によってベルリンの壁が築かれ，東西ドイツの自由な人的移動は断たれた。89年には民主化運動の高まりでベルリンの壁が崩壊，90年10月には東独が西独へ吸収される形で再統一が実現した。

政治 統一を実現し16年の長期政権を維持したコール首相は98年総選挙で敗北。社民党と緑の党によるシュレーダー連立政権が成立したが，05年の総選挙では過半数勢力が成立せず，第1党のキリスト教民主社会同盟と社民党による大連立政権が誕生し，初の女性首相となるメルケル首相が選出された。

外交・国防 対仏，対米関係が戦後一貫して外交の主軸。対米関係は，03年のイラク戦争で冷却化したが，メルケル首相がブッシュ米大統領と個人的な関係を強めて回復している。55年のNATO加盟で再軍備，総兵力は24万人。アフガニスタンではNATO派遣部隊の主力を担う。

日本との関係 経済，文化で長年の友好関係。日本にとって欧州最大の貿易相手国。

対日貿易（07年，財務省） 日本の輸出2兆6597億円（自動車，電子・精密機器）ドイツからの輸入2兆2836億円（自動車，機械）

ギリシャ共和国
Ελληνική Δημοκρατία　Hellenic Republic

加盟 1981

面積 13万1900km^2

人口 1121万人（08年，EU統計局）

平均寿命 男77.2歳，女81.9歳（06年，EU統計局）

65歳以上の高齢者 18.6%（07年，EU統計局）

出生率 1.39（06年，EU統計局）

2050年の推定人口 1060万人（EU統計局）

住民 ギリシャ人が98％，トルコ系10万人など

言語 ギリシャ語

宗教 ギリシャ正教97％（憲法で主要宗教と規定）

首都 アテネ（72万人）

主な都市 テサロニキ（35万人），ピレウス（17万人），パトラス（16万人），イラクリオン（14万人）

政治体制 共和制

元首　大統領：（間接選挙で選出）カロロス・パプリアス（05年3月就任）
　　　歴代大統領：コンスタンディノス・ステファノプロス（1995-2005），コンスタンディノス・カラマンリス（1990-95）
議会　1院制：直接選挙，任期4年
内閣　大統領が指名し，議会が承認。
　　　首相：コスタス・カラマンリス（新民主主義党），04年発足，07年第2次
　　　歴代首相：コンスタンディノス・シミティス（1996-2004），アンドレアス・パパンドレウ（1993-96）
通貨　ユーロ（2001年1月導入）
GDP/1人当たり　3146億ドル／2万8273ドル（07年，IMF）
産業　海運，観光，農業，造船
略史　紀元前5-4世紀にアテネ，コリントスなどの都市国家が並び立つ古代ギリシャの全盛期を迎え，都市国家連合がペルシャ戦争で勝利する。その後はアテネ，スパルタの対立でペロポネソス戦争が起こり，マケドニア王国の支配を経て，紀元前2世紀にはローマ帝国の属州に。ローマ帝国の分裂後は東ローマ帝国に組み入れられるが，1453年からは400年近く，イスラム教のオスマン帝国支配下に置かれた。1821年からの独立戦争を経て，1830年にギリシャ王国として独立した。第2次世界大戦ではドイツ，イタリアに占領され，戦後は共産勢力が伸張して内戦となったが，1950年総選挙で保守連合政権が発足した。その後は，王制派，共和派の対立などで政情は安定せず，67年には軍事クーデターで国王は追放された。
政治　2004年3月の総選挙で，1993年以来政権を維持してきた左派の全ギリシャ社会主義運動（PASOK）に代わり，中道右派の新民主主義党（ND）が政権を握り，カラマンリス首相が就任した。カラマンリス首相は同年8月のアテネ五輪を成功させ，07年9月には議会を解散，総選挙を実施して再び議会過半数を維持している。
外交・国防　NATO加盟国。74年にはキプロス問題で米国と対立し，80年まで脱退した経緯もある。トルコとは歴史的に敵対関係にあり，キプロス問題で対立。トルコのEU加盟にも抵抗している。総兵力は13.5万人。
日本との関係　1899年の修好通商条約。以後，第2次世界大戦中の断交を除き，友好関係が続いている。首脳の相互訪問は，森首相（2001），小泉首相（2003），カラマンリス首相（2005）など。
対日貿易（07年，財務省）　日本の輸出1536億円（船舶，自動車）
　ギリシャからの輸入66億円（クロマグロなどの海産物，石油）

ハンガリー共和国
Magyar Köztársaság　Republic of Hungary

加盟　2004
面積　9万3000km^2
人口　1004万人（08年，EU統計局）
平均寿命　男69.2歳，女77.8歳（06年，EU統計局）
65歳以上の高齢者　15.9%（07年，EU統計局）
出生率　1.34（06年，EU統計局）
2050年の推定人口　890万人（EU統計局）
住民　フィン・ウゴル系のマジャール人が92%，ロマ人2%，ドイツ人0.6%など
言語　ハンガリー語

宗教　カトリック52％，プロテスタント19％など
首都　ブダペスト（170万人）
主な都市　デブレッツェン（20万人），ミシュコルツ（17万人），セゲド（16万人）
政治体制　共和制
元首　大統領：（間接選挙制）ショーヨム・ラースロー（05年就任）
　　　歴代大統領：マードル・フェレンツ（2000-05），アールパード・ゲンツ（1990-2000）
議会　1院制：直接選挙，任期4年
内閣　議院内閣制。大統領の推薦に基づき議会が選出。
　　　首相：ゴルドン・バイナイ（社会党，09年4月発足）
　　　歴代首相：フェレンツ・ジュルチャーニ（2004-09），ペーテル・メジェシ（2002-04）
通貨　フォリント（1ユーロ＝240フォリント，2008年9月）
GDP/1人当たり　1384億ドル／1万362ドル（07年，IMF）
産業　機械，化学，農業
略史　4世紀にフン族が侵入し，5世紀には国王アッティラの下で大帝国を築く。9世紀にはマジャール人がウラルから移住し，1000年にハンガリー王国が成立した。13世紀にはモンゴル人の襲来，16-17世紀にはオスマン・トルコの支配を受け，1699年からオーストリア・ハプスブルク家の支配下に。民族主義の高まりの中で，1867年にはオーストリアとの二重帝国となったが，第1次世界大戦後に独立を果たした。しかし旧領土の大半を失い，1920年に誕生したホルティ摂政によるハンガリー王国は，第2次大戦では枢軸国側につき，ソ連軍に占領された。1946年に発足した共和国では，共産勢力が権力を掌握する。1956年のハンガリー動乱では，ナジ首相がワルシャワ条約機構脱退を宣言するも，ソ連軍の出動で鎮圧された。90年には自由選挙で平和裡に民主化を果たした。

政治　民主化後の政局は安定せず，94年には旧共産党の社会党が政権を奪還。その後も，社会党と中道右派勢力の間で政権が移動したが，02年以来，社会党を軸とする連立政権が続いている。金融危機を受けて，ジュルチャーニ首相は09年4月に辞任。バイナイ新首相は増税，年金削減など緊縮財政を目指す。

外交・国防　99年にNATO入り。スロバキア，ウクライナなどにハンガリー系住民が多く存在することから，対立とその調停が課題となっている。スロバキアとの間では07年に，同国がハンガリー系住民の市民権を奪った戦後の政令を有効としたことで，関係が緊張した。総兵力は2.7万人

日本との関係　戦後は1959年に国交を回復。共産主義時代も，ハンガリーが経済自由化を進めたことから経済関係は緊密だった。その後も，日系自動車メーカーの進出などもあり，旧東欧圏では貿易額は最多となっているほか，政治，文化の交流も活発化している。

対日貿易（07年，財務省）　日本の輸出2804億円（電子部品，自動車・部品）
　ハンガリーからの輸入731億円（事務機器，自動車・部品）

アイルランド
Éire Ireland

加盟　1973
面積　7万0200km^2
人口　442万人（08年、EU統計局）
平均寿命　男77.3歳、女82.1歳（06年、EU統計局）
65歳以上の高齢者　11.1%（07年、EU統計局）
出生率　1.90（06年、EU統計局）
2050年の推定人口　550万人（EU統計局）
住民　ケルト系のアイルランド人が大半
言語　公用語はケルト系のアイルランド語と英語、日常使用されるのはほとんど英語。
宗教　カトリック88%、聖公会3%など
首都　ダブリン（51万人）
主な都市　コーク（12万人）、ゴルウェー（7万人）、リメリック（5万人）
政治体制　共和制
元首　大統領：（直接選挙で選出）メアリー・マカリース（97年就任、04年再選）
　歴代大統領：メアリー・ロビンソン（1990-97）、パトリック・ヒラリー（1976-90）
議会　2院制：下院、上院（ともに直接選挙、任期5年）
内閣　議院内閣制。下院が選出
　首相：ブライアン・カウエン（共和党）、08年5月発足
　歴代首相：バーティ・アハーン（1997-2008）、ジョン・ブルートン（1994-97）
通貨　ユーロ（1999年1月の創設時から導入）
GDP/1人当たり　2586億ドル／5万9924ドル（07年、IMF）
産業　電子、酪農

略史　紀元前3世紀頃からケルト人が移住、5世紀ごろにキリスト教化。12世紀にノルマン人の侵攻を受け、イングランド王の支配下に。17世紀にはクロムウェルの侵攻を受け、1801年には正式に英国に併合された。19世紀には飢饉で大量の移民が米国に渡った。第1次世界大戦中から独立を求める蜂起が勃発し、1922年に北アイルランドを除き自治領となった後は、37年に憲法を制定して独立を果たし、第2次世界大戦では中立を貫いた。49年には英連邦からも離脱した。

政治　90年代から製造業、金融サービスなどで積極的な外資誘致を行い、急速な経済成長を達成した。07年の総選挙で3期目に入ったアハーン首相は08年4月に汚職スキャンダルで辞任を表明。共和党党首選を勝利したカウエン氏が後任に就いた。08年6月のリスボン条約批准の賛否を問う国民投票では反対が53.4%に達し、EU全体に大きな打撃を与えた。

外交・国防　英国から独立後は中立政策をとり、NATOには非加盟。EU、国連重視の外交。総兵力1万人。

対日関係　1957年に国交樹立。それ以前も、小泉八雲（ラフカディオ・ハーン）などアイルランド人との文化交流があった。近年は外資誘致政策を受けて日本企業が積極的な投資を行っている。05年には天皇皇后両陛下も訪問。

対日貿易（07年、財務省）　日本の輸出1880億円（自動車、電子部品）
　アイルランドからの輸入4824億円（化学製品、光学機器）

イタリア共和国
Repubblica Italiana　Republic of Italy

- **加盟**　1957（原加盟国）
- **面積**　30万1200km^2
- **人口**　5962万人（08年，EU統計局）
- **平均寿命**　男77.9歳，女83.8歳（04年，EU統計局）
- **65歳以上の高齢者**　19.9%（07年，EU統計局）
- **出生率**　1.32（05年，EU統計局）
- **2050年の推定人口**　5270万人（EU統計局）
- **住民**　イタリア人が大半。北部にドイツ系，フランス系，スロベニア系住民など
- **外国人**　294万人（アルバニア人，モロッコ人，ルーマニア人など）
- **言語**　イタリア語
- **宗教**　カトリック80%
- **首都**　ローマ（271万人）
- **主な都市**　ミラノ（130万人），ナポリ（98万人），トリノ（90万人），パレルモ（67万人），ジェノバ（62万人）
- **政治体制**　共和制
- **元首**　大統領：（間接選挙で選出）ジョルジョ・ナポリターノ（06年就任）
  歴代大統領：カルロ・チャンピ（1999-2006），オスカル・スカルファロ（1992-99）
- **議会**　2院制：下院と上院（同等の権限）
- **内閣**　議院内閣制。大統領が指名し議会が承認
  首相：シルビオ・ベルルスコーニ（中道右派連合），08年5月発足（第3次）
  歴代首相：ロマノ・プローディ（2006-08），ベルルスコーニ第2次（2001-06），ジュリアーノ・アマート（2000-01）
- **通貨**　ユーロ（1999年1月の創設時から導入）
- **GDP/1人当たり**　2兆1046億ドル／3万5872ドル（07年，IMF）
- **産業**　機械，繊維，自動車
- **略史**　伝説では紀元前753年に都市国家ローマが建国され，イタリア半島はローマ帝国の中心として栄える。ローマ帝国滅亡後は，イタリアに統一国家はなく，共和国のベネチア，メディチ家が支配したフィレンツェ，ローマ教皇などが割拠。19世紀にサルディーニャ王国を中心に統一運動が強まり，1861年にイタリア王国が成立した。1922年にはムッソリーニがファシスト政権を樹立し，日独と枢軸国を形成して第2次世界大戦に参戦する。43年にムッソリーニが失脚して連合国側に鞍替えし，46年には国民投票で王制が廃止となり，48年には共和国憲法が施行された。
- **政治**　戦後は政局不安定，政権の短期交代が続く。06年4月にプローディ元首相率いる中道左派連合が勝利して政権を奪還したが，08年4月総選挙で中道右派が勝利し，フォルツァ・イタリア（FI）のベルルスコーニ党首が3度目の首相の座に返り咲いた。
- **外交・国防**　EU，対米外交が主軸に，地中海諸国とも強い結び付き。NATO加盟。主要8カ国（G8）メンバー。総兵力は18.6万人。
- **日本との関係**　伝統的な友好国。経済，文化で幅広い交流があるほか，政治ではG8で緊密な協力関係にある。
- **対日貿易**（07年，財務省）　日本の輸出7902億円（自動車・部品，AV機器）
  イタリアからの輸入8537億円（バッグなど皮革製品，医薬品，靴）

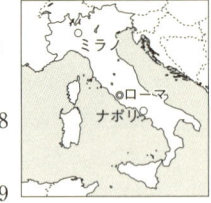

ラトビア共和国
Latvijas Republika　Republic of Latvia

加盟　2004
面積　6万4500km²
人口　227.1万人（08年，EU統計局）
平均寿命　男65.4歳，女76.3歳（06年，EU統計局）
65歳以上の高齢者　17.1%（07年，EU統計局）
出生率　1.35（06年，EU統計局）
2050年の推定人口　190万人（EU統計局）
住民　バルト語族のラトビア人59%，ロシア人28.5%，白ロシア人3.8%，ウクライナ人2.6%，ポーランド人2.5%など
外国人　ロシア系25万人など計40万人近い住民が無国籍
言語　公用語はラトビア語
宗教　約12%がルター派プロテスタント，東部を中心にカトリックなど
首都　リガ（73.5万人）
主な都市　ダウガフピルス（11.1万人），リエパヤ（8.6万人）
政治体制　共和制
元首　大統領，議会で選出する間接選挙制（バルディス・ザトレルス大統領，07年7月就任）　歴代大統領：バイラ・ビーチェフレイベルガ（1999-2007），グンティス・ウルマニス（1993-97）
議会　1院制
内閣　議院内閣制：大統領が指名し議会が承認　首相：イワルス・ゴドマニス（第一党「ラトビアの道」出身）　歴代首相：アイガルス・カルビティス（2004-07），インドゥリス・エムシス（2004）
通貨　ラト（1ユーロ＝0.70ラト，2008年9月）
GDP/1人当たり　273.4億ドル／1万1984ドル（07年，IMF）
産業　木材・加工，繊維
略史　13世紀ごろに，ドイツ騎士団が進出し，領有。リガはハンザ同盟都市として繁栄。1583年にはリボニア戦争の結果，ポーランド・リトアニア領に，1629年にはスウェーデン・ポーランド戦争の結果，一部分がスウェーデン領となる。1721年には北方戦争で大部分がロシア，一部がポーランド領に，1795年にはポーランド分割ですべてロシア領となる。ロシア革命を受けて，1918年に独立を宣言し，20年にソ連から独立承認を受けた。しかし，39年の独ソ不可侵条約の付属秘密議定書でソ連利益圏とされ，40年に併合された。ソ連保守派クーデター未遂事件直後の91年8月に独立を宣言。
政治　人口の30%を占め，特に首都リガでは半数に達するロシア系住民に対し，独立後はラトビア国籍取得のためにラトビア語試験を課すなどしたことから，現在もロシア系を中心に40万人近い無国籍住民が存在し，EU加盟の際にも改善を求められた。4年近く在任したカルビティス前首相は07年末に与党汚職疑惑の調査に絡んで辞任し，「ラトビア第1党」のゴドマニス内相が首班指名された。
外交・国防　2004年にNATO加盟。ロシアとは，国内のロシア人住民への処遇問題などが懸案となっているが，国境問題は07年に条約を締結，批准して解決している。総兵力は5000人。
日本との関係　戦前はリガに日本公使館が置かれたが，1991年に独立を承認，国交が再開した。07年天皇皇后両陛下も訪問。
対日貿易（07年，財務省）　日本の輸出109億円（自動車，その他輸送機器）
ラトビアからの輸入52億円（木材，機械）

リトアニア共和国
Lietuvos Respublika　Republic of Lithuania

- **加盟**　2004年
- **面積**　6万5300km²
- **人口**　336.6万人（08年，EU統計局）
- **平均寿命**　男65.3歳，女77.0歳（06年，EU統計局）
- **65歳以上の高齢者**　15.6％（07年，EU統計局）
- **出生率**　1.31（06年，EU統計局）
- **2050年の推定人口**　290万人（EU統計局）
- **住民**　バルト語族のリトアニア人が83.5％，ポーランド人6.75％，ロシア人6.3％，ベラルーシ人1.2％，ウクライナ人0.65％など。
- **言語**　公用語はリトアニア語
- **宗教**　カトリック80％，ロシア正教4.1％など
- **首都**　ビリニュス（54.4万人）
- **主な都市**　カウナス（35.5万人），クライペダ（18.4万人）
- **政治体制**　共和制
- **元首　大統領**：（大統領直接選挙制）ワルダス・アダムクス（04年7月就任）　歴代大統領：アルトゥーラス・パウラウスカス（代行，2004），ロランダス・パクサス（2003-04），アダムクス（1998-2003）
- **議会**　1院制：直接選挙制
- **内閣**　大統領が指名し議会で承認
  首相：アンドリウス・クビリウス（08年11月発足）
  歴代首相：ゲディミナス・キルキラス（2006-08），ジグマンタス・バルチティス（2006）
- **通貨**　リタス（1ユーロ＝3.45リタス，2008年9月）

- **GDP/1人当たり**　383.5億ドル／1万1354ドル（07年，IMF）
- **産業**　石油精製，食品
- **略史**　13世紀にリトアニア大公国が成立。14世紀には大公国のヨガイラ王がポーランド王を兼任し（リトアニア・ポーランド王国成立），領土は黒海からポーランドに至った。1569年リボニア戦争によりポーランドに事実上吸収されるが，1795年の第3次ポーランド分割で大部分がロシア領となる。1918年に独立を宣言し，1920年にはソ連からも独立を承認されたが，独ソ不可侵条約の議定書により，40年にソ連に併合された。91年，ソ連保守派クーデター未遂事件を機に独立を果たす。
- **政治**　2003年に当選したパクサス大統領は，ロシア・マフィアと関係する実業家から献金を受けていたことが判明し，議会での弾劾で罷免された。04年の選挙で米国移民だったアダムクス前大統領が返り咲いている。
- **外交・国防**　独立後は西欧圏への接近を目指し，2004年にEU，NATO加盟を果たす。他のバルト諸国と比べ，ロシア系住民の比率が低いこともあってロシアとの関係も比較的良好で，2003年までに国境画定の条約も相互批准を済ませた。総兵力は1.2万人。
- **日本との関係**　戦前にはカウナスに日本領事館が置かれ，杉原千畝副領事がユダヤ人6000人に日本通過ビザを発給し，ナチスに追われたユダヤ人の亡命を助けたことで有名。独立後，首都ビリニュス市内にリトアニア側が，「スギハラ通り」という地名を命名している。07年には天皇皇后両陛下も訪問。
- **対日貿易**（07年，財務省）　日本の輸出129億

円（タイヤ，自動車）　リトアニアからの輸入26億円（家具，繊維製品）

ルクセンブルク大公国
Grand-Duché de Luxembourg　Grand Duchy of Luxembourg

加盟　1957（原加盟国）
面積　2,586km²
人口　48.4万人（08年，EU統計局）
平均寿命　男76.8歳，女81.9歳（06年，EU統計局）
65歳以上の高齢者　14.0％（07年，EU統計局）
出生率　1.65（06年，EU統計局）
2050年の推定人口　60万人（EU統計局）
住民　ドイツ系のルクセンブルク人
外国人　全人口の42.6％が外国人。ポルトガル人15.5％，フランス人5.3％，イタリア人4.0％，ベルギー人3.5％など
言語　公用語はフランス語，ドイツ語，ルクセンブルク語（ドイツ語方言）だが公文書では主にフランス語
宗教　カトリック90％など
首都　ルクセンブルク（7.6万人）
政治体制　立憲君主制
元首　大公：アンリ大公（2000年10月即位）
議会　1院制：直接選挙制
内閣　議院内閣制。大公が首相を任命し，議会が承認
　首相：ジャン・クロード・ユンケル（キリスト教社会党，1995就任）
　歴代首相：ジャック・サンテール（1984-95），ピエール・ウェルナー（1979-84）
通貨　ユーロ（1999年1月の創設時から導入）
GDP/1人当たり　501.6億ドル／10万4673ドル（07年，IMF）
産業　鉄鋼，金融

略史　963年に神聖ローマ帝国内で，アルデンヌ家が一帯を支配してルクセンブルクの領土が誕生する。1354年にはルクセンブルク公国に昇格するも，その後は他国による統治が続く。1815年には大公国として自治を回復，1839年に領土の一部がベルギー領となって国境が固まり，この年が独立年とされている。第1次，第2次世界大戦では中立を宣言しながらもドイツに占領された。

政治　金融，鉄鋼に加え，電子部品などの外資誘致で，EU内で一人当たりGDPはトップ。鉄鋼世界最大手のミッタル（・アルセロール），ネット電話のスカイプなどが本社を置く。経済繁栄を背景に政局も安定しており，ユンケル首相の長期政権が続く。ただ04年総選挙では，社会労働党が第2党となり，ユンケル首相率いるキリスト教社会党と連立政権を樹立している。

外交・国防　独仏に挟まれた地理的条件もあり，EU統合推進が国是。財務相を兼任するユンケル首相は，ユーロ圏財務相会合（ユーログループ）の議長。前任者のサンテール前首相も，欧州委員長を務めるなど，小国ながらEUで影響力を行使している。

日本との関係　経済，文化で活発な交流。日本企業の欧州拠点も多く置かれている。

対日貿易（07年，財務省）　日本の輸出228億円（電子部品，電子機器）
　ルクセンブルクからの輸入54億円（繊維製品）

マルタ共和国
Repubblika ta' Malta　Republic of Malta

- 加盟　2004年
- 面積　316km²
- 人口　41.1万人（08年，EU統計局）
- 平均寿命　男77.0歳，女81.9歳（06年，EU統計局）
- 65歳以上の高齢者　14.0%（07年，EU統計局）
- 出生率　1.41（06年，EU統計局）
- 2050年の推定人口　50万人（EU統計局）
- 住民　セム語族のマルタ人
- 外国人　全人口の4%が外国人。英国人2%など。
- 言語　アラビア語方言から派生したマルタ語と英語が公用語
- 宗教　カトリック98%など
- 首都　バレッタ（6315人）
- 政治体制　共和制
- 元首　大統領：議会で選出，エドワード・フェネクアダミ（04年4月就任）
  歴代大統領：ギド・デマルコ（1999-2004），ウゴ・ミフスド・ボニチ（1994-99）
- 議会　1院制：直接選挙
- 内閣　議院内閣制。大統領指名に基づき議会て承認
  首相：ローレンス・ゴンジ（保守の国民党出身）
  歴代首相：エドワード・フェネクアダミ（1998-2004），アルフレッド・サント（1996-98）
- 通貨　ユーロ（2008年1月導入）
- GDP/1人当たり　74.2億ドル／1万8088ドル（07年，IMF）
- 産業　造船，観光

略史　地中海海上交通の要衝として，古代からカルタゴ，ローマ帝国の支配下にあった。870年にイスラム支配下となった後，ノルマン人，スペインの侵攻を受けるが，1530年にマルタ騎士団の所領となる。1565年にはオスマン帝国の攻撃を受けるが，撃退に成功。その後は，エジプト遠征途上のナポレオンに占領されるが，ナポレオン没落後は英国領に。第2次世界大戦では，独伊軍の激しい空襲を受けるなど，激戦地となった。1964年に独立し，79年には英軍も撤退した。

政治　独立後は70年代から労働党政権が続いたが，87年の総選挙で国民党が政権を獲得。その後も，ほぼ国民党の単独政権が続いており，08年3月の総選挙も小差で国民党が勝利した。

外交・国防　労働党政権下では，中立志向の外交を追求したが，国民党政権になってEU，西側志向に転換。04年のEU加盟に続いて08年にはユーロ導入も果たした。NATO非加盟だが，08年にはNATOと平和のためのパートナーシップ（PFP）を締結している。総兵力は1600人。

日本との関係　第1次世界大戦中，日英同盟に基づき日本海軍は地中海の海上警備のため巡洋艦など特務艦隊を派遣したが，マルタには，この際に戦死した日本海軍将兵の墓碑が建立されている。1965年に国交が結ばれ，友好関係が続いている。

対日貿易（07年，財務省）　日本の輸出223億円（船舶，自動車）
マルタからの輸入109億円（海産物）

オランダ王国
Koninkrijk der Nederlanden　Kingdom of the Netherlands

加盟　1957（原加盟国）
面積　4万1526km²
人口　1640万人（08年，EU統計局）
平均寿命　男77.7歳，女82.0歳（06年，EU統計局）
65歳以上の高齢者　14.5%（07年，EU統計局）
出生率　1.70（06年，EU統計局）
2050年の推定人口　1740万人（EU統計局）
住民　ゲルマン系のオランダ人が80%。外国，海外領土生まれの住民が19.4%を占める。うち旧植民地のインドネシア39万人，ドイツ38.1万人，スリナム33.3万人，モロッコ32.9万人，オランダ領アンティル13万人，ベルギー11.2万人など。
言語　オランダ語
宗教　カトリック27.0%，プロテスタント16.6%，イスラム5.7%など。
首都　法律上の首都はアムステルダム（74.3万人），政府所在地はハーグ（47.5万人）
主な都市　ロッテルダム（60万人），ユトレヒト（26万人），アイントホーフェン（21万人）
政治体制　立憲君主制
元首　国王：ベアトリックス・ウィルヘルミナ・アルムハルト女王（1980年即位）
議会　2院制：法案先議権のある下院（比例代表直接選挙）と上院（州議会の間接選挙）
内閣　議院内閣制。
　　首相：ヤン・ペーター・バルケネンデ（キリスト教民主同盟），02年7月発足
　　歴代首相：ウィム・コック（1994-2002），ルード・ルベルス（1982-94）
通貨　ユーロ（1999年1月の創設時から導入）
GDP/1人当たり　7687億ドル／4万6260ドル（07年，IMF）
産業　石油精製，化学，農業，天然ガス
略史　古代はライン川下流以南がローマ帝国領，以北はフランク人などゲルマン系諸族の土地だった。ローマ帝国崩壊後はフランク王国の一部となり，15世紀にはブルゴーニュ公国の支配下で，毛織物生産など北部ヨーロッパの先進地域となった。1477年にはハプスブルク家の所領となりカトリックのスペイン支配下に。宗教改革でプロテスタントが優勢となると，1568年にはオランダ独立戦争が始まり，1648年に独立が承認された。ネーデルラント連邦共和国は17世紀にアジアとの貿易を支配するが，英蘭戦争で敗北して海上覇権を失った。1815年にはネーデルラント王国が成立。第2次世界大戦ではドイツの占領を受けた。
政治　1994年から中道左派政権が続いていたが，2002年以来，中道右派のCDAが議会で第1党の座を維持している。06年発足の第4次バルケネンデ政権は，第2党の労働党などを加えた大連立。
外交・国防　NATO，EUともに原加盟国で，EU内では小国代表として重要な調整役を果たしている。総兵力は5.1万人
日本との関係　江戸時代から長崎・出島を通じた通商関係。第2次大戦では，オランダ植民地だったインドネシアを日本が占領し，民間人9万人を捕虜にした。オランダ議会は2007年に，慰安婦問題で日本に謝罪要求決議を行っている。一方，文化，経済では幅広い友好関係があり，日本企業の直接投資残高でオランダは米国に次いで2位（06年末）。
対日貿易　（07年，財務省）　日本の輸出2181億円（電子部品，自動車）

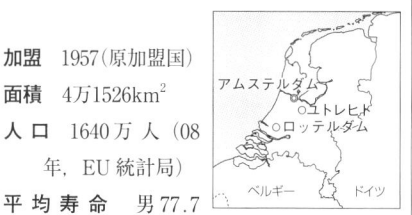

オランダからの輸入3293億円（光学機器，自動車部品，農産物）

ポーランド共和国
Rzeczpospolita Polska　Republic of Poland

加盟　2004年
面積　31万2600km²
人口　3812万人（08年，EU統計局）
平均寿命　男70.9歳，女79.7歳（06年，EU統計局）
65歳以上の高齢者　13.4%（07年，EU統計局）
出生率　1.27（06年，EU統計局）
2050年の推定人口　3370万人（EU統計局）
住民　西スラブ系のポーランド人97%，ドイツ人，白ロシア人，ウクライナ人など
言語　ポーランド語
宗教　カトリック90%，ロシア正教会1.3%など
首都　ワルシャワ（170.6万人）
主な都市　クラクフ（75.6万人），ウッジ（75.3万人），ウロツワフ（63.3万人），ポズナニ（56.1万人），グダニスク（45.6万人）
政治体制　共和制，大統領直接選挙制
元首　大統領：レフ・カチンスキ（保守の「法と正義」党出身，05年12月就任）
　歴代大統領：アレクサンデル・クワシニエフスキ（1995-2005），レフ・ワレサ（1990-95）
議会　2院制：下院，上院ともに直接選制
内閣　大統領が首相を指名
　首相：ドナルド・トゥスク，07年11月発足　歴代首相：ヤロスラフ・カチンスキ（2006-07），カジミェシュ・マルチンキエビッツ（2005-06）

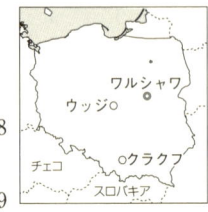

通貨　ズロチ（1ユーロ＝3.4ズロチ，08年9月）
GDP/1人当たり　4203億ドル／1万1041ドル（07年，IMF）
産業　食品，自動車
略史　6世紀ごろまでにスラブ人が定住。966年にピャスト朝がキリスト教に改宗し，ポーランド公国を建国した。その後領土は分割されたが，14世紀末にはヤギエウォ王朝が成立し，ポーランド・リトアニア王国を築き，領土は黒海まで及んだ。しかし，18世紀末には3次にわたるポーランド分割で国家は消滅し，1815年のウィーン会議で，ロシア支配下入りが決まった。第1次世界大戦とロシア革命で，1918年には共和国として独立を果たしたが，39年にはソ連とナチス・ドイツにより分割，侵攻された。戦後は，ソ連の占領下で社会主義国として再独立したが，1989年にはソ連・東欧圏で初の自由選挙を実施，自主労組「連帯」を中心とする政権が成立した。
政治　ポーランド民主化のシンボル，「連帯」のワレサ議長は90年に大統領に選出されるが，その後の政局は旧「連帯」派の分裂などで政権交代を繰り返している。07年総選挙では中道の市民プラットフォームが第1党となり，党首のトゥスク氏が首相に就任した。
外交・国防　1999年にNATO入り。米国の対テロ作戦を支持し，仏，独が反対する中で，2003年のイラク侵攻にも参加した。08年には米ミサイル防衛（MD）システムのポーランド配備に関する協定にも調印。総兵力は12.4万人。
日本との関係　文化では共産主義時代から深い交流。民主化後は，市場経済移行，EU加盟で，自動車など日本企業の生産拠点

進出が目立っている。

対日貿易（07年，財務省） 日本の輸出1934億円（自動車・部品，AV機器） ポーランドからの輸入446億円（自動車部品）

ポルトガル共和国
República Portuguesa　Portuguese Republic

加盟　1986年
面積　9万2300km²
人口　1061万人（08年，EU統計局）
平均寿命　男75.5歳，女82.3歳（06年，EU統計局）
65歳以上の高齢者　17.3%（07年，EU統計局）
出生率　1.35（06年，EU統計局）
2050年の推定人口　1000万人（EU統計局）
住民　ポルトガル人（先住イベリア人にケルト，ラテン，ゲルマン，ベルベル人などが混合）
外国人　約25万人，うち半数はポルトガル語圏出身
言語　ポルトガル語
宗教　カトリック85%など
首都　リスボン（50.8万人）
主な都市　ポルト（24.6万人），アマドラ（17.9万人），ブラガ（12.3万人），セトゥバル（11.8万人）
政治体制　共和制，大統領直接選挙制
元首　大統領：アニバル・カバコ・シルバ（06年3月就任）
　歴代大統領：ジョルジェ・サンパイオ（1996-2006），マリオ・ソアレス（1986-96）
議会　1院制：直接選挙，比例代表制
内閣　大統領が首相を任命
　首相：ジョゼ・ソクラテス（社会党）
　歴代首相：ペドロ・ロペス（2004-05），ジョゼ・マヌエル・バローゾ（2002-04）
通貨　ユーロ（1999年1月の創設時から導入）
GDP/1人当たり　2233億ドル／2万1018ドル（07年，IMF）
産業　繊維，観光，農業（コルクなど）
略史　イスラム支配の後，12世紀にカスティーリャ王国（スペイン）を宗主国としてポルトガル王国が成立。1385年にはカスティーリャ王国を破って英国と同盟した。大航海時代には，バスコ・ダ・ガマのインド航路発見など，スペインと並んで海洋王国として繁栄。その後は衰退し，19世紀には最大の植民地ブラジルが独立。内戦を経て1910年には共和制となったが，32年に首相となったサラザールの独裁体制が続いた。第2次世界大戦は中立。1974年に軍の無血クーデターから民主化が達成された。
政治　社民党（中道右派）のバローゾ元首相が欧州委員長に転身した後は，05年の総選挙で中道左派の社会党が過半数を制し，ソクラテス書記長が首相に就任している。
外交・国防　NATOには1949年から加盟。米，EUに加え，ブラジルなどポルトガル語圏諸国との関係が軸。03年にはイラク戦争を支持し，05年まで国境警備隊をイラクに派遣した。兵力4.4万人。
日本との関係　1543年のポルトガル人の種子島漂着で戦国時代から関係が始まった。現在は，経済，文化で友好関係が続いている。
対日貿易（07年，財務省） 日本の輸出965億円（自動車・部品，電子機器） ポルトガルからの輸入199億円（農産物加工品，コルク，自動車）

ルーマニア
România Romania

- **加盟** 2007年
- **面積** 23万7500km²
- **人口** 2152万人（08年）
- **平均寿命** 男69.2歳，女76.2歳（06年）
- **65歳以上の高齢者** 14.9%（07年）
- **出生率** 1.31（06年）
- **2050年の推定人口** 1710万人
- **住民** ダキア人とラテン人の混合といわれるルーマニア人89.5%，ハンガリー人6.6%，少数民族のロマ2.5%，ドイツ人0.3%など
- **言語** ラテン語系のルーマニア語
- **宗教** ルーマニア正教86.7%，プロテスタント6.6%など
- **首都** ブカレスト（193.1万人）
- **主な都市** ヤシ（31.5万人），クルージ（31.0万人），ティミショアラ（30.7万人），コンスタンツァ（30.4万人）
- **政治体制** 共和制，大統領直接選挙制
- **元首** 大統領：トライアン・バセスク（04年12月就任）
  歴代大統領：イオン・イリエスク（2000-04），エミル・コンスタンティネスク（1996-2000）
- **議会** 2院制：下院，上院ともに直接選挙，比例代表制
- **内閣** 大統領が首相を任命
  首相：エミル・ボック（08年12月発足）
  歴代首相：カリン・ポペスクタリチェアヌ（2004-08），エウゲン・ベジナリウ（2004）
- **通貨** レウ（1ユーロ＝3.6レイ，08年9月）
- **GDP/1人当たり** 1659億ドル／7697ドル（07年，IMF）
- **産業** 鉄鋼，機械，農業
- **略史** 2世紀初めにローマ属州ダキアとなる。3世紀のローマ撤退後は，ゴート人，フン族，ブルガル人などの支配が続き，14世紀ごろにはワラキア，モルドヴィア，トランシルヴァニアの3公国が建国されたが，いずれもオスマン帝国の属国となる。ワラキアとモルドヴィアは合併して1878年にルーマニア王国として独立を果たし，ハプスブルク家の支配下にあったトランシルヴァニアは第1次世界大戦後にルーマニアに併合された。同時に併合されたベッサラビアは1940年にソ連領となり，91年にモラビア共和国として独立している。ルーマニア王国は第2次世界大戦で枢軸国側についたが，ソ連による占領後，1947年にルーマニア人民共和国（のち社会主義共和国と改名）が成立した。89年の民主化では，共産主義化で独裁体制を敷いていたチャウシェスク大統領が救国戦線に逮捕され，即刻処刑されている。
- **政治** 民主化後も，旧共産党の社会民主主義党を率いるイリエスク氏が一期の中断を挟んで2004年まで大統領の座にとどまった。バセスク大統領は07年に，汚職対策やイラク派兵問題で弾劾の国民投票を受けたが，否決されている。
- **外交・国防** 04年にNATOに加盟。対米関係を重視し，05年には米軍駐留の協定を結んでいる。総兵力9.7万人。
- **日本との関係** 民主化，市場経済の導入が始まってから経済関係が徐々に強まっている。
- **対日貿易**（07年，財務省） 日本の輸出300億円（自動車・部品，電子部品） ルーマニアからの輸入264億円（木材，衣料品）

スロバキア共和国
Slovenská republika　Slovak Republic

加盟　2004年
面積　4万9000km²
人口　540万人（08年、EU統計局）
平均寿命　男70.4歳、女78.4歳（06年、EU統計局）
65歳以上の高齢者　11.9%（07年、EU統計局）
出生率　1.24（06年、EU統計局）
2050年の推定人口　470万人（EU統計局）
住民　西スラブ系のスロバキア人が85.8%、ハンガリー人9.5%、ロマ0.8%、チェコ人0.4%
言語　公用語はスロバキア語。ハンガリー語も一部行政用語
宗教　カトリック68.9%、プロテスタント6.9%、ギリシャ正教4.1%など
首都　ブラチスラバ（42.6万人）
主な都市　コシツェ（23.4万人）、プレショフ（9.1万人）、ジリナ（8.5万人）
政治体制　共和制、大統領直接選挙制
元首　大統領：イヴァン・ガシュパロビッチ（04年6月就任）
　　歴代大統領：ルドルフ・シュステル（1999-2004）、ミクラス・ズリンダ（1998-99）
議会　1院制：直接選挙、比例代表制
内閣　大統領が首相を任命
　　首相：ロベルト・フィツォ（中道左派スメル出身、06年7月発足）
　　歴代首相：ミクラーシュ・ズリンダ（1998-2006）、ウラジミール・メチエル（1994-98）
通貨　ユーロ（2009年1月に導入）
GDP/1人当たり　749億ドル／1万3857ドル（07年、IMF）
産業　機械、自動車
略史　9世紀にチェコ、スロバキア両民族の統一国家、大モラビア帝国が成立。その後スロバキアはハンガリー支配下に。オーストリア・ハンガリー帝国が第1次世界大戦で崩壊して、1918年にチェコスロバキア共和国として独立した。しかし、ナチス・ドイツが現在のチェコに当たるボヘミア、モラビア両地方を保護領とすると、スロバキアはドイツの支持で独立し、チェコスロバキアは解体された。第2次世界大戦後は、ソ連の影響下で従来の領土を回復、1948年にチェコスロバキア人民共和国が成立した。68年の「プラハの春」を主導したドプチェク共産党第一書記はスロバキア人。89年の民主化後、東欧の民族主義の高まりの中で93年1月に国民投票を経て平和裡にチェコスロバキアから分離独立した。
政治　独立を主導したメチアル首相率いる民族派政党の民主スロバキア運動（HZDS）は98年の総選挙で敗北。以後、HZDS、中道左派スメル、スロバキア民主キリスト連合などが政権をとっている。
外交・国防　2004年にNATO加盟。03年にはイラクにも派兵した。EU協調をすすめ、09年1月には通貨ユーロも導入。チェコ、ハンガリー、ポーランドと4カ国で、東欧旧共産圏の中の先進グループとなるヴィシェグラード・グループを結成している。総兵力は1.5万人。
日本との関係　93年2月に国交。EU圏に入ったことで、自動車・部品などの生産拠点として日本企業の投資が増えている。
対日貿易（07年、財務省）　日本の輸出513億円（AV機器、電子部品）　スロバキアからの輸入238億円（自動車・部品）

スロベニア共和国
Republika Slovenija　Republic of Slovenia

- 加盟　2004年
- 面積　2万0200km²
- 人口　202万人（08年，EU統計局）
- 平均寿命　男74.5歳，女82.0歳（06年，EU統計局）
- 65歳以上の高齢者　15.9%（07年，EU統計局）
- 出生率　1.31（06年，EU統計局）
- 2050年の推定人口　190万人（EU統計局）
- 住民　南スラブ系のスロベニア人83%，セルビア人2.0%，クロアチア人1.8%，ボスニア人1.1%など
- 言語　公用語はスロベニア語，ハンガリー語，イタリア語を少数言語として保護
- 宗教　カトリック57.8%，イスラム教2.5%，正教2.3%など
- 首都　リュブリャナ（26.7万人）
- 主な都市　マリボル（10.1万人）
- 政治体制　共和制，大統領直接選挙制
- 元首　大統領：ダニロ・トゥルク（07年12月就任）
  歴代大統領：ヤネス・ドルノウシェク（2002-07），ミラン・クーチャン（1991-2002）
- 議会　2院制
- 内閣　大統領が首相を指名，議会が承認
  首相：ボルト・パホル（社会民主党）
  歴代首相：ヤネス・ヤンシャ（2004-08），アントン・ロップ（2002-04）
- 通貨　ユーロ（2007年1月導入）
- GDP/1人当たり　460億ドル／2万2932ドル（07年，IMF）
- 産業　自動車部品，医薬品
- 略史　6世紀に南スラブ人が定住。7世紀には初のスロベニア人国家カランタニア公国が成立し，バイエルン人，フランク王国の支配下に入った後，神聖ローマ帝国に編入された。1282年にハプスブルグ家の所領となった後は1918年までハプスブルグ帝国領に属し，他の旧ユーゴスラビア諸国とは違って，ドイツ語圏，西欧圏に組み込まれた歴史を持つ。第1次世界大戦後は，セルビア，クロアチアとともにユーゴスラビア王国を形成。第2次大戦後は社会主義国となったユーゴに属する。91年にユーゴからの独立を宣言，ユーゴ（セルビア）軍との「十日戦争」を経て92年には国連に加盟した。
- 政治　ユーゴ内戦の影響をほとんど受けなかったことで，経済は独立後も好調。2007年1月には通貨ユーロも導入された。08年の総選挙では，ヤンシャ首相率いる中道右派の与党，スロベニア民主党が敗れ，中道左派の野党社会民主党が第1党となった。
- 外交・国防　2004年にNATO加盟。旧ユーゴからの脱却と西欧圏入りを目指す。総兵力7000人。
- 日本との関係　1992年に国交。スロベニアは95年に東京に駐日大使を派遣し，日本は06年に駐スロベニア大使館を開設している。
- 対日貿易（07年，財務省）　日本の輸出234億円（自動車，二輪車）
  スロベニアからの輸入58億円（木材，衣料品）

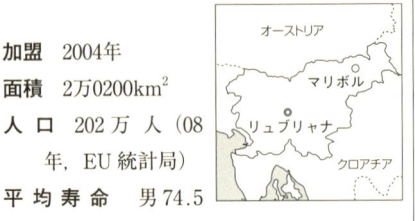

スペイン王国
Reino de España　Kingdom of Spain

加盟　1986年
面積　50万4600km²
人口　4528万人（08年, EU統計局）
平均寿命　男77.7歳, 女84.4歳（06年, EU統計局）
65歳以上の高齢者　16.7%（07年, EU統計局）
出生率　1.38（06年, EU統計局）
2050年の推定人口　4280万人（EU統計局）
住民　スペイン人（先住イベリア人にケルト, ラテン, ゲルマン人などが混合）, ほかにバスク人など
外国人　11.3%（520万人）が移住外国人。ルーマニア人72.8万人, モロッコ人64.4万人, エクアドル人42万人など
言語　全土での公用語はスペイン語（カスティーリャ語）。各自治州でカタルーニャ語, バスク語, ガリシア語なども公用語
宗教　カトリック92%, イスラム教0.5%など
首都　マドリード（312.8万人）
主な都市　バルセロナ（160.5万人）, バレンシア（80.5万人）, セビリア（70.4万人）, サラゴサ（64.9万人）, マラガ（56.0万人）
政治体制　立憲君主制
元首　国王：フアン・カルロス1世（75年11月即位）
議会　2院制：上院, 下院ともに任期4年
内閣　議院内閣制。国王が多数党代表を候補に指名し, 下院で信任後に任命
　首相：ホセ・ルイス・ロドリゲス・サパテロ（社会労働党, 04年就任, 08年再任）
　歴代首相：ホセ・マリア・アスナール（1996-2004）, フェリペ・ゴンサレス（1982-96）
通貨　ユーロ（1999年1月の創設時から導入）
GDP/1人当たり　1兆4389億ドル／3万2066ドル（07年, IMF）
産業　自動車, 観光, 食品
略史　ポエニ戦争の結果, 紀元前205年からローマ帝国の支配下に。415年から西ゴート王国, 756年からはイスラム教の後ウマイヤ朝が支配。その後は, カスティーリャ王国とアラゴン王国の合併で成立したスペイン王国が, 1492年に「レコンキスタ」を完了してキリスト教圏に復帰した。大航海時代には, コロンブスの新大陸到達などを経てスペインの「黄金の世紀」を迎えるが, 1588年のアルマダ海戦でイングランドに敗れ, 海上覇権を失った。19世紀にはナポレオンの侵攻を受け, 以後は王制派と共和派の内戦なども勃発し, 中南米など大半の海外領土を失った。1931年には共和制に移行するが, 36年にはフランコ将軍のクーデターでスペイン内戦が勃発, フランコは75年の死去まで独裁権力を握った。フアン・カルロス1世が即位すると民主化に向けて動きだし, 77年には自由選挙が実施され, 民主化を果たした。
政治　アスナール前首相は, 民主化後初めての中道右派政権を率い, 米国のイラク戦争を支持。2004年の総選挙直前に, マドリード近郊で通勤列車同時爆破テロが発生し, これをバスク系テロ組織の犯行と発表したが, アルカイダ系組織が犯行声明を発表したことで, 選挙では中道左派の社会労働党が勝利した。サパテロ政権はイラクからの撤兵を行った。
外交・国防　民主化後の82年にNATO加盟を果たすなど, EU, NATOおよびスペ

443

イン語圏との関係重視の政策。サパテロ政権のイラク撤退で対米関係は一時冷却化したが，その後修復が図られた。総兵力12万人。
- **日本との関係** 1549年のフランシスコ・ザビエル渡来以来の関係。経済，文化で幅広い交流があるが，EU加盟後は日本企業の投資が盛ん。
- **対日貿易**（07年，財務省） 日本の輸出6564億円（自動車・部品，二輪車，電子機器）スペインからの輸入2327億円（医薬品，化学製品）

スウェーデン王国
Konungariket Sverige　Kingdom of Sweden

- **加盟** 1995年
- **面積** 45万0295平方キロ
- **人口** 918万人（08年，EU統計局）
- **平均寿命** 男78.8歳，女83.1歳（06年，EU統計局）
- **65歳以上の高齢者** 17.4%（07年，EU統計局）
- **出生率** 1.85（06年，EU統計局）
- **2050年の推定人口** 1020万人（EU統計局）
- **住民** 北方ゲルマン系のスウェーデン人90.8%，ラップランドに少数民族のサーミ人2万人など
- **外国人** 全人口の6.7%が外国人。最大はフィンランド人の10万人
- **言語** 公用語はスウェーデン語
- **宗教** ルター派プロテスタント75%，イスラム教2.7%，カトリック1.6%など
- **首都** ストックホルム（78.2万人）
- **主な都市** イェーテボリ（49.0万人），マルメ（27.8万人），ウプサラ（18.5万人），リンシェピング（13.8万人）
- **政治体制** 立憲君主制
- **元首** 国王（カール16世グスタフ，73年即位）
- **議会** 1院制：直接選挙，比例代表制
- **内閣** 議院内閣制。議会議長が首相候補を指名し，議会で反対が過半数に達しなければ承認
- **首相** フレデリック・ラインフェルト（穏健党党首，06年10月就任）
- **歴代首相** ヨーラン・ペーション（1996-2006），イングバル・カールソン（1994-96）
- **通貨** クローナ（1ユーロ＝9.5クローナ，08年9月）
- **GDP/1人当たり** 4553億ドル／4万9654ドル（07年，IMF）
- **産業** 機械，自動車，林業
- **略史** 12世紀に王国として統一が始まるが14世紀末にはデンマーク支配下に。16世紀に入って独立を取り戻し，バーサ王朝のグスタフ2世アドルフはバルト海沿岸を征服。1618年からの30年戦争ではドイツまで進攻。1648年のウェストファリア条約で大国としての地位を固めた。しかし1700-21年からの大北方戦争でピョートル大帝のロシアに，バルト海の覇権を奪われた。ナポレオン戦争ではフィンランドを失ったが，19世紀には北欧民主主義と中立の政策に転換し，それ以降は第1次，第2次世界大戦でも中立を堅持した。
- **政治** 1930年代から76年まで社会民主労働党が政権を握り，福祉国家を築き上げた。その後は社民勢力と，福祉見直しを志向する中道右派の政権交代が続いており，2006年の総選挙では，穏健党など野党4党が勝利し，中道右派連立政権が発足した。03年に実施した国民投票で，ユーロ導入を否決している。

外交・国防 中立国として NATO 非加盟。しかし冷戦終結後は，EU 加盟で欧州統合への積極参加に転じた。平和維持活動など国連での活躍も伝統となっている。予備役を含む動員兵力は20万人。

日本との関係 皇室・王室関係をはじめ，経済，文化で幅広い友好。貿易，投資とも均衡がとれた関係となっている。

対日貿易（07年，財務省） 日本の輸出2311億円（自動車，AV機器）
スウェーデンからの輸入2636億円（木材，自動車，医薬品）

英国
United Kingdom of Great Britain and Northern Ireland

加盟 1973年
面積 24万4800km²
人口 6118万人（08年，EU統計局）
平均寿命 男77.1歳，女81.1歳（05年，EU統計局）
65歳以上の高齢者 16.0%（07年，EU統計局）
出生率 1.84（06年，EU統計局）
2050年の推定人口 6430万人（EU統計局）
住民 アングロ・サクソン人，ケルト系など白人92%。戦後は旧植民地などから移民多数。
言語 英語（法定公用語ではない）
宗教 英国国教会45%，その他プロテスタント19%，カトリック10%，イスラム教2.7%など
首都 ロンドン（751万人，06年推計）
主な都市 バーミンガム（97.0万人），グラスゴー（62.9万人），リバプール（46.9万人），リーズ（44.3万人），シェフィールド（43.9万人）

政治体制 立憲君主制
元首 国王：エリザベス2世女王（52年2月即位）
議会 2院制：下院は小選挙区直接選挙制，上院（貴族院）は世襲，一代貴族，聖職者で構成される非公選，終身制
内閣 議院内閣制。下院が首班指名
　首相：ゴードン・ブラウン（労働党），07年6月発足
　歴代首相：トニー・ブレア（1997-2007），ジョン・メージャー（1990-97）
通貨 ポンド（1ユーロ＝0.8ポンド，08年9月）
GDP/1人当たり 2兆7725億ドル／4万5574ドル（07年，IMF）
産業 金融，航空機，電子機器，医薬品
略史 先住民はケルト人。紀元前55年のカエサルによる進攻でグレートブリテン島南部がローマ属州に。その後はゲルマン系のアングロ・サクソン諸族が侵入した。1066年にノルマンディー公のウィリアム征服王がイングランドを征服。1707年にはスコットランド王国と合併し連合王国となり，1801年にはアイルランドも吸収した。1215年のマグナ・カルタ，17世紀の清教徒革命，名誉革命を経て立憲君主制を確立。1588年にはスペイン無敵艦隊を破って海上覇権を確立し，19世紀には北米，インド，アジア，アフリカに植民地を持つ大英帝国が成立した。
政治 第2次世界大戦後は植民地の大半を失い，国力に衰えも目立ったが，1979年にサッチャー率いる保守党が政権に就くと，新保守主義，自由市場主義の改革に着手。97年の総選挙ではブレア率いる労働党が政権に返り咲いたが，米金融危機で景気後退に陥るまで16年間にわたる好景気を持続させた。07年にはブレア辞

任で首相はブラウン財務相に禅譲された。
- **外交・国防** 米国との強い同盟と同時に，EU内で指導力を発揮することが基本。国連安保理常任理事国，NATOの主要メンバーとして，独自の戦略核兵器を持つ。アフガニスタンに派兵したほか，03年のイラク戦争にも参戦した。総兵力は18.5万人
- **日本との関係** 1600年に航海士ウィリアム・アダムス（三浦按針）が漂着して以来の関係。明治期には日英同盟が結ばれ，第2次世界大戦で交戦国となったものの，戦後は政治，経済，文化で幅広い関係を築いている。経済では，サッチャー以降の英国の外資誘致策もあって，自動車，電子機器など多くの日本企業が生産拠点を構えている。
- **対日貿易**（07年，財務省）日本の輸出1兆9170億円（自動車・部品，電子機器）英国からの輸入8865億円（自動車，医薬品）

アンドラ公国
Principat d'Andorra　Principality of Andorra

加盟に向けた状況　加盟希望せず
面積　468km²
人口　8.31万人
平均寿命　男78歳，女85歳（06年，WHO）
60歳以上の高齢者　22%（06年，WHO）
出生率　1.3（06年，WHO）
- **住民**　全人口のうちアンドラ国籍保有者は36.6%，スペイン人33.0%，ポルトガル人16.3%，フランス人6.3%など。
- **言語**　公用語はカタルーニャ語

宗教　90%以上がカトリック
首都　アンドラ・ラ・ベリャ（2.45万人）
政治体制　共同元首を擁する議会制
元首　スペインのウルヘル教区司教とフランス大統領が共同元首
議会　1院制
内閣　議院内閣制
　　首相：アルベール・ピンタート（05年就任）
通貨　ユーロを使用
GDP/1人当たり　33.37億ドル／4万4962ドル（06年，国連）
産業　農業，観光
略史　ピレネー山中，スペインとフランスに挟まれた小国。1278年に，宗主のウルヘル司教と，封土としてアンドラを与えられていたフォア伯爵との間で対等の封建領主権を共有する契約が結ばれ，以後，両者がアンドラの共同領主となった。フォア伯爵側の領主権は後に，フランス国王，フランス大統領に継承されている。1993には新憲法が採択され，国家として正式に独立したほか，フランス，スペインからも主権国家として承認された。同年7月に国連にも加盟を果たした。日本も93年にアンドラ公国を承認，07年の貿易は日本からの輸出が9710万円，アンドラからの輸入が499万円となっている。

アルバニア共和国
Republika e Shqipërise　Republic of Albania

加盟に向けた状況　加盟を希望，2006年に安定化・連合協定。
面積　2万8700km²

人口 317.2万人（06年，WHO）
平均寿命 男69歳，女73歳（06年，WHO）
60歳以上の高齢者 13%（06年，WHO）
出生率 2.2（06年，WHO）
住民 アルバニア人が90%以上，南部にギリシャ系住民
言語 公用語はアルバニア語だが，北部のゲーグ方言と南部のトスク方言に分かれ，標準語はトスク方言に基づいている
宗教 共産党支配下で1990年まで「無神論国家」が宣言され，宗教活動が禁じられた。現在は憲法で宗教の自由が保証されているものの，宗教活動は活発ではない。住民の出身家庭のうち70%がイスラム教，20%が正教，10%がカトリックだったとみられている。
首都 ティラナ（64.3万人）
主な都市 ドゥラス（20.9万人），エルバサン（10.1万人），ブロラ（12.5万人）
政治体制 共和制，大統領は議会で選出
元首 大統領：バミル・トピ（07年就任，民主党出身）
 歴代大統領：アルフレッド・モイシウ（2002-07），レゼップ・メイダニ（1997-2002）
議会 1院制
内閣 大統領が第1党から首相を指名，議会が選出
 首相：サリ・ベリシャ（05年就任，民主党出身）
 歴代首相：ファトゥス・ナノ（2002-05），パンデリ・マイコ（2002）
通貨 レク（1ユーロ＝122レク，08年9月）
GDP/1人当たり 106.2億ドル／3353ドル（07年，IMF）
産業 農業，機械製造
略史 アルバニア人の先祖とみられる印欧語族のイリュリア人は紀元前1000年ごろに定住。その後は古代ギリシャ，ローマ帝国の支配を受け，15世紀後半からオスマン・トルコの支配下でイスラム教が浸透した。1912年にオスマン・トルコから独立したが共和制と王制の入れ替わりが続き，1939年にはイタリアに事実上併合される。第2次世界大戦でドイツに占領されたが，ソ連軍に解放され，ホッジャ将軍を首班とする共産党臨時政府が樹立された。ホッジャ首相は，54年の辞任後も，共産党から改称した労働党の第一書記として85年の死去まで独裁を敷いた。この間，アルバニアは実質的に鎖国状態を続けた。90年には一党独裁が廃止され，92年の総選挙では非共産党の民主党から大統領が選出された。
政治 民主化後は，民主党と旧共産党の社会党による政権が続いている。1997年にはねずみ講破綻を発端とする騒乱が発生し，人道援助物資の配給の安全確保のためイタリアを中心とする多国籍防護軍が一時展開した。
外交・国防 09年4月にNATO加盟。EUとは06年に安定化・連合協定を締結し，09年に加盟を申請した。
日本との関係 国交は1980年に樹立。2008年2月にはベリシャ首相が，アルバニア首相として初来日している。
対日貿易（07年，財務省） 日本の輸出2億718万円（自動車・部品，機械）
 アルバニアからの輸入1億715万円（タバコなど農産品）

アゼルバイジャン共和国
Azərbaycan Respublikası　Republic of Azerbaijan

- **加盟に向けた状況**　加盟希望は表明していない
- **面積**　8万6600km²
- **人口**　840.6万人（06年，WHO）
- **平均寿命**　男62歳，女66歳（06年，WHO）
- **60歳以上の高齢者**　9%（06年，WHO）
- **出生率**　1.7（06年，WHO）
- **住民**　トルコ語系のアゼルバイジャン語を母国語とするアゼルバイジャン人が90.6%，レズギン人が2.2%，ロシア人が1.8%，アルメニア人が1.5%など。
- **言語**　公用語はアゼルバイジャン語
- **宗教**　イスラム教が95%（うち85%はシーア派，15%がスンニ派），このほかロシア正教，アルメニア正教など
- **首都**　バクー（203.6万人）
- **主な都市**　ギャンジャ（32万人），スムガイト（27.9万人），ミンガジェビル（9.9万人）
- **政治体制**　共和制，大統領直接選挙制
- **元首**　大統領：イルハム・アリエフ（03年就任，08年再選）
  歴代大統領：ヘイダル・アリエフ（1993-2003），アビュルファルズ・エルチベイ（1992-93）
- **議会**　1院制
- **内閣**　大統領が任免
  首相：アルトゥル・ラシザデ（03年就任）
  歴代首相：イルハム・アリエフ（2003），アルトゥル・ラシザデ（1996-2003）
- **通貨**　マナト（1ユーロ＝1.04マナト，09年1月）
- **GDP/1人当たり**　313.2億ドル／3662ドル（07年，IMF）
- **産業**　石油，農業
- **略史**　3-7世紀にササン朝ペルシアの支配，7-10世紀にアラブの支配を受けた後はトルコ系民族が流入。モンゴル帝国に編入され，イルハン朝の支配下に入りながら，テュルク（トルコ文化）化が進行した。16世紀には，イラン・サファビー朝の支配下に入り，シーア派を受容する。19世紀にはロシア・イラン戦争の結果，北アゼルバイジャンがロシアに併合された。ロシア革命直後には，民族派によって独立が宣言されたが，赤軍に鎮圧されソ連邦に参加。91年8月には独立を宣言した。
- **政治**　独立後は，アルメニアとの間のナゴルノカラバフ紛争に加え，テロやクーデター騒ぎが多発したが，アゼルバイジャン・ソビエト社会主義共和国時代からアゼルバイジャン政界を支配してきたヘイダル・アリエフ氏が1993年に大統領に就任して安定化。ヘイダル・アリエフ氏は03年に病死したが，同年の大統領選挙で長男のイルハム・アリエフ首相が圧勝で大統領を後継した。
- **外交・国防**　隣国アルメニアとの間で，アゼルバイジャン国内のアルメニア人居住区であるナゴルノカラバフ自治州の帰属をめぐる紛争が92年に勃発。94年に停戦が発効したが，同自治州は引き続きアルメニア人によって実効支配されており，解決のめどは立っていない。ロシアとの関係にも配慮し，EU，NATOへの加盟希望は表明していない。民族的に近いトルコとは伝統的に友好国。総兵力6.7万人。
- **日本との関係**　91年末に独立を承認。ODAが供与されている。
- **対日貿易**（07年，財務省）　日本の輸出113.7

億円（自動車，鉄鋼製品）
アゼルバイジャンからの輸入218.3億円（石油，同製品）

ボスニア・ヘルツェゴビナ
Bosna i Hercegovina　Bosnia and Herzegovina　Босна и Херцеговина

加盟に向けた状況　加盟を希望
面積　5万1100km²
人口　392.6万人（06年，WHO），その後は難民帰還で450万人以上に回復したもよう
平均寿命　男72歳，女78歳（06年，WHO）
60歳以上の高齢者　19％（06年，WHO）
出生率　1.2（06年，WHO）
住民　ボスニア人48.0％，セルビア人37.1％，クロアチア人14.3％など
言語　公式言語はボスニア語，セルビア語，クロアチア語
宗教　イスラム教が43.7％，セルビア正教が31.4％，カトリックが17.3％など
首都　サラエボ（29.8万人）
主な都市　バニャルカ（22.5万人），トゥズラ（8.8万人），ゼニカ（8.5万人），モスタル（6.4万人）
政治体制　共和制。主要民族代表による集団指導制。
元首　大統領評議会（幹部会）議長：主要3民族の代表が8カ月ごとに輪番で務める。08年12月時点では，セルビア系のネボイシャ・ラドマノヴィッチ氏。
議会　2院制
内閣　3主要民族で構成する閣僚評議会が内閣に相当する。大統領評議会で指名され，下院で承認される閣僚評議会議長が首相に相当する。
閣僚評議会議長：ニコラ・シュピリッチ（07年就任，セルビア系）
通貨　兌換マルク（1ユーロ＝1,95583マルクで固定）1998年にドイツ・マルク等価の通貨として導入され，ユーロ誕生後もそのまま流通している。
GDP/1人当たり　147.8億ドル／3712ドル（07年，IMF）
産業　林業，鉱業
略史　12世紀にボスニア王国が成立し，ボスニア，ヘルツェゴビナを支配。15世紀にはオスマン・トルコの支配下に入り，バルカン半島におけるトルコの拠点としてイスラム化が進展した。1875年の露土戦争後に，オーストリア・ハンガリー帝国に組み入れられるが，第1次世界大戦でハプスブルク帝国が崩壊すると，セルビア・クロアチア・スロベニア王国（その後のユーゴスラビア王国）に加わる。第2次大戦後は，ユーゴスラビア内で1共和国の地位を得て，1984年にはサラエボで冬季五輪も開催された。ユーゴ解体の中で，主要3民族間の緊張が高まり，1992年にはセルビア系がボイコットした国民投票を受け独立を宣言した。その後は，武装した各勢力間で内戦状態が広がるボスニア紛争に発展。米国の和平仲介，NATOによる空爆を経て，95年のデイトン合意で紛争が終結した。その後は国連管理下に置かれ，NATOを中心とする多国籍部隊が駐留。NATOは2004年末で撤退し，その後は欧州連合部隊が治安維持に当たっている。
政治　ボスニア内戦でセルビア人勢力を指導したラドバン・カラジッチ氏は2008年7月にセルビア当局に拘束され，旧ユーゴスラビア国際戦犯法廷で公判が始まった。

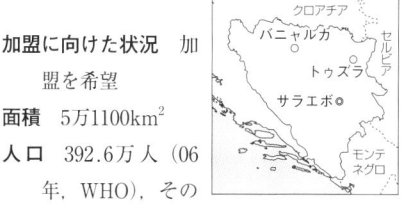

外交・国防 EU，NATOへの加盟が目標。08年6月にはEUとの間で安定化・連合協定に調印し，09年の加盟正式申請を目指している。NATOとは06年に「平和のためのパートナーシップ」協定。3民族がそれぞれ独自の軍を維持してきたが，06年には国防省が統合された。総兵力1.2万人。

日本との関係 デイトン合意で和平が成立した後，日本は96年に独立を承認するとともに，その後は積極的な経済援助を行っている。

対日貿易（07年，財務省） 日本の輸出5億8326万円（電子機器，精密機器）ボスニアからの輸入4億4312万円（木材，繊維製品）

スイス連邦
Confoederatio Helvetica　Swiss Confederation

加盟に向けた状況 1992年に加盟申請したが，交渉には至らず。2001年には加盟交渉開始の是非を国民投票で大差で否決

面積 4万1200km^2

人口 759万人（08年）

平均寿命 男79.2歳，女84.2歳（06年）

65歳以上の高齢者 16.2%（07年）

出生率 1.43（06年）

住民 ドイツ系63.7%，フランス系20.4%，イタリア系6.5%，ロマンシュ語系0.5%

外国人 人口の20%近くが外国人労働者。出身地では旧ユーゴスラビアが36万人，イタリア人32万人，ポルトガル人14.2万人，ドイツ人11.2万人など。

言語 公用語はドイツ語（表記にドイツ語と若干の違い），フランス語，イタリア語，ロマンシュ語

宗教 カトリック41%，プロテスタント40%など

首都 ベルン（12.3万人）

主な都市 チューリヒ（35.9万人），ジュネーブ（18.0万人），バーゼル（16.4万人），ローザンヌ（11.9万人）

政治体制 連邦共和制

元首 国家元首は規定されていない。大統領は閣僚7名のうち1人が1年ごとに交替で務める輪番制。2009年はハンスルドルフ・メルツ（自由民主党）。

議会 2院制（下院と，26州の代表で構成する上院）

内閣 上下両院合同会議で7人の閣僚を選出する。首相はいない。

通貨 スイス・フラン（1ユーロ=1.5フラン，08年12月）

GDP/1人当たり 4239億ドル/5万8083ドル（07年，IMF）

産業 機械，精密機械，金融，観光

略史 1291年に3州が成約同盟を結んで建国。その後，参加州を増やし，1648年のウェストファーレン条約で正式に神聖ローマ帝国から独立した。フランス革命後には，フランス軍がスイス国内に進攻したが，1815年のウィーン条約で永世中立を認められる。1847年にはカトリック州とプロテスタント州の間で内戦（分離同盟戦争）が起きた結果，連邦制が正式に採用された。第1次，第2次世界大戦でも中立を堅持した。

政治 直接民主主義の伝統から，いかなる問題でも一定の署名を集めれば国民投票で決することができる。2002年には国民投票で国連加盟を決定し，同年に190番目の加盟国となった。07年総選挙では右

派でEU加盟に反対する国民党が第1党を維持した。

外交・国防 国連加盟後も中立に変更なし。皆兵制の下で，伝統的な重武装。予備役の動員で緊急時には21万人の兵力を召集できる。

日本との関係 1864年に修好通商条約。経済，文化で幅広い交流がある。

対日貿易 (07年，財務省) 日本の輸出3548億円（自動車，AV機器）

スイスからの輸入6136億円（時計，医薬品）

クロアチア共和国
Republika Hrvatska　Republic of Croatia

加盟に向けた状況 2003年に加盟申請，現在は加盟候補国

面積 5万6500km^2

人口 443万人（08年，EU統計局）

平均寿命 男77.5歳，女79.3歳（06年，EU統計局）

65歳以上の高齢者 17.1%（07年，EU統計局）

出生率 1.38（06年，EU統計局）

住民 南スラブ系のクロアチア人が90%，セルビア人4.5%，ボスニア人0.5%，イタリア人0.4%，ハンガリー人0.4%など。

言語 公用語はクロアチア語

宗教 カトリック87.8%，セルビア正教4.4%，イスラム教1.3%など。

首都 ザグレブ（77.9万人）

主な都市 スプリト（20.5万人），リエカ（14.4万人），オシエク（11.4万人）

政治体制 共和制，大統領直接選挙制

元首 大統領：スティエパン・メシッチ（2000年就任）

歴代大統領：ズラトコ・トムチッチ（2000），ブラッコ・パブレティッチ（1999-2000）

議会 1院制

内閣 大統領が首相を任命

首相：イボ・サナデル（03年就任，クロアチア民主同盟 =HDZ= 出身）

歴代首相：イビツァ・ラチャン（2000-03），ズラトコ・マテシャ（1995-2000）

通貨 クーナ（1ユーロ＝7.2クーナ，08年9月）

GDP/1人当たり 513億ドル／1万1576ドル（07年，IMF）

産業 繊維，機械

略史 7世紀ごろにスラブ人が定住し，9世紀初めにフランク王国の支配下に入ってキリスト教化された。879年にクロアチア王国が独立。その後，ハンガリー王国，オスマン・トルコの支配を受けるが，1527年にハプスブルグ家の支配下に入る。一方，アドリア海沿岸のダルマチア地方は10世紀末からベネチア共和国の植民地となり，19世紀初めにハプスブルク支配下に。第1次世界大戦でオーストリア・ハンガリー帝国が崩壊すると，南スラブ人を統合したセルビア・クロアチア・スロベニア王国に参加し，1929年にユーゴスラビアと改名した。しかし，1941年にナチス・ドイツがユーゴに侵攻すると，クロアチアはドイツの支援を受けて独立国を作り，セルビア人勢力との間で激しい内戦となった。戦後はチトーが指導したユーゴスラビア共産主義者同盟がユーゴを復活させるが，1991年に国民投票で独立を決めると，ユーゴスラビア連邦軍がセルビア系住民保護を目的に侵攻し，クロアチア軍と全

面衝突となった。クロアチア紛争は1995年まで続き，多数の死者，難民を出した。
- **政治** 独立以来，強権体制を敷いて，国内セルビア人の掃討を行ってきたツジマン大統領が1999年に死去。その後は，社会民主党とHDZが交互に政権を握っている。民族主義色の強かったHDZは，サナデル首相の下で，穏健な中道右派政党を志向している。
- **外交・国防** 09年4月にNATO加盟。EUへは2003年に加盟申請を行ったが，その後は，旧ユーゴ国際戦犯法廷への非協力を理由に，一時，交渉が遅れた。しかし戦犯として起訴され，逃亡していたゴトビナ元南部ダルマチア司令官が2005年に逮捕されたことで，大きな障害はなくなっている。総兵力は3.3万人。
- **日本との関係** 独立後は，内戦の沈静化などを待って，経済を中心に交流が活発化。自動車部品など，日本メーカーの現地生産も始まっている。
- **対日貿易**（07年，財務省） 日本の輸出54.9億円（自動車，電子機器，二輪車）
- クロアチアからの輸入114.4億円（マグロ，ワイン，繊維製品）

グルジア共和国
საქართველო Georgia

- **加盟に向けた状況** サーカシビリ現政権は加盟を希望
- **面積** 6万9700km²
- **人口** 443.3万人（06年，WHO）
- **平均寿命** 男66歳，女74歳（06年，WHO）
- **60歳以上の高齢者** 18%（06年，WHO）
- **出生率** 1.4（06年，WHO）
- **住民** 南コーカサス系のグルジア語を母国語とするグルジア人が83.8%，アゼルバイジャン人が6.5%，アルメニア人が5.7%，アブハジア人が2.6%，ロシア人が1.5%，オセチア人が0.9%など。
- **言語** 公用語はグルジア語
- **宗教** グルジア正教が84%，イスラム教が9.9%など。
- **首都** トビリシ（125.8万人）
- **主な都市** クタイシ（17.8万人），バトゥーミ（11.8万人），ルスタビ（11.2万人）
- **政治体制** 共和制，大統領直接選挙制
- **元首** 大統領：ミハイル・サーカシビリ（08年就任，04-07年も）
  歴代大統領：ニノ・ブルジャナゼ（2007-08,03-04），エドゥアルド・シェワルナゼ（1995-2003）
- **議会** 1院制
- **内閣** 大統領が閣僚を指名し，議会が承認
  首相：ニコロス・ギラウリ（09年1月発足）
  歴代首相：グリゴル・ムガロブリシビリ（08-09年），ラド・グルゲニゼ（2007-08）
- **通貨** ラリ（1ユーロ＝2.15ラリ，09年1月）
- **GDP/1人当たり** 102.2億ドル／2339ドル（07年，IMF）
- **産業** 農業，食品加工
- **略史** 紀元前6世紀に西グルジアにコルキス王国，紀元前4-3世紀に東グルジアにカルトリ王国が成立。西グルジアは562年にビザンツ帝国に併合される。東グルジアも6世紀にササン朝ペルシアに征服される。その後はオスマン帝国，ロシア帝国などの支配を経て，ロシア革命後の1918年に独立宣言するが，21年には赤軍に制圧され，アルメニア，アゼルバイジャンとともに，ザカフカース社会主義連

邦ソヴィエト共和国を形成してソ連邦に参加した。1991年4月9日には独立を宣言し、5月にガムサフルディア初代大統領が当選した。しかし92年1月には反ガムサフルディア派が大統領官邸を占拠。ガムサフルディア大統領はグルジアから脱出した。同年、シェワルナゼ元ソ連外相が帰国し、国家評議会議長に就任した。

政治 2003年の議会選挙で、サーカシビリ氏を中心とする親米欧の野党勢力は、不正があったとして議会を占拠。シュワルナゼ大統領は辞任した（バラ革命）。サーカシビリ氏は翌年の大統領選挙で圧勝した。07年には、前国防相の汚職容疑での拘束とドイツへの強制移送を受けて、反政府勢力がトビリシで抗議デモを展開。サーカシビリ大統領は、デモを実力で排除、大統領選を08年1月に前倒し実施して再選を果たした。

外交・国防 米国留学経験もあるサーカシビリ大統領はNATO、EUへの加盟を目指す。08年8月には独立を求める南オセチア自治政府に対し、グルジア軍の部隊を侵攻させた。しかし南オセチア側に立ってロシア軍が介入。グルジアは大幅な軍事力強化を進めていたものの敗退し、8月15日に停戦が成立した。停戦後もロシアはグルジア国内に駐屯しつつ、議会でアブハジアと南オセチアの独立を承認する決議案を採択した。総兵力は2.15万人。

日本との関係 92年に独立を承認。米、独に次ぐグルジアへのODA供与国となっている。

対日貿易（07年、財務省）日本の輸出132.5億円（自動車、タイヤ）
グルジアからの輸入6.03億円（食料品）

アイスランド共和国
Lýðveldið Ísland　Republic of Iceland

加盟に向けた状況 加盟消極派が優勢だったが、2008年の金融危機で与党内に加盟申請を求める声が強まる

面積 10万3100km^2

人口 31.4万人（08年）

平均寿命 男79.5歳、女82.9歳（06年）

65歳以上の高齢者 11.7%（06年）

出生率 2.08（06年）

住民 アイスランド人が93%

外国人 ポーランド人2.7%、リトアニア人0.4%、ドイツ人0.3%、デンマーク人0.3%、ポルトガル人0.28%など

言語 北方ゲルマン古語を起源とするアイスランド語が公用語

宗教 国教のルター派プロテスタントが80.7%、その他のプロテスタントが4.9%、カトリックが2.5%など。

首都 レイキャビク（11.8万人）

政治体制 共和制、大統領直接選挙制

元首 大統領：オラフル・グリムソン（96年就任）
歴代大統領：ウィグディス・フィンボガドッティル（1980-96）、クリステリアン・エルドヤルン（1968-80）

議会 1院制

内閣 議院内閣制。大統領が指名し議会で承認
首相：ヨハンナ・シグルザルドッティル（社会民主同盟）（09年2月発足）
歴代首相：ゲイル・ハーデ（2006-09年）、ハルドール・アウスグリムソン（2004-06）

- **通貨** アイスランド・クローネ（1ユーロ＝300クローネ、08年12月）
- **GDP/1人当たり** 20.0億ドル／6万3830ドル（07年、IMF）
- **産業** 漁業、金融、アルミ精錬
- **略史** 9-10世紀にノルウェーなどスカンジナビアのバイキング、さらにアイルランドのケルト人が入植、定住した。定住者によって、民主制議会に相当するアルシンギと呼ばれる立法・司法機関が設立された。1262年にノルウェーの統治下に入り、14世紀からはデンマーク王の統治下に。1918年にはデンマーク国王主権下の立憲君主国、アイスランド王国として独立した。第2次世界大戦では、デンマークがドイツに占領されたため英国軍が占領。米英軍の駐留の下で1944年に共和国として完全な独立を果たした。
- **政治** 金融立国を目指したが2008年の金融危機で打撃。高金利で海外からの資金を集めていた大手3銀行は、政府管理下に入ったものの、国外の預金は事実上の返済停止に。11月にはIMFから21億ドル、北欧4カ国から25億ドルの緊急融資を受けたが、通貨クローネは暴落した。このため、政府はEU加盟を急ぐ方針に転じた。
- **外交・国防** NATOには加盟しているものの、自国の軍備はない。1951年に米国と防衛協定を締結、米軍の国内駐留を認めていたが、06年に撤退した。漁業水域の保全のため、EUには加盟せずに協力関係を築く方針を続けてきたが、金融危機で世論はEU加盟支持に傾く。
- **日本との関係** 1956年から外交関係。漁業を中心に交流が活発。金融危機ではアイスランド大手銀行が発行した円建て債が利払い停止に。
- **対日貿易**（07年、財務省） 日本の輸出176億9500万円（自動車）、アイスランドからの輸入151億645万円（シシャモなど水産品）

コソボ共和国
Republika e Kosovës　Republic of Kosovo　Республика Косово

- **加盟に向けた状況** 加盟を希望
- **面積** 1万0800km²
- **人口** 215.3万人
- **65歳以上の高齢者** 6%（コソボ政府）
- **住民** コソボ政府によると、アルバニア人が92%、セルビア人が5.3%、その他が2.7%。
- **言語** アルバニア語、セルビア語が公用語
- **宗教** アルバニア系の大半がイスラム教徒。約6万人がカトリック教徒。セルビア系住民の大半はセルビア正教徒。
- **首都** プリシュティナ（56.4万人）
- **主な都市** プリズレン（17万人）、ミトロビツァ（11万人）、ペヤ（9.7万人）
- **政治体制** 共和制
- **元首** 大統領：ファトゥミル・セイディウ（06年就任）
  歴代大統領：イブラヒム・ルゴバ（1992-2006）
- **議会** 1院制
- **内閣** 首相：ハシム・サチ（08年就任）
  歴代首相：アギム・チェク（2006-08）、バジュラム・コスミ（2005-06）
- **通貨** ユーロ（欧州委員会や欧州中央銀行は認めていないが、勝手に流通させている）
- **GDP/1人当たり** 45.8億ドル／2155ドル（07年、IMF）

産業　農業，鉱業

略史　コソボは中世セルビア王国，セルビア正教会の中心地だったが，1389年のコソボの戦いでセルビアはオスマン・トルコに敗退。これ以後，イスラム教とのアルバニア人が入植を始める。1913年にはバルカン戦争でトルコを破ったセルビアがコソボを奪回，第1次世界大戦以降は，セルビアが中心となって作ったユーゴスラビア王国の一部に。第2次大戦後は，チトー指導下のユーゴで，63年に自治州の地位を得る。1981年にはアルバニア住民による暴動が発生，89年にはセルビアが自治権限など弾圧を強めた。

政治　1990年にアルバニア系住民が独立を宣言すると，セルビアは直接統治を開始。アルバニア系住民は非合法の武装組織「コソボ解放軍」（KLA）を組織して武力闘争開始。98年にセルビアがKLA掃討作戦を展開したことから，99年にはNATOがコソボを含むセルビア全域の軍事目標及びセルビアの経済インフラに対し空爆を行った。セルビアはKLA掃討作戦を強化し，数十万のアルバニア系住民がコソボから流出し難民化した（コソボ紛争）。NATO空爆終了後は，国連による暫定統治下に入り，NATOを主体とする国際安全保障部隊（KFOR）がコソボの治安維持に当たった。

外交・国防　コソボ議会は08年2月に独立を宣言。主要国では米，英，仏，独，日などが承認したが，セルビアの強い反発を受けて，ロシア，中国はセルビアの承諾無しではコソボ独立を承認しない方針。09年2月時点で，コソボ承認国は55ヵ国にとどまっている。NATO主体のKFORが駐留しており，独自の軍は持っていない。EU，NATO入りを目指すが，EU内にはコソボ独立承認を保留している国もある。

日本との関係　08年3月に独立を承認。コソボ紛争時には難民支援の資金を拠出している。

リヒテンシュタイン公国
Fürstentum Liechtenstein　Principality of Liechtenstein

加盟に向けた状況　加盟を希望していない

面積　160km^2

人口　3万5635人（08年，EU統計局）

平均寿命　男78.9歳，女83.1歳（06年，EU統計局）

65歳以上の高齢者　11.9%（07年，EU統計局）

出生率　1.42（06年，EU統計局）

住民　リヒテンシュタイン生まれの人口は全体の65.8%，スイス人が10.8%，オーストリア人が5.9%，ドイツ人が3.4%，イタリア人が3.3%，旧ユーゴスラビア出身者が3.3%など。

言語　公用語はドイツ語

宗教　カトリックが75.7%，プロテスタントが7.0%，イスラム教が4.2%など。

首都　ファドゥーツ（5100人）

政治体制　立憲君主制

元首　大公：ハンス・アダム2世（1989年即位）
　　摂政：アロイス（ハンス・アダム2世の長男，04年から摂政）

議会　1院制
　　首相：オットマール・ハスラー（01年就任）
　　歴代首相：マリオ・フリック（1993-

2001），マルクス・ビュッヘル（1993）
- **通貨** スイス・フラン
- **GDP** 49億ドル／11万8000ドル（CIA推定）
- **産業** 金融
- **略史** スイス，オーストリア国境に位置する公国。19世紀以来，非武装中立を標榜しているが，欧州自由貿易地域（EFTA）には1991年に加盟した。人口の倍以上の企業（ペーパーカンパニー）が本社を置いている。OECDからは，非協力的な租税回避地（タックスヘイブン）に名指しされており，2008年にはリヒテンシュタインを舞台にした欧州各国富裕層の脱税事件が摘発され，独郵政事業会社ドイツポストのツムウィンケル社長（当時）が有罪となっている。

モナコ公国
Principauté de Monaco　Principality of Monaco

- **加盟に向けた状況** 加盟は希望していないが，シェンゲン条約などに参加
- **面積** 1.95km²
- **人口** 3.3万人（06年，WHO）
- **平均寿命** 男78歳，女85歳（06年，WHO）
- **60歳以上の高齢者** 21%（06年，WHO）
- **出生率** 1.8（06年，WHO）
- **住民** モナコ国籍を有する住民はわずか16%，フランス人が47%，イタリア人が16%，その他の住民は125の国籍にわたっている。
- **言語** 公用語はフランス語
- **宗教** カトリックが国教
- **首都** モナコ
- **政治体制** 立憲君主制
- **元首** 国王：アルベール2世（05年即位）

- **議会** 1院制
- **内閣** 国王の下に首相に相当する国務大臣が任命され，さらに5名の政府顧問が国務大臣を補佐する。
  国務大臣：ジャンポール・プルースト（05年就任）
- **通貨** ユーロを使用
- **産業** 観光，金融
- **略史** フランスの地中海岸に位置する都市国家。1918年の保護友好条約によって，フランスの保護下に置かれた。1956年にはレーニエ3世が，ハリウッド女優グレース・ケリーと結婚したことでも有名。2005年には，保護条約の期限切れに伴い，フランスと友好協力条約が締結され，フランスの承認なく国交を結べるなど，独立度が高まった。これを受け06年には日本とモナコの間にも正式の国交が開かれた。所得税がなく，世界中の富裕層が移住してくることでも有名。OECDからも，租税回避地（タックスヘイブン）に指名されている。

モンテネグロ
Црна Гора　Montenegro

- **加盟に向けた状況** 2008年に加盟を正式申請
- **面積** 1万3812km²
- **人口** 60.1万人（06年，WHO）
- **平均寿命** 男72歳，女76歳（06年，WHO）
- **60歳以上の高齢者** 18%（06年，WHO）
- **出生率** 1.8（06年，WHO）
- **住民** 南スラブ系モンテネグロ人が43.2%，セルビア人32.0%，ボスニア人7.8%，アルバニア人5.0%など

言語　公用語はセルビア語方言のモンテネグロ語のほかセルビア語，ボスニア語，アルバニア語，クロアチア語

宗教　正教（セルビア正教）が75%，イスラム教が12%など。

首都　ポドゴリツァ（14.4万人）

主な都市　ニクシチ（5.9万人），プリエブリヤ（2.1万人）

政治体制　共和制，大統領直接選挙制

元首　大統領：フィリップ・ブヤノビッチ（独立前の03年から，06年の独立で初代大統領に）

議会　1院制

内閣　議院内閣制。大統領が第1党から首相を指名，議会で承認

首相：ミロ・ジュカノビッチ（08年就任，社会主義者民主党出身）

歴代首相：ジェリコ・シュトラノビッチ（2006-08），ミロ・ジュカノビッチ（2006）

通貨　ユーロ（独立前の1999年にドイツマルクを公式通貨と決め，ユーロ紙幣流通後もユーロを一方的に使用している）

GDP/1人当たり　29億7400万ドル／不明（07年，IMF）

産業　観光，アルミ精錬

略史　言語，文化でセルビアと大きな差異はないが，1389年にコソボの戦いでセルビア王国がオスマン・トルコに敗れた後も，モンテネグロ住民はトルコを宗主国としながら独立状態を維持した。1878年にはベルリン条約によりモンテネグロ公国の独立が承認された。第1次世界大戦後にはセルビアに併合され，ユーゴスラビア王国の一部に。第2次大戦後は，ユーゴスラビア連邦の中で1共和国の地位が与えられた。90年代からのユーゴ解体の過程では，セルビアとともに連邦共和国を形成したが，ミロシェビッチ政権の崩壊後は独立に動き，06年5月の国民投票で独立を決めた。

政治　2007年10月に憲法を制定。06年の独立後の総選挙では，連立与党が勝利し，シュトラノビッチ氏が首相に就任したが，08年1月に病気で辞任。独立を主導したジュガノビッチ氏が首相に復帰した。

外交・国防　EUへの加盟を目指し，ジュガノビッチ首相が08年12月に加盟を正式申請した。総兵力は2400人。

日本との関係　2006年6月に日本は独立を承認。経済関係は，独立前から徐々に拡大している。

対日貿易　（07年，財務省）　日本の輸出2億4998万円（鉄鋼製品）

モンテネグロからの輸入33万円（ワイン）

マケドニア旧ユーゴスラビア共和国
Република Македонија　Former Yugoslav Republic of Macedonia

加盟に向けた状況　2003年に加盟申請，05年から候補国

面積　2万5700km²

人口　203.6万人（06年，WHO）

平均寿命　男71.7歳，女76.2歳（06年，EU統計局）

65歳以上の高齢者　11.2%（07年，EU統計局）

出生率　1.46（06年，EU統計局）

住民　南スラブ系マケドニア人64.2%，アルバニア人25.2%，トルコ人3.9%，ロマ2.7%，セルビア人1.8%など。

言語　公用語はマケドニア語。地域によってアルバニア語，トルコ語など。

宗教　正教32.4%，イスラム教16.9%など

- **首都** スコピエ（50.7万人）
- **主な都市** クマノボ（10.5万人），ビトラ（9.5万人），テトボ（8.6万人）
- **政治体制** 共和制，大統領直接選挙制
- **元首** 大統領：ブランコ・ツルベンコフスキ（04年就任，社会民主党出身）
  歴代大統領：ボリス・トライコフスキ（1999-2004），キロ・グリゴロフ（1991-99）
- **議会** 1院制
- **内閣** 議院内閣制。大統領が第1党から首相を指名
  首相：ニコラ・グルエフスキ（国家統一民主党出身），06年就任，08年第2次発足
  歴代首相：ブラド・ブシュコフスキ（2004-06），ハリ・コストフ（2004）
- **通貨** マケドニア・デナール（1ユーロ＝61デナール，08年9月）
- **GDP/1人当たり** 75.0億ドル／3658ドル（07年）（07年，IMF）
- **産業** 農業，繊維
- **略史** マケドニアは，アレクサンドロス大王を出したマケドニア王国の故地。6-7世紀に南スラブ人が定住した後は，キリスト教化，東ローマ帝国，セルビア・ブルガリアの支配を経て，15世紀にオスマン帝国に征服された。1912-13年のバルカン戦争で，ギリシャ，ブルガリア，セルビアによって分割された。このうちセルビア領マケドニアが，第1次世界大戦後にユーゴスラビアに編入され，第2次大戦後は連邦制のユーゴ内で共和国となり，1991年に独立を果たした。
- **政治** アルバニア，コソボに接する西部地域にはアルバニア系住民が多く，2001年には政府軍とアルバニア系武装勢力による武力衝突が発生したが，EU，NATOの仲介で双方は和平合意に達した。トライコフスキ大統領は2004年に，政府専用機の墜落事故で死亡。これを受けた大統領選で，社会民主同盟のツルベンコフスキ首相（当時）が当選した。
- **外交・国防** 国内にマケドニア地域を抱えるギリシャが，マケドニアの国家名称使用に反対し，独立の後の国際的な承認が遅れたが，「マケドニア旧ユーゴスラビア共和国」の暫定名称で93年に国連加盟。その後はEU，NATO加盟が最大の目標。総兵力7700人。
- **日本との関係** 日本は93年に独立を承認。2003年にはトライコフスキ大統領が来日し，政治，文化で交流が始まっている。
- **対日貿易**（07年，財務省） 日本の輸出6億3951万円
  マケドニアからの輸入7億5378万円

ノルウェー王国
Kongeriket Norge　Kingdom of Norway　Kongeriket Noreg

- **加盟に向けた状況** 過去2回，加盟を国民投票で否決
- **面積** 38万5100km^2
- **人口** 473万人（08年，EU統計局）
- **平均寿命** 男78.2歳，女82.9歳（06年，EU統計局）
- **65歳以上の高齢者** 14.6%（07年，EU統計局）
- **出生率** 1.90（06年，EU統計局）
- **住民** 北方ゲルマン系のノルウェー人が91%，サーミ人が4万人，フィンランド人が1万人程度
- **外国人** 07年1月時点で，人口の8.9%が移民外国人。出身国別ではパキスタンが2.8

万人，スウェーデンが2.5万人，イラクが2.1万人，ソマリアが2.0万人など。

言語 ノルウェー語が公用語だが，つづり方で2種類ある

宗教 ルター派プロテスタントが国教とされ84.9％。他のプロテスタント3.5％，イスラム教1.6％，カトリック1.0％など。

首都 オスロ（57万人）

主な都市 ベルゲン（22万人），スタバンゲル（18.1万人），トロンヘイム（15.3万人）

政治体制 立憲君主制，議院内閣制

元首 国王：ハラルド5世（1991年即位）

議会 1院制（ただし選挙後に議員互選で上院，下院に分かれる）

内閣 議会の承認を経て国王が任命

　首相：イエンス・ストルテンベルグ（05年就任，労働党出身）

　歴代首相：ヒェル・マグネ・ボンデビーク（2001-05），イエンス・ストルテンベルグ（2000-2001）

通貨 ノルウェー・クローネ（1ユーロ＝12クローネ，08年12月）

GDP/1人当たり 3915億ドル／8万3922ドル（07年，IMF）

産業 石油・天然ガス，漁業

略史 紀元前4世紀に北方ゲルマン人のノール人が定住。バイキングの時代を経て，ノルウェーの統一王国が築かれるが，14世紀末のデンマークのマルグレーテ1世によるカルマル同盟のもとでデンマークの支配を受けた。1814年のキール条約でスウェーデンへ割譲されたが，独自の政府および議会を許された。1905年には国民投票での圧倒的な賛成を受け，無血の独立を達成。デンマーク王子を国王ホーコン7世として迎え，ノルウェー王国を樹立した。第1次世界大戦では中立を守ったが，第2次大戦ではドイツの侵攻，占領を受ける。戦後はNATOに加盟。

政治 1930年代から60年代まで労働党政権が続き，福祉国家を築いたが，その後は中道右派政権との交代で政権が移動している。議員が互選で上院と下院に分かれる制度をとっているが，09年10月の次期総選挙から通常の1院制となる。北海の石油・天然ガスがもたらす国家収入で年金基金を設置，世界の企業に投資している。

外交・国防 欧州自由貿易地域（EFTA）には参加するが，豊かな石油収入を背景に，漁業への規制問題もあって，EU加盟には距離を置いてきた。ナチス・ドイツによる占領を受けて，戦後は北欧で唯一，創設時からのNATO加盟国。中東和平の仲介はじめ，クラスター弾禁止条約など，積極的な和平仲介外交を展開。総兵力2.3万人。

日本との関係 1905年の独立以来，良好な関係を維持。経済，文化で広い交流。

対日貿易（07年，財務省）　日本の輸出1321億円（自動車，鋼管）

　ノルウェーからの輸入1957億円（海産物，ニッケル）

セルビア共和国
Република Србија　Republic of Serbia

加盟に向けた状況 加盟を希望

面積 7万7400km^2

人口 985万人（06年，WHO）

平均寿命 男71歳，女76歳（06年，WHO）

60歳以上の高齢者 19％（06年，WHO）

出生率 1.8（06年，WHO）

- **住民** 2002年に国連管理下だったコソボ地域を除いて実施された国勢調査ではセルビア人82.86%，ハンガリー人3.91%，ボスニア人1.82%，ロマ1.44%など。
- **言語** 公用語はセルビア語
- **宗教** セルビア正教が84.1%，カトリック6.24%，イスラム教4.82%，プロテスタント1.44%
- **首都** ベオグラード（118万人）
- **主な都市** ニシュ（23.7万人），ノビサド（19.2万人），クラグエバツ（14.7万人）
- **政治体制** 共和制，大統領直接選挙制
- **元首** 大統領：ボリス・タディッチ（04年就任）
- 歴代大統領：プレドラグ・マルコビッチ（2004），ドラガン・マルシチャニン（2004）
- **議会** 1院制（国民議会）
- **内閣** 首相は国民議会で承認
- 首相：ミルコ・ツベトコヴィッチ（08年就任，無所属，民主党連合，セルビア社会党連合などの連立）
- 歴代首相：ボイスラブ・コシュトニツァ（2004-08），ゾラン・ジブコビッチ（2003-04）
- **通貨** セルビア・ディナール（1ユーロ=87ディナール，08年12月）
- **GDP/1人当たり** 416.8億ドル／5595ドル（07年，IMF）
- **産業** 鉄鋼，繊維，農業
- **略史** 7世紀ごろまでに南スラブ人が定住。11世紀にセルビア王国が建国され，14世紀のドゥシャン王の時代には，バルカン半島南西部に版図を広げた。しかし，1389年のコソボの戦いで，オスマン・トルコに敗れ，これ以後，イスラム支配下に入る。1878年にベルリン条約でセルビア王国の独立承認。1914年には，オーストリア皇太子暗殺事件をきっかけにオーストリアがセルビアに宣戦布告したことで第1次世界大戦が勃発。戦後はハプスブルク帝国の瓦解で，セルビアが中心となって「セルビア・クロアチア・スロベニア王国」が成立，後にユーゴスラビア王国が建国される。第2次世界大戦では，ナチス・ドイツの占領を受けたが，セルビアを中心とするパルチザン勢力が戦後にユーゴスラビア社会主義連邦共和国を建国する。チトーの指導下でユーゴは統一国家を保ったが，軍は実質的にセルビア人の支配下に置かれた。

政治 1991-92年にかけて，スロベニア，クロアチア，ボスニア・ヘルツェゴビナ，マケドニアが相次いで独立を宣言し，ユーゴ内戦に。98-99年にはセルビアのコソボ自治州で，アルバニア系住民が蜂起し，ミロシェビッチ大統領がコソボ撤兵を拒否したため，米軍などNATO軍によるセルビア空爆が行われた。ミロシェビッチ大統領は2000年に辞任，01年には旧ユーゴ国際戦犯法廷に引き渡されたが，06年に拘置所内で病死した。コソボ自治州は国連管理下に置かれたが，08年2月に議会がコソボ共和国として独立を宣言し，米国，西欧各国，日本などが承認した。

外交・国防 EU加盟を目指す。セルビア当局は2008年7月に，1995年のスレブレニツァ虐殺を指揮したセルビア人指導者，カラジッチ氏を拘束し，旧ユーゴ国際戦犯法廷に移送。EUとの関係改善が進んでいる。総兵力は3.3万人。

日本との関係 ユーゴ内戦，コソボ紛争でセルビアが西側から孤立したことで，政治，経済で対日関係にも影響が出たが，スポーツでは盛んな交流が続く。

対日貿易 （07年，財務省） 日本の輸出31億9315万円（機械，自動車）
セルビアからの輸入11億1051万円（鉄鋼製品，衣類）

ロシア連邦
Российская Федерация　Russian Federation

加盟に向けた状況　加盟希望なし
面積　1707万5200km²
人口　1億4322万人（06年，WHO）
平均寿命　男60歳，女73歳（06年，WHO）
60歳以上の高齢者　17%（06年，WHO）
出生率　1.3（06年，WHO）
住民　東スラブ系のロシア人が79.8%。その他の民族は100を超え，タタール人4.0%，ウクライナ人2.2%，アルメニア人1.9%，チュバシ人1.5%など。
言語　公用語はロシア語，各地域で各民族の言語も公用語として使われる
宗教　ロシア正教が最大だが，その他にイスラム教，ユダヤ教，カトリック，プロテスタントなど。
首都　モスクワ（1010万人）
主な都市　サンクトペテルブルク（458万人），ノボシビルスク（142万人），ニジニーノブゴロド（135万人），エカテリンブルク（126万人），サマラ（116万人）
政治体制　連邦共和制，大統領直接選挙制
元首　大統領：ドミトリー・メドベージェフ（08年5月就任）
歴代大統領：ウラジミール・プーチン（2000-08），ボリス・エリツィン（1991-1999）
議会　2院制
内閣　首相は大統領が任命

首相：ウラジミール・プーチン（08年就任）
歴代首相：ビクトル・ズブコフ（2007-08），ミハイル・フラトコフ（2004-2007）
通貨　ルーブル（1ユーロ＝40ルーブル，08年12月）
GDP/1人当たり　1兆2895億ドル／9,075ドル（07年，IMF）
産業　石油，ガス，その他の鉱業，機械，化学
略史　7-9世紀に「ルーシ」として歴史に登場。13-15世紀にモンゴルの支配を受ける。モスクワ公国の王が皇帝（ツァーリ）を名乗り支配を拡大。1613年にロマノフ朝が成立し，18世紀のピョートル大帝の下で発展を遂げ，露土戦争，ナポレオン戦争で勝利し，版図を拡大した。第1次世界大戦中の1917年に，ボリシェビキ（共産党）によるロシア革命でソビエト社会主義連邦共和国となった。第2次世界大戦では，モスクワ近郊までドイツ軍に攻められたものの，これを撃退し，冷戦下では解放した東欧諸国を衛星国化した。1991年8月にはクーデターの試みをロシア共和国のエリツィン大統領が鎮圧。91年末にソ連は崩壊した。
政治　2000年に就任したプーチン大統領は着実に国内基盤を固め，3選を禁止した規定に沿って，08年にメドベージェフを後任に据えた一方，自身は首相として院政を敷く体制を固めた。2008年の金融危機で，ロシアからの資本逃避に加え，それまでロシアの成長を支えてきた資源価格が一気に反落し，経済運営に懸念も強まっている。
外交・国防　NATOの東方拡大で，西側と緊張の火種を抱えるが，08年8月には，グルジアが南オセチアで武力行動を起こし

たことを理由にグルジアに侵攻したことで、対ロ不信が強まった。
- **日本との関係** 第2次世界大戦後も平和条約はなく、北方領土問題を抱える。一方で、ソ連崩壊後は、経済、文化の交流も急拡大している。
- **対日貿易**（07年、財務省） 日本の輸出1兆2654億円（自動車、機械）
 ロシアからの輸入1兆2415億円（金属、石油、石炭）

サンマリノ共和国
Serenissima Repubblica di San Marino　Republic of San Marino

- **加盟に向けた状況** 希望していない
- **面積** 61平方キロ
- **人口** 3.1万人（06年、WHO）
- **平均寿命** 男80歳、女83歳（06年、WHO）
- **60歳以上の高齢者** 26%（06年、WHO）
- **出生率** 1.3（06年、WHO）
- **住民** 全人口の83.1%がサンマリノ人、12%がイタリア人
- **言語** イタリア語
- **宗教** カトリックが国教、92.3%がカトリック教徒
- **首都** サンマリノ（4300人）
- **政治体制** 共和制
- **元首** 執政2名。半年おきに議員の中から互選する。
- **議会** 1院制
- **内閣** 執政の下に閣僚に相当する国家評議会（3人）が置かれる
- **通貨** ユーロを使用
- **産業** 観光、金融
- **概略** アリタリア半島の中央、イタリアに囲まれた小国。4世紀初頭にローマ皇帝に

よるキリスト教徒迫害を逃れたマリーノという石工がこの地にたてこもり、信徒を集め共同体を作ったのが国家発祥の伝説。中世の間も外的の侵入を防ぎ、独立を維持。1631年にローマ法王により独立が認められたほか、1862年にはイタリアと友好善隣条約を結んだ。1992年には国連加盟も果たしている。EUへの加盟希望を表明していないが、第2党の社会民主党は加盟に賛成している。

トルコ共和国
Türkiye Cumhuriyeti　Republic of Turkey

- **加盟に向けた状況** 1987年に加盟申請、現在は加盟候補国
- **面積** 78万0500km²
- **人口** 7058万人（08年、EU統計局）
- **平均寿命** 男71歳、女75歳（06年、WHO）
- **65歳以上の高齢者** 6.6%（07年、EU統計局）
- **出生率** 2.2（06年、WHO）
- **住民** トルコ語を母国語とするトルコ人が約80%、クルド人が15-20%、ザザ人2%、アラブ人1%、アルバニア人0.5%など。
- **言語** 公用語はトルコ語
- **宗教** イスラム教が99%（うち80%はスンニ派、15%程度がアレヴィー派）
- **首都** アンカラ（391万人）
- **主な都市** イスタンブール（1110万人）、イズミル（269万人）、ブルサ（156万人）、アダナ（153万人）、ガジアンテプ（122万人）
- **政治体制** 共和制、07年の憲法改正で大統領は議会選出から直接選挙制に移行
- **元首** 大統領：アブドラ・ギュル、07年就任 歴代大統領：アフメト・ネジデト・セゼ

ル（2000-07），スレイマン・デミレル（1993-2000）
議会 1院制
内閣 議院内閣制。大統領が第1党から首相を任命 首相：レジェプ・タイップ・エルドアン（03年就任，公正発展党＝AKP＝出身，07年第2次発足） 歴代首相：アブドラ・ギュル（2002-03），ビュレント・エジェビト（1999-2002）
通貨 トルコ・リラ（新リラ）（1ユーロ＝1900リラ，08年9月）
GDP/1人当たり 6634億ドル／9,629ドル（07年，IMF）
産業 農業，機械
略史 東西文明の十字路として，古代からヒッタイト（紀元前18世紀建国），ギリシャ都市国家，ペルシャなどさまざまな民族，文明が栄える。紀元前2世紀にはローマの属州となり，330年にはコンスタンチノープル（イスタンブール）がローマ帝国（のち東ローマ帝国）首都に。その後は11世紀にセルジューク朝支配下でイスラム化，トルコ化が進行し，1299年にオスマン帝国が成立した。オスマン・トルコは，15世紀にビザンツ帝国を滅ぼしてイスタンブールを首都とし，東はアゼルバイジャンから西はモロッコ，北はウクライナから南はイエメンまで支配する版図を築いた。オスマン帝国は19世紀になると，各地域のナショナリズム台頭で衰微し，第1次世界大戦後に崩壊した。この時，アンカラに抵抗政権を樹立したケマル・アタテュルクが，「トルコ革命」を指導して現在の領土を勝ち取り，1923年にローザンヌ条約で，政教分離と近代化を目指すトルコ共和国が成立した。
政治 厳しい政教分離を国是とするが，95年の総選挙でイスラム主義を掲げる福祉党が第1党になり，96年に福祉党を中心とする初のイスラム政党主導政府が誕生した。エルドアン現首相も，イスラム主義のAKP出身で，政教分離に反対する政治活動で逮捕歴がある。イラク北部に拠点を置き，トルコ国内にも浸透する分離主義のクルド労働者党（PKK）と戦闘状態が続いており，08年もイラク領への越境攻撃が行われた。EU加盟をめぐっては，2002年に死刑を廃止するなど内政面で譲歩してきたが，キプロス承認，クルド人への人権弾圧停止などが引き続き問題視されており，交渉は一部が凍結されている。
外交・国防 NATO加盟国として，冷戦時代は対ソ連の南方最前線の防衛を担う。米国と強い関係。総兵力51万人。
日本との関係 ロシア帝国との対立などにより，伝統的な親日国。経済，文化の往来も活発化。
対日貿易（07年，財務省） 日本の輸出3230億円（自動車・部品，機械）
トルコからの輸入441億円（食料品，繊維製品）

ウクライナ
Україна　Ukraine

加盟に向けた状況 加盟を希望
面積 60万3700km^2
人口 4655万人（06年，WHO）
平均寿命 男61歳，女73歳（06年，WHO）
60歳以上の高齢者 21%（06年）
出生率 1.2（06年，WHO）
住民 東スラブ系のウクライナ人が77.8%，

ロシア人が17.3%, モルドバ・ルーマニア人が0.8%, ベラルーシ人が0.6%, クリミア・タタール人が0.5%など

言語 公用語はウクライナ語

宗教 東方正教のウクライナ正教, ロシア正教など。

首都 キエフ（261万人）

主な都市 ハリコフ（147万人）, ドニエプロペトロフスク（106.5万人）, オデッサ（103万人）, ドネツク（101万人）

政治体制 共和制, 大統領直接選挙制

元首 大統領：ビクトル・ユーシェンコ（05年就任）歴代大統領：レオニード・クチマ（1994-2005）, レオニード・クラフチュク（1991-94）

議会 1院制（最高会議）

内閣 大統領が首相候補を提案, 最高会議が承認。首相：ユリア・ティモシェンコ（07年就任）歴代首相：ビクトル・ヤヌコビッチ（2006-07）, ユーリー・エハヌロフ（2005-06）

通貨 フリブニャ（1ユーロ＝10フリブニャ, 09年1月）

GDP/1人当たり 1405億ドル／3046ドル（07年, IMF）

産業 金属, 機械, 農業

略史 5世紀ごろには東スラブ人が現在のウクライナに移動, 9-12世紀にはキエフ公国を形成した。13世紀にはモンゴル人の侵攻を受けて崩壊し, 東スラブ人はロシア, ウクライナ, ベラルーシの3民族に分かれる。ウクライナ人は, 14世紀にはリトアニア大公国の支配下に, 16世紀にはポーランド王国の支配下に入った。17世紀からのロシアとポーランドの戦いの結果, 18世紀にはロシア領に組み入れられた。1917年のロシア革命後には, 完全独立を宣言する政権が成立したが, 内戦の後にソビエト連邦の形成に加わった。1991年8月に独立を宣言, 同年12月の国民投票で圧倒的な支持を受け, ソ連崩壊とともに独立を果たした。

政治 2004年の大統領選挙では, 中央選挙管理委員会が当初, 親露派のヤヌコビッチ首相（当時）の勝利と発表。これに対し野党側は選挙に不正があったとして連日, 10万人規模の抗議集会を開き抗議した。最高裁が投票やり直しを決定し, ユーシェンコ氏が当選した。野党側のシンボルカラー, オレンジから,「オレンジ革命」と呼ばれる。07年の総選挙では, ヤヌコビッチ氏率いる親露の「地域党」が第一党となったが, ティモシェンコ氏率いる「ティモシェンコ連合」とユーシェンコ大統領率いる「我らのウクライナ」の親欧派が連立した。

外交・国防 08年には世界貿易機関（WTO）に加盟。ユーシェンコ大統領はNATO, EU加盟を目指す。しかし最大野党の地域党は親露派。ロシアとは1997年に国境不可侵, 黒海艦隊基地の20年間貸与などの協定を結ぶ。しかし, 2007年, 09年には, 代金未払いを理由に, ロシアがウクライナ向け天然ガス供給を停止するなど, ウクライナの親欧政策をけん制している。ロシア産の天然ガスは, ウクライナ経由で西欧, 南欧各国に供給されていることから, ハンガリー, ブルガリア, などで供給が途絶える事態も生じた。総兵力22万人。

日本との関係 91年末に独立を承認。以後は経済援助, 原発安全支援などを実施。

対日貿易（07年, 財務省）日本の輸出1276億円（自動車, 機械）
ウクライナからの輸入185億円（アルミ, 食料品）

5 欧州統合 Who's Who

(生年順／生没年，執筆者名は文末)

シャルルマーニュ（カール大帝）
Charlemagne

　中世フランク王国の国王（768-814）。シャルルマーニュはフランス語表記だが英語圏でも使われる。ドイツ語ではKarl der Große。

　カロリング朝を開いた父のピピン3世を継いで，弟のカールマンとともにフランク王国を共同統治するが，弟が771年に早世したことから，43年間にわたって単独で君臨した。ランゴバルド王国を滅ぼして（774年），版図を現在のフランス，ドイツ，ベネルクス3国から北イタリア，スロベニアまで広げ，800年のクリスマスには，ローマで教皇レオ3世がシャルルマーニュに「皇帝」の帝冠を与え，西ローマ帝国の復活を宣言した。シャルルマーニュの戴冠により，ローマ以来の古典古代文化・ゲルマン文化・キリスト教が融合した西欧中世世界が誕生した。彼の死後，843年には孫3人がフランク王国を3分割して継承するが，この3カ国は現在のフランス，ドイツ，イタリアの版図に相当する。シャルルマーニュ統治時代のフランク王国が，EU原加盟6カ国にまたがること，彼がフランス語圏でも，ドイツ語圏でも偉大な王と見なされていることから，EU統合の歴史的な象徴とみなされている。(742-814) 　　　　　　　　　　　　［梅本］

イマヌエル・カント
Immanuel Kant

　ドイツ（プロイセン王国）の哲学者，ドイツ観念論哲学の祖として，『純粋理性批判』などの著書で近代哲学に大きな影響を与えた。東プロイセンの首都ケ

465

ーニヒスベルク（第2次世界大戦以降はソ連，ロシア領カリーニングラード）で生まれ，生涯独身を貫き，また生涯のほとんどをケーニヒスベルクで過ごした。ケーニヒスベルク大学で神学，自然学，哲学を学んだ後，1770年に同大教授。ナポレオンが欧州を戦乱に巻き込んでいた1795年には，政治哲学の著書『永遠平和のために』で，常備軍の撤廃などを訴えた。国家を超える力がない中では，国家同士の戦争が続かざるを得ないとし，これを克服するための世界市民法や，自由な国家連合を構想して，国際連盟やEUに理念的な基盤を与えた。また，「世界共和国の建設」を訴えた。(1724-1804)　　　　　[梅本]

ビクトル・ユゴー
Victor Hugo

フランスの詩人・劇作家，小説家。19世紀フランスを代表するロマン派の国民的文学者。代表作は長編小説「レ・ミゼラブル（*Les Misérables*）」(1862)。政治活動も活発に行い，1848年の2月革命後は自由主義派の代議士となり，ルイ・ナポレオンの大統領立候補を支持。しかし，ルイ・ナポレオンの帝政への野望を察知すると，反対派に回り，1851年末のクーデターの後，ブリュッセルに亡命。イギリス海峡のジャージー島，ガーンジー島に移り住んだ。パリに戻ったのは1870年のナポレオン3世の没落の後だった。政治的立場は変遷したが，「レ・ミゼラブル」に見られる人道主義的精神は一貫しており，この延長線上で，平和の達成，単一市場の実現，「欧州合衆国」の構築などを提言した。「欧州合衆国」という言葉を初めて公に用いたのはユゴーであったとされている。1849年8月21日に Congrès de la paix（平和会議）で行った開幕演説にその趣旨が詩的に述べられている。

戦場がなくなり，（各国の）市場が取引に，精神がさまざまなアイデアに解放される日が来るだろう。銃弾と爆弾が普通選挙による投票によって，英国の議会，ドイツの議会，フランスの国民議会に比せられる欧州議会ともいえる偉大な上院による立派な仲裁によって取って代わられる日が来るだろう。（中略）

拷問の道具が現在そうであるように，大砲が博物館の展示物となる日が来るだろう。そしてわれわれはこれらの物がかつて存在したことを知り，驚くことになるだろう。

アメリカ合衆国と「欧州合衆国」が2つの広大な集団として対面し，大西洋を越えて手を差し延べ合い，製品や芸術作品，天才の創造物を交換し，地球を浄化し，砂漠を果実で満たし，創造主の眼差しの下で協力して創造物を改善し，人類の友愛，神の力という2つの無限の力がもたらす幸福を享受する日が来るだろう。(*Discours d'ouverture, congrès de la paix*, Actes et paroles-Avant l'exil (1875) 所収，訳は編者)

ユゴーは19世紀のフランスにおける文学と社会をリードし続けた改革者であった。(1802-85)　　　　　　　　　　　　[村上]

アリスティード・ブリアン
Aristide Briand

フランスの政治家，首相，外相，国防相。ナントで船員相手のカフェを経営する両親の家に生まれる。パリ大学で法学を修め，この間に無政府主義の運動に関与。その後は，サンナゼールで弁護士を開業し，政争絡みの裁判など

で活躍した。この間に数度、急進勢力からフランス議会選に立候補するが、社会党に鞍替えし、1902年に初当選を果たす。文化相などを経て、09年に首相に就任。その後は第3共和制の政局不安定の中を、29年までの間に計11回首相を務めた。この間、第1次世界大戦の戦時内閣を率いたほか、戦後には賠償支払いを求めたフランスが、ドイツのルール工業地帯を占領した問題で、25年にライン地方の非武装を決めたロカルノ条約の調印とりまとめにドイツのシュトレーゼマン外相とともに尽力した。26年には、この功績でシュトレーゼマンとともにノーベル平和賞を受賞。また、ケロッグ米国務長官とともに、パリ不戦条約（＝ケロッグ・ブリアン条約, 1928）の締結でも指導力を発揮した。1929年9月、ジュネーブの国際連盟総会で欧州統合の必要性を訴える演説を行い、翌1930年5月には「欧州連合」に関する5000語の覚書（ブリアン覚書）を作成し、欧州26カ国の政府に送付した。(1862-1932) ［梅本］

ウィンストン・チャーチル
Sir Winston Churchill

英国の政治家、首相(1940-45, 51-55)。名門貴族に生まれるが、学校の成績はふるわず、3回目の試験でようやく王立士官学校に入学したが、騎兵科卒業は8番目の成績だったという。陸軍を経て、1900年には保守党から下院議員に当選（のち自由党に鞍替え、25年に復党）、海軍相として第1次世界大戦を迎えたが、ダーダネルス海峡制圧を狙ったガリポリの戦い（1915）で敗北を喫し辞任した。17年には軍需相として内閣に復帰している。第2次大戦が勃発すると海軍相に就任し、40年にはチェンバレンの後任として首相就任。国防相も兼任してドイツとの戦いを挙国体制で指導した。しかし、対独戦勝利後の45年7月の総選挙で労働党に敗北し、ポツダム会談の最中に首相の座を退いた。戦後は「鉄のカーテン」演説で東西冷戦を予言したほか、チューリヒでの講演で「欧州合衆国」の建設を呼び掛け、欧州統合の動きを先駆けた。ただし、英国は、73年になってようやく欧州共同体（EC）に参加している。文才、ユーモアの才にも恵まれ、「第2次世界大戦回顧録」で53年にはノーベル文学賞を受賞。ストラスブール（仏東部）の欧州議会本部には彼の名前を冠したビルがある。(1874-1965) ［梅本］

コンラート・アデナウアー
Konrad Adenauer

ドイツの政治家。両大戦間の、1917年からナチスに追放される33年までケルン市長を務めた。第2次世界大戦後、キリスト教民主同盟（CDU）の設立に参加。1949年から63年まで初代首相として、西ドイツの驚異的な経済復興で大きな役割を果たした。外交面では、西ドイツを欧州経済共同体（EEC）、北大西洋条約機構（NATO）に加盟させ、同国の国際社会への復帰を実現する上で功績を挙げた。1963年にはドゴール大統領が率いるフランスとの間で独仏協力条約を締結、後に両国が欧州統合で「機関車」の役割を果たすようになったのは同条約がきっかけだ。アデナウアーは引退後も、19世紀のビスマルク以来、ドイツで最も偉大な政治家とみなされていた。ルクセンブルクの欧州議会に彼の名前を冠したビルがある。(1876-1967) ［村上］

ジョージ・マーシャル
George Marshall

　米国の軍人，政治家。ペンシルベニア州ユニオンタウン生まれ。バージニア士官学校を卒業後，陸軍に入隊。第1次世界大戦では欧州派遣軍の参謀。39年の第2次大戦勃発とともにルーズベルト大統領によって陸軍参謀総長に任命された。主に欧州戦線の作戦計画を指導，44年には米陸軍で初めて元帥の称号を受けた。終戦後は，トルーマン大統領によって中国特使に任命された後，47-49年に国務長官に就任。47年6月5日にハーバード大学で行った講演で，後に「マーシャル・プラン」と呼ばれる欧州復興計画を発表した。国務省政策企画本部長だったジョージ・ケナンらの助言を容れて策定された同計画では，援助受け入れ機関として設置された欧州経済協力機構（OEEC）に参加した西欧諸国を対象に，130億ドルの援助が供与された。対象国には，旧敵国の西ドイツ，イタリア，オーストリアも含まれ，欧州の戦後の経済復興に大きく寄与し，最も成功を収めた米国の対外政策の1つとみなされている。マーシャルは50-51年に国防長官を務めた後，53年にはノーベル平和賞を受賞。(1880-1959)　　　　[梅本]

アルシード・デ・ガスペリ
Alchide de Gasperi

　イタリアの政治家，首相。オーストリア・ハンガリー領に属していたトレント地方に生まれた（同地方は1946年にイタリアに編入）。ウィーンの大学で学んだ後，新聞編集者を経て，議員に選出される。第1次世界大戦中は政治的中立を保つが，その後，ムッソリーニの率いるファシズム運動に反対し，投獄される(1926-29)ものの，バチカンの助力で釈放され，ムッソリーニのファシスト党が解散した1943年7月までバチカン図書館で"亡命生活"を送った。その間，キリスト教民主党（DC）を設立，当初は非合法だった。ファシズムとの戦いと戦争の悲惨さを経験したことでガスペリは欧州統合のみが戦争の再来を防げると確信するようになった。1945年から53年まで8期連続して首相を務め，戦後イタリアの礎を築いた。この間，イタリアは1946年に王政を廃止し，共和国に生まれ変わり，49年に創設された北大西洋条約機構（NATO），51年に誕生した欧州石炭鉄鋼共同体（ECSC）の創設メンバーとなった。ガスペリは西欧の統合を目指して，マーシャル・プランの実施を強力に後押しするとともにECSCの基礎となったシューマン・プランを支持。実現には至らなかったが，欧州防衛共同体（EDC）構想づくりにかかわった。1954年には欧州議会の議長を務めた。(1881-1954)　　　　[村上]

ロベール・シューマン
Robert Schuman

　フランスの政治家。誕生時はドイツ国籍だったが，第1次世界大戦後，居住地のアルザス・ロレーヌ地方がフランスに返還されたことに伴い，フランス市民となった。1919年に国民議会議員に選出され，フランス政界入り。第2次世界大戦中は対独レジスタンス活動に加わる。戦後，1947-48年，財務相，首相を歴任。1948年から53年まで外相。1949-50年には欧州と北米の各地で講演し，「超国家の欧州共同体」

を創設して，構成国間の永続的平和を目指す構想の必要性を説いた。1950年5月9日，仏外務省の「時計の間」で石炭鉄鋼共同管理案を発表，「石炭と鉄鋼の生産を共同管理することにより，欧州の連邦化に向けた第一歩となる経済基盤の共通土台が築かれるはずだ」と述べた。これは「シューマン・プラン」と呼ばれた。シューマン・プランは，西独が占領下から解放され，主権を回復するための前提でもあった。同プランに基づき，1951年4月18日，欧州統合の具体的な第一歩となる欧州石炭鉄鋼共同体（ECSC）を創設するパリ条約が調印された。シューマンは北大西洋条約機構（NATO）の創設（1949年）にも尽力した。シューマンはまた，EUの「創始者（founding fathers）」の1人とされており，シューマン死後の1985年，欧州理事会はシューマン・プランが発表された5月9日を「欧州の日（European Day, 別名シューマン・デー＝Schuman Day)」に制定した。「欧州は1日にして成らず。また単一の構想によって成り立つものではない。」(1886-1963)　　[村上]

ジャン・モネ
Jean Monnet

フランスの政治家，実業家。「欧州統合の父」と呼ばれている。コニャック商人の家に生まれ，16歳で渡英し，ロンドンのシティーで父親の代理人として働いたのを皮切りに，スカンジナビア諸国やロシア，エジプト，カナダ，米国などを旅行し，コニャックを売り歩いて，見聞を広めた。第1次世界大戦中は，フランスと英国による軍需物質の調達に協力。戦後は，ジュネーブに設立された国際連盟の事務次長を務めた。第2次大戦勃発後は，英国の軍需物質調達に協力した後，アルジェに設立された「フランス解放委員会」に加わった。モネは委員会で，「(戦争終結後)，旧来の主権国家が欧州で再編成されれば，欧州に平和はありえないだろう。欧州各国は国民に必要な繁栄と社会開発を保証するには小さすぎる。欧州諸国は連邦を建設しなければならない」と訴えた。第2次大戦後，モネは「近代化と経済開発のためのグローバル・プラン」を仏政府に提唱し，経済計画本部総裁に就任した。モネはその後，石炭・鉄鋼生産地帯のルール地方をめぐって独仏の摩擦が激化していることを憂慮，「欧州石炭鉄鋼共同体」構想を練り上げた。これに当時のシューマン仏外相とアデナウアー西独首相が同意，1950年5月9日に「シューマン・プラン」として発表された。同プランによる欧州石炭鉄鋼共同体は1952年8月に始動，モネはその最高機関の初代委員長に就任した。1955年には，「欧州防衛共同体（EDC）」構想が仏国民議会に拒否されたことを受けて，欧州統合の機運が後退したのを憂慮，政党や労働組合などの代表から成る「欧州合衆国行動委員会（ACUSE）」を設立し，1958年の「欧州経済共同体（EEC）」の創設に向けた原動力となった。(1888-1979)　[村上]

クーデンホーフ・カレルギー
Richard Eijiro von Coudenhove-Kalergi

オーストリアの政治家，政治思想家。オーストリア・ハンガリー帝国の駐日大使だった父ハインリヒと，東京生まれの青山光子の次男として東京で生まれる。クーデンホーフ・カレルギー家は，ベルギー，ポーランド，ギリシャ，ベネチアなど欧州各地域の貴族の血を引く名門。領地のボヘミア（現在のチェコ）で

育った後，ウィーン大学で哲学博士。ウィルソン米大統領の国際連盟創設などに影響を受け，汎欧州主義の運動を開始。1922年にオットー・フォン・ハプスブルク（18年までオーストリア皇太子，後の欧州議会議員）らと汎欧州連合（Pan-European Union）を創設，26年には初代議長に選ばれた。23年に欧州統合を呼び掛けた『汎欧州宣言』を著したほか，雑誌「汎欧州」の編集長として活躍。38年のナチス・ドイツのオーストリア併合後はチェコ，フランス，スイスなどを経て米国に亡命した。戦後は欧州統合の思想的先駆者として，チャーチル，ドゴールなどと交友，影響を与えた。50年には，ドイツ・アーヘン市が欧州統合への貢献者に贈る「カール（シャルルマーニュ）大帝賞」の第1回受賞者に選ばれた。67年には鹿島平和財団から第1回鹿島平和賞を贈られている。(1894-1972)　　[梅本]

ポール・アンリ・スパーク
Paul-Henri Spaak

　ベルギーの政治家（社会党所属）。第2次世界大戦前から戦後にかけて，ベルギーの首相を三度務めた（1938-39, 46, 47-49）。外相就任も戦前から戦後にかけて数回に及ぶ。スパークが注目されるようになったのは，第1回国連総会の議長に就任した1945年以来。1955年のメッシーナ（イタリア）会議で，「欧州共同市場（European Common Market）」の創設の道筋を検討する委員会（スパーク委員会＝Spaak Committee と呼ばれるようになった）の委員長に選ばれた。同委員会が作成した「スパーク報告（Spaak Report）」は，1956年の「共同市場と欧州原子力共同体（ユーラトム）に関する政府間会議（Intergovernmental Conference on the Common Market and Euratom）」開催のための基礎的文書となり，1957年のローマ条約の署名に道を開いた。スパークはEUの「創始者（founding fathers）」の1人とされており，彼の名前を冠した欧州議会の建物がブリュッセルにある。(1899-1972)　　[村上]

ワルター・ハルシュタイン
Walter Hallstein

　ドイツの大学教授，政治家。フランクフルト大学で教鞭を執った後，1951年にアデナウアー首相にスカウトされて，連邦首相府入り。その後，外務省に勤務していた間に，「ハルシュタイン・ドクトリン」を打ち出す。同ドクトリンは，ソ連以外で東ドイツを国家承認した国とは国交断絶するという原則（1969年に事実上破棄された）。1955年には後のローマ条約調印に道を開いたメッシーナ（イタリア）会議に参加した。1958年1月に初代の欧州経済共同体（EEC）委員会代表委員長に選出された。1967年までの委員長在職中，「欧州連邦主義者」として知られ，委員会や欧州議会の強化を主張し，「国家連合」を進めることによる欧州統合路線を主張したドゴール仏大統領と対立した。(1901-82)　　[村上]

アルティエーロ・スピネッリ
Altiero Spinelli

　イタリアの政治理論家。1927年に反ファシズム活動によりミラノで逮捕され，合計16年間の投獄・監禁生活を各地の収容所で送った。ヴェントテーネ島収容

所でレジスタンスの闘士，エルネスト・ロッシらとともに，「自由で統合された欧州に向けて」と題した「ヴェントテーネ宣言」(Ventotene Manifesto) を起草。戦争（第2次世界大戦）終結後に民主主義勢力による欧州連邦の創設を呼びかけた。宣言は，ファシスト勢力との戦いに勝利しても，主権国家間の同盟関係がシフトしていく旧来の欧州政治がよみがえるだけであれば，再び戦争となるだろうと警告した。宣言は，たばこの巻紙に書かれ，イタリア本土に持ち込まれて，レジスタンス活動家の間で回覧された。1943年，ムッソリーニの失脚を受けて釈放され，「欧州連邦主義運動（Movimento Federalista Europea）」を立ち上げ，総書記に就任(-62)，戦後の欧州統合運動の先導者の1人として活躍した。1970年から76年までEC委員会委員（産業・研究担当）を務めたが，担当分野よりもEC全体の機構改革に情熱を注いだ。1979年に行われた初の欧州議会直接選挙で議員に選出され，翌80年には欧州議会内に「クロコダイル・クラブ（Crocodile Club）」を結成。同クラブは「欧州連合条約設立草案」を起草，欧州議会は84年にこの草案を採択したものの，加盟国政府によって葬り去られた。EUの「創始者（founding fathers）」の1人とされており，ブリュッセルの欧州議会で議員オフィスなどがあるビルに彼の名前がつけられている。(1907-86) ［村上］

ピエール・ウェルナー
Pierre Werner

ルクセンブルクの政治家。第2次世界大戦中はルクセンブルクで銀行家だったが，同国を占領していたナチス・ドイツの軍隊へのレジスタンス（抵抗）運動を密かに支援していた。大戦後，政界入りし，財務相などを務めた後, 1959-74年, 1979-84年の二度にわたり，首相を務めた。ジャン・モネ，ロベール・シューマンとは友人であり，欧州統合の推進をルクセンブルクの対外政策の中心に据えた。首相在任中，フランスの「空席政策」によるEU閣僚理事会の空転問題の解決に向けてフランスを説得した。69年には欧州経済通貨統合（EMU）の道筋を検討するEUの特別委員会の委員長に就任。同委員会は三段階でEMUを完成させる道筋を盛り込んだ「ウェルナー報告」をまとめた。(1913-2002) ［村上］

フランソワ・ミッテラン
François Mitterrand

フランスの政治家（社会党）。仏第5共和制第4代大統領 (1981-1995)。第2次世界大戦中は対独レジスタンス活動に参加。戦後に政界入り。1981年の大統領就任後欧州政策では，独仏が欧州統合を推進する「機関車」役を演じる上で，ドイツのコール首相と密接に協力，「ミッテラン・コール時代」を画した。1990年6月のダブリン欧州理事会では，欧州経済通貨同盟（EMU）を結成して，その勢いで政治統合を一気に目指すという提案をコール首相と共同で発表した。拡大では，1986年のスペインとポルトガルのEC加盟を支持。1987年に「単一欧州議定書」の発効にも尽力した。1989年の東西冷戦終結の後，両独の統一には当初，反対したが，統一ドイツを欧州通貨統合の枠内に取り込むとの条件で賛成に転じたとみられている。マーストリヒト条約のフランスにおける批准手続きでは, 1992年9月に「国民投票」を実施。50%をわずかに上回る得票で辛

くも批准を確保した。ミッテランは，国民国家の欧州と超国家的欧州との間に位置付けられる「諸国家の連合（Union of States）」を提唱，それは「構成諸国民のアイデンティティーを尊重しながら，それぞれの差異や排他主義を克服できる欧州であり，歴史上類を見ない統一体である」としている。年に数回の欧州理事会では通常，定時より遅れて最後に会議場に登場することにより，「存在感」を示したとのエピソードもある。(1916-1996) [村上]

ヘルムート・シュミット
Helmut Schmidt

ドイツの政治家，首相(1974-82)，評論家。ハンブルク生まれ，両親は教員。ギムナジウム（高等学校）卒業後，高射砲部隊将校として第2次世界大戦では主に東部戦線に送られた。敗戦後は英軍の捕虜となり，そこで社会民主主義に目覚める。復員後はハンブルク大学で経済学を専攻するとともに社民党員に。1962年のエルベ川大洪水ではハンブルク州内相として，発足後間もなく法的根拠のない連邦国防軍の災害出動を要請。この働きで危機管理の政治家として名を上げた。69年発足のブラント政権で国防相，財務相を歴任し，74年にギヨーム（東独スパイ）事件で辞任したブラント首相の後任として西独第5代首相に就任。核戦略，金融経済での専門知識，論敵を寄せ付けない鋭い舌鋒で，西側リーダーの中で一目置かれる存在に。フランスの盟友ジスカールデスタン大統領との協調で，欧州為替相場メカニズム（ERM）を発足させたほか，先進国首脳会議の開催を提唱した。77年の西独赤軍派によるルフトハンザ機ハイジャック事件では，内務省特別部隊GSG-9をソマリアのモガディシュに派遣して鎮圧に成功している。ソ連が西欧を標的とする中距離核ミサイルを配備した際は，これが米欧分断につながる戦略的意味を素早く察知，ドイツ国内に米中距離核ミサイルを配備する北大西洋条約機構（NATO）の「二重決定」を推進した。しかし国内で反核運動が強まり，社民党内で孤立する事態に。これを懸念した連立相手の自由民主党（FDP）が，連立をコール党首率いる保守キリスト教民主・社会同盟（CDU・CSU）に鞍替えしたため，82年に首相の座を追われた。政界引退後は，高級週刊紙ツァイトの共同発行人として，自ら健筆をふるったほか，著書も多数。(1918-) [梅本]

ジャック・ドロール
Jacques Delors

フランスの経済学者，政治家（社会党所属）。欧州統合プロセスにおける「中興の祖」。パリ東部の労働者街に生まれ育ち，苦学した後，フランス銀行（国立銀行）に勤務（1945-62）。その後，シャバンデルマス首相の顧問，ミッテラン政権で経済・財政相（1981-83），経済・財政・予算相（83-84年）を務めた。1985年1月から1994年12月まではEC委員会／欧州委員会の委員長を務めた（1993年11月のマーストリヒト条約の発効に伴い，EC委員会は欧州委員会に衣替えした）。ドロールはECに新たなダイナミズムを吹き込み，10年間の在任中，1980年代前半まで停滞していた欧州統合を再び軌道に乗せた。巧みな政治的手腕で欧州委員会を率いて，同委員会の地位を高めた。ドロールのEC委員会は1985年に「域内市場統合白書」を発表，市場統合に向けたタイムスケジュールを決めたことで，「統合ブ

ーム」が起きた。市場統合は1992年末に完成した。「欧州は真の連邦を形成すべきだ」と主張する「連邦主義者」のドロールは1980年代後半，EC諸機関が力を強めることに反対し，国家主権の擁護派であるサッチャー英首相と，欧州理事会などで激しい対立を繰り返した。欧州統合の新たな目標として経済・通貨統合と政治統合を設定。自らが率いる諮問委員会は1989年4月，3段階の通貨統合計画を発表した。ドロールの任期の後半となった1989年以降は欧州を取り巻く環境が激変した時期だった。そうした中で，1989年の東西冷戦の終結や1990年の両独統一，1990-91年の湾岸危機／戦争などを受けて，統合の深化と拡大が求められるようになり，1992年2月には，ドロールの3段階計画に基づく経済・通貨統合と政治統合の道筋を定めた欧州連合条約（マーストリヒト条約）が調印された。そのほか，在任中，1986年にスペインとポルトガルがECに加盟，任期最後の年となった1994年にはオーストリア，フィンランド，スウェーデンの加盟も決まった（加盟は95年）。さらに仏社会党員であるドロールはECの経済成長や雇用の創出，社会政策の促進にも尽力した。1994年には仏社会党の一部党員はドロールを大統領選挙に担ぎ出そうとしたが，ドロールは固辞した。(1925-) ［村上］

バレリー・ジスカールデスタン
Valerie Giscard d'Estaing

フランス第5共和制第3代大統領（1974-81）。フランスのエリート養成校，国立行政学院（ENA）と理工科学校（ポリテクニーク）を卒業後，フォール首相のブレーンなどを務めた後，1956年に国民議会議員に選出され，政界入り。その後，1962-66年，1969-74年の二度，ポンピドゥー大統領の下で経済財務相を務めた。74年にポンピドゥーが急死した後，大統領選挙に立候補，決選投票で社会党のフランソワ・ミッテランを僅差で破り，第5共和制第3代大統領に就任した。7年間の任期中，TGV高速鉄道の建設などインフラ整備を通じた経済の近代化や，原子力エネルギーへの依存を強める政策を推進した。第1次石油危機を受け，米国，日本，西ドイツ，英国，イタリア，カナダに呼びかけて先進国首脳会議を提案，75年にパリ郊外のランブイエで第1回会議が開かれた。先進国首脳会議はその後，毎年開催されている。78年には中道右派政党，フランス民主連合（UDF）を結成（2007年に解散）。しかし，81年の大統領選挙ではミッテランに敗れた。「欧州合衆国」創設を支持するジスカールデスタンはその後，仏国内政治から距離を置き，欧州統合に深く関わるようになった。2002年から2003年にかけてブリュッセルで開かれた，EUの「欧州の将来に関する諮問会議（コンベンション）」の議長を務め，「欧州憲法条約」草案の取りまとめでリーダーシップを発揮した。拡大問題ではトルコを「非欧州国」と位置付け，同国のEU加盟に反対した。(1926-) ［村上］

ヘルムート・コール
Helmut Kohl

ドイツの政治家，首相（1982-98）。ルートヴィヒスハーフェンでカトリックの税務官吏の家庭に生まれる。15歳だった終戦時には，少年兵としてベルヒテスガーテンにあるヒトラーの山荘警備に徴用された。戦後はハイデルベルク大学で歴史学博士。地元ラインラント・

ファルツ州のキリスト教民主同盟（CDU）内で頭角を現し，69年には39歳で州首相。73年にはCDU党首に就任し，82年に小党FDPによる連立鞍替えて西独第6代首相に就任した。前任のシュミットが知の政治家だったのに対し，常に相手との個人的な関係を重視する情の政治家。就任当初は目立った功績は少なかったが，89年11月9日にベルリンの壁が崩壊すると，ソ連のゴルバチョフ大統領との間に築いた親密な関係を生かし，乾坤一擲のドイツ統一に突き進み，ブッシュ（父）米大統領の後押しなどを受けて90年10月3日にこれを実現した。ビスマルク以来のドイツ統一宰相という評価に対しては，「ビスマルクの作った統一ドイツは欧州で孤立し，戦争を招いた」と反論。統一実現後は，西欧最大の国力を持ったドイツを孤立させず，欧州に恒久的に組み入れる道を目指し，特にドイツ・マルクを捨てて欧州単一通貨に統合する通貨統合に尽力した。16年の長期政権を維持した後，98年の総選挙で社民党に敗れた。その後は，夫人の自殺に加え，25年間党首を務めたCDUが組織的に，政治資金を二重帳簿で管理し裏金を隠していたスキャンダルが発覚し，政治的な影響力を失った。(1930-)　　［梅本］

ウィム・ドイセンベルク
Wim Duisenberg

オランダの政治家，銀行家。欧州中央銀行（ECB）初代総裁（1998-2003）。ヘーレンフェーン生まれ。フロニンヘン大で経済学博士。国際通貨基金（IMF）のエコノミストなどを歴任した後，アムステルダム大学教授。73-77年には社会民主労働党政権で，財務相を務めたが，政界からは身を引き，民間銀行を経て82-97年にオランダ銀行（中央銀行）総裁。当時のオランダ・ギルダーは，欧州為替相場メカニズム（ERM）でドイツ・マルクと相場を連動せねばならず，ドイツが金利を変更すると直ちに同じ措置を発表したため，「5分遅れのドイツ連邦銀行」と揶揄された。しかし97年には，ティートマイヤー独連銀総裁らの後押しを受けて，ECBの前身となる欧州通貨機構（EMI）の総裁に就任。ECB初代総裁を選任した98年の首脳理事会では，ドイセンベルク（ダウゼンベルヒとの表記もある）を推すドイツなどの多数派に対し，シラク仏大統領がフランス銀行のトリシェ総裁の任命に固執して対立。ドイセンベルクは「8年の任期を全うせず，現金流通を見届けたら自主的に辞任する」旨の口頭発言を行って，ようやく全会一致での任命に漕ぎ着けた。ECB総裁としては，2000年のユーロ安の際に，失言でユーロ売りを誘うなどの失敗もあったが，組織作りや理事会での重要決定に際してのコンセンサス方式での決定など，ECBの基礎を築いた。02年にはユーロ現金が流通し，紙幣に自らのサインを残すという念願を果たした後，03年7月に約束通り辞任した。ヘビースモーカーとして知られていたが，引退後の05年7月31日に，南仏の別荘でプール遊泳中に心臓麻痺で死去。(1935-2005)　　［梅本］

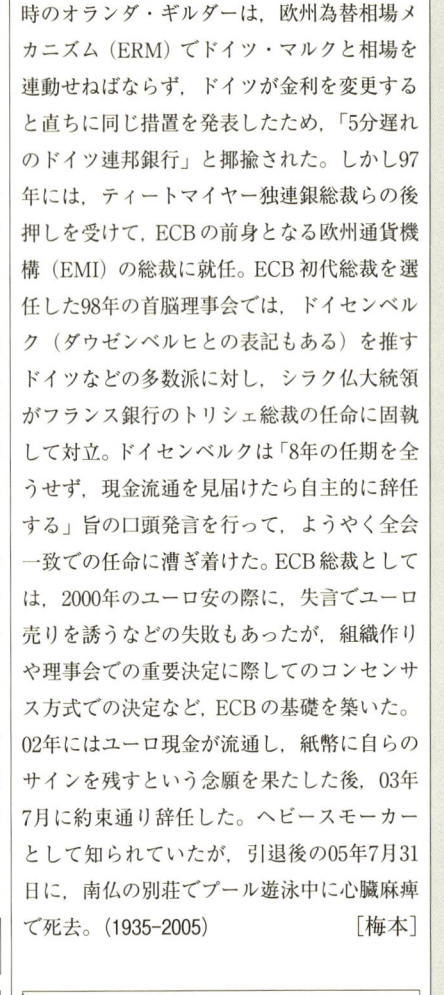

ロマーノ・プローディ
Romano Prodi

イタリアの経済学者，政治家，首相（1996-98, 2006-08）。エミリア・ロマーニャ州スカンディアーノ生まれ。ミラノのカトリック聖心大学を卒業後，ロンドン大学に留学，63年にボローニャ大学講師，71年には教授。78年に商工相

に就任した。95年にはベルスコーニ首相率いる中道右派与党のフォルツァ・イタリアに対抗して中道左派の「オリーブの木」を結成、96年総選挙で勝利し首相に就任。その後、99-2004年まで欧州委員会委員長を務めた後、06年にオリーブの木を発展させた中道左派「ルニオーネ」を率いて首相に返り咲いたが、小党の連立は安定せず、08年には内閣信任決議が上院で否決され、辞任した。欧州委員長の在任中には、EU拡大に対処するための欧州理事会での票決に人口格差を付けることなどを盛り込んだニース条約が調印され、アイルランドの国民投票でいったん批准が否決されるなどの曲折があったもの、03年には発効に漕ぎ着けた。また04年には過去最大の10カ国の新規加盟も実現させた。ただ、03年の米国によるイラク進攻をめぐり、これを支持する英国と、反対するドイツ、フランスなどにEU内が分裂。共通外交といったEUの構想に冷水を浴びせられる事態も生じ、十分な求心力を発揮できなかった。(1939-) ［梅本］

レオン・ブリタン
Sir Leon Brittain

英国の政治家。英サッチャー保守党内閣で貿易産業相を務めた後、1989年にブリュッセルに移り、EC委員会に加わる。競争政策／対外政策担当として、第2次銀行指令案や競争政策関連指令案、市場統合関連指令案の成立に尽力した。関税貿易一般協定（GATT）ウルグアイ・ラウンド（多角的貿易交渉）最終局面ではカンター米通商代表部（USTR）代表と丁々発止で渡り合ったことはよく知られている。1995年まで10年続いたドロールEC／欧州委員会の後半期、ドロール委員長に直言できた数少ない、重鎮の委員だった。当時、ブリュッセルのメディア関係者の調査で「最も尊敬すべき、有能な委員」との評価を得ていた。1995-99年までは欧州委員会の副委員長を務めた。(1939-) ［村上］

ハビエル・ソラナ
Javier Solana

スペインの物理学者、外交官、政治家。1971年に6年間の米国留学（物理学専攻）から帰国後、大学で一時教鞭を執る傍ら、組合活動に従事。77年にスペイン政界入り。82年から13年間、社会労働党（PSOE）政権下で文化相や教育相など閣僚ポストを歴任。1995年12月に北大西洋条約機構（NATO）事務総長に就任。98年2月にはコソボ紛争の交渉を通じた調停に失敗。翌3月にNATOはセルビア空爆に踏み切った。ソラナ事務総長は「民族浄化」などを防止するという人道的見地から空爆を正当化。セルビア軍は6月にはコソボ自治州から撤兵した。99年10月には事務総長職を退き、同月中にEU共通外交安全保障政策（CFSP）上級代表に就任した。2003年12月には初めてのEU独自の安全保障戦略、『よりよい世界における安全な欧州――欧州安全保障戦略』（略称ソラナ報告）を発表した。(1942-) ［村上］

付録1・EU関連事項年表

年号	月	欧州統合全般, EC/EU加盟国の動き, 欧州情勢	条約(協定も含む)
1914–18		第一次世界大戦	
1923	10	カレルギー「汎欧州運動」開始	
1929	9	ブリアン「欧州連合」創設提唱(国際連盟総会)	
	10		
1939–45		第二次世界大戦	
1945	2	ヤルタ会談	
	5	ドイツ降伏	
	7	ポツダム会談(8月まで)	
1946	7	パリ講和会談(9月まで)	
	9	チャーチル「欧州合衆国」創設提唱(チューリッヒ大学)	
1947	3	トルーマン米大統領「トルーマン・ドクトリン」発表	
	5	国連欧州経済委員会(ECE)設立(本部ジュネーブ)	
	6	マーシャル米国務長官「マーシャル・プラン」発表	
	10		
1948	1	ベネルクス関税同盟発足	
	2	チェコ政変	
	4	欧州経済協力機構(OEEC)設立(16カ国参加), 61年にOECDに	
1949	1		
	4		北大西洋条約機構(NATO)条約調印(欧米12カ国参加)
	5	・欧州会議(Council of Europe)設立(10カ国参加) ・5月にドイツ連邦共和国(西独), 10月にドイツ民主共和国(東独)が成立	
	9		
1950	5	シューマン仏外相「シューマン・プラン」発表	
	6	フリムラン・プラン(農業共同体)	
	10	プレバン仏首相「プレバン・プラン」欧州防衛共同体(EDC)創設提唱	
	11	マンスホルト・プラン(欧州会議での農業共通市場構想)	
1951	4		欧州石炭鉄鋼共同体(ECSC)設立条約(パリ条約)調印(ベルギー, 西独, 仏, 伊, ルクセンブルク, オランダ)
1952	5		欧州防衛共同体(EDC)条約調印(ECSC6カ国)
	7		欧州石炭鉄鋼共同体(ECSC)条約発効
	8	ECSC最高機関, ジャン・モネ委員長の下で業務開始	
1953	2	ECSC石炭・鉄鉱石・くず鉄共同市場発足	
	3		
	5	ECSC鉄鋼共同市場発足	
	7		

拡大(近隣政策対象国を含む)	通貨統合	域外国の動き, 対日関係等
		世界大恐慌始まる
		コミンフォルム結成
	コメコン(経済相互援助会議)設立	
		ソ連の原爆保有が判明
		朝鮮戦争勃発
		スターリン死去
		朝鮮戦争で休戦協定

年号	月	欧州統合全般, EC/EU加盟国の動き, 欧州情勢	条約(協定も含む)
1954	8	フランス下院, EDC条約批准拒否	
	10	ジャン・モネ ECSC最高機関委員長辞任	
1955	5		西欧同盟(WEU)発足
	6	ECSC6カ国外相理事会「メッシーナ宣言」採択	
	10	ジャン・モネ,「欧州合衆国行動委員会」設立	
1956	5	ECSC6カ国外相理事会「スパーク報告」採択	
	7		
	10		ザールに関する独仏条約締結
	11	ハンガリー動乱	
1957	3		ECSC6カ国, 欧州経済共同体(EEC)設立条約・欧州原子力共同体(EAEC)設立条約(ローマ条約)調印
1958	1	EEC委員会初代委員長にハルシュタイン	• ローマ条約発効 • EEC・EAEC発足
1959	1	EEC第1段階開始	
1960	1		欧州自由貿易連合(ETFA)設立条約(ストックホルム条約)調印(オーストリア, デンマーク, ノルウェー, ポルトガル, スウェーデン, スイス, 英)
	5	EEC, 初の関税引き下げを実施	EFTA発足
	9	欧州社会基金(ESF)設立	
1961	7		
	8	「ベルリンの壁」建設	
	11	第一次フーシェ・プラン提示	
1962	1	• EEC第2段階開始, EEC理事会, 共通農業政策(CAP)実施規則・指令採択 • 欧州農業指導保証基金(FEOGA)設立 • 閣僚理事会, 農業共同市場に関する最初の4規則, 最初の金融規則, 競争規則を採択 • 第二次フーシェ・プラン提示	
	4		
	5	ドゴール(米国批判), ケネディ(米国関与の再確認)が論戦	
	10		
1963	1	ドゴール, 英国のEEC加盟交渉拒否	仏独友好協力条約(エリゼ条約)調印
	7		
	9		
	11		
	12	CAP初の具体的合意として穀物などの共通価格設定	
1964	5		

拡大(近隣政策対象国を含む)	通貨統合	域外国の動き, 対日関係等
		米英仏3カ国によるドイツ占領の終結と西独のNATO加盟承認を骨子とするパリ諸条約が発効, 西独は主権回復
		スエズ危機勃発(11月に英仏軍撤退)
		EEC, 日本との外交関係樹立
• EEC, ギリシャとの連合協定調印 • アイルランド, EEC加盟申請 英, デンマーク, EEC加盟申請		
ノルウェー, EEC加盟申請		
		キューバ危機
EEC, アフリカ・マダガスカル18カ国との連合協定(ヤウンデ協定)調印 EEC, トルコとの連合協定調印		
		ケネディ暗殺
		GATTケネディ・ラウンド開始(67年5月終了)

付録1・EU関連事項年表

年号	月	欧州統合全般, EC/EU加盟国の動き, 欧州情勢	条約(協定も含む)
	7	・農業共同市場発足 ・FEOGA活動開始	
1965	3	EEC委員会「ハルシュタイン・プラン」提出	
	4		3共同体(ECSC, EEC, Euratom)を一つの共同体とする条約(ブリュッセル合併条約)締結
	7	ドゴール,「ハルシュタイン・プラン」に反対,「空席政策」(フランス, EECの会合を7ヵ月間ボイコット)強行	
1966	1	・EEC第3段階開始 ・EEC外相理事会で「ルクセンブルクの妥協」成立	
	7	ドゴール, NATOの指揮系統から仏軍引き上げ	
1967	2	EEC閣僚理事会, 付加価値税(VAT)システムの原則採択を決定	
	5		
	6	EEC委員会, GATTケネディ・ラウンド最終文書に署名	
	7	・3共同体をEC(欧州共同体)と総称 ・EC委員会の初代委員長にジャン・レイ	ブリュッセル合併条約発効
	11		
	12		
1968	7	・EC関税同盟完成(18カ月前倒し), 域外共通関税実施 ・共同労働市場の創設に向け, EC域内の労働者の自由移動を保証	
	8	チェコスロバキアで「プラハの春」弾圧	
	12	EC委員会, 農業改革を目指す「マンスホルト・プラン」を理事会に提出	
1969	4	ドゴール仏大統領辞任	
	7	ポンピドー仏大統領, 英国のEC加盟に賛意	
	12	・ハーグ首脳会談,「完成, 深化, 拡大」決議採択 ・1980年までの経済通貨同盟(EMU)への段階的統合, 政治分野での協力加速で合意 ・閣僚理事会, 農業に関する財政取り決めでEC独自財源を充当することで合意	
1970	1	対外貿易交渉権限をEC委員会に委譲	
	6		
	10	政治協力強化を訴える「ダビニョン報告」	
1971	3		
	7		
	8		

拡大(近隣政策対象国を含む)	通貨統合	域外国の動き,対日関係等
英,アイルランド,デンマーク,EEC加盟再申請		
ノルウェー,EC加盟申請		
ドゴール,英国のEC加盟に再度反対		
		「ハルメル報告」(NATOの役割を防衛と政治の2本立てに)
第2次ヤウンデ協定調印(71年1月発効)		
アイルランド,デンマーク,ノルウェー,英国4カ国とのEC加盟交渉開始合意		
アイルランド,デンマーク,ノルウェー,英国4カ国,EC加盟交渉開始		
	「ウェルナー報告」(通貨同盟(EMU)創設計画案)を閣僚理事会と委員会に提出	
	閣僚理事会,「ウェルナー報告」採択	
EC,開発途上国91カ国と「一般特恵関税制度」で合意		
		ニクソン米大統領,金ドル兌換停止,輸入課徴金導入など経済政策発表(ニクソン・ショック)

付録1・EU関連事項年表

481

年号	月	欧州統合全般, EC/EU加盟国の動き, 欧州情勢	条約(協定も含む)
	9		
1972	1		
	4		
	9		
	10	パリ首脳会議で1980年までの通貨同盟完成をうたう	
	12	東西ドイツ, 基本条約を締結し, 両国関係を正常化	
1973	1		EC・EFTA(オーストリア, ポルトガル, スウェーデン, スイス)自由貿易協定発効
	3		
	4		
	7	全欧安保協力会議(CSCE)開催(ヘルシンキ)	
	9	両独, 国連加盟	
	10		
1974	1	雇用・社会問題担当相理事会, 共同体の社会行動プログラムを採択(雇用, 生活・労働条件の調和, 社会政策決定への労使参加)	
	12	・パリ首脳会議, チンデマンス・ベルギー首相に「欧州連合」報告書提出要請 ・定期会合としての欧州理事会(European Council)の開催で合意	
1975	2		
	3	・初の欧州理事会開催(ダブリン) ・閣僚理事会, 欧州地域開発基金の創設で合意	
	5		
	6		
	11		
	12	閣僚理事会に「チンデマンス報告書」提出	
1977	1	ロイ・ジェンキンズ, EC委員長に就任	
	3		
	7	EC9カ国, 関税同盟完成	
1978	7		

拡大(近隣政策対象国を含む)	通貨統合	域外国の動き, 対日関係等
		西独−西ベルリン間の通行の安全保障などを定めたベルリンに関する4大国(米英仏ソ)協定調印
アイルランド, デンマーク, ノルウェー, 英国4カ国とのEC加盟条約調印		
	EC縮小為替変動制度(「トンネルの中のヘビ」)スタート	
ノルウェー, 国民投票でEC加盟条約批准拒否		
アイルランド, デンマーク, 英国がEC加盟(9カ国に, 第一次拡大)		
	EC加盟国通貨の対ドル共同変動相場制(「トンネルを出たヘビ」)導入	
		キッシンジャー米国務長官,「新大西洋憲章」提唱
		・第4次中東戦争 ・第1次石油危機
EC, APC(アフリカ, カリブ海, 太平洋)46カ国との第1次ロメ協定調印		
		EC, 中国との正式外交関係樹立
・ギリシャ, EC加盟申請 ・英国, 国民投票でEC残留支持		
		初の先進6カ国(G6, 英米仏日西独伊)首脳会議, ランブイエ(仏)で開催
ポルトガル, EC加盟申請 スペイン, EC加盟申請		
	ブレーメン欧州理事会, 欧州通貨制度(EMS)と欧州通貨単位(ECU)を導入する計画を発表	

年号	月	欧州統合全般, EC/EU加盟国の動き, 欧州情勢	条約(協定も含む)
	12		
1979	2		
	3		
	5		
	6	第1回欧州議会直接選挙実施(EC加盟9カ国)	
	7	直接選挙で選ばれた欧州議会の初総会, ストラスブールで開催	
	10	EC, ACP58カ国との第2次ロメ協定調印	
	12		
1980	3		
1981	1		
	5	ミッテラン, 仏大統領に就任	
	11	「ゲンシャー・コロンボ」提案発表	
1982	2		
	10	コール, 西独首相に就任	
1983	1	共通漁業政策で合意成立	
	6	シュツットガルト欧州理事会, 「欧州連合に関する厳粛なる宣言」採択	
1984	1		
	2		欧州議会, 「欧州連合設立条約草案」可決
	6	・第2回欧州議会直接選挙 ・フォンテンブロー欧州理事会, 英国への予算還付金問題解決, ドロールを次期EC委員長に指名	
	12		
1985	1	ジャック・ドロール, EC委員会委員長に就任(1993年11月から欧州委員長)	
	6	ミラノ欧州理事会, EC委員会「域内市場統合白書」採択	西独, 仏, ベネルクス「シェンゲン協定」(国境検問廃止)調印
1986	1		
	2		EC12カ国「単一欧州議定書」(SEA)調印
1987	4		
	5		
	7		SEA発効
	11		
1988	2	ブリュッセル特別欧州理事会, 「ドロール・パッケージI」(5カ年中期財政計画)承認	

拡大(近隣政策対象国を含む)	通貨統合	域外国の動き, 対日関係等
	ブリュッセル欧州理事会, 1979年1月からのEMS創設決定	第2次石油危機
	EC8カ国EMS発足 (英国はERMに不参加)	
EC, ギリシャとのEC加盟条約調印		
		ソ連, アフガニスタンに侵攻
		EC, 東南アジア諸国連合(ASEAN)と協力協定調印
ギリシャ, EC加盟(10番目の加盟国, 第2次拡大)		
デンマーク領グリーンランド, 住民投票でEC離脱決定		
EC・EFTA自由貿易地域創設		
EC, ACP65カ国との第3次ロメ協定調印		
EC, スペイン, ポルトガルとのEC加盟条約調印		
スペイン, ポルトガル, EC加盟(加盟国12カ国, 第3次拡大)		
トルコ, EC加盟申請		
	スペイン銀行(国立銀行), EMS加盟協定に調印	
	ポルトガル銀行(国立銀行), EMS加盟協定に調印	

年号	月	欧州統合全般, EC/EU加盟国の動き, 欧州情勢	条約(協定も含む)
	3	EC委員会「チェッキーニ報告」(分割欧州のコスト)発表	
	6		
1989	4		
	6	第3回欧州議会直接選挙	
	7	先進7カ国首脳会議(アルシュ・サミット), ポーランド・ハンガリー経済支援計画(PHARE)合意	
	9		
	11	ベルリンの壁崩壊	
	12	• ストラスブール欧州理事会 通貨統合の道筋を討議する政府間会議の開始で合意。両独統合を認める • 英国を除くEC11カ国で欧州社会憲章を採択	
1990	4	ダブリン特別欧州理事会, 東西ドイツ統一と対東欧諸国との関係で共通アプローチに合意	EC, アルゼンチンと貿易経済協力枠組み協定に調印
	5	欧州復興開発銀行(EBRD)設立協定, パリで調印	
	6	ダブリン欧州理事会, EMUに関する政府間会議および政治統合に関する政府間会議の開催で合意	ルクセンブルクで第2次シェンゲン協定調印(仏, 西独, ベネルクス3国)
	7		
	8		
	10	東西ドイツ統一, 5州(Länder)が新たにEC加盟	
	11	• 全欧安保協力会議(CSCE)パリ首脳会議, 「パリ憲章」採択 • サッチャー英首相辞任	イタリア, シェンゲン協定調印
	12	ローマ欧州理事会で, EMUに関する政府間会議と政治統合に関する政府間会議がスタート	
1991	1		
	4	• 欧州復興開発銀行(EBRD)設立 • ルクセンブルク特別欧州理事会, 湾岸危機/戦争後の中東問題を討議, クルド人難民などへの緊急人道援助で合意	
	6	• 保健相理事会, エイズ撲滅行動計画を採択 • 蔵相理事会, 付加価値税(VAT)とアルコール, たばこなどの物品税の調和で合意, 1993年よりVAT標準税率15%以上へ	スペイン, ポルトガル, シェンゲン協定調印

拡大(近隣政策対象国を含む)	通貨統合	域外国の動き, 対日関係等
	ハノーバー欧州理事会, 経済通貨同盟(EMU)研究委員会(「ドロール委員会」)設置決定	EC, コメコンとの外交関係樹立
オーストリア, EC加盟申請	「EMUに関する報告書」(ドロール報告書)発表 • マドリード欧州理事会「ドロール報告書」承認, 1990年7月1日からのEMU第一段階実施決定 • スペイン, EMSに参加	天安門事件を受けて, 対中武器輸出禁止
EC, ポーランドとの間で貿易・経済協力協定に署名		
• EC, ACP68カ国との第4次ロメ協定調印 • ECとEFTAの間で欧州経済領域(EEA)創設に向けた交渉開始		• EC, ソ連との貿易経済協力協定(10カ年)調印 • ブッシュ, ゴルバチョフ両大統領がマルタで東西冷戦の終結を宣言
キプロス, マルタ, EC加盟申請	EMU第1段階開始	イラクがクウェート侵攻, 湾岸危機勃発
	• 英ポンド, ERM参加 • ローマ特別欧州理事会, EMU第2段階を1994年1月開始合意	EC, 米国との「新大西洋宣言」調印
		湾岸戦争勃発(2月末まで)
		• コメコン解体 • ユーゴスラビアで内戦勃発, スロベニア, クロアチアが独立

付録1・EU関連事項年表

年号	月	欧州統合全般, EC/EU加盟国の動き, 欧州情勢	条約(協定も含む)
	7		
	8		
	9		
	10		
	10–11		
	12	ハーグで「欧州エネルギー憲章」署名	マーストリヒト欧州理事会, 欧州連合条約(マーストリヒト条約)締結合意
1992	2		EC12カ国「欧州連合条約」(マーストリヒト条約)調印
	3		
	4		
	5		
	6		デンマーク, 国民投票でマーストリヒト条約批准否決
	8		
	9		
	10	バーミンガム特別欧州理事会,「市民に近い共同体」宣言を採択	
	11		
	12	・エジンバラ欧州理事会, デンマークのマーストリヒト条約の一部適用除外承認 ・1992年までのECの財政取り決めと成長構想にかんする「第2次ドロール・パッケージ」支持	
1993	1	域内市場統合完成・単一市場発足	
	2		
	3		
	5		デンマーク, 2回目の国民投票でマーストリヒト条約批准賛成
	6	コペンハーゲン欧州理事会, 中・東欧諸国のEU加盟の政治的・経済的条件合意(コペンハーゲン基準),「成長・競争力・雇用」白書の作成をEC委員会に指示	

拡大(近隣政策対象国を含む)	通貨統合	域外国の動き,対日関係等
スウェーデン, EC加盟申請		・EC, 日本との「日本・EC共同宣言」(ハーグ宣言)採択 ・ワルシャワ軍事機構(WTO)解体 ・先進7カ国首脳会議(ロンドン・サミット), ソ連との年次会合の開催, 対ソ支援計画の策定で合意 ・日・EC自動車合意
		ソ連で保守派のクーデター, ゴルバチョフ大統領を一時軟禁
		ユーゴスラビア和平会議開始(ハーグ)
EC, EFTAとの「欧州経済領域」(EEA)創設合意		
EC, チェコスロバキア, ハンガリー, ポーランド3カ国との「欧州協定」(連合協定)調印		マドリードで中東和平会議 ソ連崩壊, 独立国家共同体(CIS)創設(旧ソ連11カ国)
フィンランド, EC加盟申請		
	ポルトガル通貨エスクード, EMSのERMに参加	
・スイス, EC加盟申請 ・欧州経済領域(EEA)設立協定調印		
		リオデジャネイロで国連環境開発会議
スロベニアも「PHARE」経済援助プログラムの対象に決定		
	欧州通貨危機, 英ポンド, 伊リラ, ERM離脱	
ノルウェー, EC加盟申請		
スイス, 国民投票でEEA加盟否決, EC加盟交渉凍結		
オーストリア, フィンランド, スウェーデンとのEC加盟交渉開始		
EC, ルーマニアとの連合協定調印		
EC, ブルガリアとの連合協定調印		

年号	月	欧州統合全般, EC/EU加盟国の動き, 欧州情勢	条約(協定も含む)
	7		
	8		
	10	• ブリュッセル特別欧州理事会, 新EU機構の所在地について合意 • フランクフルトに欧州通貨機構(EMI), オランダにユーロポール, デンマークに欧州環境庁 • 独仏欧州軍設立	
	11	欧州連合(EU)創設	マーストリヒト条約発効
	12	• 欧州委員会,「成長・競争力・雇用白書」を採択 • エリツィン大統領, ドロール委員長, デハーネ・ベルギー首相, ロシア・EU関係強化宣言に署名 • ブリュッセル欧州理事会, 欧州委員会の「成長・競争力・雇用」白書に基づき, 行動計画を作成	
1994	1		EEA条約発効
	3	マーストリヒト条約に基づく地域評議会の初回会合開催	
	4		
	6	第4回欧州議会直接選挙実施	オーストリア, フィンランド, スウェーデン, ノルウェー4カ国, EU加盟条約調印
	7	欧州委員会,「欧州社会政策白書」を採択	エストニア, リトアニア, ラトビアと自由貿易協定調印
	10		
	11		ノルウェー, 国民投票でEU加盟条約批准再否決
	12	エッセン欧州理事会, 東欧諸国との関係緊密化戦略で合意, 欧州委員会の新地中海戦略を承認	
1995	1	ジャック・サンテール, 欧州委員会委員長となる (1995-99)	
	3		独, 仏, ベネルクス3国, スペイン, ポルトガル, シェンゲン協定実施, 旅券審査廃止(4月オーストリア加盟)
	5		
	6	• EU, バルト3国との連合協定調印 • カンヌ欧州理事会, マーストリヒト条約を見直す政府間会議に備え, 準備検討グループを任命	
	7		
	8	加盟国, 警察協力のためのユーロポール協定に署名	
	10		

拡大(近隣政策対象国を含む)	通貨統合	域外国の動き, 対日関係等
		先進7カ国首脳会議(東京サミット)
EC, チェコ, スロバキア2カ国との連合協定調印	欧州通貨危機, EU財務相理事会・中央銀行総裁会議, ERMの変動幅を上下15%に拡大決定 ブリュッセル特別欧州理事会, 1994年1月からのEMU第2段階開始決定	
		GATTウルグアイ・ラウンド, 成功裏に終了
・ハンガリー, EU加盟申請 ・オーストリア, フィンランド, ノルウェー, スウェーデンとのEC加盟交渉完了 ポーランド, EU加盟申請	・EMU第2段階開始 ・欧州通貨機構(EMI)設立	GATTウルグアイ・ラウンドの最終文書, モロッコ・マラケシュで署名式
		欧州委員会,「新アジア戦略に向けて」発表 南アフリカとの協力協定に調印
オーストリア, スウェーデン, フィンランドが加盟(加盟国15カ国, 第4次拡大)	オーストリア, EMSに参加	
オーストリア, EMSに参加 ルーマニア, スロバキア, EU加盟申請		
チュニジアとのEU地中海協定 ラトビア, EU加盟申請		・欧州委員会, 対中国長期政策発表 ・ベトナムとの協力協定に署名

491

年号	月	欧州統合全般, EC/EU加盟国の動き, 欧州情勢	条約(協定も含む)
	11	EC, ACP70カ国との連合協定調印(第4次ロメ協定)	核エネルギー平和利用のための新たな米・ユーラトム協定に調印
	12		
1996	1	トルコ, EU関税同盟参加	
	2		
	3	・BSE(牛海綿状脳症)のヒト感染立証を受けて, 欧州委員会は英国産牛肉・牛肉製品の輸出を禁止 ・マーストリヒト条約改正を討議する政府間会議がトリノで開幕	
	4		
	6	フィレンツェ欧州理事会, 政府間会議の目的と議題を設定, ユーロポール協定を採択	
	10		
	11		
	12		・デンマーク, フィンランド, スウェーデン, シェンゲン協定調印 ・ダブリン欧州理事会, 経済通貨統合への「安定成長協定」合意, ユーロ紙幣デザイン公開
1997	2		
	4		
	6		アムステルダム欧州理事会, アムステルダム条約合意
	7	欧州委員会,「アジェンダ2000」公表	
	10		EU15カ国, アムステルダム条約調印
	11	・ルクセンブルク特別理事会, 雇用対策採択 ・欧州委員会, 再生可能エネルギー白書を採択	
	12	閣僚理事会, たばこ広告の禁止で合意	

拡大(近隣政策対象国を含む)	通貨統合	域外国の動き,対日関係等
• エストニア, EU加盟申請 • イスラエルとのEU地中海連合協定に調印 • バルセロナでEU・地中海諸国会議開催, 北アフリカ, 中東諸国との長期的パートナーシップで合意		ネパールとの協力協定に調印
リトアニア, ブルガリア, EU加盟申請	マドリード欧州理事会, 1999年1月から単一通貨「ユーロ(euro)」導入決定	• EUと米国,「新大西洋協力宣言」発表 (貿易拡大と国際問題での協力) • 旧ユーゴスラビアに関するデイトン和平合意, パリで調印 • 南米南部共同市場(メルコスル)との自由貿易協定に調印
チェコ, EU加盟申請		
モロッコとのEU地中海連合協定に調印		第1回アジア欧州会合(ASEM)開催(バンコク)
グルジア, アルメニア, アゼルバイジャンとのパートナーシップ・協力協定に調印		
EU, スロベニアとの連合協定調印, EU加盟申請		• ウズベキスタン, チリとの協力協定に調印 • 先進7カ国首脳会議(リヨン・サミット)
	フィンランド, EMSに参加 イタリア, EMSの為替相場メカニズム(ERM)に復帰	
EU地中海暫定連合協定に調印		パレスチナ解放機構(PLO)と定期的な政治対話実施で合意 カンボジア, ラオスと協力協定に調印
ルクセンブルク欧州理事会, 加盟申請6カ国(ハンガリー, ポーランド, チェコ, スロベニア, エストニア, キプロス)との交渉開始決定		• 気候変動枠組み条約締約国会議(COP3, 京都), 京都議定書採択 • メキシコと経済パートナーシップ協定に調印

年号	月	欧州統合全般, EC/EU加盟国の動き, 欧州情勢	条約(協定も含む)
1998	3	欧州委員会, 加盟国の経済収斂状況報告書発表, EMU参加条件達成11カ国の参加勧告	
	4		
	5		
	6		
	7		
	9	独総選挙, コール首相退陣	
	12	ウィーン欧州理事会, 各国の雇用政策収斂プロセス強化で合意「自由, 安全および司法の領域」確立のための行動計画を承認	
1999	1	サンテール欧州委員会委員長, 欧州議会に信任を要求	
	3	・ベルリン特別欧州理事会, 「アジェンダ2000」最終合意 ・欧州委員会における不正行為や縁故主義の疑いを指摘する独立専門委員会の報告を受けて, 欧州委員会(サンテール委員長)メンバー全員が辞任	
	5		アムステルダム条約発効
	6	・第5回欧州議会直接選挙実施 ・ケルン欧州理事会, 「欧州雇用協定」合意 ・欧州不正対策局を設立 ・第8回日・EU首脳会議(ボン), 政治分野での共同プロジェクトを通じた関係強化策を討議	
	9	ロマーノ・プローディ, 欧州委員会委員長となる(1999-2004)	
	10	タンペレ欧州理事会, 「自由, 安全, および司法の領域」の大綱を採択	
	12	ヘルシンキ欧州理事会, 2003年までに6万人の緊急展開部隊創設決議	
2000	1	欧州委員会, 「食品の安全性に関する白書」を採択	
	3	リスボン特別欧州理事会, 知識重視型経済を目指す「リスボン戦略」採択	

拡大(近隣政策対象国を含む)	通貨統合	域外国の動き,対日関係等
• EU, 加盟候補6カ国との交渉開始 • ウクライナとのパートナーシップ協力協定, チュニジアとのEU地中海連合協定が発効	ギリシャ通貨ドラクマ, EMSの為替相場メカニズム(ERM)に参加	
		第2回ASEM開催(ロンドン)
	ブリュッセル首脳級特別理事会, EMU参加11カ国(仏, 独, 伊, 西, ベルギー, ルクセンブルク, オランダ, アイルランド, ポルトガル, フィンランド, オーストリア)正式決定	
	欧州中央銀行(ECB)設立(フランクフルト), ECB初代総裁にドイセンベルク氏	
		モルドバとの協力協定, イエメンとの協力協定が発効
	財務相理事会, ユーロ参加国通貨の為替相場を固定化	
	• EMU第3段階開始 • EMU11カ国, ユーロ導入	
NATO軍, ユーゴスラビア・コソボ紛争でユーゴ空爆開始(6月まで)		
		• 主要8カ国首脳会議(ケルン・サミット) • 米・EU首脳会議(ボン), 欧州共通安全保障防衛政策確立の必要性で合意 • 第1回ラテンアメリカ・EU首脳会議(リオデジャネイロ)
ヘルシンキ欧州理事会, EU加盟候補6カ国(ラトビア, リトアニア, スロバキア, ルーマニア, ブルガリア, マルタ)との交渉開始決定, トルコの加盟候補国認定 EU, 加盟交渉6カ国(ラトビア, リトアニア, スロバキア, ルーマニア, ブルガリア, マルタ)との交渉開始		中国・EU首脳会議(北京), 中国の改革プロセス, WTO加盟問題を討議

年号	月	欧州統合全般, EC/EU加盟国の動き, 欧州情勢	条約(協定も含む)
	4		
	5	「シューマン宣言」50周年式典	
	6		
	7		
	9		
	10		
	12	ニース欧州理事会, EU基本権憲章採択	ニース欧州理事会, ニース条約合意
2001	1		
	2		EU15カ国, ニース条約調印
	6		アイルランド, 国民投票でニース条約批准否決
	7	欧州委員会,「EUガバナンス白書」を採択	
	9	欧州委員会,「EU運輸政策白書」を採択	
	10	ゲント特別欧州理事会, 国連の枠内でのテロとの戦いへの全面的支援を表明, 米国との連帯を再確認	
	11		
	12	ラーケン欧州理事会,「欧州の将来に関する諮問会議」(コンベンション)開催決定,「欧州の将来に関するラーケン宣言」採択	
2002	1		
	2		
	3	「コンベンション」開会式	
	4		
	5	EU, 京都議定書を批准	
	6		

拡大(近隣政策対象国を含む)	通貨統合	域外国の動き,対日関係等
		EU・アフリカ首脳会議,「カイロ宣言」採択
・フェイラ欧州理事会,「北方ディメンション(EUの北欧地域に関する地域政策)」におけるEUの対外政策およびクロスボーダー政策を承認 ・EU, ACP77カ国と,ロメ協定の代わりとなるコトヌー協定に調印	フェイラ欧州理事会,ギリシャのEMU参加承認	
		・日・EU首脳会議(東京), 2001年開始の「日欧協力の10年」確認 ・主要8カ国首脳会議(沖縄),情報通信技術,第三世界の債務問題,グローバル化などについて討議
	・デンマーク,国民投票でユーロ導入否決 ・欧州中央銀行(ECB),米連邦準備制度理事会(FRB),日本銀行とユーロ買い支えで外国為替市場に協調介入	国連ミレニアム・サミット(ニューヨーク)
		第3回ASEM開催(ソウル)
	ギリシャ,ユーロ導入(12カ国目)	
エジプトとの連合協定に調印		
		主要8カ国首脳会議(ジェノバ・サミット),グローバル化に反対する活動家約20万人が抗議活動
		米国で同時多発テロ(ニューヨーク,ワシントン)
クロアチアとの「安定協力協定」に調印		米英軍,アフガニスタンへの武力攻撃を開始
		・世界貿易機関(WTO)ドーハ閣僚会議,新多角的貿易交渉の開始を決定 ・パキスタンとの協力協定に調印
	ユーロ流通開始に備え,ユーロ圏諸国,市民への「ユーロ・キット(ユーロ紙幣,硬貨で構成)」の販売開始	
	ユーロ現金通貨流通開始(ユーロ導入国12カ国)	
	ユーロ流通の過渡期間終了,ユーロ唯一の法定通貨に	
アルジェリアとの連合協定に調印		
レバノンとの連合協定に調印		

年号	月	欧州統合全般,EC/EU加盟国の動き,欧州情勢	条約(協定も含む)
	7	ECSC条約,期限(50年)満了で失効	
	10		アイルランド,2回目の国民投票でニース条約批准賛成
	12		チリとの連合協定に調印
2003	1	・「単一市場」10周年式典 ・ボスニア・ヘルツェゴビナへの初のEU警察ミッション	
	3		ニース条約発効
	4	コトヌー協定発効	
	6	テッサロニキ欧州理事会,「コンベンション」終了確認	「コンベンション」,欧州憲法条約草案採択
	9		
	10	憲法条約最終案作成のための政府間会議開始(ローマ)	
	11		
2004	3	スペインで列車爆破テロ	
	5	中・東欧8カ国からの2年間の労働者流入規制(独,仏など12カ国が実施)	
	6	第6回欧州議会直接選挙実施	ブリュッセル欧州理事会,欧州憲法条約採択
	10		EU25カ国,欧州憲法条約調印
	11	ジョゼ・マヌエル・バローゾ,欧州委員会委員長に就任	
	12		
2005	1		
	3	ブリュッセル欧州理事会,「安定成長協定」の財政規律緩和決定	
	4		
	5		仏,国民投票で欧州憲法条約批准否決
	6		オランダ,国民投票で欧州憲法条約批准否決
	7	ロンドンで同時テロ	

拡大(近隣政策対象国を含む)	通貨統合	域外国の動き, 対日関係等
ブリュッセル特別欧州理事会, 2002年12月末までに加盟交渉10カ国との交渉完了決定		
コペンハーゲン欧州理事会, 加盟交渉10カ国の2004年5月加盟, ルーマニア, ブルガリアの2007年1月加盟合意		
クロアチア, EU加盟申請		米英軍, イラク攻撃開始(ブッシュ米大統領, 5月に勝利宣言)
EU, 加盟交渉国10カ国との加盟条約調印(アテネ)		
		国連安保理の要請に応え, EU初の独自部隊を平和維持活動のためにコンゴに派遣(アルテミス作戦, 9月初めまで)
	スウェーデン, 国民投票でユーロ導入否決	マドリードでイラク復興支援会議
	欧州中央銀行(ECB)総裁にフランス出身のジャン・クロード・トリシェ氏就任	
マケドニア, EU加盟申請		
キプロス, チェコ, エストニア, ハンガリー, ラトビア, リトアニア, マルタ, ポーランド, スロベニア, スロバキア10カ国, EU加盟(加盟国25カ国, 第5次拡大)		
		タジキスタンとのパートナーシップ協力協定に調印
ブリュッセル欧州理事会, クロアチア, トルコ2カ国との加盟交渉をそれぞれ2005年3月, 2005年10月開始に合意		
		クロアチアとの連合協定が発効
EU, ブルガリア, ルーマニアとのEU加盟条約調印		

付録1・EU関連事項年表

年号	月	欧州統合全般, EC/EU加盟国の動き, 欧州情勢	条約(協定も含む)
	9	ドイツ総選挙(11月に大連立内閣発足, メルケル首相就任)	
	10		
	11	EU・地中海10カ国第1回首脳会議開催(バルセロナ), 「バルセロナ宣言」10周年	
	12	ブリュッセル欧州理事会, EU中期予算(2007-2013年)合意	
2006	3	・ブリュッセル欧州理事会, 共通エネルギー政策導入合意, 成長・雇用創出を目指す「新リスボン戦略」採択	
	4	中・東欧8カ国からの労働者流入規制を3年間延長(EU9カ国)	
	6		
	7		
	9		
	11		
2007	1	ルーマニア, ブルガリアからの労働者流入規制(EU13カ国実施)	
	3	ベルリン特別欧州理事会, 「ベルリン宣言」採択(ローマ条約調印50周年記念)	
	4		
	5	サルコジ, 仏大統領に就任	
	6		ブリュッセル欧州理事会, 「新改革条約」制定合意
	8	ブルガリアとルーマニアがユーロポールに加盟	
	10		リスボン非公式欧州理事会, 「新基本条約」(リスボン条約)採択
	12		・リスボン欧州理事会, リスボン条約調印 ・ポーランド, チェコなど9カ国, シェンゲン協定施行
2008	1		
	2		
	3		

拡大(近隣政策対象国を含む)	通貨統合	域外国の動き,対日関係等
EU, クロアチア, トルコとの加盟交渉開始		
マケドニアのEU加盟候補国認定		
		ロシアと宇宙活動協力強化に向けた共同文書に調印
EU, アルバニアとの安定化・連合協定調印		
		「ダルフール国際会議」をブリュッセルで国連, アフリカ連合と共催
	EU理事会, 2007年1月からのスロベニアのユーロ導入承認	
欧州委員会, 2007年1月のブルガリア, ルーマニアのEU加盟勧告		
ブルガリア, ルーマニア, EU加盟(加盟国27カ国, 第6次拡大), 域内人口4億9千万人に	スロベニア, ユーロ導入(13カ国目)	
		EU, 米国との「オープン・スカイ(航空自由化)協定」に調印
		・EU, ASEAN閣僚会議, 「ニュルンベルク宣言」採択 ・主要8カ国首脳会議(ハイリゲンダム・サミット), 2050年までに温室効果ガス半減検討を宣言
EU, モンテネグロとの安定化連合協定調印		
	キプロス, マルタ, ユーロ導入(ユーロ圏参加国15カ国)	
EU, ウクライナと自由貿易協定(FTA)の締結交渉開始		英, 独, 仏, 伊など大半のEU加盟国, コソボ独立承認 米・EUオープン・スカイ協定が発効

年号	月	欧州統合全般, EC/EU加盟国の動き, 欧州情勢	条約(協定も含む)
	6	欧州理事会, リスボン条約批准プロセスの継続で一致	アイルランド, 国民投票でリスボン条約批准否決
	7		
	8		
	9		
	10	ブリュッセル特別欧州理事会, 金融危機への対応を協議	
	11		
	12		スイス, シェンゲン協定施行
2009	1		
	2		
	3	ブリュッセル特別欧州理事会, 金融市場改革, 財政出動を討議	
	4		
	6	欧州議会選挙, 中道右派が最大会派維持	

拡大(近隣政策対象国を含む)	通貨統合	域外国の動き, 対日関係等
EU, ボスニア, ヘルツェゴビナとの安定化連合協定調印 パリで「地中海連合」首脳会議, EU27カ国, 北アフリカ・中東16カ国・地域の首脳が参加		EU, ロシアとの新パートナーシップ協力協定締結交渉開始 主要8カ国首脳会議(洞爺湖サミット), 2050年までの温室効果ガス50％削減目標で合意 グルジアで武力衝突, 国際社会はロシアの軍事行動を非難, EU議長国フランスの仲介で和平合意が成立
	米投資銀行大手リーマン・ブラザーズの破綻をきっかけに世界金融危機	
	主要20カ国・地域首脳会合(ワシントン・サミット), 世界金融危機対応を協議	EU, ソマリア沖の海賊対策で共同海上軍事行動「アトランタ作戦」を開始
	スロバキア, ユーロ導入(16カ国目)	オバマ米大統領就任
	金融市場改革に向けた31項目の提言を盛り込んだ「ドラロジエール報告」を欧州委員会に提出	
アルバニア, EU加盟申請	主要20カ国・地域首脳会合(ロンドン・サミット)	
	ブリュッセル欧州理事会, 新たな金融監督体制を決定	

＊参考：EUのサイト(http://europa.eu/abc/history/index_en.htm), 田中友義著『EU経済論』中央経済社, 2009年

付録2・EU関連データ

●歴代の欧州委員会委員長 （初代〜第11代）

初　代	ワルター・ハルシュタイン(旧西独)	1958-67
第2代	ジャン・レイ(ベルギー)	1967-70
第3代	フランコ・マリア・ファルッティ(伊)	1970-72
第4代	シッコ・マンスホルト(オランダ)	1972-73
第5代	フランソワ・グザビエ・オルトリ(仏)	1973-77
第6代	ロイ・ジェンキンズ(英)	1977-81
第7代	ガストン・トルン(ルクセンブルク)	1981-85
第8代	ジャック・ドロール(仏)	1985-95
第9代	ジャック・サンテール(ルクセンブルク)	1995-99
第10代	ロマーノ・プローディ(伊)	1999-2004
第11代	ジョゼ・マヌエル・ドゥラン・バローゾ(ポルトガル)	2004-

●欧州理事会議長国 （1998-2020）

年	前半	後半
1998	英国	オーストリア
1999	ドイツ	フィンランド
2000	ポルトガル	フランス
2002	スペイン	デンマーク
2003	ギリシャ	イタリア
2004	アイルランド	オランダ
2005	ルクセンブルク	英国
2006	オーストリア	フィンランド
2007	ドイツ	ポルトガル
2008	スロベニア	フランス
2009	チェコ	スウェーデン
2010	スペイン	ベルギー
2011	ハンガリー	ポーランド
2012	デンマーク	キプロス
2013	アイルランド	リトアニア
2014	ギリシャ	イタリア
2015	ラトビア	ルクセンブルク
2016	オランダ	スロバキア
2017	マルタ	英国
2018	エストニア	ブルガリア
2019	オーストリア	ルーマニア
2020	フィンランド	

注1) 前半は1-6月，後半は7-12月　2) 理事会の全会一致により変更可能　3) 出典：Council decision of 1 January, 2007, determining the order in which the office of the President of the council shall be held

●閣僚理事会（欧州連合理事会）における各国の持ち票 (27カ国　2007年)

国	票数	国	票数
ドイツ	29	オーストリア	10
英国	29	ブルガリア	10
フランス	29	フィンランド	7
イタリア	29	アイルランド	7
スペイン	27	リトアニア	7
ポーランド	27	スロバキア	7
ルーマニア	14	デンマーク	7
オランダ	13	ラトビア	4
チェコ	12	スロベニア	4
ハンガリー	12	キプロス	4
ポルトガル	12	ルクセンブルク	4
ギリシャ	12	エストニア	4
ベルギー	12	マルタ	3
スウェーデン	10		

（総票数：345，特定多数決：255以上）

可決の詳しい要件については用語「二重多数決」参照
出典：The Lisbon Treaty 10 easy-to-read fact sheets Foundation Robert Schuman, December 2007を元に編者が作成

●EU基本条約の歴史

条約名	署名日	発効日
欧州石炭鉄鋼共同体（ECSC）条約	1951年4月18日	1952年7月23日（50年間）
条約テキスト・ウェブサイト：◆http://eur-lex.europa.eu/en/treaties/index.htm#founding		
欧州経済共同体（EEC）/欧州原子力共同体条約（Euratom）	1957年3月25日	1958年1月1日
◆http://eur-lex.europa.eu/en/treaties/index.htm#founding		
単一欧州議定書	1986年2月17日および28日	1987年7月1日
◆http://eurlex.europa.eu/en/treaties/index.htm#other		
欧州連合に関するマーストリヒト条約	1992年2月7日	1993年11月1日
◆http://www.eurotreaties.com/maastrichtec.pdf		
アムステルダム条約	1997年10月2日	1999年5月1日
◆http://eur-lex.europa.eu/en/treaties/dat/11977D/htm/11997D.html		
ニース条約	2001年2月26日	2003年2月1日
◆http://eur-lex.europa.eu/en/treaties/dat/12001C/htm/12001C.html		
欧州連合条約と欧州共同体を創設する条約を修正するリスボン条約	2007年12月13日	
◆http://eur-lex.europa.eu/JOHtml.do?uri=OJ:C:2008:115:SOM:EN:HTML		

出典：The Lisbon Treaty 10 easy-to-read fact sheets のAnnex 1 List of Treaties of the European Construction, Fondation Robert Schuman, December 2007を元に編者が作成

付録2・EU関連データ

● 欧州連合（EU）の機構と権限関係（リスボン条約に基づく）

欧州理事会
基本方針を決定，欧州統合に弾みを与える。年4回開催。

CFSP決定

対外代表

CFSP対外代表

通商事項等で対外代表

［EU上級代表］
・外務理事会議長
・副委員長
（対外関係）

閣僚理事会（EU理事会）
加盟国の閣僚で構成する立法機関。
www.consilium.europa.eu

議長国は加盟国の輪番制で，3カ国による18カ月の議長団制。3カ国のうち1カ国が6カ月交替で，外務理事会を除くすべての閣僚理事会の議長を務める。

欧州委員会
EUの行政機関，27人の委員で構成。
www.ec.europa.eu

指令案と規則を閣僚理事会と欧州議会に提案。EUの基本条約が確実に尊重されるようにする。EUの共通政策に責任を負う。任期は5年。

欧州議会
5年ごとの直接選挙で選出される議員で構成。
www.europarl.europa.eu

域内市民を代表し，特定分野の立法における閣僚理事会との共同決定権，EU予算の承認権，新欧州委員会の一括承認権を有する。

共同決定，単独決定

提案

共同決定／同意／諮問

欧州司法裁判所
EU基本条約の解釈と適用上で生じる法制問題に判断を下す。
www.curia.europa.eu

立法

出典：Fondation Robert Schuman The Lisbon Treaty 10 easy-to-read fact sheets, 2007の中のAnnex 2 How the European Union's institutions are runと庄司克宏『リスボン条約（EU）の概要と評価——「一層緊密化する連合」への回帰と課題—」」，慶應法学第10号，2008年の本文および図表6と図表7を元に編者が作成

●リスボン条約に基づく各機構の改革点

機構	リスボン条約での改革点／代表職の任務・権限
欧州理事会 (European Council)	常任議長（president）職の新設。欧州理事会の特定多数決により任命され, 任期は2年半で再任可。 ＜常任議長の任務・権限＞ ①欧州理事会の定期および特別会合の招集, 準備と議事進行, 合意形成促進／②欧州議会への報告／③共通外交安全保障（CFSP）分野における対外代表（EU外務・安保上級代表の権限を尊重）
閣僚理事会 (EU理事会) (EU Council)	EU外務・安保上級代表ポストの新設。同代表は外務理事会議長と欧州委員会の副委員長（対外関係）を兼ねる。任期は5年で, 欧州理事会が欧州委員会委員長との合意の下に特定多数決により任命する。 ＜上級代表の任務・権限＞ ①欧州理事会の指示に基づき, CFSPを指揮し, CFSP分野における対外代表を務める／②外務理事会議長を務める。提案権を有する／③欧州議会との協議, および情報提供を行う／④「拡大ペータースベルク任務」の非軍事的および軍事的側面の調整の確保／⑤欧州委員会副委員長として対外関係全般の整合性を確保する（独立性の義務）
閣僚理事会議長国	国票と人口票から成る二重多数決制の導入（2014年11月1日）。 ＜理事会議長国の任務・権限＞ ①理事会作業の組織化と運営／②特に, 総務理事会は他の理事会の作業における整合性と継続性を欧州委員会と協力して多年度プログラムの枠内で確保する。また, 欧州理事会の会合の準備とフォローアップを行う
欧州委員会 (European Commission)	欧州理事会の特定多数決による委員長候補者を欧州議会が構成員の過半数で委員長指名者として決定する ＜委員長の任務・権限＞ ①欧州委員会の作業指針を決定する／②欧州委員会の内部組織を定める／③欧州委員会副委員長（EU外務・安保上級代表以外）の任命／④欧州委員の罷免／⑤CFSP以外のEU対外関係における首脳級の対外代表を務める／⑥欧州理事会のメンバーとして, 投票権はないものの, 会合に出席する
欧州議会 (European Parliament)	議席定数の削減。現行の共同決定手続きに当たる「通常立法手続き」の原則化。EU年次予算の支出項目の全体について閣僚理事会と対等の権限を付与される。欧州委員会委員長の選出権限（候補者の選定は欧州理事会）

出典：Fondation Robert Schuman The Lisbon Treaty 10 easy-to-read fact sheets, 2007の中のAnnex 2 How the European Union's institutions are runと庄司克宏『リスボン条約（EU）の概要と評価——「一層緊密化する連合」への回帰と課題—』」, 慶應法学第10号, 2008年の本文および図表6と図表7を元に編者が作成

索引

▼あ

i2010→ 2, 241, 279
アウター・セブン→ 71
アキ・コミュノテール→ 2, 77, 164
アジア欧州会議（ASEM）→ 207
アジア・欧州パートナーシップ→ 338
アジア開発銀行→ 2
アジア太平洋経済協力会議（APEC）→ 6, 134, 338
アジア通貨危機→ 319
アジア通貨基金構想→ 2, 325
アジェンダ2000→ 2, 77, 181, 224
ASEAN（東南アジア諸国連合）→ 2, 215, 316, 320, 322
ASEAN 自由貿易地域（AFTA）→ 3, 318
ASEAN 地域フォーラム（ARF）→ 2, 317
ASEAN プラス3→ 3, 321, 322
アフガン・コンパクト→ 128
アフリカ開発会議（TCAD）→ 3
アフリカ開発銀行→ 3
アフリカ開発のための新パートナーシップ（NEPAD）→ 3
アフリカ人権裁判所→ 337
アフリカ中央銀行→ 337
アフリカ統一機構（OAU）→ 3, 336, 337
アフリカ連合（AU）→ 4, 336
アムステルダム条約→ 4, 78, 79, 102, 105, 115, 231, 251, 266, 285
アラブ連盟→ 155
アルテミス軍事作戦→ 4, 123
安定化プログラム→ 179
安定・成長協定（SGP）→ 4, 179, 193
アンデス共同体→ 4, 332
アンバンドリング→ 4, 229
EEC 条約（ローマ条約）→ 70
EC 委員会→ 5, 142, 144
EC 競争法→ 277
EC 条約→ 74, 270, 277
EC 法→ 94
EPC 政治委員会→ 113
EU 安全保障研究所→ 122
EU 基本権憲章→ 93, 95, 96
EU 競争法→ 5, 148
EU 警察任務活動（EUPOL）→ 127, 128
EU 条約→ 95, 340
EU 排出権取引制度（EUETS）→ 232
eEurope 行動計画→ 5, 240
域内市場統合白書→ 5, 72, 202
遺伝子組み換え（GM）食品→ 225, 226
移民・難民協定→ 269
イラク戦争→ 136

イランの核開発問題→ 148, 153
インナー・シックス→ 71
ウィンストン・チャーチル→ 62
ウェストファリア体制→ 138
ウェルナー委員会→ 111
ウェルナー報告→ 6, 170
ウルグアイ・ラウンド→ 163, 224
ECU（欧州通貨単位）→ 171
越境的統治体→ 93
エラスムス・プログラム→ 6, 307, 308
エラスムス・ムンドゥス→ 6, 308
エリゼ条約→ 7, 132
欧州アラブ対話→ 7, 112, 155
欧州安全保障防衛アイデンティティー→ 117
欧州安全保障防衛政策（ESDP）→ 7, 121, 126, 128
欧州安全保障防衛同盟（ESDU）→ 124
欧州委員会→ 6, 70, 78, 82, 86, 87, 99, 148, 149, 153–155, 166, 174, 180, 186, 190, 201, 203, 204, 219, 225, 227, 229, 234, 241, 254, 256, 260, 261, 265, 269, 283, 289, 300
欧州委員会人道支援事務局（ECHA）→ 7
欧州委員会統計局（ユーロスタット）→ 84, 205, 227
欧州異文化対話年→ 8, 301
欧州医薬品審査庁（EMEA）→ 8
欧州宇宙機関（ESA）→ 8
欧州エネルギー憲章→ 154
欧州会議→ 8, 97
欧州懐疑主義→ 8
欧州会計検査院→ 86
欧州海事安全機関（EMSA）→ 8
欧州会社（SE）法→ 9, 221
欧州化学物質庁（ECHA）→ 234
欧州合衆国行動委員会（ACUSE）→ 69
欧州環境庁（EEA）→ 9, 88
欧州議会→ 9, 70, 73, 78, 82, 85, 87, 95, 100, 103, 112, 168, 241, 284, 300
欧州基本権庁（FRA）→ 9
欧州共通防衛政策（CEDP）→ 117
欧州共通歴史教科書→ 276
欧州協定→ 9
欧州共同体（EC）→ 72, 90, 142, 160, 170
欧州共同体設立条約（ローマ条約）→ 9
欧州近隣政策（ENP）→ 10, 157, 167
欧州グローバル化調整基金→ 10, 200
欧州軍団（Eurocorps）→ 10, 116, 118–120
欧州経営者連盟（Business Europe）→ 87
欧州経済共同体（ECC）→ 69, 72, 112, 160, 270, 286
欧州経済協力機構（OEEC）→ 10, 66, 130
欧州経済再生計画（EERP）→ 10
欧州経済通貨統合（EMU）→ 163, 170, 199
欧州経済領域（EEA）→ 10
欧州言語共通参照枠（CEFR）→ 23, 288, 307
欧州言語年→ 307
欧州研修財団（ETF）→ 10

欧州原子力共同体（ユーラトム）→ 47, 65, 69, 72, 90
欧州憲兵部隊→ 126
欧州憲法条約→ 71
欧州工科大学（EIT）→ 242
欧州航空安全機関（EASA）→ 11
欧州システミック・リスク理事会（ESRC）→ 196, 201
欧州疾病予防管理センター（ECDC）→ 11, 88, 261, 262
欧州司法裁判所→ 11, 82, 85, 93-95, 101, 245, 278
欧州市民権→ 103
欧州社会基金（ESF）→ 11, 70, 200, 216
欧州社会憲章→ 99
欧州社会主義グループ→ 85
欧州社会政策白書→ 251
欧州自由貿易連合（EFTA）→ 11, 71
欧州自由民主連盟→ 85
欧州商工会議所連合（EUROCHAMBERS）→ 87
欧州少数言語事務局→ 11, 289
欧州消費者諮問グループ→ 260
欧州消費者センター・ネットワーク（ECCN）→ 12, 260
欧州商標庁（OHIM）→ 12, 278, 287
欧州情報空間→ 241
欧州職業訓練開発センター（Cedefop）→ 12, 303
欧州職業訓練財団→ 88
欧州食品安全庁（EFSA）→ 12, 88, 226
欧州人権裁判所→ 94
欧州人権条約→ 93-96
欧州人権庁→ 88
欧州人民党・欧州民主党グループ→ 12, 85
欧州生活労働条件改善財団→ 273
欧州政治共同体（EPC）→ 108, 132
欧州政治協力（EPC）→ 12, 73, 111, 114
欧州政治統合→ 132
欧州石炭鉄鋼共同体（ECSC）→ 64, 68, 72, 80, 85, 87, 108, 109, 130
欧州対外国境管理協力庁（FRONTEX）→ 13, 267
欧州逮捕令状→ 13, 106
欧州男女平等研究所→ 13, 271
欧州地域開発基金（ERDF）→ 13, 215, 216
欧州地域語少数言語憲章→ 288, 291, 293
欧州－地中海大学→ 158
欧州・地中海パートナーシップ→ 157
欧州中央銀行（ECB）→ 172, 178, 182, 201
欧州通貨機関（EMI）→ 172, 182
欧州通貨危機→ 172
欧州通貨協力基金（EMF）→ 170
欧州通貨制度（EMS）→ 13, 74, 132, 171
欧州通貨単位（ECU）→ 74
欧州通貨同盟（EMU）→ 172, 174
欧州通常戦力条約（CFE）→ 14
欧州デジタル図書館（Europeana）→ 14
欧州鉄道庁（ERA）→ 14
欧州投資銀行（EIB）→ 14, 70, 88

欧州特許条約→ 14, 278
欧州ネットワーク情報安全機関（ENISA）→ 14
欧州農業訓練開発センター→ 303
欧州農業指導保証基金（EAGGP）→ 223
欧州パスポート→ 307
欧州不正対策局（OLAF）→ 84
欧州復興機関（EAR）→ 15
欧州文化首都→ 15, 298
欧州への回帰→ 152
欧州防衛機関（EDA）→ 15
欧州防衛共同体（EDC）→ 15, 65, 73, 108-110, 130
欧州麻薬監視センター→ 15, 88
欧州薬品庁→ 88
「欧州要塞化」論→ 16
欧州理事会→ 16, 64, 80, 82, 83, 95, 182
欧州連合（EU）→ 90, 304
欧州連合条約（マーストリヒト条約）→ 16
欧州労使協議会→ 16, 251
欧州労働衛生・安全機構→ 88
オーデルナイセ国境線問題→ 275
オープン・スカイ協定→ 245, 246
オスロ合意→ 155
オプト・アウト→ 16, 250, 266

▼か

改革・開放政策→ 149
海外の国および領土（OCT）→ 160
化学物質の登録，評価，認可および制限に関する規則→ 234
核拡散防止条約（NPT）→ 75, 318
格差是正基金→ 17, 216
拡大ブリュッセル条約→ 110
閣僚理事会→ 17, 70, 73, 80, 82, 87, 95, 100, 106, 246
ガスプロム→ 227, 228
GATS（サービスの貿易に関する一般協定）→ 284
GATT ウルグアイ・ラウンド→ 238
合併・買収（M&A）→ 177, 190, 209
ガバナンス→ 78, 102
カボタージュ→ 17, 245
カリーニングラード問題→ 17
カリブ共同体・共同市場→ 17
ガリレオ・プロジェクト→ 18, 243
為替相場メカニズム（ERM）→ 18, 74, 171, 172, 175, 176
環境行動計画（EAP）→ 18, 231
完成・深化・拡大→ 111
関税同盟→ 18, 70, 72, 186, 238, 331
関税貿易一般協定（GATT）→ 18, 131, 143, 163
管理貿易→ 143
企業会計改革法（サーベンズ・オクスリー法）→ 209
気候変動に関する政府間パネル（IPCC）→ 18
基準・認証の相互承認→ 73
北大西洋条約機構（NATO）→ 19, 66, 109, 111,

115, 121, 132, 141, 153
北朝鮮の核開発問題→ 146, 148
議長国→ 19, 504
キャップ・アンド・トレード→ 19
CAP 中間見直し→ 224
旧ユーゴスラビア紛争→ 134
旧ユーゴ戦争犯罪国際法廷→ 168
強化された協力→ 19
競争政策→ 212
共通運輸政策→ 70
共通外交安全保障政策（CFSP）→ 20, 74, 77, 80, 90, 108, 113, 114, 121
共通漁業政策（CFP）→ 20
共通通商政策（CCP）→ 20, 223
共通農業政策（CAP）→ 20, 65, 70, 131, 170, 181, 215, 223
共通利子課税→ 187
共同体指定条項→ 246
共同統合任務部隊（CJTF）→ 20, 117, 118
京都議定書→ 231
協和宣言II→ 320
挙証責任の転換→ 251
キリスト教国クラブ→ 166
緊急展開欧州軍（EUROFOR）→ 21, 117
緊密な協力→ 77
金融安定理事会→ 200
金融安定化フォーラム（FSF）→ 196, 200
金融救済法案→ 209
金融サービス行動計画（FSAP）→ 21, 219
金融サービス政策白書2005-2010→ 21, 220
金融サミット（G20）→ 193, 200, 220
金融ナショナリズム→ 199
近隣窮乏化政策→ 199
空席政策→ 21, 112
グリーン・ニューディール→ 194
グルジア紛争→ 154
グルンドヴィ・プログラム→ 21, 305
クレジット・デフォルト・スワップ（CDS）→ 22, 197
クロス・コンプライアンス→ 22, 224
クロス・サポート→ 146
経済協力開発機構（OECD）→ 22, 67, 257, 263, 264
経済・財務相理事会（ECOFIN）→ 83
経済社会評議会→ 22, 87
経済通貨統合（EMU）→ 5, 74, 80, 171
経済連携協定（EPA）→ 323-325
警察・刑事司法協力→ 22, 90, 102, 106
ゲートウェイ・トゥ・ジャパン→ 23, 147
原国籍主義（母国原則）→ 203
言語のための欧州共通参照枠（CEFR）→ 23, 288, 307
ゲンシャー・コロンボ提案→ 23, 112
建設的棄権→ 23, 77, 115
現地調達比率→ 331
構造基金→ 23, 216

後発開発途上国（LDC）→ 162
公用語→ 24, 193, 286
コーポレート・ガバナンス→ 221
国際会計基準（IFRS）→ 189, 219
国際会計基準審議会（IASB）→ 24, 189, 197
国際人権規約→ 24, 96
国際治安支援部隊（ISAF）→ 24
国際通貨基金（IMF）→ 24, 132, 177
国際労働機関（ILO）→ 98
国民国家→ 100, 101, 103
国連気候変動枠組み条約第15回締約国会議(COP15)→ 232
国連人口基金（UNEPA）→ 24, 258
国連貿易開発会議（UNCTAD）→ 265
コソボ自治州平和維持部隊（KFOR）→ 25
コソボ紛争→ 121
国境なきテレビ指令→ 25, 279
コトヌー協定→ 25, 161, 162
コペンハーゲン基準→ 25, 77, 164
コミトロジー→ 25
コメコン（経済相互援助会議）→ 66
コメニウス・プログラム→ 26, 306
雇用サミット→ 200
コレペール（常駐代表委員会）→ 26, 83
コンコルディア軍事作戦→ 26, 123
コンディショナリティー→ 162
コンバージェンス→ 172, 174, 179, 190, 216
コンベンション→ 26, 80

▼さ

サービス自由化法→ 26
再生可能エネルギー→ 27, 230-231
財政支援プログラム（MEDIA）→ 283
裁量的政策調整→ 27
サウス・ストリーム→ 228
サブプライム問題→ 177, 178, 209
サブリミナル→ 280
残存対日輸入制限→ 145
36条委員会→ 27
CIS諸国技術支援計画（TACIS）→ 152
CEマーク→ 27, 202
CFSP上級代表（理事会事務局長）→ 75, 115
シェンゲン協定→ 27, 76, 104, 105
ジェンダー主流化アプローチ→ 27, 270
時価会計制度→ 211
死刑制度廃止論→ 27
死刑廃止条約→ 96
市場統合→ 28, 99, 239
システミック・リスク→ 28, 201
視聴覚メディアサービス指令（AVMSD）→ 28, 279
自動安定化措置→ 194
司法内務協力（CJHA）→ 28, 74, 80, 105, 114
社会憲章→ 28, 98
社会市場経済→ 211

社会条項→ 250
社会的排除→ 252, 255
シャルルマーニュ → 56, 467
ジャン・モネ→ 63, 469
上海協力機構→ 28
自由・安全・司法の領域→ 105, 106
柔軟性の原則→ 76, 79
自由貿易協定（FTA）→ 323
シューマン・デー→ 29
シューマン・プラン→ 29, 64, 68, 130
主要20カ国・地域グループ（G20）→ 29
シュピレンベルク報告→ 112
主要排出国会議（MEM）→ 233
常駐代表委員会（COREPER）→ 26, 83
消費者クレジット指令→ 260
消費者政策戦略文書→ 29
食品安全法→ 225
指令→ 30, 73, 202
新機能主義→ 30
シングル・ヨーロピアン・スカイ（SES）→ 30, 246
新自由主義→ 30, 211, 251
新戦略概念→ 115
新大西洋アジェンダ→ 30
スカイボルト供与協定→ 131
スカンジナビア型モデル→ 211
スクリュー・ドライバー方式→ 239
ストックオプション→ 209
スパーク報告→ 69
西欧同盟（WEU）→ 30, 110, 115, 116
政治統合→ 108, 171
税制パッケージ→ 31, 187
製造物責任（PL）法→ 236
政府開発援助（ODA）→ 160
セーフガード（緊急輸入制限措置）→ 31, 206
世界EU学会→ 31, 149
世界金融危機→ 100
世界貿易機関（WTO）→ 31, 101, 150, 163, 193, 225, 238, 240, 328, 334
セットアサイド→ 224
全欧州安保協力会議（CSCE）→ 31, 132
先決裁定→ 107
先行統合→ 79
総長→ 83
相互均衡兵力均衡削減（MBFR）→ 132
相互主義条項→ 218
相殺関税措置（CVD）→ 328
総務・対外関係理事会→ 83
ソーシャル・ヨーロッパ→ 31, 250, 252, 254
ソクラテス・プログラム→ 32, 305-307
ソフト・パワー→ 32
ソラナ報告→ 32, 125, 139

▼た
第一次戦略兵器削減（SALT-I）→ 133

第一審裁判所→ 93, 94
ダイグロシア（社会的2言語兼用）→ 296
大西洋経済協議会→ 194
代替紛争解決（ADR）→ 260
対中武器禁輸措置解除問題→ 148
第二次銀行指令→ 32, 218
太平洋共同体（PC）→ 32
タイムシェアリング→ 260
ダヴィニョン報告→ 111
多角的抑止力戦略（MLF）→ 131
多極的世界観→ 136
多国間協調主義→ 135, 138
タックスヘイヴン→ 200, 220
脱原発政策→ 33, 230
ダビニョン報告→ 33
WEU 差し出し戦力（FAWEU）→ 33, 116, 118
WTO 協定→ 278
WTO ドーハラウンド→ 148, 193, 225, 238, 284
ダブリン・ドック→ 188
ダルフール紛争→ 33, 337
単一欧州議定書（SEA）→ 33, 72, 74, 113, 215
ダンケルク条約→ 108
単独行動主義→ 34, 125, 134-136
タンペレ・プログラム→ 34, 266
地域評議会→ 87, 216
チェッキーニ報告→ 34, 202
知識基盤経済→ 241
知識重視型経済→ 252
地中海沿岸高速道路→ 158
地中海型モデル→ 211
地中海政策→ 157
中期財政計画→ 181, 215, 224
中距離核戦力（INF）→ 34
中東和平プロセス→ 148, 153, 155
中南米カリブ連合→ 335
駐日欧州委員会代表部→ 35
中米共同市場→ 35
チンデマンス報告→ 112
低炭素社会→ 148
デイトン和平合意→ 123
デカップリング→ 35, 224
デジタル経済化→ 241
デジタル・デバイド克服→ 241
鉄鋼戦争→ 131, 198
デリバティブ→ 197
天安門事件→ 149, 151
電子商取引→ 240, 259
ドイツ連邦銀行→ 211
ドイツ連邦憲法裁判所→ 107
ドゥーロ報告→ 112
東京ラウンド→ 163
東方外交→ 35, 132
東方パートナーシップ→ 35
特定多数決方式→ 35, 70, 73, 78
特定有害物質使用制限（RoHS）指令→ 51, 237
独立国家共同体（CIS）→ 152

511

ドーハ開発アジェンダ→ 36
トラテロルコ条約→ 317
ドラロジエール報告→ 36, 196
トランス・ヨーロピアン・ネットワーク（TEN）→ 36, 88
鳥インフルエンザ→ 100
TRIPS協定→ 278
鶏肉戦争→ 34, 131
トレーサビリティー→ 226
ドロール白書→ 36, 251
ドロール・パッケージ→ 36, 181
ドロール報告→ 36, 170, 171
トンネルの中の蛇→ 170

▼な

内国民待遇→ 218
ナッソー協定→ 132
NAFTA（北米自由貿易協定）→ 37, 327, 329, 331, 333
南部アフリカ開発共同体（SADC）→ 37
南米南部共同市場（メルコスル）→ 47, 331, 333
NIES（新興工業国）→ 319
ニース条約→ 37, 78-81, 164, 304, 308
二酸化炭素回収・貯蔵の法的枠組み→ 232
「20 20 by 2020」戦略→ 232
西アフリカ諸国経済共同体（ECOWAs）→ 37
二重多数決→ 37
二重帽子→ 118
2段階統合方式→ 38
日・EC共同宣言→ 38, 142, 146
日・EC協力のための行動計画→ 37, 145
日・EC相互承認協定→ 147
日・EUビジネス対話ラウンドテーブル→ 147
日・EU貿易摩擦→ 239
「人間の安全保障」ドクトリン→ 125, 139, 140
ネオコンの論理→ 139
農場から食卓まで→ 225
ノルド・ストリーム→ 228

▼は

ハーグ欧州会議→ 38
ハーグ・プログラム→ 39, 266
バーゼルⅡ→ 197
パートタイム指令→ 265
パートナーシップ協力協定（PCA）→ 39, 152
バイオ燃料→ 232
廃棄物管理政策→ 39
廃棄物管理戦略→ 236
排出権取引→ 39, 232
廃電気電子機器（WEEE）指令→ 6, 237
ハセップ（HACCP）→ 39, 226
パックス・アメリカーナ→ 39, 130
バッド・バンク（不良銀行）→ 195
バラッサの経済統合理論→ 39

パリ条約→ 70
バルセロナ宣言→ 157
バルセロナ・プロセス→ 40, 157, 158
ハルメル報告→ 40, 132
パレスチナ自治政府→ 155
反アパルトヘイト→ 112
汎欧州運動→ 60
反ダンピング税（AD）→ 40, 328
反トラスト法→ 212
BSE（牛海綿状脳症，狂牛病）→ 40, 225, 226
PL法→ 40
東アジア共同体構想→ 40, 321, 322, 339
東アジア共同体評議会→ 323
東アジア首脳会議（EAS）→ 41
東アジア政策閣僚会議→ 324
113条委員会→ 41
ファウンディング・ファーザーズ→ 63
不安定の弧→ 167
ファンドブリーフ債→ 184
フィード・イン・タリフ→ 41, 230
フーシェ・プラン→ 41, 110, 111, 132
プーリング法→ 190
付加価値税（VAT）→ 186
物質情報交換フォーラム→ 235
プライベート・エクイティー（未公開株式）→ 197
フランクフルト・モデル→ 211
フランス国民議会→ 109
フランスの週35時間労働制→ 41, 264
ブリアン覚書→ 41
BRICs → 42, 326
ブルーカード→ 269
ブレア・イニシアチブ→ 42, 121
フレクシキュリティー→ 42, 211, 272
フレックス・タイム制→ 272
フレデリング法案→ 42
文化多様性条約→ 42, 300
文化特例→ 43
文化2000プロジェクト→ 43, 299
文民危機管理委員会→ 122, 124
米英借款協定→ 131
米英ミサイル協定→ 131
米欧安全保障共同体→ 140
米加自由貿易協定→ 43, 327
米国一極主義→ 137
米国財務会計基準審議会（FASB）→ 190
米州活性化構想（EAI）→ 333
米州機構→ 43
米州サミット→ 333, 334
米州自由貿易地域（FTAA）→ 43, 333, 339
米連邦準備制度理事会（FRB）→ 182, 208
平和のためのパートナーシップ協定→ 43
ペータースベルク任務→ 44, 115, 116, 118
ヘッジファンド→ 196, 200, 220
ヘッドライン・ゴール→ 44, 122, 123
ペトラ・プログラム→ 44, 305

512

ベネルクス関税同盟→ 67
ヘルシンキ宣言→ 338
ベルリンの壁崩壊→ 66, 76, 100, 120
ベルリン・プラス→ 123
貿易交渉委員会（TNC）→ 333
包括的地中海政策（GMP）→ 44, 157
法の支配→ 77, 92, 93, 149, 337
ポータビリティー（年金制度の）→ 45, 255
ポーランド・ハンガリー経済復興援助プログラム（PHARE）→ 44
補完性原理→ 45, 75, 102, 103
北米自由貿易地域→ 134
ボゴール目標→ 45, 339
母国主義→ 218
補助金戦争→ 199
ポスト京都議定書→ 233
ポスト・リスボン戦略→ 195
北方ディメンション→ 45
ボローニャ・プロセス→ 45, 305, 308
ポワチエの戦い→ 45, 142

▼ま

マーシャル・プラン（欧州復興計画）→ 45, 66, 130
マーストリヒト条約→ 16, 74, 75, 87, 88, 90, 99, 103, 104, 108, 114, 161, 163, 171-173, 176, 186, 247, 251, 266, 285, 299, 304, 308
マキラドーラ→ 45, 328
マクシャリー改革→ 46, 224
マルチラテラリズム（多国間主義）→ 125
南アジア自由貿易圏（SAFTA）→ 46, 326
南アジア地域協力連合→ 326
南アジア特恵貿易協定（SAPTA）→ 326
南シナ海宣言→ 320
ミネルバ・プログラム→ 46, 305
民主主義の赤字→ 103
メコン開発協力→ 338
メッシーナ決議→ 47
メルコスル→ 47, 331, 333
モジュレーション→ 47, 224
モスクワ騒擾事件→ 152
モンティ報告→ 47, 203

▼や

ヤウンデ協定→ 160
有期派遣労働者指令→ 47, 263, 265
ユーラトム（欧州原子力共同体）→ 47, 65, 69, 72, 90
ユーロ→ 48, 74, 75, 101, 172-174, 177
EuroHIV レポート→ 262
ユーロクラット（欧州官僚）→ 83
ユーログループ→ 48
ユーロシステム→ 182
ユーロジャスト（欧州検察機構）→ 48, 107

ユーロバロメーター→ 48
ユーロポール→ 88
ユーロリージョン→ 48
輸出所得安定化制度（STABEX）→ 48, 161
輸出払戻金→ 224
輸出保加工業（マキラドーラ）→ 45, 328
輸入数量規制→ 206
ユニラテラリズム（単独行動主義）→ 125, 134, 206
ユネスコ（UNESCO）→ 284
要塞化→ 239
ヨーロッパ・アイデンティティ→ 300
予防外交→ 125
予防原則→ 48, 226

▼ら

ラーケン宣言→ 80
ライン型資本主義→ 211
ラファエル→ 299
RAPEX システム→ 49, 236, 260
ラムファルシー・プロセス→ 49, 219
ラロトンガ条約→ 317
REACH 規則→ 49, 234
リーマン・ショック→ 184, 192
利益の均衡→ 143
リスボン条約（EU条約）→ 49, 71, 78, 80, 81, 93, 95, 102, 103, 188, 238, 252, 259, 270, 274
リスボン戦略→ 50, 204, 253, 265, 272, 310, 311
立憲主義→ 92, 93
リニエンシー→ 50, 214
リヒャルト・クーデンホーフ・カレルギー→ 60, 469
リングア計画（LINGUA）→ 50, 289, 305
輪番制→ 80
ルクセンブルクの妥協→ 50
ルディング報告書→ 186
レオナルド・ダ・ヴィンチ・プログラム→ 50, 305, 307
歴史認識問題（欧州）→ 50, 274-276
列柱構造→ 50, 90-91
労働時間貯蓄制度→ 51
RoHS 指令→ 51, 237
ローマ条約→ 9, 51, 70-72, 79, 80, 87, 88, 113, 223, 238, 250, 270
ローマ宣言→ 115
ロベール・シューマン→ 64, 468
ロメ協定→ 51, 160, 161

▼わ

ワークシェアリング→ 264
ワーク・ライフ・バランス→ 51, 272
ワイダー・バンド→ 170
湾岸協力会議（GCC）→ 155, 159
湾岸戦争→ 134

513

参考文献

第2部　EUを理解するキーワード

第2章　法律・政治・外交

【2.3　対外関係】
◆30　冷戦終結後の米欧対立の構図
- Oudenaren, John Van, "Unipolar Versus Unilateral" in *Policy Review*, 2004 April
- European Council, *A Secure European in a Better World-European Security Strategy*, December 12th 2003.
- 渡邊啓貴「「欧州共通防衛政策」対パックスアメリカーナ──2つの普遍主義の衝突」『エコノミスト』毎日新聞社, 2004年2月10日
- ロバート・ケーガン『ネオコンの論理』光文社, 2003
- Gnesotte, Nicole, "Le challenge, c'est le réel" in *Friends again? EU-US relations after the crisis*, Transatlantic book, 2006, EU Institute for Security Studies, 2006, pp.11-28.
- Sloan, Stanley, *NATO, The European Union, and the Atlantic Community*, Oxford, 2005, pp.236-239.

◆32　対日関係
- European Commission サイト, "External Relations," Japan http://ec.europa.eu/external_relations/japan/index_en.htm

◆33　対中関係
- European Commission, "EU-China: closer partners, growing responsibilities," Oct. 24, 2006 COM (2006) 631 final

◆34　対ロシア関係
- European Commission サイト, "External Relations," Russia http://ec.europa.eu/external_relations/russia/index_en.htm
- Gomart, Thomas, *EU-Russia Relations: Toward a Way Out of Depression*, Center for Strategic International Studies (CSIS), 2008, Washington

◆35　対中東関係
- *Barcelona Process: Union for the Mediterranean*, Communication from the Commission to the European Parliament and the Council, 2008, Brussels
- *Declaration commune de sommet de Paris pour la Méditerranée*, 2008, Paris（仏・エジプト政府声明）
- Dagci, Kenan, *The EU's Middle East Policy and the implications to the Region*, Turkish Journal of International Relations Alternatives, vol 6, nos 1&2, 2007
- 坂井一成「EUの対中東政策〜予防外交の推進に向けた枠組み〜第36回慶應EU研究会（2008年12月13日）での報告
- 長谷部重康「議長国フランスの課題－経済を中心に」日仏政治学会ミニ・シンポジウム『フランスと欧州統合』（2008年7月19日）での報告

【2.4　拡大】
◆36　開発支援
- JETRO調査レポート『コトヌー協定─ACP（アフリカ・カリブ海・太平洋）諸国とEUとその加盟国間のパートナーシップ』2004年4月23日
- 前田啓一「EU開発政策の変貌について－ロメ協定からコトヌー協定へ」『日本EU学会年報』第22号 pp78-95, 2002

第3章　金融・財政・経済・産業

【3.1　金融・財政】
◆42　税制改革
- JETRO海外調査部欧州課「域内税制調和への取り組み（EU）〜共通化・調整（協調）・競争〜」『JETROユーロトレンド』2001.11

◆43　会計基準
・日本経団連『国際会計基準（IFRS）に関する欧州調査報告・概要』2008年3月18日
・㈳日本証券アナリスト協会『金融危機に対する会計基準の対応』2008年11月21日
・浜中昭彦『国際会計基準　EU域内上場の日本企業にも』Yomiuri Online 読売新聞，2005年9月14日
◆44　欧州金融危機
・European Commission, "A European Economic Recovery Plan," Nov. 26, 2008 COM（2008）800 final
・European Commission, "Brief summary of the De Larosière Report," February 2009
・European Commission, "Driving European recovery", March 4, 2009 COM（2009）114 final

【3.2　経済】
◆47　経済モデル論争
・福島清彦『ヨーロッパ型資本主義』講談社，2002
・星野郁「欧州の社会モデルの現状と行方」（『日本EU学会年報』第23号，pp88-120, 2003）
◆48　競争政策
・European Commission サイト，"Competition"
　http://ec.europa.eu/comm/competition/mergers/overview_en.html
・多田英明「EU競争法の分権的執行－第五次拡大を契機として－」（『日本EU学会年報』第27号，pp167-190 2007）
・烏山恭一「競争政策」大西健夫・岸上慎太郎編『EU　政策と理念』早稲田大学出版部，1995
◆49　EU域内格差（地域政策）
・久門宏子「地域政策」辰巳浅嗣編著『EU　欧州統合の現在』創元社，2004
・駐日欧州委員会代表部広報部『ヨーロッパ』2008年春号
◆50　金融市場改革
・EU Commission サイト，"The EU Single Market"
　http://ec.europa.eu/internal_market/index_en.htm
・大橋善晃「EUの新たな金融サービス政策」日本証券経済研究所，2006年4月4日
◆51　欧州会社法
・SEEurope サイト
　http://seeurope-network.org
・上田廣美「EU会社法」庄司克弘編『EU法　実務編』岩波書店，2008
・JETRO ブリュッセル・センター「EU会社法概要と最近の動向」『ユーロトレンド』2004. 7
・日欧産業協力センター第5回EU政策セミナー「欧州会社法　The European Company Statute」（議事内容）　2004年10月12日

【3.3　産業】
◆52　農業と食の安全
・駐日欧州委員会代表部サイト，"欧州連合の食品法における一般原則"
　http://www.deljpn.ec.europa.eu/union/showpage_jp_union.afs.food.php
・石井勇人「安定供給源の確保が課題　「食の安全」と「自給率」を考える」（『新聞通信調査報』2008年8月号）
・磯野喜美子「共通農業政策（CAP）改革の歩み― MTRを中心にして―」（『日本EU学会年報』第23号，pp. 251-277, 2003）
・村上直久『世界は食の安全を守れるか－食品パニックと危機管理』平凡社，2004
・村上直久『WTO―世界貿易のゆくえと日本の選択』平凡社，2001
◆53　エネルギー
・European Commission サイト，"Energy policy for a competitive Europe"
　http://ec.europa.eu/energy/green-paper-energy/index_en.htm
◆54　環境問題
・駐日欧州委員会代表部広報部『ヨーロッパ』2007年春号
◆55　新化学品規制（REACH）
・European Commission サイト，"REACH in brief"
　http://ec.europa.eu/environment/chemicals/reach/reach_in_brief04_09_15.pdf
◆56　安全基準・廃棄物管理
・European Commission サイト，"Environment," Waste
　http://ec.europa.eu/environment/waste/weee/studies_rohs1_en.htm
・JETRO ジュネーブ事務所『欧州の基準・認証制度の動向』2005年1月・2月

◆58　科学技術（情報通信と EIT）
- European Commission, "Preparing Europe's digital future i2010Mid-Term Review," April 17, 2008 COM (2008) 199 final
- 鈴木均　「EU の IT 革命」（『日本 EU 学会年報』第22号 pp206-234, 2002）

◆59　ガリレオ・プロジェクト
- 駐日欧州委員会代表部広報部『ヨーロッパ』2004年冬号

◆60　運輸政策
- 駐日欧州委員会代表部広報部『ヨーロッパ』2008年夏号

第4章　社会・生活・労働・文化

【4.1　社会と生活】

◆61　社会政策の展開
- 駐日欧州委員会代表部広報部『ヨーロッパ』2006年冬号
- 濱口桂一郎「欧州社会モデルに未来はあるか」
  http://homepage3.nifty.com/hamachan/miraiharuka.html

◆62　社会保障（年金問題）
- 連合総研「現代福祉国家の再構築」研究会，「EU の年金戦略」
  http:homepage3.nifty.com/hamachan/eunonennkin.html

【4.2　労働】

◆64　消費者保護
- Meglena Kuneva, European Consumer Commissioner, "Consumer Day 2008—A Year of Change," text of speech on the occasion of the European Economic and Social Committee Conference "10th European Consumer Day", Brussels, 14, March 2008
- 駐日欧州委員会代表部広報部『ヨーロッパ』2007年秋号

◆65　感染症対策
- 相田正道，永倉貢一『現代の感染症』岩波新書，1997
- 『goo　ヘルスケア』http://health.goo.ne.jp/medical/search/10PA3700.html

◆66　労働時間規制と派遣労働者保護
- 駐日欧州委員会代表部サイト，ニュース
  http://www.deljpn.ec.europa.eu/home/news_jp_newsobj2898.php
- 砂本紅年『派遣労働　欧州にヒントあり　正社員並み　待遇・安全網手厚く』東京新聞　2009年2月14日（3面）

◆67　移民対策
- The Economist, Europe's "blue card"— Not the ace in the pack, 27/10/2007
- 駐日欧州委員会代表部広報部『ヨーロッパ』2006年秋号
- 独立行政法人　労働政策研究・研修機構『海外労働情報　EU』
  http://www.jil.go.jp/foreign/labor_system/2004_11/eu_01.html

◆68　男女機会均等政策
- European Commission, "Employment, Social Affairs and Equal Opportunities"
  http://ec.europa.eu/employment_social/gender_equality/index_en.html
- 柴山恵美子，中曽根佐織編著『EU の男女均等政策』日本評論社，2004

◆69　ワーク・ライフ・バランス
- 駐日欧州委員会代表部広報部『ヨーロッパ』2007年夏号

◆70　歴史認識
- The Financial Times, Germany hits pole's war dead claimes, 21/06/2007
- 金井和之＝ベルリン，沢井亙「独仏，同じ歴史教科書／「対立」超え和解進む」，朝日新聞，2008年6月7日

【4.3　文化】

◆73　文化の多様性と言語政策
- 泉・中村・松尾編著『グローバル化する世界と文化の多元性』，上智大学出版会（SUP），2005
- 渋谷謙次郎編『欧州諸国の言語法―欧州統合と多言語主義』，三元社，2005
- 中村民雄「EU 法と言語への権利の保障―既存の成果の検証」桂木隆夫編『ことばと共生―言語の多様性と市民社会の課題』三元社，2003

- 三浦信孝編『多言語主義とは何か』藤原書店，1997
- 安江則子『欧州公共圏　EUデモクラシーの制度デザイン』慶應義塾大学出版会，2007
- 『ヨーロッパの多言語主義はどこまできたか』(ことばと社会別冊1) 三元社，2004

◆75　教育政策
- European Commission, *The History of European cooperation in education and training—Europe in the making—an example*, 2006
- Dewe, B./Weber, P.J., *Wissensgesellschaft und Lebenslanges Lernen*, Bad Heilbrunn, 2007
- Europarat, *Gemeinsamer europäischer Referenzrahmen für Sprachen : lernen, lehren, beurteilen*, Berlin, München u.a. Langenscheidt, 2001

第5章　世界で進む地域統合

- 進藤榮一『東アジア共同体をどうつくるか』ちくま新書，2005
- 村上直久『国際情勢テキストブック』日本経済評論社，2008
- 外務省ホームページ

第3部　欧州統合Who's Who

- 『詳説世界史』山川出版社，2004
- チャールズ・グラント著，伴野文夫訳『EUを作った男——ドロール時代十年の秘録』日本放送出版協会，1995

全体

- 柏倉康夫，植田隆子，小川英治『EU論』財団法人放送大学教育振興会，2006
- 佐藤幸雄監修，高橋和・臼井陽一郎・浪岡新太郎『拡大EU辞典』小学館，2006
- 庄司克弘『欧州連合　統治の論理とゆくえ』岩波新書，2007
- 辰巳浅嗣編著『EU——欧州統合の現在』創元社，2004
- 田中俊郎『EUの政治』岩波書店，2003
- 田中友義『EU経済論——統合・深化・拡大』中央経済社，2009
- 田中素香『ユーロ　その衝撃とゆくえ』岩波新書，2002
- 羽場久美子『拡大ヨーロッパの挑戦』中公新書，2004
- 藤井良広『EUの知識（新版）』日本経済新聞社，2002
- 藤井良広『EUの知識（14版）』日本経済新聞社，2005
- 星野郁『ユーロで変革進むEU経済』東洋経済新報社，1998
- 村上直久『欧州連合が超国家となる日』実業之日本社，1996
- 村上直久『ユーロの挑戦—世界への衝撃』日本経済評論社，1998
- 脇坂紀行『大欧州の時代』岩波新書，2006

- Jacques Attali, *Europe(s)*, Librarie Artheme Fayard, 1994
- Martin Bangemann, *Meeting the Global Challenge-Establishing a Successful European Industrial Policy*, Verlag Bonn Aktuell GmbH, 1992
- Leon Brittain, *Europe—The Europe We Need*, Hamish Hamilton Ltd., 1994
- Nicholas Colchester and David Buchan, *Europe Relaunched-Truths and Illusions on the way to 1992*, The Economist Books Ltd., 1990
- Jacques Delors, *Le Nouveau Concert Européen*, Edition Odile Jacob, 1992
- Jacques Delors, *L'Unité D'un Homme—Entretien avec Dominique Wolton*, Edition Odile Jacob, 1994
- Mark Leonard, *Why Europe will run the 21st century?*, Fourth Estate, 2005
- Peter Norman, *The Accidental Constitution*, Euro Comment, 2003

　さらに，共同通信社『世界年鑑』，時事通信社『時事ニューズワード』，集英社『イミダス』，自由国民社『現代用語の基礎知識』の各年鑑，用語辞典（いずれも2000年以降の版）および朝日新聞，毎日新聞，読売新聞，日本経済新聞の各中央紙，時事通信の情報，*The Financial Times*, *The Economist*, *Le Monde* などの欧州主要紙・誌も参考にした。

* URLのアドレスは，変更・廃止になる可能性もあることをご承知おきください。

執筆者一覧　（五十音順）

◎泉　邦寿（いずみ　くにひさ）
上智大学外国語学部教授／フランス語学・ヨーロッパ言語社会論
『グローバル化する世界と文化の多元性』共編著，上智大学出版会（SUP），2005

◎梅本逸郎（うめもと　いつろう）
時事通信社外国経済部
1988-2008年の間，時事通信社ベルリン，フランクフルト，ニューヨーク，ワシントン特派員

◎市川芳治（いちかわ　よしはる）
慶應義塾大学法科大学院・立正大学経済学部非常勤講師，日本放送協会／競争法・メディア法
「EU 競争法Ⅰ・Ⅲ」『EU 法実務篇』岩波書店，2008

◎木村護郎クリストフ（きむら　ごろう　くりすとふ）
上智大学外国語学部ドイツ語学科准教授／言語社会学
『言語にとって人為性とは何か──言語構築と言語イデオロギー』三元社，2005

◎須網隆夫（すあみ　たかお）
早稲田大学大学院法務研究科教授／EU 法・国際経済法
『国際ビジネスと法』共編著，日本評論社，2009

◎杉谷眞佐子（すぎたに　まさこ）
関西大学外国語学部教授／ドイツ語教育学・EU の外国語教育政策
「ドイツ連邦共和国」『世界の外国語教育政策』大谷泰照他編，東信堂，2004

◎多田英明（ただ　ひであき）
東洋大学法学部准教授／経済法・EU 法
『EU 法基本判例集』共著，日本評論社，2007

◎中村民雄（なかむら　たみお）
東京大学社会科学研究所教授／EU 法・イギリス法
『イギリス憲法と EC 法──国会主権の原則の凋落』東京大学出版会，1993
『EU 法基本判例集』日本評論社，2007

◎藤井良広（ふじい　よしひろ）
上智大学大学院地球環境学研究科教授／環境金融論・CSR 経営論・EU 環境論
『EU の知識（第14版）』日本経済新聞社，2005

◎村上直久（むらかみ　なおひさ）
長岡技術科学大学准教授／欧州統合論
『ユーロの挑戦──世界への衝撃』日本経済評論社，1998

◎渡邊啓貴（わたなべ　ひろたか）
東京外国語大学教授（在仏日本大使館公使，-2010年3月）／国際関係論・フランス政治外交論
『米欧同盟の協調と対立──二十一世紀国際社会の構造』有斐閣，2008

［仏文校閲］

◎クリスティアン・ブティエ
聖徳大学人文学部英米文化学科准教授／日本学・日本語・フランス語教授法
『ゼロから話せるフランス語』三修社，2007

[編著者紹介]

村上直久（むらかみ・なおひさ）
　1949年生まれ。1976年東京教育大学大学院修了。
　時事通信社勤務（1989年〜1994年ブリュッセル特派員）を経て，2001年から長岡技術科学大学勤務。現在，経営情報系准教授。欧州統合を中心とする地域統合論専攻。
　おもな著書に，『欧州連合（EU）が超国家となる日』（実業之日本社，1996），『ユーロの挑戦──世界への衝撃』（日本経済評論社，1998），『WTO──世界貿易のゆくえと日本の選択』（平凡社，2001）がある。

EU情報事典
©MURAKAMI Naohisa, 2009　　　　NDC030／x, 519p／21cm

初版第1刷──2009年9月20日

編著者────村上直久
発行者────鈴木一行
発行所────株式会社　大修館書店
　　　　　〒101-8466　東京都千代田区神田錦町3-24
　　　　　電話03-3295-6231（販売部）03-3294-2357（編集部）
　　　　　振替00190-7-40504
　　　　　[出版情報] http://www.taishukan.co.jp

装丁・本文デザイン──中村友和（ROVARIS）
印刷所─────────広研印刷
製本所─────────三水舎

ISBN 978-4-469-01280-4 C3501　Printed in Japan
Ⓡ本書の全部または一部を無断で複写複製（コピー）することは，著作権法上での例外を除き禁じられています。

東南アジア諸国連合（ASEAN）

アジア太平洋経済協力（APEC）